U0693390

国家社科基金项目
安徽省重点学科建设重大项目
资助成果

乔东义 著

《五经正义》美学思想研究

人民出版社

目 录

绪　论

论中国传统文化，当首标儒家文化，在传统儒家文化中，经学堪称其核心。由汉代到唐初，儒家经学的发展大致经历了西汉的今文经学、东汉的古文经学以及魏晋南北朝以降的义疏之学等阶段。经过这不同阶段的发展衍变，经学领域逐渐师法多门，派别林立，经学著作更是章句繁杂，义疏淆乱，乃至出现了“将三百年，师训纷纶，无所取正”①的混乱局面。隋唐时期，经学自汉代以后重新成为统治阶级进行社会政治管控和思想文化教育的重要工具。然而，不论是官方或民间的经学传授还是全国性的科举选拔考试，都很难确定一个统一的经学标准。这样，既给世人学习儒经带来很多不便，又不能适应大一统的中央集权的统治需要，也给儒学自身的发展带来了诸多不利影响。因此，为了实现经学的统一工作，贞观年间，唐太宗先令大儒颜师古撰写《五经定本》，即对《五经》的经文进行统一的勘定；又于贞观十二年命国子祭酒孔颖达主持《五经正义》的编撰工作，即史载“儒学多门，章句繁杂，诏国子祭酒孔颖达与诸儒撰定《五经》义疏，凡一百七十卷，名曰《五经正义》，令天下传习”②。《五经正义》就是在这一特定历史语境中应运而生的。

---

① 李延寿：《北史·儒林上》，中华书局1974年版，第2707页。

② 刘昫：《旧唐书·儒学上》，中华书局1975年版，第4941页。

一、孔颖达生平及撰作简介

孔颖达（574—648年），字冲远，又字仲达，[①] 冀州衡水（今属河北）人，孔子三十二代孙，生于北齐，隋末唐初经学大师。据《旧唐书·孔颖达传》，孔氏“八岁就学，日诵千余言。及长，尤明《左氏传》、《郑氏尚书》、《王氏易》、《毛诗》、《礼记》，兼善算历，能属文”[②]。可见其少时即勤奋好学，聪颖过人，成年后更精通《五经》，还擅长天文数学，且长于文艺写作，可以说积淀了较为全面而深厚的学养。孔颖达曾师从同郡刘焯问学，刘焯乃北方大儒，学识渊博，名重当时。孔颖达初次登门造访，刘焯甚倨傲，不以礼相待，及孔颖达请教一些长期困扰自己的疑难问题，问答之间颇出刘焯意表，刘焯渐生畏服之心，遂改容待之。然孔颖达经过一段时间观察，发现刘焯之学未必比自己高明多少，遂辞归，刘焯执意挽留而不可。隋炀帝大业初年，孔颖达举明经高第，授河内郡博士。炀帝诏天下儒士于东都洛阳，与国子秘书学士相与切磋论辩，论辩结果，孔颖达被推举为冠。当时孔颖达在群儒中年岁最轻，却获如此殊荣，某些狭隘老儒耻居其下，嫉恨之余，竟暗中遣人刺杀他，幸得当时礼部尚书杨玄感护佑而脱离险境。隋亡入唐后，孔颖达深受唐太宗器重，历任国子博士、国子司业、国子祭酒诸职。孔氏曾受太子承乾诏，撰成《孝经义疏》，为时人所重。唐太宗还亲临国子监聆听孔颖达讲《孝经》，并对其讲解褒奖有加。孔颖达还与秘书监魏徵等名儒奉敕编纂《隋书》，又参与修订《五礼》，其间所有疑难困惑，皆由孔氏裁夺。可见当时孔氏的学术地位，已足以领袖群伦。但就整体而论，孔颖达在中国学

① 笔者按：《新唐书·宰相世系表》及于志宁撰《孔颖达碑铭》作“冲远”，《旧唐书》、《新唐书》本传作“仲达”。宋欧阳修《集古录跋尾》卷五审辨云：“其字不同，传云字仲达，碑云字冲远。碑字多残缺，惟其名字特完，可以正传之缪不疑，以冲远为仲达，以此知文字转易失其真者，何可胜数?”（《欧阳修全集》，中华书局2001年版，第2194页）考于志宁为孔颖达同僚并参与《五经正义》刊定事，其为孔氏所作碑铭较后出之《旧唐书》、《新唐书》本传应更为确凿，故欧阳修以“冲远”为是而以“仲达”为非，当可采信，此暂两存。

② 刘昫：《旧唐书·孔颖达传》，中华书局1975年版，第2601页。

术史上成就最高、规模最大、影响最深者还是其奉唐太宗命主撰的《五经正义》。

具体而言，《五经正义》是由如下五部经学著作组成的：《毛诗正义》、《尚书正义》、《礼记正义》、《周易正义》、《春秋左传正义》，此五部著作各选当时公认的笺注善本为底本，其中《毛诗正义》依据汉毛传、郑玄笺本，《尚书正义》依据汉孔安国传本（晋梅赜所献孔传本），《礼记正义》依据汉郑玄注本，《周易正义》依据魏王弼、晋韩康伯注本，《春秋左传正义》依据晋杜预注本。孔颖达等人所做的工作，即是对上述《五经》的经、传、笺、注等作全面的梳理、阐发、规范、总结，最终形成统一的《五经》注疏定本。如此庞大的经学整理工程，自非孔颖达一人所能奏效，所以除了由孔颖达统筹规划外，还辅之以王德韶、齐威、贾公彦等当朝名儒，另还有国子司业、国子博士、太学博士、四门学博士等，共计二十余人参加。经过两年多的集体努力，《五经》注疏整理于贞观十四年完稿成书，初名为《五经义赞》。因孔颖达以大唐官方代表身份主持该项文化整理工程并深度参与《五经》义疏主要内容的撰写，且为各经义疏写定序言，劳苦功高，故按当时惯例，该书虽由诸儒集体撰作，但署名仍为孔颖达一人。书成后，唐太宗特下诏褒奖曰："卿等博综古今，义理该洽，考前儒之异说，符圣人之幽旨，实为不朽。"① 太宗充分肯定了孔颖达等人"博综古今，义理该洽"、"符圣人之幽旨"的历史性功绩，但又认为"义赞"之名不足以体现该项成果正本清源、返本开新之旨，下诏改为《五经正义》②，并交国子监施行。据《旧唐

① 刘昫：《旧唐书·孔颖达传》，中华书局1975年版，第2602页。

② 参见欧阳修等撰：《新唐书·孔颖达传》，中华书局1975年版，第5644页。笔者按：这里所谓"正义"，兼有中正、驳正之义。需指出的是，至宋代，《周易正义》始题《周易兼义》之名，直至清代阮元刻《十三经注疏》之时，仍题曰"兼义"。《四库全书总目提要》卷一《经部·易类一》就宋至清《周易正义》题作《周易兼义》云："此书初名《义赞》，后诏改《正义》，然卷端又题曰'兼义'，未喻其故。"而阮元在《十三经注疏·周易正义》卷一校勘记中，解宋人题《周易正义》为《周易兼义》云："按兼义字，乃合刻注疏者所加，取兼并正义之意也。盖其始，注疏无合一之本，南北宋之间，以疏附于经注者，谓之某经兼义。至其后，则直谓之某经注疏，此变易之渐也。"卢文弨亦持此说："盖《正义》本自为一书，后人附于经注之下。故毛氏标书名曰《周易兼义》，明乎向之未兼也。"（卢文弨：《周易注疏辑正题辞》，《抱经堂文集》卷七，中华书局1990年版）笔者以为阮、卢二氏之说可从。

书》等记载，贞观十八年，唐太宗命著名画师阎立本为大唐开国功臣们“图形于凌烟阁”，并各自赠与赞辞，其中给孔颖达所写赞辞为：“道光列第，风传阙里。精义霞开，掞辞飚起。”[①] 所谓“道光列第，风传阙里”显然是表彰孔颖达对孔子以来儒门德业的发扬光大之功；而所谓“精义霞开，掞辞飚起”则是对孔颖达上述经学成就的高度评价。

需要指出的是，孔颖达不仅在经学和史学上成就卓著，且拥有良好的审美文艺修养。如上文所揭，他成年后“善属文”，《新唐书·艺文志》载有孔颖达文集五卷[②]，可惜原文已佚失。但我们从唐太宗撰《褒孔颖达上释奠颂手诏》亦可窥孔氏风雅之一斑。该《手诏》云：“省所上颂，殊为佳作。循题发函，情辞烂其盈目；启封申纸，逸气飘以凌云。骊龙九重，不足方斯绮丽；威凤五彩，无以比其鲜华。……网罗百氏，包括六经。思涌珠泉，情抽蕙圃。关西孔子，更起乎方今，济南伏生，重兴乎兹日，庶令引四科于缣帙，阐百遍于青襟，翰苑词林，卿其首之也。”[③] 这里，唐太宗从文采形式和思想情感两方面推许孔颖达为“翰苑词林之首”，甚至将其比况于孔子、伏生再世，赞美之情无以复加。如果我们再对照孔颖达现存文笔，更能见其端倪。如孔颖达《毛诗正义》序有云：“若夫哀乐之起，冥于自然，喜怒之端，非由人事。故燕雀表啁噍之感，鸾凤有歌舞之容。然则《诗》理之先，同夫开辟，《诗》迹所用，随运而移。上皇道质，故讽谕之情寡。中古政

① 刘昫：《旧唐书·孔颖达传》，中华书局 1975 年版，第 2603 页。另笔者按：钱大昕《廿二史考异》卷五十九曾言：“颖达不在凌烟功臣之列，且凌烟功臣亦无赞词，此传所载者，当是褚亮所撰十八学士图赞语，误以为凌烟阁耳。”［钱大昕：《廿二史考异》（下），陈文和主编《嘉定钱大昕全集》三，江苏古籍出版社 1987 年版，第 1147 页］钱大昕所言可备参考。《旧唐书·褚亮传》载云：“寻遣图其状貌，题其名字、爵里，乃命亮为之像赞，号《十八学士写真图》，藏之书府，以彰礼贤之重。”（《旧唐书》，中华书局 1975 年版，第 2582 页）另据《唐会要》卷四十五载，图凌烟阁功臣像事在贞观十七年，所图 24 人，皆为武德、贞观间功臣良将，其中并无孔颖达。故《旧唐书》本传有可能将“十八学士图”与“凌烟阁功臣图”相混淆。即便如此，《旧唐书》作为官方正史能如此记载孔颖达事迹，也足见孔颖达在当时及后世非同寻常的地位及影响。在没有更确凿的证据之前，此暂存疑。

② 欧阳修等：《新唐书·艺文志》，中华书局 1975 年版，第 1598 页。

③ 王钦若等：《册府元龟》卷六百一《学校部》，文渊阁《四库全书》本。另见四库本《唐文拾遗》卷一。

繁，亦讴歌之理切。唐、虞乃见其初，牺、轩莫测其始。于后时经五代，篇有三千，成、康没而颂声寝，陈灵兴而变风息。先君宣父，厘正遗文，缉其精华，褫其烦重，上从周始，下暨鲁僖，四百年间，六诗备矣。卜商阐其业，雅颂与金石同和；秦正燎其书，简牍与烟尘共尽。汉氏之初，《诗》分为四：申公腾芳于鄢郢，毛氏光价于河间，贯长卿传之于前，郑康成笺之于后。晋、宋、二萧之世，其道大行；齐、魏两河之间，兹风不坠。”①本段文字主要是概括交代《诗经》形成和流变的文脉历程，以议论说理为主，然该文非但眉目清晰，义理精赅，且情辞端直，文采灿然，不啻一篇音韵铿锵的美文。而此类文字在孔颖达《五经正义》中所在多有。虑及此，我们就不难想见，孔颖达《五经正义》作为严整的经学著作，何以有诸多美学思想的表达。

另外补充一点，即孔颖达《五经正义》初成时，虽包贯众家，既详且博，但因杂出众手，其中难免有谬冗，以致太学博士马嘉运“驳正其失，至相讥诋”，唐太宗“有诏更令裁定”②。然而，孔颖达因年老，于贞观十七年（643年）致仕，并于贞观二十二年（648年）逝世，讨论修改工作“功未就”。至唐高宗永徽二年，复诏中书、门下与国子三馆博士及弘文馆学士考正之，而尚书左仆射于志宁、右仆射张行成、侍中高季辅等就加损益。高宗永徽四年，该书正式颁布天下。③这样，《五经正义》从贞观十二年（638年）开始撰写，至高宗永徽四年（653年）正式颁布，历经15年之久，对其磨砺之功，确乎非同一般。

二、《五经正义》学术思想要略

客观地说，《五经正义》并非美学著述，孔颖达等人编撰《五经正义》，

---

① 李学勤主编：《十三经注疏·毛诗正义》，北京大学出版社1999年版，“目录”第3页。

② 对此段公案，史家早有定评：“孔颖达风格高爽，幼而有闻，探赜明敏，辨析应对，天有通才。人道恶盈，必有毁讦，及《正义》炳焕，乃异人也，虽其掎摭，亦何损于明？……马嘉运达识自通，克成典雅。并符才用，润色丹青，其掎摭繁杂，盖求备者也。”（刘昫：《旧唐书·列传第二十三》，中华书局1975年版，第2605页）

③ 欧阳修等：《新唐书·孔颖达传》，中华书局1975年版，第5644页。

其主旨也不在美学。作为学养深厚、视野开阔的名师硕儒，孔颖达等人是在进行经学主流话语阐释中，自觉或不自觉地透露、表达出其在诗学和美学方面的丰富见解的。在整个《五经正义》中，诗学、美学思想并不占主要成分，它常常是与经学思想、哲学思想、伦理学思想、文化学思想等交融互渗、彼此含纳在一起的，有时甚至很难分出明确的界限。因此，为了更深入有效地理解和把握《五经正义》的诗学、美学思想精髓，我们还有必要先考察一下作为学问家、经学家的孔颖达等人反映在《五经正义》中的整体学术思想风貌。

（一）儒学为宗

如前文所述，《旧唐书·儒学传序》载云唐太宗"以儒学多门，章句繁杂，诏国子祭酒孔颖达与诸儒撰定五经义疏，凡一百七十卷，名曰《五经正义》，令天下传习"①，即《五经正义》系孔颖达等人奉唐太宗诏主持编撰的。作为这一重大儒学整理工程的主持者，孔颖达显然是希望站在正宗儒家立场上，重建他所希冀的正宗儒门经学的。这一点，在其《周易正义序》中已表达得颇为彰明。《周易正义序》云：

> 其江南义疏十有余家，皆辞尚虚玄，义多浮诞。
>
> 原夫《易》理难穷，虽复"玄之又玄"，至于垂范作则，便是有而教有。若论住内住外之空、就能就所之说，斯乃义涉于释氏，非为教于孔门也。既背其本，又违于《注》。
>
> 今既奉敕删定，考察其事，必以仲尼为宗；义理可诠，先以辅嗣为本；去其华而取其实，欲使信而有征。②

这里，我们可以清楚地看到孔颖达明确而坚定的儒家立场："今既奉敕删定，考察其事，必以仲尼为宗。"即以孔门儒学作为《五经正义》考量事理的标准和旨归。基于这种儒家立场，孔颖达还努力维护儒学的纯正性，针对魏晋

---

① 刘昫：《旧唐书·儒学上》，中华书局 1975 年版，第 4941 页。

② 李学勤主编：《十三经注疏·周易正义》，北京大学出版社 1999 年版，"序言"第 2—3 页。

玄学贵"无"轻"有"的理论取向，孔颖达强调指出："原夫易理难穷，虽复'玄之又玄'，至于垂范作则，便是有而教有。"即易理虽然玄奥，但若取之"垂范作则"，则只能弃无从有，从而凸显了传统儒学所关注的"有"的现世伦常世界。他还要求对其所本的王弼玄学易学加以合理的扬弃："去其华而取其实，欲使信而有征。"同时，针对南朝以来玄学后学所煽扬的虚浮之风，孔颖达提出了较严厉的批评："其江南义疏，十有余家，皆辞尚虚玄，义多浮诞。"而对于南北朝以来渐成气候的易学佛理化潮流，孔颖达则给予有力的批判："若论住内住外之空、就能就所之说，斯乃义涉于释氏，非为教于孔门也。既背其本，又违于《注》。"另在《周易正义·卷首》中，孔颖达又称引《易纬·乾凿度》中孔子之言说："'故易者所以断天地，理人伦，而明王道。是以画八卦，建五气，以立五常之行；象法乾坤，顺阴阳，以正君臣父子、夫妇之义；……于是人民乃治，君亲以尊，臣子以顺，群生和洽，各安其性。'此其作《易》垂教之本意也。"[①]可见孔颖达意欲重建一种无关道（玄）、释的正宗孔门儒学体系，以为大唐帝国的纲常名教、宗法秩序"垂范作则"。孔颖达这一儒学立场在《五经正义》具体义疏中斑斑可考。

如关于"诗"，《毛诗·诗谱序》孔氏正义为诗立义云："诗有三训：承也、志也、持也。作者承君政之善恶，述已志而作诗，为诗所以持人之行，使不失队；故一名而三训也。"[②]这里孔氏正义所释"一名三训"不只属字句的训诂问题，实隐含着一种深刻的儒家诗学的礼义法度。又《毛诗大序》曰："雅者正也，言王政所由废兴也。"孔氏正义云："诗之所陈，皆是正天下大法。文武用诗之道则兴，幽厉不用诗之道则废。"[③]即诗道可正天下大法，关乎文武之兴，幽厉之废，从中可觅儒家诗学理想。又孔颖达《毛诗正义序》云："夫《诗》者，论功颂德之歌，止僻防邪之训，虽无为而自发，乃有益于生灵。……作之者所以畅怀舒愤，闻之者足以塞违从正。"[④]这里所谓"歌功颂德"、"止僻防邪"、"塞违从正"等，无疑都是阐发儒家"诗

① 李学勤主编：《十三经注疏·周易正义》，北京大学出版社1999年版，"卷首"第6页。

② 李学勤主编：《十三经注疏·毛诗正义》，北京大学出版社1999年版，"目录"第5页。

③ 李学勤主编：《十三经注疏·毛诗正义》，北京大学出版社1999年版，第17页。

④ 李学勤主编：《十三经注疏·毛诗正义》，北京大学出版社1999年版，"目录"第3页。

关教化”的诗学大旨。又《毛诗大序》孔氏正义云：“诗人既见时世之事变，改旧时之俗，故依准旧法，而作诗戒之。虽俱准旧法，而诗体不同，或陈古政治，或指世淫荒。虽复属意不同，俱怀匡救之意，故各发情性，而皆止礼义也。”[①] 这里孔颖达所谓“作诗戒之”、“匡救之意”、“皆止礼义”等，显然都是发挥“诗关时运”、“发乎情，止乎礼”、“诗人救世”等儒家诗学要义。

又如关于“礼”，孔颖达《礼记正义序》云：“夫礼者，经天纬地，本之则大一之初；原始要终，体之乃人情之欲。……礼者，体也，履也，郁郁乎文哉！三百三千，于斯为盛。纲纪万事，雕琢六情。非彼日月照大明于寰宇，类此松筠负贞心于霜雪。顺之则宗祏固，社稷宁，君臣序，朝廷正；逆之则纪纲废，政教烦，阴阳错于上，人神怨于下。故曰，人之所生，礼为大也。非礼无以事天地之神，辩君臣长幼之位，是礼之时义大矣哉！”[②] 此处孔颖达对儒家礼仪的推崇几无以复加。又《礼记·曲礼上》孔氏正义云：“君臣、上下、父子、兄弟，非礼不定者，上谓公卿大夫，下谓士也。君父南面，臣子北面，公卿大夫列位于上，士则列位于下。兄前弟后，唯礼能定也。”[③]《左传·昭公十八年》孔氏正义云：“一国之民皆怀苟且，不识上下之序，不知尊卑之义，于是在下者陵侮其上，在上者替废其位；上下失分，能无乱乎?”[④] 等等，这些阐释无疑都是对孔子“不学礼，无以立”等儒家思想的继承和发挥，强调“礼”在于使人明贵贱、尊卑之序，是必须遵守的伦理行为规范。在整个《五经正义》中，类似表述不胜枚举，孔颖达维护正宗孔门儒学的立场和态度可谓跃然纸上。

需要指出的是，孔颖达张扬儒家学说和思想，同时还吸纳了来自屈骚传统的“蓄志发愤”、“忠规切谏”精神。《周易·困卦》孔氏正义云：“君子之人，守道而死，虽遭困厄之世，期于致命丧身，必当遂其高致，不屈挠而移改也。”[⑤]《周易·大过》孔氏正义云：“本欲济时拯难，意善功恶，无可咎

---

① 李学勤主编：《十三经注疏·毛诗正义》，北京大学出版社 1999 年版，第 16 页。
② 李学勤主编：《十三经注疏·礼记正义》，北京大学出版社 1999 年版，“序言”第 3 页。
③ 李学勤主编：《十三经注疏·礼记正义》，北京大学出版社 1999 年版，第 16 页。
④ 李学勤主编：《十三经注疏·春秋左传正义》，北京大学出版社 1999 年版，第 1376 页。
⑤ 李学勤主编：《十三经注疏·周易正义》，北京大学出版社 1999 年版，第 195 页。

责。……直言深谏，以忤无道之主，遂至灭亡，其意则善而功不成，复有何咎责！”① 孔颖达在此改造了儒家温柔敦厚的“谲谏”式传统，而充分肯定并倡导屈原式的“忠规切谏”精神。

在实践中，孔颖达也对此身体力行。他曾以儒家大义向唐太宗“数进忠言”。如贞观二年（公元628年），太宗曾问孔颖达《论语》义，孔氏对曰：“圣人设教，欲人谦光，己虽有能，不自矜大，仍就不能之人求访能事；己之才艺虽多，犹以为少，仍就寡少之人更求所益。己之虽有，其状若无；己之虽实，其容若虚。非唯匹庶，帝王之德，亦当如此。夫帝王内蕴神明，外须玄默，使深不可测，广不可知。易称‘以蒙养正，以明夷莅众’，若其位居尊极，炫耀聪明，以才凌人，饰非拒谏，则上下情隔，君臣道乖，自古灭亡，莫不由此也。”② 此处孔颖达引经据典，阐明“以蒙养正，以明夷莅众”、虚怀纳谏的道理，太宗深善其对。孔颖达还屡对言行失检的太子承乾犯颜“谏诤”，当太子乳母遂安夫人婉言劝阻时，孔颖达决然答曰：“蒙国厚恩，死无所恨！”③ 体现了一位耿直之臣刚正不阿、不惧生死的忠烈风操。贞观二十二年，这位开国鸿儒离开了人世，唐王朝为表彰他的功德，赠他为“太常卿”，谥为“宪”，并获陪葬昭陵（唐太宗陵）。

孔颖达儒者之风，在其诗论、礼乐论等美学思想中，有着最为集中的体现，并直接导致了孔颖达整个美学思想以儒家为主导的特色；而其对屈骚精神的吸纳，则由“发愤抒情”论等美学思想充分表现出来。

（二）兼融道玄

孔颖达推尊儒家，力排道（玄）佛，希图构建一种不关道（玄）、释等“外义”的正宗孔门儒学体系。但事实上，孔颖达这一愿景并未能完全实现。通览《五经正义》，我们不难发现，在这一由皇朝钦定、自唐至宋延用数百年之久的儒学经典教材中，仍然表现为兼融道玄，遗有佛迹，甚至还夹杂某些谶纬之说，这是颇超出于孔颖达初衷的。个中情形，甚为复杂。我们先来看道玄之义在孔氏正义中的表现。

---

① 李学勤主编：《十三经注疏·周易正义》，北京大学出版社1999年版，第129页。

② 刘昫：《旧唐书·孔颖达传》，中华书局1975年版，第2602页。

③ 刘昫：《旧唐书·孔颖达传》，中华书局1975年版，第2602页。

《周易·系辞上》孔氏正义云："云'故常无欲以观其妙'者，引《老子·道经》之文，以结成此义。'无欲'谓无心，若能寂然无心无欲，观其道之妙趣，谓不为所为，得道之妙理也。云'始可以语至而言极也'者，若能无欲观此道之妙理，无事无为，如此，可以语说其至理，而言其极趣也。若不如此，不可语至而言极也。"① 又《尚书·大禹谟》孔氏正义云："《老子》云：'夫惟不争，故天下莫能与之争。'是故不矜伐而不失其功能，此所以能绝异于众人也。"② 由此二疏可见，孔颖达对道家鼻祖老子的《道德经》甚为熟稔并能准确诠解其中一些核心概念。又《周易正义》卷四孔氏疏王弼《睽》卦上九爻辞注云："'恢诡谲怪道将为一'者，《庄子内篇·齐物论》曰：'无物不然，无物不可。故为举筳与楹，厉与西施，恢诡谲怪，道通为一。'郭象注云：'夫筳横而楹纵，厉丑而西施好，所谓齐者，岂必齐形状，同规矩哉。举纵横好丑，恢诡谲怪，各然其所然，各可其所可，即形虽万殊，而性本得同，故曰道通为一也。庄子所言以明齐物，故举恢诡谲怪至异之物，道通为一，得性则同。"③ 由此疏可见，孔颖达对道家另一大哲庄子的理论同样熟悉并能解释自如。又《周易正义》卷七孔氏正义云："太极，谓天地未分之前，元气混而为一，即是太初、太一也。故老子云：道生一。即此太极是也。又谓：混元既分，即有天地，故曰太极生两仪，即老子云一生二也。"④ 考老子《道德经》二十八章有"复归于无极"说，这里的"无极"，即"太极"之意。又《庄子·大宗师》云："在太极之先而不为高。"可见，孔颖达是用老庄之道解析《易》之太极，又以《易》之太极印证老庄之道。《周易·复卦》孔氏疏彖曰："天地养万物，以静为心，不为而物自为，不生而物自生，寂然不动，此天地之心也。……天地非有主宰，何得有心？以人事之心，托天地以示法尔。"⑤ 孔颖达此疏显然取自老子，考老子《道德经》先后云："万物作焉而不辞，生而不有，为而不恃，功成而弗居。""致虚极，守静笃，万物并作，吾以观复。夫物芸芸，各复归其根，归

① 李学勤主编：《十三经注疏·周易正义》，北京大学出版社 1999 年版，第 270 页。
② 李学勤主编：《十三经注疏·尚书正义》，北京大学出版社 1999 年版，第 94 页。
③ 李学勤主编：《十三经注疏·周易正义》，北京大学出版社 1999 年版，第 165 页。
④ 李学勤主编：《十三经注疏·周易正义》，北京大学出版社 1999 年版，第 289 页。
⑤ 李学勤主编：《十三经注疏·周易正义》，北京大学出版社 1999 年版，第 112 页。

根曰静，是谓复命。”“圣人无常心，以百姓心为心。”[①] 由此可知孔颖达用道家义甚明。而这类借道家义以释《五经》经传者，于孔氏正义中可谓比比皆是。

如《周易·咸卦》孔氏正义疏经曰：“惟欲思运动以求相应，未能忘怀息照，任夫自然，故有‘憧憧往来’，然后朋从尔之所思也。”[②] 考《庄子·大宗师》中有“堕肢体，黜聪明，离形去知，同于大通，此谓坐忘”等语，而孔氏别处亦云：“坐忘遗照之言，事出《庄子·大宗师》篇也。”[③] 可知此处孔疏用庄子说无疑。又《周易·系辞上》孔氏正义疏韩氏注曰：“若能行说易简静，任物自生，则物得其性矣。故《列子》云：‘不生而物自生，不化而物自化。’若不行易简，法令滋章，则物失其性也。《老子》云：‘水至清则无鱼，人至察则无徒。’又庄云：‘马翦剔羁绊，所伤多矣。’是天下之理未得也。”[④] 此孔疏分别引《列子》、《老子》、《庄子》以释注甚明。又《尚书·大禹谟》孔氏正义疏传曰：“《老子》云：‘夫惟不争，故天下莫能与之争。’是故不矜伐而不失其功能，此所以能绝异于众人也。”[⑤] 此孔疏当引《老子》第六十六章以释传。《礼记·曾子问》孔氏正义曰：“天有二日，则草木枯萎；土有二王，则征伐不息，《老子》云‘天得一以清，地得一以宁’是也。”[⑥] 此孔疏当引《老子》第三十九章以释孔子之说。又《左传·昭公二十五年》孔氏疏注曰：“《老子》云：‘五味令人口臭，五色令人目盲，五音令人耳聋’。言其过耽耆之，则有此病。是其过则伤本性也。”[⑦] 此孔疏乃引老子第十二章以释注。此外正义论“太极”、“圣人”、“道”、“性情”等，亦多含道家之义，兹不赘述。

值得注意的是，孔氏正义用道家义并非都是直接引用道家代表人物的话语和概念，有时是暗用其观念、思路或方法。如《礼记·学记第十八》孔

---

① 王弼著，楼宇烈校释：《王弼集校释·老子道德经注》，中华书局 1980 年版，第 6、35、129 页。

② 李学勤主编：《十三经注疏·周易正义》，北京大学出版社 1999 年版，第 141 页。

③ 李学勤主编：《十三经注疏·周易正义》，北京大学出版社 1999 年版，第 272 页。

④ 李学勤主编：《十三经注疏·周易正义》，北京大学出版社 1999 年版，第 260 页。

⑤ 李学勤主编：《十三经注疏·尚书正义》，北京大学出版社 1999 年版，第 4 页。

⑥ 李学勤主编：《十三经注疏·礼记正义》，北京大学出版社 1999 年版，第 586 页。

⑦ 李学勤主编：《十三经注疏·春秋左传正义》，北京大学出版社 1999 年版，第 1450 页。

氏正义云："'大德不官'者，大德，谓圣人之德也。官，谓分职在位者。圣人在上，垂拱无为，不治一官，故云'大德不官'也，不官而为诸官之本。'大道不器'者，大道，亦谓圣人之道也。器，谓物堪用者，夫器各施其用，而圣人之道弘大，无所不施，故云'不器'，不器而为诸器之本也。《论语》云'君子不器'，又云'孔子博学而无所成名'是也。'大信不约'者，大信，谓圣人之信也。约，谓期要也。大信，不言而信。孔子曰：'予欲无言。天何言哉？四时行焉。'不言而信，是大信也。大信本不为细言约誓，故云'不约'也，不约而为诸约之本也。'大时不齐'者，大时，谓天时也。齐，谓一时同也。天生杀不共在一时，犹春夏华卉自生，荠麦自死，秋冬草木自死，而荠麦自生，故云'不齐'也，不齐为诸齐之本也。'察于此四者，可以有志于本矣'者，结之也。若能察此在上四者之事，则人当志学为本也。"① 此处孔颖达论学以为本，所论内容主要围绕如何学以致德，养成大德、大道、大信、大时等品德和智慧，最终成贤成圣，这些无疑都是儒家一贯的话头，但具体论述逻辑和思维方法，却显然带有道家的痕迹，如"不官而为诸官之本"、"不器而为诸器之本"、"不约而为诸约之本"、"不齐为诸齐之本"等，与道家"无为而无不为"、"大音希声"、"大象无形"、"天地有大美而不言"等表述，几乎如出一辙。孔颖达此疏反映了儒家思想与道家思维方式的结合形态，且这种或内儒而外道，或外儒而内道的结合形态在孔氏正义中所在多有，"儒道互补"，良有以也。

又玄学本于道家，孔疏多引道家，自然难脱玄学之义，当然其对玄学的接受既有继承又有创新。如《周易·系辞上》云："一阴一阳之谓道"，韩康伯注曰："道者何？无之称也。"孔氏正义疏经曰："一谓无也，无阴无阳乃谓之道。一得为无者，无是虚无，虚无是太虚，不可分别，唯一而已，故以一为无也。"又疏注曰："此韩氏自问其道而释之也。道是虚无之称，以虚无能开通于物，故称之曰道。"② 韩注本于王弼玄学义，以道为无，此孔疏则基本接受了王、韩之说。《系辞上》又云："形而上者谓之道，形而下者谓之器"，孔氏正义曰："道是无体之名，形是有质之称。凡有从无而生，形由道

---

① 李学勤主编：《十三经注疏·礼记正义》，北京大学出版社 1999 年版，第 1071 页。

② 李学勤主编：《十三经注疏·周易正义》，北京大学出版社 1999 年版，第 268 页。

而立，是先道而后形。”[①]“欲明两仪天地之体，必以太极虚无为初始。”[②]这显然也是继承了王弼玄学“有源于无”的观点。又孔氏论易有“三义”（即简易、变易、不易），一方面，他本于儒家立场强调“易之三义，唯在于有”，另一方面，他受王弼玄学贵无贱有思想的熏染，提出“然有从无出，理则包无”，并由此发挥出“易理备包有无”的结论。[③]这一阐释本于王弼、韩康伯而超越之，可以说是引玄入儒，会通了儒、玄，在唐代结为新义，中经李翱等儒者发挥，由唐至宋，影响数百年之久。

由以上所举诸例可知，孔颖达《五经正义》引道玄义以解经注乃不争之事实，其于道玄之义，可谓表面疏离，实则兼容。孔颖达这种兼容道玄的思想，在其本体论、情性论、易象论等美学思想中，均留下了明显的印痕，从而使得孔氏整个美学思想在以儒为主的情况下，又增添了“儒道互补”的基本特征。

（三）遗有佛迹

孔颖达对佛家的态度，于前引《周易正义序》中基本可见。其论曰：“若论住内住外之空，就能就所之说，斯乃义涉于释氏，非为教于孔门也。既背其本，又违于《注》。”所谓不住内外，空其能所，皆佛家义谛，如《大般若经》有“不依止”、“不可住”之说，《金刚波罗蜜经》有“无住”之论等。孔颖达此论，严别儒释限域，几与后世韩愈之攘斥佛老同调。由此序，或可见孔氏排佛之坚决。然而，其实际情形却要复杂得多。

首先，孔颖达《正义》所采用的这种义疏之学的来源，便很有可能本于佛教经疏，或佛教是其源头之一。六朝佛学盛行之际，儒、佛相攻而相紊，假借释氏以诠儒家经典者本不少见，这由孔颖达本人《周易正义序》中所驳已见一斑。梁启超先生曾指出：“隋唐义疏之学，在经学界有特别价值，此人所共知矣。而此种学问，实与佛典疏钞之学同时发生。……必有彼此相互之影响。”[④]马宗霍先生则云：“南北朝崇佛教，敷座说法。本彼宗风，

---

① 李学勤主编：《十三经注疏·周易正义》，北京大学出版社 1999 年版，第 292 页。

② 李学勤主编：《十三经注疏·周易正义》，北京大学出版社 1999 年版，第 272 页。

③ 参见李学勤主编：《十三经注疏·周易正义》，北京大学出版社 1999 年版，“卷首”第 6 页。

④ 梁启超：《梁启超全集》卷十三，北京出版社 1999 年版，第 3806 页。

从而效之，又有升座说经之例。初凭口耳之传，继有竹帛之著，而义疏成矣。”[①] 黄侃先生亦揭明，魏晋以来训释儒言盖有如下特色：“变汉代经师拘守家法之习，一也。参以玄言，二也。受浮屠之渐染，三也。自下新义，四也。”认为“受浮屠之渐染”乃儒家义疏之一大特色，并言南朝梁皇侃《论语义疏》多含佛语：“自来经生持佛理以解儒书者，殆莫先于是书也。其中所用名言，多由佛籍转化。”[②] 牟润孙先生则对义疏体的形成进行了深入细致的探讨：“撰疏一事，非仅为诂经之书创辟新体例，即在我国学术史上思想史上亦为大事因缘，影响极为深远。至于其中关键所系，厥为儒家讲经之采用释氏仪式一端。僧徒之义疏成为讲经之记录，或为预撰之讲义，儒生既采彼教之仪式，因亦仿之有纪录、有讲义，乃制而为疏。讲经其因，义疏则其果也。”[③] “义疏之为书，自其文体上言，儒释亦显有类似之点。所可论者，盖有二事焉：一为其书之分章段，二为其书中之有问答。”[④] 牟先生对佛教影响于儒家讲经、注经形式所作的探讨，深入透辟，广为征引。故笔者以为，儒家义疏之学即便不全来自佛家，偶杂释氏体例则在所难免。而从孔颖达《正义》本身来看，也确实涵有佛家义疏的痕迹。

如六朝僧人解经，常用“科判”之法，“科判”，又称科分、科文、科段、科章、科节等，它是指为方便解释经论，将经典内容分章分段，再以精简扼要的文字标示各部分内容的一种解经方法。[⑤] 孔颖达虽然批评六朝儒家义疏“多引外义”比附经说之弊，但在其《五经正义》中，也自觉或不自觉中屡呈科判之痕。如《周易正义》卷一孔颖达曰：

> 从此至“元亨利贞”，明乾之四德，为第一节；从“初九曰潜龙勿用”至“动而有悔”，明六爻之义，为第二节；自“潜龙勿用”下至“天下治也”，论六爻之人事，为第三节；自“潜龙勿用，阳气潜藏”至“乃见天则”，论六爻自然之气，为第四节；自“乾元者”至“天下平

① 马宗霍：《中国经学史》，商务印书馆 1936 年版，第 85 页。

② 黄侃：《黄侃论学杂著》，中华书局 1964 年版，第 486 页。

③ 牟润孙：《论儒释两家之讲经与义疏》，《注史斋从稿》，中华书局 1987 年版，第 240 页。

④ 牟润孙：《论儒释两家之讲经与义疏》，《注史斋从稿》，中华书局 1987 年版，第 294 页。

⑤ 参见张伯伟：《佛经科判与初唐文学理论》，《文学遗产》2004 年第 1 期。

> 也”，此一节复说“乾元”之“四德”之义，为第五节；自“君子以成德为行”至“其唯圣人乎”，此一节更广明六爻之义，为第六节。今各依文解之。①

这显然已是先区分章段，后随文释经的科判之法了。类似情况于孔氏正义中所见甚夥。又如《周易正义》卷八孔疏谓“此篇章数，诸儒不同，……今从九章为说也”云云；②《周易正义》卷七孔疏谓“诸儒所释上篇，所以分段次下，凡有一十二章”云云；③《毛诗正义·魏风·陟岵》孔疏谓：“首章望父，二章望母，卒章望兄……”云云；④《礼记正义》卷二十孔疏谓“此篇之内凡有五节，……各随文解之”云云；⑤《春秋左传正义》卷一孔疏谓“此序大略，凡有十一段”云云，⑥也都留有这种科判的痕迹。

而从具体义疏条例来看，孔氏正义也似暗引佛义。如关于“体用”之说，《周易正义》卷七孔疏曰：“案乾坤是天地之用，非天地之体，今云乾坤之体者，是所用之体，乾以健为体，坤以顺为体，故云‘乾坤之体’。”⑦又曰：“圣人化物，不能全无以为体，犹有经营之忧；道则虚无为用，无事无为，不与圣人同用，有经营之忧也。”⑧《周易正义·卷首》孔颖达论曰：“是知易理备包有无，而易象唯在于有者，盖以圣人作《易》，本以垂教，教之所备，本备于有。故《系辞》云‘形而上者谓之道’，道即无也；‘形而下者谓之器’，器即有也。故以无言之，存乎道体；以有言之，存乎器用。”⑨此孔疏以道体为“无”，器用为“有”，多作“体”、“用”相待之辨。此前王弼等经学家虽论及“体”、“用”，但还未曾以“体用”范畴解释易理，孔颖达以道体、器用解释易理、有无的思想，一定程度上或是受了佛家“体用”观的

---

① 李学勤主编：《十三经注疏·周易正义》，北京大学出版社 1999 年版，第 12 页。
② 李学勤主编：《十三经注疏·周易正义》，北京大学出版社 1999 年版，第 294 页。
③ 李学勤主编：《十三经注疏·周易正义》，北京大学出版社 1999 年版，第 256 页。
④ 李学勤主编：《十三经注疏·毛诗正义》，北京大学出版社 1999 年版，第 367 页。
⑤ 李学勤主编：《十三经注疏·礼记正义》，北京大学出版社 1999 年版，第 621 页。
⑥ 李学勤主编：《十三经注疏·春秋左传正义》，北京大学出版社 1999 年版，第 1 页。
⑦ 李学勤主编：《十三经注疏·周易正义》，北京大学出版社 1999 年版，第 257 页。
⑧ 李学勤主编：《十三经注疏·周易正义》，北京大学出版社 1999 年版，第 271 页。
⑨ 李学勤主编：《十三经注疏·周易正义》，北京大学出版社 1999 年版，“卷首”第 6 页。

影响（当然也不排除本土思想资源的作用，详见本书第一章论“体用之思”部分）。对此，钱锺书先生曾有过很好的阐发，他说：

> “乾，元亨利贞”；《正义》：“天者，定体之名；乾者，体用之称。故《说卦》云：‘乾，健’者，言天之体以乾为用。”按王应麟《困学纪闻》卷一引晁说之谓“体用事理”之辩本诸佛典，“今学者迷于释氏而不自知”……《系辞》上“夫易何为者耶”句正义再三用二字：“易之功用，其体何为”，“夫子还是说易之体用之状”，“易之体用，如此而已”，诸家胥忽而不徵。夫体用相待之谛，思辨所需；释典先拈，无庸讳说，既济吾乏，何必土产？①

按照钱锺书先生所释，“体”、“用”相待之说乃出自释氏，而孔氏正义再三用之。推究六朝时佛学盛行，释家言“体用”者甚多，如《全晋文》卷一六五释僧卫《十住经合注序》曰：“然能要有资，用必有本。……斯盖目体用为万法。……夫体用无方，则用实异本。”此处“资”与“能”即“本”与“用”，亦即“体”与“用”。又如《法宝坛经·定慧》第四言“定是慧体，慧是定用”，智者《法华玄义》卷一上言“力”、“用”，暗循佛理的《文心雕龙·论说》言“滞有者全系于形用”等，皆作“体”、“用”之辨。这对于熟谙前人典籍和注疏之学的孔颖达等人来说，难免会受其潜移默化的影响，故钱锺书先生所论不为无据。

又如在《周易·序卦传》标题下，孔颖达阐发陈代大儒周氏的思想体系云：“其周氏就《序卦》以六门往摄，第一天道门，第二人事门，第三相因门，第四相反门，第五相须门，第六相病门。如《乾》之次《坤》、《泰》之次《否》等，是天道运数门也。如《讼》必有《师》，《师》必有《比》等，是人事门也。如因《小畜》生《履》，因《履》故通等，是相因门也。如《遁》极反《壮》，动竟归止等，是相反门也。如《大有》须《谦》，《蒙》稚待养等，是相须也。如《贲》尽致《剥》，进极致伤等，是相病门也。”②

---

① 钱锺书：《管锥编》第一册，中华书局 1979 年版，第 8 页。

② 李学勤主编：《十三经注疏·周易正义》，北京大学出版社 1999 年版，第 334 页。

在《周易·恒卦》卦辞之下，孔颖达又介绍了南朝大儒褚氏的学说："褚氏云：'三事，谓无咎、利贞、利有攸往。'庄氏云：'三事者，无咎一也，利二也，贞三也。'周氏云：'三事者，一亨也，二无咎也，三利贞也。'《注》不明数，故先儒各以意说。"[①] 这里，孔氏分别引用周氏、褚氏、庄氏等人所谓"六门"、"三事"等，明显源于佛教的"事数"概念。[②]

唐释道宣《续高僧传》曾载有如下一段轶事：贞观十三年，皇太子集诸官臣及三教学士于弘文馆开讲论难，纪国寺慧净法师亦参与嘉会。诏令慧净法师开《法华经》，道士蔡晃亦奉旨登座，讲道论妙。"时有国子祭酒孔颖达，心存道党，潜煽蝇言曰：'佛家无诤，法师何以构斯？'慧净答曰：'以我不平破汝不平，汝若得平即我平也。而今亦尔。以净之诤破彼之诤，彼得无诤即净无诤也。……慧净常闻：君子不党，其知祭酒亦党乎？'皇储怡然大笑，合座欢踊。"[③] 此处所载孔颖达言"佛家无诤"等语及与慧净法师论辩事，未必尽合史实，但在三教讲论之风依然盛行的文化背景下，学冠群伦的孔颖达对佛义有相当程度的了解并参与此类讨论，应在情理之中。据《旧唐书》，与孔颖达齐名的大儒陆德明就曾与道士刘进善、僧人慧乘等对议三教，随方立义，遍析其要。[④]《新唐书》还记载儒者张士衡答太子承乾问事。太子问："事佛营福，其应奈何？"张答曰："事佛在清静仁恕尔，如贪怵骄虐，虽倾财事之，无损于祸。且善恶必报，若影赴形，圣人之言备矣。为君仁，为臣忠，为子孝，则福祚永；反是，而殃祸至矣！"[⑤] 这里张士衡以儒家忠孝之义诠释佛教"因果报应"之说，以规劝太子改过，融佛于儒，可谓循循善诱。孔颖达之言行，宜大率类此。

由此约略可知，孔颖达虽无意攻玉他山，但或沾溉于流俗，遗有佛迹而不自察。此中消息，在孔颖达本体论美学思想中有所表现，并通过《五经

---

① 李学勤主编：《十三经注疏·周易正义》，北京大学出版社1999年版，第143页。

② 关于"事数"，《世说新语·文学第四》刘孝标注曾解释说："事数，谓若五阴、十二入、四谛、十二因缘、五根、五力、七觉之属。"（刘义庆：《世说新语》，中华书局1986年版，第61页）

③ 释道宣：《续高僧传》卷三《慧净传》，《大正新修大藏经》，台北财团法人佛陀教育基金会1990年版，第444页。

④ 刘昫：《旧唐书》，中华书局1975年版，第4945页。

⑤ 欧阳修等：《新唐书·儒学上》，中华书局1975年版，第5649页。

正义》的广泛而持久的传播，对后世士人崇儒又亲佛的审美品格带来较大影响，这在王维、苏轼等诸多文人以及理学家们身上似都可见出。

（四）别引谶纬

所谓“谶纬”，乃“谶”与“纬”二者的合称。而所谓“谶”，许慎《说文》云：“谶，验也。有征验之书，河洛所出书，曰谶，从言，韱声。”① 汉刘熙《释名疏证补》云：“谶，微而有效验也。”② 清代《四库全书总目》云：“谶者，诡为隐语，预决吉凶。”③ 简单地说，“谶”是秦汉间巫师、方士们编造的关于家国、人事之吉凶祸福命运的预言、隐语，因其常以某种图式或符号形式出现，故又称“图谶”或“符命”等。而所谓“纬”，许慎《说文》云：“纬，织衡丝也，从系，韦声。”清段玉裁注云：“‘衡’，各本作‘横’，……云‘织衡丝者’，对上文‘织从丝’为言。故言丝以见缕，经在轴，纬在杼，……引申为凡交会之称。汉人左右六经之书，谓之秘纬。”④ 要言之，“纬”本指织布之横丝，与“经”（纵向之丝）相对，后被汉人引申为围绕《六经》而作出某些神学化解释的文献，即以图谶的观念来附会经学义理的某些文献，汉人称之为“秘纬”。据《汉书·李寻传》，时有所谓“五经六纬，尊术显士”之说，⑤《五经》自不必说，所谓“六纬”，一般指《诗纬》、《书纬》、《礼纬》、《易纬》、《春秋纬》与《乐纬》，还有人加上《孝经纬》为“七纬”。至于“谶”、“纬”在史上何以合流，清人姚振宗在《汉书艺文志拾补》中有一段很好的说明：“纬者，经之支流，衍及旁义。盖秦汉以来，去圣日远，儒者推阐论说，各自成书，与经原不相比附，其后私相撰述，渐杂以术数之言，既不知作者为谁，因托诸孔子附会以神其说，迨弥传弥失，又益以妖妄之词，遂与谶合而为一。”⑥

具体到孔颖达等人对谶纬的态度，又要作辩证的分析。孔颖达作为一

---

① 段玉裁：《说文解字注》卷三篇上，清嘉庆二十年经韵楼刻本。

② 刘熙：《释名疏证补》卷六，清光绪二十二年刊本。

③ 永瑢：《四库全书总目》卷六《经部六》，清乾隆武英殿刻本。

④ 段玉裁：《说文解字注》卷十三篇上，清嘉庆二十年经韵楼刻本。

⑤ 班固：《汉书》卷七十五，清乾隆武英殿刻本。

⑥ 姚振宗：《汉书艺文志拾补》卷二，民国《师石山房丛书》本。

代儒宗，在主观上有远离甚至反对谶纬迷信的倾向。孔颖达《尚书·咸有一德》正义云：“天道远而人道近，天之命人，非有言辞文诰，正以神明祐之，使之所征无敌，谓之受天命也。纬候之书乃称有黄龙、玄龟、白鱼、赤雀负图衔书以授圣人，正典无其事也。汉自哀平之间，纬候始起，假托鬼神，妄称祥瑞，孔时未有其说，纵使时已有之，亦非孔所信也。”① 孔氏此番言论，既称“正典无其事”，又说“亦非孔所信”，即借“正典”及《尚书》传者孔安国的名义表达了对“假托鬼神，妄称祥瑞”的纬候之书的批评态度，颇有“子不语怪力乱神”之意。在《礼记·祭法》正义中，孔颖达引王肃、孔晁云：“虞、夏出黄帝，殷、周出帝喾，《祭法》四代禘此二帝，上下相证之明文也。《诗》云‘天命玄鸟’，‘履帝武敏歆’，自是正义，非谶纬之妖说。”② 这里，孔颖达竟借王肃等人之口批判谶纬为“妖说”，足见孔氏对谶纬之说的不满和否弃的态度。

但客观上，在孔颖达《五经正义》中，我们依然能看到一些征引谶纬之说的情况。现稍举例说明之。

如《周易·乾卦》开篇孔氏正义云：“《易纬》云：‘卦者挂也，言县挂物象，以示于人，故谓之卦。’”③ 这是引《易纬》之说解释“卦”之本义，即“县（悬）挂物象，以示于人”。又孔颖达《周易正义·卷首》论“易”之三名云：“易一名而含三义，所谓易也，变易也，不易也。……易者，易也，音为难易之音，义为简易之义，得《纬》文之本实也。盖易之三义，唯在于有，然有从无出，理则包无，故《乾凿度》云……作易所以垂教者，即《乾凿度》云……此其作易垂教之本义也。”④ 这是引《易纬·乾凿度》解释“简易”、“变易”、“不易”三名，肯定“作易垂教之本义”，认为其“得《纬》文之本实”。又《尚书·洪范》孔氏正义云：“纬候之书，不知谁作，通人讨核，谓伪起哀平，虽复前汉之末，始有此书。”⑤ 这是认真讨论纬候之书的始末。又《尚书序》孔氏正义云：“《书纬·璿玑钤》云：‘书者，如也。’则书

① 李学勤主编：《十三经注疏·尚书正义》，北京大学出版社 1999 年版，第 216 页。

② 李学勤主编：《十三经注疏·礼记正义》，北京大学出版社 1999 年版，第 1293 页。

③ 李学勤主编：《十三经注疏·周易正义》，北京大学出版社 1999 年版，第 1 页。

④ 李学勤主编：《十三经注疏·周易正义》，北京大学出版社 1999 年版，“卷首”第 4—6 页。

⑤ 李学勤主编：《十三经注疏·尚书正义》，北京大学出版社 1999 年版，第 299 页。

者，写其言，如其意，情得展舒也。”[①] 这是引《书纬·璿玑钤》解释“书”之本义，并在其基础上更作发挥。又孔颖达《诗谱序》正义云：“据今者及亡诗六篇，凡有三百一十一篇，皆子夏为之作序，明是孔子旧定，而《史记》、《汉书》云‘三百五篇’者，阙其亡者，以见在为数也。《乐纬·动声仪》、《诗纬·含神务》、《尚书·璿玑钤》皆云‘三百五篇’者，汉世毛学不行，三家不见《诗序》，不知六篇亡失，谓其唯有三百五篇。谶纬皆汉世所作，故言三百五耳。”[②] 这里孔颖达分别引《乐纬·动声仪》、《诗纬·含神务》、《尚书·璿玑钤》来论证《诗》“三百五篇”之说的来历，颇详明。又孔颖达《礼记·檀弓下》正义云：“‘《易说》’者，郑引云《易纬》也。凡郑云‘说’者，皆纬候也。时禁纬候，故转‘纬’为‘说’也。故《郑志》张逸问：‘《礼》注曰《书说》，《书说》何书也?’答曰：‘《尚书纬》也。’当为注时，时在文网中，嫌引秘书，故诸所牵图谶皆谓之‘说’云。案《易》云：‘帝乙归妹。’《易·乾凿度说》，《易》之帝乙，谓是殷汤也。‘《书》之帝乙六世王’者，亦《易纬》言也。”[③] 这里，孔颖达借郑玄答弟子张逸问的话头，解释《易纬》、《尚书纬》何以又称《易说》、《书说》等，盖其时文网罗织，所引图谶（“秘书”）等皆名为“说”以避嫌。可见孔颖达不仅自引谶纬，其对汉代以来的谶纬学史也相当熟稔。

据研究者统计，孔颖达各经《正义》所引谶纬资料甚夥，其中《周易正义》引谶纬资料 24 条，《尚书正义》引谶纬资料 16 条，《毛诗正义》引谶纬资料 180 条，《礼记正义》引谶纬资料 219 条，《春秋左传正义》引谶纬资料 41 条。[④] 如此频繁地征引谶纬资料，当非一时之疏忽，而必有其内在的原因。

笔者以为，造成这一结果的因素固然很多，但最主要的不外乎如下两个方面：一方面，孔颖达等人的撰作，是在整理和保存历代《五经》传注文献的基础上完成的，很大程度上是依据所选各经底本的传注而作进一步的疏

---

① 李学勤主编：《十三经注疏·尚书正义》，北京大学出版社 1999 年版，第 1 页。

② 李学勤主编：《十三经注疏·毛诗正义》，北京大学出版社 1999 年版，“目录”第 8 页。

③ 李学勤主编：《十三经注疏·礼记正义》，北京大学出版社 1999 年版，第 309 页。

④ 参见杨磊：《“十三经”唐宋注疏所引谶纬文献研究》，硕士学位论文，山东大学，1999 年，第 12 页。

解，而非一般意义上的另起炉灶，完全创新。既然是依传注而作疏，其在具体解经过程中就往往回避不了前人所引用的一些重要资料及相关的问题。而前代注家又多引谶纬之说，如汉代大儒郑玄等更是笃信谶纬，所作经注中谶纬之说不胜枚举，因此要想完全回避谶纬的问题是不可能的，只能实事求是，作适当的回应或处理。故某种意义上说，孔颖达《五经正义》“杂引谶纬”也是“疏不破注”、“曲徇注文”的必然结果。

另一方面，尽管谶纬之说是秦汉之际方士文化和汉代今文经学的末流，有其虚妄不实的一面，掺杂其中的一些神学迷信思想诚然为糟粕，但是作为特定时代的特定文化产物，众多谶纬文献中也保存了相当丰富的文化史料和人文观念，自有其合理或合时宜的某些成分在。例如《书纬·中候》历述周部落的发展史及文王、武王诸事迹，对研究古史不为无补；《易纬·乾凿度》论乾坤消息，对研究古代哲学思想颇有益处；《易纬·稽览图》对六日七分之候的讨论，《书纬·考灵耀》、《璿玑钤》等对古代天文知识的颇多记载，为后人研究古代律历卦候、九宫风角、象数征效等问题提供了宝贵的资料；《礼纬·含文嘉》、《稽命征》等对古代风俗典制资料的有效保存，对后世礼仪文化的发展和风俗文化史研究，颇具启发和促进意义。[①] 清人皮锡瑞在《经学历史》中曾评价纬书云：“汉儒增益秘纬，乃以谶文牵合经义。其合于经义者近纯，其涉于谶文者多驳。故纬，纯驳互见，未可一概诋之。其中多汉儒说经之文：如六日七分出《易纬》，周天三百六十度四分度之一出《书纬》，夏以十三月为正云云出《乐纬》；后世解经，不能不引。三纲大义，名教所尊，而经无明文，出《礼纬·含文嘉》。马融注《论语》引之，朱子注亦引之，岂得谓纬书皆邪说乎。”[②] 皮锡瑞认为纬书“纯驳互见，未可一概诋之”，从而对纬书作出了适当的肯定，此种评价应是客观、可取的。而经学家们援引谶纬以饰经义，对于古文献资料的保存和流传，对于经学考据、文物训诂，整体上也带来了诸多便利和帮助。

事实上，孔颖达等人援引谶纬，一般也都是取其可取之处，并非盲目照搬，如前引孔氏用谶纬诸例，即使在今天看来也并无不妥之处，反而有

---

① 参见李建国：《谶纬与经学训诂》，《河北师院学报》（社会科学版）1996 年第 3 期。

② 皮锡瑞：《经学历史》，中华书局 2004 年版，第 71 页。

助于阐明其义理。同时，对于谶纬那些虚妄不实之处，孔颖达等人也时加批评或否弃，前文对此已有说明，这里再举一例。孔颖达《春秋左传·成十六年》正义云："琼是玉之美者。《广雅》云：'玫瑰，珠也。'吕靖《韵集》云：'玫瑰，火齐珠也。'含者或用玉，或用珠，故梦食珠玉为含象也。《诗毛传》云：'琼瑰石而次玉。'《礼纬》：'天子含用珠，诸侯用玉，大夫用碧。'此声伯得有琼瑰者，案《周礼》天子含用玉，则《礼纬》之文未可全依，或可珠玉兼有，故《释例》云：'珠玉曰含。'"① 这里，孔颖达经仔细比勘多家文献，终认定《礼纬》之说不确，于是果断地说："《礼纬》之文未可全依。"

诚然，对于前人留下的各类历史文化遗产，我们可以从不同角度和层面去探究其是非得失、价值大小，但却不能不加分析地全盘肯定或全盘否定，是其是而非其非，才是更加科学、可取的态度。正如《四库全书总目》撰者所云："纬书不尽可据，亦非尽不可据，在审别其是非而已。"② 准此，孔颖达等人在撰写《五经正义》时虽引用了不少谶纬材料（尤其是纬书材料），但基本能做到多方考量，审别是非，这种客观求实的态度，更有利于去伪存真，探得事理的本相，从而自有其积极意义在。

（五）文化根因

从实际效果来看，孔颖达等人撰作《五经正义》，是对儒家经传注疏和儒家思想的一次全面的整理、规范和总结，从而结束了汉魏以来各宗派、各师门间"师训纷论，无所取正"③ 的混乱局面，终至"论归一定，无复歧途"④。该书经最后刊定，于唐高宗永徽四年颁行后，如皮锡瑞所说："自唐至宋，明经取士，皆遵此本。……以经学论，未有统一若此之大且久者。"⑤ 马宗霍亦云："自《五经定本》出，而后经籍无异文；自《五经正义》出，而后经义无异说。每年明经，依此考试，天下士民，奉为圭臬。盖自汉以来，

① 李学勤主编：《十三经注疏·春秋左传正义》，北京大学出版社 1999 年版，第 795 页。

② 永瑢等：《四库全书总目》卷十九《经部十九》，清乾隆武英殿刻本。

③ 李延寿：《北史·儒林上》，中华书局 1974 年版，第 2707 页。

④ 永瑢等：《四库全书总目》卷十五《经部十五》，清乾隆武英殿刻本。

⑤ 皮锡瑞：《经学历史》，中华书局 2004 年版，第 139 页。

经学统一，未有若斯之专且久也。”[①] 然而如前文所论，孔颖达等人主观上虽尊儒、黜道、排玄、斥佛，客观上在《五经正义》中仍多有引屈骚、道、玄乃至释家、谶纬义以释经传者，《五经正义》作为儒家经典，纯而不纯，颇含异质，形成了一种兼容并包的态势。为什么会出现这种事与愿违的情况？笔者以为其原因是多方面的，括其要者，或有如下几个方面：

其一，就《五经正义》撰作情况来说，虽由孔颖达领衔精心组织，再三磨砺，但毕竟是多人集体成果，难免有一些异质性材料和思想观念融入其中。对此，皮锡瑞曾指出：“颖达入唐，年已耄老；岂尽逐条亲阅，不过总揽大纲。诸儒分治一经；各取一书以为底本，名为创定，实属因仍。书成而颖达居其功，论定而颖达尸其过。究之功过非一人所独擅，义疏并非诸儒所能为也。……标题孔颖达一人之名者，以年辈在先，名位独重耳。”[②] 其实孔颖达入唐，年纪也不过 45 岁左右，其撰修《五经正义》之时，约莫在 65 至 69 岁之间，还不能说耄耋老迈，而实有审阅、撰作之能。尽管如此，孔颖达毕竟难于做到事事躬亲，字字雕琢，这就难免留下杂出众手而不能无谬冗的痕迹，以致引来太学博士马嘉运“驳正其失，至相讥诋”。《五经正义》远非草率杂凑之作，但毕竟各有所本，且孔颖达逝世后还历经永徽诸儒考订修改，其面目自然非孔氏一人所能定夺。

其二，就当时政治文化环境而言，孔颖达等人所处初唐是政治文化较为昌明的时代，儒、道（玄）、释多元并存的局面已初步显现，尤其是当时最高统治者对于各家教义基本采取兼容并包、为我所用的态度。如对于儒家，唐太宗宣称：“朕今所好者，惟在尧舜之道，周孔之教，以为如鸟有翼，如鱼依水，失之则死，不可暂无耳。”[③] 据《贞观政要》记载，贞观二年，唐太宗诏立孔子庙堂于国学，“稽式旧典，以仲尼为先圣，颜子为先师，两边俎豆干戚之容，始备于兹矣。是岁，大收天下儒士，赐帛给，传令诣京师，擢以不次，布在廊庙者甚众。学生通一大经已上，咸得署吏。国学增筑学舍四百余间。国子、太学、四门、广文亦增置生员，其书筭各置博士、学生以备众艺。太宗又数幸国学，令祭酒、司业、博士讲论，毕，各赐以束帛。四

① 马宗霍：《中国经学史》，商务印书馆 1936 年版，第 94 页。

② 皮锡瑞：《经学历史》，中华书局 2004 年版，第 142 页。

③ 吴兢：《贞观政要》卷六，《四部丛刊续编》影明成化刻本。

方儒生负书而至者，盖以千数。俄而吐蕃及高昌、高丽、新罗等诸夷酋长亦遣子弟请入于学。于是国学之内，鼓箧升讲筵者，几至万人。儒学之兴，古昔未有也。”① 唐太宗如此尊孔崇儒，大兴儒教，其措施之有效，影响之深远，在史上历代帝王中几无以复加。并且，唐太宗一直倡导虚怀纳谏，《新唐书·杜正伦传》等文献对此都有明文记载，这又为屈骚式“忠规切谏”精神留下了发展的空间。对于道家，由于其鼻祖老子（李耳）与李唐王朝同姓的缘故，李唐视老子为先祖，故亦被器重。贞观十一年，唐太宗特颁《令道士在僧前诏》，抬举道家地位，并称赞云：“老君垂范，义在清虚；……大道之兴，肇于邃古，源出无名之始，事高有形之外，迈两仪而运行，包万物而亭育，故能经邦致治，返朴还淳。”② 后来，唐玄宗为“尊崇道本，宏益化源”，还在《命贡举加老子策制》中规定“老子《道德经》，宜令士庶家藏一本”③，贡举时必须加试老子策。对于释家，唐太宗的态度也是肯定的，他在《大唐三藏圣教序》中说：“佛道崇虚，乘幽控寂；宏济万品，典御十方。举威灵而无上，抑神力而无下。大之则弥于宇宙，细之则摄于毫厘。无灭无生，历千劫而不古；若隐若显，运百福而长今。妙道凝元，遵之莫知其际；法流湛寂，挹之莫测其源。”④ 这里，唐太宗指明佛教“佛道崇虚，乘幽控寂”等典型特征，并赞扬佛教“宏济万品，典御十方。举威灵而无上，抑神力而无下”的玄妙功能。他还在该序文中高度赞扬玄奘西域取经17年的辛劳，表彰其“探赜妙门、精穷奥业”的坚忍不拔精神和译经657部的光辉成就。对于谶纬，唐太宗等人也采取了较为宽容甚至利用的态度。据史载，隋恭帝义宁二年（618年），“文武将佐裴寂等上疏高祖（李渊）劝进，寂又依东汉赤伏符故事，奏神人慧化、尼卫、元嵩等歌谣诗谶，遂择日正大位。”⑤ 也就是说，李渊父子当初曾效法东汉光武帝刘秀，借助谶纬歌谣的力量而荣登帝座，而当时众神人所献歌谣诗谶不少，如“东海十八子，八井唤三

① 吴兢：《贞观政要》卷七，《四部丛刊续编》影明成化刻本。

② 唐太宗：《令道士在僧前诏》，载董诰等编：《全唐文》卷六，清嘉庆内府刻本。

③ 唐玄宗：《命贡举加老子策制》，载董诰等编：《全唐文》卷二十三，清嘉庆内府刻本。

④ 唐太宗：《大唐三藏圣教序》，载董诰等编：《全唐文》卷十，清嘉庆内府刻本。

⑤ 《唐受命谶·劝进疏引谶》，载清曹寅编：《全唐诗》卷八百七十五，文渊阁《四库全书》本。

军，手持双白雀，头上戴紫云"[①]，等等。又据《旧唐书·列传》载："贞观初，太白频昼见，太史占曰：'女主昌。'又有谣言'当有女武王'者，太宗恶之。时君羡为左武卫将军，在玄武门。太宗因武官内宴，作酒令，各言小名，君羡自称小名'五娘子'，太宗愕，因大笑曰：'何物女子，如此勇猛！'又以君羡封邑及属县皆有'武'字，深恶之。会御使奏君羡与妖人员道信潜相谋结，将为不轨，遂下诏诛之。"[②] 这里，英明神武如唐太宗是否真心相信谶纬之说容当别论，但其借谶纬之说铲除异己却基本属实。既有如此这般的背景，可以想见谶纬在唐初非但未受打击，反而被李唐统治者巧相驱使。若再对比此前历代帝王对待谶纬的态度，其间差别更形微妙。据《隋书·经籍志》载，"至宋大明中，始禁图谶，梁天监已后，又重其制。及高祖受禅，禁之踰切。炀帝即位，乃发使四出，搜天下书籍与谶纬相涉者，皆焚之。为吏所纠者至死。自是无复其学，祕府之内，亦多散亡。"[③] 也就是说，从南朝宋至隋朝文、炀二帝，均对谶纬迭加禁毁。相比之下，谶纬在唐初所得待遇要好得多，诸如《五经》各纬及《论语谶》等甚至很流行。直至安史乱后，唐朝国势日衰，为防止异己势力图谋不轨，唐统治者开始重新打压和禁锢谶纬，如唐代宗诏云："谶纬不经，蠹深于疑众，盖有国之禁，非私家所藏。……去左道之乱政，俾彝伦而攸叙，自四方多故，一纪于兹。"[④] 当然这已经是后话了。

总之，在对待儒、道、释及谶纬诸家的关系上，唐太宗的处理方式总体上是相当豁达圆通的。如唐代僧人神清所言："释宗以因果，老氏以虚无，仲尼以礼乐，沿浅以洎深，籍微而为著，各适当时之器，相资为美。"[⑤] 孔颖达与唐太宗君臣相善，行止默契，唐太宗这种兼容并包的态度，自然影响到孔颖达等人对道、玄、释及谶纬诸家的汰除留有余地。

其三，就《五经正义》学术渊源来说，南北朝时期，南北两地经学所

---

① 《唐受命谶·劝进疏引谶》，载清曹寅编：《全唐诗》卷八百七十五，文渊阁《四库全书》本。

② 刘昫：《旧唐书》卷七十《列传第二十》，清乾隆武英殿刻本。

③ 魏徵等：《隋书》卷三十二《志第二十七》，清乾隆武英殿刻本。

④ 刘昫：《旧唐书》卷十一《本纪第十一》，清乾隆武英殿刻本。

⑤ 释神清：《圣人生第二》，《北山录》卷一，台湾文史哲出版社 1974 年版。

尚有异。《隋书·儒林传》载云："南北所治章句，好尚互有不同，江左《周易》则王辅嗣，《尚书》则孔安国，《左传》则杜元凯，河洛《左传》则服子慎，《尚书》、《周易》则郑康成，《诗》则并主于毛公，《礼》则同遵于郑氏。大抵南人约简，得其英华，北学深芜，穷其枝叶。"① 即《隋书》撰者认为，以王弼（王辅嗣）、孔安国、杜预（杜元凯）等人为代表的南学（江左之学）崇尚约简，得其英华；以服虔（服子慎）、郑玄（郑康成）等人为代表的北学（河洛之学）崇尚深芜，穷其枝叶。相比之下，南学似更能代表经学发展由章句训诂到义理阐发的历史趋向。《隋书》本系魏徵、孔颖达等唐初儒臣共同编纂而成，代表了大唐官方的意志。因此，孔颖达主撰《五经正义》，虽兼容南北之学，仍以南学为主。其中《周易正义》宗王、韩注，而王、韩皆援老庄解易；《尚书》、《毛诗》、《左传》正义皆据刘焯、刘炫旧疏删定，二刘皆有引道玄之言者；《礼记》正义乃据皇侃疏为本，而皇侃义疏中，亦多引道玄义解经。故各经正义遗有道玄之言乃势所必然。杨向奎先生曾指出："这一种推崇老庄的风气，一直到初唐仍然存在，……唐人正义引用老子者不下几十条，引用庄子者也有几处，出于唐人的隋书经籍志也充分表达了这种思想。"② 又魏晋之后，佛学盛行，释氏与名士、儒者多有交往，影响所及，学者每以佛义解说儒家经典，致使儒家经疏中杂有佛家之说。孔颖达虽不以佛义释经，然《五经正义》乃据旧疏而成，其疏中留有佛家之迹在所难免。至于谶纬之说，如前所述，各经传注者皆有不同程度的征引，尤以郑玄、刘焯、刘炫等人为甚，而孔颖达等人承传其旧疏者甚多，自然难脱谶纬之说。因此，孔氏《五经正义》之形成兼容性特征，也可说是儒、道、玄、释及谶纬诸家长期交涉的必然结果。

其四，就《五经正义》撰作宗旨来说，本就具备含纳儒、道、玄、佛诸家精义的可能性（谶纬之学毕竟是文脉支流，影响有限，这里可不论）。道家哲学虽推崇虚无、崇尚自然、宣扬无为，但并不完全排斥实有、人伦、有为，因而在实有、人伦、有为等方面，它可以找到与儒家思想的交会点。玄学本源于老庄道学，而佛教自汉末就依附于方术及黄老之学而得以生存，

① 魏徵等：《隋书》卷七十五《列传第四十》，清乾隆武英殿刻本。

② 杨向奎：《唐宋时代的经学思想》，《文史哲》1958年第5期。

其在概念范畴、思维方式等方面与玄学颇为相似，东晋以后，佛教与玄学更趋于合流。因此，道家与玄学、佛家都有某种内在勾连关系。这样，道家“有无相生”之论，既通过“有”的桥梁与儒家接轨，又通过“无”的桥梁与佛、玄相通，“有无”之论便分别成为儒、道、玄、佛的融合点。唐代君臣把握了这一要义，从有无相生、无中生有的基点出发，兼容道、玄、佛于儒家：在哲学观念上，以道玄无为之思和佛家色空之辨补充儒家的形而上品格；在政治举措上，以道家无为无不为名义去推行儒家有为之实；在文化政策上，则尊循儒家经典，弘扬儒家教义，实施明经取士制度，从而形成一套极富于弹性和包容性的封建政治文化制度。对此，学究天人之际、深谙古今之变的孔颖达等人当深有会心，从而潜移默化地影响到《五经正义》的撰作风貌。

考唐初之政治文化环境和学术风尚若此，流风所渐，几少有人能禀持一种纯而又纯的价值理念。如与孔颖达共撰《隋书》的一代儒臣魏征，少为道士。与孔颖达同为“十八学士”的褚亮，学儒又学佛。曾参与撰写《礼记正义》的硕儒贾公彦在其《仪礼注疏》开篇序言中就公然声称：“窃闻道本冲虚，非言无以表其疏；言有微妙，非释无能悟其理。”① 他对释家妙理的认同溢于言表。而参与撰写《周易正义》的太学博士马嘉运早先是沙门出身：“马嘉运者，魏州繁水人也。少出家为沙门，明于《三论》。后更还俗，专精儒业，尤善论难。”② 马嘉运治学先佛后儒，可以想见其儒学中的佛学底蕴。又以唐代几大诗人而论，李白受过道教之符，每以“谪仙”见称，但又自名“青莲居士”，以佛典作为自己的别号；杜甫世代书香，常以“穷儒”自命，但又“身许双峰寺，门求七祖禅”，成为北宗的信徒；王维深受佛教的影响，写过《六祖能禅师碑铭》，但也“愿奉无为化，斋心学自然”，颇似老、庄的传人；白居易尊奉儒学思想自不必说，释、道并举的观念亦常充斥于其诗文作品中，如“禅僧教断酒，道士劝休官”（《洛下寓居》）、“达摩传心今息念，玄元留语遣同尘”（《拜表回闲游》）、“病来道士教调气，老去山僧劝坐禅”（《负春》），等等，堪称三教兼修的典范。③ 如此之例，不胜枚举。即便

---

① 李学勤主编：《十三经注疏·仪礼注疏》，北京大学出版社 1999 年版，第 1 页。

② 刘昫：《旧唐书》，中华书局 1975 年版，第 2603 页。

③ 参见陈炎：《儒、释、道与李、杜、王》，《中国文化研究》2001 年秋之卷。

名重一时的大儒如孔颖达，其情形亦庶几类此。近世学者章太炎有云："《正义》依王、韩为说，往往杂以清谈；后之解者，因清谈而入佛法。……如欲穷究《易》理，则不但应取老、庄，即佛亦不得不取。"① 陈寅恪亦曰："凡新儒家之学说，似无不有道教或与道教有关之佛教为先导。"② 可以说，孔颖达《五经正义》兼容道、玄而暗融佛义，很大程度上开启了唐代诗学和儒学的新契机。如中唐诗论家皎然从诗学理论的角度总结出儒、道、释诗学的共同旨归，即"文外之旨"。其《诗式》卷一《重意诗例》云："两重意已上，皆文外之旨。若遇高手，如康乐公，览而察之，但见情性，不睹文字，盖诣道之极也。向使此道，尊之于儒，则冠《六经》之首。贵之于道，则居众妙之门。精之于释，则彻空王之奥。"③ 唐世儒者亦常援引道、释，谈经而杂以道、释之义，如李翱《复性书》之类，即其显例，并由此进一步迈向儒、道、释合一的新儒家学说。

综上所述，孔颖达等人治经，其整体学术思想风貌是融汇古今，学兼南北，统摄儒、道、释、骚及谶纬等各家各派学术，堪称中国封建社会中期学术思想的一次大总结。孔颖达《五经正义》的最终完成并颁行全国，一方面大大加强了儒家经学的统一性、规范性，使得史上有关儒家经学的今古文之争、南北学之争以及其他各宗各派、师学家学之争俱成为历史，另一方面又自觉或不自觉地拓展了儒家思想的兼容性，培植了它的异质性，使得屈、道、玄、佛甚至谶纬等"外义"融入了儒家思想体系；一方面，它作为唐代最为权威的儒家典籍，为有唐一代乃至宋初统治者的经邦济世提供了最基本的思想观念和理论参照，另一方面，它作为科举取士的钦定教材，对唐初以降广大士人的精神人格、言行践履产生多维而深远的影响；而后来的主流思潮如宋明理学、清代朴学等，或重义理，或重考据，也都与此有着深厚的文脉关联。有论者曾指出："儒家自有六朝而后活血新注，自有宋明而后道统益尊。隋唐上承下启，实兼两端。"④ 笔者以为，兼正统性和异质性于一体

---

① 章太炎：《国学讲演录·经学略说》，华东师范大学出版社 1995 年版，第 67 页。

② 《陈寅恪先生全集》，台湾里仁书局 1980 年版，第 1364 页。

③ 皎然：《诗式》，载何文焕辑：《历代诗话》，中华书局 1981 年版，第 31 页。

④ 龚鹏程：《孔颖达〈周易正义〉及其"观我生"论》，载《周易研究论文集》第 3 辑，北京师范大学出版社 1990 年版。

的孔颖达《五经正义》，则可视为这“上承下启，实兼两端”的最佳儒学标本。而对于孔颖达诗学、美学思想研究，我们亦应由此追寻某些文化历史的根因。

三、《五经正义》美学思想研究概况

（一）研究现状及意义

孔颖达以主撰《五经正义》播名于史，其治经，文无分古今，学不忌南北，义不离儒道释骚，乃至援玄、纬以绎经，终能冶汉魏六朝诸家传、注于一炉，而集其大成。《五经正义》虽出于群体之手，疏解所示，未必尽出孔颖达一己之见，但他以“国子祭酒”身份统领其事，实系该群体的学术代表，依当时惯例，《五经正义》系于孔颖达名下，似并无大碍。从后世流传情况来看，署名者称其名，未署名者隐其名，而《五经正义》唯一署名者为孔颖达，故后世将其著作权归之于孔氏，亦未尝不可。而本书在具体写作过程中，为避免不必要的繁复和歧见，在不影响理论分析和价值判断的情况下，如非特别说明，一般也视孔颖达（简称孔氏）为《五经正义》的撰作者，而暂隐去其他撰作者的姓名，即以孔颖达为《五经正义》撰作群体的代表者。孔颖达《五经正义》虽历来被视为经学诠解文本，但涵有丰赡的美学营养，尤能见出儒家美学发展的历史线索。其中《毛诗》、《乐记》、《周易》诸经孔氏正义，包含了大量的美学一手资料，其余各经孔氏正义，所保留儒家以礼乐为中心的一手及二手资料，也极为丰富，实系研究中国古典美学、尤其是儒家美学及其承传脉络的宝贵资源。孔氏正义虽大致依循“疏不破注”的原则，一定程度上束缚了手脚，但总体上于平亭折中的疏解中，时出新义和创见。孔氏正义疏解《毛诗》、《礼记》、《乐记》、《周易》诸经，彼此相互发明，所涉“诗缘政作”、“性情教化”、“礼乐相须”、“气类相感”等观点和思想，凸显了儒家美学以性情教化为基础、以礼乐诗歌为核心、以气类相感之生命精神为本原的基本特征。而其立足儒学、兼融道玄释骚的解经态势，一定程度上又突破了传统的“美刺”、“教化”等经学藩篱，为儒家诗学、美学的扩容，为唐代以降经学的审美化取向开启了门径。

然而，孔颖达《五经正义》美学之名，久为经学所掩，历代学人多是从经学与训诂的角度对之加以研究，而很少注意到其中的诗学与美学问题。现代学者虽乐于在诗论、文论中引述《五经正义》片言只语，但依然缺少专门而系统的研究。之所以造成此等现状，在笔者看来，其主要原因大略有四：其一，《五经正义》一开始即是以经学教本的面目承传下来的，作为传统经学教本，人们自然更多是从经学或经学史、语言文字学或语言学史以及版本目录校勘学等领域对其展开研究，即使有零星的诗学、美学阐发，终究服从于其经学研究的主旨；其二，《五经正义》自身内容极其繁富庞杂，远不如一般经典著作简约，有关其诗学、美学资料爬梳剔抉的难度，令不少研究者望而却步；其三，今文经学一派，长期视古文《尚书》、《左传》、《周礼》等为伪作，"五四"以来"疑古"派学者进一步以现代观点张扬此说，致经典之真伪面目难明，令学者多所顾忌、畏葸不前；其四，自清季以来，不少学人指责孔颖达《五经正义》株守"疏不破注"原则，因循守旧有余，开拓创新不足，对其批判尚自不暇，遑论阐幽发微？

诚然，作为儒学经典的《五经正义》没有专门、系统地去阐发美学观点和思想，它谈不上是文艺学著作，亦不能说是美学著作，但其中所蕴含的丰富的文艺学、美学思想却不容我们否弃或忽略。这种情况与马克思《1844年经济学——哲学手稿》并非美学著作却深蕴美学思想相类。钱锺书先生曾经指出，我们在考究中国古代美学或文艺理论时，不能"注意力常给名牌的理论著作垄断去了"，而应该广取博收，因为在中国古代的"诗、词、随笔里，小说、戏曲里，乃至谣谚和训诂里，往往无意中三言两语，说出了精辟的见解，益人神智；把它们演绎出来，对文艺理论很有贡献"①；他在《管锥编》中论及《毛诗正义·关雎序》时又说："仅据《正义》此节，中国美学史即当留片席地与孔颖达。不能纤芥弗遗，岂得为邱山是弃之借口哉！"② 钱先生明确提示我们，作为经学训诂之作的《毛诗正义》乃至整个《五经正义》，其实也蕴含着美学与文论方面的精辟见解，值得我们去深入发掘。王文生先生亦指出："孔颖达的文学思想，除了这里对抒情文学表现方法的总

① 钱锺书：《七缀集》，上海古籍出版社 1985 年版，第 29 页。

② 钱锺书：《管锥编》第一册，中华书局 1979 年版，第 62 页。

结之外，还有关于诗歌的起源，‘诗言志’的实质，诗、乐、舞的关系，诗与政治、道德理性的关系等等方面的论述，散见于《五经正义》之中。他的理论自成体系，其深度、广度可谓前无古人。而且，随着《五经正义》的广泛传播，他的文学思想对后世的影响终绝不在《文心雕龙》、《诗品》这些著名理论名著之下。……可惜的是各种《文学批评史》或《文学批评通史》里，都只是对他的论述偶加摘引，而没有专章评论。这不能不是一个深深的遗憾。”① 王先生虽然主要是从文学的角度立论，但对于孔颖达美学思想的研究现状亦同样适用。

所幸的是，20 世纪下半叶，简帛文书等地下材料的发掘、整理与考索，基本廓清了《五经》真伪的迷雾，《五经》作为先秦典籍的真实性、可信性，已被大体确认。这为本书的开展，创造了必要的先决条件。《五经正义》诗学、美学阐释的边缘化状态，近年来也逐渐得到改观。

事实上，已有一些学界前辈、时贤对《五经正义》的诗学和美学思想作了一些筚路蓝缕的探索工作。例如早年朱自清先生曾专门著述《诗言志辨》，主要从献诗陈志、赋诗言志、教诗明志、作诗言志四个方面对“诗言志”作了综合考察，并引孔颖达《诗大序》疏文，剖析了孔氏诗学对六朝诗论的文脉承传关系，这对于孔氏《五经正义》的诗学、美学研究无疑有着导其先路之功。然而由于其论题集中于对“诗言志”的论述，加上侧重对文献资料的考索，故未能对孔氏诗学、美学展开更广泛、深入的研究，这就给后人留下了更多阐释发挥的空间。② 从 20 世纪 80 年代起，关于孔颖达诗学方面的研究有了一定的进展。如霍松林先生的《诗述民志——孔颖达诗歌理论初探》一文，从传统的“诗言志”这一论题入手，较为详细地辨析了孔颖达有关“情志”的观点、孔氏“诗述民志，乐歌民诗”之论以及孔氏对“赋、比、兴”等问题的看法，充分肯定了孔氏“诗述民志”论的历史进步意义。这是较早从诗学角度阐释《毛诗正义》的专论，给人不少重要启示。但是霍先生在阐释上主要限于《毛诗正义》的有关材料，而未能旁及其他诸经丰富的诗学和美学理论资源，未免有些美中不足。③ 其后，叶朗先生在《中国美

① 王文生：《论情境》，上海文艺出版社 2001 年版，第 191 页。

② 参见朱自清：《诗言志辨》，华东师范大学出版社 1996 年版，第 1—39 页。

③ 参见霍松林：《诗述民志——孔颖达诗歌理论初探》，《文艺理论研究》1981 年第 2 期。

学史大纲》中，曾以一节文字对孔颖达“情志一也”命题作出重新解释，论证它在中国美学史上的重要价值和意义，对霍先生所提及的孔氏“情志”观问题作了进一步的理论开掘，惜乎其具体论域仅囿于“情志”一隅，多少给人一种遗珠之憾。①

至20世纪90年代，台湾张宝三先生的学位论文《五经正义研究》对孔氏正义之版本、体式、内涵、校勘、训诂、修辞、思想观念等作了详细的梳理论证，在文献研究方面堪称典范，只是因研究视角、立意所限，没能从诗学或美学的角度对其更加阐扬。② 澳门大学邓国光先生的《唐代诗论抉原：孔颖达诗学》一文则以诗心、诗用、诗法三题勾画孔氏诗学概貌，剔抉出孔氏诗学中诸如言志抒愤、谏诤救世、六义兴象等诗学、美学义涵，颇能启人耳目。③ 日本学者野间文史所撰《五经正义の研究：その成立と展开》一文，主要从《五经正义》的修撰、征引文献、版本与校勘等方面展开述论，亦体现了一种文献考索与科学实证的功夫。④ 而中国大陆学者张启成先生的《论〈毛诗正义〉与诗经学》一文，大致探讨了《毛诗正义》成书的由来及其诗经学背景、撰作体例及其阐释方式、《诗经》的编定及三颂体制问题、《诗经》的赋比兴手法和章句结构形式问题等，充分肯定了孔氏《毛诗正义》在诗经学方面的开拓精神以及在文学、文体学等方面的重要贡献。⑤2000年以来，关于孔颖达美学的研究得到了进一步的关注。如高林广先生的《〈五经正义〉诗乐思想管窥》一文主要从孔氏诗学政教观、情志观、诗乐关系等角度梳理辨析孔氏诗乐美学思想，颇见推陈出新之功。⑥ 王海英女士的《孔颖达〈五经正义〉与唐代文论》一文则扼要论述了孔颖达的诗教观、情志观、文质观以及《五经正义》所包含的儒家思想对唐代文学和文论的正面影响，亦颇有见地。⑦ 刘玉建先生的《论唐代易学名家孔颖达的易象观》一文则主要讨论

① 参见叶朗：《中国美学史大纲》，上海人民出版社1985年版，第254—258页。

② 参见张宝三：《五经正义研究》，博士学位论文，台湾大学中国文学研究所，1992年。

③ 参见邓国光：《唐代诗论抉原：孔颖达诗学》，载《唐代文学研究》第七辑，广西师范大学出版社1998年版，第848—862页。

④ 参见野间文史：《五经正义の研究：その成立と展开》，东京研文出版社1998年版。

⑤ 参见张启成：《论〈毛诗正义〉与诗经学》，《贵州文史丛刊》1998年第5期。

⑥ 参见高林广：《〈五经正义〉诗乐思想管窥》，《内蒙古大学学报》2001年第2期。

⑦ 参见王海英：《孔颖达〈五经正义〉与唐代文论》，《中国文学研究》2001年第2期。

了孔颖达易象观的三个方面，即“八卦之象”、“随义而取象”、“易含万象”，虽属哲学性质的阐发，但为后续的审美研究提供了有益的参照。[①] 而蒋方、张忠智的《试论〈毛诗正义〉之“文势”说》一文则集中梳理了文论领域的“势”范畴的文脉流变情况及其在《毛诗正义》中的具体表现，彰显了孔氏“文势”说的文艺史意义。[②] 李建国先生的《论孔颖达对〈诗经〉创作艺术的理论总结》一文则通过梳理《毛诗正义》对《诗经》的篇章结构形式、赋比兴创作手法等问题的多方阐发，积极评价了孔氏《五经正义》的理论价值。[③] 林国兵先生的《孔颖达的易学理论与美学智慧》一文在梳理孔氏易学上承王弼义理易学的基础上，进一步凸显了孔氏气类相感、感物动情等美学思想。[④] 黄贞权先生的《孔颖达〈毛诗正义〉的文学阐释思想》一文在介绍《毛诗正义》的成书背景、成书体例和阐释方式的基础上，就文学阐释的着力点、赋比兴问题、情志观问题等展开了讨论。[⑤] 王长华、易卫华的《孔颖达〈诗〉学观论略》一文主要围绕《毛诗正义》的撰作情况、政教与抒情诗学观、《诗经》“六义”问题、《诗经》“乐歌”性质问题表明了自己的见解。[⑥] 张立兵先生的《〈毛诗正义〉的性情思想探析》一文则集中对《毛诗正义》的“性论”、“情论”和“性情教化论”三题作出了简明的分析。[⑦] 刘顺先生的《〈周易正义〉对唐诗的影响》一文则分别从“易史结合”、“象体理用”、“易理通变”三个角度考察了《周易正义》对唐代诗艺的影响。[⑧] 这些成果均予人不同程度的启发。值得一提的是近年来完成的三篇用功甚勤的论著，其一是汪祚民先生的《诗经文学阐释史（先秦—隋唐）》，该著力图通过对先

---

① 参见刘玉建：《论唐代易学名家孔颖达的易象观》，《社会科学战线》2004 年第 3 期。

② 参见蒋方、张忠智：《试论〈毛诗正义〉之“文势”说》，《北方论丛》2003 年第 4 期。

③ 参见李建国：《论孔颖达对〈诗经〉创作艺术的理论总结》，《贵州文史丛刊》2004 年第 2 期。

④ 参见林国兵：《孔颖达的易学理论与美学智慧》，硕士学位论文，安徽师范大学，2004 年。

⑤ 参见黄贞权：《孔颖达〈毛诗正义〉的文学阐释思想》，硕士学位论文，暨南大学，2005 年。

⑥ 参见王长华、易卫华：《孔颖达〈诗〉学观论略》，《河北师范大学学报》（哲社版）2007 年第 1 期。

⑦ 参见张立兵：《〈毛诗正义〉的性情思想探析》，《扬州大学学报》（人文社科版）2007 年第 4 期。

⑧ 参见刘顺：《〈周易正义〉对唐诗的影响》，《江淮论坛》2007 年第 5 期。

秦至隋唐《诗经》评论资料的梳理研析，探寻《诗经》经学诠释与文学诠释间复杂的相互关系，其第五章有“《毛诗正义》与《诗经》的文学阐释”一节，就孔疏对《诗经》句法章法的总结、对《诗经》文本的阐释义例、对《诗经》作品的个案鉴赏等论题，作出了颇有理据的阐释和发挥。[①] 其二是谢建忠先生的《〈毛诗〉及其经学阐释对唐诗的影响》，该文主要从“毛诗的流衍性质、作用和影响”、“毛诗及其经学阐释与唐人诗学观”、“毛诗及其经学阐释与唐代诗歌创作”三个方面展开论述，其中论及孔氏诗学对唐代文艺的影响，条理清晰论证翔实，多有发人深省之处。[②] 其三是韩宏韬先生的《〈毛诗正义〉研究》，该文虽主要从“文献研究”和“经学研究”角度展开论述，但其中论及《毛诗正义》之“情志观”、“比兴观”、“语境观”等文学思想，甚是妥帖周到。[③] 此外，还有部分相关文献，或主题不在孔颖达诗学与美学而零星论及者，或以资料性研究为主、理论特色不明显者，将在后面正文中视引用情况随机注出，这里不再一一论列，其他笔者目力未及者也容后续补充。而某些经学史类论著，如皮锡瑞的《经学历史》、马宗霍的《中国经学史》、姜广辉的《中国经学思想史》、本田成之的《中国经学史》等，也或多或少地论及孔颖达学术和思想，但论旨均无关孔氏诗学和美学，可视为本书研究的外围背景资料，这里亦不再赘述。

总的说来，这些前辈、时贤不辞劳苦的探索工作，已积累有相当丰富的研究材料和成果，从不同角度推进了对孔颖达《五经正义》的诗学研究，并对进一步开展本书研究提供了诸多启迪和参照。但毋庸讳言的是，相对于整个《五经正义》的美学思想体系来说，这些成果多还停留在局部领域或零散状态，宏观整合性研究做得还远远不够。就现有研究成果来说，则主要集中在诗乐理论、诗文修辞和诗经学文献、训诂研究领域，而对于孔颖达诗学、美学中的其他诸多重要论题，如孔颖达诗学、美学中的本体论、情性论、易象论、言意论、审美教化论、律历融通论、审美诠释论、历史影响论等问题，其关注和重视的程度远远不够，而这些问题又恰恰是中国古典美学

---

① 参见汪祚民：《诗经文学阐释史（先秦—隋唐）》，人民出版社 2005 年版，第 302—340 页。

② 参见谢建忠：《〈毛诗〉及其经学阐释对唐诗的影响》，博士学位论文，首都师范大学，2006 年。

③ 韩宏韬：《〈毛诗正义〉研究》，博士学位论文，山东大学，2007 年。

中非常根本、核心的问题，这些问题得不到应有的阐发，则孔颖达美学的价值、意义和影响就无从正确地认识和定位。事实上，孔颖达诗学、美学全貌究竟若何，至今仍是若明若暗，全面研究《五经正义》美学思想的专门性论著迄今尚付阙如。钱锺书先生当年曾在《管锥编》中呼吁“中国美学史当留片席地与孔颖达”，这一重要课题，仍亟待完成。

有鉴于此，笔者不揣浅陋，试图对孔颖达《五经正义》所蕴含的各种美学资料、思想观点、理论潜质进行阐发，努力发掘孔氏《五经正义》有关诗学、美学新解，审视其经学和美学交融互渗、相辅相成的复杂样态，考察其理论概貌、历史意义与综合影响，以为中国古典美学研究添砖加瓦。本书若能按质按量地完成，庶几能弥补中国美学史研究的一个薄弱环节，并对进一步深化中国传统诗学、美学研究，促其实现现代转换，亦具有一定的理论价值和实践意义。

（二）基本研究内容

本书将主要从三个大的方面对孔颖达诗学、美学展开考察：其一，综论孔颖达哲学美学思想，阐发孔氏《五经正义》中以“道”论为本原，以“气”论为基础的生命本体论思想，并由此对孔氏哲学美学中的“道气”、“有无”、“体用”、“变易”、“情性”、“易象”、“言意”等范畴作出较为深入的剖析；其二，从儒家传统文化“礼乐互动”的背景中，从诗教、礼教和乐教的复杂关系中，剔发孔颖达“诗缘政作”、“诗歌民志”、“诗乐同功”、“二艺分途”、“礼乐相须”、“礼乐教化”、“律历融通”等儒家诗乐美学理论，并对《诗经》学史上诸如“三体三用”、“孔子删诗”等历史争议性问题作出批判性阐发和总结；其三，在传统经学诠释学和西方诠释学的背景中，尽可能发掘孔颖达解经过程中所显示的诸如“随文释义”、“体无恒式”、“立足文本”、“学理通观”等审美诠释原则和思想，并就后世对孔氏诗学和美学思想的诠解和接受作一个综合性的评估。

具体地说，本书所论孔颖达美学思想主要包含如下一些内容：

从美学本体论入手，孔颖达《五经正义》通过对哲学上的“生生之道”、“有无之辨”、“体用之思”、“变易之理”等论题的梳理和阐发，初步构建了以气本论为基础的美学思想体系，彰显了中国传统美学生生不息的精神、主客融和的特质和自然感性的色彩。以此为基点，孔颖达对情与性、情与志等传统美学问题多加剔抉，提出了建基于气类相感论的性情论与感物动情之说，并引“发愤抒情”的楚骚美学诠解“诗言志”，披露了魏晋以来诗骚合流的历史印痕；其首倡“情志一也”的著名命题，更可见汉魏以降“诗言志”向“诗缘情”递嬗的文脉历程。

孔颖达《五经正义》还努力恢复易学“重象”的传统，其对于“易象为本”、“观物取象”、“兴必取象”等易学传统问题的多方阐发，一方面直接推进了由“易象”到“审美意象”的转变，加强了“审美意象”的层深创构；另一方面以易象释诗兴，充分肯定易象“若诗之比喻”的诗性功能，发展了传统的诗学比兴观，并从理论上贯通了《诗》和《易》。而孔氏对“言意”问题的有关辨析，则不仅重新确认和发挥了《易传》以来“立象尽意”的表意方式，而且开辟了“立言尽意”的新途，促使“言”、“象”由两相对立走向互动互补，完善了中国传统的诗性思维模式。孔颖达还进一步深化了“太虚之象”的审美蕴涵，为唐代“意境”等美学范畴的诞生和成熟，奠定了厚实的理论根基。

孔颖达《五经正义》综合秦汉诗论各说，提出“诗有三名”（即“承也”、“志也”、“持也”）的论断，足可涵盖儒家诗学之大端，并能见出儒家诗学功能论之历史演进；孔颖达据其哲学“体用”观所提出的“三体三用”说，较合理地解决了《诗经》“六义”问题的一系列难题；其对“孔子删诗”等问题的精彩考论，则在《诗经》学史上产生了深远的影响。在诗乐关系方面，孔颖达既倡导“诗乐同功”、“诗乐相将”、“《诗》皆入乐”等诗乐一体观，又仔细考察了诗与乐“辞变声常”、诗乐舞三位一体等复杂文艺现象，并由此进一步追溯上古之乐教统诗教，春秋以降诗乐两艺、两教分途的历史轨迹，具有重要的美学和文化学意义。

孔颖达《五经正义》以儒家礼乐传统为基础，分别就“礼乐相须”、“礼乐兼有，所以为美”、“时政善恶见于音”、“乐出于人而还感人”等论题展开深入讨论，将儒家礼乐文化理论推向新的高度；且全面论述了礼乐之教的一般宗旨、原则和意义，一般教学经验和方法，以及教学中应该防范的一些问题等，对唐代的文化教育和审美教育产生深远的影响。孔颖达还充分注意到“律历融通”这一文化现象的重要意义，以气本论为根基，从律历融通与阴阳五行、律历融通与数理结构、律历融通与人文化成等多个方面予以丰富的理论阐发，为我国古代音乐美学谱写了新的篇章。

在对《五经》经传文本的多维梳理和阐释过程中，孔颖达《五经正义》突破了“疏不破注”的框架约束，形成了独特的审美诠释思想，如“随文释义”、“体无恒式”、“立足文本”、“学理通观”等，这在中国审美诠释史上，亦具有极重要意义。

总体上，孔颖达《五经正义》的一系列论阐，开拓了中国传统美学研究的新领域，承传和重塑了中国古代审美文化尤其是儒家审美文化，很大程度上促进了经学美学形态的形成，客观上也构成了汉代审美文化和宋代审美文化之间的桥梁，为中国封建时代的审美文化由前期向后期（以盛唐、中唐为界）的顺利转型，起到了承前启后的枢纽性的作用。

（三）研究思路及研究方法

孔颖达《五经正义》既保留汉人长于章句训释、名物考订的优长，又从其他各家传注中汲取义理智慧，遍涉两汉、魏晋六朝至隋唐历代经师的不同诠释，熔诸家传注之精粹于一炉。故本书将以孔颖达《五经正义》为基点，尽量对头绪纷繁的各经经传文献作比较严密的爬梳别择工作，并将孔氏正义与先秦元典、汉魏以降历代传注作细致比勘，力求去粗取精，去伪存真，从中剔发有价值的诗学、美学资源；同时努力考镜源流，梳理出中国传统美学由先秦到汉唐的承传脉络，揭示孔颖达美学的整体文化语境和文脉历程，并按照历史主义原则，从孔氏正义与汉学、宋学的比较中，作为一个重镇、同时亦是居间环节来处理孔氏有关诗学、美学新解。本书依循美学是一种“感性学”的本义，将孔颖达所论关乎审美感性活动的论题、材料均视为有效的美学资源，涉及诗学、美学、文化学等多个方面。其基本思路是以孔颖达本体论为基础，以孔氏情性论、易象论、言意论等为中介，以孔氏诗论、诗乐关系论、礼乐教化论、律历融通论等为重心，以孔氏审美诠释论为贯穿始终的横线，对孔氏诗学、美学等作全面而系统的考量，最终衡定其美学概貌、历史意义与综合影响。

如我们所知，美学不限于研究“美”，而是研究各个时代的人类审美感性活动，包括其本质、现象、特征、规律、过程、成果等。对于中国古典美学研究来说，尤其如此。叶朗先生曾指出："中国古典美学体系是以审美意象为中心的。它也包含有哲学美学、审美心理学、审美社会学、审美文艺学、审美教育学等多方面的内容，而以审美文艺学（文艺美学）的内容占的比重最大。在中国古典美学体系中，'美'并不是中心的范畴，也不是最高层次的范畴。'美'这个范畴在中国古典美学中的地位远不如在西方美学中那样重要。如果仅仅抓住'美'字来研究中国美学史，或者以'美'这个范畴为中心来研究中国美学史，那么一部中国美学史就将变得十分单调、贫乏，索然无味。"① 有鉴于此，笔者作孔颖达《五经正义》美学思想研究，将不局限于那些直接论"美"的字句、概念、范畴、命题，而是围绕审美感性活动这一中心，推衍到孔氏美学思想的本体论、情性论、易象论、言意论、诗论、诗乐关系论、礼乐教化论、律历融通论、审美诠释论、审美影响论等各个方面，力求作一系统、深入的考察、观照。

就本书方法来说，以服从于研究对象为宗旨，针对本书经学与美学交叉学科的性质，拟主要采取如下几种方法：首先，本书研究将尽可能"细读"原典，并在"细读"原典的基础上再与各种阐释加以对比、分析，得出自己的见解。而任何对原典的"细读"，都不可能避免阅读者的"前理解"，这又要求本书研究以现代的眼光，带着现代性视野进入阅读，以便对原典的考察有新的发现、新的理解、新的阐释。其次，本书研究将努力避免一般纯理论研究容易出现的凌空蹈虚、放言高论的弊端，力求历史优先，资料优先，以文本为据，实证性地展开各论题、各环节的分梳和论证，做到言之有据、言必有物。再次，本书研究将适当借鉴现代诠释学的方法论原则，既注重对孔颖达《五经正义》文本及各相关原典的梳理、辨析，又超越以经传训诂、文献考校为能事的传统研究模式，而是尽量保持美学理论研究的基本特色，在实证的基础上展开合理的抽象思辨和理论升华，努力做到"我注六经"和"六经注我"的有机统一。因本书的跨学科性质，总体上，本书研究拟采用综合研究的方式，涉及哲学、美学、艺术学以及经学和文化学等多学科领域多种方法。

① 叶朗：《中国美学史大纲》，上海人民出版社1985年版，第3页。

第一章　本体论

讨论美学，常要追究到美学的形而上层面乃至“本体性”层面，这就涉及美学的所谓“本体论”问题。何谓“本体论”？顾名思义，所谓“本体论”，应是指“本体”之“论”，而“本”、“体”二词在中国传统语境中，均含有本原、本根、本性等义，故“本”、“体”之论，当是指探究世界万事万物之本原、本根、本性等的学说。目前国内一些主要的哲学类辞典大多作如是定义。如方克立主编的《中国哲学大辞典》中“本体”条目称：“探讨万物本原和根据的哲学学说为‘本体论’。”① 胡曲园主编的《哲学大辞典·马克思主义哲学卷》对“本体论”则是这样界定的：“哲学中关于世界本原或本性问题的理论部分。”② 冯契主编的《哲学大辞典》关于“本体论”的定义是：“大体上说，马克思以前的哲学所用的本体论有广义狭义之别，广义指一切实在的最终本性，这种本性需要通过认识论而得到认识，因而研究一切实在的最终本性为本体论，研究如何认识则为认识论。这是以本体论与认识论相对称。从狭义上说，则在广义的本体论中又有宇宙的起源与结构的研究和宇宙本性的研究，前者为宇宙论，后者为本体论，这是以本体论与宇宙论相对称。这两种用法在西方哲学中仍同时存在。”③ 而《中国大百科全书·哲学卷》则认为：本体论“在西方哲学史和中国哲学史中分别具有各自的含义。在西方哲学史中，指关于存在及其本质和规律的学说。”“在中国古代哲学中，本体论叫做‘本根论’。”④ 综上大致可见，在国内一些主流哲学典籍

① 方克立：《中国哲学大辞典》，中国社会科学出版社1996年版，第186页。

② 胡曲园：《哲学大辞典·马克思主义哲学卷》，上海辞书出版社1990年版，第188页。

③ 冯契：《哲学大辞典》，上海辞书出版社1992年版，第338页。

④ 转引自俞宣孟：《本体论研究》，上海人民出版社2005年版，第20页。

中，本体论基本是指关于世界本原、本根、本性等的学说，又可称之为“本原论”或“本根论”等。当然，严格地说，中西方本体论还有着较大的差异。在西方传统哲学中，它主要是指通过逻辑的方法构造出来的先验原理体系。从字源学角度来看，“本体论”一词在西方，德文写作“Ontologie”，英文写作“Ontology”，它最早是由17世纪的德国经院哲学家郭克兰纽开始使用的。郭克兰纽将希腊词“On”（即“ov”，意谓“存在”、“有”、“是”等，同英语中的“Being”）的复数“Onto”（即“ovta”，意谓“是者”、“存在者”等，同英语中的“Beings”）与“logos”（汉译“逻各斯”，含“理性”、“话语”、“逻辑”等多义）组合在一起，创造出新词“Ontologie”，汉文应译为“是论”或“存在论”（但现在通常译为“本体论”），指专门研究“是”或“存在”本身及与各种次生范畴间关系的一门学问。在西方传统本体论哲人如柏拉图、亚里士多德、郭克兰纽、沃尔夫、康德、黑格尔等人那里，尽管各自对于“本体论”的见解和说法不尽相同，但其基本思路是大致趋同的，即这是一门关于“是”或“存在”的学问，“是”或“存在”是唯一的最根本、最普遍、最高的范畴，其他范畴如“是者”、“存在者”等均可从中推演出来，并分有“是”或“存在”；并且，它主要是通过纯粹范畴、概念的逻辑推演而构造超验的原理体系，一般不作形而下的经验寻求，也不涉及具体的经验（物质）对象，它与现实的感性世界基本上是两分的。黑格尔是西方传统本体论哲学的殿军和集大成者，他的本体论哲学就体现了这一理论体系的典型形态。在黑格尔那里，“绝对精神”乃最高、最普遍的范畴（类于“是”或“存在”），在宇宙之先（逻辑意义上），为宇宙之魂。“绝对精神”以正、反、合的形式自我演变自我发展：“绝对精神”→逻辑阶段（“存在”、“本质”、“概念”）→自然阶段（“机械性”、“物理性”、“有机性”）→精神阶段（“主观精神”、“客观精神”、“绝对精神”）→“绝对精神”。“绝对精神”历经复杂的演变阶段，最终返归自身。黑格尔正是从“绝对精神”出发层层推演出整个哲学体系的全部范畴、概念，并通过《逻辑学》、《自然哲学》、《精神哲学》、《精神现象学》等一系列著作的具体论证，构造出一个庞大而严整的逻辑系统，这个系统是纯粹的原理世界，它涵盖宇宙自然、人类社会和精神文化各领域，包罗万象而终归一统——“绝对精神”，但它本身又是超验的。黑格尔的本体论哲学继承了西方传统本体论的客观唯心主义特质，但又蕴涵着丰富的辩证法思想，后经马克思、海德格尔等人改造、扬弃而走向实践唯物论哲学或现代本体论哲学。

对于中国学者来说，“Ontologie”是一种含义深邃复杂的外来语，对其认识和研究难免存有一定的局限。20 世纪初，中国学者在翻译“Ontologie”一词时，可能把它看成类于中国传统“道”论等探究天人之根本的学问，故以“本体论”（实际应译作“是论”或“存在论”）一词去译它。诚然，这样的理解和翻译一定程度上偏离了“Ontologie”的本义，但却有意无意地开启了中国式的本体论哲学的研究路径，即以“道”论为核心的形而上理论体系的研究路径。当然，这并不是说，中国式的本体论哲学研究完全是误打误撞而成，没有自身的学理依凭。相反，中国学者之所以以这种方式来翻译和诠解西方的“Ontologie”之学，且又被广泛理解和接受，实有其深厚的历史文化背景和哲学根基。如我们所知，中西传统哲学中本就有不少相似或相通的论题，如老、庄等人所创构的“道”论，其探究天人之根本，把“道”作为统摄天地万物、沟通有无的最高端、最普遍的范畴，堪称中国哲学形而上探究的最典型、最集中的体现，这一点与西方以“理念”、“理式”等范畴为核心的传统本体论的某些内涵以及其在西方传统哲学中的重要意义颇为相近。其他有关世界本原、本根、本始、本质、本性等的探讨，亦可与西方传统本体论哲学进行跨文化的比较、对话和沟通。中国传统文化中虽没有严格意义上的“本体论”这一术语，但有关这一方面的理论表达和思维方式却源远流长，文脉深广。除了老庄、《周易》等开启的道论、气论、太极论、阴阳论、天理论等较系统的哲学探讨外，零散论及“本体”之意者亦不绝如缕。早在先秦时期，论“本原”、“本根”、“体用”等概念、范畴者已夥。如论“本原”，《庄子·天地》云：“夫道，渊乎其居也，漻乎其清也，……立之本原而知通于神。”① 《管子·水地》云：“地者，万物之本原，诸生之根菀也。”② 又如论“本根”，《庄子·知北游》云：“今彼神明至精，与彼百化，物已死生方圆，莫知其根也。……惛然若亡而存，油然不形而神，万物畜而不知，此之谓本根，可以观于天矣。”③ 而言“体用”者更众，如论者所指出，“《易》

① 庄子：《庄子·天地》，郭庆藩：《庄子集释》卷五上，清光绪思贤讲舍刻本。

② 管仲：《管子》卷第十四，《四部丛刊》影宋本。

③ 庄子：《庄子·知北游》，郭庆藩：《庄子集释》卷七下，清光绪思贤讲舍刻本。

曰：‘阴阳合德而刚柔有体’。又曰：‘显诸仁，藏诸用，此天地之体用也。《记》曰：‘礼，时为大，顺次之，体次之。’又曰：‘降兴上下之神，而凝是精粗之体’。又曰：‘无体之礼，上下和同。’有子曰：‘礼之用，和为贵。’此人事之体用也。经传之文，言体言用者多矣，未有对举为言者耳。”① 至西晋时期，司马彪于《庄子·骈拇》注中指出：“性，人之本体也，混性与德，与形而一之，殊失其旨。”② 已明确提出“本体”这一概念。其后论“本体”者更是络绎不绝，如唐代慧海禅师释维摩诘经立名之义云：“净者本体也，名者迹用也。从本体起迹用，从迹用归本体。体用不二，本迹非殊。”③ 宋代张载于《正蒙·太和》云：“太虚无形，气之本体，其聚其散，变化之客形尔。”④ 而朱熹于《论语集注·公冶长第五》云：“天道者，天理自然之本体，其实一理也。”⑤ 又《朱子语类》载其语云：“性者，是人所受于天，有许多道理，为心之体者也。天道者，谓自然之本体，所以流行而付与万物。”⑥ 又明代王守仁《传习录上》云：“去其心之不正，以全其本体之正。……知是心之本体，心自然会知。”⑦《答舒国用》云：“夫心之本体，即天理也。”⑧ 这些都极具有中国人所能理解和认同的“本体”性蕴涵，这从上述几种工具书对于“本体论”一语的定义即可见出。当然，这还仅仅是挂一漏万式的鸟瞰，实际情形要比这丰富得多，也复杂得多。因此，承认中国传统哲学中有自己的本体论，并以中国式的本体论来比照和诠解西方之本体论，虽有扞格难通之处，但也不乏理据。这种情形颇似中国汉晋时期以道玄之义来翻译、理解、阐释初来东土的佛学，是为“格义”之学，中国由此最终建构了具有本土特色的佛学，我们不能因中国本土佛学不尽合印度佛学的本义，就否定本土佛学的合法性甚至无视其现实的广泛存在。同理，我们不能因中国传统的本体论不合西方传统本体论之义就否认其历史性的存在，甚至干脆弃用“本

① 李颙：《答顾宁人先生》，《二曲集》卷十六，清康熙三十三年刻后印本。

② 司马彪：《庄子·骈拇》注，载郭庆藩：《庄子集释》卷四上，清光绪思贤讲舍刻本。

③ 释道原：《景德传灯录》卷二十八，《四部丛刊三编》影宋本。

④ 张载：《正蒙·太和》，《张子全书》卷二，文渊阁《四库全书》本。

⑤ 朱熹：《论语集注·公冶长第五》，《四书章句集注》卷三，宋刻本。

⑥ 黎靖德编：《朱子语类》卷二十八，明成化九年陈炜刻本。

⑦ 王守仁：《传习录上》，《王文成公全书》卷一，《四部丛刊》影明隆庆本。

⑧ 王守仁：《答舒国用》，《王文成公全书》卷五，《四部丛刊》影明隆庆本。

体论”一词。这种自设障壁、画地为牢的做法，未必是明智之举。如方光华先生所指出：“中国思想家对根本问题的思索，没有采取西方 Ontology 以‘是’为其核心的逻辑推论的范畴体系，但这并不是说中国思想史就没有对这些问题的思索。这就需要我们在综合中西，特别是分析中国思想特质的基础上，对于本体论尽量按其在中、西思想演变的不同历史轨迹做出客观合理的了解，并逐渐提出关于中国思想基本问题的思索模式。既不能因为中国思想‘本体’一词与‘Ontology’的差异就认为中国思想史没有对最为基础和最为根本问题的思索，也不能完全套用西方本体理论来分析中国思想史的相关内容。”① 因此，问题的关键在于如何辨清西方传统的本体论与中国传统的本体论之间的异同，最终求同存异，各论其“本”，而非闭口不谈甚或矢口否认中国式的本体论。这也是当前各种西学“中国化”研究的题中应有之义，亦是当前日益发展的跨文化美学研究的必然要求。

诚然，关于中国哲学、美学中究竟有没有类似于西方那种“Ontology”的学问，学界迄今仍有争论。笔者以为，即使中国哲学、美学中没有严格意义上“Ontology”（“是论”、“存在论”）这一范畴及其哲学背景，也并不妨碍我们在中国的语境下使用“本体论”这一术语并展开中国式的“本体论”研究，这是两码事。因为“本体论”一词本就是中国人在特定语境下以己之学“格义”西方之学所构建的学术用词，它并不是西方人的专利，它不合“Ontology”一词本义，只能说是当初翻译和理解上存在失误，没能充分辨明中国传统的本体论与西方的“Ontology”本性不同而已。这并不意味着“本体论”一词就没有存在的合法性，更不能代表中国传统哲学中就没有所谓的“本体论”。如前所述，中国自古以来就有着各种“本体性”观点及其思维方式，中国传统的“道气”、“有无”之论、“体用”、“理殊”之辨等都很能显示这一点。故使用“本体论”这一术语，反而有助于我们更恰切地展开理论话语表达，更能体现中国传统哲学和文化的特质。更何况，所谓西方的“本体论”，在西方语境中也是人言言殊，歧义纷呈。大而言之，既有西方古代以“理念”、“逻各斯（Logos）”等为核心的形而上学本体论，又有近现代以来以海德格尔式“此在（Dasein）”为核心的“基础本体论”，以卢卡

① 方光华：《中国古代本体思想史稿》，中国社会科学出版社 2005 年版，第 38 页。

契式社会实践为核心的“社会存在本体论”，还有西方现代文艺批评所张扬的“作家本体论”、“作品本体论”、“读者本体论”，以及其他种种泛化了的“本体论”。当然我们使用“本体论”这一术语，并不意味着我们有意忽视东西方“本体论”之间的差别。就古典阶段而言，笔者以为其间的差别，大致可从西方古代“逻各斯”、原子论与中国古代的“道”、“气”、“理”论等之间的歧异而求得。要言之，如果说西方传统的“本体论”（“存在论”）一般表现为形上与形下两离的话，中国传统的“本体论”则一般表现为形上与形下一体（即所谓“道不离器”、“体用一如”）；如果说西方传统的“本体论”总是指向宇宙万物的彼岸，一种虚无“实体”之真的话；中国传统的“本体论”则着眼于此岸，直接把宇宙万物的生机、生命视为本体之真；如果说，西方传统的本体论更倾向于诗性问题的思性阐释的话，中国传统的本体论则更倾向于思性问题的诗性描述，等等。由于此话题非本文论旨所在，这里暂不展开。我们这里所关注的是，在中国古代这种特定文化语境和思维方式中，孔颖达有着什么样的哲学和美学本体论思想？他又是如何展开其本体论运思的？以及这种本体论运思对于中国古典美学有着怎样的影响？下面我们就对此作一番考察。

第一节　生生之道

如上所述，在中国哲学和美学体系中，本体论主要是探讨宇宙本原、生命本根等的学说，如老庄道家之“道”论、汉代经学家之“气”论、魏晋玄学家之“无”论、宋明理学家之“理”论等大率类此。在中国哲学和美学史上，有关此类论题的研究已相当系统和深入，此处毋庸赘言。相比之下，作为文化盛世的唐代有关本体论的诸多探讨，却未能引起学界足够的注意，论者多从魏晋玄学一下跳到宋明理学，或以某些佛学论题来填补隋唐本体论的空白，似乎传统的儒、道等本体论在此期间处于断层状态，这于理于实均不相符，不为无憾。事实上，在孔颖达的《五经正义》（尤其是《周易正义》）等论著中，随处可见关于“道”和“气”等本体论问题的探讨，且能推陈出新，时有卓识。要言之，在孔氏之前的经学和哲学阐释中，董仲舒、王充等汉儒多言“气”而少谈“道”和“无”，王弼、何晏等魏晋玄学家则申“道”论“无”而少谈“气”，将“道”、“气”、“无”等本体性范畴辩证融合，可以说是孔氏正义兼收并蓄并加以发展的结果。其具体论断可视为初唐学者兼容儒、道两家本体性运思的产物，颇见初唐时代特征及勾连汉宋的桥梁、枢纽意义。而我们讨论孔颖达的美学本体思想，亦不能不涉及孔颖达的“道”论、“气”论以及由此而衍生的“生生”之论。孔颖达的整个美学思想体系，可以说是在以“道”为哲学根基、以“气（象）”为美学本体、以“生生”为美学精神的基础上建构起来的。

一、“道”论

从历史文脉角度考察，孔颖达的“道”论思想主要渊源于道家和《易传》，但融入了儒家道学的某些精髓。道家始祖老子首倡“道”论，从而为中国哲学提供了最高而又最具影响力的本体论范畴。在老子“道”论中，“道”为天地之始，万物之母。它既有“道生一”之义，又含“道一同”之义。取义“道生一”，则“道”被视为天地之根，万有之原，它无形无象，类于“无”，而又生成万物，统摄一切，于是有“道生一，一生二，二生三，三生万物”的逐级递生模式，宋苏辙注曰：“夫道，非一非二，及其与物为偶，道一而物不一，故以一名道。”[①] 此“道”为万有之本原，亦为万有之归趋，当仁不让为“本体”。若取义“道一同”，则“道”即“一”，“一”即混元之气，混元之气分化为阴阳二气，再逐渐派生宇宙万物。作为混元之气之“一”虽离“无”入“有”，但依然为世界的本体，万物的祖宗，故“天得一以清，地得一以宁，神得一以灵，谷得一以盈，万物得一以生，侯王得一以为天下贞”，宋苏辙注曰：“一，道也，物之所以为物者，皆道也。”[②] 此“一”（“道”）之本体性甚明。老子的继承者庄子在《大宗师》中则对“道”有如下一番论述：“夫道，有情有信，无为无形，可传而不可受，可得而不可见，自本自根，未有天地，自古以固存，神鬼神帝，生天生地；在太极之先而不为高，在六极之下而不为深；先天地生而不久，长于上古而不为老。”[③] 此庄

① 苏辙：《道德经解》卷三，明正统道藏本。

② 苏辙：《道德经解》卷三，明正统道藏本。

③ 王先谦：《庄子集解》卷二，清宣统元年思贤书局刻本。

子论“道”显然发挥老子之义，既以“道”为无为无形，又以道为天地万有之本根。庄子亦论及“气”在万物生成中的重要作用。《庄子·田子方》云：“至阴肃肃，至阳赫赫；肃肃出乎天，赫赫发乎地，两者交通成和而物生焉。”① 此与老子“一生二,二生三,三生万物”之说一脉相承，“气”之本体性色彩亦相当明显。

承老庄之说，孔颖达“道”论亦带有明显的本体性色彩。《礼记·月令》孔氏正义释“道”云：

> 按《老子》云：“道生一，一生二，二生三，三生万物。”《易》云：“《易》有大极，是生两仪。”《礼运》云：“礼必本于大一，分而为天地。”《易乾凿度》云：“大极者未见其气，大初者气之始，大始者形之始，大素者质之始。此四者同论天地之前及天地之始。”《老子》云“道生一”，道与大易，自然虚无之气，无象，不可以形求，不可以类取，强名曰道，强谓之大易也。“道生一”者，一则混元之气，与大初大始大素同，又与《易》之大极，《礼》之大一，其义不殊，皆为气形之始也。“一生二”者，谓混元之气分为二，二则天地也。与《易》之两仪，又与《礼》之大一分而为天地同也。“二生三”者，谓参之以人为三才也。三生万物者，谓天地人既定，万物备生其间。②

孔颖达认为，从生成次序上看，道是较大极（按：“大”同“太”，下同）、大初、大始、大素、大一以及混元之气更为原始的存在。“道”先天地而生，为天地人的本根。这种“道”，乃“自然虚无之气，无象，不可以形求，不可以类取，强名曰道，强谓之大易也”。所谓“道生一,一生二,二生三,三生万物”，是指“道”在最本始的动力发生机制中生发出混元之气，混元之气又进一步分化出阴阳二气，阴气沉着，阳气清轻，遂成天、地；阴阳二气交通和合，氤氲变化，复有天、地、人三才（按：“才”通“材”）及世间万事万象。作为本体性的“道”，它为而不宰，又无所不宰，孔氏云：“道体无

① 王先谦：《庄子集解》卷五，清宣统元年思贤书局刻本。

② 李学勤主编：《十三经注疏·礼记正义》，北京大学出版社1999年版，第439页。

形，自然使物开通，谓之道。”[①] 这种“道”又是天地万物的内在动因和总规律，支配着事物的发展演变，《周易·系辞上》孔氏正义云：“道是虚无之称，以虚无能开通于物，故称之曰道。……万物皆因之而通，由之而有。”[②] “道之功用，能鼓动万物，使之化育。”[③] 在这里，本体论与生成论相互渗透，有机地统一在一起。“道”是宇宙万物的宗祖，又是天地万物赖以存在和演化的本体规律所在。“道”主宰着万物化生，万物以“道”为本，统一于“道”。

对于《周易·系辞》中的“一阴一阳之谓道”，韩康伯注此条时本王弼义，以“道”为“无”，把“无”看成是阴阳二气的根本。孔疏依此讨论了“道”和阴阳的关系，与王、韩注不同，孔颖达将“道”解释为阴阳二气自然无为的化生功能。其释“一阴一阳之谓道”句云：

> 一谓无也，无阴无阳，乃谓之道。一得为无者，无是虚无，虚无是大虚，不可分别，唯一而已，故以一为无也。若其有境，则彼此相形，有二有三不得为一。故在阴之时，而不见为阴之功；在阳之时，而不见为阳之力，自然而有阴阳，自然无所营为，此则道之谓也。故以言之为道，以数言之谓之一，以体言之谓之无，以物得开通谓之道，以微妙不测谓之神，以应机变化谓之易，总而言之，皆虚无之谓也。圣人以人事名之，随其义理，立其称号。[④]

孔疏认为，“一”所以称为“无”，是因为“无”表示太虚，不能分割，没有彼此之别，故称其为“一”。此“一”或“无”非有意于造作，却收自然而然之功，此乃谓之“道”。故所谓“道”，就是“自然而有阴阳，自然无所营为”。而此所谓“虚无”，亦非指绝对的空无，而是指“体”的无形、无限，虚纳万物之意，否则就不可能派生出“物得开通”、“微妙不测”、“应机变化”等功用来，圣人也不会“以人事名之，随其义理，立其称号”等。

孔氏进一步疏“一阴一阳之谓道”韩氏注云：

---

① 李学勤主编：《十三经注疏·周易正义》，北京大学出版社 1999 年版，第 8 页。

② 李学勤主编：《十三经注疏·周易正义》，北京大学出版社 1999 年版，第 269 页。

③ 李学勤主编：《十三经注疏·周易正义》，北京大学出版社 1999 年版，第 271 页。

④ 李学勤主编：《十三经注疏·周易正义》，北京大学出版社 1999 年版，第 268—269 页。

道是虚无之称，以虚无能开通于物，故称之曰道。云“无不通，无不由”者，若处于有，有则为物碍难，不可当通。道既虚无为体，则不为碍难，故曰“无不通”也。“无不由”者，言万物皆因之而通，由之而有。云“况之曰道”者，比况道路以为称也。“寂然无体，不可为象”者，谓寂然幽静而无体，不可以形象求，是不可为象。至如天覆地载，日照月临，冬寒夏暑，春生秋杀，万物运动，皆由道而然，岂见其所营，知其所为？是“寂然无体，不可为象”也。云“必有之用极，而无之功显”者，犹若风雨是有之所用，当用之时，以无为心，风雨既极之后，万物赖此风雨而得生育，是生育之功，由风雨无心而成。是“有之用极，而无之功显”，是神之发作动用，以生万物，其功成就，乃在于无形。应机变化，虽有功用，本其用之所以，亦在于无也。故至乎“神无方，而《易》无体”，自然无为之道，可显见矣。当其有用之时，道未见也。云“故穷变以尽神”者，神则杳然不测，千变万化。圣人则穷此千变万化，以尽神之妙理，故云穷变化以尽神。①

孔颖达此论较长，其大意为：“道”作为本体，以虚无之态，藏无限之理，虚无并非空无，乃无形而无限，故能开通万物；若“道”为实有，则必有限阈，则不能开通万物；“道”能开通万物，故“道”者“导”也，比况“道路”以为称；“道”无形无象，却含无限生机，所谓“春生秋杀，万物运动，皆由道而然”；“道”之生长万物，乃无为自然而成，“道”作为本体虽不可见，但显现为万物生机变化，故圣人当穷此千变万化之妙理，以返归“道”体，发扬“道”用。要言之，“道”虽虚无，却能开通万物，并通过万物以彰显自身。

又，孔氏疏韩注“阴阳虽殊，无一以待之”句云：

言阴之与阳，虽有两气，恒用虚无之一，以拟待之。言在阳之时，亦以为虚无，无此阳也；在阴之时，亦以为虚无，无此阴也。云“在阴无阴，阴以之生”者，谓道虽在于阴，而无于阴，言道所生皆无阴也。

---

① 李学勤主编：《十三经注疏 · 周易正义》，北京大学出版社 1999 年版，第 269 页。

> 虽无于阴，阴终由道而生，故言“阴以之生”也。“在阳为无阳，阳以之成”者，谓道虽在阳，阳中必无道也；虽无于阳，阳必由道而成，故言“阳以之成”也。道虽无于阴阳，然亦不离于阴阳。阴阳虽由道成，即阴阳亦非道，故曰“一阴一阳”也。①

这里所谓“无此阳”和“无此阴”，即“无于阳”和“无于阴”义，指无心为此阴阳。孔疏这段论述，一方面指出“道”或“无”并非某种实体，所以不生阴阳，亦不居于阴阳之中；另一方面强调“道”或“无”即无为而自然，乃阴阳二气存在和生成万物的属性，它不等于阴阳二气，但不脱离阴阳二气。这同前文所云“自然而有阴阳，自然无所营为”的思想是一致的。

此外，孔颖达还疏《周易·系辞上》“大衍之数五十，其用四十有九”云：“若欲明虚无之理，必因于有物之境，……犹若春生秋杀之事，于虚无之时，不见生杀之象，是不可以无明也。就有境之中，见其生杀，却推于无，始知无中有生杀之理，是明无必因于有也。……言欲明于无，常须因有物至极之处，而明其所由宗。若易由太一，有由于无，变化由于神，皆是所由之宗也。言有且何因如此，皆由于虚无自然而来也。”② 在孔颖达看来，虚无不能自证其存在，只有借助实有以证明其存在；而实有亦不能自证其出处，常须上溯实有之极处（虚无），“而明其所由宗”。譬若春生秋杀之事，“皆由于虚无自然而来”，其本原在于虚无，而又反证“无中有生杀之理”。虚无与实有，本是一体两面的存在，虚无中蕴实有之理，实有中含虚无之原，二者须臾不可分离。相比之下，实有之于虚无，更易把捉，也更切近于现实和人事。

由此，孔颖达兼收老庄的有无相生论、汉代王充等人的元气自然论以及儒家的崇有论，将王弼派本体之“无”转换为阴阳二气的造化功能无形无迹，“自然而有阴阳，自然无所营为”，从而形成了独特的“无中生有”的理论。

孔颖达汲取道家的思想资源，以自然无为之义释“道”。但作为一个大

---

① 李学勤主编：《十三经注疏·周易正义》，北京大学出版社 1999 年版，第 269 页。

② 李学勤主编：《十三经注疏·周易正义》，北京大学出版社 1999 年版，第 280 页。

儒，他并没有让自己的“道”论流于虚无玄化，而是赋予它具体而又丰富的社会现实内容。在孔颖达这里，阴阳二气交流变化是自然、社会、人事的共同规律。天阳地阴，天尊地卑，天清地浊，这便是君臣列位，制礼作乐，施赏行刑的法象和依据。在孔颖达看来，“道”一方面高于阴阳，“无阴无阳乃谓之道”；另一方面又不离于阴阳，“道虽无于阴阳，然亦不离于阴阳，阴阳虽由道成，即阴阳亦非道，故曰‘一阴一阳’也”①。“道”通过阴阳二元交流互动演绎着天地万物的种种样态，确立着人类社会的规则。自然、社会、人事由阴阳构成一个整体系统，“道”则是这一整体系统之本根。

在“道”这一本根之下，孔颖达把道家自然本体论与儒家伦教本体论整合到一起，以自然本体佐证儒教伦理，复以儒教伦理反证自然本体。孔氏《周易·系辞上》正义云：“凡《系辞》之说，皆说易道，以为圣人德化，欲使圣人法易道以化成天下，是故易与圣人，恒相将也。以作易者，本为立教故也，非是空说易道，不关人事也。”②这是说，《系辞》所论，皆申易道，此易道本为天地阴阳变化之道，而儒家圣人效法此易道以化成天下，施教万民，则天之道变转为人之道，更加切近于人事。又孔氏《礼记·曲礼上》正义云：“道者通物之名，德者得理之称，仁是施恩及物，义是裁断合宜，言人欲行四，事不用礼无由得成，故云‘非礼不成’也。道德为万事之本，仁义为群行之大，故举此四者为用礼之主，则余行须礼可知也。道是通物，德是理物，理物由于开通，是德从道生，故道在德上。此经道谓才艺，德谓善行，故郑注《周礼》云：‘道多才艺，德能躬行，非是《老子》之道德也。’”③很显然，孔氏此论，已进一步把道家自然本体之“道”改造为儒家伦理教化之“道”，“道德”、“仁义”成为其核心蕴涵。在孔颖达看来，这种伦理教化之“道”尚须待“礼”而实现，“道”与“礼”之间，“道”是“礼”之体，“礼”为“道”之用，“礼”因“道”而设，“道”因“礼”而行，故孔氏云：“(道)无问大小，皆须礼以行之，是礼为道德之具，故云‘非礼不成’。”④某种意义上说，“道”与“礼”几乎可以等同，如孔氏云：“道犹礼

① 李学勤主编：《十三经注疏·周易正义》，北京大学出版社1999年版，第280页。
② 李学勤主编：《十三经注疏·周易正义》，北京大学出版社1999年版，第292页。
③ 李学勤主编：《十三经注疏·礼记正义》，北京大学出版社1999年版，第15页。
④ 李学勤主编：《十三经注疏·礼记正义》，北京大学出版社1999年版，第15页。

也。”[①]既然“道犹礼”，“礼”、“道”可以等同，“礼”也就由形下走向形上，提升为天地人的总则。故孔氏又谓：“夫礼者，经天地，理人伦，本其所起，在天地未分之前。故《礼运》云：‘夫礼必本于太一’，是天地未分之前已有礼也。”“礼之大纲之体，体于天地之间所生之物。言所生之物，皆礼以体定之。”[②]可见，“礼”的统辖范围既落实于现实社会又超越现实社会，从而扩展到天地万物之间。但总体上说，伦教之“道”是“礼”的本根，“礼”是伦教之“道”的具体显现，伦教之“道”与伦教之“礼”在此相与为一。尽管其间仍葆有道家形上、形下的思维方式，其实质则是引道入儒，道家色彩淡化而儒家伦理教化色彩增强。

在孔颖达这里，“道”、“礼”如此，“道”、“器”亦然。如孔氏疏《系辞上》“形而上者谓之道，形而下者谓之器”句云：“道是无体之名，形是有质之称。凡有从无而生，形由道而立，是先道而后形，是道在形之上，形在道之下。故自形外已上者谓之道也，自形内而下者谓之器也。形虽处道器两畔之际，形在器，不在道也。”[③]这里虽然仍沿用“形上之道、形下之器”的话头，但由自然本体之“道”导引出“形”之现实功用来，已有意识地走向儒家重现实、重伦教的立场。又其疏解《礼记·学记》“大道不器”一语云：“大道，亦谓圣人之道也。器，谓物堪用者。夫器各施其用，而圣人之道弘大，无所不施，故云‘不器’。不器而为诸器之本也。”[④]这里，作为本体性的“道”，亦非道家自然本体之“道”，而成了儒家圣人教化之“道”。

可见，在孔颖达的学说中，“道”内蕴广博、层次多样，大至宇宙万物、世界的本体、规律，中至人类社会的组织秩序、伦理法则，小至人情物理、人之才艺，最终都可涵纳在“道”这一总的哲学范畴之中，如孔氏云：“今谓道德，大而言之则包罗万事，小而言之则人之才艺善行。……然人之才艺善行得为道德者，以身有才艺，事得开通，身有美善，于理为得，故称道德也。”[⑤]这种“道”是本体与现象的统一，它既属形而上，又属形而下，既是

---

① 李学勤主编：《十三经注疏·礼记正义》，北京大学出版社 1999 年版，第 15、171 页。

② 李学勤主编：《十三经注疏·礼记正义》，北京大学出版社 1999 年版，第 1、1672 页。

③ 李学勤主编：《十三经注疏·周易正义》，北京大学出版社 1999 年版，第 292 页。

④ 李学勤主编：《十三经注疏·礼记正义》，北京大学出版社 1999 年版，第 1071 页。

⑤ 李学勤主编：《十三经注疏·礼记正义》，北京大学出版社 1999 年版，第 15 页。

天之道，又是人之道。天之道与人之道两相对待又相互蝉联。天之道不断生成演化，成就了人，亦服务于人；反之，人亦以自己的聪明才智和不懈的实践活动，参与天地创化的大历程。从而，天之道与人之道，可以通贯一气。在孔颖达这里，本于天道自然之老庄哲学与本于心性命道之孔孟哲学，几乎融为一体。显然，这是孔颖达对道家自然本体之说与儒家伦理本位之论进行创造性转化发挥的结果，而孔氏整个美学思想体系便是在这一儒道兼融的基础上建构起来的。

孔颖达的这种“道”论思想，在美学上极具启发意义。如宗白华先生所指出：“中国哲学是就‘生命本身’体悟‘道’的节奏。‘道’具象于生活、礼乐制度，‘道’尤表象于‘艺’，灿烂的‘艺’赋予‘道’以形象和生命，‘道’给予‘艺’以深度和灵魂。”①“这‘形而上的道’，也同时要能贯彻到形而下的器。器是人类生活的日用工具。人类能仰观俯察，构成宇宙观，会通形象物理，才能创作器皿，以为人生之用。器是离不开人生的，而人也成了离不开器皿工具的生物。而人类社会生活的高峰，礼和乐的生活，乃寄托和表现于礼器乐器。”②诚然，对于中国古人来说，“道”不离“器”，就审美艺术来说，形而上的“道”往往就落实于形而下的礼乐文化中，而形而下的礼乐文化又往往承载着深厚的人文精神和形上哲思，由礼乐之“器”复可见形上之“道”。基于此，中国古代的艺术家们往往一方面流连于现实人生，政治伦理，托物而言志，发愤以抒情；另一方面又追求“以艺见道”，作形上超越，“以一管之笔，拟太虚之体”③，参天地赞化育，在对宇宙自然的体验中领悟“道”的奥旨，在对艺术之象的描摹中显现“道”的要义。而孔颖达的“道”论庶几在形下的人文关怀和形上的审美超越二面为此奠定了哲学基础。

要言之，孔颖达通过自己的一系列理论阐发，承传并发挥了中国传统“道”论的基本要义。首先，他秉承道家之说，把宇宙万物的生机、生命之生成转化规律视为本体之“道”，以“道”为万事万物的本体，宇宙创化的根本动力。其次，他吸取《易传》之精义，发挥“一阴一阳之谓道”的理

---

① 宗白华：《美学散步》，上海人民出版社 1981 年版，第 68 页。

② 宗白华：《宗白华全集》第二卷，安徽教育出版社 1994 年版，第 414 页。

③ 王微：《叙画》，载孙岳颁：《佩文斋书画谱》卷十五，文渊阁《四库全书》本。

念，视宇宙本体之“道”为“阴阳互动”之“道”，并以之统摄天、地、人三才，诠释出一个无限而有机的宇宙生命系统。再次，孔颖达引道入儒，将自然本体之道转化为伦理教化之道，天道自然与主体心性在此相与为一，天之道与人之道不再断为两橛。故在孔颖达这里，“道”是天、地、人共有的本体，它为形上、形中和形下三界立法，藉此可细绎出天道和人道的共同要义，而审美的基本法则（合规律性的天道与合目的性的人道相统一）亦凝聚于“道”这一本体之中。

二、“气”论

孔颖达亦极重视“气”的本体性意义。在孔颖达这里，“气”与“道”近似，它既是天地万物运动变化的根本动力，也是世间一切生命现象的本原，它既表现为无形无迹的宇宙虚空，又表现为纷繁复杂的生命万象。如果说，“道”在孔颖达这里还更多是一种抽象的哲学本体范畴的话，“气”则更多了一层生命感性的色彩，更趋近于美学本体范畴。

较早讨论“气”这一范畴的依然是道家。如老子把“气”亦当作形而上的哲学本体加以论列，或宣称宇宙本原即混沌之气，或宣称本体为“无”，由“无”生出混沌之气，剖而为阴阳：“万物负阴而抱阳，冲气以为和”[①]，总是不离一“气”。“气”成为“道”的一种具体而感性的形态，这是一种体现人与自然交融一体的自然之“气”。庄子倡言“道通为一”，《庄子·知北游》曰：“通天下一气耳！”[②]更是将“道”乃“气”中之“道”的要义一语点出。较早地将“气”赋予人之精神品格的则是儒家的孟子。孟子认为“气”是宇宙人生间“至大至刚”的崇高精神力量，也是人与天地参的重要方面。而这种“气”虽是只有人才具有的道德精神之“气”，却也与天地自然相通。朱熹曾对此解释说：“气只是充乎体之气，元与天地相流通。”[③]因此，孟子特别倡导“养浩然之气”，以大其心、大其人。至汉代，刘安、王充等继承并发挥老庄“气”论思想，建构了自己的元气自然论哲学。刘安《淮南子·原

---

① 苏辙：《道德经解》卷三，明正统道藏本。

② 王先谦：《庄子集解》卷六，清宣统元年思贤书局刻本。

③ 朱熹：《朱子语类》卷五十二，中华书局1986年版，第1261页。

道训》云："夫形者，生之舍也；气者，生之充也。"[①] 又《淮南子·精神训》云："烦气为虫，精气为人。"[②] 这是说，"气"是生命的实质，而人的精神是由"精气"所构成。王充《论衡·谈天篇》云："天地，含气之自然也。"[③] 又《论衡·自然篇》云："天地合气，万物自生。""天覆于上，地偃于下，下气蒸上，上气降下，万物自生其中间矣。"[④] 即认为"气"是一种最基本的元素，天地万物都是由"气"所构成，人和万物一样，也是禀"气"而生，如此等等。

孔颖达在综合吸纳前人"气"论思想的基础上，更详加推衍、论释。前文介绍其"道"论时已兼及其"气"论，这里再作进一步展开。《周易正义·卷首》孔氏云："自天地开辟，阴阳运行，寒暑迭来，日月更出，孚萌庶类，亭毒群品，新新不停，生生相续，莫非资变化之力，换代之功。然变化运行，在阴阳二气。"[⑤] 这里，孔颖达以阴阳二气运行法则涵盖天、地、人三道，认为宇宙万物的本原及其发展变化皆是阴阳二气运动变化的结果，阴阳二气相摩相荡，生成变转，寒暑更迭，日月推移，万物生生，以致无穷，整个世界在新新不停、生生相续中而呈万千气象。又孔氏释《乾卦》文言"乾元"句云："'乾'之元气，其德广大，故能遍通诸物之始。"[⑥] 这里，孔氏意谓乾元之气德性广大，普运周流，贯通于万物生发之际。又《周易·系辞上》孔氏正义云："阴阳精灵之气，氤氲积聚而为万物也。……物既积聚，极则分散，将散之时，浮游精魂，去离物形，而为改变，则生变为死，成变为败，或未死之间，变为异类也。"[⑦] 这里孔颖达认为，原始混沌之气剖而为阴阳精灵之气，阴阳精灵之气交通和合，氤氲积聚，从而生成万物。万物之生老死灭，皆由阴阳二元之气聚散离合所致。《周易·系辞上》孔氏正义又云："天阳为动，地阴为静，各有常度，则刚柔断定矣。动而有常则成刚，

① 刘安：《淮南鸿烈解》卷一，许慎注，《四部丛刊》影钞北宋本。
② 刘安：《淮南鸿烈解》卷七，许慎注，《四部丛刊》影钞北宋本。
③ 王充：《论衡》卷十一，《四部丛刊》影通津草堂本。
④ 王充：《论衡》卷十八，《四部丛刊》影通津草堂本。
⑤ 李学勤主编：《十三经注疏·周易正义》，北京大学出版社 1999 年版，"卷首"第 4 页。
⑥ 李学勤主编：《十三经注疏·周易正义》，北京大学出版社 1999 年版，第 21 页。
⑦ 李学勤主编：《十三经注疏·周易正义》，北京大学出版社 1999 年版，第 267 页。

静而有常则成柔，所以刚柔可断定矣。……此虽天地动静，亦总兼万物也。万物禀于阳气多而为动也，禀于阴气多而为静也。”“乾因阴而得成男，坤因阳而得成女，故云成也。‘乾知太始’者，以乾是天阳之气，万物皆始在于气，故云知其太始也。”① 孔氏之意为：万物皆始于气，由太始分化出阴阳二气，阳气动而有常而成天，阴气静而有常而成地，由阴阳二气动静消长，交感变化，最终形成男女，造化万物。这里，孔氏明确提出了“万物皆始在于气”的命题，强调“气”为天地万物的本原，亦为无数有形之象或无形之象的本始，从而为其生命论美学和气象论美学思想的形成奠定了形而上的理论根基。

孔颖达还就气类相感问题更加发挥。孔氏疏《咸卦》云：“人物既生，共相感应。若二气不交，则不成于相感，自然天地各一，……既相感应，乃得亨通。”② 孔氏此谓，阴阳二气充溢于宇宙，宇宙万物之生成变转，皆由阴阳二气互感互发、氤氲交感而成。又疏《咸卦》彖辞云：“天地二气，若不感应相与，则万物无由得应化而生。……咸（通‘感’）道之广，大则包天地，小则该（通‘赅’）万物。……天地万物皆以气类共相感应。”③ 这里，孔颖达进而提出了“天地万物皆以气类共相感应”的命题，在孔颖达看来，天地广漠，阴阳流行，整个世界犹如一巨大的气场，万物涵泳于其中，以气为中介，皆可遥相感应。对于这种“天地万物皆以气类共相感应”的具体情形，孔颖达在《周易·乾卦》文言“飞龙在天”一节正义中，作了周详而深入的阐述：

> “飞龙在天”者，言天能广感众物，众物应之，所以“利见大人”。因大人与众物感应，故广陈众物相感应，以明圣人之作而万物瞻睹以结之也。“同声相应”者，若弹宫而宫应，弹角而角动是也。“同气相求”者，若天欲雨而柱础润是也。此二者声气相感也。“水流湿，火就燥”者，此二者以形象相感，水流于地，先就湿处；火焚其薪，先就燥处。此同气水火，皆无识而相感，先明自然之物，故发初言之也。“云

① 李学勤主编：《十三经注疏·周易正义》，北京大学出版社 1999 年版，第 257—259 页。

② 李学勤主编：《十三经注疏·周易正义》，北京大学出版社 1999 年版，第 139 页。

③ 李学勤主编：《十三经注疏·周易正义》，北京大学出版社 1999 年版，第 140 页。

从龙，风从虎”者，龙是水畜，云是水气。故龙吟则景云出，是“云从龙”也。虎是威猛之兽，风是震动之气，此亦是同类相感。故虎啸则谷风生，是“风从虎”也。此二句明有识之物感无识，故以次言之，渐就有识而言也。“圣人作而万物睹”者，此二句正释“飞龙在天，利见大人”之义。“圣人作”则“飞龙在天”也，“万物睹”则“利见大人”也。陈上数事之名，本明于此，是有识感有识也。此亦同类相感，圣人有生养之德，万物有生养之情，故相感应也。“本乎天者亲上，本乎地者亲下”者，在上虽陈感应，唯明数事而已。此则广解天地之间共相感应之义。庄氏云：“天地氤氲，和合二气，共生万物。”然万物之体，有感于天气偏多者，有感于地气偏多者，故《周礼·大宗伯》有“天产”、“地产”，《大司徒》云“动物”、“植物”，本受气于天者，是动物含灵之属，天体运动，含灵之物亦运动，是亲附于上也。本受气于地者，是植物无识之属，地体凝滞，植物亦不移动，是亲附于下也。“则各从其类者”，言天地之间，共相感应，各从其气类。此类因圣人感万物以同类，故以同类言之。其造化之性，陶甄之器，非唯同类相感，亦有异类相感者。若磁石引针，琥珀拾芥，蚕吐丝而商弦绝，铜山崩而洛钟应，其类烦多，难一一言也。皆冥理自然，不知其所以然也。感者动也，应者报也。皆先者为感，后者为应，非唯近事则相感，亦有远事遥相感者。若周时获麟，乃为汉高之应；汉时黄星，后为曹公之兆。感应之事广，非片言可悉，今意在释理，故略举大纲而已。①

孔颖达此段长文，以气本论为根基，分别举例述及“同声相应”、“同气相求”、“形象相感”、“无识感无识”、“有识感无识”、“有识感有识”、“同类相感”、“异类相感”等感应现象，从而“广解天地之间共相感应之义”。其间吸取了汉代董仲舒等人“天人感应”论的合理精髓，但很大程度上弃去了汉人“天人感应”论中那些神秘主义、唯心主义的成分。孔颖达本着实事求是的态度，一方面尽力对天地之间种种感应现象、感应之道作客观描述和归纳总结，另一方面亦承认某些感应现象“皆冥理自然，不知其所以然也”，

① 李学勤主编：《十三经注疏·周易正义》，北京大学出版社 1999 年版，第 18 页。

这在科技水平还远不发达的当时，应是比较辩证的态度和比较合理的操作方式。而经过孔颖达的此番描述和总结，“天地感而万物化生”的思想越发明了。

若此，这种“天地万物皆以气类共相感应”的思想，经过孔颖达的诠解和发挥，由一般的气本论哲学走向极具系统性和生成性特征的宇宙创化论，它一方面彰显了以气为本原的世间万物感性的生命特征和独立自足的生命情态，另一方面又揭示了各感性物态的生成变转并非孤立进行的，而是与其他无数的感性物态密切相联，互感互发，阴阳二气则遍通诸物，无远弗届，无幽不达，世界由此成为一个无限而有机的生命系统，每一感性物态和生命形象则构成这一宏大的宇宙生命系统中的生命节点，局部与整体之间，通贯一气，天、地、人作为一个整体的生命系统越发牢靠，感物动情之说亦由此而奠定其哲学根基。①

孔颖达气本论哲学抓住“气”这个范畴，很大程度上也就扣住了中国传统本体论的基本特征，即视宇宙万物的生机、生命为本体之真、本体之道。按照中国哲学传统，本体之“道”亦即阴阳互动之“道”，虽视之无形，听之无声，看似虚无，实为气之本然，万事万物之最后根源。“道”乃气之流衍，阴阳相推而生变化，亦虚亦实中鼓荡着充盈的生命活力，从而创化万有。而人作为天地之灵长，依凭气的流衍与感应，将形下之器与形上之道，现象之维与本体之维，悄然沟通，并由形下体认形上，由现象悟入本体。基于这种气本论的“道不离器”、“体用一如”的致思方式和生命体验方式，既是中国传统本体论有别于西方传统本体论的典型表现，亦是华夏审美文化和人生境界趋于天人合一的内在依据。

孔颖达以阴阳二气统摄整个世界，诠释宇宙万象在二气运转中的种种奥秘，承传、庚扬和深化了中国传统的生命论哲学和美学。按照孔颖达的气本论思想，整个宇宙的存在是大化流行、生生不已的创造过程。唐代张文承孔氏余绪，在《气赋》一文中对这一永恒创化的过程作了生动的描述：“若夫气之为物也，寥廓无象，冲虚自然。激混混而为地，蔚苍苍而称天。其下降也，日月星辰著矣；其上腾也，山河树木生焉。……随致动静，与时消息；

① 参本书第二章论“感物动情”部分内容。

聚散无定，盈亏独全。其纤也入于有象，其大也出于无边。凭太虚而作宅，终造化而为年。随之不见其后，迎之不见其前，惟恍惟惚，元之又元。”① 这种气本论展现给我们的世界，乃是一个大生机世界，气化氤氲，流衍不绝。正如方东美先生所说：“这个世界绝不是一个干枯的世界，而是一切万物含生，浩荡不竭，全体神光焕发，耀露不已，形成交光互网、流衍互润的‘大生机’世界，所以尽可洗涤一切污浊，提升一切低俗，促使一切个体生命深契大化生命而浩然同流，共体至美。”②

孔颖达气本论思想对后世审美文艺也带来了较大的影响。如我们所知，中国传统美学常要求艺术创作不限于描绘具体、个别的事物形象，而要表现整个宇宙自然的气韵、生机、生命，要从有限达于无限。即使是描绘一山一石、一竹一鸟，也要能体现宇宙的生气，要使画面上流动宇宙的元气。唐杜甫《奉先刘少府新画山水障歌》云：“元气淋漓障犹湿。”③ 又清人沈宗骞《芥舟学画编·山水》云：“天下之物，本气之所积而成。即如山水，自重岗复岭，以至一木一石，无不有生气贯乎其间。”④ 清人唐岱《绘事发微·气韵》则云：“画山水贵乎气韵。气韵者，非云烟雾霭也，是天地间之真气。凡物无气不生，山气从石内发出，以晴明时望山，其苍茫润泽之气，腾腾欲动，故画山水以气韵为先也。”⑤ 以上种种，皆强调宇宙元气之于艺术创作和审美欣赏的重要性。孔颖达于此，洵有理论推衍之功。

孔颖达的气本论思想对于中国传统美学的核心内容——意象论美学，还具有特别的意义。如我们所知，意象的主要原型本为易象，作为哲学文化形态的易象何以走向审美形态的意象，历来解释多多，但其间最重要的一点常被忽略，即作为生命本体之“气”的桥梁和纽带作用。尽管“凡象，皆气也”的命题晚至北宋张载才提出，但象与气的内在关联，以及由“易象”到“气象”，再由“气象”到“意象”的致思路径，却早揭橥于孔氏诸经《正

① 董诰等编：《全唐文》第十部，卷九百五十一，中华书局 1983 年版，第 9875 页。

② 方东美：《中国艺术的理想》，载《中国文化论文集》，台湾幼狮文化事业出版公司 1985 年版。

③ 仇兆鳌注：《杜诗详注》卷四，文渊阁《四库全书》本。

④ 沈宗骞：《芥舟学画编》卷二，清乾隆四十六年冰壶阁刻本。

⑤ 唐岱：《绘事发微》，清乾隆刻本。

义》中。

首先，孔颖达在宏观理论上明确指出易象发轫于阴阳二气变化运演的法则，如其谓八卦之象云："变化运行，在阴阳二气。故圣人初画八卦，设刚柔两画，象二气也。"① 不仅八卦卦爻象如此，六十四卦卦爻象亦然，孔氏云："易之为道，皆法象阴阳，数数迁改，若《乾》之初九则'潜龙'，九二则'见龙'，是屡迁也。'变动不居'者，言阴阳六爻，更互变动，不恒居一体也。若一阳生为复，二阳生为临之属是也。'周流六虚'者，言阴阳周遍，流动在六位之虚。"② "万物之象，皆有阴阳之爻，或从始而上进，或居终而倒退，以其往复相推，或渐变而顿化。"③ 孔颖达在此强调"易之为道，皆法象阴阳"，指认阴阳二气变化运演而构成各易象的事实。又《周易·说卦》"天地定位"句孔氏正义云："此一节就卦象明重卦之意，易以乾、坤象天地，艮、兑象山泽，震、巽象雷风，坎、离象水火。若使天地不交，水火异处，则庶类无生成之用，品物无变化之理，所以因而重之，令八卦相错，则天地人事莫不备矣。故云天地定位而合德，山泽异体而通气，雷风各动而相薄，水火不相入而相资。既八卦之用变化如此，故圣人重卦，令八卦相错，乾、坤、震、巽、坎、离、艮、兑，莫不交互而相重，以象天地雷风水火山泽莫不交错，则易之爻卦，与天地等，成性命之理、吉凶之数，既往之事，将来之几，备在爻卦之中矣。"④ 孔氏此论，是更加详细地交代各卦爻象如何在阴阳二气变化运演的基础上相攻相薄、相辅相成的情形。所谓"天地定位而合德，山泽异体而通气，雷风各动而相薄，水火不相入而相资"等，皆是建立在气本论基础之上的易象生成论；而所谓"成性命之理、吉凶之数，既往之事，将来之几，备在爻卦之中"等，亦是指各卦爻象依据阴阳二气变化运演法则展示吉凶，推往知来，终究不离一"气"。

其次，孔颖达在具体解说各卦爻象时始终贯彻"易象"即"气之象"的主旨。如孔氏疏《周易·乾卦》初九"潜龙勿用"句云："居第一之位，故称'初'；以其阳爻，故称'九'。潜者，隐伏之名；龙者，变化之物。言

---

① 李学勤主编：《十三经注疏·周易正义》，北京大学出版社 1999 年版，"卷首"第 4 页。

② 李学勤主编：《十三经注疏·周易正义》，北京大学出版社 1999 年版，第 315 页。

③ 李学勤主编：《十三经注疏·周易正义》，北京大学出版社 1999 年版，第 262 页。

④ 李学勤主编：《十三经注疏·周易正义》，北京大学出版社 1999 年版，第 327 页。

天之自然之气起于建子之月，阴气始盛，阳气潜在地下，故言‘初九潜龙’也。此自然之象，圣人作法，言于此潜龙之时，小人道盛，圣人虽有龙德，于此时唯宜潜藏，勿可施用，故言‘勿用’。……若汉高祖生于暴秦之世，唯隐居为泗水亭长，是勿用也。”① 又疏《乾卦》象辞云：“以初九阳潜地中，故云‘阳在下也’。经言‘龙’而《象》言‘阳’者，明经之称‘龙’，则阳气也。此一爻之象，专明天之自然之气也。”② 孔氏此论，指明《乾卦》卦爻象中所谓“龙”之象实是阳气仿象而成，所谓“潜龙勿用”是指“天之自然之气起于建子之月，阴气始盛，阳气潜在地下”，即以阴气喻小人，以阳气喻圣人，圣人即“龙”也，阴盛而阳潜，故“潜龙勿用”。

又孔氏疏《乾卦》九二“见龙在田，利见大人”句云：“阳处二位，故曰‘九二’。阳气发见，故曰‘见龙’。田是地上可营为有益之处，阳气发在地上，故曰‘在田’。且一之与二，俱为地道，二在一上，所以称‘田’。‘见龙在田’，是自然之象。‘利见大人’，以人事托之，言龙见在田之时，犹似圣人久潜稍出，虽非君位而有君德，故天下众庶利见九二之‘大人’。……乾之阳气渐生，似圣人渐出，宜据十一月之后。至建巳之月已来，此九二当据建丑、建寅之间，于时地之萌牙初有出者，即是阳气发见之义。乾卦之象，其应然也。但阴阳二气，共成岁功，故阴兴之时，仍有阳在，阳生之月，尚有阴存。所以六律六吕，阴阳相间，取象论义，与此不殊。”③ 孔氏此论，显然是进一步以“气”说“象”，所谓《乾卦》九二“见龙在田，利见大人”，是指阳气由地下渐浸于地表，致雾气蒸腾，隐约可见，宛然蛟龙伏于田野之象，故曰“见龙在田”；而“见龙在田”之时，“犹似圣人久潜稍出，虽非君位而有君德”，故“利见大人”；由此进而论及时令、律吕的变化与阴阳二气的消长互动关系，最终得出取象论义不离于阴阳二气的结论，其要义便在于“象即气”或“气即象”。

诸如此类疏解，在孔氏正义中不胜枚举，这里无需长篇累牍地赘言。并且，在孔颖达的诠释视域中，非但“气即象”，甚至“五行”、“数”、“时”等概念也皆与“象”相关。如《尚书·洪范》孔氏正义曰：“‘五行’即五材

① 李学勤主编：《十三经注疏·周易正义》，北京大学出版社 1999 年版，第 2 页。

② 李学勤主编：《十三经注疏·周易正义》，北京大学出版社 1999 年版，第 11 页。

③ 李学勤主编：《十三经注疏·周易正义》，北京大学出版社 1999 年版，第 3—4 页。

也，襄二十七年《左传》云‘天生五材，民并用之’，言五者各有材干也。谓之‘行’者，若在天则五气流行，在地世所行用也。……《易·系辞》曰：‘天一，地二，天三，地四，天五，地六，天七，地八，天九，地十。’此即是五行生成之数。天一生水，地二生火，天三生木，地四生金，天五生土，此其生数也。如此则阳无匹，阴无耦，故地六成水，天七成火，地八成木，天九成金，地十成土，于是阴阳各有匹偶，而物得成焉，故谓之成数也。《易·系辞》又曰‘天数五，地数五，五位相得而各有合，此所以成变化而行鬼神’，谓此也。又数之所起，起于阴阳。阴阳往来，在于日道。十一月冬至日南极，阳来而阴往。冬，水位也，以一阳生为水数。五月夏至日北极，阴进而阳退。夏，火位也，当以一阴生为火数。但阴不名奇，数必以偶，故以六月二阴生为火数也。是故《易说》称乾贞于十一月子，坤贞于六月未，而皆左行，由此也。冬至以及于夏至，当为阳来。正月为春木位也，三阳已生，故三为木数。夏至以及冬至，当为阴进。八月为秋金位也，四阴已生，故四为金数。三月春之季，四季土位也，五阳已生，故五为土数，此其生数之由也。又万物之本，有生于无，著生于微，及其成形，亦以微著为渐。五行先后，亦以微著为次。五行之体，水最微，为一。火渐著，为二。木形实，为三。金体固，为四。土质大，为五。亦是次之宜。大刘与顾氏皆以为水火木金，得土数而成，故水成数六，火成数七，木成数八，金成数九，土成数十。义亦然也。”① 又《周易·系辞上》孔氏正义云：“金木水火，禀天地而有，故云：‘两仪生四象’，土则分王四季，又地中之别，故唯云四象也。‘四象生八卦’者，若谓震木、离火、兑金、坎水，各主一时，又巽同震木，乾同兑金，加以坤、艮之土为八卦也。”② 孔氏此番议论，将“五行”、“数”、“时”等皆归为阴阳二气运演变化所致，所谓“五行”乃“在天五气流行，在地世所行用”，又谓“数之所起，起于阴阳。阴阳往来，在于日道”，并就阴阳二气如何生成变化为水、火、木、金、土等五行之象作了详细的梳理解释。在孔颖达这里，“五行”即“五气”即“四时”（春、夏、秋、冬，加上“长夏”为“五时”）即“四象”（水、火、木、金，加上分王四季、四方之

① 李学勤主编：《十三经注疏·尚书正义》，北京大学出版社 1999 年版，第 302 页。

② 李学勤主编：《十三经注疏·周易正义》，北京大学出版社 1999 年版，第 289 页。

“土”则为“五象”)，其内在理路可概括为：“五行”、“数”、“时”等皆缘起于“气”，而“气即象”，从而“五行”、“数”、“时”等亦皆著显于“象”。

那么，孔颖达此类疏解和主张是否有其历史和现实的依据呢？

从历史角度来看，秦汉时人论易，即重“气”论和“象数”论。早在战国末期前后，已有七十二候之说。所谓七十二候，是指一年四季十二个月，每月分为两个节气，每个节气分主十五日，这十五日又分为三候，每候五日，依序为初候、次候、末候。三候又称三气，“候”者，候天地阴阳五行之气也，后人所谓“候气”、“气候”诸说，当始于此。至汉初，有所谓“十二消息卦”或“十二辟卦”之说。此说以十二主卦表征一年四时十二个月，各主卦的阴阳消息表示出时令的周期性变化。该十二主卦按先后顺序分别为复卦（䷗）、临卦（䷒）、泰卦（䷊）、大壮卦（䷡）、夬卦（䷪）、乾卦（䷀）、姤卦（䷫）、遯卦（䷠）、否卦（䷋）、观卦（䷓）、剥卦（䷖）、坤卦（䷁），通过前后依次更替，它们共同呈现了一年中阴阳消长、时令变化的大致过程。这一消长、变化的过程，我们可以从孔颖达《礼记·月令》正义中的一段描述见得分明：

> 天地之气谓之阴阳，一年之中，或升或降，故圣人作象，各分为六爻，以象十二月。阳气之升，从十一月为始，阳气渐升，阴气渐下，至四月六阳皆升，六阴皆伏。至五月一阴初升，阴气渐升，阳气渐伏，至十月六阴尽升，六阳尽伏。然则天气下降，地气上腾，五月至十月也。地气下降，天气上腾，十一月至四月也。今正月云“天气下降，地气土腾”者，阳气五月之时，为阴从下起，上乡排阳气，第六阳气上极反退，至十月之时，六阳退尽，皆伏于下。至十一月，阳之一爻始动地中，至十二月阳渐升，阳尚微，未能生物之极。正月三阳既上，成为乾卦，乾体在下；三阴为坤，坤体在上，乾为天，坤为地。今天居地下，故云“天气下降”；地在天上，故云“地气上腾”。是阳气五月初降，至正月为天体而在坤下也。十一月一阳初生，而上排阴，阴之上六渐退，反归于下，至四月阴爻伏尽，六阳在上。五月一阴生，六月二阴生，阴气尚微，成物未具，七月三阴生而成坤体，坤体在下，三阳为乾而体在上，则是地气在下，天气在上，故正月为泰，泰，通

> 也，天地交通；七月为否，否，塞也。言天地隔塞。所以十月云“地气下降，天气上腾”者，以十月之时，纯阴用事，地体凝冻，寒气逼物，地又在下，故云“地气下降”。于时六阳从上退尽，无复用事，天体在上，不近于物，似若阳归于天，故云“天气上腾”，其实十月天气反归地下。①

这里，孔颖达详细地介绍了卦爻、时令之变与阴阳二气消长的关系，正是据十二辟卦为说。其要义为：一年的周期循环从阴历十一月开始（十一月为周人正月，亦即地支建子之月），十一月中冬至日，对应复卦，一阳生；进而十二月中大寒日，对应临卦，二阳生；一月中雨水日，对应泰卦，三阳生；二月中春分日，对应大壮卦，四阳生；三月中谷雨日，对应夬卦，五阳生；至四月中小满日，对应乾卦，六阳生，这时阳气达于极盛，阴气全消。这是阳气渐长、阴气渐失的阶段。此后五月中夏至日，对应姤卦，一阴长；六月中大暑日，对应遯卦，二阴长；七月中处署日，对应否卦，三阴长；八月中秋分日，对应观卦，四阴长；九月中霜降日，对应剥卦，五阴长；至十月中小雪日，对应坤卦，六阴长，这时阴气达于极盛，阳气全失。这是阴气渐长、阳气渐失的阶段。十月（坤卦）之后，又从十一月（复卦）开始，阴阳消息，与时变化，如此循环往复至无穷。可见，孔氏此番疏解“十二消息卦”之说，正是以“气”为基础的，所谓“消息”，均为阴阳二气之进退消长。孔颖达曾就此明言：“阳生为息，阴死为消，十一月至四月为息，言万物得阳气蓄息，五月至十月为消，言万物得阴气消尽。”②

秦汉之人论易，不仅以“气”论为基础，亦以“象”论为根基。如汉代《易纬・乾凿度》云：“变易也者，其气也，天地不变不能通气，五行迭终，四时更废，君臣取象，变节相和，能消者息，必专者败。”③又云：“孔子曰：阳三阴四，位之正也。故易卦六十四分而为上下，象阴阳也。夫阳道纯而奇，故上篇三十所以象阳也；阴道不纯而偶，故下篇三十四所以法阴

---

① 李学勤主编：《十三经注疏・礼记正义》，北京大学出版社 1999 年版，第 464 页。

② 李学勤主编：《十三经注疏・礼记正义》，北京大学出版社 1999 年版，第 468 页。

③ 郑玄注：《易纬・乾凿度》卷上，清《武英殿聚珍版丛书》本。

也。”[1] 又云：“是故八卦以建，五气以立，五常以之行，象法乾坤，顺阴阳，以正君臣父子夫妇之义。”[2] 又云：“阳动而进，变七之九，象其气之息也；阴动而退，变八之六，象其气之消也。”[3] 又如《乐记·乐象篇》云：“凡奸声感人，而逆气应之；逆气成象，而淫乐兴焉。正声感人，而顺气应之；顺气成象，而和乐兴焉。”[4] 如此之例皆表明，秦汉人论易，重气亦重象，往往将气与象相提并论。

又汉人孟喜创卦气说，以《周易》之四正卦配一年之四时，以其余六十卦匹配一年之十二月、二十四节气、七十二候。孟喜的卦气说及相关易说后来大多亡佚，唯少量见存于唐代僧人一行《卦议》等文献中，《卦议》载有孟喜卦气说片段云：

> 自冬至初，中孚用事。一月之策，九六七八，是为三十。而卦以地六，候以天五，五六相承，消息一变。十有二变而岁复初。坎震离兑，二十四气，次主一爻。其初则二至二分也。坎以阴包阳，故自北正，微阳动于下，升而未达。极于二月，凝涸之气消，坎运终焉。春分出于震，始据万物之元，为主于内，则群阴化而从之。极于南正，而丰大之变穷，震功究焉。离以阳包阴，故自南正，微阴生于地下，积而未章。至于八月，文明之质衰，离运终焉。仲秋阴形于兑，始循万物之末，为主于内，群阳降而承之。极于北正，而天泽之施穷，兑功究焉。故阳七之静始于坎；阳九之动始于震。阴八之静始于离；阴六之动始于兑。故四象之变，皆兼六爻，而中节之应备矣。[5]

如论者所揭，孟喜此论卦气，其要义在于言说坎、震、离、兑四正卦之卦气与“四象之变”，以及十二月、二十四节气、七十二候之对应的道理，它既不离易象（卦象、爻象），也不离自然之象，而且易象与自然之象是对应的。

---

① 郑玄注：《易纬·乾凿度》卷上，清《武英殿聚珍版丛书》本。
② 郑玄注：《易纬·乾凿度》卷上，清《武英殿聚珍版丛书》本。
③ 郑玄注：《易纬·乾凿度》卷下，清《武英殿聚珍版丛书》本。
④ 郑玄注：《礼记》卷十一，《四部丛刊》影宋本。
⑤ 僧一行：《卦议》，载欧阳修编：《新唐书》卷二十七上，清乾隆武英殿刻本。

一行曾在《卦议》中，按照孟喜卦气说制作了一个详细的卦气图表，表明四正卦坎、震、离、兑及各自六爻，对应于一年、四季、十二月、二十四节气与七十二候者，均为自然之气、自然之象。如冬至，对应于十一月中，坎卦初六，其候象依次为，初候“蚯蚓结”、次候“麋角解”、终候“水泉动”，如此等等，不一而足。[①] 故此，七十二候不仅是时令循序渐进的过程，还是“气”消长进退的过程，亦是“象”陆续展开的过程。七十二候的每一候均有“候物”功能，都有其典型的自然之“象”，反映了自然界随时而变的种种征象。孟氏之后，汉世象数派易学家们亦多承孟氏卦气说而谈气论象。总之，在汉人那里，天时、地气与物象等，是作为一个整体被感知、被体验和被把握的。

汉人论易，重“气”亦重“象（数）”，对此，王振复先生曾指出：“无论西汉东汉之易学，治易之方法可有不同，路径有差异，但有一点是相同的，都是联系到气、数来谈‘象’。‘象’是汉易的核心问题，《易传》云，‘一阴一阳之谓道’，由于此‘道’不与‘气’相拆，故亦可以说，‘一阴一阳之谓气’。汉易的所有解读及其学说，都是‘气’论的逻辑展开。《易传》又云，‘极其数，遂定天下之象’，‘象’、‘数’不能分拆。因此，‘数’的问题，同时也是‘象’的问题。卦象、爻象，自然不等于美学意义上的审美之象，但审美之象的文化之根因，却是巫学意义上的卦象、爻象。汉易尤重易象，它们直接谈论的，不是美学问题，也不是美学范畴问题，但文化意义上的易象，却成了美学意义上对审美之象的历史与人文的召唤，或可称之为历史与人文的必要铺垫与准备。汉易重数、重象，比如极大地培养、锻炼与陶冶了中华民族的象意识、象思维、象情感与象理念，成为比如大唐时代辉煌而灿烂的审美意象到来的历史与人文前导。”[②] 笔者以为，此论堪称精审。

然而，如此重要的易学诠释传统和美学文脉，到魏晋时期却一度被遮蔽甚至中断。魏晋玄学家如王弼、韩康伯等，为阻止象数易学走向泛滥之势，极力摒弃象数，张扬义理。其结果，使得义理易学大盛，亦使象数易学衰微，过犹不及，良为憾事。直至唐初孔颖达，重拾象数一脉并兼容象数、

---

① 参见王振复主编：《中国美学范畴史》，山西教育出版社 2006 年版，第 276—278 页。

② 王振复主编：《中国美学范畴史》，山西教育出版社 2006 年版，第 288 页。

义理，大力彰显“气”与“象”的性能。正是在大量而有说服力的实证材料基础上，孔颖达重申“气”与“象”的密切关联，既彰显了《周易》经传以“象”呈“义”的根本特征，又衔接了秦汉以来以“气”、“象”说易的文脉传统，在很大程度上助成了“象”论在哲学和美学上的超越，并最终推动了审美意象论和意境论在唐代走向高度成熟。①

从现实的层面来看，“气”与“象”的关系，可谓有“气”则有“象”，有“象”就有“气”，二者须臾不可分离。如孔颖达云：“‘见乃谓之象’者，前往来不穷，据其气也。气渐积聚，露见萌兆，乃谓之象。”② 孔氏又云：“悬象运转而成昏明，山泽通气而云行雨施。”③ 在孔颖达看来，万物皆始于气，始于阴阳互动之道。在阴阳互动之道支配下，星辰流转，日月更迭，昼夜来复，则“在天成象”；山泽通气，云行雨施，草木藩育，则“在地成形”。道→气→象→物，这是由抽象的本体到具象的感性物态的嬗变过程，从而有此林林总总的现象世界。反之，人作为“天地之心”，由万物之象，把捉气之生成变转的功能，复由气的生成变转功能而领悟本体之道，物→象→气→道，这是由具象的感性物态反思抽象的本体的过程。在这双向运演过程中，“气”与“象”始终是难解难分的。“气”作为一种本体，是世界万物的本原，无形无迹，诚然难拟于象；但“气”作为一种现象性存在，如云气、烟气、雾气、气息、气味等，不仅是主体目观身接之物，且具有维系世界万物生存流转的功能，如云气致风雨，烟气通神人，雾气滋草木，气息助吐纳，气味彰物性，等等，皆事关飞潜动植以及人之生存变化。对此，《尚书·洪范》孔氏正义有云：“昭元年《左传》云：‘天有六气，阴、阳、风、雨、晦、明也。’以彼六气校此五气，‘雨’、‘旸’、‘风’文与彼同，彼言‘晦’、‘明’，此言‘寒’、‘燠’，则‘晦’是‘寒’也，‘明’是‘燠’也，惟彼‘阴’于此无所当耳。《五行传》说五事致此五气云：‘貌之不恭，是谓不肃，厥罚恒雨，惟金沴木。言之不从，是谓不乂，厥罚恒旸，惟木沴金。视之不明，是谓不哲，厥罚恒燠，惟水沴火。听之不聪，是谓不谋，厥罚恒寒，惟火沴水。思之不睿，是谓不圣，厥罚恒风，惟木金水火沴土。’

① 详见本书第三章“易象论”部分内容。

② 李学勤主编：《十三经注疏·周易正义》，北京大学出版社 1999 年版，第 288 页。

③ 李学勤主编：《十三经注疏·周易正义》，北京大学出版社 1999 年版，第 258 页。

如彼《五行传》言，是雨属木，旸属金，燠属火，寒属水，风属土。郑云：'雨，木气也，春始施生，故木气为雨。旸，金气也，秋物成而坚，故金气为旸。燠，火气也。寒，水气也。风，土气也。凡气非风不行，犹金木水火非土不处，故土气为风。'是用《五行传》为说，孔意亦当然也。"①孔颖达于此分别引《左传》、《五行传》等文献详加解说阴阳诸"气"与自然诸"象"间种种形态关联，反映了中国古人天人合一的类比思维方式和朴素的系统论思想。孔颖达之前，《黄帝内经》曾云："地气上为云，天气下为雨；雨出地气，云出天气。""天气通于肺，地气通于嗌，风气通于肝，雷气通于心，谷气通于脾，雨气通于肾。"②孔颖达之后，朱熹亦云："泽气升于山，为云，为雨，是山通泽之气；山之泉脉流于泽，为泉，为水，是泽通山之气，是两个之气相通。"③若此，本原之气，就存乎种种具象之无机物、有机物及其生命流转过程之中，而世间万物万象，似皆源于气之生成变转功能。因此，从现实的层面来看，孔颖达"气"论与"象"论亦存在本然的、不可分割的联系。

要言之，孔颖达"象"论建构在其深厚的气本论基础之上，很大程度上发扬了中国古人尚象感悟的思维方式和生命体验方式，增强和陶塑了中国传统的生机哲学和美学。在孔颖达的理论阐发之下，"象"论以"气"论为哲理基础，"气"论以"象"论为感性落实。一方面，"象"具体可感，易于把捉，但沾滞于此又可能导致想象空间和灵思妙悟不够，"气"论则化实为虚，给"象"论增添了超越性的审美想象空间，引人体会天地自然的宏大无际和生生不息，体味那灵动缥缈的玄妙哲思。另一方面，"气"无形无状，无从捕捉，容易流于虚无玄诞，而经由"象"的描绘和中介，"气"则抟虚为实，具体生动，洋溢着种种现实感性生命的形象、意趣和情调，更易于感知和体验。这样，具有审美意义的"气之象"或"气象"的概念，也就呼之欲出了。

正是在孔颖达等人的气本论和气象说的大力阐扬之下，老庄以来的"气"论和《周易》以来的"象"论呈现兼并融合之势，最终凝聚成"气象"

---

① 李学勤主编：《十三经注疏·尚书正义》，北京大学出版社1999年版，第319—320页。

② 《黄帝内经素问》之《阴阳应象大论》，载《二十二子》，顾从德影印宋代嘉祐本。

③ 黎靖德编：《朱子语类·易十三·说卦》第5册，中华书局1986年版，第1971页。

这一极具涵摄力的美学范畴，并在中国美学史上产生深远影响。孔氏之后，踵武孔氏之说者络绎不绝，他们或从哲学角度、或从文艺角度阐扬“气象”说，使得“气象”范畴渐趋稳定、成熟，其审美蕴涵亦越发葱茏，最终定型为与“意象”、“意境”等核心审美范畴既多元并列又互涵互摄的范畴之一，广义的审美意象范畴群落，因此又增添新的一员。

北宋著名理学家张载便从哲学角度承孔氏说而更加发挥。张子《正蒙·太和篇第一》云：“太虚无形，气之本体，其聚其散，变化之客形尔。”“天地之气，虽聚散、攻取百途，然其为理也顺而不妄。气之为物，散入无形，适得吾体；聚为有象，不失吾常。太虚不能无气，气不能不聚而为万物，万物不能不散而为太虚。”①“气本之虚则湛一无形，感而生则聚而有象。”②张子此论，是强调宇宙之本体为无形之气，气聚而为万物，气散而为太虚，聚散皆为气之本然，皆可摹之为象。又张子《正蒙·神化篇第四》云：“所谓气也者，非待其蒸郁凝聚，接于目而后知之；苟健、顺、动、止、浩然、湛然之得言，皆可名之象尔。然则象若非气，指何为象。”③张子此论，意谓“气”并非仅指目之所睹有形之物，但凡体现健、顺、动、止、浩然、湛然之性质者，皆“气”之使然，皆著显为“象”。故“象”乃“气之象”耳。又张子《横渠易说》云：“太虚之气，阴阳一物也，然而有两（体），健顺而已。（亦）不可谓天无意，阳之（意）健，不（尔）何以发散（和一）。阴之性常顺，然而地体重浊，不能随则不能顺，（则少不顺即）有变矣。有（变）则有象，如乾健坤顺，由此气则有此象可得而言；若无则直无而已，谓之何而可？是无可得名。故形而上者，得辞斯得象，但于不形中得以措辞者，已是得象可状也。……有气方有象，虽未形，不害象在其中。”④张子此论，是说“象”总是与“气”相伴而生，如乾、坤之象，源于阳健坤顺之气。当人可以措辞于某些事物性状时，便是据其气而摹其象了。有气则有象，即使气尚未凝聚为有形之物，形与象已暗含其中。又张子《正蒙·乾称篇第十七》云：“凡可状，皆有也；凡有，皆象也；凡象，皆气也。

① 张载：《正蒙·太和篇第一》，《张载集》，中华书局1978年版，第7页。
② 张载：《正蒙·太和篇第一》，《张载集》，中华书局1978年版，第10页。
③ 张载：《正蒙·神化篇第四》，《张载集》，中华书局1978年版，第16页。
④ 张载：《横渠易说》，《张载集》，中华书局1978年版，第231页。

气之性本虚而神，则神与性乃气所固有。”[①] 张子此论，明确认定凡可用言辞摹状者皆为有，凡有皆为象，凡象皆为气。这就将孔颖达易象论所再三申张的“象即气”之大旨一语点出，堪称言简意赅，要言不烦。而所谓“气之性本虚而神，则神与性乃气所固有”，则为象论增添了虚空而又灵动的生机、神采和韵味。至此，“气”与“象”之间的理论扞格被完全疏通，“气即象”或“象即气”渐成为哲学界的普遍共识，直至清代王夫之作《张子正蒙注》，依然赞同此说：“以气化言之，阴阳各成其象。”[②] 于是，“气”论与“象”论合流为“气象”论也就理所当然了。

与哲学上的绍续情形相似，不少文艺创作者和美学家亦纷纷汲取孔颖达的“气”论与“象”论思想而谈艺论美。如诗人杜甫于《秋日寄题郑监湖上亭三首》中云：“赋诗分气象，佳句莫频频。”[③] 韩愈于《荐士》中云：“周诗三百篇，雅丽理训诰。……逶迤抵晋宋，气象日凋耗。”[④] 中唐诗论家皎然于《诗式》中云：“气象氤氲，由深于体势；意度盘礴，由深于作用。”[⑤] 中晚唐画家张彦远于《历代名画记》中云：“好为顽石，气象深险；能为云，而气象蓊格。”[⑥] 而书法家李阳冰于《上李大夫论古篆书》中云：“随手万变，任心所成，可谓通三才之气象，备万物之情状者矣。”[⑦] 他们径将“气”与“象”整合为“气象”这一诗学和美学范畴，用以表征文艺的整体审美风格或自然、人事的气势、风貌。由此，“气象”渐成为衡估历代文艺审美特征和艺术成就的又一重要标帜。

唐五代以降，“气象”作为一个极具涵盖力的审美范畴被广泛地运用于品评诗文书画之美。论画者如五代荆浩于《笔法记》云：“唐代张璪员外树石气韵俱盛，不贵五彩，旷古绝今，未之有也。白云尊师气象幽妙，俱得其元，动用逸常，深不可测。王右丞笔墨宛丽，气韵清高，巧写成象，亦动

① 张载：《正蒙·乾称篇第十七》，《张载集》，中华书局1978年版，第63页。
② 王夫之：《张子正蒙注》卷一上，清《船山遗书》本。
③ 杜甫：《杜工部集》卷十五《近体诗》，《续古逸丛书》影宋本配毛氏汲古阁本。
④ 韩愈：《荐士》，《昌黎先生文集》卷二，宋蜀本。
⑤ 皎然：《诗式》，载何文焕辑：《历代诗话》，中华书局1981年版，第27页。
⑥ 张彦远：《历代名画记》卷十，明《津逮秘书》本。
⑦ 李阳冰：《上李大夫论古篆书》，载董诰等编：《全唐文》卷四百三十七，清嘉庆内府刻本。

真思。”[①] 北宋郭熙于《山水训》云：“山水大物也，人之看者，需远而观之，方见得一障山川之形势气象。”[②] 北宋韩拙于《论观画别识》云：“凡观画者，岂可择于冠盖之誉，但看格清意古，墨妙笔精，景物幽闲，思远理深，气象洒脱者为佳。”[③] 两宋间董逌于《书燕龙图写蜀图》云：“山水在于位置，其于远近广狭，工者增减，在其天机务得收敛众景，发之图素，惟不失自然，使气象全得，无笔墨辙迹，然后尽其妙。”[④] 论诗者如北宋唐庚于《唐子西文録》云：“过岳阳楼观杜子美诗，不过四十字耳。气象闳放，涵蓄深远，殆与洞庭争雄，所谓富哉言乎者！”[⑤] 又北宋蔡絛于《西清诗话》云：“洞庭天下壮观，自昔骚人墨客，斗丽搜奇者尤众。……然未若孟浩然‘气蒸云梦泽，波动岳阳城’，则洞庭空阔无际，气象雄张，如在目前。至读杜子美诗，则又不然，‘吴楚东南坼，乾坤日夜浮’，不知少陵胸中吞几云梦也！”[⑥] 而南宋周紫芝于《竹坡诗话》云：“东坡尝有书与其姪云：‘大凡为文，当使气象峥嵘，无色绚烂，渐老渐熟，乃造平淡。’余以不但为文，作诗者尤当取法于此。”[⑦] 几与之同时的叶梦得于《石林诗话》云：“七言难于气象雄浑，句中有力，而纡余不失言外之意。自老杜‘锦江春色来天地，玉垒浮云变古今’与‘五更鼓角声悲壮，三峡星河影动摇’等句之后，常恨无复继者。”[⑧] 南宋词人姜夔于《白石道人诗说》云：“大凡诗自有气象、体面、血脉、韵度，气象欲其浑厚，其失也俗。”[⑨] 南宋吕本中于《吕氏童蒙训》云：“大概学诗须以三百篇、楚辞及汉魏间人诗为主，方见古人好处，自无齐梁间绮靡气象也。”[⑩] 南宋诗论家严羽于《诗评》云：“唐人与本朝人诗，未论工拙，直是气象不同。……汉魏古诗，气象混沌，难以句摘。……建安之作，全在

---

① 荆浩：《笔法记》，载唐志契：《绘事微言》卷上，文渊阁《四库全书》本。
② 郭熙：《山水训》，载郭思编：《林泉高致集》，明刻《百川学海》本。
③ 韩拙：《论观画别识》，载《山水纯全集》，清《函海》本。
④ 董逌：《书燕龙图写蜀图》，载《广川画跋》，清《十万卷楼丛书》本。
⑤ 唐庚：《唐子西文録》，清乾隆刻《历代诗话》本。
⑥ 蔡絛：《西清诗话》卷上，明钞本。
⑦ 周紫芝：《竹坡诗话》，明《津逮秘书》本。
⑧ 叶梦得：《石林诗话》卷下，宋《百川学海》本。
⑨ 姜夔：《白石道人诗说》，清刻《历代诗话》本。
⑩ 吕本中：《吕氏童蒙训》，载魏庆之：《诗人玉屑》卷五，文渊阁《四库全书》本。

气象，不可寻枝摘叶。"[①] 严氏又于《答出继叔临安吴景仙书》云："盛唐诸公之诗，如颜鲁公书，既笔力雄壮，又气象浑厚。"[②] 严氏友人戴复古于《石屏诗钞 · 论诗十绝》云："曾向吟边问古人，诗家气象贵雄浑。雕锼太过伤于巧，朴拙惟宜怕近村。"[③] 明代诗论家胡应麟于《诗薮》内篇云："盛唐气象混成，神韵轩举。"[④] 又明人许学夷于《诗源辨体》云："唐人之诗以气象风格为本，根本不厚，则枝叶虽荣而弗王耳。斯足以知大历矣。盛唐高岑五言、子美七言，以古入律，虽是变风，然气象、风格自胜；钱、刘诸子五七言，调虽合律，而气象风格实衰，此所以为不及也。"[⑤] 又明末叶廷秀于《诗有道气》云："少陵诗'水流心不竞，云在意俱迟'，从容自在，可以形容有道之气象，岂寻常诗人可及。"[⑥] 至清代，纪昀、王国维等以"气象"论诗者更夥。[⑦] 而刘熙载于《诗概》云："少陵云：'诗清立意新。'又云：'赋诗分气象。'作者本取意与气象相兼，而学者往往奉一以为宗派焉。"[⑧] 更有着意牵合诗之"意"与诗之"气象"的倾向。由此，"气象"由一般哲学甚或天文学范畴终成为具有深厚内涵的审美文化范畴，而中国传统的意象学美学，因此又增添新的华章。[⑨]

综上，我们大致归结一下"气象"一词的美学蕴涵。由于"气象"范畴横跨"气"与"象"这两大哲学和美学元范畴，涉及"气"与"象"两大范畴系列的诸多次生范畴，如气势、气韵、气度、气格、气质、气骨、气脉、意象、境象、兴象、逸象、味象、心象、大象等，故其审美义涵极其丰富，与上述诸多审美范畴呈交叉互补之势，且很大程度上包蕴、整合着上

---

① 严羽：《诗评》，《沧浪诗话》，明《津逮秘书》本。

② 严羽：《答出继叔临安吴景仙书》，《沧浪诗话》，明《津逮秘书》本。

③ 戴复古：《石屏诗钞 · 论诗十绝》，载吴之振等编：《宋诗钞》卷九十六，文渊阁《四库全书》本。

④ 胡应麟：《诗薮》内篇五，明刻本。

⑤ 许学夷：《诗源辨体》卷二十，人民文学出版社 1987 年版，第 227 页。

⑥ 叶廷秀：《诗有道气》，《诗谭》卷五，明崇祯胡正言十竹斋刻本。

⑦ 参叶朗：《中国美学史大纲》，上海人民出版社 1985 年版，第 318—319 页。

⑧ 刘熙载：《诗概》，《艺概注稿》卷二，中华书局 2009 年版，第 292 页。

⑨ 关于美学意义上的"气象"范畴，笔者曾指导自己的研究生做过专题性研究（参见陈振路：《美学范畴"气象"研究》，硕士学位论文，安徽师范大学 2014 年）

述各审美范畴的精义，其涵摄力非一般次生审美范畴所能比拟。约略言之，“气象”之美非指一般形式技巧、枝枝节节之美，而是指整个审美对象浑整的气势、神韵、风貌之美，它既可以指诗文书画等审美艺术所呈现的元气淋漓、气韵生动的整体审美风貌，如前述“汉魏古诗，气象混沌”、“盛唐气象混成，神韵轩举”等论说；亦可以指宇宙自然生机蓬勃的图景，如“江山澄气象”（唐高适语）、“风云侵气象”（唐鲍溶语）等描绘；还可以指人的风神气度、精神品貌所达到的一种超凡脱俗的境界，如宋程颢所称：“仲尼，天地也；颜子，和风庆云也；孟子，泰山岩岩之气象也。观其言，可以见之矣，仲尼无迹，颜子微有迹，孟子其迹著”，“孟子有功于道，为万世之师，其才雄，只见雄才，便是不及孔子，处人须当学颜子，便入圣人气象”①，此所谓“泰山岩岩之气象”、“圣人气象”等即是。由于“气象”审美范畴汲取了“气”与“象”二大元范畴的精髓，故其审美特征既有“象”的具体鲜明、生动可感的一面，又有“气”的朦胧缥缈、悠远无尽的一面，即象而超象，即意而超意，在有无虚实之间，在天人相和之间，兴现艺术、自然、人生的生命情态和本真状貌。它是“气”与“象”的结晶体，也是以“气”为核心的系列审美范畴和以“象”为核心的系列审美范畴的理论归结和升华，很大程度上模塑了中国古典美学的诗性品格、统绪特征和生命精神。

总之，孔颖达兼融儒、道、易各家学说，将传统的“气”论和“象”论推进到“气象”论的阶段，并赋予它更多的生命精神和审美感性色彩，历经后人踵事增华，“气象”范畴终由哲学甚或天文学领域走向审美领域，与“意象”、“意境”等一道，构成中国美学史上最重要的意象范畴群落。若依先河后海之义，孔颖达的理论铺垫之功诚然不可忽视。

三、“生生”论

在气本论思想基础上，孔颖达进一步彰显了中国传统生机哲学和美学所包含的生命意识和生命精神。孔氏于《周易正义》卷首开宗明义云：“自天地开辟，阴阳运行，寒暑迭来，日月更出，孚萌庶类，亭毒群品，新新不

---

① 程颢：《二程遗书》卷五，文渊阁《四库全书》本。

停，生生相续。”① 又引崔觐等人语云：“易者谓生生之德，……变易者，谓生生之道，变而相续。”② 此所谓“孚萌庶类，亭毒群品”，均是指育养万物。也就是说，天地之间，寒暑易节，日月更出，周而复始；阴阳二气氤氲无限，永无止息；宇宙万物亦新新不停，生生相续。而万物之所以欣欣向荣、生生不息，是由于易道广大，涵泳万端，阴阳二气相摩相荡、生成变转所造成。这就深刻地揭示出宇宙大化“生生之谓德”、“生生之谓易”的根本规律。孔氏解释“生生之谓易”云：“生生，不绝之辞。阴阳变转，后生次于前生，是万物恒生，谓之易也。前后之生，变化改易，生必有死，易主劝诫，奖人为善，故云生不云死也。”③ 据此，则阴阳变转，生生相续，为大易之理，天地间千变万化之事象，均渊源于阴阳互动、生生不息之易道。《尚书·盘庚》一文亦曾使用“生生”之语，如“汝万民乃不生生，既予一人猷同心”、“无总于货宝，生生自庸”等，孔颖达正义解孔安国注云：“物之生长，则必渐进，故以‘生生’为‘进进’。”④ “生生”本指万物生命生长发育的过程与情状，孔氏此解作“渐进”、“进进”之意，可谓形象贴切，别具一格。

在孔颖达看来，“生生”诚为天地之大德。《周易·乾》彖辞孔氏正义云：“‘大哉乾元’者，阳气昊大，乾体广远，又以元大始生万物，故曰‘大哉乾元’。‘万物资始’者，释其‘乾元’称‘大’之义，以万象之物，皆资取‘乾元’，而各得始生，不失其宜，所以称‘大’也。‘乃统天’者，以其至健而为物始，以此乃能统领于天，天是有形之物，以其至健，能总统有形，是‘乾元’之德也。‘云行雨施，品物流形’者，此二句释‘亨’之德也，言乾能用天之德，使云气流行，雨泽施布，故品类之物，流布成形，各得亨通，无所壅蔽，是其‘亨’也。”⑤ 孔氏此论，以乾体广远，阳气昊大，行天健之德，育万物之形，使品类之物各得亨通，无所壅蔽，是为大养物也。又《周易·系辞上》“夫坤，其静也翕”句孔氏正义云：“坤是阴柔，闭

① 李学勤主编：《十三经注疏·周易正义》，北京大学出版社 1999 年版，第 4 页。

② 李学勤主编：《十三经注疏·周易正义》，北京大学出版社 1999 年版，第 5 页。

③ 李学勤主编：《十三经注疏·周易正义》，北京大学出版社 1999 年版，第 271 页。

④ 李学勤主编：《十三经注疏·尚书正义》，北京大学出版社 1999 年版，第 239 页。

⑤ 李学勤主编：《十三经注疏·周易正义》，北京大学出版社 1999 年版，第 8 页。

藏翕敛，故‘其静也翕’；动则开生万物，故‘其动也辟’。以其如此，故能广生于物焉。天体高远，故乾云‘大生’；地体广博，故坤云‘广生’。对则乾为物始，坤为物生，散则始亦为生，故总云生也。”① 孔氏此谓天体高远为“大生”，地体广博为“广生”，皆能生养万物，总不脱“生生”之旨。

在孔颖达这里，对于“生生”的体悟和描述，既以天地为本始，复以人为旨归。《周易·系辞上》“天地絪缊”句孔氏正义云：“‘天地絪缊，万物化醇’者，絪缊，相附著之义。言天地无心，自然得一，唯二气絪缊，共相和会，万物感之变化而精醇也。天地若有心为二，则不能使万物化醇也。‘男女构精，万物化生’者，构，合也。言男女阴阳相感，任其自然，得一之性，故合其精则万物化生也。”② “絪缊”，孔氏谓“相附著之义”，用以形容天地阴阳二气交感绵密之状；“醇”犹“厚”意，指万物因天地二气交感而化育纯厚；“男女”，既可实指现实中的男女，亦可泛指阴阳两性。男女、阴阳交合其精，则万物化育孕生。又《周易·归妹》彖辞孔氏正义云：“‘归妹，天地之大义也。天地不交，而万物不兴’者，此举天地交合，然后万物蕃兴，证美归妹之义。……所以广其继嗣，以象天地以少阴少阳、长阴长阳之气共相交接，所以蕃兴万物也。‘归妹，人之终始也’者，上既引天地交合为证，此又举人事‘归妹’结合其义也。天地以阴阳相合而得生物不已，人伦以长少相交而得继嗣不绝。”③ 孔氏此论，由天地交合、阴阳之气共相交接而致万物蕃兴，论证归妹卦男婚女嫁、继嗣不绝之人伦义，天之道落实于人之道。由此，天地广生，男女和合，宇宙万物生生不息，从而谱就一曲永恒的生命乐章。

既然“生生”之德乃天、地、人共同的德性，担当人伦教化之重任的圣人当体悟此德性，化物育人。孔氏释乾卦卦辞“元亨利贞”云：“言此卦之德，有纯阳之性，自然能以阳气始生，万物而得元始亨通，能使物性和谐，各有其利，又能使物坚固贞正得终。此卦自然令物有此四种使得其所，故谓之四德：言圣人亦当法此卦而行善道，以长万物，物得生存而为‘元’

① 李学勤主编：《十三经注疏·周易正义》，北京大学出版社 1999 年版，第 273 页。

② 李学勤主编：《十三经注疏·周易正义》，北京大学出版社 1999 年版，第 310 页。

③ 李学勤主编：《十三经注疏·周易正义》，北京大学出版社 1999 年版，第 220 页。

也。又当以嘉美之事，会合万物，令使开通而为‘亨’也。”[①] 孔氏在此既言“生生”，复言“生存”，主要是强调：天之大德，在于以其纯阳之性催生万物，使物性和谐，元始亨通；圣人亦当法此生生之德，“行善道以长万物”，实现“元亨利贞”之易道。又孔氏疏《周易·系辞上》“日新之谓盛德”句云：“圣人以能变通体化，合变其德，日日增新，是德之盛极，故谓之盛德也。”[②] 此是说圣人能体贴天地变化之道，化育之功，致使世间万物日日增新，堪称得道之业，盛德之人。

可见，“生生”之德是以天地为本始，以人为中心的。孔颖达进而将人比作“天地之心”。孔颖达《礼记正义》云：“天地高远在上，临下四方，人居其中央，动静应天地，天地有人，如人腹内有心，动静应人也，……人乃生之最灵，其心五藏之最圣也。”[③] 又孔氏《尚书正义》云：“万物皆天地生之，故谓天地为父母也。……《礼运》云：‘人者天地之心，五行之端也，食味别声被色而生者也。’言人能兼此气性，余物则不能然。故《孝经》云：‘天地之性人为贵。’此经之意，天地是万物之父母，言天地之意，欲养万物也。人是万物之最灵，言其尤宜长养也。”[④] 依照孔氏意，天地为万物之父母，生养万物以及人本身，人为万物之灵长，居于天地之中央，如同“天地之心”，动静应天地，享受天地之长养，同时以万物为审美对象，按照美的规律和人的尺度去塑造、描述万物，因而人与万物之“生生”具有默契的亲和关系。由此，孔颖达所凸显的“生生”之美，就表现在以人为中心的世间万物的生发互动中。

这种“生生”模式充溢着浓厚的生命精神和审美情韵。孔颖达疏“乾始能以美利利天下”一语云：“‘能以美利利天下’者，解‘利’也。谓能以生长美善之道，利益天下也。”[⑤] 意谓天创生万物，以美善之道利益天下民众，万物之美由天产生，由民众而享。在这种“生生”模式中，整个宇宙以人为中心，它是一种充满生命活力和灵性的宇宙，一种感性的审美化的宇

---

① 李学勤主编：《十三经注疏·周易正义》，北京大学出版社 1999 年版，第 1 页。
② 李学勤主编：《十三经注疏·周易正义》，北京大学出版社 1999 年版，第 271 页。
③ 李学勤主编：《十三经注疏·礼记正义》，北京大学出版社 1999 年版，第 699 页。
④ 李学勤主编：《十三经注疏·尚书正义》，北京大学出版社 1999 年版，第 270—271 页。
⑤ 李学勤主编：《十三经注疏·周易正义》，北京大学出版社 1999 年版，第 21 页。

宙。孔氏云："圣人有生养之德，万物有生养之情，……天体运动，含灵之物亦运动，……天地之间，共相感应，各从其气类。"① 人则以这种"生生"的目光看待宇宙万物，整个世界被描绘成从滋生到繁盛、由衰落再到复苏的生命流转过程，万事万物以及人的政治、道德、宗教、审美生活都被加入到这一进程，万事万物在流动变转中极尽生生之趣。这种"生生"模式正是影响中国古代艺术发展的核心因素之一，它促引中国艺术不仅以表现生命活态为目标，同时还要竭力体现宇宙万物流转运动之趣，体现有机体内部旁通互贯之联系，从而将"生生之谓易"转化为"生生之谓艺"。②

有论者指出："《周易正义》生命哲学对生命意识的执着和对生命精神的追求展示出其开拓进取的初唐的时代文化特征，正是这种开拓进取的精神发起人的主观能动性挑战的号角。以这种精神为指导，《周易正义》的生命哲学体系呈现出主宰客观世界的刚健形象，积极有为，不懈加强个人修德以利治国安邦。因此，人的主观性与主体性在《周易正义》生命哲学中被提高到了一个新的高度，使人的主体性在通过德之四德对道气阴阳乾坤的生生不息的生命脉动过程进行精确描摹中得以发挥。人成了沟通天道与地道的核心环节，人的主观性与天人合一的形成过程是同一的。因人的主观能动性的发挥，宇宙的生命循环过程不再是一个盲目的过程，而是一个开拓进取、能通天下之志、能成天下务的至精、至神、至变的生命脉动过程。所以《周易正义》的生命哲学所凸显的不但是人类作为一个整体的生命价值取向，更是对主体个体生命意识的至当性和生命精神的合理性的强调，是对主体生命价值的提升。"③ 这是从初唐时代精神和人的主体性相统一、天道和人道相统一的角度充分肯定孔颖达生命论哲学的本体性价值和意义，诚然不谬。

总之，孔颖达通过深入阐发自己对气本论哲学的理解，表现出丰富的生命论美学和气象论美学思想。孔氏对自然创化之道的重视以及对先秦以来阴阳二元论的创造性诠解和发挥，使得其生命论美学和气象论美学既褪去了汉代哲学的神秘主义色彩和魏晋玄学的虚无主义特性，又有别于宋代理学的

① 李学勤主编：《十三经注疏·周易正义》，北京大学出版社 1999 年版，第 18 页。

② 参见朱良志：《中国艺术的生命精神》，安徽教育出版社 1995 年版，第 24 页。

③ 梅强：《〈周易正义〉的刑罚适用原则探源》，《周易研究》2012 年第 3 期。

理性主义玄思和阳明心学的直觉主义路径，而以感性与理性统一、具象与超象统一、形下与形上统一的形式，以及更为显明的统绪特征和生命精神，影响着当时及之后的哲学和美学思想建构，并哺育着后世审美艺术的魂灵。

第二节　有无之辨

如我们所知，“有”和“无”的思辨问题最早肇始于老庄哲学，而魏人王弼则借鉴老庄“有”、“无”之论阐解易理，并发展为贵“无”轻“有”、崇“本”息“末”的玄学观。王弼最基本的理论主张为：“无”是世界的本原，天地万物皆以“无”为本。他说：“有之所始，以无为本。将欲全有，必反于无也。”[①]“万物万形，其归一也。何由致一？由于无也。由无乃一，一可谓无。”[②]“然则天地虽大，富有万物，雷动风行，运化万变，寂然至无是其本矣。”[③]由此，“无”本论构成王弼玄学易的本体论基础。对此，孔颖达兼取道玄两家之义并加以转换性发挥和创造，以本体之道及阴阳二气无形无体、无为而无不为之理诠解“无”的义涵，促使“无”本论哲学走向以气论为基础的“有”本论哲学，抽象的哲学玄思让位于对实有世界和感性现象的体验和关注，从而使得活生生的感性现象赢得了自己应有的历史地位，感性之美也因此而得以立名。

一、“易理备包有无”

在《周易正义·卷首》中，孔颖达引述并发挥了《易纬·乾凿度》的观点，认为易之三义都是就“有”而言：“盖易之三义，唯在于有。然有从无出，理则包无。”[④]所谓“有”，指有形有质的具体事物或现象。故易之三义都是对天地万物基本存在状态的描述，它所陈述的是实有的现象世界。但“有”又出于“无”，在“有”的背后还有“无”存在。孔颖达又说：“道是

① 楼宇烈校释：《王弼集校释》，中华书局1980年版，第110页。
② 楼宇烈校释：《王弼集校释》，中华书局1980年版，第117页。
③ 楼宇烈校释：《王弼集校释》，中华书局1980年版，第337页。
④ 李学勤主编：《十三经注疏·周易正义》，北京大学出版社1999年版，“卷首”第5页。

无体之名，形是有质之称。凡有从无而生，形由道而立。”① 这种“有从无而生”的论点，固然是继承了老子和王弼等人的哲学思维路径，但在对“有”和“无”之关系的具体诠释上又有着很大的不同。孔氏《周易正义》卷首云：

> 是知易理备包有无，而易象唯在于有者，盖以圣人作易，本以垂教，教之所备，本备于有。故《系辞》云：“形而上者谓之道”，道即无也；“形而下者谓之器”，器即有也。故以无言之，存乎道体；以有言之，存乎器用。以变化言之，存乎其神；以生成言之，存乎其易。②

这里孔颖达认为，大易之理应涵摄“无”和“有”两个维度的统一，其中“无”是指向本体之“道”的维度，“道”是无形无限的，所以为“无”；而“有”是指向现象之“器”的维度，“器”是有形有质的，所以称为“有”。“道”虽为“无”，却要通过属于“有”的“器”才能表现出来，此乃无中生有；“器”虽为“有”，却要显示出趋向于“无”的“道”，此乃有中寓无。大易之理虽包括“有”和“无”或“道”和“器”两个维度，但“圣人作易，本以垂教，教之所备，本备于有”，故必须重视“器”、“有”，不能空谈“道”、“无”。可以看出，孔疏对《周易》原理的理解，偏重于易象及其所代表的“有”的领域，认为不能弃有从无，不能鄙视易象，废弃器用。显然，此种观点是针对王弼玄学派贵无轻有的易学偏颇而发的。

就“无”的具体含义说，玄学家们之“无”主要是指“寂然无体”的虚无本体，孔氏之“无”则是指不见形迹，无为而自然的太极元气，在本质上仍然属于“有”的范畴。这从孔颖达以“元气”解《易》之“太极”即可见出。《周易·系辞上》曰：“易有太极，是生两仪。”韩康伯依王弼之意注曰：“太极者，无之称，不可得而名，取有之所极，况之太极者也。”孔氏正义则云：“太极谓天地未分之前，元气混而为一，即是太初、太一也。故《老子》云：‘道生一。’即此太极是也。又谓混元既分，即有天地，故曰

① 李学勤主编：《十三经注疏·周易正义》，北京大学出版社 1999 年版，第 292 页。

② 李学勤主编：《十三经注疏·周易正义》，北京大学出版社 1999 年版，“卷首”第 6 页。

'太极生两仪'，即《老子》云：'一生二'也。不言天地而言两仪者，指其物体，下与四象相对，故曰两仪，谓两体容仪也。"① 孔疏意谓：天地之始在太极，太极乃天地未分时的混沌元气，当其未分剖时，相当于老子所谓"道生一"的"一"。此原始混沌之气因其混茫无际、无形无质，不同于天地万有，故不能用"有"去命名它，暂且称之为"虚无"，但此"虚无"仅指无形无质而言，并非真正的虚无。而当原始混沌之气两相分剖之后，即为天地或曰"两仪"，此即老子所谓"一生二"之"二"，作为"两体容仪"的"二"自然走向了"有"的范畴。对此孔氏在《周易正义·卷首》中还援引《易纬·乾凿度》的有关论点加以佐证："夫有形生于无形，则乾坤安从而生？故有太易、有太初、有太始、有太素。太易者，未见气也。太初者，气之始也。太始者，形之始也。太素者，质之始也。气、形、质具而未相离谓之混沌。混沌者，言万物相混沌而未相离也。视之不见，听之不闻，循之不得，故曰易也。"② 这里，孔氏认同《易纬·乾凿度》的观点，即有形虽生于无形，但无形并非绝对的空无，绝对的空无是无从生出乾坤等有形之物的。无形实为气之初杳渺混沌不可见，尽管不可见，气、形、质等因素已蕴涵其中，此谓之太易，故太易乃原始混沌之气。自太易而下，太初为气之始，太始为形之始，太素为质之始，依次分化出天地阴阳、世间万物来。由此可以说，孔氏以太极之"元气"取代王弼派本体之"无"而成为宇宙的根本。

在孔颖达的气本论哲学视域中，这种太极之"元气"无形无迹而又无所不在，自然无为而又生生不息。孔氏释《周易·系辞上》"乾道成男，坤道成女"句云：

> 道谓自然而生，故乾得自然而为男，坤得自然而成女，必云成者有故，以乾因阴而得成男，坤因阳而得成女，故云成也。"乾知太始"者，以乾是天阳之气，万物皆始在于气，故云知其大始也。"坤作成物"者，坤是地阴之形，坤能造作以成物也。初始无形，未有营作，故但云知也。已成之物，事可营为，故云作也。……若据乾坤相合皆无为，

① 李学勤主编：《十三经注疏·周易正义》，北京大学出版社 1999 年版，第 289 页。
② 李学勤主编：《十三经注疏·周易正义》，北京大学出版社 1999 年版，"卷首"第 2—3 页。

自然养物之始也，是自然成物之终也。①

孔氏以“自然而生”为“道”。所谓“乾得自然而为男”，是说乾同阴气配合，自然而得男。所谓“坤得自然而成女”，是说坤同阳气配合，自然而得女。所谓“乾知大始”，是说乾是天阳之气，而“万物皆始在于气”，阳气为生物之始。所谓“坤作成物”，是说“坤是地阴之形”，能造作成物。乾坤合德，阴阳互动，则自然无为而成万物。故文中又云：“若据乾坤相合皆无为，自然养物之始也，是自然成物之终也。”按此说法，乾坤相合，阴阳摩荡，自然而然而养物，自然而然而成物，这种自然化生之德，源于太极之“元气”，亦源于“道”。

依据其“自然养物之始，自然成物之终”的观点，孔氏还解释《周易·系辞上》之“易无思也，无为也”句云：

“易无思也，无为也”者，任运自然，不关心虑，是无思也；任运自动，不须营造，是无为也。“寂然不动，感而遂通天下之故”者，既无思无为，故“寂然不动”，有感必应，万事皆通，是“感而遂通天下之故”也。故谓事故，言通天下万事也。“非天下之至神，其孰能与于此”者，言易理神功不测，非天下万事之中，至极神妙；其孰能与于此也。②

这里所谓“无思”、“无为”、“寂然不动”，在孔疏看来，都是表示阴阳二气的变易之理，因为其变化任运自然，不关心虑，所以“无思”；其变化任运自动，不须营造，所以“无为”；因其无思无为，故似“寂然不动”；因其有感必应，万事皆通，故谓“感而遂通天下”。总之，以无为而自然之理释阴阳变易之道，至极神妙。因此，人们对易理神化之功的认识，亦应执其无思无虑、顺应自然之性。

又孔氏疏《周易·系辞上》韩注云：“‘圣人不为，群方各遂其业’者，

① 李学勤主编：《十三经注疏·周易正义》，北京大学出版社1999年版，第259页。
② 李学勤主编：《十三经注疏·周易正义》，北京大学出版社1999年版，第284页。

圣人显仁藏用，唯见生养之功，不见其何以生养，犹若日月见其照临之力，不知何以照临，是圣人用无为以及天下，是圣人不为也。云‘德业既成，则入于形器’者，初行德业未成之时，不见其所为，是在于虚无。若德业既成，复被于物，在于有境，是入于形器也。”[①] 这是说圣人深谙天地自然之道，将无为而生养之理应用于人事功业，使德业离无入有，泽及万物。既然是离无入有，泽及万物，入于形器，便不能再像本体性的“道”那样全无踪迹。故《周易·系辞上》孔氏正义复云：“道之功用，能鼓动万物，使之化育，故云‘鼓万物’。圣人化物，不能全无以为体，犹有经营之忧；道则虚无为用，无事无为，不与圣人同用，有经营之忧也。……云‘圣人虽体道以为用’者，言圣人不能无忧之事。道则无心无迹，圣人则亦无心有迹，圣人能体附于道，其迹以有为用。云‘未能全无以为体’者，道则心迹俱无，是其全无以为体；圣人则无心有迹，是迹有而心无，是不能全无以为体。云‘故顺通天下，则有经营之迹’者，言圣人顺通天下之理，内则虽是无心，外则有经营之迹，则有忧也。道则心迹俱无，无忧无患，故云‘不与圣人同忧’也。”[②] 孔颖达认为，圣人虽禀道而行，自然无为而化物，然毕竟是“体道以为用”，“为用”，则必重其现实的功能，由形上走向形下，而不能停留在道之形上本体的层面，故“道则无心无迹，圣人则无心有迹”，“圣人顺通天下之理，内则虽是无心，外则有经营之迹，则有忧也”。可见，虽然都是遵循自然无为而化物之理，但天道与人道终究有别，前者无心无迹，后者无心有迹。此番议论，再次体现了孔氏崇有、重实的思想取向。

在孔颖达看来，这种自然无为之理不仅体现于天地万物和圣人德业，还体现于常人之性情。其在《毛诗正义·卷首》云：“原夫乐之所起，发于人之性情，性情之生，乃自然而有，故婴儿孩子则怀嬉戏抃跃之心，玄鹤苍鸾亦合歌舞节奏之应。”[③] 这是说，诗乐之作，源自人的常性常情，而人之性情，又是禀诸天赋，自然而生，自然而有，就如同孩童天生具有嬉戏踊跃之心，鸾鹤不教而应歌舞节奏之感，都是性情使然，自然而然，是无须人为造作、刻意经营的。

---

① 李学勤主编：《十三经注疏·周易正义》，北京大学出版社 1999 年版，第 260 页。

② 李学勤主编：《十三经注疏·周易正义》，北京大学出版社 1999 年版，第 271 页。

③ 李学勤主编：《十三经注疏·毛诗正义》，北京大学出版社 1999 年版，“目录”第 4 页。

为了更好地表达这种“无中生有”、“自然无所营为”之理，孔颖达对处于有、无之间的“几”与“神”，予以特别的关注。孔氏云：“从无入有，故云‘知几，其神乎’?”[①] 所谓“几”，依照孔颖达《周易正义》的阐释，其义一是“有初之微”：“几者，离无入有，是有初之微。”[②]“凡‘几微’者，乃从无向有，其事未见，乃为‘几’也。”[③] 其义二是“动之微”：“几，微也，是已动之微。动谓心动、事动。初动之时，其理未著，唯纤微而已。若其已著之后，则心事显露，不得为几。若未动之前，又寂然顿无，兼亦不得称几也。几是离无入有，在有无之际，故云动之微也。”[④] 而所谓“神”，是指“不知所以然而然”：“万物变化，应时不失，无所不成，莫有使之然者，而求其真宰，无有远近，了无晦迹，不知所以然而然，况之曰神也。”[⑤]“神之为道，阴阳不测，妙而无方，生成变化，不知所以然而然者也。”[⑥]“神者，微妙玄通，不可测量，故能知鬼神之情状，与天地相似。知周万物，乐天知命，安土敦仁，范围天地，曲成万物，通乎昼夜，此皆神之功用也。”[⑦] 要言之，所谓“几”，是指万物生命活动在阴阳二气鼓动下，离无入有，开始萌生的隐微征兆；所谓“神”，是指万物生成、变化无形无迹、天机自动、默然成物的神妙情态。故通过“研几”与“知神”，有助于人们辨析体、用，会通有、无，从而去体悟宇宙万物天然独化之妙理与生机无限之情态。

总之，孔氏《正义》以自然无为之理解释王弼派的“道”或“无”，扬弃了其虚无实体性，将其归结为阴阳二气自生自化和无所营为的秉性。由于孔颖达对于“有”、“无”之论的新阐发，王弼派的“无”本论哲学被以气论为基础的“有”本论哲学所取代，使人们的致思方式不再为形而上的虚无本体所困扰，而是由形上到形下，投向自然、社会和感性现象本身。这对于研究审美感性形式和情感活动的美学无疑具有非常重要的意义。

---

① 李学勤主编：《十三经注疏·周易正义》，北京大学出版社 1999 年版，第 256 页。
② 李学勤主编：《十三经注疏·周易正义》，北京大学出版社 1999 年版，第 285 页。
③ 李学勤主编：《十三经注疏·周易正义》，北京大学出版社 1999 年版，第 36 页。
④ 李学勤主编：《十三经注疏·周易正义》，北京大学出版社 1999 年版，第 308 页。
⑤ 李学勤主编：《十三经注疏·周易正义》，北京大学出版社 1999 年版，第 329 页。
⑥ 李学勤主编：《十三经注疏·周易正义》，北京大学出版社 1999 年版，第 329 页。
⑦ 李学勤主编：《十三经注疏·周易正义》，北京大学出版社 1999 年版，第 268 页。

孔颖达之后，韩愈、李翱、柳宗元以及宋明理学诸子，论“天道”时总是自觉地将其与“人事”联系起来，倡导经世致用，格物致知，强调伦理实践功夫，这就进一步将孔颖达所开启的离无入有的取向引向现实伦常世界，这对于当时及后世审美文化和美学理论均有相当大的影响。

二、“自然而尔，因无而生有”

孔颖达这种“无中生有”、“自然无所营为”的思想，除了受老庄“道”论和王充等元气自然论的有机影响外，很大程度上还受到魏晋玄学中郭象观点的启发。孔氏《周易正义》遵从王弼、韩康伯注，而韩注受到裴頠、郭象学说的影响，故孔颖达在继承和发挥韩注时，也自然承传了裴頠与郭象的部分思想。孔颖达于《周易正义》中多引《庄子》郭象注，其受郭象的影响甚为显然。

郭象秉承魏晋玄风，长于思辨，堪称“王弼之亚”①。但其运思路向与王弼之“贵无贱有”有着很大不同，可以说，“弃无崇有、自然独化”为其哲学的根本特点。傅伟勋先生尝言：“郭象哲学可以规定之为‘彻底的自然主义’，他破除整个道家的形上学，一切还元之为万事万物自然独化的现象过程。”② 本来，王弼认为天地万物都生于“无”，“无”为最后的本体。而郭象于《庄子·齐物论》注中说：“无既无矣，则不能生有；有之未生，又不能为生。然则生生者谁哉？块然而自生耳。”③ 又于《庄子·知北游》注中说：“非唯无不得化而为有，有亦不得化而为无矣。是以有之为物，虽千变万化，而不得一为无也。”④ 意谓“有”就是“有”，“无”就是“无”，若本身是“无”，则不能生“有”；若本身是“有”，则不得化“无”。“有”之为物，虽千变万化，终还是“有”。而宇宙万物皆属“有”，不待他物而自生，皆“块然而自生”。郭氏《庄子·天下》注亦云：“夫无有，何所能建？建之以常无有，则明有物之自建也。……自天地以及群物，皆各自得而已。”⑤ 郭象进一

---

① 徐震堮：《世说新语校笺》，中华书局 2001 年版，第 112 页。

② 傅伟勋：《中国哲学中的儒道释》，生活·读书·新知三联书店 1989 年版，第 387 页。

③ 郭象：《庄子注》，载《二十二子》，上海古籍出版社 1986 年版，第 15 页。

④ 郭象：《庄子注》，载《二十二子》，上海古籍出版社 1986 年版，第 63 页。

⑤ 郭象：《庄子注》，载《二十二子》，上海古籍出版社 1986 年版，第 86 页。

步确认若没有“有”，一切皆无以发生，而天地以及群物，都属“有”的范畴，皆自建自得，自我生发。因此，在郭象看来，真正真实的存在是“有”而非“无”，而“有”又各有其“有”，各自独立自在，并葆有自己独特的秉性，不待他物而然。其《庄子·山木》注云：“凡所谓天，皆明不为而自然。言自然则自然矣，人安能故有此自然哉？自然耳，故曰性。”① 即认为物各有自性，并依其自性自我生成，自我发展，一切都是那样自然而然，无须人为造作。郭象这一系列观点，一定程度上淡化了此前哲学加于自然、天、无的种种神秘意味，从而把由王弼所凸显的本“无”论哲学拉回到现实而感性的层面中来。

孔颖达承传并发挥了郭象的崇有论、自性论思想，认为天地造化、阴阳变易都是自然而然的，所谓“道谓自然而生，故乾得自然而为男，坤得自然而成女。”②《周易·系辞上》孔氏疏韩氏注云：“若能行说易简静，任物自生，则物得其性矣。故《列子》云：‘不生而物自生，不化而物自化。’若不行易简，法令滋章，则物失其性也。《老子》云：‘水至清则无鱼，人至察则无徒。’又庄云：‘马翦剔羁绊，所伤多矣。’是天下之理未得也。”③ 孔颖达借易之“简静”之性，《列子》“不生而物自生，不化而物自化”之论，发挥出“任物自生，物得其性”的见解，并阐明不行“易简”，物失其性之弊。孔颖达所论显然与郭象的观点有同工之妙。

孔颖达还依“任物自生，物得其性”的观点解释了天地的德行。其释乾卦《文言》云：

> 乾之为体，是天之用。凡天地运化，自然而尔，因无而生有也，无为而自为。天本无心，岂造“元亨利贞”之德也？天本无名，岂造“元亨利贞”之名也？但圣人以人事托之，谓此自然之功，为天之四德，垂教于下，使后代圣人法天之所为，故立天“四德”以设教也。④

---

① 郭象：《庄子注》，载《二十二子》，上海古籍出版社 1986 年版，第 58 页。

② 李学勤主编：《十三经注疏·周易正义》，北京大学出版社 1999 年版，第 259 页。

③ 李学勤主编：《十三经注疏·周易正义》，北京大学出版社 1999 年版，第 260 页。

④ 李学勤主编：《十三经注疏·周易正义》，北京大学出版社 1999 年版，第 12 页。

此是说，天地的运动变化，无使之然者，乃自然而然，“无为而自为”，“因无而生有”。与郭象相似，孔颖达强调宇宙万物在阴阳二气鼓动下的“块然自生”的本性。虽然这种本性也包括某种抽象的“理”，但并非形而上的“虚无”之“理”，而是“自性”之“理”、“独化”之“理”、“无为”之“理”。正是在此意义上，孔氏认为“天本无心”，就是说天没有人的意识，不会造作，元、亨、利、贞乃天本来就有的德行；圣人则法此天德以教化百姓。此处，孔氏以万物自生、无为而自然解释“因无而生有”的道理。

值得注意的是，孔氏一方面认为“天本无心”，另一方面又把自然生化之义称为“天地之心”。其释复卦《彖》文“复其见天地之心乎”云：

> 此赞明复卦之义。天地养万物，以静为心，不为而物自为，不生而物自生，寂然不动，此天地之心也。此复卦之象，“动”息地中，雷在地下，息而不动，静寂之义，与天地之心相似。观此复象，乃“见天地之心”也。天地非有主宰，何得有心？以人事之心，托天地以示法尔。①

按照王弼注，以绝对静止的“无”为天地之本，所谓“寂然至无，是其本矣”。而孔疏则认为“天地养万物，以静为心，不为而物自为，不生而物自生”，亦即将王弼的“以无为本”或“以无为心”解释为静寂渊深，无心而自为。在孔颖达看来，“天本无心”，但天地“无为”而生万物，又仿佛是以“静”为心，此“静”有无为而为之，使万物自生自化之意。若以“心”称之，此“心”不再是汉儒的有意志的天、人格神之“有为”之心，而是圣人“以人事之心，托天地以示法尔”。也就是说，圣人效法天地之象，顺应自然之理，以定制度，施人事。

孔颖达于《复卦·彖辞》疏解中还指出：“凡以无为心，则物我齐致，亲疏一等，则不害异类，彼此获宁。若其以有为心，则我之自我，不能普及于物，物之自物，不能普赖于我，物则被害，故‘未获具存’也。”② 这是

---

① 李学勤主编：《十三经注疏·周易正义》，北京大学出版社 1999 年版，第 112 页。

② 李学勤主编：《十三经注疏·周易正义》，北京大学出版社 1999 年版，第 112 页。

说，天地自然若以“无”为心，则物我齐致，众殊平等，各葆其质，各有其貌；若以“有”为心，则牵此就彼，物物难通，各伤其性，各失其貌。这就进一步强调了以“无”（无为）为“心”的重要意义。孔氏又释《坤》六二爻辞云：“生物不邪，谓之直也。地体安静，是其方也。无物不载，是其大也。既有三德，极地之美，自然而生，不假修营，故云‘不习无不利’。物皆自成，无所不利，以此爻居中得位，极于地体，故尽极地之义。此因自然之性，以明人事，居在此位，亦当如地之所为。”① 又疏《系辞》“乐天知命故不忧”云：“顺天道之常数，知性命之始终，任自然之理，故不忧也。”② 这是说，天地之体“自然而生，不假修营”，能顺天道之常数，循自然之常性，则“物皆自成，无所不利”；知性命之始终，任自然之事理，则不忧不惧。如此则自然、人事各顺其性，各展其美。

孔颖达上述有关论点，在后世产生了不同程度的影响。如孔颖达关于天地之心的论述即被后人继踵和发扬。唐代孙过庭《书谱》云：“岂知情动形言，取会风骚之意；阳舒阴惨，本乎天地之心。”③ 宋代程颐云：“一阳复于下，乃天地生物之心也。先儒皆以静为见天地之心，盖不知动之端乃天地之心也，非知道者，孰能识之。”④ 欧阳修亦云：“天地之心见乎动。‘复’也，一阳初动于下矣，天地所以生育万物者本乎此，故曰‘天地之心’，天地以生物为心者也。”⑤ 明代宋濂云：“夫生者，乃天地之心。其阴阳所以运行，有开阖、惨舒之不齐。盖天地之心生生而弗息者，恒循环于无穷。”⑥ 较之于孔颖达以“静”、“无为”论天地之心，程颐等人则侧重于以“动”、“有为”论天地之心，而阴阳交会、万物生生之旨则一，可谓小别而大同。

又，孔颖达关于自然无为而生万物的思想，深蕴着一种“自然即大道”、“山水即天理”的意蕴。这与后世禅家所宣扬的“一花一世界，一草一

① 李学勤主编：《十三经注疏·周易正义》，北京大学出版社 1999 年版，第 28 页。

② 李学勤主编：《十三经注疏·周易正义》，北京大学出版社 1999 年版，第 267 页。

③ 孙过庭：《书谱》，明刻《百川学海》本。

④ 程颐：《伊川易传》，上海古籍出版社 1989 年版，第 93 页。

⑤ 欧阳修：《易童子问》卷一，《欧阳修全集·居士外集》卷二十五，中华书局 2001 年版，第 1110 页。

⑥ 宋濂：《越国夫人练氏像赞》，《宋文宪公全集》卷四十七，《四部备要》本。

天国”，一物有一物之理、自足而圆通等哲理思想庶几相通；亦与宋代理学家所标榜的“万物静观皆自得，四时佳兴与人同”（程颢语）的审美境界多有暗合之处。这种思想在美学上的意义，一方面有助于审美主体由抽象的概念玄思转向感性的审美质素的欣赏、体验，真正地走向审美感性活动；另一方面则引导审美主体超越以往的仅将自然万物作为道德比附、人格象征手段的外在层面，而径直把自然万物视为生命实体，在这种观照下，自然万物不再是死的与生命无关的对象，而是像人一样富含生命灵性和生命情思，山水自然之性即主体生命之性，山水自然之情即主体生命之情，审美主体与审美对象之间，“情往似赠，兴来如答”（刘勰语），感性生命无碍兴现的审美特质油然而生，主客圆融，移情不断。当代诗论家叶维廉先生在《中国诗歌山水意识的演变》一文中曾指出：“现代批评家理查兹（I.A.Richards）曾把隐喻（metaphor）结构分为 vehicle 与 tenor 两部分，即朱自清所谓的喻依和喻旨。喻依者，所呈物象也；喻旨者，物象所指向的概念与意义。庄子和郭象所开拓出来的‘山水即天理’，使得喻依和喻旨融合为一：喻依即喻旨，或喻依含喻旨，即物即意即真，所以很多的中国诗是不依赖隐喻，不借重象征而求物象原样兴现的。”① 叶氏此论所揭中国古代诗歌多存喻依和喻旨合一、重视原样兴现的独特特征，源于庄子、郭象等人所开拓出来的“山水即天理”、即物即意即真的审美传统，诚然不谬，然孔颖达等人在此间所起的理论推助之功，亦不可忽视。并且，这种重视原样兴现、即物即真的艺术表现特征，不仅体现于诗歌领域，亦体现于书、文、画等诸多艺术领域。

而孔颖达对“研几”的发挥，对自然感性之美的重视和强调，则无疑有助于哺育唐代艺术家们的灵思妙悟，促成他们对大千世界自然万物之感性生命的敏感和遐思，进而努力体味并表现之。唐人朱景玄《唐朝名画录序》云：“伏闻古人云：画者，圣也。盖以穷天地之不至，显日月之不照。挥纤毫之笔，则万类由心，展方寸之能而千里在掌，至于移神定质，轻墨落素。有象因之以立，无形因之以生。”② 强调绘画应以“有象”的艺术形式来

① 叶维廉：《中国诗歌山水意识的演变》，载《中国诗学》，生活·读书·新知三联出版社 1992 年版，第 93 页。

② 朱景玄：《唐朝名画录序》，载董诰等编：《全唐文》卷七百六十三，清嘉庆内府刻本。

表现“无形”而生机无限的自然万物。从有唐一代众多文人的诗画作品中，我们很能领略这种深邃的意旨。所谓“大以体天地之化，微以备禽鱼草木之几”①，茫茫宇宙，渺渺人生，自然万物，远至日月星辰，近至花鸟虫鱼，都可以跟艺术家至动而有韵律的心灵求得交感与共鸣。花开花落，鸟鸣春涧，一切都是那样自然而诗意葱茏。艺术家们从中感悟生命运动的精微征兆，由现象直入本体，由瞬刻达于永恒，从而实现生命精神的超越，揭出各自的一段诗魂。这些使得唐代艺术家的笔下，“山川、人物、花鸟、虫鱼，都充满着生命的动——气韵生动”②。从而，高扬自然生命也成为盛唐气象的重要审美表征。

自唐代以降，认为自然事物有其自身的生命情态，无须经过人格化比附而直接与人的生命体验相沟通，自显其审美价值，几成为艺术家和美学家们的普遍共识。如孙过庭《书谱》云：“同自然之妙有，非力运之能成。”③张怀瓘《书议》云：“无为而用，同自然之功；物类其形，得造化之理。皆不知其然也。”④又其《书断序》云：“尔其初之微也，盖因象以曈昽，眇不知其变化，范围无体，应会无方，考冲漠以立形，齐万殊而一贯，合冥契，吸至精，资运动于风神，颐浩然于润色。”⑤荆浩《笔法记》云：“画者画也，度物象而取其真。”⑥张璪论画云：“外师造化，中得心源。”⑦张彦远《论画体工用搨写》云：“凝神遐想，妙悟自然。”⑧以上诸家所论都是强调艺术形象的创造应该通过感性的、直觉的方式来把握自然之道，表现自然物的本体和生命。这种对饱含生命精神的自然意象的普遍重视，与孔颖达的上述哲学、美学思想当有着内在的呼应关系。

---

① 王夫之：《诗广传》卷一，清同治湘乡曾氏金陵节署刻本。

② 宗白华：《宗白华全集》第二卷，安徽教育出版社 1994 年版，第 44 页。

③ 孙过庭：《书谱》，明刻《百川学海》本。

④ 张怀瓘：《书议》，载张彦远撰：《法书要录》卷四，文渊阁《四库全书》本。

⑤ 张怀瓘：《书断》卷上，文渊阁《四库全书》本。

⑥ 荆浩：《笔法记》，载唐志契编：《绘事微言》卷上，文渊阁《四库全书》本。

⑦ 张彦远：《历代名画记》卷十，明《津逮秘书》本。

⑧ 张彦远：《历代名画记》卷二，明《津逮秘书》本。

第三节 体用之思

“体”与“用”是本体论哲学和美学中一对重要的范畴，简单地说，“体”即本体，“用”即功用。孔氏以前，已陆续有论及“体”与“用”者，如先秦时期，荀子《富国》篇云：“万物同宇而异体，无宜而有用。”① 荀子此论，意谓万物同生于宇内，形体各异，虽无常定之宜，皆有可用之理，这里已将“体”与“用”并举，但此“体”是指形而下的物之“形体”，尚不具备形而上的“本体”的意义。魏晋时期，王弼《老子注》云：“以无为用，不能舍无以为体也；舍无以为体，则失其为大矣。”② 王氏此论，其意为，“无”之功用性的一面固然值得重视，“无”之本体性的一面更不可或缺，若失去“无”的本体性的一面，“无”就难以成为万物的大本、大源了。这里王氏所论之“体”已具有形而上的“本体”的义涵，且取“体”、“用”相待之势，可认为是一种真正意义上的哲学本体论阐释。魏晋六朝时佛学流行，僧家论体用者渐多，本书绪论“遗有佛音”部分对此已略有介绍，此不赘述。到了唐代孔颖达这里，则在吸取前人成果的基础上，给予体、用范畴以更详尽的梳理和阐释，使体、用问题在中国哲学史和美学史上得到进一步的推进，并成为孔氏本体论哲学和美学的重要内容。下面分而释之。

一、体用相待

在孔颖达这里，体与用的关系是两相对待、对立而统一的关系，体为用之体，是相对于器用而言的，用为体之用，是相对于本体而言的，二者既不可混淆，也不可截然对立或割裂。这种体用相待的关系从前文所介绍的孔氏道气之论、有无之辨中已可充分见出。质言之，道为体，气为用；气为体，象为用；阴阳为体，生生为用；无为体，有为用；等等。这里，还可从孔颖达对本与末、静与动、抽象与具象等一系列问题的探讨作出进一步的

① 荀况：《荀子・富国》，载《二十二子》，上海古籍出版社 1986 年版，第 307 页。

② 王弼：《老子道德经注》，载楼宇烈校释：《王弼集校释》，中华书局 1980 年版，第 94 页。

梳理。

如关于本与末、静与动的问题，孔氏《周易·复卦》正义云："天地之动，静为其本，动为其末，言静时多也，动时少也。若暂时而动，止息则归静，是静非对动，言静之为本，自然而有，非对动而生静，……万物虽运动于外，而天地寂然至于其内也。外是其末，内是其本。"① 孔氏此论，意谓天地自然虽运动不息，但这都是外在的表现，或暂时性的现象，其最后的本体却是静的，永恒寂寞的。静与动之间并非对等的关系，而是有主有次，其中静为本，自然而有，天生自在，无需借助动的作用而生静；反过来，动是末，却非天生自在，而是由静生发而来。这就相当于道可以生器，而器却不可以生道一般。孔颖达此番关于本与末、静与动之关系的探讨，便是一种典型的本体论式思维方式和阐释方式，即使从今天来看，也已达到了很高的抽象思辨的水准。

又如关于抽象与具象的问题，《周易·系辞上》"易无思也，无为也"句孔氏正义云："云'夫非忘象者，则无以制象'者，凡自有形象者，不可以制他物之形象，犹若海不能制山之形象，山不能制海之形象。遗忘已象者，乃能制众物之形象也。'非遗数者，无以极数'者，若以数数物，则不能极其物数。犹若以万而数，则不能苞亿，以一亿而数，则不能苞千亿万亿。遗去数名者，则无所不苞。是非遗去其数，无以极尽于数也。"② 孔氏此论，探讨抽象与具象、形上与形下之间的关系，认为具象者往往是具体、个别、形而下的，不能涵盖其他同是具体、个别、形而下的事物，此所谓"凡自有形象者，不可以制他物之形象，犹若海不能制山之形象，山不能制海之形象"，只有超出具象，走向抽象，超出形而下，走向形而上，方能由个别性达到一般性，由特殊性走向普遍性，此所谓"遗忘已象者，乃能制众物之形象"，"遗去数名者，则无所不苞（同"包"）"。孔颖达此番论述，显然是其本体论思想的又一表达，是非常辩证而深刻的。

又如关于易道与成物的问题，《周易·系辞上》"成性存存"句孔氏正义云："易道既在天地之中，能成其万物之性，使物生不失其性，存其万物

① 李学勤主编：《十三经注疏·周易正义》，北京大学出版社1999年版，第112页。
② 李学勤主编：《十三经注疏·周易正义》，北京大学出版社1999年版，第284—285页。

之存，使物得其存成也。性，谓禀其始也。存，谓保其终也。道，谓开通也。义，谓得其宜也。既能成性存存，则物之开通，物之得宜，从此易而来，故云‘道义之门’，谓易与道义为门户也。”[①] 孔氏此论，意谓大易生生之道，存于天地万物之间，万物禀生生之道而生而长，生生之道亦为万物之本源和本性，万物之生存发展，皆由易道而来，易道辄为万物生存发展的原始门户。又《周易·系辞下》孔氏正义云：“天下万事之动，皆正乎纯一也。若得于纯一，则所动遂其性；若失于纯一，则所动乖其理。是天下之动，得正在一也。……天之得一之道，刚质确然，示人以和易，由其得一无为，物由以生，是示人易也。……地之得一，以其得一，故坤隤然而柔，自然无为，以成万物，是示人简矣。若乾不得一，或有隤然，则不能示人易矣。若坤不隤然，或有确然，则不能示人简矣。”[②] 孔氏此论，其要义为：天下万事，要执其根本，万事纷繁，根本则一，此根本便是“纯一”，便是大道，便是本体。天（乾）、地（坤）循此“纯一”之道，则自然无为而生万物，就大易来说，此乃“易简”之道，亦是本体之道。《周易·系辞下》孔氏正义复云：“‘子曰：乾坤，其易之门邪’者，易之变化，从乾坤而起，犹人之兴动，从门而出，故乾坤是易之门邪。‘乾，阳物也。坤，阴物也。阴阳合德而刚柔有体’者，若阴阳不合，则刚柔之体无从而生。以阴阳相合，乃生万物，或刚或柔，各有其体。阳多为刚，阴多为柔也。‘以体天地之撰’者，撰，数也。天地之内，万物之象，非刚则柔，或以刚柔体象天地之数也。”[③] 孔氏此论，以乾坤二卦为说，认为易之生成变化，皆始于乾坤二卦，乾刚坤柔，则可牢笼天地万象之刚柔，阴阳合德，则可表征世间百物之媾和，乾坤二卦，便成了易道之基始、众妙之门户、万物之本根。孔颖达此番疏释，皆具一本万殊、执一以御万之义，后世理学家们所乐于论辩的“理一分殊”、“月映万川”等本体论话头，似都可从孔氏有关论述中找到其踪迹。

并且，孔颖达本体论思想往往是通过体与用、本与末两相比较、两相对待的方式呈现出来的。如孔氏《周易·乾卦》正义云：“乾卦本以象天，天乃积诸阳气而成天，故此卦六爻皆阳画成卦也。此既象天，何不谓之天，

---

① 李学勤主编：《十三经注疏·周易正义》，北京大学出版社 1999 年版，第 274 页。

② 李学勤主编：《十三经注疏·周易正义》，北京大学出版社 1999 年版，第 296 页。

③ 李学勤主编：《十三经注疏·周易正义》，北京大学出版社 1999 年版，第 311 页。

而谓之‘乾’者？天者定体之名，‘乾’者体用之称。故《说卦》云：‘乾，健也’。言天之体，以健为用。圣人作《易》本以教人，欲使人法天之用，不法天之体，故名‘乾’，不名天也。天以健为用者，运行不息，应化无穷，此天之自然之理，故圣人当法此自然之象而施人事，亦当应物成务，云为不已，‘终日乾乾’，无时懈倦，所以因天象以教人事。于物象言之，则纯阳也，天也。于人事言之，则君也，父也。以其居尊，故在诸卦之首，为《易》理之初。”① 孔氏此论，借乾卦之名称义涵，作体用之辨，认为乾卦取象于天，本当谓之“天”，却称之为“乾”，是因为“天”为定体之名，“乾”为功用之称，圣人作易教人，是教人取法于天之功用，而非天之本体，故称之为“乾”。而“乾”所示天之功用为刚健有为，运行不息，应化无穷，此乃天之本体所呈自然之象、自然之理，圣人当取法于此而教化天下。这里，以“天”为体而“乾”为用，亦是一种典型的体、用相待的思维路径。孔氏《周易·乾卦》正义复云：“‘天’是体名，‘乾’则用名，‘健’是其训，三者并见，最为详悉。”② 这里，“天”是“体”之名，“乾”是“用”之名，“健”是对“用”的具体说明，这就进一步交代了“天”、“乾”、“健”三者间不同的层次和意义，体、用之关系越发明朗。

二、体用不二

在孔颖达这里，体与用的关系是辩证而圆通的，一方面，体用相待并非体用相等，二者之间尚有主次之别，大致地说，体为主，用为次，体以御用，用以载体；另一方面，体与用终究是一体两面的关系，体中有用，用中含体，舍体则用难以发生，舍用则体无以安放，故二者彼此相依，不可分割，是为体用一如，体用不二。孔氏这种体用不二的思想已较充分地见之于前述道气、有无等问题的探讨上。要言之，道为体，气为用，气生于道，道不离气（器）；无为体，有为用，无中生有，有中含无它们均为体用不二的关系。这里，还可进一步从孔颖达有关道体与器用、形上与形下等问题的探讨中予以梳理总结。

① 李学勤主编：《十三经注疏·周易正义》，北京大学出版社 1999 年版，第 1 页。

② 李学勤主编：《十三经注疏·周易正义》，北京大学出版社 1999 年版，第 10 页。

如论道体与器用问题，孔氏《周易正义·卷首》云："以无言之，存乎道体；以有言之，存乎器用。"① 这里孔颖达指出，道体与器用本为一体，只是言说角度不同而已，从"无"的角度来说，称为道体，因为道体是无形无状而又无限的；以"有"的角度来说，称为器用，因为器用是实有的，具体可感的。道体与器用在此二位一体，一体而二维，没有道体即没有器用；反之，没有器用，道体也无从落实和把握。

在《周易·系辞上》正义中，孔颖达进一步讨论道体与器用、形上与形下等问题，孔氏云："'是故形而上者谓之道，形而下者谓之器'者，道是无体之名，形是有质之称。凡有从无而生，形由道而立，是先道而后形，是道在形之上，形在道之下。故自形外已上者谓之道也，自形内而下者谓之器也。形虽处道器两畔之际，形在器，不在道也。既有形质，可为器用，故云'形而下者谓之器'也。'化而裁之谓之变'者，阴阳变化而相裁节之，谓之变也。是得以理之变也。犹若阳气之化不可久长，而裁节之以阴雨也，是得理之变也。阴阳之化，自然相裁，圣人亦法此而裁节也。"② 孔氏此段疏文，其要义为：有从无而生，形由道而立，道无形无状，玄虚而抽象，可视为"无"，但通过阴阳二气的化生功能，拥有无限的生命力，有形有质之万物、万器，皆由之而来，故道乃万物、万器之根本，是为道体；而万物、万器皆禀道之属性与功能，是为器用。道体为本，器用为末，道属形而上，器属形而下，道、器之间，尚有一"形"在，"形"者"象"也，道——形——器，以"形"（"象"）为中介，道以生器，器以显道，道、器之间由对立走向统一，二者相辅相成，共同搭建了形而上与形而下（通过形而中）的统一体，此乃体用一如，体用不二。

又如论易卦、易爻问题，《周易·系辞上》"乾坤成列，而易立乎其中矣"句孔氏正义云："夫易者，阴阳变化之谓。阴阳变化，立爻以效之，皆从乾坤而来。故乾生三男，坤生三女而为八卦，变而相重，而有六十四卦，三百八十四爻，本之根源，从乾坤而来。故乾坤既成列位，而易道变化建立乎乾坤之中矣。'乾坤毁，则无以见易'者，易既从乾坤而来，乾坤若缺毁，

① 李学勤主编：《十三经注疏·周易正义》，北京大学出版社 1999 年版，"卷首"第 6 页。

② 李学勤主编：《十三经注疏·周易正义》，北京大学出版社 1999 年版，第 292 页。

则易道损坏，故云‘无以见易’也。‘易不可见，则乾坤或几乎息矣’，若易道毁坏，不可见其变化之理，则乾坤亦坏，或其近乎止息矣。几，近也。犹若树之枝干生乎根株，根株毁，则枝条不茂。若枝干已枯死，其根株虽未全死，仅有微生，将死不久。根株譬乾坤也，易譬枝干也。故云：‘易不可见，则乾坤或几乎息矣’。”① 孔氏此疏，讨论易卦变易生成之理，认为八经卦、六十四重卦及三百八十四爻皆由乾、坤二卦变转而来，并体现大易变易生成之道，乾、坤二卦为父母卦，乾、坤列位，则易道可立，乾、坤缺毁，则易道不行，反过来，易道不断生成变化，恰证成乾、坤二卦的基础性地位和意义。乾、坤之于易道的关系，就如同树的根株之于枝干的关系，根株损毁，则枝条不茂；枝条枯死，则根株难存。从本体论的角度来看，孔氏此论，所表达的基本观点便是本末一如、体用不二，尽管体用之间有主有次，但体为用的根基，用为体的具体表现，二者分而不离。孔氏此类论证，较之魏晋玄学家们某些弃有从无、体用有所割裂的论断，显得更加辩证而圆融，是一种历史的进步，构成了中国哲学史螺旋式递进过程中的重要一环。

可贵的是，孔颖达对体用问题的探讨，并不停留于一般性的哲学思辨层面，而是秉持儒家士人惯有的现实责任感，有意识地将抽象的哲学玄思引渡到社会政治和伦理秩序的治理上来。《周易·系辞上》“百姓日用而不知”句孔氏疏韩注云：“‘君子体道以为用’者，谓圣人为君子，体履于至道，法道而施政，则《老子》云‘为而不宰，功成不居’是也。”② 这里，孔颖达认为贤明的人君当体悟并践行本体之道，依循道的法则实施国家社会政治的管理，这样，抽象的本体之道就落实到社会伦常当中，“以体御用”、“体用不二”有了实实在在的社会性的含义。又《周易·系辞下》孔氏正义云：“欲行于天下，先在其身之一，故先须安静其身而后动，和易其心而后语，先以心选定其交而后求。若其不然，则伤之者至矣。”③ 这里，孔颖达进一步将“以体御用”、“执一御万”的观点落实到“修齐治平”这一基本的儒家人生准则上来，认为“欲行于天下，先在其身之一”，即先需安静己身，和易己

① 李学勤主编：《十三经注疏·周易正义》，北京大学出版社 1999 年版，第 292 页。
② 李学勤主编：《十三经注疏·周易正义》，北京大学出版社 1999 年版，第 270 页。
③ 李学勤主编：《十三经注疏·周易正义》，北京大学出版社 1999 年版，第 310 页。

心，修身养性，养成至德，足以把握天地人伦之道，这时方能推行己道于天下，此乃一于己方能一天下。这显然也是孔氏本体论思想在社会现实层面的运用和发展，有其重要的理论意义和实践意义。

孔颖达上述有关体用关系的讨论，对其诗学观和美学观有很大影响。如孔氏的情性论美学，以性与情的关系为体与用的关系。孔氏云："情之所用非性，亦因性而有情，则性者静，情者动。"[①] 这里孔颖达认为性是情之体，情是性之用，在逻辑关系上，有性才有情，无性则无情，而性需通过情来显现，没有情，性也无从落实。故性与情的关系也就是体与用的关系，由性生情，即由体生用，性由情显，即体由用彰。又如孔颖达在诗论中讨论《诗经》六义（风、雅、颂和赋、比、兴）问题，以风、雅、颂为体，以赋、比、兴为用，首倡"三体"、"三用"学说，很大程度上便是对其哲学体用观加以运用、发挥的成果，在《诗经》学史上影响深远。[②] 此外，如孔氏的气本论思想，几乎构成了孔氏生生论、情性论、易象论、诗论、礼乐论、律历论等共同的本体论基础，对此，本书后面各章均有详论，此不赘述。

孔颖达之后，承传和发挥孔氏体用说观点者甚众。如宋儒张载于《正蒙·太和篇第一》云："太虚无形，气之本体，其聚其散，变化之客形尔。"[③] 张子此论，以气为太虚之本体，气聚为物，气散为虚空，故气为体而物（"变化之客形"）为用。又张载《横渠易说》云："太虚之气，阴阳一物也，然而有两（体），健顺而已。"[④] 张子此论，仍以太虚之气为说，认为阴阳二气和合，内涵健、顺二体，从而有天地万物之生成变转，此说与孔氏所论稍异，孔颖达以健、顺为用，天地为体，但孔、张二人体用相待的思维路径却是一致的，这可视为张子对孔说的一种化用、发挥。又宋儒程颐《易传序》云："至微者理也，至著者象也。体用一源，显微无间。"[⑤] 朱熹释之云："体用一源者，自理而观，则理为体，象为用，而理中有象，是一源也；显微无

---

① 李学勤主编：《十三经注疏·礼记正义》，北京大学出版社 1999 年版，第 1423 页。

② 详见本书第五章"诗论"部分内容。

③ 张载：《正蒙·太和篇第一》，《张载集》，中华书局 1978 年版，第 7 页。

④ 张载：《横渠易说》，《张载集》，中华书局 1978 年版，第 231 页。

⑤ 程颢、程颐：《二程集》，中华书局 1981 年版，第 582 页。

间者，自象而观，则象为显，理为微，而象中有理，是无间也。”[①] 此程、朱二人之论，皆以理为本体，以象为形用，理隐而象显，体用一如，显微不二，与孔氏说甚是契合。而孔氏将体用之思付诸社会政治和伦理秩序的努力，对于后世儒生（尤其是宋儒）推重身心践履功夫，也有着很大的影响。如此等等，不一而足，而此类体用之说，也都不同程度地浸润于各自的诗学、美学思想当中。

第四节　变易之理

“变易”论思想始倡于《周易》，《周易·系辞下》曰：“易之为书也不可远，为道也屡迁，变动不居，周流六虚。”“易穷则变，变则通，通则久，是以自天祐之，吉无不利。”又云：“爻也者，效天下之动者也。”“爻者，言乎变者也。”[②] 在《系辞传》作者看来，《易经》几乎就是一部讲宇宙万物发展变化规律的著作。自《系辞传》以来，对于《周易》所倡“变易”的思想，不少学者都予以认可。如汉代王充一方面批评盲目的“尊古卑今”现象：“汉有实事，儒者不称；古有虚美，诚心然之。”[③] 另一方面主张求新求变：“百夫之子，不同父母，殊类而生，不必相似，各以所禀，各为佳好，……美色不同面，皆佳于目；悲音不共声，皆快于耳。”[④] 南朝刘勰则从文艺发展的角度强调“通变”的重要意义：“夫设文之体有常，变文之数无方，何以明其然耶？凡诗赋书记，名理相因，此有常之体也；文辞气力，通变则久，此无方之数也。”[⑤] 至唐孔颖达，他对秦汉以来各家关于“变易”或“通变”的种种理解与说法进行了归纳和总结，并在此基础上系统地阐发了自己的“变易”论哲学和美学思想。

---

① 朱熹：《晦菴集》，《朱文公文集》第四十卷，《四部丛刊》影明嘉靖本。

② 李学勤主编：《十三经注疏·周易正义》，北京大学出版社 1999 年版，第 315、300、303、264 页。

③ 王充：《须颂篇》，《论衡》卷二十，《四部丛刊》影通津草堂本。

④ 王充：《自纪篇》，《论衡》卷三十，《四部丛刊》影通津草堂本。

⑤ 刘勰著，范文澜注：《文心雕龙注》，河北教育出版社 2002 年版，第 459 页。

一、“变化之总名，改换之殊称”

孔颖达的“变易”论思想首先表现在其易学理论阐释中。他在肯定《易纬》及郑玄关于“易一名而含三义”的基础上，认为“易”虽含有三义，但“变易”应是三义之核心内涵。故孔氏在《周易正义·卷首》“第一论‘易’之三名”开篇即强调：

> 夫“易”者，变化之总名，改换之殊称，自天地开辟，阴阳运行，寒暑迭来，日月更出，孚萌庶类，亭毒群品，新新不停，生生相续，莫非资变化之力，换代之功。然变化运行，在阴阳二气，故圣人初画八卦，设刚柔两画，象二气也；布以三位，象三才也。谓之为“易”，取变化之义。①

孔颖达认为《周易》之所以称之为“易”，首取“变化”之义，“变易”乃《易》之灵魂，而“易”乃“变化之总名，改换之殊称”。孔颖达站在其气本论和宇宙生成论立场上，认为元气、阴阳之气为宇宙万物之本原，阴阳之气的无止境的运动变化，推动着宇宙万物的无止境的运动变化：日月更出，万物生发，阴阳二气聚合摩荡，世界在变易之中而有新新气象。圣人则体会这种“变易”之道而画八卦，既体现了阴阳二气的运动变化，又昭示了天、地、人三材之道。这种“变易”之道不仅具有认识论的意义，同时还具有宇宙生成论和本体论的意义。又《周易·系辞上》孔氏正义云：“‘一阖一辟谓之变’者，开闭相循，阴阳递至，或阳变为阴，或开而更闭，或阴变为阳，或闭而还开，是谓之变也。‘往来不穷谓之通’者，须往则变来为往，须来则变往为来，随须改变，不有穷已，恒得通流，是‘谓之通’也。”② 孔氏此论，继续从阴阳二气流变互通的角度申说“变易”之道，发挥了前人“穷则变、变则通、通则久”的精义，使得气本论与“变易”论在此相与为一。孔氏之后，宋代程颐在《易传序》中承孔氏说云：“《易》，变易也，随时变易以从道也。”③ 清人章学诚于《易教中》开篇辄赞叹并引申孔氏说云：“孔仲

---

① 李学勤主编：《十三经注疏·周易正义》，北京大学出版社 1999 年版，“卷首”第 4 页。

② 李学勤主编：《十三经注疏·周易正义》，北京大学出版社 1999 年版，第 288 页。

③ 程颐：《易传序》，载《宋文鉴》卷九十，《四部丛刊》影宋刊本。

达曰：'夫《易》者，变化之总名，改换之殊称。'先儒之释《易》义，未有明通若孔氏者也。得其说而进推之，《易》为王者改制之巨典，事与治宪明时相表里，其又昭然若揭矣。"①

孔颖达还发挥《易纬·乾凿度》的观点，把万物发生发展的过程归纳为事物本身阴阳、刚柔、动静等因素对立、统一而运动变化的过程。他说："'变易'者，其气也。天地不变，不能通气，五行迭终，四时更废，君臣取象，变节相移，能消者息，必专者败，此其'变易'也。"②在孔颖达看来，"易"之变化不仅囊括万有，且无远弗届、无幽不达。孔氏疏《周易·系辞上》云："易之变化，极于四远，是广矣，穷于上天是大矣。……言乎易之变化，穷极幽深之远，则不有御止也。谓无所止息也。"③可见"变动不居"乃宇宙万物的基本存在样态和本质规律。这一点，倒与马克思主义经典作家的观点颇为暗合。依照马克思主义哲学，现实世界，无论是宏观世界还是微观世界，无论是无机界还是有机界，直至人类社会，都没有绝对不动、凝固不变的东西，变动不居是绝对的，静止不变则是相对的，即使是静止中亦包含着变动的因子。如恩格斯所说，运动和变化，就它被理解为现实物质世界的存在方式来说，"囊括宇宙中发生的一切变化和过程，从单纯的位置变动起直到思维"④。这种变易的观点反映到美学上，与当前实践存在论美学所主张的"美是生成的，而非现成的"观点颇为暗合。实践存在论美学首倡者朱立元先生曾指出："人类的审美活动就是这样从无到有，从简单到丰富不断生成的，而且只要人类和人类文明还存在，这种审美活动和（广义的）美就会继续生成下去、永远生成下去。在此意义上，我们可以说，审美活动、审美关系乃至'美'都是过程，都是生成的。历史实践告诉我们，'审美主体'、'审美客体'也都是历史发展、生成的产物，它们不是从来就存在的一个客观事物，而是随着历史发展而逐步形成并不断丰富、发展的。"⑤古代的变易论与今天的实践存在论皆强调生成性而非现成性的重要意义，可见，孔

① 章学诚：《章学诚遗书》，文物出版社 1985 年版，第 1 页。

② 李学勤主编：《十三经注疏·周易正义》，北京大学出版社 1999 年版，"卷首"第 4 页。

③ 李学勤主编：《十三经注疏·周易正义》，北京大学出版社 1999 年版，第 273 页。

④ 《马克思恩格斯选集》第 4 卷，人民出版社 1995 年版，第 346 页。

⑤ 朱立元：《走向实践存在论美学》，《湖南师范大学社会科学学报》2004 年第 4 期。

颖达等人的观点迄今仍是有效的可资借鉴的美学资源。

值得我们注意的是，孔颖达对变易思想的另一面即“不变”，亦颇为关注。孔氏所论之“不变”，首先是指“易一名而三义”中的第三义即“不易”。孔颖达引《系辞传》解释“不易”时说：“‘天尊地卑，乾坤定矣。卑高以陈，贵贱位矣。动静有常，刚柔断矣。’此言其张设布列‘不易’者也。”[①] 即诸如“天尊地卑”、“动静有常”这些宇宙间基本规律是有章可循并可以把捉的。其次，所谓“不变”还涵具着一种“唯变所适”的基本原则。孔氏云：“易虽千变万化，不可为典要，然循其辞，度其义，原寻其初，要结其终，皆唯变所适，是其常典也。”[②] 孔颖达认为易虽千变万化，但仍有常典可循，此常典便是“唯变所适”。何谓“唯变所适”？孔颖达解释说：“刚柔相易之时，既无定准，唯随应变之时所之适也。”[③] 也就是说，阴阳二气运动变化，没有固定的规则模式，那么人们在考察事物时也只能随时间、地点、条件的变化而变化，“适时”而“不可违失于时”。再次，所谓“不变”还指“无为而自然”这一根本大理不变。孔氏疏《系辞下》韩康伯注云：“贞之为训，训正训一，正者体无倾邪，一者情无差二，寂然无虑，任运而行者也。……若能穷尽万物会通改变之理，而不系累于吉凶之事者，唯贞一者乃能然也。犹若少必有老，老必有死，能知此理，是尽会通之变。既知老必将死，是运之自然，何须忧累于死，是不累乎吉凶。唯守贞一，任其自然，故云‘其唯贞者乎’。云‘《老子》曰，王侯得一，以为天下贞’者，王侯若不得一，二三其德，则不能治正天下。若得纯粹无二无邪，则能为天下贞也。谓可以贞正天下也。云‘万变虽殊，可以执一御也’者，犹若寒变为暑，暑变为寒，少变为壮，壮变为老，老变为死，祸变为福，盛变为衰，变改不同，是万变殊也。其变虽异，皆自然而有。若能知其自然，不造不为，无喜无戚，而乘御于此，是可以执一御也。”[④] 孔氏此疏大旨是说，从自然现象到人事遭遇，虽千变万化，各有差池，但都遵循“任运而行”、“自然而有”的本质规律，领悟了这一本质规律，不因人世间种种变化而忧而喜，

---

① 李学勤主编：《十三经注疏·周易正义》，北京大学出版社 1999 年版，“卷首”第 5 页。

② 李学勤主编：《十三经注疏·周易正义》，北京大学出版社 1999 年版，第 316 页。

③ 李学勤主编：《十三经注疏·周易正义》，北京大学出版社 1999 年版，第 315 页。

④ 李学勤主编：《十三经注疏·周易正义》，北京大学出版社 1999 年版，第 296 页。

"唯守贞一，任其自然"，此乃"执一"以御万变，堪称"尽会通之变"。对于这种"执一"以御万变的观点，孔颖达于《周易·系辞上》中亦有论证："言'至变者，体一而无不周'者，言至极晓达变理者，能体于淳一之理，其变通无不周遍。言虽万类之变，同归于一变也。"① 意谓真正通达于变易之理者，能领会"淳一之理"，并依据"淳一之理"变化融通，普施无碍。世间万物千变万化，终由此"淳一之理"生发而来，故言"万类之变，同归于一变"，正所谓"万变不离其宗"。这种"执一"以御万变的观点，与前述孔氏体用一如、体用不二的思想是完全一致的。

要言之，在孔颖达这里，变易之"变"及其"变"的本质特征彰显的是宇宙万物运动变化在形式、内容及过程中的无规则性、偶然性、复杂性及多样性，亦即孔氏经常所云"无常定"、"无定准"、"不可为典要"等；而变易之"不变"所展示的则是宇宙万物运动变化的规律性、必然性、统一性，亦即孔氏经常所谓"易理"、"易之义理"、"易有典常"等。这些充分体现了孔氏变易观之"变"与"不变"辩证统一的科学性、合理性。清人皮锡瑞在《经学历史·经学统一时代》中尝云："学术随世运为转移，亦不尽随世运为转移。隋平陈而天下统一，南北之学亦归于统一，此随世运为转移者也；天下统一，北学反并于南学，此不随世运为转移者也。"② 皮氏认为天下学术有随世运而转移者，如隋平陈而天下统一，南北之学亦由长期分裂而重归统一，此为变；亦有不尽随世运而转移者，如隋统一后，南朝之学并未因南朝的覆亡而随之覆亡，反而因自身学术生命的坚韧性而继续发展，甚至还统一了北学③，此乃变之中有不变者在。皮氏此论颇得孔氏辩证观之实。这种辩证的变易观反映在美学上，"它不求凝固的、不变的永恒，而求动态

---

① 李学勤主编：《十三经注疏·周易正义》，北京大学出版社 1999 年版，第 284—285 页。

② 皮锡瑞：《经学历史》，中华书局 2004 年版，第 135 页。

③ 对于当时南朝之学胜出的原因，皮锡瑞还作了如许解释："南朝衣冠礼乐，文采风流，北人常称羡之。高欢谓江南萧衍老公专事衣冠礼乐，中原士大夫望之，以为正朔所在。是当时北人称羡南朝之证。经本朴学，非颛家莫能解，俗目见之，初无可悦。北人笃守汉学，本近质朴；而南人善谈名理，增饰华词，表里可观，雅俗共赏。故虽以王国之余，足以转移一时风气，使北人舍旧而从之。"（皮锡瑞：《经学历史》，中华书局 2004 年版，第 135 页）颇可参阅。

的平衡、杂多中的和谐、自然与人的相对应而一致，把它看作是宇宙的生命、人类的极致、理想的境界、‘生成’的本体”①。这正是中国古人和古代艺术的审美理想所在，也是中国古典美学高度重视运动、力量、韵律的世界观基础。它既直接促成了孔氏“体无恒式”等诠释学美学思想的建构②，同时也有助于科学的文艺发展观和审美流变论的形成。

二、“变化之道，在刚柔相推之中”

就“变”或“不变”的内在动因来说，孔颖达认为万物皆由阴阳和合而成，其运动变化来源于阴阳二气的相互作用，如孔氏云：“‘通其变’者，由交错总聚，通极其阴阳相变也。”③“以变化形见，即阳极变为阴，阴极变为阳，阳刚而阴柔，故刚柔共相切摩，更递变化也。”④而《周易》便是对万物及其运动变化的反映，《周易·系辞下》孔氏正义云：“《易》书之体，皆仿法阴阳，拟议而动，不可远离阴阳物象而妄为也。……易之为道，皆法象阴阳，数数迁改，若《乾》之初九则‘潜龙’，九二则‘见龙’，是屡迁也。‘变动不居’者，言阴阳六爻，更互变动，不恒居一体也。若一阳生为复，二阳生为临之属是也。‘周流六虚’者，言阴阳周遍，流动在六位之虚。六位言‘虚’者，位本无体，因爻始见，故称‘虚’也。”⑤既然《周易》卦爻象是对万物及其运动变化的反映，那么易卦的最基本单位——阴阳二爻即是对阴阳二气的摹拟和形象化，孔氏云：“刚则阳爻也。柔则阴爻也。刚柔两体，是阴阳二爻，相杂而成八卦，递相推荡。”⑥“变化之道，在刚柔相推之中。刚柔即阴阳也。论其气即谓之阴阳，语其体即谓之刚柔也。”⑦因而可以用阴阳二气的变化解释各卦爻所代表的刚柔事象的变化之义。如革卦（䷰），卦形为离下兑上，表变革、变动意。孔氏正义释之曰：“火在泽中，二性相

---

① 李泽厚：《美学三书》，安徽文艺出版社1999年版，第284页。

② 参阅本书第九章有关论述。

③ 李学勤主编：《十三经注疏·周易正义》，北京大学出版社1999年版，第284页。

④ 李学勤主编：《十三经注疏·周易正义》，北京大学出版社1999年版，第258页。

⑤ 李学勤主编：《十三经注疏·周易正义》，北京大学出版社1999年版，第315页。

⑥ 李学勤主编：《十三经注疏·周易正义》，北京大学出版社1999年版，第258页。

⑦ 李学勤主编：《十三经注疏·周易正义》，北京大学出版社1999年版，第294页。

违，必相改变，故为革象也。”“火本干燥，泽本润湿，燥湿殊性，不可共处。若其共处，必相侵克。既相侵克，其变乃生，变生则本性改矣。水热而成汤，火灭而气冷，是谓‘革’也。”① 故这个卦象就形象地表达了阴阳二性相攻相克导致事物特性发生变革的道理。又如鼎卦（䷱），卦形为巽下离上，表立象成器、革故鼎新之意。孔氏正义云：“鼎者，器之名也。自火化之后铸金，而为此器以供烹饪之用，谓之为鼎。亨饪成新，能成新法。……《杂卦》曰‘革去故’而‘鼎取新’，明其亨饪有成新之用。此卦明圣人革命，示物法象，惟新其制，有‘鼎’之义，‘以木巽火’，有‘鼎’之象，故名为《鼎》焉。变故成新，必须当理，故先元吉而后乃亨。”② 这就形象地描述和解释了鼎卦“以木巽火”，经烹饪冶炼，铸成新制之寓意。革卦与鼎卦相合，则有“革故鼎新”之说。孔氏又释《坤・初六》“履霜，坚冰至”云：“初六阴气之微，似若初寒之始，但履践其霜，微而积渐，故坚冰乃至。”③ 这是以气的变化解释卦爻义，认为阴气微而积渐，乃至聚合为有形之坚冰。总之，阴阳二爻的上下升降、互易变化，体现的是阴阳（柔刚）二气的相互作用及其演变而成的各类事象。

孔颖达在《周易正义・卷首》中，对于八卦与六十四卦变化的原理，作了精要的剖析：“伏羲初画八卦，万物之象，皆在其中。故《系辞》曰‘八卦成列，象在其中矣’是也。虽有万物之象，其万物通变之理，犹自未备，故因其八卦而更重之，卦有六爻，遂重为六十四卦也。《系辞》曰‘因而重之，爻在其中矣’是也。”④ 在孔颖达看来，六十四卦系统是一个流变互通的整体，卦变起于爻变，爻变则效仿于万物之通变。《周易・系辞上》孔氏正义云：“观其会通而行其典礼，以定爻之通变，而有三百八十四爻。……夫爻者效也，效诸物之通变。”⑤ 而阴爻与阳爻之间的对立、转化，亦推动着卦爻象的变动、更替。《周易・系辞上》孔氏正义复云：“八纯之卦，卦之与爻，其象既定，变化犹少；若刚柔二气相推，阴爻阳爻交变，分为六十四

① 李学勤主编：《十三经注疏・周易正义》，北京大学出版社 1999 年版，第 202 页。
② 李学勤主编：《十三经注疏・周易正义》，北京大学出版社 1999 年版，第 205 页。
③ 李学勤主编：《十三经注疏・周易正义》，北京大学出版社 1999 年版，第 27 页。
④ 李学勤主编：《十三经注疏・周易正义》，北京大学出版社 1999 年版，“卷首”第 6—7 页。
⑤ 李学勤主编：《十三经注疏・周易正义》，北京大学出版社 1999 年版，第 275 页。

卦，有三百八十四爻，委曲变化，事非一体。”[①]又《周易·系辞下》孔氏正义云：“‘上下无常’者，初居一位，又居二位，是上无常定也。既穷上位之极，又下来居于初，是上下无常定也。若九月剥卦，一阳上极也，十一月，一阳下来归初也。‘刚柔相易，不可为典要’者，言阴阳六爻，两相交易，或以阴易阳，或以阳易阴，或在初位相易，在二位相易，六位错综上下，所易皆不同，是不可为典常要会也。”[②]尽管众卦爻象“委曲变化，事非一体”“不可为典常要会”，但就某一具体卦爻象而言，其主导性卦义还是基本可确认的。如《周易·系辞下》孔氏正义云：“一卦之内，而有六爻，各主其物，各数其德，欲辨定此六爻之是非，则总归于中爻，言中爻统摄一卦之义多也。若非中爻，则各守一爻，不能尽统卦义，以中爻居一无偏，故能统卦义也。尤《乾》之九二‘见龙在田，利见大人’，九五‘飞龙在天，利见大人’，是总摄乾卦之义也。乾是阳长，是行利见大人之时。二之与五，统摄乾德。又《坤》之六二云‘直方大’，摄坤卦地道之义。六五‘黄裳元吉’，亦统摄‘坤’之臣道之义也。”[③]这里孔颖达认为，一卦之内，以上下中爻统摄一卦之义者居多，如《乾》之九二与九五爻可统摄乾之德，《坤》之六二与六五爻可统摄坤之义。这与孔氏“执一”以御万变的观点又是相呼应的。

进一步言，在孔颖达这里，六十四卦系统变转互通的形态方式，颇具审美的形式感。这种审美的形式感，由各卦爻符号铺设而成。孔颖达于《周易正义·序卦》云：“六十四卦，二二相耦，非覆即变。覆者，表里视之，遂成两卦，《屯》、《蒙》、《需》、《讼》、《师》、《比》之类是也；变者，反覆唯成一卦，则变以对之，《乾》、《坤》、《坎》、《离》、《大过》、《颐》、《中孚》、《小过》之类是也。”[④]所谓“二二相耦”，即以两卦为一对，进行组合排列；所谓“非覆即变”，是指“覆卦”与“变卦”二种特殊组合方式。而所谓“覆卦”，就是指两卦卦画有上下颠倒的现象，如屯卦（䷂）与蒙卦（䷃），需卦（䷄）与讼卦（䷅），师卦（䷆）与比卦（䷇）等；而所谓“变卦”，就

① 李学勤主编：《十三经注疏·周易正义》，北京大学出版社1999年版，第261页。
② 李学勤主编：《十三经注疏·周易正义》，北京大学出版社1999年版，第315页。
③ 李学勤主编：《十三经注疏·周易正义》，北京大学出版社1999年版，第317页。
④ 李学勤主编：《十三经注疏·周易正义》，北京大学出版社1999年版，第334页。

是指两卦卦画六爻，彼此相反，如乾卦（䷀）与坤卦（䷁），坎卦（䷜）与离卦（䷝），颐卦（䷚）与大过卦（䷛），中孚卦（䷼）与小过卦（䷽）等。后人称“覆卦”为综卦，“变卦”为错卦。这种卦爻符号排列方式，或综或错，或正或反，上下参差，相反相成，既谨严整饬，又形式多样，充分体现了符号形式的对称均衡、多样统一之美。

在孔颖达看来，六十四卦系统的变转互通特性还体现为每卦及其六爻的“时”性。所谓“时”性，不仅是指一般的时间性因素，亦是指融时空于一体的所有相关因素所综合而成的情境或局势，可称之为时势或时运，或存在者所处之境遇。①《周易·系辞下》孔氏正义云：“卦之根本，皆由刚柔阴阳往来。……其刚柔之气，所以改变会通，趣向于时也。若乾之初九，趣向勿用之时，乾之上九，趣向亢极之时。是诸爻之变，皆臻趣于时也。”② 又王弼《周易略例》云：“夫卦者，时也；变通者，趣时者也。”孔氏释之曰：“卦既总主一时，爻则就一时之中，各趣其所宜之时。”③ 可见，在刚柔阴阳之气交流互动的背景下，每一卦都是一种“时”性的体现，而其中的六爻则是更具体而微的“时”性的体现。每卦及其六爻的“时”性，是由卦爻符号和卦爻辞共同构筑而成的。而把握“时”的要义在于“适时”而不违逆于“时”，方能成其功。如《周易·系辞下》孔氏正义云：“卦者时也，六爻在一卦之中，各以适当时之所宜以立功也。欲知适时之功用，观于爻辞也。”④ 又于豫卦《彖》辞正义云：“夫立卦之体，各象其时，时有屯夷，事非一揆，故爻来适时，有凶有吉。人之生世，亦复如斯，或逢治世，或遇乱时，出处存身，此道岂小？”⑤ 又于剥卦《象》辞正义云：“‘顺而止之观象’者，明在剥之时，世既无道，君子行之，不敢显其刚直，但以柔顺止约其上，唯望君上形象，量其颜色而止也。‘君子尚消息盈虚天行’者，解所以在剥之时，顺而止之。观其颜色形象者，须量时制变，随物而动。君子通达物理，贵尚消息盈虚，道消之时，行消道也，道息之时，行息道也；在盈之时，行盈道

① 参见张克宾：《论孔颖达“备包有无”的易道观》，《周易研究》2006 年第 2 期。
② 李学勤主编：《十三经注疏·周易正义》，北京大学出版社 1999 年版，第 295 页。
③ 李学勤主编：《十三经注疏·周易正义》，北京大学出版社 1999 年版，第 295 页。
④ 李学勤主编：《十三经注疏·周易正义》，北京大学出版社 1999 年版，第 295 页。
⑤ 李学勤主编：《十三经注疏·周易正义》，北京大学出版社 1999 年版，第 84 页。

也；在虚之时，行虚道也。若值消虚之时，存身避害，‘危行言逊’也。若值盈息之时，极言正谏，建事立功也。‘天行’谓逐时消息盈虚，乃天道之所行也。春夏始生之时，天气盛大，秋冬严杀之时，天气消灭，故云‘天行’也。‘非君子之所尚’者，不逐时消息盈虚，于无道之时，刚亢激拂，触忤以陨身；身既倾陨，功又不就，‘非君子之所尚也’。”[①] 孔氏此番议论，皆在明“适时”方能成其功的道理，以为君子贤人们“出处存身”、“量时制变”提供有价值的参考。而在孔颖达看来，所谓“适时”不仅关乎时事政运，亦关乎天道自然。《尚书·洪范》孔氏正义云：“五者行于天地之间，人物所以得生成也。其名曰雨，所以润万物也。曰旸，所以乾万物也。曰燠，所以长万物也。曰寒，所以成万物也。曰风，所以动万物也。此是五气之名。‘曰时’言五者各以时来，所以为众事之验也。更述时与不时之事，五者于是来皆备足，须风则风来，须雨则雨来，其来各以次序，则众草木蕃滋而丰茂矣。谓来以时也。若不以时，五者之内，一者备极，过甚则凶。一者极无，不至亦凶。雨多则涝，雨少则旱，是备极亦凶，极无亦凶。其余四者亦然。”[②]“五气所以生成万物，正可时来时去，不可常无常有，……须至则来，须止则去，则众草百物蕃滋庑丰也。”[③] 可见，天道与人事一样，皆要求“适时”而作，所谓“须风则风来，须雨则雨来”，这样才能使得“众草百物蕃滋庑丰”。而其背后，则依然是孔颖达的气本论思想作支撑，正所谓“五气所以生成万物，正可时来时去，不可常无常有”。

基于此，孔颖达还进一步对六十四卦之“时”作出分类。他认为时运虽多，大体不出四种：“一者治时，‘颐养’之世是也；二者乱时，‘大过’之世是也；三者离散之时，‘解缓’之世是也；四者改易之时，‘革变’之世是也。”[④] 而这种变革与转型又是自然和社会发展的共通规律，所以“天地革而四时成，汤武革命，顺乎天而应乎人。革之时大矣哉”[⑤]。

要之，易之道存乎变，只有往来无穷之变，才能成就通，成就天地生

① 李学勤主编：《十三经注疏·周易正义》，北京大学出版社 1999 年版，第 108 页。
② 李学勤主编：《十三经注疏·尚书正义》，北京大学出版社 1999 年版，第 319 页。
③ 李学勤主编：《十三经注疏·尚书正义》，北京大学出版社 1999 年版，第 320 页。
④ 李学勤主编：《十三经注疏·周易正义》，北京大学出版社 1999 年版，第 84 页。
⑤ 李学勤主编：《十三经注疏·周易正义》，北京大学出版社 1999 年版，第 203 页。

生之大德。孔颖达对于易之八卦与六十四卦内部阴阳刚柔流变互通之理的详细阐发，既有助于中国古典美学范畴的两相对待与辩证处理（如阳刚之美与阴柔之美、壮美与优美等既对立又互补的关系），亦有助于中国古典美学更为重视审美对象的内在结构、功能和关系，重视审美对象的整体生命活动系统，而不限于对审美对象静态实体和外在形貌的关注。而孔氏对于“时”的概念的剔发，则进一步被运用于诗、文等文艺美学阐释中。

三、“诗迹所用，随运而移”

如上文所指出，孔颖达之“变易”观并未停留在抽象的哲学层面，而是渗透到他对诗、文等美学阐释中。以《毛诗正义》为例。《毛诗正义序》云：“诗理之先，同夫开辟；诗迹所用，随运而移。上皇道质，故讽谕之情寡；中古政繁，亦讴歌之理切。”[①] 孔颖达认为诗迹之用，“随运而移”，即对于不同的政情时运，诗人或讽谕或讴歌，各抒胸臆，随时而变。而《诗经》风、雅、颂之作，或是展示“治时”的喜悦和睦之情，或是表达“乱时”的忧愁哀伤之感。按照上述《周易正义》所概括的“治时”、“乱时”、“离散之时”、“改易之时”四种时运，颂诗整体上当是“治时”之诗，即所谓“治世之音”。孔氏云：“始得太平则民颂之，《周颂》诸篇是也。……成王太平之后，其美不异于前，故颂声止也。”[②] 正风、正雅则为治时“初变恶俗”所作之诗。孔氏云：“太平则无所更美，道绝则无所复讥，人情之常理也，故初变恶俗则民歌之，风、雅正经是也。”[③] 在孔颖达看来，“太平则无所更美，道绝则无所复讥”，即完全“太平”或完全“道绝”不易作诗，因为“夫天下有道，则庶人不议；治平累世，则美刺不兴。何则？未识不善则不知善为善，未见不恶则不知恶为恶”[④]；而恶之初起，百姓臣民为惩恶扬善，防微杜渐，有感而发，所成之诗，为风、雅正经，即正风、正雅。变风、变雅则为“乱时”之诗。《毛诗大序》孔氏正义云：“变风变雅之作，皆王道始衰，政教初失，尚可匡而革之，追而复之，故执彼旧章，绳此新失，觊望自

---

① 李学勤主编：《十三经注疏·毛诗正义》，北京大学出版社 1999 年版，“目录”第 3 页。

② 李学勤主编：《十三经注疏·毛诗正义》，北京大学出版社 1999 年版，第 14—15 页。

③ 李学勤主编：《十三经注疏·毛诗正义》，北京大学出版社 1999 年版，第 14—15 页。

④ 李学勤主编：《十三经注疏·毛诗正义》，北京大学出版社 1999 年版，第 14 页。

悔其心，更遵正道，所以变诗作也。以其变改正法，故谓之变焉。季札见歌《小雅》，曰：'美哉！思而不贰，怨而不言，其周德之衰乎！犹有先王之遗民。'是由王泽未竭，民尚知礼，以礼救世，作此变诗，故变诗，王道衰乃作也。"[①] 变风、变雅是在"王道始衰，政教初失，尚可匡而革之，追而复之"的情况下，用以讽谏怨刺、匡扶时政而作的。所谓"变"，是相对"正始之道、王化之基"而言的，是在"王道始衰，政出诸侯"的情况下产生的，在《诗经》中，只有《周南》、《召南》是"正风"，其余各国之风皆为"变风"。如孔氏云"王道衰，诸侯有变风；王道盛，诸侯无正风者：王道明盛，政出一人，太平非诸侯之力，不得有正风；王道既衰，政出诸侯，善恶在于己身，不由天子之命，恶则民怨，善则民喜，故各从其国，有美刺之变风也。"[②] 至于"离散之时"，天下人已同感绝望，惟思逃遁，也就不再赋诗言志、苦心劝诫了。故孔氏云："若其王纲绝纽，礼义消亡，民皆逃死，政尽纷乱，《易》称天地闭，闲人隐，与此时也，虽有智者，无复讥刺。……陈灵公淫乱之后，其恶不复可言，故变风息也。班固云：'成、康没而颂声寝，王泽竭而《诗》不作。'此之谓也。"[③] 至于"改易之时"，则有识之士直接付诸变革行动，更无待于作诗了。

以"正"、"变"言诗，可以说是孔颖达"变易"论思想在诗学领域的具体运用，它客观上肯定了大量讽谏怨刺类诗歌创作的有效性，肯定了诗歌创作随时而变的合理性，从而突破了"美盛德之形容"的单一颂诗格局，开拓了诗歌美学新领域，并激发诗人们不断追求创新的意识和要求。

诚然，中国美学史上对于"变易"问题的探讨，早在孔颖达之前即已开始，但孔颖达对该问题的深入研究却是对《周易》以降"变易"思想的归纳和总结，并借助《五经正义》的经典地位，对广大士人的审美实践产生了广泛而深远的影响。这表现在孔氏之后历代文艺和美学发展之中。唐皎然《诗式》论云："作者须知复变之道，复古曰复，不滞曰变。若惟复不变，则陷于相似之格，其状如驽骥同厩，非造父不能辩。能知复变之手，亦

---

① 李学勤主编：《十三经注疏·毛诗正义》，北京大学出版社 1999 年版，第 15 页。

② 李学勤主编：《十三经注疏·毛诗正义》，北京大学出版社 1999 年版，第 15 页。

③ 李学勤主编：《十三经注疏·毛诗正义》，北京大学出版社 1999 年版，第 15 页。

诗人之造父也。”[1] 李肇《唐国史补》云：“大抵天宝之风尚党，大历之风尚浮，贞元之风尚荡，元和之风尚怪也。”[2] 表明唐代文人对于复古与新变的辩证关系已有了清醒的认识，并在美学上养成了普遍而自觉的革故鼎新之要求。如高棅《唐诗品汇》序言所描述，有唐三百年，诗众体备。诸如声律、兴象、文词、理致之别，各有品格高下之不同，略而言之，则有初唐、盛唐、中唐、晚唐之异。就初盛唐而言，贞观、永徽之时，虞、魏诸公稍离旧习，王、杨、卢、骆稍备风骨，刘希夷有闺闱之作，上官仪有完媚之体，等等，已是各家异貌、各擅其美。及至开元天宝年间，诗歌的审美风格更是百花齐放，日有新变，唐代诗艺步向鼎盛时期，最终酿成了“盛唐之音”的宏伟气象。[3] 就中晚唐而言，胡应麟在《诗薮》中曾述其演变大略：“钱、刘稍为流畅，降而中唐，又一变也。大历十才子，中唐体备，又一变也。乐天才具泛澜，梦得骨力豪劲，在中、晚间自为一格，又一变也。张籍、王建，略去葩藻，求取情实，渐入晚唐，又一变也。”[4] 又《新唐书·文艺上》曾宏观概括有唐三百年文艺演变之盛况：“高祖、太宗，大难始夷，沿江左余风，絺句绘章，揣合低卬，故王、杨为之伯。玄宗好经术，群臣稍厌雕琢，索理致，崇雅黜浮，气益雄浑，则燕、许擅其宗。是时，唐兴已百年，诸儒争自名家。大历、正元间，美才辈出，擩哜道真，涵泳圣涯，于是韩愈倡之，柳宗元、李翱、皇甫湜等和之，排逐百家，法度森严，抵轹晋、魏，上轧汉、周，唐之文完然为一王法，此其极也。若侍从酬奉则李峤、宋之问、沈佺期、王维，制册则常衮、杨炎、陆贽、权德舆、王仲舒、李德裕，言诗则杜甫、李白、元稹、白居易、刘禹锡，谲怪则李贺、杜牧、李商隐，皆卓然以所长为一世冠，其可尚已。”[5] 这种蔚为大观的文艺盛况虽不能说是孔颖达一人之功所致，但孔氏《五经正义》的潜在影响却是不容忽视的。

唐代以后，诸如明代公安三袁、许学夷、清代叶燮、石涛、郑板桥、

---

① 李壮鹰：《诗式校注》，人民文学出版社 2003 年版，第 330 页。

② 李肇等：《唐国史补·因话录》卷下，古典文学出版社 1957 年版，第 57 页。

③ 参见高棅：《唐诗品汇·序》，载贺复徵编：《文章辨体汇选》卷二百九十七，文渊阁《四库全书》补配文津阁《四库全书》本。

④ 胡应麟：《诗薮·内编》卷五，上海古籍出版社 1979 年版，第 84 页。

⑤ 欧阳修等：《新唐书·文艺上》，中华书局 1975 年版，第 5725 页。

袁枚等文艺家、美学家，都强调美和艺术的生命在于发展变化，反对陈陈相因、泥古不化。如袁宏道《江进之》云："人事物态，有时而更；乡语方言，有时而易。事今日之事，则亦文今日之文而已矣。"① 袁中道《花雪赋引》云："天下无百年不变之文章，有作始自有末流，有末流还有作始。其变也，皆若有气行乎其间，创为变者，与受变者，皆不及知。"② 许学夷《诗源辩体》卷一云："诗自《三百篇》以迄于唐，其源流可寻而正变可考也。学者审其源流，识其正变，始可与言诗矣。……古诗以汉、魏为正，太康、元嘉、永明为变，至梁、陈而古诗尽亡；律诗以初、盛唐为正，大历、元和、开成为变，至唐末而律诗尽敝。既代分以举其纲，复人判而理其目。"③ 又《诗源辨体》卷三十四云："诗道兴衰，与国运相若，大抵国运初兴，政必宽大；变而为苛细，则衰；再变而为深刻，则亡矣。今人读史传必明于治乱、读古诗则昧于兴衰者，实以未尝讲究故也。"④ 此许学夷以"源流"、"正变"话头论诗，并将诗道兴衰与国运相联，乃本孔颖达之说而更作发挥。又叶燮云："且夫风雅之有正有变，其正变系乎时，……时有变而诗因之，时变而失正，诗变而仍不失其正，故有盛无衰，诗之源也。吾言后代之诗，有正有变，其正变系乎诗，……诗递变而时随之。故有汉、魏、六朝、唐、宋、元、明之互为盛衰，惟变以救正之衰，故递衰递盛，诗之流也。"⑤ 如此之例，某种程度上皆可视为对孔颖达的变易观的继承和发展，从而构成了中国美学史上一股重要的美学潮流。

综上，本章主要从"生生之道"、"有无之辨"、"体用之思"、"变易之理"四个方面讨论了孔颖达本体论哲学和美学思想，大体可管窥孔氏形上论哲学和美学思想之一斑，后文各章所论孔氏美学思想，皆直接或间接地关联于此。

---

① 袁宏道：《江进之》，《袁中郎全集》卷二十三，明崇祯刊本。

② 袁中道：《花雪赋引》，《珂雪斋集》前集卷十，明万历四十六年刻本。

③ 许学夷：《诗源辨体》卷一，人民文学出版社 1987 年版，第 1 页。

④ 许学夷：《诗源辨体》卷三十四，人民文学出版社 1987 年版，第 328 页。

⑤ 叶燮：《原诗》内篇，载《原诗 · 一瓢诗话 · 说诗晬语》，人民文学出版社 1979 年版，第 7 页。

第二章　情性论

某种程度上说，中国古代文化是一种情感体验型文化，中国古代艺术则是这种情感体验型文化的物态化形式或曰结晶。这一点，已有不少学者指出过，如李泽厚先生关于“乐感文化”、“情感本体”的论说即关乎此。李泽厚在《华夏美学》中云：“华夏艺术和美学是‘乐’的传统，是以直接塑造、陶冶、建造人化的情感为目标，而不是以再现世界图景唤起人们的认识从而引动情感为基础和目标。”① “华夏文艺及美学既不是‘再现’，也不是‘表现’，而是‘陶冶性情’，即塑造情感。”② 又于《美学四讲》中云：“情感本体或审美心理结构作为人类的内在自然人化的重要组成，艺术品乃是其物态化的对应品。”③ “情感从具体的时空因果中升华出来，享受着也参预着一个超时空因果的本体世界的构建：这就是心理——情感本体，它是物态化的艺术世界的本源和果实。”④ 又于《中国美学史》中云：“尽管古希腊美学也并不否认艺术对人的情感的影响和作用，但从整体上看，它更为强调的毕竟是艺术对现实的再现的认识作用。而中国美学所强调的则首先是艺术的情感方面，它总是从情感的表现和感染作用去说明艺术的起源和本质。这种不同，也分明地表现在东西方艺术的发展上。”⑤ 如此之论，皆揭明中国古代审美文艺与主体性情、情感体验之深刻关联，这庶几成为中国当代美学界的共识。而恰是这种关乎性情的哲理思辨以及情感体验型思维方式，在很大程度上促

---

① 李泽厚：《美学三书·华夏美学》，安徽文艺出版社 1999 年版，第 242 页。

② 李泽厚：《美学三书·华夏美学》，安徽文艺出版社 1999 年版，第 244 页。

③ 李泽厚：《美学三书·美学四讲》，安徽文艺出版社 1999 年版，第 551 页。

④ 李泽厚：《美学三书·美学四讲》，安徽文艺出版社 1999 年版，第 590 页。

⑤ 李泽厚、刘纲纪主编：《中国美学史》第一卷，中国社会科学出版社 1984 年版，第 25 页。

进了“乐”与“诗”等抒情性文艺在华夏审美文化史上较早走向自觉和早熟，并逐渐占据了华夏审美文化的主流地位。作为人伦情感的形象化表现形式，“乐”、“诗”等抒情性文艺在广泛传播过程中所显示的强大的情感表现力、感染力和人伦教化的独特效果，既吸引了广大士人们嗜于吟诗作乐，言志抒情，亦促使上层执政者和教育家们将其作为政治伦理教化的有力工具。这一点，在孔颖达有关情性论、诗论、乐论中都有大量的阐发，这构成了孔颖达美学思想的重要一维。下面，我们主要考察孔颖达情性论方面的美学思想，至于孔氏诗论、乐论方面的美学思想，将于本书第五章至第八章予以集中讨论。

第一节 情性之辨

“情性”又可称“性情”，系由“性”、“情”两个概念复合而成。“性”与“情”，是反映人的本性和生命本真状况的两个基本要素，也是中国哲学特别重视的两个范畴。“性”指宇宙万物本然之秉性，它既可指物性，亦可指人性，当其与“情”相连用或对比时，则主要指人性。“情”则是“性”的感性显现样态，初始时多指事物的情况、实情，后来更多指称人的情感心理。中国哲学本来就较为关注对人性教化问题的探讨，故关于人之“性”、“情”的论述古已有之。而哲学上的这种性、情理论，对于中国古代诗学、美学又有着广泛的影响。孔颖达撰《五经正义》，虽然没有专门系统地讨论情性问题，但仍然在不同地方表达了对情性问题的丰富见解，这构成了孔氏哲学美学的一个重要方面。

应当说，在孔颖达之前，讨论性情问题者已不乏其人。如论“性”，孔子在《论语·阳货》中曾提出“性相近也，习相远也”的著名观点，认为人之禀性本较相似，但受后天文化教养、风俗民情的影响，各自具体的行为习惯却相差甚远。告子认为生之谓性，“性无善无不善”（《孟子·告子上》），即“性”为天生，自然而成，当然也就无所谓善恶。其后孟子又提出著名的“性善说”，荀子则提出“性恶说”，对人性的本质作了相反的概括，在中国思想史上影响很大。东汉王充则提出“性本自然，善恶有质”（《论衡·本性》)，即认为人性有善有恶。又如论“情”，《礼记·礼运》云：“何谓人情？喜、怒、哀、惧、爱、恶、欲，七者弗学而能。”[①] 显然，“情”也是与生俱来的，与“性”有相似之处。所以荀子说：“性者，天之就也；情者，性之质也；欲者，情之应也。”[②] 在荀子看来，“性”乃天生，“情”为“性”之“质”，“欲”为“情”之应。郭店楚简《性自命出》亦述及喜、怒、哀、悲、好、恶等人之性，并申言：“性自命出，命自天降。道始于情，情生于性。始者近情，终者近义。”[③] 这里展示了一个由形下到形上逐层递进的衍生关系：“道”始于“情”，“情”始于“性”，“性”始于“命”，“命”始于“天”。故“情”与“性”、“道”一样，皆具有本体性意义。徐复观先生曾指出：“在先秦，情与性，是同质而常常可以互用的两个名词。在当时一般的说法，性与情，好像一株树生长的部位。根的地方是性，由根伸长上去的枝干是情；部位不同，而本质则一。所以先秦诸子谈到性与情时，都是同质的东西。”[④]

“性情”一词的连用，首出于《周易》，《周易·文言》曰：“利贞者，性情也。”王弼释之曰：“不为乾元，何能通物之始。不性其情，何能久行其正。是故‘始而亨’者，必‘乾元’也，‘利而正’者，必‘性情’也。”[⑤] 王弼将“利贞者，性情也”以前果后因的逻辑关系来分析，提出“惟有性其情，才能久行其正”的观点，这显然是将性与情对立相待，并将性提升至超拔于情的地位，性与情之间隐含着一种主与从的关系。又汉董仲舒《春秋繁露》云：“天地之所生谓之性情。性情相与为一，暝情亦性也。……身之有性情也，若天之有阴阳也。言人之质而无其情，犹言天之阳而无其阴也。”[⑥] 班固《白虎通德论》亦云：“性情者何谓也？性者，阳之施；情者，阴之化也。人禀阴阳气而生，故内怀五性、六情。情者，静也；性者，生也。此人所禀六气以生者也。”[⑦] 照这些论述来看，分而言之，则阳曰性，阴曰情；统

---

① 李学勤主编：《十三经注疏·礼记正义》，北京大学出版社 1999 年版，第 689 页。

② 梁启雄：《荀子简释》，中华书局 1983 年版，第 322 页。

③ 《性自命出》，载李零：《郭店楚简校读记》，中国人民大学出版社 2009 年版，第 136 页。

④ 徐复观：《中国人性论史·先秦篇》，上海三联书店 2001 年版，第 204 页。

⑤ 李学勤主编：《十三经注疏·周易正义》，北京大学出版社 1999 年版，第 20 页。

⑥ 董仲舒：《深察名号》，《春秋繁露》卷十，上海古籍出版社 1989 年版，第 61 页。

⑦ 班固：《性情》，《白虎通德论》卷八，《四部丛刊初编》本。

而言之，则情包含于性，情乃性之显现。

据陈伯海先生考察，“性情”由哲学领域转移到诗学和美学领域，大约在西汉时期。《毛诗序》里关于“国史明乎得失之迹，伤人伦之废，哀行政之苛，吟咏情性，以风其上”的一段话，或开其端绪。又《汉书·冀奉传》载有西汉经学家冀奉之言，以为“诗之为学，情性而已，五性不相害，六情更兴废”，恰成呼应。二说何者在先，因《毛诗序》作者未定，难以判明。而《毛诗序》中“吟咏情性”一语对后世影响巨大，则显而易见。汉以后，刘勰《文心雕龙·情采》讲到“盖风雅之兴，志思蓄愤，而吟咏情性，以讽其上”，钟嵘《诗品序》言及“气之动物，物之感人，故摇荡性情，形诸舞咏”，萧子显《南齐书·文学传论》有“文章者，盖情性之风标，神明之律吕”之说，萧绎《与刘孝绰书》中亦有“屏居多暇，差得肆意典坟，吟咏情性”之谈等。[①] 这些论述，无疑为孔颖达性情论美学思想的形成奠定了哲学、诗学和美学上的基础。

孔颖达在综合吸纳前人成果的基础上，多次谈论“性”、“情”问题，其所论之“性”、“情”多指主体的心性情感，故与“感性学”或“情感学”之美学有着千丝万缕的联系。

首先，孔颖达考察了“性”、“情”的来源，认为“性”、“情”共禀于天，也即源于宇宙自然、阴阳之气。孔氏于《毛诗·大雅·烝民》正义曰：“天生其众民，使之心性有事物之象，情志有去就之法，既禀此灵气而有所依凭。”“人之情性，共禀于天，天不差忒，则人亦有常。故民所执持有常道，莫不爱好是美德之人以为君也。”[②] 孔氏又于《礼记正义》序云：“夫人上资六气，下乘四序，赋清浊以醇醨，感阴阳而迁变。……精粹者虽复凝然不动，浮躁者实亦无所不为。”[③] 参照孔氏气本论思想，宇宙万物乃一“气”化生，“气”为宇宙万物共有的生命本原，人为万物的灵长，人之气质之性亦禀受于天，即禀受于宇宙自然的本体“道”和“气”。天道、本体虽有常，阴阳、清浊却互异，故人之气禀既可执持常道而自固，是乃为“性”；亦可阴阳互动而变迁，是乃为“情”。

---

① 参见陈伯海：《中国诗学之现代观》，上海古籍出版社 2006 年版，第 75 页。

② 李学勤主编：《十三经注疏·毛诗正义》，北京大学出版社 1999 年版，第 1218—1219 页。

③ 李学勤主编：《十三经注疏·礼记正义》，北京大学出版社 1999 年版，“序言”。

进而言之，人之气禀既有清浊、阴阳、精粹与浮躁等区别，分而为“五性六情”，其又分别产生于“五行六气”。《毛诗·大雅·烝民》孔氏正义曰：“五性本于五行，六情本于六气。《洪范》五行：水、火、金、木、土。礼运曰：‘人者天地之心，五行之端。’是人性法五行也。昭元年《左传》曰：‘六气：阴、阳、风、雨、晦、明也。’昭二十五年《左传》‘民有好、恶、喜、怒、哀、乐，生于六气’。是六情法六气也。”① 即“五性六情”是由水、火、金、木、土等“五行”以及阴、阳、风、雨、晦、明等“六气”所生发出来的，而“五行六气”皆天地之精华，故孔氏此论与上述孔氏所谓“人之情性，共禀于天”的观点是一致的。但“五行六气”生发出“五性六情”，并非是一一对等的关系，孔氏《春秋左传·昭公二十五年》正义曰：“贾逵云：好生于阳，恶生于阴，喜生于风，怒生于雨，哀生于晦，乐生于明。谓一气生于一志，谬矣。杜以元年传云：‘天有六气，降生五味。’谓六气共生五味，非一气生一味。此民之六志，亦六气共生之，非一气生一志。故云‘此六者，皆禀阴、阳、风、雨、晦、明之气’。言共禀六气而生也。”② 这里孔颖达批驳了贾逵之“一气生一志”的过于机械的观点，而主张“五性六情”是由“五行六气”相互作用、综合生发的结果，显然更为辩证而圆融。

在孔颖达这里，“五行六气”属天地自然之精，本无识无情，但生发出“五性六情”之后，便与有识有情之生命发生了密切的联系。《周易·乾卦》彖辞孔氏正义复云：“谓物之性命各有情，非天之情也。天本无情，何情之有？而物之性命各有情也。所禀生者谓之性，随时念虑谓之情；无识无情，今据有识而言，故称曰情也。”③ 孔氏意谓，天本无情人有情，在有情的目光观照之下，自然界万事万物似乎也都带有了人情化的色彩，也都拥有了自己的生命，故从“有识有情”的主体出发，人之“五性六情”便与自然界之种种物象发生了关联，他们都以感性的生命为基础，通过生命之气相互感发，这就为主体的审美感性活动准备了可能性。

其次，孔颖达考察了“性”、“情”的性质，认为性自天生，赋命自然，

① 李学勤主编：《十三经注疏·毛诗正义》，北京大学出版社 1999 年版，第 1219 页。
② 李学勤主编：《十三经注疏·春秋左传正义》，北京大学出版社 1999 年版，第 1454 页。
③ 李学勤主编：《十三经注疏·周易正义》，北京大学出版社 1999 年版，第 9 页。

情自后发，逐物而迁，故性真而情邪。孔氏于《礼记·王制》正义云："性谓禀性自然，故《孝经说》云'性者，生之质。若木性则仁，金性则义，火性则礼，水性则信，土性则知'，《中庸》云'天命之谓性'，是赋命自然。情者，既有识知，心有好恶，当逐物而迁，故有喜怒哀乐好恶。此经云'刚柔轻重迟速'，天生自然，是性也。而连言情者，情是性之小别，因性连言情者耳。"[①] 这里，孔氏分别引《孝经说》、《中庸》等文献论证性乃天生之质，禀性自然，情乃主观心意，随物变迁，故性情有别。但从根源上来说，情的根底依然是性，故二者的差别并非那样的大，"小别"而已。

值得我们注意的是，颇异于前贤讨论较多的"性善"、"情恶"之辨，孔颖达更倾向于讲"性真"与"情邪"。孔氏于《周易正义·卷首》曰："以真言之，存乎其性；以邪言之，存乎其情。"[②] 又于《周易·乾卦·文言》疏注云："性者天生之质，正而不邪；情者，性之欲也。"[③] 这里，孔颖达径直讲"性真"或"性正"，并把"情"置于与"性"、"欲"等范畴的相互关系中来考察，在大同中彰显其小异，从而表达了"性真情邪"的独特观念，可以说别有会心。从上下文语境来看，其所言"性真"乃指人之性合乎天之性，"道"之性，"道"乃世界之本体，万物之本质与规律所在，正而不邪，那么人之"性"作为天生之质，也就正而不邪，纯然合"道"。至于"情邪"，如论者所指出，孔疏此处所言的"情邪"不能单纯地从贬义上来理解，这可以从《周易正义·卷首》把"性情"与"道器"、"体用"、"变化和生成"以及"气和质"的对举中看出端倪。既然"有"由"无"而生又能程度不同地体现"无"，"器用"源于"道体"又可以在不同程度上使"道体"呈现，同时"有"和"器用"又都不可避免地有各自的局限性，那么，"情"乃"性"之发动，与纯然之"性"相比，"情"自然会有不同程度的偏差，有偏差，也就需要疏导和管理。[④] 这也恰是礼乐制度所要实现的功能。要之，孔颖达一方面认为"性真"而"情邪"，二者不可混同；另一方面又认为"情邪"可复归"性真"，二者之间可以相互转化，但这种复归和转化不能简单地依赖

---

① 李学勤主编：《十三经注疏·礼记正义》，北京大学出版社 1999 年版，第 399 页。

② 李学勤主编：《十三经注疏·礼记正义》，北京大学出版社 1999 年版，"卷首"第 6 页。

③ 李学勤主编：《十三经注疏·礼记正义》，北京大学出版社 1999 年版，第 21 页。

④ 参见赵荣波：《〈周易正义〉思想研究》，博士学位论文，山东大学，2006 年，第 87 页。

个体的内心信念和自我修养，还需要借助外部力量的引导和制约来完成，故实施儒家礼乐之教乃当然之事。

再次，孔颖达讨论了“性”与“情”之间的关系，认为性为情本、情由性出。这由前引孔氏疏《周易·乾卦·文言》注所云“性者天生之质，正而不邪；情者，性之欲也”已可见出，即性乃情之基始，情乃性之感性显现。又孔颖达《礼记正义》释“性情”云：

> 性情之义，说者不通，亦略言之。贺玚云：“性之与情，犹波之与水，静时是水，动则是波；静时是性，动则是情。”……性之与情，似金与镮印，镮印之用非金，亦因金而有镮印。情之所用非性，亦因性而有情，则性者静，情者动。故《乐记》云：“人生而静，天之性也。感于物而动，性之欲也。”故《诗序》云“情动于中”是也。①

这里，孔颖达先借贺玚之说予以申论，以“水”、“波”比况“性”、“情”，性静而情动，一如水静而波动，“静时是水，动则是波；静时是性，动则是情”，故“性”、“情”本质则一。孔氏又以“金与镮印”之喻解说“因性而有情”的道理。所谓“镮印之用非金，亦因金而有印。情之所用非性，亦因性而有情”。在此基础上，孔氏复引《礼记·乐记》来阐释“性者静，情者动”的道理。所谓“人生而静，天之性也。感于物而动，性之欲也”。可见不但“性者静，情者动”，而且“性为本，情为末”，“性”乃天生秉性，“情”乃“性”感物而动的结果，或曰“性之欲”。结合前面“金与镮印”之喻，就更形象地阐明了“性”与“情”之间性为情本、情由性出的关系。②

后世学者多秉承此说。如宋代程颐尝答弟子问曰：“才有生识，便有性，有性便有情。无性安得情？”又问：“喜怒出于外，如何？”曰：“非出于外，

---

① 李学勤主编：《十三经注疏·礼记正义》，北京大学出版社 1999 年版，第 1423 页。

② 就情、性之间复杂而微妙的关系，今人李泽厚曾作过更具现代意味的诠释，可作古今对照：“‘情’与‘欲’相连而非‘欲’，‘情’与‘性’（‘理’）相通而非‘性’（‘理’）。‘情’是‘性’（道德）与‘欲’（本能）多种多样不同比例的配置和组合，从而不可能建构成某种固定的框架和体系或‘超越的’‘本体’（不管是‘外在超越’或‘内在超越’）。”（李泽厚：《世纪新梦》，安徽文艺出版社 1998 年版，第 27 页）

感于外而发于中也。”问：“性之有喜怒，犹水之有波否?”曰：“然，湛然平静如镜者，水之性也。及遇沙石，或地势不平，便有湍激；或风行其上，便为波涛汹涌。……然无水安得波浪，无性安得情也?”[①] 即性与情为一体两面，有性则有情，性为情本、情由性出，且不动者为性，感于外物而动者为情，如同湛然平静如镜者为水之性，湍激波涌者则为水之情。宋朱熹亦云：“有这性，便发出这情；因这情，便见得这性。”[②] 又说：“情之动处……而性在其中也。”[③] 强调二者之间性在情中、因情见性的关系。明代杨慎在其《性情说》中作了更详细的说明：“君子性其情，小人情其性。性犹水也；情，波也。波兴则水垫，情炽则性乱。波生于水，而害水者，波也。情生于性，而害性者，情也。”并认为情与性“合之则双美，离之则两伤。举性而遗情如何？曰死灰。触情而忘性如何？曰禽兽”[④]。在这里，杨慎胪列了“性其情”、“情其性”、“举性而遗情”、“触情而忘性”等多种组合模式，他赞同的是“情”、“性”两融，尤其是君子的“性其情”；反对的是“情”、“性”两乖，无论是“举性遗情”还是“触情忘性”皆不可取。这可视为对孔颖达性情论的补充和发展。

复次，在对待性、情二者的态度上，孔颖达主张以性制情。《周易·乾卦·文言》孔氏疏注云：“言若不能以性制情，使其情如性，则不能久行其正。”[⑤] 对这一命题，我们要做辩证的分析。首先，这一“以性制情”的思想显然是上述“性为情本、情由性出”思想的直接延伸，因为二者之间本来就存在性主情从、性体情用的关系。其次，对于孔颖达来说，“情”起码有两解。一种是“贪欲之情”，《乐记》孔氏正义云：“言人初生，未有情欲，是其静禀于自然，是天性也。‘感于物而动，性之欲也’者，其心本虽静，感于外物，而心遂动，是性之所贪欲也。自然谓之性，贪欲谓之情，是情、性别矣。”[⑥] 这种情当然是应当制约和克服的。另一种情则是符合礼仪规范的人

---

① 程颢、程颐：《二程集》卷十八，中华书局1981年版，第204页。

② 朱熹：《朱子语类》卷五，中华书局1986年版，第85页。

③ 朱熹：《乐记动静说》，《朱文公文集》，北京图书馆出版社2006年版，第67页。

④ 杨慎：《性情说》，《升庵集》卷五，文渊阁《四库全书》本。

⑤ 李学勤主编：《十三经注疏·周易正义》，北京大学出版社1999年版，第21页。

⑥ 李学勤主编：《十三经注疏·礼记正义》，北京大学出版社1999年版，第1084页。

之常情，它完全可以合理地存在，如孔氏云："《诗》者歌其性情。"[①] "虽复属意不同，俱怀匡救之意，故各发情性，而皆止礼义也。"[②] 甚至还可以"发愤抒情"，如孔氏云："诗者，人之咏歌，情之发愤，见善欲论其功，睹恶思言其失，献之可以讽谏，咏之可以写情，本原申己之心，非是必施于谏。"[③] 这样，我们就看到了一种看似矛盾，实则可以理解的现象：一方面，当孔颖达作为一名儒家学者，甚至是大唐官方的代表来表达其儒家经学理念时，常主张以性制情，这多是出于政治伦理教化的考虑，不希望以情乱性；另一方面，当孔颖达阐述具体的文艺现象，表达自己的审美观点时，出于其深厚的文艺审美修养，他又常主张申情表性，甚至发愤以抒情。这正是由于孔颖达之经学家和美学家的双重身份所造成的特殊现象。

事实上，孔颖达主张"以性制情"，其目的不在于片面地强调外在的伦理规范和制约，甚至像后儒那样要求"存天理，灭人欲"，而是要求社会主体在自觉自愿的基础上"以性制情"，把外在的伦理道德规范内化为一种自由的人格，即孔子所谓"从心所欲不逾矩"的人格，这种人格应是个体情欲与道德理性的辩证统一，亦是"志于道"和"游于艺"两大人生境界的相融相洽。对此，当代美学家李泽厚、刘纲纪曾借孔子"吾与点也"的深沉感慨作了精辟的阐发："孔子之所以独独倾心于曾点之回答，就因为曾点更深刻地表达了'志道'与'游艺'的关系。在孔子看来，治国之道在礼乐教化，而游艺却是达到礼治天下的最高境界。因之，在孔子那里，这个仁学的最高境界恰恰不是别的，而是自由的境界，审美的境界，也即是孔子自论和夸赞颜回'不改其乐'的人生境界。孔子要求要把社会的'礼治'和理性的以往规范变为人们出自天性的自觉要求，最终成为一种自由的'游戏'（'成于乐'、'游于艺'），以完成全面的人的发展。"[④]

人格，就其在现实生活中的具体表现形态而言，总是个体性的，构成人格重要维度的情感活动亦应是独一无二、各各不同的，从这个角度说，情

---

① 李学勤主编：《十三经注疏 · 毛诗正义》，北京大学出版社 1999 年版，第 5 页。

② 李学勤主编：《十三经注疏 · 毛诗正义》，北京大学出版社 1999 年版，第 16 页。

③ 李学勤主编：《十三经注疏 · 毛诗正义》，北京大学出版社 1999 年版，第 1162 页。

④ 李泽厚、刘纲纪主编：《中国美学史》（先秦两汉编），中国社会科学出版社 1984 年版，第 115—116 页。

感活动似更能体现一个人独特的本真状貌。然而人又总是社会性的人，个体的生命活动不能不与族群的生命活动息息相关，故族群性的伦理序秩对于个体性的情感活动的规范与导引便也不容轻忽。否则就如孔氏《礼记正义》所云："恣己情欲，不能自反禁止。……是天之所生本性灭绝矣。……人既化物，逐而迁之，恣其情欲，故灭其天生清静之性，而穷极人所贪嗜欲也。"① 即穷奢极欲，终会自绝本性。而当个体能自觉意识到并努力兼顾性与情这二者时，人之贪欲之情就可能复归天生清静之性，个体之感性与群体之理性将融于一体，"随时念虑之情"由此可转化为一种伦理之情、审美之情。可以说，孔颖达的这一"以性制情"思想，是对魏晋以来"名教"与"自然"之争的一种创造性发挥和总结。由此所建构的兼具伦理特性与审美特征于一体的人格理想，在诗学和美学史上具有重要意义。如萧华荣先生所言："情固是诗的主导因素，但诗也不能没有理性与思想。无情的诗是苍白的，无理的诗是讹滥的。任何时代都不能没有道德的信条，任何时代也都不能没有理性的光辉。"② 整个盛唐那种既洁身自律而又昂然高蹈的精神气象、"戴着镣铐跳舞"而又挥洒自如的文艺辉煌，当与此情、理统一的指导思想大有关联。

需要指出的是，孔颖达的性情论思想与儒家伦理教化思想一脉承传。在儒家那里，性情理论本来就是其伦理教化思想的核心内容。孔子曰："礼云礼云，玉帛云乎哉！乐云乐云，钟鼓云乎哉！"③ 强调礼以安上治民，乐以移风易俗，而非着眼于玉帛、钟鼓本身。而安上治民、移风易俗的关键在于培育良好的性情。故儒家重要文献郭店楚简《性自命出》云："诗书礼乐，其始出皆生于人。诗，有为为之也，书，有为言之也。礼乐，有为举之也。圣人比其类而论会之，观其先后而逆顺之，体其义而节文之，理其情而出入之，然后复以教。教所以生德于中者也。礼作于情，或兴之也。当事因方而制之，其先后之序则宜道也。或序为之节，则文也。致容貌所以文，节也。君子美其情，贵（其义），善其节，好其容，乐其道，悦其教，是以敬焉。"④ 即详

① 李学勤主编：《十三经注疏·礼记正义》，北京大学出版社 1999 年版，第 1084 页。

② 萧华荣：《中国古典诗学理论史》，华东师范大学出版社 2005 年版，第 38 页。

③ 李学勤主编：《十三经注疏·论语注疏》，北京大学出版社 1999 年版，第 238 页。

④ 《性自命出》，载李零：《郭店楚简校读记》，中国人民大学出版社 2009 年版，第 136—137 页。

细论述了如何通过诗书礼乐教化来陶养和改善人的性情，与孔子思想颇相契合。又，《荀子 · 礼论》云："性者，本始材朴也；伪者，文理隆盛也。无性则伪之无所加；无伪则性不能自美。性伪合，然后成圣人之名，一天下之功于是就也。"① 此所谓"性"，乃指人之天然秉性，拙朴无华；所谓"伪"，乃指文明教化，化粗拙为文雅。在荀子看来，人的天然秉性尚待人文的改造，即"性"与"伪"统一，方能成其为美，此亦所谓："枸木必将待檃栝、烝矫然后直；钝金必将待砻厉然后利；今人之性恶，必将待师法然后正，得礼义然后治。以为之起礼义，制法度，以矫饰人之情性而正之，以扰化人之情性而导之也，使皆出于治，合于道者也。"② 从而径直将性情与礼义教化联系起来。如此等等，皆主张通过礼义教化，使人性情发生变转。而实施教化，使人性情发生变转的主要手段又端赖于礼乐制度。在儒家看来，礼乐制度与人之性情有着密切的关联，礼乐制度源于人之性情，性情是礼乐制度赖以建立的基础。《礼记 · 乐记》云："故乐也者，动于内者也；礼也者，动于外者也。乐极和，礼极顺，内和而外顺，则民瞻其颜色而弗与争也；望其容貌，而民不生易慢焉。故德辉动于内，而民莫不承听；理发诸外，而民莫不承顺。故曰：致礼乐之道，举而错之，天下无难矣。"③ 意谓音乐等艺术侧重于从内心来感染打动人，礼仪法度侧重于从言行举止来规范人；乐侧重于治内，礼侧重于治外；乐求内在的协调，礼求外在的和顺。礼乐制度乃依人之性情而设，并反过来能陶养人之性情，致人温柔敦厚，德行彪炳。故礼乐之道，举而措之，更能发挥圣人的教化之功。

这些都为孔颖达性情与审美教化说提供了理论参照，从而促成了孔颖达更自觉的理论建构。首先，孔氏从历史的角度梳理了礼仪教化之于个体道德、性情培养的重要性。孔氏云："古先圣王鉴其（笔者注：此"其"指"性情"）若此，欲保之以正直，纳之于德义。犹襄陵之浸，修堤防以制之；覂驾之马，设衔策以驱之。故乃上法圆象，下参方载，道之以德，齐之以礼。然飞走之伦，皆有怀于嗜欲；则鸿荒之世，非无心于性情。燔黍则大享之

① 荀况：《荀子 · 礼论篇》卷十三，清《抱经堂丛书》本。

② 荀况：《荀子 · 性恶篇》卷十七，清《抱经堂丛书》本。

③ 李学勤主编：《十三经注疏 · 礼记正义》，北京大学出版社 1999 年版，第 1141 页。

滥觞，土鼓乃云门之拳石。冠冕饰于轩初，玉帛朝于虞始。”① 燔黍，为礼仪之始，《礼运》有云：“夫礼之初，始诸饮食，燔黍椑豚。”土鼓，乃乐奏之初，《明堂位》有云：“土鼓苇籥，伊耆氏之乐。”② 综孔氏之论，意谓古代圣贤为保持民众性情正直，合乎德义，乃参取天地自然之道，“上法圆象，下参方载，道之以德，齐之以礼”，经过历代不懈努力，终制定了各种礼乐制度，以开启民智，引导民心。其次，孔氏《正义》还通过不同艺术类别来论证艺术可以调和人之情性。如诗歌，《毛诗·大雅·烝民》孔氏正义云：“我吉甫作是工师之诵，其调和人之情性，如清微之风化养万物，使之日犹长益也。”“解诗而比风之意，以清微之风化养万物，故以比清美之诗可以感益于人也。”“穆是美之貌，故为和也。……和为调和人之性也。”③ 与诗歌相类，音乐艺术同样有移人性情的作用，孔氏于《毛诗正义》卷一云：“诗能易俗，《孝经》言乐能移风俗者，诗是乐之心，乐为诗之声，故诗、乐同其功也。……有乐而无诗，何能移风易俗？斯不然矣。……乐本由诗而生，所以乐能移俗。歌其声谓之乐，诵其言谓之诗，声言不同，故异时别教。《王制》称‘春教乐，夏教诗’。《经解》称‘温柔敦厚，诗教也；广博易良，乐教也’。由其事异，故异教也。”又引《地理志》云：“孔子曰：‘移风易俗，莫善于乐。’言圣王在上，统理人伦，必移其本而易其末，然后王教成。”④ 不仅诗、乐能移风易俗，孔颖达进而认为“六经”皆具有不同的教化作用，《礼记·经解》孔氏正义云：“《诗》有好恶之情，礼有政治之体，乐有谐和性情，皆能与民至极，民同上情”，而《书》、《易》、《春秋》等，虽非直接以情相感，然皆有助于通过规范、改善人之学养品行来实现伦理教化的功能。如《春秋左氏传序》孔氏正义云：“仲尼定《春秋》之文，制治国之法，文之所褒，是可赏之徒；文之所贬，是可罚之类。后代人主，诚能观《春秋》之文，揆当代之事，辟所恶而行所善，顺褒贬而施赏罚，则法必明，而国必治。”⑤ 即充分肯定《春秋》之文能明善恶、施赏罚，甚至将其提升到教

① 李学勤主编：《十三经注疏·礼记正义》，北京大学出版社 1999 年版，“序言”。
② 李学勤主编：《十三经注疏·礼记正义》，北京大学出版社 1999 年版，“序言”。
③ 李学勤主编：《十三经注疏·毛诗正义》，北京大学出版社 1999 年版，第 1224—1225 页。
④ 李学勤主编：《十三经注疏·毛诗正义》，北京大学出版社 1999 年版，第 11 页。
⑤ 李学勤主编：《十三经注疏·春秋左传正义》，北京大学出版社 1999 年版，第 11 页。

化民众、安邦定国的高度。

在孔颖达这里，教化的旨归是完善人的性情，使人祛恶扬善，刚柔得中。如孔氏在《礼记·乐记第十九》正义中，认为礼乐是治身之具，不可斯须去离于身，尤其乐能感化人心，臻于善境。孔氏云："善心内生，其貌美好油然也。……凡利欲之发，由贪鄙而来。心若思利欲，则神劳形苦。今善心既生，则利欲寡少，利欲既少，则情性和乐。……不贪于利，用是志意清明，神和性乐，是善行得成矣。"① 可见，贪鄙之心重则神劳形苦，身心憔悴；利欲之心去则志意清明，神和性乐，其貌亦"美好油然"。又孔氏解《诗大序》"美教化，移风俗"一句云："'美教化'者，美谓使人服之而无厌也。若设言而民未尽从，是教化未美。故教民使美此教化也。'移风俗'者，《地理志》云：'民有刚柔缓急，音声不同，系水土之风气，故谓之风。好恶、取舍、动静，随君上之情欲，故谓之俗。'则风为本，俗为末，皆谓民情好恶也。缓急系水土之气，急则失于躁，缓则失于慢。王者为政，当移之，使缓急调和，刚柔得中也。"② 孔氏认为"风俗"关乎"民情"，"风俗"之好恶直接显示了"民情"之好恶。故君王当政应该设法改善民风民俗，调和民众性情，使之"刚柔得中"。如论者所揭，孔氏《正义》在具体释《诗》时常推崇"性情中和"，如解释《关雎》等诗旨即赞美后妃"性情中和"。"中和"即《诗大序》所说"发乎情，止乎礼"，要求人的性情必须符合"礼"的规范，这正是孔颖达"以性制情"思想的体现，与荀子"以道制欲"、"以礼制情"及《礼记·乐记》"反情以和其志"等思想一脉相承。③ 这表明了孔颖达作为一名儒家学者的基本立场。

孔颖达还认为民众与上层统治者常秉性相通，甚至常效仿统治者的言行。《礼记·孔子闲居》孔氏正义云："若己欲恩爱，民亦欲恩爱。已有好恶，民亦有好恶。己欲礼乐，民亦欲礼乐。己欲哀恤，民亦欲哀恤。是推己所有，与民共之也。"④《毛诗大序》孔氏正义云："随君上之情，则君有善恶，

---

① 李学勤主编：《十三经注疏·礼记正义》，北京大学出版社 1999 年版，第 1140 页。
② 李学勤主编：《十三经注疏·毛诗正义》，北京大学出版社 1999 年版，第 11 页。
③ 参见张立兵：《〈毛诗正义〉的性情思想探析》，《扬州大学学报》2007 年第 4 期。
④ 李学勤主编：《十三经注疏·礼记正义》，北京大学出版社 1999 年版，第 1393 页。

民并从之。"[1] 故要求统治者学习古圣人，顺天应时，以身作则。《周易·序卦》孔氏正义曰："《豫卦·彖》云：'《豫》刚应而志行，顺以动《豫》。《豫》顺以动，故天地如之，而况建侯行师乎？天地以顺动，故日月不过，而四时不忒。圣人以顺动，则刑罚清而民服。'……其意以圣人顺动能谦，为物所说，所以为豫。人既说豫，自然随之，则谦顺在君，说豫在人也。"[2] 意谓人君若秉天地谦顺健动之德，民众自然悦豫相随。而作为施政的主体，统治者尤要推行善政以使民众变善。《毛诗大序》孔氏正义云："诗人陈得失之事以为劝戒，令人行善不行恶，使失者皆得是诗，能正得失也。……人君诚能用诗人之美道，听嘉乐之正音，使赏善伐恶之道举无不当，则可使天地效灵，鬼神降福也。""有风俗伤败者，王者为政，当易之使善。……圣王在上，统理人伦，必移其本而易其末，然后王教成。"[3]《小雅·节南山》孔氏正义亦云："民之所为，无不皆化于上也。民既化上为恶，亦当化上为善。汝在位君子，如行至诚之道，使民多讼之心息。汝在位君子，如行平易之政，使民恶怒之情去。言易可反复，何不行化以反之。"[4] 孔颖达认为既然上行下效，民众的善恶之举皆与在位的统治者有关，若能行至诚之道，平易之政，"使赏善伐恶之道举无不当"，则民众多讼之心息，恶怒之情去，天地效灵，鬼神降福。故统治者为政当多推行善举，以感化民众，黜恶向善，复归中和之本性。

故对于孔颖达来说，性情与礼乐教化是相辅相成的，性情完善是礼乐教化的出发点和旨归，礼乐教化则是性情完善的基本手段和保障，只有将二者辩证统一起来，才能真正促成儒家伦理教化思想由愿景变为现实。孔氏于《礼记正义》云："礼所以知人心者，有事于中心，貌必见于外。若七情美善，十义流行，则举动无不合礼。若七情违辟，十义亏损，则动作皆失其法，故云：'舍礼何以哉！'"[5]"礼乐是治身之具，不可斯须去离于身也。"[6] 孔

---

① 李学勤主编：《十三经注疏·毛诗正义》，北京大学出版社 1999 年版，第 11 页。
② 李学勤主编：《十三经注疏·周易正义》，北京大学出版社 1999 年版，第 336 页。
③ 李学勤主编：《十三经注疏·毛诗正义》，北京大学出版社 1999 年版，第 11 页。
④ 李学勤主编：《十三经注疏·毛诗正义》，北京大学出版社 1999 年版，第 704 页。
⑤ 李学勤主编：《十三经注疏·礼记正义》，北京大学出版社 1999 年版，第 690 页。
⑥ 李学勤主编：《十三经注疏·礼记正义》，北京大学出版社 1999 年版，第 1139 页。

氏于《春秋左传正义》复云："口欲尝味，目欲视色，耳欲听声，人之自然之性也。欲之不已，则失其性。圣人虑其失性，是故为礼以奉养其性，使不失也。"① 因而，性情是内涵伦理道德要求的，是儒家伦理道德规范得以建立的前提和心理基础，其实现需要礼乐教化加以规范和引导。于此，南宋陈淳有进一步的补充与发挥："情者心之用，人之所不能无，不是个不好底物，但其所以为情者，各有个当然之则。如当喜而喜，当怒而怒，当哀而哀，当乐而乐，当恻隐而恻隐，当羞恶而羞恶，当辞逊而辞逊，当是非而是非，便合个当然之则，便是发而中节，便是其中性体流行，著见于此，即此便谓之达道。若不当然而然，则违其则，失其节，只是个私意人欲之行，是乃流于不善，遂成不好底物，非本来便不好也。"② 此所谓"当然之则"、"发而中节"等，皆为儒家之礼则。故只有在礼乐制度的规范和引导下，情感才能够"发而中节"，合乎"当然之则"，从而在现实社会生活中得到合理的发展，而情感的合理发展也反过来促成了伦理道德教化的有效实现，保证了现实的伦理道德规范引导制约功能的顺利完成。

明人许学夷《诗源辨体》卷一尝云："《风》则专发乎性情，而《雅》、《颂》则兼主乎义理。"③ 这里许氏敏锐地揭出，《风》与《雅》、《颂》虽同属《诗经》，但内在特质有别：《风》侧重于性情，《雅》、《颂》兼主于义理。当然，"兼主于义理"一语，意味着《雅》、《颂》亦同时兼顾性情的。因此，《诗经》三大部分整体上组成了一个个体性情与群体伦理道德（外化为礼）统一的形象世界。这与孔氏所论颇为合拍。清人叶燮《原诗·内篇》云："夫情必依乎理，情得然后理真，情理交至，事尚不得耶?"④ 叶氏所论较简赅，然其旨仍不离情理的二元统一，效果大致类前。又清人纪昀在《云林诗钞序》中亦曾感慨云："《大序》'发乎情，止乎礼义'二语，实探风雅之大原。后人各明一义，渐失其宗。一则知'止乎礼义'而不必其'发乎情'，流而为金仁山《濂洛风雅》一派，使严沧浪辈激而为'不涉理路'、'不落言诠'之论，一则知'发乎情'而不必'止乎礼义'，自陆平原'缘情'一

① 李学勤主编：《十三经注疏·春秋左传正义》，北京大学出版社 1999 年版，第 1450 页。

② 陈淳：《北溪字义》卷上，中华书局 1983 年版，第 14 页。

③ 许学夷：《诗源辨体》卷一，明崇祯十五年陈所学刻本。

④ 叶燮：《原诗》卷二，清康熙叶氏二弃草堂刻本。

语，引入歧途。其究乃至于绘画横陈，不诚已甚欤？”[①] 纪氏于此痛心于诗道之情、礼歧路，风雅不彰，以致对晋代文论家陆机（曾任平原内史，世称陆平原）、宋代诗论家严羽（自号沧浪逋客，世称严沧浪）、宋元之际理学家金履祥（晚年隐居于金华仁山下，世称仁山先生）一概贬抑，出语未免过激，但其意旨仍是为了情、礼统一，防止偏执于一隅，与孔颖达的观点可谓不谋而合，惜乎其未能予孔氏所论稍加点拨。今人萧华荣先生则卓然指出：“汉代是经学期的奠定者，诗学思想史上重‘礼’而轻‘情’，魏晋六朝则重‘情’而轻‘礼’，是对汉代诗学的一个否定；唐代复古派要求恢复汉代诗学精神而又情、礼兼重，可以说是一个合题，画下了中国诗学思想的第一个圆圈。”[②] 诚然，孔颖达便是这样一位“恢复汉代诗学精神而又情、礼兼重”的杰出的文化人物，他为中国诗学思想乃至美学思想由“分题”走向“合题”，完成阶段性历史总结，作出了重要的贡献。

自孔颖达以降，以“情性”或“性情”论理或论艺者甚夥。论理者，如韩愈在《原性》中指出：“性也者与生俱生也，情也者接于物而生也。性之品有三，而其所以为性者五；情之本有三，而其所以为情者七。……情之品有上中下三，其所以为情者七，曰喜，曰怒，曰哀，曰惧，曰爱，曰恶，曰欲。上焉者之于七也，动而处其中；中焉者之于七也，有所甚有所亡，然而求合其中者也；下焉者之于七也，亡与甚直情而行者也。情之于性，视其品，孟子之言性，曰人之性善；荀子之言性，曰人之性恶；杨子之言性，曰人之性善恶混。夫始善而进恶欤。”[③] 韩愈在此提出著名的性情三品说，以贬抑当时盛行的佛学心性论，为儒家道统张目。韩愈弟子李翱在《复性书上》中则申言：“人之所以为圣人者，性也；人之所以惑其性者，情也。喜、怒、哀、惧、爱、恶、欲七者，皆情之所为也。情既昏，性斯匿矣。……性与情不相无也，虽然，无性则情无所生矣，是情由性而生，情不自情，因性而情，性不自性，由情以明性者，天之命也，圣人得之而不惑者也。”[④] 稍审视

---

① 纪昀：《纪文达公遗集・文集》卷九“序”，清嘉庆十七年纪树馨刻本。

② 萧华荣：《中国古典诗学理论史》，华东师范大学出版社 2005 年版，“导言”第 14 页。

③ 韩愈：《昌黎先生文集》卷十一，宋蜀本。

④ 李翱：《复性书上》，《李文公集》卷二，载《四部丛刊初编・集部》，上海商务印书馆 1929 年版。

之可见，一方面，韩愈、李翱有关性情、性理之论于孔氏《正义》多有撷取；另一方面，这师徒二人又力图踵事增华，所论愈发精细而辩证，以致被后人视为宋明理学的渊薮。北宋著名理学家程颐便承之曰："形既生矣，外物触其形而动于中矣，其中动而七情出焉，曰喜怒哀乐爱恶欲。情既炽而益荡，其性凿矣。是故觉者约其情使合于中，正其心，养其性，故曰性其情。愚者则不知制之，纵其情而至于邪僻，梏其性而亡之，故曰情其性。凡学之道，正其心，养其性而已。"① 程氏认为，以合乎天道之"性"来"约其情"，则性立而情正，此所谓"性其情"；若纵其情而至于邪僻，则情乱而性亡，此所谓"情其性"。故程氏倡导要正心养性，以性节情。明代心学家王阳明《传习录》卷下亦云："喜怒哀惧爱恶欲，谓之七情。……七情顺其自然之流行，皆是良知之用，不可分别善恶，但不可有所着；七情有着，俱谓之欲，欲为良知之蔽；然才有着时，良知亦自会觉，觉即蔽去，复其体矣！"② 王氏之"七情"与程颐之"七情"略有小别，即变"乐"为"惧"，但无碍"情"之大旨。其关键在于"七情"是否"顺其自然之流行"，若是，则无善无恶，合乎"良知"之体，天然之性；若否，则沾滞"有着"，"有着"则有碍，"情"臻于"欲"，成为"良知之蔽"。然经主体自我修行，良知亦能自觉去蔽，返归心性本体。此类论说，显然是沿袭并发展了孔颖达等人的路数。

以"情性"或"性情"论诗文书画者更众，如唐人所撰《晋书·文苑传论赞》云："夫赏好生于情，刚柔本于性。情之所适，发乎咏歌，而感召无象，风律殊制。"③《周书·王褒庾信传论》云："原夫文章之作，本乎情性。覃思则变化无方，形言则条流遂广。虽诗赋与奏议异轸，铭诔与书论殊涂，而撮其指要，举其大抵，莫若以气为主，以文传意。"④《北齐书·文苑传序》亦云："然文之所起，情发于中。人有六情，禀五常之秀，情感六气，顺四时之序。"⑤ 中唐诗论家皎然《诗式》则赞谢灵运为文："直于情性，

① 程颐：《颜子所好何学论》，《二程集》，中华书局1981年版，第577页。

② 王阳明：《传习录》卷下，《王阳明全集》上册，上海古籍出版社1992年版，第111页。

③ 房玄龄：《晋书·列传第六十二·文苑传论赞》，中华书局1974年版，第92页。

④ 令狐德棻：《周书·王褒庾信列传》卷四十一，中华书局1971年版，第742页。

⑤ 李百药：《北齐书·文苑传序》卷四十五，中华书局1972年版，第601页。

尚于作用，不顾词彩，而风流自然。”① 又论《诗经》六义云：“以六义为本，散乎情性。”② 文儒权德舆《左武卫胄曹许君集序》云：“凡所赋诗，皆意与境会，疏导情性，含写飞动，得之于静，故所趣皆远。”③ 诗人符载《江陵陆侍御宅谳集观张员外画松石图》描摹张藻绘画之境为：“若雷雨之澄霁，见万物之情性。”④ 书论家孙过庭论书法创作经验云：“消息多方，情性不一，乍刚柔以合体，忽劳逸以分驱。”⑤ 晚唐司空图《二十四诗品》谈“实境”时说：“情性所至，妙不自寻。遇之自天，泠然希音。”⑥ 李商隐谈诗歌创作发生时称：“人禀五行之气，秀备七情之动，必有咏叹，以通性灵。”⑦ 宋代朱熹论作诗云：“大率古人作诗，与今人作诗一般，其间亦自有感物道情，吟咏情性。”⑧ 严羽《沧浪诗话·诗辩》云：“诗者，吟咏情性也。”⑨ 胡寅引李仲蒙之说云：“物有刚柔缓急、荣悴得失之不齐，则诗人之情性亦各有所寓，非先辨乎物则不足以考情性。情性可考，然后可以明礼义而观乎诗矣。”⑩ 金代王若虚《滹南诗话》赞白居易、孟郊诗云：“哀乐之真，发乎情性。”⑪ 元代杨维桢《剡韶诗序》云：“诗本情性，有性此有情，有情此有诗也。”又其《李仲虞诗序》云：“诗者，人之情性也，人各有情性，则人有各诗也。”⑫ 王礼《魏松壑吟藁集序》则云：“诗无情性，不得名诗。其卓然可得于后世者，皆其善言情性者也。”⑬ 明代宋濂《答章秀才论诗书》云：“诗

---

① 皎然：《诗式》，载何文焕辑：《历代诗话》，中华书局1981年版，第30页。

② 引自遍照金刚：《文镜秘府论》，人民文学出版社1975年版，第57页。

③ 权德舆：《左武卫胄曹许君集序》，《权载之文集补刻》，《四部丛刊》影清嘉庆本。

④ 符载：《江陵陆侍御宅谳集观张员外画松石图》，载董诰等编：《全唐文》卷六百九十，清嘉庆内府刻本。

⑤ 孙过庭：《书谱》，明刻《百川学海》本。

⑥ 司空图：《二十四诗品》，载何文焕辑：《历代诗话》，中华书局1981年版，第43页。

⑦ 李商隐：《献相国京兆公启》，《李义山文集》卷三，载《四部丛刊初编·集部》，上海商务印书馆1929年版。

⑧ 黎靖德编：《朱子语类》卷第八十，中华书局1986年版，第2076页。

⑨ 严羽：《沧浪诗话》，载何文焕辑：《历代诗话》，中华书局1981年版，第688页。

⑩ 胡寅：《致李叔易》，《斐然集》卷十八，文渊阁《四库全书》补配文津阁《四库全书》本。

⑪ 王若虚：《滹南诗话》，《滹南遗老集》卷三八，《四部丛刊》本。

⑫ 杨维桢：《剡韶诗序》、《李仲虞诗序》，均载《东维子集》卷七，文渊阁《四库全书》本。

⑬ 王礼：《魏松壑吟藁集序》，《麟原文集》前集卷五，文渊阁《四库全书》本。

乃吟咏情性之具。”[①] 王守仁《稽山书院尊经阁记》云：“诗也者，志吾心之歌咏性情者也。”[②] 何景明《明月篇序》云：“夫诗本性情之发者也。”[③] 屠隆《唐诗品汇选释断序》云：“夫诗由性情生者也。”[④] 陈继儒《静啸斋集序》云：“诗者，性情之律吕。”[⑤] 钟惺《陪郎草序》云：“夫诗道性情者也。”[⑥] 许学夷《诗源辩体》云：“风人之诗既出乎性情之正，而复得于声气之和，故其言微婉而敦厚，优柔而不迫，为万古诗人之经。”[⑦] 清代王夫之《古诗评选》云：“故人胸中无丘壑，眼底无性情，虽读尽天下书，不能道一句。”[⑧] 叶燮《原诗》指出：“‘作诗者在书写性情’。此语夫人能知之，夫人能言之，而未尽夫人能然之者矣；‘作诗有性情必有面目’。此不但未尽夫人能然之，并未尽夫人能知之而言之也。”[⑨] 方东树《昭昧詹言》强调：“但见性情，不睹文字，盖诣道极也。”[⑩] 毛奇龄《回陈子》则谓：“性情所至，即有声无词，尚能动物。”[⑪] 纪昀《冰瓯草序》则言：“诗本性情者也。……天下之凡有性有情者，相与感发于不自知，咏叹于不容已，于此见性情之所通者大而其机自有真也。”[⑫] 袁枚《随园诗话》亦云：“‘诗言志’，言诗之必本乎性情也。”[⑬] 袁氏《答施兰垞论诗书》复云：“诗者，人之性情也，近取诸身而足矣。”[⑭] 如此等等，各自说法虽不尽一致，但与孔颖达的观点都非常接近，都是以“情性”

---

① 宋濂：《答章秀才论诗书》，载《明文衡》卷二十五，《四部丛刊》影明本。

② 王守仁：《稽山书院尊经阁记》，《王文成公全书》卷七文录四，《四部丛刊》影明隆庆本。

③ 何景明：《明月篇序》，载《明诗综》卷三十五，文渊阁《四库全书》本。

④ 屠隆：《唐诗品汇选释断序》，载《明文海》卷二百十八“序”九，清涵芬楼钞本。

⑤ 陈继儒：《静啸斋集序》，《陈眉公集》卷六“序”，明万历四十三年刻本。

⑥ 钟惺：《陪郎草序》，《隐秀轩集》，《隐秀轩文昃集序又二》，明天启二年沈春泽刻本。

⑦ 许学夷：《诗源辨体》卷一，人民文学出版社 1987 年版，第 2 页。

⑧ 王夫之：《古诗评选》卷五，文化艺术出版社 1997 年版，第 245 页。

⑨ 叶燮：《原诗》外篇上，载《原诗·一瓢诗话·说诗晬语》，人民文学出版社 1979 年版，第 59 页。

⑩ 方东树：《昭昧詹言》卷二十一，人民文学出版社 1961 年版，第 472 页。

⑪ 毛奇龄：《回陈子》，《西河集》卷二十二牍，文渊阁《四库全书》本。

⑫ 纪昀：《冰瓯草序》，《纪文达公遗集》卷二，嘉庆刻本。

⑬ 袁枚：《随园诗话》卷三，人民文学出版社 1982 年版，第 90 页。

⑭ 袁枚：《答施兰垞论诗书》，《袁枚全集》第二集，江苏古籍出版社 1993 年版，第 286 页。

或“性情”论诗，认为诗本于情性并表现情性。而在众说之中，孔颖达的观点又是较早且较为完备的。由此，孔氏“性情论”思想构成中国美学史链条上的重要一环。

第二节 “情志一也”

“诗言志”与“诗缘情”，是中国诗学史、美学史上的二个经典性命题，二者的内涵及其因时代更迭而导致的内涵演变关系，历来为学界所关注。而孔颖达在这一问题上所作的创造性阐发，尤为引人瞩目。

从历史文献来看，“诗言志”一语最早出现于《尚书·舜典》中，其文曰：“帝曰：‘夔，命汝典乐，教胄子，直而温，宽而栗，刚而无虐，简而无傲。诗言志，歌永言，声依永，律和声。八音克谐，无相夺伦，神人以和。’”[①]这是记载舜帝令其乐官夔典乐教“胄子”的一段话，首揭“诗言志”之说。此外，类似的表述还见于其他先秦时文献，如《庄子·天下篇》云：“诗以道志。”《孟子·万章上》云：“说诗者不以文害辞，不以辞害志；以意逆志，是为得之。”《荀子·儒效》亦云：“《诗》言是其志也。”上述诸说都论及“诗”与“志”，但从今天的眼光来看，诸家关于“诗”与“志”之关系的表述尚不完整、严密，“志”的含义也还比较笼统，未必适合直接作为“诗”的准确定义。但这些表述毕竟集中体现了先贤们对于“诗”义蕴涵的正面理解和概括，是中国古人对于诗歌艺术的最早的理论界定，因而成为后人说“诗”的渊源和根据。如汉代《毛诗大序》便对其引用和发挥云：“诗者，志之所之也，在心为志，发言为诗。情动于中而形于言；言之不足，故嗟叹之；嗟叹之不足，故永歌之；永歌之不足，不知手之舞之、足之蹈之也。情发于声，声成文谓之音。”[②]“诗言志”一语从此成为儒家诗学最重要的命题之一。清代的方玉润就认为，“诗言志”之说乃“千古说诗之祖”[③]，朱自

---

① 李学勤主编：《十三经注疏·尚书正义》，北京大学出版社 1999 年版，第 79 页。

② 李学勤主编：《十三经注疏·毛诗正义》，北京大学出版社 1999 年版，第 6 页。

③ 方玉润：《诗经原始》（上），中华书局 1986 年版，第 42 页。

清先生亦将“诗言志”视为中国诗歌“开山的纲领”①。

但自汉代以来，在“诗言志”之外，又出现了“诗缘情”一类与“诗言志”论旨相左的命题。如前述《毛诗大序》，一方面标举“诗者志之所之也”的大旗，另一方面又主张“情动于中而形于言”，并且首次提出了“吟咏情性”这个术语：“国史明乎得失之迹，伤人伦之废，哀刑政之苛，吟咏情性，以风其上，达于事变而怀其旧俗者也。”② 这里径直把唱诗叫作“吟咏情性”，孔颖达曾对此解释说：“动声曰吟，长言曰咏，作诗必歌，故言吟咏情性也。”③ 某种程度上说，“吟咏情性”比“诗言志”说更准确地体现了诗歌的审美特征。到了魏晋南北朝，以“情”论诗者已经屡见不鲜。如萧统《文选·序》径直袭取了《毛诗大序》的说法：“诗者，盖志之所之也，情动于中而形于言。”④ 陆机则在《文赋》中进一步提出了“诗缘情而绮靡”⑤（笔者按：此“缘”当训“因循、随顺”意）的口号，明确倡导“诗缘情”。而刘勰在《文心雕龙》中屡云：“盖风雅之兴，志思蓄愤，而吟咏情性，以讽其上。”（《文心雕龙·情采》）这是指出风雅之诗出于言志咏情。“岁有其物，物有其容；情以物迁，辞以情发。”（《文心雕龙·物色》）这是揭示“情”的文艺发生过程。“神用象通，情变所孕。物以貌求，心以理应。”（《文心雕龙·神思》）这是在讲“情”与艺术想象的关系，等等。在一些论著中，“吟咏情性”甚至成了“诗”的代名词。如钟嵘在《诗品序》中说：“若乃经国文符，应资博古；撰德驳奏，宜穷往烈。至乎吟咏情性，亦何贵于用事？”裴子野在《雕虫论》中说：“自是闾阎少年，贵游总角，罔不摒落六艺，吟咏情性。”这里所言“吟咏情性”无疑皆指诗歌创作。他们不说“诗”，而径直以“吟咏情性”指代“诗”，可见“吟咏情性”一语广泛流行的程度。诚如叶朗先生所揭，“诗言志”在先秦时期主要是指用诗歌表现作诗者或赋诗者的思想、志向、抱负。这种思想、志向、抱负，和政治教化密切相联。但后来由于“缘情”的五言诗的发达，先秦和汉代那个局限于政治教化意义上

① 朱自清：《诗言志辨》，华东师范大学出版社 1996 年版，第 4 页。
② 李学勤主编：《十三经注疏·毛诗正义》，北京大学出版社 1999 年版，第 15 页。
③ 李学勤主编：《十三经注疏·毛诗正义》，北京大学出版社 1999 年版，第 15 页。
④ 萧统：《文选》，上海古籍出版社 1986 年版，“序言”第 2 页。
⑤ 陆机著，张少康集释：《文赋集释》，人民文学出版社 2002 年版，第 99 页。

的“志”已经不够用了。时代要求对“诗言志”的命题重新解释，陆机、刘勰等人张扬“缘情”说，试图把“志”改造为“情”，正显示了这一文艺发展潮流。[①] 正因为陆机等人力图改“志”为“情”，但由于种种原因贯彻得不够彻底，当时诸多文人常把“情”与“志”连文并举，“志”、“情”之间的界限变得模糊，露出牵合、含混的痕迹。故如陆机《文赋》云：“伫中区以玄览，颐情志于《典》《坟》。”[②] 挚虞《文章流别论》云：“诗虽以情志为本，而以成声为节。”[③] 范晔《狱中与诸甥侄书》云：“常谓情志所托，故当以意为主。”[④] 沈约《谢灵运传论》云：“自兹以降，情志愈广。”[⑤] 刘勰《文心雕龙·附会》云：“夫才量学文，宜正体制，必以情志为神明。”[⑥] 如此等等，均可见出整合“情”与“志”的努力。然而，理论上的成熟并非一蹴而就的，“情”与“志”仍然处于貌合神离的状态。如朱自清先生所指出的那样，“六朝人论诗，少直用‘言志’这个词组。他们一面要表明诗的‘缘情’作用，一面又不敢无视‘诗言志’的传统：他们没有胆量全然撂开‘志’的概念，径自采用陆机的‘缘情’说，只得将‘诗言志’这句话改头换面，来影射‘诗缘情’那句话。”[⑦] 故魏晋南北朝的理论家们没能对“情”和“志”的关系从理论上作出清晰明白的厘定，常顾此失彼，难于自洽，没能真正完成重新解释“诗言志”的历史使命。

而到唐代孔颖达，则有了重大的发展。《春秋左传正义》载子太叔见赵简子问礼，简子引子产的话说：“民有好恶、喜怒、哀乐，生于六气。是故审则宜类，以制六志。”孔颖达正义云：

> 民有六志，其志无限。……此六志，《礼记》谓之六情。在己为情，情动为志，情志一也。所从言之异耳。[⑧]

① 参见叶朗：《中国美学史大纲》，上海人民出版社 1985 年版，第 257 页。

② 陆机著，张少康集释：《文赋集释》，人民文学出版社 2002 年版，第 20 页。

③ 挚虞：《文章流别论》，载《西晋文纪》卷十三，文渊阁《四库全书》本。

④ 范晔：《狱中与诸甥侄书》，载梅鼎祚：《宋文纪》卷十三，文渊阁《四库全书》补配本。

⑤ 沈约：《谢灵运传论》，载《宋书》卷六十七《列传第二十七》，清乾隆武英殿刻本。

⑥ 刘勰著，范文澜注：《文心雕龙注》，人民文学出版社 1958 年版，第 650 页。

⑦ 朱自清：《诗言志辨》，华东师范大学出版社 1996 年版，第 37 页。

⑧ 李学勤主编：《十三经注疏·春秋左传正义》，北京大学出版社 1999 年版，第 1455 页。

这里，孔氏明确提出了“在己为情，情动为志，情志一也”的论断，认为“情”与“志”本为一事，所谓好、恶、喜、怒、哀、乐“六志”其实都是主体的“六情”，只因语境不同而说法有异而已，从而从根本上消除了“情”与“志”二者之间的扞格、龃龉之处。从美学的视角来考察，这个观点颇具深意。一方面，因为“情”与“志”既然本为一事，那么自先秦以来影响深远的“诗言志”的命题也就等同于“诗缘情”的命题，史上关于此二大命题的纷纭之争可以息矣！另一方面，孔氏此谓“情动为志”而非“志动为情”，这就意味着在“情”与“志”的逻辑关系上，“情”比“志”似乎更具有心理本体的特征，更具有原始生发性。就诗歌创作而言，当先有情动为志，后有志动为诗，这就从本质上确认了诗歌等审美艺术是一种“情”的艺术，从而也肯定了诗歌等审美艺术抒发情感的合理性和有效性。从今天的立场来看，审美艺术活动从根本上说是一种情感体验型活动，“情”这一心理要素较之于其他各类心理要素，似来得更为重要，今人李泽厚先生再三强调“情感本体”，良有以也。反观当年孔氏所论，既在儒家诗学和美学史上第一次明确主张“情志一也”，又自觉地从心理发生学的角度突出了“情”这一心理本体，意义不可谓不大。

在《毛诗正义》中，孔颖达对“情志一也”命题作了进一步的申说。《毛诗大序》“诗者，志之所之也，在心为志，发言为诗”句下孔氏正义云：

> 诗者，人志意之所之适也；虽有所适，犹未发口，蕴藏在心，谓之为志；发见于言，乃名为诗。言作诗者，所以舒心志愤懑，而卒成于歌咏，故《虞书》谓之“诗言志”也。包管万虑，其名曰心；感物而动，乃呼为志。志之所适，外物感焉，言悦豫之志则和乐兴而颂声作，忧愁之志则哀伤起而怨刺生。《艺文志》云“哀乐之情感，歌咏之声发”，此之谓也。正经与变，同名曰诗，以其俱是志之所之故也。①

孔氏此论，先是肯定诗歌创作乃主体心志之所发，继而表明主体的心志包括“悦豫之志”、“忧愁之志”等，进而指出主体所宣发心志不同，所形成的

① 李学勤主编：《十三经注疏·毛诗正义》，北京大学出版社1999年版，第6页。

诗经篇章也有正、变之别，所谓“言悦豫之志则和乐兴而颂声作”，即太平盛世之下所作“悦豫”、“和乐”之诗，是为正风、正雅等，所谓“忧愁之志则哀伤起而怨刺生”，即国势衰颓之下所作“忧愁”、“哀伤”、“怨刺”之诗，是为“变风”、“变雅”等。可以见出孔氏这里所称“愤懑”、“悦豫”、“和乐”、“忧愁”、“哀伤”等语词，皆饱含主体生命情感色彩，感性特质至为明显，而非一般偏于理性的“志向”、“志愿”等义涵。这里所谓“舒心志愤懑”实是指抒发主体内心的忧愤之情，所谓“言悦豫之志”实是指“言悦豫之情”，“忧愁之志”亦是指“忧愁之情”。而所谓“心志”，实即上文所谓“情志”，所谓“感物而动乃呼为志”，实即上文所谓“在己为情，情动为志”。一者情动为志，一者心动为志，可见孔氏这番议论，也正是申张情志同一之义。本来，《毛诗大序》已注意到诗歌的抒情性特征，但在它那里，情和志还是两个含义不同、相互独立的概念。至孔氏《正义》，则明确地将“情”与“志”融为一体，认为“诗言志”即“诗缘情”。此外，如孔颖达疏《诗谱序》云：“其唐虞之诗，非由情志不通，直对面歌诗以相诫勖，且为滥觞之渐，与今诗不一。”① 又疏《关雎》郑笺云：“以琴瑟相和，似人情志，故以友言之；钟鼓铿宏，非情志可比，故以乐言之，见祭时淑女情志之和，而因听祭乐也。”② 又疏《礼记·曲礼上》“志不可满”句云：“六情遍睹在心未见为志，凡人各有志意，但不得自满。”③ 其中情志一体的义涵，皆可与此相互发明。

对于孔颖达这一命题的提出，现代学人评价甚高。如叶朗先生指出：“孔颖达对于‘诗言志’的这种解释，一方面强调了诗歌的抒情的特性，另方面强调了外物对人心的感动。孔颖达吸收了魏晋南北朝美学家刘勰、锺嵘等人关于诗歌产生的理论，把它凝结在‘诗言志’的命题之中。这样，‘诗言志’这个命题的美学内涵就远远不是先秦典籍中的‘诗言志’所能够比拟的了。先秦典籍中的‘诗言志’的命题，在美学史上的意义并不很大。而经过孔颖达重新解释了的‘诗言志’的命题，则在美学史上产生了重大的影

① 李学勤主编：《十三经注疏·毛诗正义》，北京大学出版社 1999 年版，“目录”第 5 页。

② 李学勤主编：《十三经注疏·毛诗正义》，北京大学出版社 1999 年版，第 27 页。

③ 李学勤主编：《十三经注疏·礼记正义》，北京大学出版社 1999 年版，第 8 页。

响，形成了中国诗歌美学的一个重要传统。”① 高林广先生亦认为：“孔颖达将情志并举，并不是标榜可情可志、亦情亦志的折衷主义或调和主义，而是充分认识到了诗歌本身所具有的本质特征，是对《虞书》‘志’的本来面目的回归，从某种意义上讲，也是对传统儒家功利主义诗学观的修正。”②

诚然，自《尚书·舜典》首次提出“诗言志”这一经典论断以来，后世论家踵武相续，或从正面承传发展，或从侧面改造扩容，逐渐形成了“言志”和“缘情”二种主要理论取向。一般来说，“志”常被视为与“修齐治平”等儒家政治伦常思想相联系的主体志向和抱负，较偏于理性；“情”则被视为与政教伦常有一定距离的个体念虑甚至本能情欲，较偏于感性。然而，无论是偏于理性的“志”，还是偏于感性的“情”，都只能代表人的精神世界多种心理要素和心理活动的一个方面，若执持一端，就不可避免地带来某种偏颇。事实上，二者之间的差距也并没有那么大，更没有到非此即彼、不可通约的地步。从心理学角度来看，“志”与“情”皆从“心”，是心之所蓄止，故皆离不开主体的主观心理活动，它们不可能像主观与客观、精神与物质那样两相对待，泾渭分明，甚至存在本质上的对立。陈伯海先生曾就此指出，“情”固然属于感性之念虑，“志”却不限于理性之思想。作为“心之所止”，“志”是情意在内心的蕴积，经外物的诱导，它发而为有指向的情意活动。其指向虽不能不受理性规范的制约，而作为情意活动本身则仍具有诸多感性的质素。“‘志’是一种渗透着理性（主要是道德理性）或以理性为导向的情感心理。它本身属于情意体验，所以才能成为诗的生命本根；而因其不离乎群体理性规范的制约，于是又同纯属私人化的情愫区分开来。情与理的结合，这可以说是‘志’的最大特点。”③ 徐复观先生亦曾指出：“大家公认最早说明诗的来源的‘诗言志’的志，乃是以感情为基底的志，而非普通所说的意志的志。普通所说的意志的志，可以发而为行为，并不一定发而为诗。发而为诗的志，乃是由喜怒哀乐爱恶欲的七情，蓄积于衷，自然要求以一发为快的情的动向。”④ 可见“诗言志”之“志”与“诗缘情”之“情”非

① 叶朗：《中国美学史大纲》，上海人民出版社 1985 年版，第 257—258 页。

② 高林广：《〈五经正义〉诗乐思想管窥》，《内蒙古师大学报》（哲社版）2001 年第 2 期。

③ 陈伯海：《释“诗言志”》，《文学遗产》2005 年第 3 期。

④ 徐复观：《中国文学精神》，上海书店出版社 2004 年版，第 21 页。

但没有隔着一条不可通约的鸿沟，反倒是貌离神合，“志”中含“情”，“情”藏于“志”，多有交叉叠合之处。再揆之先秦诗歌总集《诗经》的创作实际，“《诗经》是周代礼乐文化的产物，是西周至春秋中叶各阶层情感心态的反映。既有‘饥者歌其食，劳者歌其事’，‘男女相咏而歌各言其情’，多表现自然个体情感的《风》诗，又有关注现实，美刺时政，充满政治道德意志的《雅》、《颂》。许学夷《诗源辩体》说：‘《风》则专发乎性情，《雅》、《颂》则兼主乎义理。’所谓‘专发乎性情’意指倾向于个体感性好恶的情性，所谓‘兼主乎义理’意指倾向于政治、道德方面的情性，很好地概括了《诗经》内在的人性内涵。《诗经》的具体篇章就是这情、志错综构成的内心世界的表现。”① 因此，孔颖达弥合“情”、“志”之人为分歧的努力，乃美学思想发展与文艺创作实践的理论整合与历史归趋，具有重大的美学意义。

综上所述，自《尚书·舜典》首倡“诗言志”之说，到春秋战国时期士人们“赋诗言志”、“以意逆志”，再到汉代《毛诗大序》先言“志”后言“情”，又到六朝时期“诗缘情”观念的盛行，终至唐代孔颖达明确提出并倡导“情志一也”的命题，整体上反映出“志”与“情”二个范畴由模糊走向清晰，“诗言志”与“诗缘情”二个命题由分裂走向融合的曲折文脉历程。孔颖达通过对传统的“言志”说和“缘情”说兼收并蓄，熔铸为“情志一也”的崭新命题。如识者所见，这一命题中的“情志”，既非先秦两汉时期偏于政教伦理的“志”，亦非魏晋六朝时期偏于感性念虑的“情”，而是对两者合理扬弃、有机融合的成果。孔氏正是通过对“言志”说的重新发扬，以矫正魏晋六朝以来的华靡文风；通过对“缘情”说合理内核的汲取，拓展了“言志”说的义涵。这种新的情志观，“为有唐一代的诗学设计了一个既具社会严肃性，又有个体情感性的理论边界，富于客观辩证的理性主义色彩”②。从而促成唐代广大士人“个人性情和社会伦理同尊，声韵辞采和言志缘情并重，既高唱凌云壮志，又抒写愤激悲情，俨然以自信昂扬的姿态，走出六朝的低迷”③。这充分表明孔氏情志观在继承传统的基础上，又开拓了自己的时代新义，使得中国诗歌美学对诗歌本质特征的阐解迈上了一个新的台阶。而

① 汪祚民：《诗经文学阐释史（先秦—隋唐）》，人民出版社2005年版，第94页。

② 韩宏韬：《〈毛诗正义〉研究》，博士学位论文，山东大学，2007年，第165页。

③ 韩宏韬：《〈毛诗正义〉研究》，博士学位论文，山东大学，2007年，第172页。

且，作为一代经学大家和政府高官的孔颖达，能从审美的，而非从政教的、伦理的、道德的角度来看待“情”在文艺中的作用，这本身就是一种标志，它标志着审美文艺作为“经国之大业，不朽之盛事”得到唐王朝的重新确认和高度重视。而这，也正构成了唐代文艺繁荣的一个重要原因。

受孔颖达诗学观的影响，情志相通庶几成为唐代诗学的普遍共识和基本精神。如唐高宗时李善《昭明文选注》释陆机“诗缘情而绮靡”句云：“诗以言志，故曰缘情；赋以陈事，故曰体物。”① 唐玄宗时吕延济、李周翰等《文选注》亦云：“翰曰：诗言志故缘情，赋象事故体物。”② 唐德宗时权德舆《监察御史清河张府君墓志铭并序》云：“时以缘情比兴，疏导心术。志之所之，辄诣绝境。”③ 诸如此类情志一体观与孔颖达的思想几乎同出一辙。这种情志一体的文艺观影响了整个唐代的文艺风貌。例如，“李白的诗似乎情重于志，然而在理论上他却鲜明地标举‘大雅’和‘正声’；在现实主义诗人杜甫的诗歌理论和诗歌创作中，情与志都得到了完美的体现；中唐白居易在《与元九书》中力倡‘文章合为时而著，歌诗合为事而作’，但他也同时指出‘感人心者，莫先乎情’、‘类举则情见，情见则感易交’，并创作了大量的‘吟玩情性’、‘随感遇而形于叹咏’的缘情之作”④。潘百齐先生曾指出：“唐代确实存在着一种贯通言志说与缘情说的辩证倾向，这一辩证倾向典型地反映在唐诗创作中，而时代风采的显现张扬、盛唐风骨的生成发展、刚柔兼胜的风格特征，则是唐诗中最能充分体现贯通言志说与缘情说辩证倾向的三大方面。”⑤ 唐以后，主张情志同一或情志相通者甚夥，如明代汤显祖《董解元西厢记・题词》云：“志也者，情也。先民所谓发乎情，止乎礼义者，是也。嗟乎，万物之情，各有其志。”⑥ 陆符《诗存自序》云：“卜序曰‘诗者志之所之’，又曰‘情动乎中而形于言’，陆士衡曰‘诗缘情以绮靡’，沈

① 李善：《昭明文选・文赋注》，上海古籍出版社 1987 年版，第 17 卷。

② 吕延济等：《六臣注文选》卷第十七，《四部丛刊》影宋本。

③ 权德舆：《监察御史清河张府君墓志铭并序》，载董诰等编：《全唐文》卷五百二，清嘉庆内府刻本。

④ 高林广：《〈五经正义〉诗乐思想管窥》，《内蒙古师大学报》（哲社版）2001 年第 2 期。

⑤ 潘百齐：《论唐诗贯通言志说与缘情说的辩证倾向》，《云南师范大学学报》（哲社版）1998 年第 6 期。

⑥ 郭绍虞：《中国历代文论选》第三册，上海古籍出版社 1979 年版，第 152 页。

休文曰‘赏好异情，意制相诡’。由是言之，离情与志，莫可名诗。志极情生，景斯以叩。《三百篇》而降，骚、赋、乐府、五七言、歌行、律绝，意制诡谲，云委波属，要之多情语也。无情之语，不可久视。”① 皇甫汸《禅栖集序》云：“诗本缘情，情悒郁则其辞婉以柔；歌以言志，志愤懑则其音慷以激。……诗可以兴，可以怨，不在兹乎？”② 皆属此类。延及清代王夫之、叶燮、龚自珍、王国维等辈，也都或从理论或从实践的角度推行情志并重的主张。

此外，汉代以来有不少学者把“志”释为“意”，如司马迁《史记·五帝本纪》将《尧典》的“诗言志”写作“诗言意”，班固《汉书·司马迁传》说“诗以达意”，郑玄注《尧典》“诗言志，歌永言”说“诗所以言人之志意也；永，长也，歌又所以长言诗之意”。这类解释无疑增加了对“诗言志”的歧义性理解。到孔颖达这里，则被提挈为“志、意所适，发言为诗”的观点。孔氏《诗大序》正义云：“诗者，人志意之所之适也；虽有所适，犹未发口，蕴藏在心，谓之为志；发见于言，乃名为诗。”③ 可见，诗不仅“言志”、“缘情”，亦“适意”，从而确立了“志”、“意”与诗的共同联系。孔氏《礼记·曲礼上》正义云：“六情遍睹在心未见为志。凡人各有志意，但不得自满，故《六韬》云：“器满则倾，志满则覆。”④ 此处“志”与“意”基本同义，“志满则覆”亦可说成“意满则覆”，如传统成语便有“志得意满”一说。又孔氏《礼记·乐记第十九》正义云：“君子之听音声，非徒听其音声铿锵而已，彼谓乐声，亦有合成己之志意也。”⑤ 此处“志”与“意”几为同语反复，与“情”亦无本质区别。故经过孔颖达的一番阐释，“志”、“意”二个范畴也被融通，在具体诗论中有时可互相替代，“诗言志”的众多歧义进一步得到统一。由此，晚唐以后，“言意”说逐渐兴起，如杜牧《答庄充书》云：“凡为文，以意为主”。朱熹《朱子语类》卷五云：“志与意都属情。”苏轼《超然台记》云：“君子可寓意于物，……寓意于物，虽微物足以为乐。”

---

① 陆符：《诗存自序》，载黄宗羲：《明文海》卷二百七十七序六十八，清涵芬楼钞本。

② 皇甫汸：《禅栖集序》，《皇甫司勋集》卷四十一，文渊阁《四库全书》本。

③ 李学勤主编：《十三经注疏·毛诗正义》，北京大学出版社 1999 年版，第 6 页。

④ 李学勤主编：《十三经注疏·毛诗正义》，北京大学出版社 1999 年版，第 8 页。

⑤ 李学勤主编：《十三经注疏·礼记正义》，北京大学出版社 1999 年版，第 1129 页。

王夫之《姜斋诗话》卷下则指出诗、文“俱以意为主”。综上可见，孔颖达的情志论在文艺史和美学史上的影响，确实非同一般。

第三节 “情缘物动，物感情迁”

孔颖达的美学以气本论为基础，在气本论基础上复有“感物动情”之说。孔氏在《周易·咸卦》疏解中明白指出：“感物而动，谓之情也。”① 于《礼记正义序》中，孔氏又云：“故曰：人生而静，天之性也；感物而动，性之欲也。喜怒哀乐之志，于是乎生；动静爱恶之心，于是乎在。”② 于《礼记·乐记》正义中，孔氏则提出：“内心应感，起于外物，谓物来感己，心遂应之，念虑兴动。”③ 在释《周易·屯卦》象传“刚柔始交而难生”句时，孔氏复云：“以刚柔二气始欲相交，未相通感，情意未得，故难生也。”④ 如此之例甚众。综此，“感物动情”亦成为孔氏情性论美学中的一个重要命题。

在《毛诗正义序》中，孔颖达对“感物动情”说作了更具体的阐发：

> 夫《诗》者，论功颂德之歌，止僻防邪之训；虽无为而自发，乃有益于生灵。六情静于中，百物荡于外，情缘物动，物感情迁。若政遇醇和，则欢娱被于朝野；时当惨黩，亦怨刺形于咏歌。作之者所以畅怀舒愤，闻之者足以塞违从正。发诸情性，谐于律吕，故曰“感天地，动鬼神，莫近于《诗》”。此乃《诗》之为用，其利大矣。⑤

这里，孔氏就诗歌创作的原动力问题明确指出：“六情静于中，百物荡于外，情缘物动，物感情迁”，此处所谓“六情”即前述孔氏所谓好、恶、喜、怒、哀、乐六种情感心理状态，此处所谓“情缘物动，物感情迁”，是说主体之

---

① 李学勤主编：《十三经注疏·周易正义》，北京大学出版社 1999 年版，第 140 页。
② 李学勤主编：《十三经注疏·礼记正义》，北京大学出版社 1999 年版，“序言”。
③ 李学勤主编：《十三经注疏·礼记正义》，北京大学出版社 1999 年版，第 1104 页。
④ 李学勤主编：《十三经注疏·周易正义》，北京大学出版社 1999 年版，第 33 页。
⑤ 李学勤主编：《十三经注疏·毛诗正义》，北京大学出版社 1999 年版，“目录”第 3 页。

“六情”本禀性而生，静贮灵府，因外界种种因素（“百物”）的激荡与感发，遂心绪扰动，触景而生情，从而将潜在的“六情”转化为显在的“六情”，发而为言，遂为诗歌，于是也就有了“政遇醇和，则欢娱被于朝野，时当惨黩，亦怨刺形于咏歌”等种种诗歌艺术表现。究其根底，则先有“百物荡于外”，后有“情缘物动，物感情迁”，再有“论功颂德之歌，止僻防邪之训”，也即“物动”是诗歌艺术创作的第一动因，“情迁”是诗歌艺术创作的第二动因，所谓“发诸情性，谐于律吕”等，皆由此而来。故总体上说，诗歌的产生必然是“情缘物动，物感情迁”的结果。

对于这种“情缘物动，物感情迁”的特殊审美心理现象，孔颖达还多有论说。如在《礼记·乐记》正义中，孔氏云：

> 乐初所起，在于人心之感外境也。……心既由于外境而变，故有此下六事之不同也。……若外境痛苦，则其心哀。哀感在心，故其声必踧急而速杀也。……若外境所善，心必欢乐，欢乐在心，故声必随而宽缓也。……若外境会合其心，心必喜悦，喜悦在心，故声必随而发扬放散无辄碍。但乐是长久之欢，喜是一时之悦，遇有善事而心喜也。昭二十五年《左传》云“喜生于好”，是喜与乐别也。……怒谓忽遇恶事，而心恚怒，恚怒在心，则其声粗以猛厉也。……若外境见其尊高，心中严敬，严敬在心，则其声正直而有廉隅，不邪曲也。……若外境亲属死亡，心起爱情，爱情在心，则声和柔也。……人生而静，天之性也。性本静寂，无此六事。六事之生，由应感外物而动，故云非性也。①

孔颖达此疏，承上述“情缘物动，物感情迁”之说而作更详细的分疏，谓“若外境痛苦，则其心哀，哀感在心，故其声必踧急而速杀”；“若外境所善，心必欢乐，欢乐在心，故声必随而宽缓”，等等，涉及喜、怒、哀、乐、敬、爱等六种情感活动（即“六事”），其中敬、爱二种情感与上述“六情”中的好、恶小有区别，但同指内心情感活动则一。孔颖达还再次指明性、情之别，认为性自天生，本无喜、怒之事，喜、怒等“六事”乃主体感触外物而

① 李学勤主编：《十三经注疏·礼记正义》，北京大学出版社 1999 年版，第 1076 页。

动之心理情感因素，即所谓因景而生情，而非生性。

在《礼记·檀弓下》正义中，孔颖达还对外在物境与主体心境之间的复杂互动关系作了如此一番描述：

> “人喜则斯陶”者，为明踊以节，而踊由心哀，故此以下极言哀乐之本也。喜者，外竟会心之谓也。斯，语助也。陶者，郁陶。郁陶者，心初悦而未畅之意也。言人若外竟会心，则怀抱欣悦，但始发俄尔，则郁陶未畅，故云“斯陶”也。《尔雅》云：“郁陶，繇喜也。”何胤云：“陶，怀喜未畅意也。《孟子》曰：‘郁陶以思君。’”“陶斯咏”者，咏，歌咏也。郁陶情转畅，故口歌咏之也。“咏斯犹”者，摇动身也。咏歌不足，渐至自摇动身体也。“犹斯舞”者，舞，起舞也。摇身不足，乃至起舞，足蹈手扬，乐之极也。“舞斯愠”者，愠，怒也，外竟违心之谓也。凡喜怒相对，哀乐相生，故若舞而无节，形疲厌倦，事与心违，故所以怒生。怒生由于舞极，故云“舞斯愠”也。故《曲礼》云：“乐不可极。”即此谓也。何胤云：“乐终则愠起，非始之愠相连系也。”“愠斯戚”者，戚，愤恚也。怒来戚心，故愤恚起也。此句对“喜斯陶”也。“戚斯叹”者，叹，吟息也。愤恚转深，故因发吟息也。此句对“陶斯咏”。“叹斯辟”者，辟，抚心也。叹息不泄，故至抚心也。此句对“咏斯犹”。“辟斯踊矣”者，抚心不泄，乃至跳踊奋击，亦哀之极也。此句对“犹斯舞”也。“品节斯，斯之谓礼”者，品，阶格也。节，制断也。斯，此也。此之谓于哀乐也。若喜而不节，自陶至舞，俄倾不愠生。若怒而不节，从戚至踊，踊极则笑，故夷狄无礼，朝殒夕歌，童儿任情，倏啼欻笑。今若品节此二涂，使踊舞有数，有数则久长，故云此之谓礼。①

孔颖达此段长文，主要讲到“外竟”（“竟”同“境”）与主体心灵之间复杂微妙的互动关系，当“外竟”适于主体感知和心意时（即孔氏所谓“外竟会心”），表现为欢喜、快乐、兴奋等情感情绪。当“外竟”不适于主体感知和

① 李学勤主编：《十三经注疏·礼记正义》，北京大学出版社1999年版，第284页。

心意时（即孔氏所谓“外竞违心”），表现为哀伤、愤怒、悲叹等情感情绪；或喜或悲，或乐或怒，皆通过音声、歌舞等形式表现、发泄出来。这种表现、发泄若稍加节制，则有助于抚心安身，若不加节制，则可能走向极端，适得其反。故发乎情而止乎礼，实为必要。孔氏此番论议既生动形象又深入浅出，其大旨则在于“外竟会心”与否，仍属“感物动情”的话题。

在上述阐释基础上，孔颖达还进一步讨论“感物动情”对于文艺创作的深层动力意义。如在《礼记·乐记》正义中，孔氏云：

> 凡乐之音曲所起，本由人心而生也。……音之所以起于人心者，由人心动则音起，人心所以动者，外物使之然也。……人心既感外物而动，口以宣心，其心形见于声。心若感死丧之物而兴动，于口则形见于悲戚之声。心若感福庆而兴动，于口则形见于欢乐之声也。①
>
> 乐以音声为本，音声由人心而生，……人心感于物而有声，声相应而生变，变成方而为之音，比音而为乐，展转相因之势。②

孔颖达此处所论，是强调乐音起于人心之动，而人心之动又缘于外物的感发，不同的外物触发不同的心绪，不同的心绪再宣之以不同的声音，终展转相因而为乐，其要义仍不离“感物动情”的主题，但更清楚地表明了“情”之所起（情缘物动、物感情迁）和“乐”之缘由（口以宣心、乐为心声），从而深入揭示了“感物动情”乃艺术创作之原初动力。

又如在《毛诗大序》正义中，孔氏云：

> 言作诗者，所以舒心志愤懑，而卒成于歌咏，故《虞书》谓之“诗言志”也。包管万虑，其名曰“心”。感物而动，乃呼为“志”。“志”之所适，外物感焉。言悦豫之志，则和乐兴而颂声作，忧愁之志，则哀伤起而怨刺生。《艺文志》云：“哀乐之情感，歌咏之声发”，此之谓也。正经与变同名曰“诗”，以其俱是“志”之所之故也。③

① 李学勤主编：《十三经注疏·礼记正义》，北京大学出版社1999年版，第1074页。
② 李学勤主编：《十三经注疏·礼记正义》，北京大学出版社1999年版，第1074页。
③ 李学勤主编：《十三经注疏·毛诗正义》，北京大学出版社1999年版，第6页。

孔颖达之意为，由于外物的感动，人心中产生喜怒哀乐的情感，乃为“志”，把这种情感抒发出来，乃为“诗”。所谓“蕴藏在心，谓之为志；发见于言，乃名为诗”，其意与前文所论“在己为情，情动为志”的意思是一致的，都是指情发而为志，志发而为诗。换言之，则诗产生于情志的抒发，情志产生于外物对人心的感动。因此，“感物”成为诗歌发生的外在动因，“动情”则是诗歌发生的内在动因。这样，孔颖达就给我们大致描述出感物→动情→言志→成诗这样一种具有普遍意义的艺术生发过程。这实际上已触及社会生活与文艺创作之间的内在关系，即现实的客观世界是创作主体情感变化的触媒，而“感物动情”则是文艺作品赖以产生的源泉，创作主体因长期的生活环境熏陶、感染，蕴积于心，积淀为潜在的情志，当受到特定外在事物的感发和激荡时，这种潜在的情志就会由无意识走向有意识，由隐晦走向显明，在感知、联想、想象等心理要素的推动下，由情感的宣发走向诗艺形式的表达。这，显然已接近于现代唯物论文艺生成观。

诚然，人是特定环境中的人，不能离开其生存环境独立存在，人与其生存环境共生共存，与生存环境之间总是存在着某种相互依赖、相互感发的关系。而人的情感情绪往往是由身边的人、事、物所引起，离开了客观的人、事、物，无缘无故的情感是少有的。如孔氏《毛诗大序》正义所云：“感物而动，乃呼为志。志之所适，外物感焉，言悦豫之志则和乐兴而颂声作，忧愁之志则哀伤起而怨刺生。”① 当主体处于特定的自然环境与社会环境中，受到外物感发时，常激发联想、想象等诸多心理因素，产生强烈的交感和共鸣。今人徐复观先生曾云：“兴是自己内蕴的感情，偶然与自然景物相触发，因而把内蕴的感情引发出来。”② 这就是感物动情。历来文人士子们身处特定的自然环境和社会环境中，面对种种人、事、物、景，触景生情，感时伤怀，从而写下了许多感物动情之作。史上如陆机《文赋》、刘勰《文心雕龙·物色》、钟嵘《诗品序》等已作过类似的描述。陆机云：“遵四时以叹逝，瞻万物而思纷；悲落叶于劲秋，喜柔条于芳春。心懔懔以怀霜，志眇眇而临云。”③ 刘勰云：“春秋代序，阴阳惨舒，物色之动，心亦摇焉。盖阳气

① 李学勤主编：《十三经注疏·毛诗正义》，北京大学出版社 1999 年版，第 6 页。

② 徐复观：《中国艺术精神》，春风文艺出版社 1987 年版，第 197 页。

③ 陆机著，张少康集释：《文赋集释》，人民文学出版社 2002 年版，第 20 页。

萌而玄驹步，阴律凝而丹鸟羞，微虫犹或入感，四时之动物深矣。若夫珪璋挺其惠心，英华秀其清气，物色相召，人谁获安！是以献岁发春，悦豫之情畅；滔滔孟夏，郁陶之心凝。天高气清，阴沉之志远；霰雪无垠，矜肃之虑深；岁有其物，物有其容；情以物迁，辞以情发。一叶且或迎意，虫声有足引心。况清风与明月同夜，白日与春林共朝哉！”① 钟嵘云：“若乃春风春鸟，秋月秋蝉，夏云暑雨，冬月祁寒，斯四候之感诸诗者也。嘉会寄诗以亲，离群托诗以怨。至于楚臣去境，汉妾辞宫。或骨横朔野，魂逐飞蓬；或负戈外戍，杀气雄边。塞客衣单，孀闺泪尽。或士有解佩出朝，一去忘返；女有扬娥入宠，再盼倾国。凡斯种种，感荡心灵，非陈诗何以展其义？非长歌何以骋其情？”② 这些描述皆属“感物动情”之显例，皆不同程度地以“感物动情”为艺术创作的内在动因，亦为历来谈艺者所乐道。而孔颖达的贡献则在于不仅从一般的文学化描述上，更从诗学、美学理论上大力充实和发展了“感物动情”这一论题的义涵。

孔颖达能在“感物动情”这一传统诗学、美学论题上超拔于前人，从根源上说，很大程度上得益于其深厚的气本论哲学思想。③ 从孔氏气本论角度来看，万物与人同出自阴阳二气化生，各自秉有性命，各自成长迁变。孔氏云：“唯二气氤氲，共相和会，万物感之变化而精醇也。”④ “夫人上资六气，下乘四序，赋清浊以醇醨，感阴阳而迁变。”⑤ 所不同者，物秉气而生而无情意，人秉气而生而有情意。前文已引述孔颖达“六情本于六气”的观点：“六情本于六气……昭元年《左传》曰：‘六气：阴、阳、风、雨、晦、明也。’昭二十五年《左传》‘民有好、恶、喜、怒、哀、乐，生于六气’。是六情法六气也。”⑥ 人秉阴阳之气而生，外在的宇宙自然之气聚合为内在的血气、意气。故此，在孔颖达的气本论思想中，“气”已包含人之血气、意气等，它是人的生命和性情的本根。就主体来说，充沛的血气、意气常是文艺

① 刘勰著，范文澜注：《文心雕龙注》，人民文学出版社 1958 年版，第 693 页。
② 钟嵘著，陈延杰注：《诗品注》，人民文学出版社 1961 年版，第 2—3 页。
③ 参见本书第二章“气”论部分内容。
④ 李学勤主编：《十三经注疏 · 周易正义》，北京大学出版社 1999 年版，第 310 页。
⑤ 李学勤主编：《十三经注疏 · 毛诗正义》，北京大学出版社 1999 年版，“序言”。
⑥ 李学勤主编：《十三经注疏 · 毛诗正义》，北京大学出版社 1999 年版，第 1219 页。

创作欲念的原初推动力，即常所谓“气盛言宜”。孔氏《礼记·乐记》正义云：“志起于内，思虑深远，是‘情深’也。言之于外，情由言显，是‘文明’也。……志意蕴积于中，故气盛。内志既盛，则外感动于物，故变化神通也。气盛，谓‘不知手之舞之，足之蹈之’是也。”① 这种充沛的血气、意气不仅是情感的基始，亦是情感的助推剂，甚至能把文艺创作者推向手舞足蹈、忘乎所以的状态。

从形而下的角度言，“感物动情”说有其生物性、物理性基础在。据西方格式塔心理学“异质同构”理论，主体感知外物时，对象的张力结构样式作用于人的感官与脑电波，当其同形同构时，激发相应的电脉冲，构建完形趋向，并唤起相应的情感反应，故完形的过程亦即表现（情感的抒发）的过程。② 但在孔颖达这里，“感物动情”更起于物与人之间因生命之气的交流、渗透而感应互通，更多了一层共感共鸣的成分，如孔氏所云：“人物既生，共相感应。”③ 由于人与物皆以气为共同的生命基础，由“异质同构”走向“同质同构”，从而共相感应，故主体与对象之间的关系，不是一般的刺激与反应的机械性物理关系，亦不是主体对对象的单向投射关系，而是基于一种同态对应的深切认同与相互共鸣。如孔氏《毛诗大序》正义云：“诗者志之所歌，歌者人之精诚，精诚之至，以类相感。……故《乐记》云：‘奸声感人而逆气应之，逆气成象而淫乐兴焉。正声感人而顺气应之，顺气成象而和乐兴焉。’又曰：‘歌者直己而陈德也，动己而天地应焉，四时和焉，星辰理焉，万物育焉。’”④ 诗人以一己之精诚，竟能感天动地，全赖生命之气的交流互通。在《周易·系辞上》“鸣鹤在阴”句正义中，孔颖达还有一段形象的描述：“‘鸣鹤在阴’者，上既明拟议而动，若拟议于善，则善来应之；若拟于恶，则恶亦随之。故引鸣鹤在阴，取同类相应以证之。此引《中孚》九二爻辞也。鸣鹤在幽阴之处，虽在幽阴而鸣，其子则在远而和之，以其同类相感召故也。‘我有好爵’者，言我有美好之爵，而在我身。‘吾与尔靡之’者，言我虽有好爵，不自独有，吾与汝外物共靡散之。谓我既有好爵，能靡

---

① 李学勤主编：《十三经注疏·礼记正义》，北京大学出版社 1999 年版，第 1112—1113 页。

② 参见朱立元主编：《现代西方美学史》，上海文艺出版社 1996 年版，第 694—696 页。

③ 李学勤主编：《十三经注疏·周易正义》，北京大学出版社 1999 年版，第 139 页。

④ 李学勤主编：《十三经注疏·毛诗正义》，北京大学出版社 1999 年版，第 10 页。

散以施于物，物则有感我之恩，亦来归从于我。是善往则善者来，皆证明拟议之事。我拟议于善以及物，物亦以善而应我也。”[①]孔颖达这段描述分别以“鸣鹤在阴”、“我有好爵”为喻，生动地揭示了同类相应、同气相求的道理。

孔颖达所论被中唐诗论家殷璠所继承和发挥。殷璠在《河岳英灵集序》中说：“夫文有神来、气来、情来，有雅体、野体、鄙体、俗体。编纪者能审鉴诸体，委详所来，方可定其优劣，论其取舍。”[②]此处殷璠提出“神来、气来、情来”以衡估诗文优劣的思想，不但将“气”与“情”联为一体，还突出了孔氏所揭“变化神通”的“神来”之境。殷璠“三来”之说多为后人征引，如今人钱锺书《谈艺录》云：“无神韵，非好诗。而只讲有神韵，恐并不能成诗。此殷璠《河岳英灵集·序》论文，所以‘神来、气来、情来’三者并举也。”[③]袁行霈等则云：“初唐以来讲究声律辞藻的近体与书写慷慨情怀的古体汇而为一，诗人作诗笔参造化，韵律与抒情相辅相成，气协律而出，情因韵而显，如殷璠所说的‘神来、气来、情来’，达到声律风骨兼备的完美境界。这是盛唐诗风形成的标志。”[④]

在孔颖达等人影响下，后世文人亦常要求文艺创作要做到“气盛言宜”或“气直辞盛”，如韩愈《答李诩书》云：“气，水也；言，浮物也；水大而物之浮者大小毕浮，气之与言犹是也，气盛，则言之短长与声之高下者皆宜。”[⑤]李翱《答朱载言书》云：“故义深则意远，意远则理辩，理辩则气直，气直则辞盛，辞盛则文工。”[⑥]苏辙《上枢密韩太尉书》云：“其气充乎其中，而溢乎其貌，动乎其言，而见乎其文，而不自知也。”[⑦]许学夷《诗源辨体》亦云：“诗有本末，体气，本也；字句，末也。本可以兼末，末不可以兼本。”[⑧]而所谓“气盛”者，就是强调在创作主体胸中形成一股饱满的生命之气，其间情、志、血气等融合无间，生理、情感、理智等浑然一体，均统

---

① 李学勤主编：《十三经注疏·周易正义》，北京大学出版社 1999 年版，第 276 页。

② 殷璠：《河岳英灵集》，《四部丛刊初编·集部》，上海商务印书馆 1929 年版，“序言”。

③ 钱锺书：《谈艺录》，中华书局 1984 年版，第 40 页。

④ 袁行霈、罗宗强：《中国文学史》第二卷，高等教育出版社 1999 年版，第 235 页。

⑤ 《韩愈全集》，上海古籍出版社 1997 年版，第 177 页。

⑥ 李翱：《答朱载言书》，《李文公集》卷六，《四部丛刊》影明成化本。

⑦ 苏辙：《上枢密韩太尉书》，《栾城集》卷二十二，《四部丛刊》影明嘉靖本。

⑧ 许学夷：《诗源辨体》卷三十四，人民文学出版社 1987 年版，第 326 页。

摄于“气”，情缘气起，志随情发，彼此依托，相摩相荡，勃然充盈于生命体内。所谓“言宜”者，即“气”充乎其中而溢乎其貌，借助手笔，付诸言辞，则辞端理直，情感充沛，风骨盎然，变化通神也！清代诗论家方东树在《昭昧詹言》中对这种“气盛言宜”的情状还作了一番诗意的概括和描述：“诗人养气，蕴乎内，著乎外。初、盛诸家，有雄浑如大海奔涛，秀拔如孤峰峭壁，壮丽如层楼叠阁，古雅如瑶琴朱弦，老健如朔漠横雕，清逸如九皋鸣鹤，明净如泰山积雪，高远如长空片云，芳润如露蕙春兰，奇采如鲸波蜃气，此见诸家所养之不同也。学者能集众长，合而为一，则为全味矣。”① 在这种“气盛言宜”的写作情状中，主体情志与客观世界已浑然统一，主客体之间一“气”贯通，故创作时亦能一气呵成，元气淋漓。如陈伯海先生所指出：“作为诗歌生命本原的情志二元建构模式，从根底上来自道气二元和心性二元；从道气经心性到情志，整个地贯穿着一条天人合一的理路，这跟西方的摹仿说与表现说，或立足自然，或立足自我，而皆取主客二分的思维态势，实判然有别。”②

某种程度上，孔颖达之“感物动情”说与西方立普斯等人的“移情”说相似。立普斯说：“一当我将自己的力量和奋斗投射到自然事物上面时，我也就将这些力量和奋求在内心激起的情感一起投射到自然之中。这就是说，我也将我的骄傲、勇气、顽强、轻率、幽默感、自信心和心安理得等情绪移入到自然中去了，只有这时候，向自然作感情移入才变成了真正的审美移情作用。”③ 两相比较可知，孔氏“感物动情”说更强调主体心灵与外物的相互感发，立普斯之“移情”说更强调主体情意对外物的单向投射；且前者视外物与主体为一生命整体，两者默契亲和，而后者视外物为主体情意的消极“投射”容器，两者分离对待。故孔氏“感物动情”说与西方的“移情说”有所不同，而更多了一层中国传统美学之情景交融、物我互感的特色。其实，早在刘勰《文心雕龙》中就有此类表达，如《文心雕龙·物色》篇云：“山沓水匝，树杂云合，目既往还，心亦吐纳；春日迟迟，秋风飒飒，情往似赠，兴来如答。”即强调主观情思与客观景物双向交流，往来兴答，

① 方东树：《昭昧詹言》卷二十一，人民文学出版社 1961 年版，第 479 页。

② 陈伯海：《中国诗学之现代观》，上海古籍出版社 2006 年版，第 90 页。

③ 转引自滕守尧：《审美心理描述》，中国社会科学出版社 1985 年版，第 67—68 页。

只是还未能在理论上作充分展开。后世王夫之对此亦有一番描述："情景虽有在心在物之分，而景生情，情生景，哀乐之触，荣悴之迎，互藏其宅。"[①]即客体之"景"在主体内心唤起了某种"情"，此乃"景生情"；而主体之"情"又作用于客体之"景"，"景"成了"情"的对象化，成为具有人的情感的东西，此乃"情生景"。无论"情"之哀乐，"景"之荣悴，皆互感互发，相与为一。又方东树《昭昧詹言》卷二十一云："作诗本乎情景，情景有异同，摹写有难易。诗有二要，莫切于斯。观则同于外，感则异于内，当力使内外如一，出入此心而无间也。景乃诗之媒，情乃诗之胚，合而为诗，以数言而统万形，元气浑成。""诗乃摹写情景之具。情融乎内而深且长，景耀乎外而真且实。"[②]这依然是从情思与景物交融互渗的角度讨论诗歌创作问题，强调情与景互为表里。而在中国审美史上，"感物动情"说的佳境就是情以物观、物以情存，物我浑融统一，统一的结晶体即为审美意象，它生生不息，意蕴葱茏，由有限走向无限。由此，孔氏"感物动情"说成为中国诗学史、美学史上的重要命题。

诚然，这种"感物动情"之说，并非孔颖达所首倡。孔氏之前，《礼记·乐记》已发其端："凡音之起，由人心生也。人心之动，物使之然也。""乐者，音之所由生也，其本在人心之感于物也。"[③]"夫民有血气心知之性。而无喜怒哀乐之常，应感起物而动，然后心术形焉。"[④]后人亦据此阐释艺术活动中心与物之间的关系，如刘勰《文心雕龙·物色》篇云："物色相召，人谁获安？是以献岁发春，悦豫之情畅；滔滔孟夏，郁陶之心凝；天高气清，阴沈之志远；霰雪无垠，矜肃之虑深。岁有其物，物有其容，情以物迁，辞以情发。……诗人感物，联类不穷。"[⑤]钟嵘《诗品序》云："气之动物，物之感人，故摇荡性情，形诸舞咏。"[⑥]此类表述都很生动形象，但基本还停留在一种文学化描述的阶段，尚需作进一步的学理论证和提升。孔颖

---

① 王夫之：《姜斋诗话》卷二，《四部丛刊》影《船山遗书》本。

② 方东树：《昭昧詹言》卷二十一，人民文学出版社 1961 年版，第 474—475 页。

③ 李学勤主编：《十三经注疏·礼记正义》，北京大学出版社 1999 年版，第 1074—1075 页。

④ 李学勤主编：《十三经注疏·礼记正义》，北京大学出版社 1999 年版，第 1104 页。

⑤ 刘勰著，范文澜注：《文心雕龙注》，人民文学出版社 1958 年版，第 693 页。

⑥ 周振甫：《诗品译注》，中华书局 1998 年版，第 1 页。

达正是在其深厚的气本论哲学思想基础上，将前人的“物感”说推进到“感物动情”的理论阶段，从而构成了一个完整的诗学、美学命题。在孔氏之后，晚唐诗人贾岛《论六义》云：“感物曰兴，……兴者，情也。谓外感于物，内动于情。情不可遏，故曰兴。”[①] 即承传了孔氏之论。宋代欧阳修等继续予以赓扬。欧阳氏《诗本义・本末论》云：“诗之作也，触事感物，文之以言。善者美之，恶者刺之，以发其揄扬怨愤于口，道其哀乐喜怒于心，此诗人之意也。”[②] 朱熹《诗集传序》亦云：“或有问予曰：《诗》何为而作也。予应之曰：人生而静，天之性也。感于物而动，性之欲也。夫既有欲矣，则不能无思；既有思矣，则不能无言；既有言矣，则言之所不能尽，而发于咨嗟咏叹之余者，必有自然之音响节族而不能已焉。此《诗》之所以作也。”[③] 杨万里《答建康府大军库监门徐达书》则云：“我初无意于作是诗，而是物、是事适然触乎我，我之意亦适然感乎是物、是事。触先焉，感随焉，而是诗出焉。”[④] 明代李攀龙《艺苑卮言》亦指出：“诗可以怨，一有嗟叹，即有咏歌。言危则性情峻洁，语深则意气激烈。能使人有孤臣孽子摒弃而不容之感，遁世绝俗之悲，泥而不实，蝉蜕污浊之外者，诗也。”[⑤] 这些，大抵可视为对孔颖达诗学观的补充与发展。

第四节 “蓄志发愤，情寄于辞”

除了“感物动情”说之外，孔颖达还明确标举“发愤抒情”说。在孔氏正义中，此类表述颇有一些。如《毛诗正义序》云：“作之者所以畅怀舒愤。”《毛诗大序》孔氏正义云：“作诗者，所以舒心志愤懑，而卒成于歌咏。”《毛诗大序》孔氏正义又云：“如是而后得舒心腹之愤，故为诗必长歌也。”《毛诗・周南・卷耳》孔氏正义云：“诗本蓄志发愤，情寄于辞。”《毛诗・邶

---

① 贾岛：《论六义》，载陈应行：《吟窗杂录》卷三，明嘉靖二十七年崇文书堂刻本。

② 欧阳修：《诗本义》卷十四，《四部丛刊三编》影宋本。

③ 朱熹：《诗集传》，中华书局 1958 年版，“序言”第 1 页。

④ 杨万里：《答建康府大军库监门徐达书》，《诚斋集》卷六七，《四部丛刊・集部》。

⑤ 王世贞：《艺苑卮言》卷一，载丁福保辑：《历代诗话续编》，中华书局 1983 年版。

风·燕燕》孔氏正义云："舒已愤，尽己情。"《春秋左传·襄公二十九年》孔氏正义云："诗人观时政善恶，而发愤作诗。"如此之例甚夥，可见"发愤抒情"并非孔氏随口说辞，而是其诗学、美学思想的核心命题之一。

孔颖达主张发愤抒情，首先源于其"济世救民"的儒家诗学理念。孔颖达于《毛诗·大雅·抑》正义中说：

> 诗者，人之咏歌，情之发愤，见善欲论其功，睹恶思言其失，献之可以讽谏，咏之可以写情，本愿申己之心，非是必施于谏。①

孔氏意谓，诗歌乃发自主体之性情，主体遭遇种种社会现状，触景而生情，善者欲美之，恶者欲刺之，形之于歌咏文字，即成为诗。诗人作诗，主观上可以抒发一己之情怀，客观上可以起到美刺讽谏之效。这里孔颖达特别突出"情之发愤"一题，这是因为在封建专制时代，总是可美者寡而可恶者众，诗人目睹艰危时事，感时伤怀，济世救民之心愈发迫切，这种情感郁积于内而不能自已，自然会澎湃而出，形之于诗歌。诗人发愤抒情，尽管未必皆为讽谏而来，但主观情感的抒发必然会反映、折射客观现实状况，褒善刺恶，自会溢于言表。

诗人当怀揣济世救民之心，发愤抒情，针砭时恶，代民立言。孔颖达对此屡加描述，多所推崇。如《毛诗大序》孔氏正义云："明晓于人君得失善恶之迹，礼义废则人伦乱，政教失则法令酷，国史伤此人伦之废弃，哀此刑政之苛虐，哀伤之志郁积于内，乃吟咏己之情性，以风刺其上，觊其改恶为善，所以作变诗也。"孔氏又云："诗人既见时世之事变，改旧时之俗，故依准旧法，而作诗戒之。虽俱准旧法，而诗体不同，或陈古政治，或指世淫荒。虽复属意不同，俱怀匡救之意。"孔氏复云："作诗止于礼义，则应言皆合礼。而变风所陈，多说奸淫之状者，男淫女奔，伤化败俗，诗人所陈者，皆乱状淫形，时政之疾病也，所言者，皆忠规切谏，救世之针药也。"② 孔氏如此之论甚夥，皆是强调诗人们以天下为己任，以诗歌为武器，褒贬时政，

① 李学勤主编：《十三经注疏·毛诗正义》，北京大学出版社 1999 年版，第 1162 页。
② 李学勤主编：《十三经注疏·毛诗正义》，北京大学出版社 1999 年版，第 15—16 页。

忠规切谏，匡主和民，诗人们发愤抒情之作，不啻救世之良药。

当初，《毛诗大序》曾提出“主文而谲谏”的主张，其论曰：“上以风化下，下以风刺上，主文而谲谏，言之者无罪，闻之者足以戒。”郑玄笺曰：“风化、风刺，皆谓譬喻，不斥言也。主文，主与乐之宫商相应也。谲谏，咏歌依违，不直谏。”对此，孔氏正义先疏经文文意曰：“臣下作诗，所以谏君，君又用之教化，故又言上下皆用此上六义之意。在上，人君用此六义风动教化；在下，人臣用此六义以风喻箴刺君上。其作诗也，本心主意，使合于宫商相应之文，播之于乐，而依违谲谏，不直言君之过失，故言之者无罪。人君不怒其作主而罪戮之，闻之者足以自戒。”接着，孔氏强调指出：“诗皆人臣作之以谏君”，“云‘主文谲谏’，唯说刺诗者，以诗之作皆为正邪防失，虽论功诵德，莫不匡正人君，故主说作诗之意耳。”这就突出了诗歌“正邪防失”、“匡正人君”的“谏诤”功能，而温柔敦厚的“主文”功能被明显淡化。孔氏还进一步梳理郑笺云：“谲者，权诈之名，托之乐歌，依违而谏，亦权诈之义。”[①] 这里，孔氏明确指出“谲谏”为一种“权诈”之术，与理想中的“忠规切谏”精神不合，从而对郑笺所谓“谲谏，咏歌依违，不直谏”提出了严厉的批评，由此可见孔氏耿直风操之一斑。

孔颖达在多处疏义中旗帜鲜明地倡导“忠规切谏”之旨，而反对《毛诗大序》以来流行的“主文而谲谏”的精神。如《诗经·小雅·节南山》孔氏正义云：

> 王肃以为，“礼，人臣不显谏”。谏犹不显，况欲使天更授命？诗皆献之于君，以为箴规。包藏祸心，臣子大罪，况公言之乎？王基理之曰：“臣子不显谏者，谓君父失德尚微，先将顺风喻。若乃暴乱，将至危殆，当披露下情，伏死而谏焉。待风议而已哉！”是以《西伯戡黎》祖伊奔告于王曰：“天已讫我殷命。”古之贤者切谏如此。幽王无道，将灭京周。百姓怨王，欲天有授命。此文陈下民疾怨之言，曲以感寤，此正与祖伊谏同。皆忠臣殷勤之义，何谓非人臣宜言哉！[②]

---

① 李学勤主编：《十三经注疏·毛诗正义》，北京大学出版社 1999 年版，第 13—14 页。

② 李学勤主编：《十三经注疏·毛诗正义》，北京大学出版社 1999 年版，第 705 页。

> 作诗刺王，而自称字者，诗人之情，其道不一。或微加讽谕，或指斥愆咎，或隐匿姓名，或自显官字，期于申写下情，冀上改悟而已。此家父尽忠竭诚，不惮诛罚，故自载字焉。①

这里，孔颖达明确否弃王肃等人“人臣不显谏”之说，认为“人臣不显谏”只是在“君父失德尚微”的情况下可以实施，但若面临国家动乱、形势危殆的严重情况，就应该“披露下情，伏死而谏”，而不应该再持守“人臣不显谏”的迂腐或狡黠之策，否则便是包藏祸心，等同于犯罪。因此，孔颖达对祖伊、家父等古代忠烈之臣“披露下情，伏死而谏”、“尽忠竭诚，不惮诛罚”等忠规切谏行为深表同情和推崇，高度赞扬此种“忠臣殷勤之义”。

在《周易·大过》正义中，孔颖达进一步张扬“忠规切谏”的宗旨，其文曰：

> 本欲济时拯难，意善功恶，无可咎责。此犹龙逢、比干，忧时危乱，不惧诛杀，直言深谏，以忤无道之主，遂至灭亡。其意则善，而功不成，复有何咎责！②

孔颖达在此褒扬夏桀时大臣龙逢、商纣时王子比干直言深谏终至以身殉国的壮举，认为他们的殉国之举虽因昏主无道而未能取得实效，却彪炳史册，无可指摘。孔氏如此再三强调并大力宣扬“发愤抒情”、“忠规切谏”、“不惧诛杀”之义，很大程度上已突破了传统儒家之“温柔敦厚”、“发情止礼”、“明哲保身”等诗教传统和思想传统，这无论在诗学、美学理论上，还是在现实社会政治生活中，无疑都有着非常重要的意义。

孔颖达之所以能够重新发扬“发愤抒情”、“忠规切谏”的宗旨，一是因为史上自关龙逢、比干、屈原、司马迁等人以来已逐渐形成了“发愤抒情”、“忠规切谏”的优良传统；二是由于孔氏本人在现实政治生活中就是一位刚正不阿的忠烈之臣；三是由于《五经》经传中本就潜藏着诸多此类思想资

① 李学勤主编：《十三经注疏·毛诗正义》，北京大学出版社 1999 年版，第 706 页。

② 李学勤主编：《十三经注疏·周易正义》，北京大学出版社 1999 年版，第 129 页。

源，作为触媒而引发了孔颖达等诠释者的同情与共鸣；此外，唐初贞观之治期间虚怀纳谏的风气也与此有很大的关系。如《旧唐书》曾记载唐太宗鼓励臣僚进谏的话："朕历观自古人臣立忠之事，若值明王，便得尽诚规谏；至如龙逢比干，竟不免孥戮，为君不易，为臣极难。我又闻龙可扰而驯，然喉下有逆鳞，触之则杀人；人主亦有逆鳞，卿等遂不避犯触，各进封事，常能如此，朕岂虑有危亡哉!"[①]孔颖达在《周易正义》中盛赞龙逢、比干等杀身成仁，舍身取义，可视为对唐太宗此番勉励的积极回应。因此，孔颖达大力倡扬"忠规切谏"精神，某种意义上也是贞观一朝整体风尚的反映。而盛唐诗歌之所以能够呈现罗纳百代的宏伟气象，而诗人们又大多自觉自愿地承担着匡主教民的职责，似都可从孔颖达等人这里找到共同的精神源头。

值得我们注意的是，在孔颖达这里，"蓄志发愤，情寄于辞"，还应出自艺术创作者的真性情，而不能故作姿态，虚伪矫情。对此，孔氏有一段著名的论述，《毛诗大序》孔氏正义云：

> 声能写情，情皆可见。听音而知治乱，观乐而晓盛衰，故神瞽有以知其趣也。设有言而非志，谓之矫情，情见于声，矫亦可识。若夫取彼素丝，织为绮縠，或色美而材薄，或文恶而质良，唯善贾者别之。取彼歌谣，播为音乐，或辞是而意非，或言邪而志正，唯达乐者晓之。……若徒取辞赋，不达音声，则身为桀、纣之行，口出尧、舜之辞，不可得而知也。[②]

这里，孔颖达一方面认为"声能写情，情皆可见"，即不同的情感意绪可以通过不同的声音形式来彰显、暗示，故"听音而知治乱，观乐而晓盛衰"。这与新近出土的郭店楚简《性自命出》的观点颇为契合。《性自命出》曾云："凡声其出于情也信，然后其入拨人之心也够。闻笑声，则鲜如也斯喜。闻歌谣，则陶如也斯奋。听琴瑟之声，则悸如也斯叹。"又云："凡忧思而后悲，凡乐思而后忻，凡思之用心为甚。叹，思之方也。其声变，则（心从

---

① 刘昫：《杜正伦传》，载《旧唐书·列传第二十》，中华书局 1975 年版，第 74 页。

② 李学勤主编：《十三经注疏·毛诗正义》，北京大学出版社 1999 年版，第 7 页。

之)。其心变，则其声亦然。吟，游哀也。噪，游乐也。啾，游声（也），呕，游心也。喜斯陶，陶斯奋，奋斯咏，咏斯犹，犹斯舞。舞，喜之终也。愠斯忧，忧斯戚，戚斯叹，叹斯辟，辟斯踊。踊，愠之终也。”①此即具体形象地描绘了社会个体声与心形影相随、外在神情体态与内在情感意绪相呼应的关系。若对比前引孔氏《礼记·檀弓下》正义“人喜则斯陶”等语，二者不期然而然地作出了大体相近的理解和描述，殊为难得。另一方面，孔氏又认为通过语言文字所呈现出来的情感未必都是真实可靠的，即“有言而非志，谓之矫情”。这就如同取素丝而织锦缎，有的色泽艳丽而材质单薄，有的纹饰较差而材质优良，唯有识货的商人才能识其优劣；又如同取歌谣而配乐曲，有的歌辞甚好而乐意糟糕，有的歌辞糟糕而乐意端正，唯有资深的乐人能辨其是非。金人元好问在《论诗绝句》中也曾批评过这种“矫情”现象：“心画心声总失真，文章宁复见为人。高情千古闲居赋，争信安仁拜路尘。”②因此，通过文章来表达“心画心声”有时是虚伪不实的，文词可以作伪，仅看文词并不能完全准确地判断有情或无情，真情或矫情。那么如何识别其情之真伪呢？在孔颖达看来，若结合“言”和“声”二方面情况来把握或可奏效，因为“声”比“言”更为贴近主体的内心世界，牵涉到某些生理机能的及时反应，相对较难作伪，而当“矫情”通过“声”表现出来时，其喜怒哀乐的真伪就较容易被识破，此即孔氏所谓“情见于声，矫亦可识”。孔氏另外一段话亦可佐证此说，《礼记·乐记》孔氏正义云：“‘唯乐不可以为伪’者，伪，谓虚伪。若善事积于中，则善声见于外。若恶事积于中，则恶声见于外。若心恶而望声之善，不可得也，故云‘唯乐不可以为伪也’。”③这是进一步强调声乐通于内心善恶，不易作伪。孔氏此类论释，实际上已深入到文艺创作中情性与言辞、内容与形式等如何辩证处理的问题，意义不可小觑。对此，今人钱锺书先生在《管锥编》中曾承其说而指出：

---

① 《性自命出》，载李零：《郭店楚简校读记》，中国人民大学出版社 2009 年版，第 137 页。

② 元好问：《遗山集·遗山先生文集》卷十一，《四部丛刊》影明弘治本。案：此诗主刺晋人潘岳附炎趋势而又自命高洁的言行，史载西晋潘岳字安仁，性轻躁，趋世利，与石崇等谄事贾谧，每候其出，与崇辄望尘而拜，然仕宦不达，乃作《闲居赋》以自美。（参见房玄龄：《晋书》卷五十五《列传第二十》，清乾隆武英殿刻本）

③ 李学勤主编：《十三经注疏·礼记正义》，北京大学出版社 1999 年版，第 1113 页。

“盖音声之作伪较言词为稍难，例如哀啼之视祭文、挽诗，其由衷立诚与否，差易辨识。”① 要之，孔颖达主张辞本情性、言为心声，强调诗如其人、表里如一，批评“有言而非志”、“辞是而意非”等恶劣现象，应该说是非常深刻而具有现实警示意义的。

从文脉渊源来看，孔颖达上述“发愤抒情”诸说，似可追溯到屈原和司马迁。屈原《九章·惜诵》云：“惜诵以致愍兮，发愤以抒情。所作忠而言之兮，指苍天以为正。”② 司马迁《史记·屈原贾生列传》云：“‘离骚’者，犹离忧也。……信而见疑，忠而被谤，能无怨乎？屈平之作《离骚》，盖自怨生也。”③ 认为“离骚”就是抒发忧愁，屈原之作《离骚》，源自怨生。又《史记·太史公自序》云：“《诗》三百篇，大抵圣贤发愤之所为作也，此人皆意有所郁结，不得通其道也，故述往事，思来者。”④ 尽管屈原和司马迁都曾论及“发愤抒情”，但从具体文本语境来看，主要还是抒发个人身世情怀，并非专对审美问题而发，还称不上自觉的美学理论建构。而孔颖达则在其情性论基础上系统而明确地阐述了这一观点，从而使其成为中国诗学史、美学史上一个更成熟的理论命题。如邓国光先生所指出：“孔颖达绾合了情、志、气三者的关系而建立了抒愤说的理据和系统，构成了中国文论发展的重要一环。”⑤

作为经学家的孔颖达能够如此明确地标榜“发愤抒情”，这在美学史上还有其特别的意义。从诗乐美学来看，孔颖达的美学无疑属于温柔敦厚的儒家美学系统；而从情性论美学的角度来考察，孔颖达的美学则又打上了庄、骚美学“发愤抒情”的烙印，具有一定的非儒学色彩。以庄学为出发点的“发愤抒情”，是以主体和现实，主体的感性要求与既定的社会伦理秩序相冲突为特色的。忽视庄、骚传统的强烈批判精神和它的反中和倾向，便不足以全面衡估中国古代的美学传统。实际上，自西汉以后，出现了“诗以言志”

① 钱锺书：《管锥编》第一册，中华书局 1979 年版，第 61 页。

② 屈原：《九章·惜诵》，《楚辞集解》，明万历刻本。

③ 司马迁：《史记》卷八十四，清乾隆武英殿刻本。

④ 司马迁：《史记》卷一百三十，清乾隆武英殿刻本。

⑤ 邓国光：《唐代诗论抉原：孔颖达诗学》，载《唐代文学研究》第七辑，广西师范大学出版社 1998 年版。

与“发愤抒情”彼此交融，亦即诗、骚合流的端倪。阮籍“大哀在怀，非恒言所能尽，故一发之于诗歌”[①]，其《咏怀》堪为“发愤抒情”又一典范；六朝诗论，多风、骚并举，刘勰《文心雕龙·情采》所云“风雅之兴，志思蓄愤，而吟咏情性，以讽其上”，已揭明风、骚会同的时代新潮。绍此文脉传统，孔颖达《毛诗正义》以“发愤抒情”论诗，无疑在儒家诗学史上带来了明显的兼容性和异质性的成分。这实际上体现了儒道互补的中国传统文化在诗论领域留下的印痕，表明中国儒家美学乃“中和”与“非中和”的统一体，远非“中和”一语所能尽涵。[②]

孔颖达之后，韩愈继承了“发愤抒情”的观点，并提出“不得其平则鸣”之说：“大凡物，不得其平则鸣。……人之于言也亦然，有不得已者而后言，其歌也有思，其哭也有怀。凡出乎口而为声者，其皆有弗平者乎！……凡载于《诗》、《书》六艺，皆鸣之善者也。”[③]强调了文艺创作抒发主体情怀的合理性。王勃甚至将这种主体孤愤之情上升到天地造化的形上学层面：“天地不仁，造化无力，授仆以幽忧孤愤之性，禀仆以耿介不平之气。”（《夏日诸公见访诗序》）“仆不才，耿介之士也，窃禀宇宙独用之心，受天地不平之气。”（《春思赋并序》）并以耿介之士自许。宋代欧阳修亦承此说：“内有忧思感愤之郁积，其兴于怨刺，……然则非诗之能穷人，殆穷者而后工也。”（《梅圣俞诗集序》）陆游则强调非发愤则无诗：“盖人之情，悲愤积于中而无言，始发为诗。不然，无诗矣。”（《澹斋居士诗序》，见《渭南文集》卷十五）也许正因为孔颖达等人以经学权威的形式赋予了诗歌创作用各种艺术手段表达主体愤懑情怀的话语权利，以《离骚》为代表的“楚风”，以其“动质而多怼，峭急而多露”的艺术表达形式，重又获得赞美和赓扬。唐代诗人如王勃、陈子昂、李白、李贺、李商隐等等，或借直抒胸臆或用比兴象征等艺术手段，创作了大量“发愤抒情”类的诗歌作品，以鲜明强烈的主体性特征，把贤士不遇的愤激之情演绎为盛唐气象下士子文人的命运交响曲。直至明清之际，随着反理学思潮的兴起，“发愤抒情”与“童心”、“性灵”等主张呼应共鸣，更多了一层个性解放的时代新声，并被推广到众多艺

① 陈伯君：《阮籍集校注》，中华书局 1987 年版，第 209 页。

② 参见汪裕雄：《意象探源》，安徽教育出版社 1996 年版，第 351 页。

③ 韩愈：《送孟东野序》，《昌黎先生文集》卷十九，宋蜀本。

术领域。顾炎武曾指出："《诗》为教，虽主于温柔敦厚，然亦有直斥其人而不讳者。"（《日知录·直言》）李贽径称《水浒》为"发愤之所作"（《忠义水浒传·序》），蒲松龄称《聊斋志异》为"孤愤之书"："集腋为裘，妄绪出冥之录；浮白载笔，仅成孤愤之书；寄托如此，亦足悲乎！"（《聊斋志异·自序》）尤侗则称词曲更能"浇己块垒"："古之人，不得志于时，往往发为诗歌，以鸣其不平。……既又变为词曲，假托故事，翻弄新声，夺人酒杯，浇己块垒，于是嬉笑怒骂，纵横肆出，淋漓极致而后已。"（《叶九来乐府序》，载《西堂杂俎二集》卷三）如此等等，大多突破了"怨而不怒"、"哀而不伤"的诗教樊篱。①"发愤抒情"由此构成中国诗学、美学史上又一重要文脉流程。而孔颖达于此，可谓功莫大焉。

总之，孔颖达通过对性情问题的全面梳理与辨析，阐发了性情一体、情礼兼重、情志统一、感物动情、发愤抒情等多方义涵，大大补充、丰富了情性范畴的诗学和美学内蕴。自汉代以降，儒家学说蔚然成势，并深入渗透到华夏民族的政治、经济、文化各领域。然而，由于汉儒偏重外王之学，强调"修齐治平"与"经世致用"，其关于外在事功的探讨有余，关乎内在心性的发掘则不足。因此，魏晋以来，儒学遭到佛、道两家的强劲挑战；儒学要保持和加强其独尊地位，必须与时俱进，改革创新。迨至唐初，孔颖达等儒者审时度势，既重外王之学，又重内圣之学，在绍续儒学主流思想的基础上，兼综道玄诸家思想，予以创造性的熔铸。其对个体性情等问题的深入探讨，便在客观上弥补和完善了汉儒的不足，促成了儒学由经世致用论向个体心性论的转变，经过韩愈、李翱等后世儒者踵武发扬，就自然走向了宋儒所大力倡导的"穷理正心"、"格物致知"等心性哲学。宋儒们多关注理欲、性情之辨，追本溯源，孔颖达等人可谓导夫先声。因此，孔氏性情论，构成汉代儒学向宋代儒学转化的重要环节，亦成为沟通汉魏晋南北朝本体论美学与宋明心性论美学之间的枢纽和桥梁。

进而言之，随着孔氏《五经正义》经典地位的确立和广泛传播，其情性论等对唐代文艺审美实践的影响亦相当深远。众所周知，风骨与声律是营构盛唐诗美的两大要素，而风骨问题恰恰也是性情问题。如余恕诚先生所指

---

① 参见汪裕雄：《审美意象学》，辽宁教育出版社 1993 年版，第 192 页。

出："风骨问题从根本上看离不开性情。《文心雕龙》以《风骨》篇继《体性》之后，且云：'结言端直，则文骨成焉；意气骏爽，则文风生焉。'意气，应属于性情范围之内，而结言是否'端直'亦根于性情，即所谓'情动而言形'。《风骨》篇又特别强调'气'，认为气导致风力遒劲。古代文论中'气骨'与'风骨'用意亦常常不分。而气又是与情相生相伴，所谓'气与情偕'，故风骨的生成，取决于性情。明确了性情在诗歌发生学上的意义，再由此考查初唐诗歌发展进程，对一些问题自会取得新的认识。袁行霈先生指出：'性情与声色的统一是初唐人为盛唐诗歌高潮到来所作的主要准备。'的确，从南朝'性情渐隐，声色大开'，浮文弱植泛滥，到盛唐人'风清骨峻，篇体光华'，主体精神既充分发扬，同时又有相应声律词藻为之附丽。这中间的周折，还是性情和声色如何充分发扬，并由彼此差错忤归于新一轮的统一问题。总之，盛唐高潮到来期的期待，也就是对使风骨真正能够树立起来的性情的期待。"① 而孔颖达有关性情问题的诠释，正构成了唐诗风骨论的理论底蕴。

① 余恕诚：《初唐诗歌的建设与期待》，《文学遗产》1996 年第 5 期。

第三章　易象论

在中国古典美学史上，审美意象是最为核心的范畴之一，而审美意象的重要基型是易象，即《周易》各卦爻象及其所表征的宇宙万物之象。本来，易象并不等于审美意象，但从理论发展和历史事实来看，它可以通向审美意象。孔颖达在《周易正义》等文本中对易象诸问题的多维阐发，就从内涵与形式两方面推动了由易象到审美意象的衍变，并进而促成审美意象论和意境论在唐代走向成熟。本章试就此问题略致申说。

第一节　重建易象，不废义理

尚“象”感悟，是中国古人把握世界的一种最为普遍的直觉体验性思维方式。“象”之奥义与功能，较早由《周易》所阐发。《周易·系辞上》云：“子曰：‘书不尽言，言不尽意。’然则圣人之意其不可见乎？子曰：‘圣人立象以尽意。设卦以尽情伪。系辞焉以尽其言。变而通之以尽利。鼓之舞之以尽神。’”①《周易·系辞传》借助孔子的名义突出“象”这一范畴，试图通过神秘莫测的“象”来彰显“言”所不能尽传的圣人之“意”。《系辞传》还数次强调“易”即“象”：“是故易者，象也。象也者，像也”，“八卦成列，象在其中矣”，“彖者，言乎象者也”，“圣人设卦观象”，② 等等。可见，“象”在《易》学原典中是一个极其重要的范畴。

① 李学勤主编：《十三经注疏·周易正义》，北京大学出版社 1999 年版，第 291 页。

② 李学勤主编：《十三经注疏·周易正义》，北京大学出版社 1999 年版，第 303、294、264、261 页。

自《易传》在易学史上首先将易象视为解说《易经》的基本体例后，汉易象数派易学继承了这一传统，极力凸显象数的优先地位，但却过分沉湎于象数一隅，从而导致了象数学上的种种穿凿附会之弊。如以虞翻易学等为代表所呈显的"卦气说"、"卦变说"、"旁通说"、"逸象说"、"飞伏说"、"爻辰说"、"月体纳甲说"、"互体连互说"等解易理论，将象数易学烦琐、牵强的弊端推向了极致。诚如魏人王弼在《周易略例·明象》中所批评的那样："义苟在健，何必马乎？类苟在顺，何必牛乎？爻苟合顺，何必坤乃为牛？义苟应健，何必乾乃为马？而或者定马于乾，案文责卦，有马无乾，则伪说滋漫，难可纪矣。互体不足，遂及卦变；变又不足，推致五行。一失其原，巧愈弥甚。从复或值，而义无所取。"① 而以王弼为代表的义理派易学由于植根于贵无贱有的玄学本体论，故扫象阐理，据言求意，积极倡导易学义理的优先地位，对汉易象数学的弊端展开了有力的鞭挞与扫荡，但在批判、清理过程中又矫枉过正，偏执于义理一端，从而抛弃了《易传》以象释易这一基本传统。对此，晋代史家孙盛早已指出："至于六爻变化，群象所效，日时岁月，五气相推，弼皆摈落，多所不关。虽有可观者焉，恐将泥夫大道。"②《四库全书总目提要》撰者亦明确认定："王弼尽黜象数，说以老庄。"③ 尽管王弼也曾认同《系辞传》所揭示的"立象以尽意"、"因象以明义"的独特思维方式，但这一认同很大程度上又淹没于其"得意忘象"、"弃有尚无"的易学诠释原则之中。

至唐初孔颖达，他在全面地梳理和深入地反思汉代以来易学研究所有重要成果的基础上，重新确认易象乃易学之根本，认为要想准确地体悟、理解和运用圣人在《易经》中所昭示的切于人事之用的义理，则首先应该着眼于易象，易象是人们获得圣人要义的不可或缺的载体和手段。故孔氏于《周易正义》序言中即引述《系辞传》语云："夫易者，象也。爻者，效也。"并释之云："易卦者，写万物之形象，故云'易者象也'。"④ 孔氏谓"易

---

① 楼宇烈校释：《王弼集校释》，中华书局1980年版，第609页。

② 《全晋文》卷六十三，载严可均编：《全上古三代秦汉三国六朝文》，民国十九年影清光绪二十年黄冈王氏刻本。

③ 永瑢：《四库全书总目》卷一《经部一》，清乾隆武英殿刻本。

④ 李学勤主编：《十三经注疏·周易正义》，北京大学出版社1999年版，第303页。

卦者，写万物之形象”，这是以最简单而明确的方式强调“易”即“象”，所谓“爻者，效也”，也是指以“爻象”效仿天地自然和人事之象。孔氏又疏《乾》卦说：“谓之卦者，《易纬》云：‘卦者挂也，言县挂物象，以示于人，故谓之卦’。”[①] 意谓“卦”即悬挂物象以示于人之意，故“卦”即“悬挂物象”亦即“以象示人”。如识者所见，孔氏在《周易正义》中多次提出并强调“因象明义”（《乾》初九疏）、“取象论义”（《乾》九二疏）、“以物象而明人事”（《坤》初六疏）、“因天象以教人事”（《乾》“元亨利贞”疏）等凸显易象的命题，其目的就在于强化人们对易象乃是义理之载体与认识工具这一理念的认识，从而帮助人们走出王弼玄学易“得意忘象”的思维窠臼。[②]

在此基础上，孔颖达对易象问题进行了多维而深入的抉发。如孔氏疏《尚书序》云：“八卦画万物之象，文字书百事之名，……是万象见于卦。”[③] 又疏《乾》卦大象辞“天行健，君子以自强不息”句云：“万物之体，自然各有形象，圣人设卦以写万物之象。”[④] 又解《系辞上》“易无思也，无为也”句云：“物之功用，象之与数，……象之所以立有象者，岂由象而来，由太虚自然而有象也；数之所以有数者，岂由数而来，由太虚自然而有数也；是太虚之象，太虚之数，是其至精至变也。由其至精，故能制数；由其至变，故能制象。”[⑤] 又疏《系辞下》“是故易者，象也”句云：“易卦者，写万物之形象，故云‘易者象也’。‘象也者，像也’者，谓卦为万物象者，法像万物，犹若乾卦之象，法像于天也。”[⑥] 又疏《系辞下》“八卦成列”句云：“言八卦各成列位，万物之象，在其八卦之中也。”[⑦] 如此之例表明，易之卦、爻皆为“象”，易之卦象和爻象既涵摄万物之象，又涵摄万物之所以如此的内在本质和规律（即易理或义理）。在孔颖达这里，“卦爻辞中所取有名、具体、个别而且有限的物象，体现了无名、抽象、一般及无限意义上的万物之

---

① 李学勤主编：《十三经注疏·周易正义》，北京大学出版社 1999 年版，第 1 页。
② 参见刘玉建：《论唐代易学名家孔颖达的易象观》，《社会科学战线》2004 年第 3 期。
③ 李学勤主编：《十三经注疏·尚书正义》，北京大学出版社 1999 年版，第 2 页。
④ 李学勤主编：《十三经注疏·周易正义》，北京大学出版社 1999 年版，第 10 页。
⑤ 李学勤主编：《十三经注疏·周易正义》，北京大学出版社 1999 年版，第 284—285 页。
⑥ 李学勤主编：《十三经注疏·周易正义》，北京大学出版社 1999 年版，第 303 页。
⑦ 李学勤主编：《十三经注疏·周易正义》，北京大学出版社 1999 年版，第 294 页。

象，万物之象寓于卦爻辞所取物象之中。卦爻辞所取物象所昭示的卦爻象所蕴涵之义理，亦即卦爻象所蕴涵的万物之理”①。

孔颖达努力恢复《周易》重“象”的传统，在笔者看来，这既有其主观重视和自觉追求的一面，也有客观社会政治文化因素使然的一面。

首先，孔颖达作为代表唐王朝官方的大儒，不能不重视圣人作《易》的本意。孔氏疏《周易·乾卦》“元亨利贞”云：“圣人作《易》本以教人，……天以健为用者，运行不息，应化无穷，此天之自然之理，故圣人当法此自然之象而施人事，亦当应物成务，云为不已，‘终日乾乾’，无时懈倦，所以因天象以教人事。”② 在此孔氏以乾卦为说，揭明圣人作《易》的本意在于“因天象以教人事”，亦即“行天地之道，总天地之功”③，进而推行人伦教化。既在人伦教化，则必重现实伦常世界。故孔氏一反魏晋玄学易贵无贱有的取向而申张曰：“义理备包有无，而易象唯在于有者，盖以圣人作《易》本以垂教，教之所备，本备于有。”④ 这里孔颖达认为，尽管易理“备包有无”，但“圣人作《易》本以垂教”，“垂教”即垂范作则，有以教人，而不能一味地追逐虚无高蹈。所谓“教之所备，本备于有”，此“有”乃指感性的现实伦常世界以及概括和描述这一现实伦常世界的易象，只有着眼于现实伦常世界和具象的易象，抽象的易理（义理）才能得到具体落实，圣人也才能有效地垂教世人，否则便会适得其反。故孔氏又云：“若德业既成，复被于物，在于有境，是入于形器也。”⑤ 就是说，圣人德业大成，复以德业泽被于现实世界芸芸众生，最终弃无从有（“有境”），归趋于具体感性的“形”和“器”。孔氏复疏《周易·系辞下》“因而重之，爻在其中”句韩注云：“八卦大略有八，以备天下大象大理，大者既备，则小者亦备矣。”⑥ 孔氏此谓，八卦之象，描摹天下之大象，象征天下之大理，举其大而摄其小，掌握了八卦之象，则天下之能事毕矣！因此要坚持易象的本体性地位和

① 刘玉建：《论唐代易学名家孔颖达的易象观》，《社会科学战线》2004 年第 3 期。
② 李学勤主编：《十三经注疏·周易正义》，北京大学出版社 1999 年版，第 1 页。
③ 李学勤主编：《十三经注疏·周易正义》，北京大学出版社 1999 年版，第 260 页。
④ 李学勤主编：《十三经注疏·周易正义》，北京大学出版社 1999 年版，“卷首”第 5 页。
⑤ 李学勤主编：《十三经注疏·周易正义》，北京大学出版社 1999 年版，第 260 页。
⑥ 李学勤主编：《十三经注疏·周易正义》，北京大学出版社 1999 年版，第 294 页。

作用。

其次，孔颖达作为孔子后人，颇以承继周礼、恢复礼治为职志。孔氏《礼记·经解》正义云："六经其教虽异，总以礼为本。"[①] 六经教化，"礼教"为本，可见"礼教"在孔氏政教活动中的核心地位。又孔氏《毛诗·维天之命》正义云："此诗之意，称天命以述制礼之事者，叹'大哉，天命之无极'，而嘉美周世之礼也。美天道行而不已，是叹大天命之极。文王能顺天而行，《周礼》顺文王之意，是周之礼法效天为之，故此言文王，是美周之礼也。"[②] 此处孔氏借题发挥，认为周文王能顺天而行，《周礼》又依文王之意而制，故周之礼法乃天命之体现，既美且善。又孔氏《礼记正义序》云："夫礼者，经天纬地，本之则大一之初；原始要终，体之乃人情之欲。……夏商革命，损益可知；文武重光，典章斯备。洎乎姬旦，负扆临朝，述《曲礼》以节威仪，制《周礼》而经邦国。礼者，体也，履也，郁郁乎文哉！三百三千，于斯为盛。纲纪万事，雕琢六情。……顺之则宗祏固，社稷宁，君臣序，朝廷正；逆之则纪纲废，政教烦，阴阳错于上，人神怨于下。故曰，人之所生，礼为大也。非礼无以事天地之神，辩君臣长幼之位，是礼之时义大矣哉！暨周昭王南征之后，彝伦渐坏；彗星东出之际，宪章遂泯。夫子虽定礼正乐，颓纲暂理，而国异家殊，异端并作。画蛇之说，文擅于纵横；非马之谈，辨离于坚白。暨乎道丧两楹，义乖四术，上自游夏之初，下终秦汉之际，其间歧涂诡说，虽纷然竞起，而余风曩烈，亦时或独存。"[③] 如此一番宏论，既有对礼仪文化的无比尊崇，又有对礼仪不彰的无比忧虑，足见孔氏在理论上对于周礼文化的推崇一点也不亚于乃祖孔子，故其在文化选择上的基本立场便是遵从周礼。[④] 而"崇礼尚象"，正是整个周礼文化的符号

---

① 李学勤主编：《十三经注疏·礼记正义》，北京大学出版社 1999 年版，第 1368 页。

② 李学勤主编：《十三经注疏·毛诗正义》，北京大学出版社 1999 年版，第 1284 页。

③ 李学勤主编：《十三经注疏·礼记正义》，北京大学出版社 1999 年版，"序言"。

④ 以孔氏《毛诗正义》为例，其引用礼学方面的文献频率最高。据罗英侠统计，《毛诗正义》引用礼学著述凡 29 种，包括《周礼》、《仪礼》、《礼记》三礼及其传注。其中引书最多的是《礼记》，出现 986 次，经文为 662 次；其次是《周礼》，出现 897 次，经文为 476 次；再次是《仪礼》，出现 370 次，经文为 184 次。共引用礼学著述 2253 次，占总引用比为 31.6%，远远超出了其他类著述（参见罗英侠：《从引书看〈毛诗正义〉的成书特征》，《河南社会科学》2009 年第 6 期）。孔氏重"礼"（周礼），由此略见一斑。

学特征。[①]《国语·周语下》云："象物天地，比类百则，仪之于民，而度之于群生。"三国著名史家韦昭解之曰："'象物天地'，取法天地之物象也，在天成象，在地成形也；'比类百则'，类亦象也；'仪之于民'，仪，准也；'而度之于群生'，度之谓不伤害也。"[②]此即是说，以取法天地之象、百则之类，度礼制器，以此作为百姓的仪轨，衡量群生万殊的尺度。这显而易见是一种度礼制器而尚象的思维模式，它蕴涵着《易传》那"《易》与天地准"，"形而上者谓之道，形而下者谓之器"，以器摹象，以象观道的思想，并隐含着"引而申之，触类长之"的类比方法。故此，作为深谙先秦礼乐文化的大儒，孔颖达等人"崇礼尚象"，亦是理所当然的文化选择。

孔氏《周易·系辞下》正义云："诸儒象卦制器，皆取卦之爻象之体，今韩氏之意，直取卦名，因以制器。案上《系》云：'以制器者，尚其象'，则取象不取名也。韩氏乃取名不取象，于义未善矣。"[③]在此，孔氏明确强调"制器者，尚其象"，认为"取象"比"取名"更重要，并批评韩康伯取名不取象的偏颇。又孔氏疏《周易·系辞上》"以言者尚其辞"句云："'辞'是爻辞，爻辞是器象也。'变'是变化，见其来去，亦是器象也。'象'是形象，'占'是占其形状，并是有体之物。"[④]于此，孔氏甚至认为相对比较抽象的爻辞以及爻变亦是"象"（感性的形象），均与物体的外在形状有关，并首次提出"器象"这一概念。又孔氏《礼记正义》序言云："于周之礼，其文大备，故《论语》云：'周监于二代，郁郁乎文哉！吾从周也。'"[⑤]此处，"文"即"纹"，亦即"象"，礼仪繁盛之貌也。如论者所云："周朝礼制是高度形象化的。任何一个政治理念都会通过相应的物化形式直接呈现于社会之中。这使得周代社会至少在表面上看来具有丰富而鲜明的审美表现力。这也就是孔子所说的'文'。"[⑥]"礼"通过"文"或"象"来演绎，具有丰富多彩的审美感性形式，能更好地发挥伦理教化的功能。孔颖达还多方描绘周礼文化

---

① 参见汪裕雄：《意象探源》，安徽教育出版社1996年版，第107—111页。

② 韦昭：《国语韦氏解》卷三，《士礼居丛书》影宋本。

③ 李学勤主编：《十三经注疏·周易正义》，北京大学出版社1999年版，第298页。

④ 李学勤主编：《十三经注疏·周易正义》，北京大学出版社1999年版，第283页。

⑤ 李学勤主编：《十三经注疏·礼记正义》，北京大学出版社1999年版，"序言"。

⑥ 彭亚非：《郁郁乎文》，河南人民出版社2000年版，第2页。

“崇礼尚象”的种种表现，如《礼记·效特性》孔氏正义云：“‘乐由阳来者也’者，此明乐也。阳，天也。天气化，故作乐象之，乐以气为化，是‘乐由阳来者也’。阳化，谓五声八音也。‘礼由阴作者也’者，阴，地也。地以形生，故制礼象之，礼以形为教，是礼由阴作也。形教，谓尊卑大小拜伏之事也。‘阴阳和而万物得’者，和，犹合也。得，谓各得其所也。若礼乐由于天地，天地与之和合，则万物得其所也。”① 这是说，乐象天阳之气，礼象地阴之形，天地相合，阴阳相和，礼乐相济，万物得所。由此论证乐象与礼制之间的深刻关联。又孔氏疏《礼记·文王世子》“下管《象》，舞《大武》”句云：“‘下管《象》，舞《大武》’者，谓登歌之后，笙入立于堂下，《象》谓象武王伐纣之乐，堂下管中，奏此《象》、《武》之曲，庭中舞此《大武》之舞，《大武》即《象》也，变文耳。”② 这是说，《大武》乃以乐舞形式模拟当初周武王伐纣的壮阔景象，故《大武》又名《象》，即以仿象的形式礼奠和颂扬先人之功，其间又有诸多形制要求。如此之例，皆以乐象证礼制者也。又《尚书》卷五“益稷”篇孔氏正义云：“《礼》衣画而裳绣，‘五色备谓之绣’，知画亦备五色，故云‘以五彩成此画焉’，谓画之于衣、宗彝。文承‘作会’之下，故云‘宗庙、彝樽亦以山、龙、华虫为饰’。知不以日月星为饰者，孔以三辰之尊不宜施于器物也。《周礼》有山罍、龙勺、鸡彝、鸟彝，以类言之，知彝樽以山、龙、华虫为饰，亦画之以为饰也。《周礼》彝器所云牺、象、鸡、鸟者，郑玄皆为画饰，与孔意同也。《周礼》彝器无山、龙、华虫为饰者，帝王革易，所尚不同，故有异也。……《周礼》郑玄注亦然，则以日、月、星辰、山、龙、华虫六章画于衣也。藻、火、粉、米、黼、黻六章绣于裳也。天之大数不过十二，故王者制作皆以十二象天也。……凡画者为绘，刺者为绣。此绣与绘各有六，衣用绘，裳用绣。……此经所云凡十二章，日也，月也，星也，山也，龙也，华虫也，六者画以作绘，施于衣也；宗彝也，藻也，火也，粉米也，黼也，黻也，此六者紩以为绣，施之于裳也。……盖以衣在上为阳，阳统于上，故所尊在先。裳在下为阴，阴统于下，故所重在后。……此虽以服为主，上既云‘古人之象’，则

① 李学勤主编：《十三经注疏·礼记正义》，北京大学出版社 1999 年版，第 778 页。

② 李学勤主编：《十三经注疏·礼记正义》，北京大学出版社 1999 年版，第 651 页。

法象分在器物，皆悉明之，非止衣服而已。”[①] 孔氏此段疏文，详细描述了周礼对于服饰制作的种种规定、要求，所谓上者为衣，下者为裳；上衣之饰为画，下裳之饰为绣；上衣画日、月、星辰、山、龙、华虫等六种纹饰，下衣绣藻、火、粉、米、黼、黻等另六种纹饰。并由此进一步申明，非但服饰法象器物有别，其他种种礼制要求亦类此。在今人看来，这些礼制要求如此繁文缛节，未免过于琐碎、累赘甚至迂腐。但在古人那里，却唯恐讲究不够，礼制有亏，遂不断增加繁复而细致的规定并予以形象描摹，以增强其直观性和可操作性。这在文明草创时期或文化重建时期，是常见的现象。孔颖达此类描述和总结在诸经《正义》中可谓多矣！这一方面帮助后人重识周礼文化的繁盛，另一方面也充分表明孔颖达对“崇礼尚象”问题的重视，彰显出其在大唐初立、礼制淆乱、百废待兴的情况下，祈求以古喻今，借“尚象”而“崇礼”，进而重建盛世文化的抱负和信心。

再次，按照孔颖达的气本论哲学思路，整个世界由阴阳二气交通和合氤氲而成，由阴阳二元推动宇宙万物的生死消息。孔氏云：“阴阳精灵之气，氤氲积聚而为万物也。……物既积聚，极则分散，将散之时，浮游精魂，去离物形，而为改变，则生变为死，成变为败，或未死之间，变为异类也。”[②] 而阴阳互动生成万物，乃“无”中生“有”的过程。阴阳二气本于“道”。“道”之为“道”，寂然无体，无形无迹，却又弥纶天地，广漠无限，因其无形而无限，被总括为“无”。“器”之为“器”，有形有质，具体而微，可目观手摩，被总括为“有”。尽管“道”属形而上，“器”属形而下，但“道”、“器”之间并非西方式的“此岸”、“彼岸”，截然二分，而是同在现实的“此岸”，由阴阳二气贯通勾连，气散则为“无”（道），气聚则为“有”（器）。因而自“有”可以悟“无”，自“器”可以观“道”，并体悟本体性的“道”生生之大德。这一自“有”悟“无”的媒介，便是“气”。明代吕坤云：“形者，气之橐囊也；气者，形之线索也。无形，则气无所凭借以生；无气，则形无所鼓舞以为生。形须臾不可无气，气无形则万古依然在宇宙间也。”[③]“气”实是沟通形上之道与形下之器之间的一个“形而中”

① 李学勤主编：《十三经注疏·礼记正义》，北京大学出版社 1999 年版，第 119—120 页。

② 李学勤主编：《十三经注疏·周易正义》，北京大学出版社 1999 年版，第 267 页。

③ 吕坤：《呻吟语》卷四《外篇》，明万历二十一年刻本。

者。而对于孔颖达来说，“气”即“象”，有“气”即有“象”（如“春生秋杀之事象”），有“象”即有“气”，二者须臾不可分离。然“气”无形而“象”有形，相比之下，“象”乃自“有”悟“无”的更方便法门。“象”与“气”一样，亦是沟通形上之道与形下之器的又一个“形而中”者。如王振复先生云：“象在器、道之际。象者，形而‘中’者也，即象在形上、形下之际。”① “象”既处“形而中”，处“道”与“器”、“无”与“有”之间，生生不息之宇宙万物当以此“象”显现其种种精微变化，显现其存在奥义。人则通过把握此“象”而领悟宇宙之道、万物之理，最终通达与天地万物同一的境界。因而要更好地描述和把捉这个世界生成衍化过程，便不能不取这个“形而中”者——易象。

总之，孔颖达对易象的再三强调和深入阐发，很大程度上又重新恢复了《易传》以“象”解《易经》的传统，并进一步发展和深化了“托象以明义”的释《易》准则。《周易》作为卜筮之书，原本以象数显示天启、神意。《周易》在春秋即有《易象》之别名，据《春秋左氏传·昭公二年》记载，韩宣子使鲁，“观书于大史氏，见《易象》与《鲁春秋》”②。说明春秋时代人们已认为《易经》与“象”密切相关，否则，就不会称其为《易象》。孔颖达还对此节特予瞩目并详加疏解云：“《易》有六十四卦，分为上下二篇。及孔子，又作《易传》十篇以翼成之。后世谓孔子所作为传，谓本文为经，故云上下经也。《易》文推演爻卦，象物而为之辞，故《易·系辞》云：‘八卦成列，象在其中。’又云：‘易者，象也。’是故谓之‘易象’。孔子述卦下总辞，谓之为‘彖’。述爻下别辞，谓之为‘象’。以其无所分别，故别立二名以辨之。其实卦下之语，亦是象物为辞，故二者俱为象也。”③ 可见，孔颖达恢复被魏晋玄学家们所抛弃的象数，是深得先祖孔子的本意，亦符合《周易》本旨的。这一方面表现了孔颖达对久遭冷落的汉代象数易所包含的某些合理内核的重新体认和有机汲取，另一方面也反映了其对魏晋以降玄学易过于张扬义理、鄙弃象数的解易理路的反思与扬弃。当然，从根底上说，这还是基于孔氏对《周易》重“象”这一本质特征的深入领会。但孔颖达对于

---

① 王振复：《中国美学范畴史》，山西教育出版社 2006 年版，第 17 页。

② 李学勤主编：《十三经注疏·春秋左传正义》，北京大学出版社 1999 年版，第 1172 页。

③ 李学勤主编：《十三经注疏·春秋左传正义》，北京大学出版社 1999 年版，第 1173 页。

"象"的本体性地位的强调并不意味着对易学义理的轻视，并非一概排斥以义理言象。相反，孔氏选王注作疏，本身就是对义理易学的最大肯定。孔氏《周易正义》开篇就强调："惟魏王辅嗣之注，独冠古今。"所以作《正义》，是"先以辅嗣为本，去其华而取其实，欲使信而有征，其文简，其理约，寡而制众，变而能通"①，即以王弼义理易学为本，再作"去其华而取其实"的加工改造工作。可见孔氏主张取象的目的并不是为"象"而象，而是为了"托象以明义"。在孔颖达那里，易象同样显示了王弼所言的"无"之理。只不过他不似王弼谈"无"忘"有"，而是认为"易理备包有无"，易象正以其感性之"有"显示了宇宙万物运动变化中的"无"之理。

在不忽略易学义理的基础上，孔颖达重新恢复了《周易》的易象传统，而易象经由义理的过滤也拥有了更多的超越性品格，从而建构了对后世易学发展具有重要影响的颇具融和特质的易象观，即象数与义理统一的易象观，其意义可谓深远。"就易学史而言，孔氏易象观的确立，标志着传统汉易象数派拘泥于易象及魏晋义理派蔑弃易象的易象观的终结。唐代之后以至明清时期，历代易学家在易象观问题上，虽然各有千秋，但大多或多或少或直接或间接地受到了孔氏易象观的启迪与影响。"② 从而使得"象数"与"义理"合流、互补，成为历代士人解读《周易》的主流趋势。如清代学者汪师韩在《观象居易传笺序上》一文中说："易者象也，读易而不明取象之义，则辞与象分，而变与占俱无所据，故朱子谓事无实证则虚理易差，又谓易之有象，其取之有所从，其推之有所用，非苟为寓言也。且谓学者于言上会得者浅，于象上会得者深。……是特以矫汉儒之支离穿凿耳。夫荀、郑诸儒其书不可得见，仅有存者，若李鼎祚《集解》所载，其乖义背道，诚亦指不胜屈。王辅嗣一扫而空之，不为无见，然因是而遂谓象不足言，是又因噎而废食，矫枉过正。"③ 汪氏此番论易，既强调了易象，又批评汉儒穿凿附会之弊；既凸显了义理，又指明王弼矫枉过正之失，与孔氏观点如出一辙。由此管窥，孔颖达所建构的易象观，在易学发展史上委实具有极重要的意义。

---

① 李学勤主编：《十三经注疏·周易正义》，北京大学出版社 1999 年版，"目录"第 2 页。

② 刘玉建：《论唐代易学名家孔颖达的易象观》，《社会科学战线》2004 年第 3 期。

③ 汪师韩：《观象居易传笺序上》，《上湖诗文编·分类文编》卷四，清光绪十二年汪氏刻《丛睦汪氏遗书》本。

综上，孔颖达兼重象数、义理，恢复《周易》以“象”表天地万物运动变化规律的基本精神，既避免了汉易耽溺于形而下的象数泥团，“蔽于人而不知天”的弊端，又避免了魏晋玄学易沉缅于形而上的虚无本体，“蔽于天而不知人”的偏颇，从而使得“形而中”之“象”真正兼指了形下、形上两界，并使哲学化的易象迈向兼具形下感性基质与形上超越品格的审美意象成为可能。因此，“易象”是我们考察孔颖达易学思想的核心范畴，也是我们透视孔颖达美学思想的核心范畴。

第二节　观物取象：由天文、人文到审美

那么，孔颖达对《周易》之易象的如许推重和深入阐发，在美学上究竟有何意义呢？笔者试从其对《周易》之“观物取象”思想的有关论述说起。

首先，孔颖达所重之“易象”乃《周易》创作者“观物取象”的结果。《周易·系辞下》云：“古者包牺氏之王天下也，仰则观象于天，俯则观法于地，观鸟兽之文，与地之宜，近取诸身，远取诸物，于是始作八卦，以通神明之德，以类万物之情。”① 也就是说，古代圣王为弥纶天地，彰显大道，瞻观物象而制作了“易象”。在此基础上，孔颖达更详加推衍、生发，将偏于哲学意义的“易象”引申为更具有审美意义的“意象”。

孔颖达先秉承和发挥《周易·系辞下》的观点，认为《易》本由圣人观物取象而来。孔氏引《易纬·乾凿度》云：“伏牺乃仰观象于天，俯观法于地，中观万物之宜。于是始作八卦，以通神明之德，以类万物之情。”② 又孔氏《周易·说卦》正义云：“言其作《易》圣人，本观察变化之道，象于天地阴阳而立乾坤等卦，故曰‘观变于阴阳而立卦也’。”③ 又孔氏《周易·系辞上》正义云：“圣人设画其卦之时，莫不瞻观物象，法其物象，然

① 李学勤主编：《十三经注疏·周易正义》，北京大学出版社1999年版，第298页。

② 李学勤主编：《十三经注疏·周易正义》，北京大学出版社1999年版，“卷首”第6页。

③ 李学勤主编：《十三经注疏·周易正义》，北京大学出版社1999年版，第324页。

后设之卦象。”[①] 孔氏此类论议，虽基本属于随文释义，秉承经传《周易》之旨而来，但在强调“中观万物之宜”、“以类万物之情”、“本观察变化之道”等义时，客观上凸显了主体的主观选择性和意向性，为审美感性心理的融入准备了可能性。而这种带有主观选择性和意向性的“观物取象”活动，必然使得各卦有各卦之象。孔氏《周易·说卦》正义释八卦之象云：“乾象天，天体运转不息，故为健也。‘坤，顺也’，坤象地，地顺承于天，故为顺也。‘震，动也’，震象雷，雷奋动万物，故为动也。‘巽，入也’，巽象风，风行无所不入，故为入也。‘坎，陷也’，坎象水，水处险陷，故为陷也。‘离，丽也’，离象火，火必著于物，故为丽也。‘艮，止也’，艮象山，山体静止，故为止也。‘兑，说也’，兑象泽，泽润万物，故为说也。”[②] 圣人观物取象，不只是对宇宙万物的外表作简单的模拟，而更着眼于表现万物的内在的生命情态，表现宇宙的深奥微妙的本真样态。《周易·系辞下》孔氏正义云：“云‘仰则观象于天，俯则观法于地’者，言取象大也。‘观鸟兽之文，与地之宜’者，言取象细也。大之与细，则无所不包也。‘地之宜’者，若《周礼》五土，动物植物各有所宜是也。‘近取诸身’者，若耳目鼻口之属是也。‘远取诸物’者，若雷风山泽之类是也。举远近则万事在其中矣。‘于是始作八卦，以通神明之德’者，言万事云为，皆是神明之德。若不作八卦，此神明之德，闭塞幽隐。既作八卦，则而象之，是通达神明之德也。‘以类万物之情’者，若不作《易》，物情难知。今作八卦以类象万物之情，皆可见也。”[③] 孔氏此论，一是说明观物取象既大且细，无所不包；二是申张所谓“近取诸身，远取诸物”不限于一事一物，万事万物皆在其中；三是强调观物取象而成八卦，八卦之象可通神明之德，可类万物之情，万物之生命形态可由此见出。

在孔颖达看来，观物取象，仅有八卦之象还远远不够，尚需更广泛地取法于天地阴阳之象，形成六十四重卦卦象，方能更好地描述和解释世间万事万物。孔氏《周易正义·卷首》“论重卦之人”云：“虽有万物之象，其万物变通之理，犹自未备，故因其八卦而更重之。卦有六爻，遂重为六十四卦

---

① 李学勤主编：《十三经注疏·周易正义》，北京大学出版社 1999 年版，第 261 页。

② 李学勤主编：《十三经注疏·周易正义》，北京大学出版社 1999 年版，第 329 页。

③ 李学勤主编：《十三经注疏·周易正义》，北京大学出版社 1999 年版，第 298 页。

也。”[①] 又孔氏《周易·说卦》正义云：“伏牺初画八卦，以震象雷，以巽象风，以艮象山，以兑象泽。八卦未重，则雷风各异，山泽不通，于阴阳变化之理，未为周备，……盖伏牺之初，直仰观俯察，用阴阳两爻而画八卦，后因而重之为六十四卦，然后天地变化，人事吉凶，莫不周备，缊在爻卦之中矣。”[②] 接着，孔氏在《乾》卦象辞“天行健，君子以自强不息”句正义中，对六十四重卦之象及其委曲变化作了详细的梳理和概括，现实录如下，以见全貌：

> 凡六十四卦，说象不同：或总举象之所由，不论象之实体，又总包六爻，不显上体下体，则乾、坤二卦是也。或直举上下二体者，若“云雷，屯”也，“天地交，泰”也，“天地不交，否”也，“雷电，噬嗑”也，“雷风，恒”也，“雷雨作，解”也，“风雷，益”也，“雷电皆至，丰”也，“洊雷，震”也，“随风，巽”也，“习坎，坎”也，“明两作，离”也，“兼山，艮”也，“丽泽，兑”也。凡此一十四卦，皆总举两体而结义也。取两体俱成，或有直举两体上下相对者，“天与水违行，讼”也，“上天下泽，履”也，“天与火，同人”也，“上火下泽，睽”也。凡此四卦，或取两体相违，或取两体相合，或取两体上下相承而为卦也，故两体相对而俱言也。虽上下二体，共成一卦，或直指上体而为文者，若“云上于天，需”也，“风行天上，小畜”也，“火在天上，大有”也，“雷出地奋，豫”也，“风行地上，观”也，“山附于地，剥”也，“泽灭木，大过”也，“雷在天上，大壮”也，“明出地上，晋”也，“风自火出，家人”也，“泽上于天，夬”也，“泽上于地，萃”也，“风行水上，涣”也，“水在火上，既济”也，“火在水上，未济”也。凡此十五卦，皆先举上象而连于下，亦意取上象以立卦名也。亦有虽意在上象，而先举下象，以出上象者，“地上有水，比”也，“泽上有地，临”也，“山上有泽，咸”也，“山上有火，旅”也，“木上有水，井”也，“木上有火，鼎”也，“山上有木，渐”也，“泽上有雷，归妹”也，

① 李学勤主编：《十三经注疏·周易正义》，北京大学出版社 1999 年版，“卷首”第 7 页。
② 李学勤主编：《十三经注疏·周易正义》，北京大学出版社 1999 年版，第 325 页。

"山上有水，蹇"也，"泽上有水，节"也，"泽上有风，中孚"也，"山上有雷，小过"也。凡此十二卦，皆先举下象以出上象，亦意取上象，共下象而成卦也。或先举上象而出下象，义取下象以成卦义者，"山下出泉，蒙"也，"地中有水，师"也，"山下有风，蛊"也，"山下有火，贲"也，"天下雷行，无妄"也，"山下有雷，颐"也，"天下有山，遯"也，"山下有泽，损"也，"天下有风，姤"也，"地中有山，谦"也，"泽中有雷，随"也，"地中生木，升也"，"泽中有火，革"也。凡此十三卦，皆先举上体，后明下体也。其上体是天，天与山则称"下"也。若上体是地，地与泽则称"中"也。或有虽先举下象，称在上象之下者，若"雷在地中，复"也，"天在山中，大畜"也，"明入地中，明夷"也，"泽无水，困"也。是先举下象而称在上象之下，亦义取下象以立卦也。所论之例者，皆大判而言之，其间委曲，各于卦下别更详之。①

孔颖达此段长文，分别就六十四重卦上下二象体的组合形式、组合规律等，作了较全面的梳理和总结，其对各卦象的名称变异情况，作了要言不烦的概括和点拨，圣人观物取象所得的成果及各卦象的义理蕴涵，在此得到了较为系统的展示，观物取象的重要性和复杂性由此越发彰显。

不仅各卦象（孔氏谓之"大象"）和卦义是多种多样的，各爻象（孔氏谓之"小象"）和爻义所呈显的情况更是纷纭复杂，不一而足。如《坤》初六"履霜，坚冰至"孔氏正义云："凡易者象也，……或取天地阴阳之象以明义者，若《乾》之'潜龙'、'见龙'，《坤》之'履霜坚冰'、'龙战'之属是也。或取万物杂象以明义者，若《屯》之六三'即鹿无虞'，六四'乘马班如'之属是也。如此之类，《易》中多矣。或直以人事，不取物象以明义者，若《乾》之九三'君子终日乾乾'，《坤》之六三'含章可贞'之例是也。圣人之意，可以取象者则取象也，可以取人事者则取人事也。"② 即爻象有取天地阴阳之象者，有取万物之杂象者，还有径取人事之理者。在释乾卦

① 李学勤主编：《十三经注疏·周易正义》，北京大学出版社 1999 年版，第 10—11 页。
② 李学勤主编：《十三经注疏·周易正义》，北京大学出版社 1999 年版，第 27 页。

象辞“或跃在渊，进无咎”句时，孔氏还更补一义：“此六爻《象》辞，第一爻言‘阳在下’，是举自然之象，明其余五爻皆有自然之象，举初以见末。五爻并论人事，则知初爻亦有人事，互文相通也。”① 这种互文相通、举一反三的现象，进一步增加了爻象的变数。有时即使爻象、爻位相仿，仍会因受它爻影响而至卦爻象不同，如《乾》九二“见龙在田”句孔氏正义曰：“先儒以为重卦之时，重于上下两体，故初与四相应，二与五相应，三与上相应。是上下两体，论天地人各别，但《易》含万象，为例非一。及其六位，则一、二为地道，三、四为人道，五、上为天道。……乾之初九，则与复卦不殊。乾之九二，又与临卦无别。何以复、临二卦与此不同者，但《易》论象，复、临二卦，既有群阴见象于上，即须论卦之象义，各自为文。此乾卦初九、九二，只论居位一爻，无群阴见象，故但自明当爻之地，为此与临、复不同。”② 这段话前半段是说乾卦之中，上下两体共有六爻之象，其间既有两两“相应”之联系，又有天、地、人三道之区别；后半段是说乾之初九、九二虽分别与复卦初九、临卦九二同。但乾卦初九、九二只论居位一爻，无群阴（阴爻）之象居其上，复卦初九、临卦九二则分别有五阴、六阴（阴爻）之象居其上，故综合考量之下，彼此象义有别。可见，无论是八经卦卦象，还是六十四重卦卦象，以及三百八十四爻象，均纷繁复杂，不可简单对待。

基于此，为了执简驭繁，举纲张目，孔颖达明确提出了“不可一例求之，不可一类取之”的取象原则。他说：

> 圣人名卦，体例不同。或则以物象而为卦名者，若否、泰、剥、颐、鼎之属是也，或以象之所用而为卦名者，即乾、坤之属是也。如此之类多矣。虽取物象，乃以人事而为卦名者，即家人、归妹、谦、履之属是也。所以如此不同者，但物有万象，人有万事，若执一事，不可包万物之象；若限局一象，不可总万有之事。故名有隐显，辞有踳驳，不可一例求之，不可一类取之。故《系辞》云：“上下无常，刚柔

① 李学勤主编：《十三经注疏·周易正义》，北京大学出版社 1999 年版，第 12 页。
② 李学勤主编：《十三经注疏·周易正义》，北京大学出版社 1999 年版，第 3 页。

> 相易，不可为典要。”韩康伯注云“不可立定准”是也。[①]

这是说，卦名来于取象，但所取之象不一。有取于物象者，如否、泰、剥、颐、鼎等卦；有取物象之作用或性质者，如乾、坤等卦；有取于人事者，如家人、归妹、谦、履等卦。这是因为大易之象，当囊括宇宙，包罗万象万事，而不能局限于一象、一事，所谓“若执一事，不可包万物之象；若限局一象，不可总万有之事”，故易之取象“不可一例求之”、“不可为典要”、“不可立定准”。

又孔氏释《周易·乾卦》卦辞“元亨利贞”四德云：

> 乾卦象天，故以此“四德”皆为天德。但阴阳合会，二象相成，皆能有德，非独乾之一卦。是以诸卦之中亦有“四德”，但余卦“四德”有劣于乾。故乾卦直云“四德”，更无所言，欲见乾之“四德”，无所不包。其余卦“四德”之下，则更有余事，以“四德”狭劣，故以余事系之，即坤卦之类是也。……《同人》云：“同人于野，亨。”《坎卦》云：“有孚，维心亨。”《损卦》云：“无咎可贞。”此等虽有一德，皆连事而言之，故亦不数。所以然者，但易含万象，事义非一，随时曲变，不可为典要故也。[②]

这又是说，“元亨利贞”四德，不仅限于乾卦。如坤卦辞“元亨，利牝马之贞”，亦有四德，但此四德联系“牝马”之事而言，比乾卦的四德则低一层次。有些卦如离、咸、萃、兑、涣、小过等，其卦辞，只讲到三德；有些卦如大有、蛊、渐、大畜、升、困、中孚等，只讲到二德；有些卦如蒙、师、小畜、履、泰、谦等，只讲到一德；讲一德的卦，如同人、坎、损等，又联系事件而言。总之，体例并不一致。所以不一致，是因为“易含万象，事义非一”，随时而变化，因此，“随义而取象，其例不一”[③]。

孔氏又疏《周易·履卦》象辞“上天下泽，履”云：

---

① 李学勤主编：《十三经注疏·周易正义》，北京大学出版社 1999 年版，第 1 页。

② 李学勤主编：《十三经注疏·周易正义》，北京大学出版社 1999 年版，第 14 页。

③ 李学勤主编：《十三经注疏·周易正义》，北京大学出版社 1999 年版，第 34 页。

> 天尊在上，泽卑处下，君子法此履卦之象，以分辨上下尊卑，以定正民之志意，使尊卑有序也。此履卦名合二义。若以爻言之，则在上履践于下，六三“履”九二也。若以二卦上下之象言之，则“履”，礼也。在下以礼承事于上。此象之所言，取上下二卦卑承尊之义。故云：“上天下泽，履”。但易含万象，反覆取义，不可定为一体故也。①

此是说，履卦有上下尊卑之象，这是基于履卦之卦义分析。要言之，其卦义有二：其一是取爻位，即六三爻处于九二爻之上，六三为阴，九二为阳，乃柔履刚之义，犹如履虎尾，甚危；其二是取上下两卦之象，上为乾，下为兑，乾为刚健，兑为和悦，以柔悦刚，喻在下以礼承事于上，无所见害，取卑承尊之义。履卦《象》文乃取上下两卦之象，不取爻位之说。可见，履卦之“上天下泽，履”象辞，是综合卦象与爻象二义作出的灵活而又合理的分析，而该卦“履虎尾，不咥人，亨”（孔氏疏：履践虎尾，不咥害于人，而得亨通也）的判辞，亦是基于这种灵活、变通的考量。故“易含万象，反覆取义，不可定为一体”。

那么，如此所取卦爻象有何意义和特征呢？孔颖达于《周易·乾卦》正义云：

> 谓之卦者，《易纬》云：“卦者挂也，言县挂物象，以示于人，故谓之卦。”但二画之体，虽象阴阳之气，未成万物之象，未得成卦，必三画以象三才，写天、地、雷、风、水、火、山、泽之象，乃谓之卦也。故《系辞》云“八卦成列，象在其中矣”是也。但初有三画，虽有万物之象，于万物变通之理，犹有未尽，故更重之而有六画，备万物之形象，穷天下之能事，故六画成卦也。此乾卦本以象天，天乃积诸阳气而成，故此卦六爻皆阳画成卦也。②

此段话表明，圣人观物取象而创卦，以二画（即阴阳二爻）代表阴阳二气，

---

① 李学勤主编：《十三经注疏·周易正义》，北京大学出版社 1999 年版，第 63 页。

② 李学勤主编：《十三经注疏·周易正义》，北京大学出版社 1999 年版，第 1 页。

以“三画”（即八卦上、中、下三位，上为天道，中为人道，下为地道，每位一爻）代表天、地、人三才，阴阳二爻于上、中、下三位排列组合而成八卦，以模拟天、地、风、雷、水、火、山、泽之象。但仅有八卦之象，还不足以表现万物变通之理，故更由“三画”增至“六画”（即上、中、下三位，每位二爻），“六画”再排列组合而成六十四卦之象，这样才足以表现万事万物的形态，从而“穷天下之能事”，尽“万物变通之理”。就各卦象乃“备万物之形象”来说，“卦”即“挂”，即“县挂物象，以示于人”，亦即以八卦和六十四卦来描摹天地万物之象，这是指易象写实性的一面；就各卦爻象能“穷天下之能事”、尽“万物变通之理”来说，则各卦爻象远远超出了一般模拟、写实的层面，而具有了极为丰富的象征意指的功能，可以以少总多，以一喻万，否则有限的卦爻符号根本不可能穷通天下万事、万理。故此，各卦爻象乃写实与写意、具象与象征的统一体、结晶体。

要言之，在孔颖达这里，古圣人“观物取象”，既取法天道自然，又取法主体心性，既远取诸物，又近取诸身，最终营构成种种易象。众易象皆古圣人运数而构，映射了大千世界的基本图式，不啻万物创化之缩影，故此可观易象而制器。同时，各易象又是古圣人仰观俯察，取法于天地自然，复返归主体心性，体贴所得之生命范型，故此可立象而尽意。这样的易象，乃“有层次，有等级，完形的，有机的，能尽意的创构”①，虽来自对自然万物之象的直观体察和形象模拟，但却有着超模拟的认知、伦理、审美等多方面的意义。

在笔者看来，孔氏有关“观物取象”的论阐，在哲学上的重要意义自不必多说，其在美学上的重要意义，则大致可从如下几个方面来看：

首先，孔颖达在论述“观物取象”问题时多次揭示了诸如“不可一例求之，不可一类取之”、“不可为典要”、“不可定为一体”等灵活多变的取象原则和取象方式，这直接催发了其“体无恒式”等审美诠释思想的形成（详见本书第九章），并印证了其具有美学本体论和生成论意义的“变易”思想（详见本书第一章）。

其次，孔颖达有关论述促进了“易象”向“审美意象”的转变。依照

---

① 宗白华：《宗白华全集》第一卷，安徽教育出版社 1994 年版，第 621 页。

孔颖达的易象观，圣人观物所取之易象，其内涵是丰富的。从显现易理之“有”这一层面讲，它意味着以一种感性的形状来呈现生命的情态。孔颖达说：“气渐积聚，露见萌兆，乃谓之象，言物体尚微也。”① 渐渐积聚的气，显现其生成万物的征兆，这就是一种“几微”之象，即万物生命运动的一种精微迹象，某种程度上，作为一种生命情态的模拟符号，易象本身就具有独立自足的价值和意义。如豫卦（䷏），上震下坤，震为雷，坤为地，若惊雷在大地上滚动震颤之象。尽管这也是“远取诸物、近取诸身”的产物，但不只是一个描摹客观物象的简单符号形式，同时也是对一个完整的自然生命形象的写照。孔氏释豫卦《象》云：“奋既出地，震动万物，被阳气而生，各皆逸豫。”② 意谓春雷在大地上滚动震颤，万物由沉睡而惊蛰、复苏，大地逢春，阳气渐盛，即雷即雨，万物竞生，天地自然皆舒展悦豫，更给人一种蓬蓬勃勃、生机无限之感。而这些意义既可以比附于外在的天地自然，又可以含纳于内在的心性情感，足以启发审美主体作哲学和美学上的深入考索。

孔颖达在其生命论哲学和性情论基础上，将易象转化为一种生命之象，从而使得上古那种代表天启神意的卜筮之“象”转变为代表人类自身价值取向和行为意向的“象”。这种“象”，不再是神意对人意的谕示，而是人意对宇宙自然和人自身存在样态的反映。这种出自人意而观取来的“象”，往往求返于自我心灵，使外物生命活动趋向与人的主观意向和合一致，外在之象由此转为“意中之象”，即宗白华先生所谓“反身而诚以得之生命范型”③，如同音乐家静聆其胸中之乐奏。这种“意中之象”，意蕴丰厚，价值多方，即所谓“宗教的、道德的、审美的、实用的溶于一象”④。从而使易象包含越来越多的审美因素和功能。

再次，孔氏有关论述凸显了中国古人“仰观俯察”的审美观照方式。

孔氏《周易正义》序云：“圣人有以仰观俯察，象天地而育群品，云行雨施，效四时以生万物。若用之以顺，则两仪序而百物和；若行之以逆，则六位倾而五行乱。故王者动必则天地之道，不使一物失其性；行必协阴阳之

① 李学勤主编：《十三经注疏·周易正义》，北京大学出版社 1999 年版，第 288 页。

② 李学勤主编：《十三经注疏·周易正义》，北京大学出版社 1999 年版，第 85 页。

③ 宗白华：《宗白华全集》第一卷，安徽教育出版社 1994 年版，第 628 页。

④ 宗白华：《宗白华全集》第一卷，安徽教育出版社 1994 年版，第 611 页。

宜，不使一物受其害。故能弥伦宇宙，酬酢神明。宗社所以无穷，风声所以不朽，非夫道极玄妙，孰能与于此乎？斯乃乾坤之大造，生灵之所益也。”①孔氏在此明确肯定了“仰观俯察”的观照方式和取象方式。按照孔颖达的生命哲学观，天地浩渺，万物滋长，阴阳二气，普运周流，圣人立于天地之间，弥伦宇宙，酬酢神明，仰观俯察，远近取与，象天地而育群品，效四时以生万物，与天地自然通贯一气，共行造化之道。孔氏《周易·系辞上》复指出：“以《易》与天地相准，为此之故，圣人用易，能弥纶天地之道，弥谓弥缝补合，纶谓经纶牵引，能补合牵引天地之道，用此易道也。……天有悬象而成文章，故称文也。地有山川原隰，各有条理，故称理也。……故以用易道，仰观俯察，知无形之幽，有形之明，义理事故也。”②据此，人之观物取象，历览上下四方，着眼于天地自然之全景，体察于有形无形之幽明，而仰观俯察、远近取与之观照法由兹而成。③

这一观照法，客观上有助于审美主体将天、地、人三道融通为统一的阴阳互动之道，由天人相分走向天人合一，审美主体作为天地之灵府，借仰观俯察，动静应天地，参与天地万物生机生气之流行化生。孔氏云：“(易象）义理深奥，能弥伦天地之道，仰观俯察，知死生之说。”④从主观上说，则有助于审美主体将孔氏气本论哲学所彰显的天地之律动转化为心灵的乐章。孔氏云：“八卦既相推荡，各有功之所用也。又鼓动之以震雷离电，滋润之以巽风坎雨，或离日坎月，运动而行，一节为寒，一节为暑。”⑤各卦爻象间相互推荡，表征和印证着天地自然之种种功用，日月星辰运转不息，风雨雷电聚散有时，寒暑迭代，草木枯荣，阴阳二气在上下往返、刚柔开阖

① 李学勤主编：《十三经注疏·周易正义》，北京大学出版社1999年版，“序言”。

② 李学勤主编：《十三经注疏·周易正义》，北京大学出版社1999年版，第266页。

③ 证之中国诗史，多有诗人在“仰观俯察”中俯仰自得，游目骋怀，极视听之娱。如汉苏武《诗四首·别友》云：“府观江汉流，仰视浮云翔。”魏曹丕《杂诗》云：“俯视清水波，仰看明月光。”曹植《朔风诗》云：“俯降千仞，仰登天阻。”晋王羲之《兰亭诗》云：“仰视碧天际，俯瞰绿水滨。”又《兰亭集序》云：“仰观宇宙之大，俯察品类之盛。”谢灵运《于南山往北山经湖中瞻眺》云：“俯视乔木杪，仰聆大壑淙。”等等，如此之例甚夥，惜乎相关理论阐发和总结不足，孔颖达于此，颇见理论提挈之功。

④ 李学勤主编：《十三经注疏·周易正义》，北京大学出版社1999年版，第264页。

⑤ 李学勤主编：《十三经注疏·周易正义》，北京大学出版社1999年版，第259页。

的节奏中普运周流，道的运行也循环往复，周而复始。“无往不复，天地际也。”[①] 天覆地载，人居其中，人对天地自然的仰观俯察也是上下飘瞥，往复流盼。人以天地之心、流观之眼俯仰于天地之间，尽得阴阳二气周流摩荡之律动，深悟宇宙创化生生不息之旨趣，如此所把握的世界，必然是大美的世界。

复次，孔颖达有关“观物取象”的论阐，一定程度上还促使人们对象征艺术手法的重视。在中国传统文献中，虽未见“象征”一语。但“以象征义（意）”的观念早已有之，如王弼曾云：“触类可为其象，合义可为其征。”[②] “象”本有“拟象”（摹拟）、“法象”（类比）等诸多涵义，但《周易》欲穷“天下之至赜”，也需仰仗于“象”，所谓“极天下之赜者存乎卦”，那么“象”在“摹拟”、“类比”之外，必有指涉不可言传、不可理喻的玄思玄意的象征功能。孔颖达于《周易正义》中则指出：“虚无之体，处处皆虚，何可以无说之，明其虚无也？若欲明虚无之理，必因于有物之境，可以却本虚无。”[③] 按照孔氏所释，以“有物之境”象“虚无”之理，这便是象征。

诚然，《易经》是卜筮之书，它所关注的是那阴阳不测之谓“神”，那昭示吉凶之理的几微之兆；而《易传》则主要是哲理诠释类著作，它关注更多的是宇宙之大道、天地之至理，那些偏于哲学本体论和生成论方面的问题。然而这并没能改变《周易》的基本特征，即从经验世界出发，以具体感性的形象来表征“天下之至赜”。这种“以象征意”的取象方式几乎贯穿于《周易》创卦的全过程。如八经卦即表征着八类事物。巽卦（☴），上二阳下一阴，上实而下虚，象征莽莽苍天之下长风劲吹，故孔氏云：“巽象风，风行无所不入，故为入也。”[④] 坎卦（☵），中间阳而上下阴，模拟风过水面、波澜泛起的形状，孔氏云：“坎象水，水处险陷，故为陷也。”[⑤] 离卦（☲），中间阴而上下阳，外实而中虚，仿佛熊熊之火在炉鼎中燃烧，孔氏云：“离象

① 李学勤主编：《十三经注疏·周易正义》，北京大学出版社 1999 年版，第 68 页。

② 楼宇烈校释：《王弼集校释》，中华书局 1980 年版，第 609 页。

③ 楼宇烈校释：《王弼集校释》，中华书局 1980 年版，第 280 页。

④ 李学勤主编：《十三经注疏·周易正义》，北京大学出版社 1999 年版，第 329 页。

⑤ 李学勤主编：《十三经注疏·周易正义》，北京大学出版社 1999 年版，第 329 页。

火，火必著于物，故为丽也。”[①] 至于乾（☰）坤（☷）两卦，或全阳（实）或全阴（虚），更与中国古代天健地顺、天实地虚的观念相契合，孔氏云：“乾象天，天体运转不息故为健也。‘坤，顺也’，坤象地，地顺承于天，故为顺也。”[②] 其他诸经卦皆类此。诚然，八经卦符号源于对各类自然生命形象的模拟与象征，而六十四重卦的符号构成，也与世间万物之种种生命形态攸关。如重卦中的晋卦（䷢），上离下坤，离为日，坤为地，象征太阳从地平线上冉冉升起，故有贤人升进、欣欣向荣之意。故《彖》曰：“晋，进也。明出地上，顺而丽乎大明，柔进而上行。”[③] 而明夷卦（䷣），上坤下离，象征太阳从地平线上徐徐没落，故有明哲隐遁、时势艰难之意。《彖》曰：“明入地中，明夷。内文明而外柔顺，以蒙大难。”[④] 又如泰卦（䷊），上坤下乾，阳气渐盛，阴气式微，寓意阴阳和合，天地通泰，君子道长，小人道消。孔氏云：“所以得名为‘泰’者，止由天地气交而生养万物，物得大通，故云‘泰’也。‘上下交而其志同’者，此以人事象天地之交。上谓君也。下谓臣也，君臣交好，故志意和同。‘内阳而外阴，内健而外顺’，内健则内阳，外顺则外阴。内阳外阴据其象，内健外顺明其性，此说泰卦之德也。”[⑤] 又如贲卦（䷕），上艮下离，艮为山峦，离为火光，火光烛照山峦，朦胧而绚烂，表征人内涵文明，外示华采，文质相彰。孔氏云：“‘山下有火贲’者，欲见火上照山，有光明文饰也。又取山含火之光明，象君子内含文明，以理庶政。”[⑥] 如此等等，不一而足。故孔颖达所凸显的象征一法，在很大程度上揭示了易学的根本精神，并促进了审美文艺在艺术手法上的提升。

总之，在孔颖达的梳理和阐释下，古圣人“观物取象”而创构卦爻象的活动，成为沟通天文和人文、已知和未知的桥梁，深具意向性和价值论蕴涵，并呈现一种重直观、重感悟的特色，从而天然地通向审美。某种意义上可以这样说，“易象虽然早已成为中国古人不同于西方思维的重要范畴，并

---

① 李学勤主编：《十三经注疏·周易正义》，北京大学出版社 1999 年版，第 329 页。

② 李学勤主编：《十三经注疏·周易正义》，北京大学出版社 1999 年版，第 329 页。

③ 李学勤主编：《十三经注疏·周易正义》，北京大学出版社 1999 年版，第 151 页。

④ 李学勤主编：《十三经注疏·周易正义》，北京大学出版社 1999 年版，第 155 页。

⑤ 李学勤主编：《十三经注疏·周易正义》，北京大学出版社 1999 年版，第 66 页。

⑥ 李学勤主编：《十三经注疏·周易正义》，北京大学出版社 1999 年版，第 105 页。

对中国人的艺术创作产生种种影响，但只有到了孔颖达，它才完成表示天地万物，形上、形下两界运动变化之理的哲学演变；也只有到了孔颖达，它才真正成为影响中国艺术创作，成为中国艺术不同于西方艺术的一个完整的、更具有审美特色的范畴。”①

这种“观物取象”的思维方式渗透于文艺创造领域，则“观物”是艺术创造的起始，类于“眼中之竹”的阶段；“取象”是艺术创造的中间环节，类于“胸中之竹”的阶段；创构卦爻象是艺术创造的终结，类于“手中之竹”的阶段。由“观物”、“取象”到创构卦爻象，始终围绕一“象”而展开、推进，作为艺术创构的三个基本步骤，也是由“象”（“竹”）到“象”（“竹”）的递升、演变过程，最终呈现为融主体情意与客观物象形式于一体的艺术形象（“手中之竹”）。

在孔颖达的易象诠释之后，一些艺术家和美学家更自觉地将“观物取象”引为艺术创造的法则。如唐代文学家柳宗元云：“仁木连理而垂阴，嘉禾同颖而挺秀；寿星舒景炎之盛，芝草布葩英之重；白麏凝彩而雪晖，苍乌取象于天色。”② 柳氏此论，显然是“观物取象”说的形象化描述。唐代书法家欧阳询云：“取象于朝霞，妙万物而比艳，莫兹草之可嘉。”③“画纸为局，截木为棊，取象元一，分而为二，准阴阳之位，拟刚柔之策，而变动云为，成乎其中。”④ 欧阳氏此论，乃“观物取象”说的又一表达。唐另一书法家李阳冰则曰：“缅想圣达立制造书之意，乃复仰观俯察六合之际焉。于天地山川，得方圆流峙之形；于日月星辰，得经纬昭回之度；于云霞草木，得霏布滋蔓之容；于衣冠文物，得揖让周旋之礼；于须眉口鼻，得喜怒惨舒之分；于虫鱼禽兽，得屈伸飞动之理；于骨角齿牙，得摆拉咀嚼之势。随手万变，任心所成，可谓通三才之气象，备万物之情状者矣。”⑤ 李氏此番关于书法艺术创造的论述，亦可视为对“观物取象”论美学思想具体而微的阐发。如此

---

① 林国兵：《试论孔颖达的易学理论与美学智慧》，硕士学位论文，安徽师范大学，2004年，第24页。

② 柳宗元：《及大会议国子祭酒韩洄请历数》，《河东先生集》外集卷下表启，宋刻本。

③ 欧阳询：《草》，载《艺文类聚》卷八十一草部上，文渊阁《四库全书》本。

④ 欧阳询：《四维》，载《艺文类聚》卷七十四巧艺部，文渊阁《四库全书》本。

⑤ 李阳冰：《上李大夫论古篆书》，载董诰等编：《全唐文》卷四百三十七，清嘉庆内府刻本。

之例甚夥，兹不赘述。

第三节　兴必取象：审美意象的层深创构

孔颖达有关易象的论说还取得了一个重要的美学成果，即以易象释诗兴，化“易象”为“兴象”，从而贯通了《诗》和《易》，在美学史上产生很大影响。而“兴象”范畴经殷璠等诗论家踵武发扬，无碍兴现、言近旨远的特质更为彰显，促成传统的意象范畴进一步由“象内”走向“象外”，实现超越性的层深创构。

一、“以物象而明人事，若《诗》之比喻”

如前文所述，在孔颖达心目中，易象不只是模拟物象的简单媒介，它还有其更为丰富复杂的含义。其中重要的一点，就是比况、象征一种生命精神、生命情态。“托象明义”、“取譬明理”就是比况、象征这种生命精神、生命情态的主要特征和方式。孔颖达在充分揭示“托象明义”、“取譬明理”的特征和方式的基础上，还进一步剔发了“易象若《诗》之比喻”的诗性功能。他在《坤》卦“初六”爻辞正义中说：

> 凡《易》者象也，以物象而明人事，若《诗》之比喻也。或取天地阴阳之象以明义者，若《乾》之“潜龙”、“见龙”，《坤》之“履霜坚冰”、“龙战”之属是也；或取万物杂象以明义者，若《屯》之六三“即鹿无虞”，六四“乘马班如”之属是也。如此之类，《易》中多矣。或直以人事，不取物象以明义者，若《乾》之九三“君子终日乾乾”，《坤》之六三“含章可贞”之例是也。①

这里，孔颖达明确指出：“凡《易》者象也，以物象而明人事，若《诗》之比喻也。”充分肯定易象与《诗》之比喻的相似性，并借助《乾》、《坤》、

---

① 李学勤主编：《十三经注疏·周易正义》，北京大学出版社 1999 年版，第 27 页。

《屯》等多个卦爻象来证实易象“以物象而明人事”的诗性特质，深入地揭橥了易象与诗兴都注重形象思维、隐喻象征的共同特征，从而真正贯通了《诗》和《易》。这一点，深得清代章学诚首肯。章学诚于《文史通义·易教》云：“易之象也，诗之兴也，变化而不可方物矣。……象之所包广矣，非徒易已，六义莫不兼之，盖道体之将形而未显者也。……易虽包六义，与诗之比兴，犹为表里。夫诗之流别，盛于战国人文，所谓长于讽喻，不学诗无以言也。然战国之文，深于比兴，即其深于取象也。”① 而王夫之则更广其说，其《周易外传》云：“盈天下皆象矣。《诗》之比兴，《书》之政事，《春秋》之名分，《礼》之仪，《乐》之律，莫非象也。”②

诚然，从审美角度来看，孔颖达所阐述的易象的含义与特征，确实彰显了易之象与诗之比兴多有相通之处：首先，易象总是借助天地自然中的某种物象来“托象以明义”，而诗之比兴中的“比”是以此物来比拟彼物，即打比方，“兴”是先咏一物（事）而引起相关联的另一物（事），可见无论是易之取象，还是诗之比、兴，均脱不开具体的、活生生的物象或形象，均展现为形象思维而非抽象思维，这是审美活动区别于求真活动、向善活动最重要的标志之一，也是易之取象与诗之比兴在审美的层面可以相通的重要原因。其次，易象“托象以明义”也主要是通过比喻、象征等方式来实现的，所谓“取譬以明理”，即通过隐喻、象征等方式呈显幽微的义理，如《周易·乾卦》的卦象正是取天体刚健有为、运行不息的特征，去呈显“健”的义理和功能的；而诗之比兴也正是通过种种比喻、象征、拟人等艺术手法来表达主体思想感情的，这在《诗经》三百篇中可谓俯拾即是。如此这般，足可见出易之取象与诗之比兴在形象思维和审美的诗性思维方面，颇有相似相通之处。

当然，从今人的观点来看，易象这种“若诗之比喻”的表现方法，与真正的诗之比喻可能还稍有不同。其不同者在于：易象所要表达的是“义理”，诗之比兴所要表达的则是“情”和“志”；易之取象往往是用来观摩吉凶，有时要诉之于理性思维，易象与义理之间可能是二分状态，而诗之比兴

---

① 章学诚：《文史通义》，商务印书馆 1933 年版，第 6 页。

② 王夫之：《周易外传》，中华书局 1962 年版，第 179 页。

是通过形象来表现情感体验，一般不诉诸理性思维，形象与“情”、“志”是内在地融为一体的。故易象的比喻大多只见喻体而不见本体，如《周易·乾卦》初九爻象为“潜龙勿用”，即以“潜龙”比喻圣贤未逢吉时，隐居修身；九二爻象为“见龙在田”，比喻圣贤初出，待时而作；九五爻象为“飞龙在天”，比喻圣贤荣登帝位，君临天下；上九爻象为“亢龙有悔”，比喻人君刚愎自用，过犹不及；等等。这里所谓“潜龙”、“见龙”、“飞龙”、“亢龙”等皆为喻体，而“圣贤”、“人君”等本体一概省略不见。而诗之比喻则既描绘喻体又描述本体，如在《诗经·周南·关雎》中，所谓“关关雎鸠，在河之洲”是取情意专一的雎鸠作喻体，而“窈窕淑女，君子好逑”则描述男女恩情为本体，即以雎鸠的情意专一比况淑女宜配君子，本体、喻体皆在。因此，钱锺书先生在《管锥编》中，一方面肯定孔颖达的观点，认为孔氏对易象的解说“殊适谈艺之用”，并强调“谈艺者于汉唐注疏未可恝置也”；另一方面又指出“《易》之擬象不即，指示意义之符也；《诗》之比喻不离，体示意义之迹也。不即者可以取代，不离者勿容更张。”① 即易象与诗之比兴在取象作喻这一点上相同，但其取象作喻的用意及表述本体和喻体的关系则有所不同。②

尽管如此，孔颖达所揭易象的含义与特征，仍值得我们充分重视，因为易之取象与诗之比兴在本质上确有相通之处。易象主要是通过物象来譬喻象征，即便易象所表征的是某种义理而不是主体的情感体验，亦是借物象作形象性譬喻，而不是通过理性的逻辑推理直接得出某一抽象的结论，故易象在总体上仍是以一种诗性思维方式表达人文价值。而诗之比兴，无论是“比”的比况于物，还是“兴”的兴托于物，无疑都是借物象作比喻和象征，都同属诗性思维方式的表达，只不过前者偏于明喻，后者偏于隐喻寄托而已。更何况，在孔颖达这里，易象与诗之比兴在气本论、性情论等本体性层面还多可相互发明。因此，孔颖达所抉发的“易象若诗之比喻”的命题，仍然极具诗学和美学价值，并实际上在中国诗学、美学史上也产生了较大影响。所以，宋人陈骙《文则》有云：“易之有象，以尽其意；诗之有比，

---

① 钱锺书：《管锥编》第一册，中华书局 1979 年版，第 12 页。

② 参见罗立乾：《论〈周易〉中蕴含的古代早期形象理论》，《武汉大学学报》（哲社版）1981 年第 1 期。

以达其情。文之作也，可无喻乎？”[①] 今人闻一多先生更有补充：“隐在《六经》中，相当于《易》的‘象’和《诗》的‘兴’（喻不用讲，是《诗》的‘比’），……象与兴实际都是隐，有话不能明说的隐，所以《易》有《诗》的效果。《诗》亦有《易》的功能，而二者在形式上往往不能分别。”且又说：“《易》中的象与《诗》中的兴，……本是一回事，所以后世批评家也称《诗》中的兴为‘兴象’。”[②] 可见，易象与诗之比兴，就无太大隔阂了。因此，孔颖达视易象“若《诗》之比喻”，有着非常重要的诗学、美学意义。如邓国光先生所指出：“将诗兴与易象绾合，不啻是孔颖达在诗学上的重大创见。”[③]

二、“兴必取象”

用易象的阐释原理来建构美学、诗学阐释原理，在孔颖达这里得到了相当系统而深刻的理论表述。在此基础上，孔氏还进一步提出了“兴必取象”等美学命题，更直接促成了易象向审美意象的转变。

诗经《周南·樛木》以“南有樛木，葛藟累之”起兴，毛传曰：“兴也，南，南地。木下典曰樛。南土之葛藟茂盛。”孔颖达疏传云：“兴必取象，以兴后妃上下之盛，宜取木之盛者。木盛莫如南土，故言南地。”[④] 孔颖达在此明确提出“兴必取象”的命题，并以南方（主要指古荆州、扬州等地域）水土肥沃、草木茂盛之象比况后妃有德，兴旺家国，草木之象与后妃之象并非同构，但通过“兴”的暗通款曲，便浑然连为一体。又如《周南·汉广》第一章曰：“南有乔木，不可休息；汉有游女，不可求思。汉之广矣，不可泳思；江之永矣，不可方思。”孔颖达疏解这几句兴辞时说：“兴者，取其一象：木可就荫，水可方泳，犹女有可求；今木以枝高，不可休息，水以广长，不可求渡”，“言游女尚不可求”。[⑤] 即诗人用南方高大的乔木不能使人休息、

---

① 陈骙等：《文则·文章精义》，人民文学出版社 1960 年版，第 12 页。

② 闻一多：《诗经研究·说鱼》，巴蜀书社 2002 年版，第 67、68 页。

③ 邓国光：《唐代诗论抉原：孔颖达诗学》，《唐代文学研究》第七辑，广西师范大学出版社 1998 年版。

④ 李学勤主编：《十三经注疏·毛诗正义》，北京大学出版社 1999 年版，第 41—42 页。

⑤ 李学勤主编：《十三经注疏·毛诗正义》，北京大学出版社 1999 年版，第 54 页。

宽广绵延的汉江之水不能容人泅渡这样的物象，以兴喻贞洁女子不可犯礼而求得。孔氏在这里既指出《诗经》的“兴”也即“取象”，又指出用“兴”的方法象征隐喻思想感情，可以只取物象的某一特征作比况。类似的表述在《毛诗正义》中甚是普遍，又如《周南·关雎》孔氏正义云：“取譬引类，起发己心，诗文诸举草木鸟兽以见意者，皆兴辞也。”① 意谓草木鸟兽等万物万象，皆可通过类比象征等形式，作为兴辞引入诗中，感发主体心灵，传递出某种微妙的情意。如许之例，皆显示了感性的事物形象在诗文表达中的重要作用，既具体、鲜明、生动，又宽泛、隐微、朦胧，从而更加表明诗之比兴与易之取象在形象思维上的相似相通性。

如前文所指出，孔颖达不仅提出“兴必取象”的命题，还提出“易象若诗之比喻”等命题。那么，“兴”与“喻”之间究竟是何关系呢？笔者以为，在孔氏这里，“兴”与“喻”二者在本质上是统一的，两者都体现了以物象寄人情、喻事理的诗性思维特征。孔氏本人在《周南·螽斯》正义中也曾明确地说：“兴、喻名异而实同。”② 明代李东阳在《麓堂诗话》中对此则有更详尽的诠解：“所谓比与兴者，皆托物寓情而为之者也。盖正言直述，则易于穷尽，而难于感发。惟有所寓托，形容摹写，反复讽咏，以俟人之自得，言有尽而意无穷，则神爽飞动，手舞足蹈而不自觉，此诗之所以贵情思而轻事实也。”③

但严格说来，“兴”与“喻”在孔氏这里还存在微妙的区别。如《周南·关雎》孔氏正义云：“兴是譬喻之名，意有不尽，故题曰兴。”④《春秋左传·文公六年》孔氏正义云：“比之隐者谓之兴，兴之显者谓之比。比之与兴，深浅为异耳。此传近取庇根理浅，故以为比。毛意远取河润义深，故以为兴。由意不同，故比兴异耳。”⑤ 可以看出，兴与比喻在形式上具有隐显、意义上具有深浅的不同，兴虽是譬喻之名，但“兴”可以涵摄“喻”，可拥

① 李学勤主编：《十三经注疏·毛诗正义》，北京大学出版社 1999 年版，第 12 页。

② 李学勤主编：《十三经注疏·毛诗正义》，北京大学出版社 1999 年版，第 44 页。

③ 李东阳：《麓堂诗话》，载丁福保辑：《历代诗话续编》，中华书局 1983 年版，第 1374—1375 页。

④ 李东阳：《麓堂诗话》，载丁福保辑：《历代诗话续编》，中华书局 1983 年版，第 22 页。

⑤ 李学勤主编：《十三经注疏·春秋左传正义》，北京大学出版社 1999 年版，第 518 页。

有较比喻更为深广的情感容量和自由灵活的意趣表现，即所谓“意有不尽，故题曰兴”。如清人方东树《昭昧詹言》卷十八所云：“诗重比兴：比但以物相比；兴则因物感触，言在于此而义寄于彼，如《关雎》、《桃夭》、《兔罝》、《樛木》。解此则言外有余味而不尽于句中。又有兴而兼比者，亦终取兴不取比也。若夫兴在象外，则虽比而亦兴。然则，兴最诗之要用也。”[①]《昭昧詹言》卷二十一复云：“比但有物象耳，兴则有义。义者，因物感触，言在此而意寄于彼。知此，则言外皆有余味，而不尽于句中。”[②]陈廷焯则以诗意的笔触对“兴”作了更深入细腻的诠解：“托喻不深，树义不厚，不足以言兴。深矣厚矣，而喻可专指，义可强附，亦不足以言兴。所谓兴者，意在笔先，神余言外，极虚极活，极沉极郁，若远若近，可喻不可喻，反覆缠绵，都归忠厚。”[③]进而言之，比喻一般指主体意念在先，然后借外在物象来比况主体意念，其间常多了一层理性转换的成分；兴则一般指事物形象在先，事物形象激发主体的情志，由此引发联想和想象等心理活动，其间更多一层直觉体验的特性。如宋人胡寅引李仲蒙之说云：“索物以托情，谓之比，情附物者也；触物以起情，谓之兴，物动情者也。”[④]此说与朱熹所云“比者，以彼物比此物也”“兴者，先言他物以引起所咏之词也”[⑤]意相近，但比朱说似更切近审美感兴基质。诗人杨万里亦云：“我初无意于作是诗，而是物是事适然触乎我，我之意亦适然感乎是物是事，触发焉，感随焉，而是诗出焉。我何以哉！天也，斯之谓兴。”[⑥]相比之下，“兴”更能体现一种“感物动情、物我浑融”的审美特质，也更具有一种由有限达于无限的审美超越品格。

孔颖达有关“兴必取象”的阐发从理论上进一步加深了中国古典美学对比兴问题的认知。一方面，诗之比兴建基于物类相感、触类引申的易理之上，与易象相表里；另一方面，由易之“观物取象”到诗之“兴必取象”，则悄然促成了“易象”由哲学到美学的嬗变。如上述章学诚所言：“深于比

---

① 方东树：《昭昧詹言》卷十八，人民文学出版社 1961 年版，第 419 页。

② 方东树：《昭昧詹言》卷二十一，人民文学出版社 1961 年版，第 471 页。

③ 陈廷焯：《白雨斋词话》卷六，人民文学出版社 1959 年版，第 158 页。

④ 胡寅：《致李叔易》，《斐然集》卷十八，文渊阁《四库全书》补配文津阁《四库全书》本。

⑤ 朱熹：《诗集传》卷一，《四部丛刊三编》影宋本。

⑥ 杨万里：《答建康府大军库监门徐达书》，《诚斋集》卷六十七，《四部丛刊》影宋写本。

兴，即其深于取象者也。”由比兴所取之象，超离逻辑理性，与主观情意浑融契合，自然生发为主客统一的审美意象。“兴”亦是审美境界产生的前提，无“兴”则不能产生出浑然天成、意境超迈的艺术作品。宋代严羽曾指出：“诗者，吟咏情性也。盛唐诸人唯在兴趣，羚羊挂角，无迹可求。故其妙处透彻玲珑，不可凑泊，如空中之音，相中之色，水中之月，镜中之象，言有尽而意无穷。”[①] 而孔氏之“兴必取象”论庶几近于严羽所谓“言有尽而意无穷”之境，涉及审美意象和意境的深层创构问题。

孔颖达在其疏文中一再提及“兴必取象”、“兴取一象”、“以兴为取象”、“兴者取其一象”等命题，表明他对文艺创作中艺术形象的特性已有了较充分的体认，即艺术形象的创造既要有外在形式的鲜明生动，又要有内在情兴的勃发激扬，进而烘托、渲染出一种主客浑融、蕴涵丰富、包孕宏深的艺术境界来。而这种艺术形象的功能，“可以极大地感发人的性灵，产生浓厚的审美兴趣，启发人们的丰富想象。‘兴象’也可以说是‘可以兴’的审美形象”[②]。由此，孔颖达有关“兴必取象”的命题，被著名诗论家殷璠提升为一个更简约的审美范畴——“兴象”。[③] 殷璠《河岳英灵集》评孟浩然诗句云：“至如‘中山遥对酒，孤屿共题诗’，无论兴象，兼复故实。”[④] 此“兴象”一语即化用了孔疏“兴必取象”的蕴涵。此外殷璠还在《河岳英灵集》序中云：“理则不足，言常有余，都无兴象，但贵轻艳”；又评陶翰诗云：“历代词人诗笔双美者鲜矣，今陶生实谓兼之，既多兴象，复备风骨”[⑤]，这些对于“兴象”审美范畴的阐发，无疑渊源于孔颖达的“兴必取象”理论。

---

① 严羽著，郭绍虞校释：《沧浪诗话校释》，人民文学出版社 1961 年版，第 26 页。

② 张少康、刘三富：《中国文学理论批评发展史》上册，北京大学出版社 1995 年版，第 318 页。

③ 此前，孔颖达的同僚、经学家贾公彦在《周礼注疏》卷七中释“大丧，廞裘，饰皮车”时亦曾用“兴象”一词，语曰：“廞犹兴也。兴象生时裘而为之，谓明器中之裘。……又《礼记·檀弓》云‘竹不成用，瓦不成味，琴瑟张而不平，竽笙备而不和’，皆是兴象所作明器。”（李学勤主编：《十三经注疏·周礼注疏》，北京大学出版社 1999 年版，第 176—177 页）此处所称“兴象”指丧礼中模拟实物以制作祭祀性明器，非审美性范畴，故存而不论。

④ 殷璠：《河岳英灵集》卷中，《四部丛刊初编·集部》，上海商务印书馆 1929 年版。

⑤ 殷璠：《河岳英灵集》卷上，《四部丛刊初编·集部》，上海商务印书馆 1929 年版。

本来，在唐以前，关于审美意象的探讨已颇有一些，如刘勰《文心雕龙·神思》所谓“独照之匠，窥意象而运斤”即其显例。审美意象论由魏晋发展到唐代，又生发出“兴象”这一子范畴。要言之，“兴象”亦是“象”，从属于“意象”这一母范畴。“意象”所拥有的基本特质如“情景交融”、“虚实统一”等，也都体现于“兴象”这一范畴。略为不同者，“意象”之“意”更多一层理性的意向性、概念性的成分，“兴象”之“兴”更多一层非理性的情感性、直觉性的成分，即无碍兴现的特质；“意象”多表现为意在象中（内），“兴象”多表现为意在象外；且“意象”这一范畴在唐以前广泛运用于各类体裁的文章和众多艺术门类，而不专指诗歌形象，而“兴象”一语，恰专指诗歌形象，是对唐代（尤其是盛唐）诗歌审美形象的独特的理论概括与提挈。于此，今人陈伯海先生曾有过很好的说明：“‘兴象’不仅体现了诗歌意象的特质，抑且是唐诗艺术高度发展的产物。中国古典诗歌的演进，自摆脱先秦两汉时期喻象思维的束缚之后，便走上了以抒述个人情怀为主的道路，经汉魏古诗的直抒胸臆和南朝新体的借景传情，至唐代，终于达到情景交融的艺术高峰，而诗歌意象的层深建构（即所谓‘象内’与‘象外’的二重世界组合）亦由此而成。‘兴象’说的出现，显示出唐人对自己的诗歌艺术实践的自觉的理论归纳，具有划时代的意义。殷璠《河岳英灵集》正是通过选唐诗（主要是盛唐人诗）体会到这一艺术特点，故而在宣扬唐诗荟萃前人之长，‘风骨’与‘声律’兼备的同时，特地拈出‘兴象’作为唐人独创之功，其眼光可谓犀利。而后人评说唐诗，亦常以‘兴象’为标帜。”① “‘兴象’说的提出，将六朝以来的审美意象说又大大推进了一步，不仅表现为其突出了诗歌表情兴的特点，使得艺术审美活动中作为意象思维根底的人的生命体验与审美体验的内在质素更形明晰，同时还在于它提示了情兴凭藉意象而又超越意象，即由‘象内’向‘象外’延伸的发展趋向。……诗歌‘兴象’论的出现，也正意味着人们对艺术审美活动中意象思维的运行机制有了更完整的认识。据此而言，则‘兴象’的生成体现了‘意象’表意功能的全面实现，‘兴象’说也就成了审美意象说得以完成的标志。”②

① 陈伯海主编：《中国诗学之现代观》，上海古籍出版社 2006 年版，第 158 页。

② 陈伯海主编：《中国诗学之现代观》，上海古籍出版社 2006 年版，第 160 页。

陈伯海先生在此全面概括和高度评价殷璠“兴象”说的重要意义，堪为的论，美中不足的是，其间未能对孔颖达的理论贡献稍加阐扬。于此，澳门大学邓国光先生别具慧眼，独拔孔氏疏解为“兴象”论的“血脉本原”：

> 诗兴、易象、譬喻于孔颖达说都是相通的。诗论史上“兴象”一词，透过孔疏，可确定为譬喻的异名。这样，“兴象”便可得到着实的诠释。盛唐殷璠的《河岳英灵集》标举“兴象”，作为诠诗的称衡，论者多以为遥接《文心》《诗评》之绪，究其实，孔疏兴象论方才是血脉本原。中唐高仲武《中兴间气集》以“兴喻”评诗，论张仲甫的作品“工于兴喻”。“兴喻”相配，亦不出孔疏的范畴。即使流行于晚唐的诗格，也显示了孔颖达的余影。①

诚如邓国光先生所言，孔颖达绾合诗、易，并提出“兴必取象”等系列命题，直接催发了“兴象”说的提出；而“兴象”说的提出，则是对先秦以来诗学文脉演进规律和特征的阶段性概括与总结，并对唐以降诗学、美学理论产生了引领、示范的重要作用。

事实上，除了殷璠之外，唐代一些最重要诗论家的诗学、美学观点往往都与孔颖达的命题密切相联。如皎然《诗式》中有一段关于比兴的论述可见出孔氏这一命题的影响痕迹：“取象曰比，取义曰兴，义即象下之意。凡禽鱼、草木、人物、名数，万象之中义类同者，尽入比兴，《关雎》即其义也。”② 即把“兴”与“象”相衔接，并认为“兴”乃“象下”取意。又如《文镜秘府论》所载皎然、王昌龄对兴的认识：

> 皎曰：“兴者，立象于前，后以人事谕之，《关雎》之类是也。”王云：“兴者，指物及比其身说之为兴，盖托谕谓之兴也。”③

---

① 邓国光：《唐代诗论抉原：孔颖达诗学》，《唐代文学研究》第七辑，广西师范大学出版社1998年版。

② 皎然：《诗式》，载何文焕辑：《历代诗话》，中华书局1981年版，第30页。

③ 遍照金刚：《文镜秘府论》，人民文学出版社1975年版，第56页。

皎然此论与《樛木》、《关雎》等孔疏中有关兴必取象、以喻后妃之德的思维方式几乎同出一辙，而其表述“立象于前，后以人事谕之”，也可视为孔颖达“以物象而明人事”一语的翻版。王昌龄的表述虽然与孔颖达的命题有形式上的差异，但王昌龄的“托谕”与孔颖达的“托事于物”、“附托外物”、“取其象类为喻”等语，在取象譬喻而生发人事情志等意义方面，其实质仍然相通。①

其他类此者，如唐人薛能《海棠》诗序云：“蜀海棠有闻，而诗无闻。杜子美于斯，兴象靡出，没而有怀。”② 柳宗元《杨评事文集后序》云：“文有二道：辞令褒贬，本乎著述者也；导扬讽谕，本乎比兴者也。……比兴者流，盖出于虞夏之咏歌，殷周之风雅，其要在于丽则清越，言畅而意美，谓宜流于谣诵也。”③ 刘禹锡《董氏武陵集序》云：“片言可以明百意，坐驰可以役万景，工于诗者能之，风雅体变而兴同。……诗者，其文章之蕴邪！义得而言丧，故微而难能；境生于象外，故精而寡和。”④ 司空图云：“戴容州云：‘诗家之景，如蓝田日暖，良玉生烟，可望而不可置于眉睫之前也。’象外之象，景外之景，岂容易可谭哉！”⑤ 元代杨维桢《卫子刚诗录序》称许卫子刚诗云：“音节、兴象皆造盛唐有余地，非诗门之颛主者不能至也。”⑥ 明代高棅《唐诗品汇序》品第初、盛、中、晚唐诗云：“声律兴象、文词理致，各有品格高下之不同。”⑦ 谢榛云：“凡作诗悲欢皆由乎兴，非兴则造语弗工，欢喜之意有限，悲感之意无穷。欢喜诗，兴中得者虽佳，但宜乎短章；悲感诗，兴中得者更佳，至于千言反覆，愈长愈健。熟读李杜全集，方知无处无时而非兴也。”⑧

---

① 参见谢建忠：《论孔颖达与唐诗》，《文学评论》2007 年第 3 期。

② 薛能：《海棠并序》，载《全唐诗》（增订本）卷五六〇，中华书局 1999 年版，第 6556 页。

③ 柳宗元：《杨评事文集后序》，载《唐宋八大家文钞》卷二十一《柳州文钞》，文渊阁《四库全书》本。

④ 刘禹锡：《董氏武陵集序》，载贺复徵编：《文章辨体汇选》卷二百九十八，文渊阁《四库全书》补配文津阁《四库全书》本。

⑤ 司空图：《与极浦书》，载《司空表圣文集》卷三，《四部丛刊》本。

⑥ 杨维桢：《东维子文集》卷七，《四部丛刊》本。

⑦ 高棅：《唐诗品汇序》，载贺复征编：《文章辨体汇选》卷二百九十七，文渊阁《四库全书》补配文津阁《四库全书》本。

⑧ 谢榛：《四溟诗话》卷三，载丁福保辑：《历代诗话续编》，中华书局 1983 年版，第 1194 页。

胡应麟云："作诗大要不过二端，体格声调、兴象风神而已。体格声调有则可循，兴象风神无方可执，故作者但求体正格高，声雄调鬯；积习之久，矜持尽化，形迹俱融，兴象风神，自尔超迈。譬则镜花水月，体格声调，水与镜也；兴象风神，月与花也。必水澄镜朗，然后花月宛然。讵容昏鉴浊流，求睹二者？""盛唐绝句，兴象玲珑，句意深婉，无工可见，无迹可寻。"[①] 黄宗羲云："比则香草恶草，兴则泛滥景物。"[②]"凡景物相感，以彼言此，皆谓之兴，后世咏怀、游览、咏物之类是也。"[③] 许学夷《诗源辨体》云："唐人律诗以兴象为主，风神为宗。浩然五言律兴象玲珑，风神超迈。"[④] 清代方东树《昭昧詹言》卷一《通论五古》云："文字精深在法与意，华妙在兴象与词。"[⑤] 王士祯《池北偶谈》卷十四云："宜元、白于盛唐诸家兴象超诣之妙全未梦见。"[⑥] 纪昀《瀛奎律髓刊误序》云："兴象之深微，寄托之高远，则固别有在也。"[⑦] 翁方纲《石洲诗话》卷一云："盛唐诸公之妙，自在气体醇厚，兴象超远。"[⑧] 刘熙载《艺概》卷三《赋概》云："赋之为道，重象尤宜重兴。兴不称象，虽纷披繁密而生意索然，能无为识者厌乎？"[⑨] 等等，也都是强调诗歌创作要描绘出能给人以暗示、启发、想象的形象，以促引读者去获得"象外之意"。这与孔颖达的"兴必取象"理论可谓一脉相承，也都可以看作是"兴象"审美范畴的发挥、发展与深化。由此可见，"兴必取象"、"喻必以象"作为美学命题已被孔颖达之后众多学者所普遍接受，"兴象"作为中国审美意象的一种重要类型，也备受学人们所关注，从而构成中国古典诗学、美学发展史上的极重要一环。[⑩]

---

① 胡应麟：《诗薮》内编第五、第六，明刻本。

② 黄宗羲：《乐府广序序》，《南雷集》卷第二，《四部丛刊初编·集部》，上海商务印书馆 1929 年版。

③ 黄宗羲：《汪扶晨诗序》，《南雷文定前后三四集》四集卷之一，清康熙刊本。

④ 许学夷：《诗源辨体》卷十六，人民文学出版社 1987 年版，第 164 页。

⑤ 方东树：《昭昧詹言》，人民文学出版社 1961 年版，第 11 页。

⑥ 王士祯：《池北偶谈》卷十四，文渊阁《四库全书》本。

⑦ 纪昀：《瀛奎律髓刊误序》，《纪文达公遗集》卷九，清嘉庆十七年纪树馨刻本。

⑧ 翁方纲：《石洲诗话》，载郭绍虞编：《清诗话续编》，上海古籍出版社 1983 年版，第 1370 页。

⑨ 袁津琥：《艺概注稿》，中华书局 2009 年版，第 455 页。

⑩ 对此，汪涌豪先生曾扼要指出："所谓'兴象'，……它是指诗歌所达到的融汇着诗人勃然发动的主观情志的客观物象，以及这种物象造成的寄意出言的特殊景象，它贴近盛唐

总之，孔颖达兼重象数、义理，恢复《周易》重“象”的传统，使“形而中”之“象”兼指形上、形下两界，促进哲学之“易象”向审美之“意象”的转变。在孔氏的梳理和阐释下，古人“观物取象”所创构各卦爻象，富含意向性和价值论蕴涵，天然地通向审美。孔氏还自觉地从理论上贯通《诗》、《易》，以易象释诗兴，提出了“若诗之比喻”、“兴必取象”等诗学、美学命题，深刻地揭示了易象与诗兴共有的诗性思维特征。这对于中国传统经学、哲学的美学化诠释，对于中国古典美学之意象、意境理论在唐代走向成熟，都起到了相当大的推助作用。

诗人的创作实际与美学追求，是对这种实践和追求的理论归纳，因此较之‘风骨’范畴，创造多于继承，具有鲜明的时代特征。不仅如此，由于‘兴象’与诗歌助益教化这类功利讲求较为疏远，符合诗艺的自在性规律，甚至从某种意义上触及到诗歌的本质，故为后世审美派一路的批评家如皎然、司空图、严羽等人开了先河。皎然之‘假象见意’、‘采奇于象外’，刘禹锡之‘境生于象外’，司空图之‘象外之象’、‘景外之景’，乃至‘意象’、‘兴趣’和‘意境’等范畴，与之在内涵上均有诸多的共通性，便是出于这个缘故。”（汪涌豪：《中国古代文学理论体系·范畴论》，复旦大学出版社 1999 年版，第 120—121 页）刘怀荣先生还作过如许评价：“‘兴象’作为一种诗美理想，并无固定不变的特征，而是随诗人之‘神’、‘气’、‘情’的不同而有所变化。它的容量是无比阔大的，也是与盛唐诗歌内容的丰富性和艺术表达的多样化的实际相一致的。后来的兴趣说、神韵说等，皆各有所偏向，虽在某一方面有所深入和发展，其诗学体系却均不及‘兴象说’全面。再次，从思维表达的角度说，‘兴象’说是继刘勰‘隐秀’论和钟嵘‘文尽意余’说之后，对玄学言意之辨的理论成果的进一步提升。”（刘怀荣：《论殷璠“兴象”说》，《中国人民大学学报》1997 年第 4 期）

第四章　言意论

如所周知，“言”、“意”关系问题是中外哲学史、美学史上较难解决的理论问题之一。一方面，“言”具有极大的表现力，具有一种把不在场的东西召唤到当下状态，使隐秘难见的“意”敞开于我们面前的能力；另一方面，在“言”实现这种召唤和敞开功能的同时，它又会对“意”的无限的丰富性和复杂性形成阻碍和遮蔽。中国古人很早就认识到了这一困境，他们深深感到许多深邃的哲理、复杂而曲折的思想感情，难以用语言表达出来，“言不尽意”就是对这一困境的经典理论概括。

较早意识到这种“言”、“意”困境并加以论述的是老子，老子所云“道可道，非常道；名可名，非常名”（《老子》第一章）、“圣人行无为之事，行不言之教”（《老子》第二章）、“知者不言，言者不知”（《老子》第五十六章）、“信言不美，美言不信。善者不辩，辩者不善”（《老子》第八十一章），即认为真正的“道”、“名”皆不可言说，只能靠直觉去体悟，真正的圣人、智者、善者往往不作言辞之辩，而行不言之教，由此开启了“不言”或“非言”的先河。老子思想的继承者庄子则直接提出了“得意忘言”的命题。庄子云：“荃者所以在鱼，得鱼而忘荃。蹄者所以在兔，得兔而忘蹄。言者所以在意，得意而忘言。吾安得忘言之人而与之言哉？”（《庄子·外物》）这里庄子不仅明确地提出了“言”和“意”的概念，而且得出了“言不尽意”的结论。庄子还在不同地方进一步申说此种观点，如“语之所贵者，意也，意有所随。意之所随者，不可以言传”（《庄子·天道》），“可以言论者，物之粗也；可以意致者，物之精也；言之所不能论，意之所不能察致者，不期精粗焉！”（《庄子·秋水》）

如果说庄子只是提出了“言不尽意”这一难题，而没能给出切实的解决办法的话，《周易·系辞》撰者（一般认为是孔子，孔颖达亦持此看法）则既提出了这一难题，又提出了解决难题的可行之法。如《周易·系辞上》云："子曰：'书不尽言，言不尽意。'然则圣人之意其不可见乎？子曰：'圣人立象以尽意，设卦以尽情伪，系辞焉以尽其言，变而通之以尽利，鼓之舞之以尽神。'"① 这里描述孔夫子自问自答，意谓虽然言语不能完全表达出复杂深邃的义理和曲折隐微的圣人之意，而卦爻象则可以表之尽之，故此，圣人"立象以尽意"。

王弼在此基础上，进一步阐释了"言"、"象"、"意"三者之间的关系，其《周易略例·明象》云："夫象者，出意者也。言者，明象者也。尽意莫若象，尽象莫若言。言生于象，故可寻言以观象；象生于意，故可寻象以观意。意以象尽，象以言著。故言者所以明象，得象而忘言；象者，所以存意，得意而忘象。"② 王弼关于"言"、"象"、"意"的论述，旨在强调得象忘言，得意忘象。本来，得意忘言，是庄子的著名观点，而把它演绎成三个层次两个"相忘"步骤，则是王弼改弦更张、推陈出新的成果。这一出新的成果表明：象超越于言，可于言外求之；意又超越于象，可于象外求之，这无疑有其深刻的理解在。但由于王弼在本体论上主张贵无贱有、崇本息末，故在言、意观上复又得出"得象忘言"、"得意忘象"的结论，一定程度上又否定了"言"、"意"作为媒介和手段的重要性，从而将言、意问题引向玄学化、神秘化而难以把捉。

至唐初孔颖达，由于他在本体论上主张"弃无从有"、"无中生有"，故在言、意问题上，又将王弼引向神秘主义的言、意观拉回到现实层面来。孔氏在综合吸纳前人成果的基础上，推陈出新，赋予言、意问题以更辩证的理论阐释和更丰厚的审美蕴涵。

---

① 李学勤主编：《十三经注疏·周易正义》，北京大学出版社 1999 年版，第 291 页。

② 王弼著，楼宇烈校释：《王弼集校释》，中华书局 1980 年版，第 609 页。

第一节 立言尽意

孔颖达首先考察了言、象、意三者的关系。前述《周易·系辞上》云："子曰'书不尽言，言不尽意。'然则圣人之意，其不可见乎？"孔氏正义解之曰："此一节夫子自发其问，谓圣人之意难见也。所以难见者，书所以记言，言有烦碎，或楚夏不同，有言无字，虽欲书录，不可尽竭于其言，故云'书不尽言'也。'言不尽意'者，意有深邃委曲，非言可写，是言不尽意也。圣人之意，意又深远。若言之不能尽圣人之意，书之又不能尽圣人之言，是圣人之意，其不可见也。故云：'然则圣人之意，其不可见乎？'"[①] 这里，孔颖达剖析"圣人之意难见"的缘由，先指出"书不尽言"的基本原因，即"言有烦碎，或楚夏不同，有言无字，虽欲书录，不可尽竭于其言"；复指出"言不尽意"的原因，即"意有深邃委曲，非言可写"、"圣人之意，意又深远"，故"圣人之意不可见"。此论颇有见地，亦似基本认同"言不尽意"之论。然而，孔颖达接着疏解《周易·系辞》文"圣人立象以尽意"一节说：

> "圣人立象以尽意"者，虽言不尽意，立象可以尽之也。"设卦以尽情伪"者，非唯立象以尽圣人之意，又设卦以尽百姓之情伪也。"系辞焉以尽其言"者，虽书不尽言，系辞可以尽其言也。"变而通之以尽利"者，变，谓化而裁之，通，谓推而行之，故能尽物之利也。……"鼓之舞之以尽神"者，此一句总结立象尽意，系辞尽言之美。圣人立象以尽其意，系辞则尽其言，可以说化百姓之心，百姓之心自然乐顺，若鼓舞然，而天下从之，非尽神，其孰能与于此？[②]

在这一段论述中，孔颖达语意变转，竟然凸显并发挥立象尽意、系辞尽言之

---

① 李学勤主编：《十三经注疏·周易正义》，北京大学出版社 1999 年版，第 291 页。

② 李学勤主编：《十三经注疏·周易正义》，北京大学出版社 1999 年版，第 291 页。

美。本来王弼认为，为易之道极其玄妙，故书难尽言，言难尽意，圣人之意非民众所能领略。但孔颖达不太赞同这种看法，他认为大易之理虽无形无迹，难以准确言说，却仍然可以借助卦爻辞和卦爻象等有形的符号暗示、象征其意。“因为无形的易理与有形的卦爻意是统一的，而卦爻象又是可以语言加以诠释的，因而人们可以运用语言先诠释卦爻象，再进而理解卦爻之理。”① 对于言辞可表情意的功能，孔氏《周易·系辞下》正义中的一段话堪为注脚，其文曰：“辞则言其圣人所用之情，故观其辞而知其情也。是圣人之情，见乎爻象之辞也。若《乾》之初九，其辞云：‘潜龙勿用。’则圣人勿用之情见于初九爻辞也。他皆放此。”② 这里孔颖达进一步明确“观其辞而知其情”，认肯“圣人之情，见乎爻象之辞”，并强调“他皆放此”（“放”同“仿”），意谓由言辞而见情意的道理可以推及其他，具有普遍意义。因此，孔颖达主张立象可以尽意，系辞可以尽言，认为象、言等作为媒介和手段，都极为重要。

对此，宋代理学家程颐在《易传序》中曾有一段近似的解说：“易有圣人之道四焉：‘以言者尚其辞，以动者尚其变，以制器者尚其象，以卜筮者尚其占。’吉凶消长之理，进退存亡之道，备于辞，推辞考卦，可以知变，象与占在其中矣。……得于辞，不达其意者有矣，未有不得于辞而能通其意者也。至微者理也，至著者象也。体用一源，显微无间。观会通以行其典礼，则辞无所不备。故善学者，求言必自近。”③ 程颐此处对言辞符号的表意功能予以充分的肯定，显然与孔颖达的观点相承接。今人苟志效先生还借现代行为意义理论对孔氏观点加以引申发挥：“孔颖达力图从符号刺激引发的行为中对言能尽意的观点作出证明。他所谓‘鼓之舞之以尽神’的看法，实际上就是在强调，既然卦象和爻象（符号）能在人心中产生或引发感应活动，那么，由此导致的行为，自然就是言象符号意义的外化了，简言之，人的动作语言（鼓之舞之）是对符号意义的直接解释，行为反应是言象符号意义的外化和客观化。孔颖达的这一观点，和现代的意义行为论有许多相似之

① 刘玉平：《孔颖达的易学诠释学》，《周易研究》2002 年第 3 期。

② 李学勤主编：《十三经注疏·周易正义》，北京大学出版社 1999 年版，第 297 页。

③ 程颐：《易传序》，《二程集》，中华书局 1981 年版，第 689 页。

处，即都企图在意义所引发的行为中寻求意义的规定。这是有一定道理的致思趋向，基本上是可取的。只不过孔颖达的观点却比现代的意义行为论早了1300多年，其思想穿透性由此可见一斑。”①

在《尚书序》正义中，孔颖达再一次强调了“书”、“言”之于表达“意”的重要性。他说：“道本冲寂，非有名言，既形以道生，物由名举，则凡诸经史因物立名。物有本形，形从事著，圣贤阐教，事显于言，言惬群心，书而示法，……言者意之声，书者言之记，是故存言以声意，立书以记言，故《易》曰：‘书不尽言，言不尽意。’是言者意之筌蹄。书言相生者也。书者，舒也。《书纬·璿玑钤》云：‘书者，如也。’则书者，写其言，如其意，情得展舒也。又刘熙《释名》云：‘书者，庶也，以记庶物。又为著。’言事得彰著。”② 这里所谓“言惬群心，书而示法”、“言者意之声，书者言之记”、“存言以声意，立书以记言”、“言者意之筌蹄”、“书言相生”等，其实都是强调“书”、“言”之于表情达意的基础性地位和不可替代的价值，其中虽照惯例引用了《周易·系辞》借孔圣人的名义发出的“书不尽言，言不尽意”的高论，但却作出了几近相反的解释，这种有意的“误读”似正体现了孔颖达的匠心所在，其实际效果则对王弼等人“言不尽意”论形成了一种纠偏和反拨。

又《尚书·旅獒》孔氏疏孔传曰：“‘在心为志’，《诗序》文也。‘在心为志’谓心动有所向也，‘发气为言’言于志所趣也。志是未发，言是已发，相接而成，本末之异耳。志、言并皆用道，但志未发，故‘以道宁’，志不依道，则不得宁耳。言是已发，故‘以道接’，言不以道，则不可接物。志、言皆以道为本，故君子须勤道也。”③ 孔颖达在此借《诗大序》“在心为志”一语发挥己意，先言“志是未发，言是已发，相接而成，本末之异耳”，揭示志待言而发的道理，强调言、志一体，若无言语，则心志无可表露；复申“志、言皆以道为本，故君子须勤道也”，指认志、言皆以道为本，既源于道又表现着道，故君子须勤道，这样就能更好地言志并体道，这与庄子所谓

---

① 苟志效：《简论中国古典哲学的意义理论》，《哲学研究》1996年第6期。

② 李学勤主编：《十三经注疏·尚书正义》，北京大学出版社1999年版，第1页。

③ 李学勤主编：《十三经注疏·尚书正义》，北京大学出版社1999年版，第329页。

"大道毋言，言而失道"之论旨显然不合，体现了一种儒家重"言"尚"有"的立场。此外，孔氏所引"发气为言"一语是对《诗大序》"发言为诗"一语的改造，凸显了"言"的气本论色彩，"言"由此能更好地沟通形而上之"道"。因此，"言"并非可有可无，而是不可或缺。

这种重"言"的态度，还可以从孔颖达对《春秋左传·襄公二十四年》叔孙豹"立德、立功、立言"之论的阐释中明显地看出来："立德，谓创制垂法，博施济众，圣德立于上代，惠泽被于无穷，……立功，谓拯厄除难，功济于时，……立言，谓言得其要，理足可传，……老、庄、荀、孟、管、晏、杨、墨、孙、吴之徒，制作子书，屈原、宋玉、贾谊、杨雄、马迁、班固以后，撰集史传及制作文章，使后世学习，皆是立言者也。此三者虽经世代，当不朽腐。"① 本来，孔颖达在此张扬儒家思想，对儒家圣贤之立德、立功备加推崇，但于立言之业亦毫无贬抑，同样予以很高的评价，甚至对老、庄、管、晏、杨、墨、孙、吴、屈、宋等诸多非儒家"立言"之人也一概褒扬，认为当属"不朽"行列，可见孔颖达对"立言"的重视。

正因为重视"立言"，孔颖达在具体疏解中常不惜笔墨、不辞辛劳地"言说"，唯恐言不尽意。例如在《诗经·周颂·酌》正义中，孔氏疏毛传云："毛以为，因告《大武》之成，故歌武王之事。於乎美哉，武王之用师也，率此师以取是暗昧之君。谓诛纣以定天下。由既诛纣，故于是令周道大明盛矣。是大明之故，遂有大而又大，谓致今时之太平也。又本用师取昧之事，所以为可美者，以我周家用天人之和而受之。言以和受殷，非苟用强力也。𤧛𤧛然有威武之貌者，我武王之所为，则用此武而有嗣文王之功。王能如是，故叹美之，实维尔王之事，信得用师之道，以此故作为《大武》，以象其事。郑以为，《大武》象武王伐纣，本由文王之功，故因告成《大武》，追美文王之事。於乎美哉，文王之用师众也，乃率殷之叛国，养是暗昧之君，以成其恶，故民服文王能以多事寡，以是周道乃大兴矣。由有至美之德，诚义足以感人，是以大贤士来而助之。贤士既来，我文王宠而受之。来者既受用，故𤧛𤧛然有威武之士竞于我王之造。言其皆来造王，王则宠而

① 李学勤主编：《十三经注疏·春秋左传正义》，北京大学出版社 1999 年版，第 1003—1004 页。

用之。以此而有嗣续，言其传相致达，续来不绝。由是武王因之，得成功作乐，故叹美之。”① 这里，孔颖达先后疏解毛传（“毛以为”之论）与郑笺（“郑以为”之论），将文王之贤德、武王之武功、周道之明盛、《大武》之乐事，描述得非常明白晓畅，且辞丰意雅，近于古代散文之美。

又如《毛诗·泽陂》孔氏正义云：

“毛以为，彼泽之陂障之中，有蒲与荷之二草。蒲之为草甚柔弱，荷之为叶极美好。以兴陈国之中，有男悦女云：汝体之柔弱如蒲然，颜色之美如荷然。男女淫泆，相悦如此。君子见其淫乱，乃感伤之。彼男所悦者，有美好之一人，美好如是，不能自防以礼。不以礼，可伤乎，知可如之何。既不可奈何，乃忧思时世之淫乱，寤寐之中更无所为，念此风俗伤败，目涕鼻泗一时俱下，滂沱然也。郑以为，彼泽之陂障之中，有蒲与荷之二草，以喻同姓之中，有男与女之二人。蒲之草甚柔滑，荷之茎极佼好。女悦男云：汝之体性滑利如蒲然。男悦女云：汝之形容佼大如荷然。聚会之时，相悦如是。及其分离，则忧思相忆。男忆女云：有美好之一人，我思之而不能见，当如之何乎？既不能见，益复感伤，觉寝之中，更无所为，念此美女涕泗滂沱然。淫风如此，故举以刺时也。传‘陂，泽障。荷，芙蕖’。正义曰：泽障，谓泽畔障水之岸。以陂内有此二物，故举陂畔言之，二物非生于陂上也。《释草》云：‘荷，芙蕖。其茎茄，其叶蕸，其本蔤，其华菡萏，其实莲，其根藕，其中的，的中薏。’李巡曰：‘皆分别莲茎叶华实之名。菡萏，莲华也。的，莲实也。薏，中心也。’郭璞曰：‘蔤，茎下白蒻在泥中者。今江东人呼荷华为芙蓉，北方人便以藕为荷，亦以莲为荷。蜀人以藕为茄。或用其母为华名，或用根子为母叶号。此皆名相错，习俗传误，失其正体者也。’陆机《疏》云：‘莲青皮里白子为的，的中有青为薏，味甚苦。故里语云‘苦如薏’是也。’传正解荷为芙蕖，不言兴意。以下传云‘伤无礼’者，伤‘有美一人’，则此‘有蒲与荷’，共喻美人之貌。蒲草柔滑，荷有红华，喻必以象，当以蒲喻女之容体，

① 李学勤主编：《十三经注疏·毛诗正义》，北京大学出版社1999年版，第1369页。

> 以华喻女之颜色。当如下章言菡萏，而此云荷者，以荷是此草大名，故取荷为韵。笺‘蒲柔’至‘姓生’。正义曰：如《尔雅》，则芙蕖之茎曰茄。此言荷者，意欲取茎为喻，亦以荷为大名，故言荷耳。樊光注《尔雅》，引《诗》‘有蒲与茄’，然则《诗》本有作‘茄’字者也。笺以序云‘男女相悦’，则经中当有相悦之言，以蒲喻所悦男之性。女悦男，言男之心性和柔似蒲也。荷以喻所悦女之容体。男悦女，言女形体佼大如荷也。正以陂中二物兴者，淫风由同姓生，二物共在一陂，犹男女同在一姓。笺‘伤思’至‘见之’。正义曰：‘伤，思’，《释言》文。以《溱洧》、《桑中》亦刺淫泆，举其事而恶自见，其文皆无哀伤之言，此何独伤其无礼，至于涕泗滂沱，辗转伏枕也？故易传以为思美人不得见之而忧伤也。孙毓以笺义为长。传‘自目’至‘曰泗’。正义曰：经、传言陨涕出涕，皆谓泪出于目。泗既非涕，亦涕之类，明其泗出于鼻也。”①

孔颖达此段长篇疏文，可谓既详且雅。孔颖达先疏毛传、郑笺，描绘泽畔障水之岸，蒲草、荷叶之美和男女欢爱之情，语言鲜活传神，虽欲表达传统经学美刺讽喻之旨于一二，但掩饰不了内在的欣赏、喜悦之情，与某些固执守旧的经学家们板着面孔训诂大不相同。孔颖达接着引经据典，详细疏释蒲草、荷花等草木的自然属性和人文含义，并有意地将其与男女爱情紧密联系起来，赞美之情溢于言表。孔颖达最后释涕、泗之别，语言生动俏皮。整体上看，孔氏此段疏文可谓言尽其意，极其详明，但又融知识性与情感性、趣味性于一炉，似乎在给我们叙述一段优美感伤的爱情故事，足见其语言驾驭能力非同一般。

清代学者陈澧在《东塾读书记》中曾指出：“（孔颖达）有因《礼记》一、二语，而作疏至数千言者。如《王制》‘制三公一命卷’云云，疏四千余字。‘比年一小聘，三年一大聘，五年一朝’，疏二千余字。《月令》、《郊特牲》篇题，疏皆三千余字。若此者颇多，其一千余字者则尤多。《毛诗》、《左传》疏亦有之。元元本本，殚见洽闻，非后儒所能及矣。且非好为繁博

① 李学勤主编：《十三经注疏·毛诗正义》，北京大学出版社 1999 年版，第 455 页。

也，既于此一经下详说此事，以后此事再见，则不复说。然则其繁也，正其所以为不繁也。”① 如陈澧所言，孔氏解经确实详尽有加，“元元本本，殚见洽闻，非后儒所能及”，但孔氏也并非为“说”而“说”，而是当说则详之，不当说则略之，所谓“非好为繁博”，“然则其繁也，正其所以为不繁也”。对此，陈澧又补充指出：“孔疏有明言不复释者，《杂记》下云‘管仲镂簋而朱紘，旅树而反坫，山节而藻棁’，疏云：‘其旅树山节之属，已具于《礼器》及《郊特牲》疏，故于此不复释也。’《大传》云‘王者禘其祖之所自出，以其祖配之’；疏云：‘此文具于小记，于彼已释之。’又，‘庶子不得为长子三年，不继祖也’；疏云‘其义具在《小记》，已备释之。’《玉藻》云‘天子玉藻十有二旒’；疏云‘其六冕玉饰上下贵贱之殊，并已具《王制》疏，于此略而不言。’疏文如此者屡见，读之可知其作疏之意，在博而不繁也。”② 可见，孔颖达重视“立言”，并非滥用语言权能，而是有所为有所不为，“读之可知其作疏之意，在博而不繁也”。

也正因为重视“立言”，孔颖达非常注重研究语言的基本表达技巧和功能问题。如在《周易·系辞下》“其旨远”句正义中，孔氏详细疏解说：“‘其旨远’者，近道此事，远明彼事，是其旨意深远。若‘龙战于野’，近言龙战，乃远明阴阳斗争、圣人变革，是其旨远也。‘其辞文’者，不直言所论之事，乃以义理明之，是其辞文饰也。若‘黄裳元吉’，不直言得中居职，乃云黄裳，是其辞文也。‘其言曲而中’者，变化无恒，不可为体例，其言随物屈曲，而各中其理也。”③ 即对语言如何借助文饰、寄托来表达义理的问题作了一番审美化的描述和总结。又如在《关雎》篇末的疏解中，孔颖达就《诗经》的字句、篇章、用韵等语言表达形式和特点作了较全面的概括和总结，该段文字甚长，现仅录其中二节如下。

孔颖达论字句用法云：

> 句必联字而言，句者局也，联字分疆，所以局言者也。章者明也，总义包体，所以明情者也。篇者遍也，言出情铺，事明而遍者也。然

① 陈澧：《东塾读书记》（外一种），生活·读书·新知三联书店 1998 年版，第 181 页。
② 陈澧：《东塾读书记》（外一种），生活·读书·新知三联书店 1998 年版，第 181 页。
③ 李学勤主编：《十三经注疏·周易正义》，北京大学出版社 1999 年版，第 312 页。

> 字之所用，或全取以制义，“关关雎鸠”之类也。或假辞以为助，者、乎、而、只、且之类也。句者联字以为言，则一字不制也。以诗者申志，一字则言蹇而不会，故《诗》之见句，少不减二，即“祈父”、“肇禋”之类也。三字者，“绥万邦”、“娄丰年”之类也。四字者，“关关雎鸠”、“窈窕淑女”之类也。五字者，“谁谓雀无角，何以穿我屋”之类也。六字者，“昔者先王受命”、“有如召公之臣”之类也。七字者，“如彼筑室于道谋”、“尚之以琼华乎而”之类也。八字者，“十月蟋蟀入我床下”、“我不敢效我友自逸”是也。其外更不见九字、十字者。挚虞《流别论》云《诗》有九言者，“洞酌彼行潦挹彼注兹”是也。遍检诸本，皆云《洞酌》三章，章五句，则以为二句也。颜延之云：“《诗》体本无九言者，将由声度阐缓，不协金石，仲治之言，未可据也。”句字之数，四言为多，唯以二三七八者，将由言以申情，唯变所适，播之乐器，俱得成文故也。①

孔颖达此论，扼要指出《诗经》遣词造句，或全取以制义，或假辞以为助；句必联字而言，一般四言较为普遍，二、三、七、八等字句运用，则根据表情达意、音韵协和等因素而定；一字不足以申志，九字以上则声度阐缓，不协金石，故《诗经》中几未见；又分别就二字句、三字句、四字句、五字句、六字句、七字句、八字句等举例予以说明。其整体效果近于一段论修辞的美文。

又孔氏辨析“卒章”一词之词义、用法云：

> 《东山·序》云一章、二章、三章、四章，不谓末章为卒章。及《左传》曰《七月》之卒章，又《扬之水》卒章者，《东山》分别章意，从一而终于四，故不言卒章也。《左传》言卒章者，卒，终也，言终篇之章。言卒者，对始也。终篇为卒章，则初篇为首章矣，故郑注《礼记》云“《缁衣》之首章”是也。若然，言卒者，对首也，则《武》唯一章，而《左传》曰“作《武》，其卒章曰‘耆定尔功’者，以‘耆定

① 李学勤主编：《十三经注疏·毛诗正义》，北京大学出版社1999年版，第28页。

> 尔功’是章之卒句故也。《大司乐》注云“《驺虞》，乐章名，在《召南》之卒章”者，正谓其卒篇。谓之章者，乘上《驺虞》为乐章，故言“在《召南》之卒章”也。定本章句在篇后。《六艺论》云“未有若今传训章句”，明为传训以来，始辨章句。①

孔颖达此论，就诸《经》中“卒章”一词的词义、用法等作了一番解说。其要义为：卒章为终篇之章，与作为初篇之首章有别，“言卒者，对首也”，故不谓末章。而某些特殊情况下，章之卒句亦可谓卒章，甚至诸篇之卒篇亦可谓卒章，这又是“卒章”一词的扩展之义了。如此等等，甚是详明。

如论者所指出，孔颖达在《关雎》篇疏解中加入了约一千六百字的有关《诗经》句式、章法等诗体形式的讨论，在篇幅上大大超过了约五百字的《诗大序》且与之处于一篇之内，这分明是提示和引导广大学子在理解和把握《毛诗序》之诗学主旨和具体诗义诗理外，还要重视《诗经》作品句法与章法等体式构成上的一些特征以及语言形式之美，使义理与辞章结合起来。② 这在一定程度上标志着经学诠释向美学诠释的转变，是传统诗经学研究的重要成就，同时也促进了孔氏本人审美诠释思想的形成。

当然，如前所述，孔颖达并非无原则地强调“立言”，甚至过分夸大“立言”的功能与效果。相反，他对如何恰如其分地“立言”也提出了自己独到的见解和要求。如孔氏于《周易·家人卦》象辞“君子以言有物而行有恒”句下正义云：“言必有事，即口无择言。行必有常，即身无择行。正家之义，修于近小。言之与行，君子枢机。出身加人，发迩化远，故举言行以为之诫。言既称物，而行称‘恒’者，发言立行，皆须合于可常之事，互而相足也。”③ 孔氏此疏，主要讨论人的言行举止对于君子人格的形成、对于修身化人的重要意义，其中特别指出“言”的基本标准是“有事”，即有实质性内容，不能空洞无物；而且，不但要言之有物，还要言之“称物”，即符合事实真相，不能任意夸大或缩小。此外，还要求“言”与“行”“皆须合

① 李学勤主编：《十三经注疏·毛诗正义》，北京大学出版社 1999 年版，第 29 页。
② 参见汪祚民：《诗经文学阐释史》，人民出版社 2005 年版，第 315 页。
③ 李学勤主编：《十三经注疏·周易正义》，北京大学出版社 1999 年版，第 159 页。

于可常之事，互而相足”，也就是要求言行一致，表里如一，均合于常道常理。这样一来，“言”的主观随意性就要小得多，故曰“口无择言”。又如孔氏所作《尚书正义序》云：“窃以古人言诰，惟在达情，虽复时或取象，不必辞皆有意。若其言必托数，经悉对文，斯乃鼓怒浪于平流，震惊飙于静树，使教者烦而多获，学者劳而少功。过犹不及，良为此也。炫嫌焯之烦杂，就而删焉。虽复微稍省要，又好改张前义，义更太略，辞又过华，虽为文笔之善，乃非开奖之路。义既无义，文又非文，欲使后生，若为领袖，此乃炫之所失，未为得也。今奉明敕，考定是非。谨罄庸愈，竭所闻见，览古人之传记，质近代之异同，存其是而去其非，削其烦而增其简。此亦非敢臆说，必据旧闻。”① 稍绎此段文字，可见如下几层意思：其一，古人发言申论，惟在事理人情，偶有描绘性或感叹性言辞，未必皆含深意，后人读经若不解此点，字字句句穷究其微言大义，就会过犹不及，劳而少功。这是讲如何把握言简意赅的问题。其二，隋朝经师刘炫嫌刘焯解经过于烦杂，故对其解经之文删繁就简，这本是值得称道的，但刘炫又喜好改窜前文，自出新见，其结果，文义既过于浅略，文笔又过于浮华，从而走向了另一种偏颇，不值得学习和提倡。这是讲言辞如何称意的问题。其三，如今孔颖达自己奉敕撰作，广阅博览，参取古今，举凡发言，皆有根有据，且力图“存其是而去其非，削其烦而增其简”。这是讲如何在撰作中尽量做到是非有定、辞必称意、言不虚发的问题。孔氏如上所论，主要就如何“立言”问题阐发了自己的见解和主张，既有对滥用“立言”权能的针砭，又有基于自己切身实践经验的建设性提议，虽主要针对解经事宜而发，但完全可视为其语言观或修辞观独白。

值得我们注意的是，孔颖达不仅重视“立言”，而且还重视“听言”的问题。《毛诗·桑柔》孔氏正义云：“听言与诵言相对，诵言是诵习《诗》、《书》之言，则听言非典法之言，故以为道听之言，即《论语》所谓‘道听途说’者也。贪人之识，不能鉴远闻。浅近之言，合其志意，则应答之。见诵《诗》、《书》之言，非心所解，则眠卧如醉。《乐记》魏文侯自言端冕而听古乐，唯恐卧。《史记》称商鞅说秦孝公以帝道，孝公睡而弗应。皆是心

① 李学勤主编：《十三经注疏·尚书正义》，北京大学出版社 1999 年版，“序言”。

所不悟，如醉然也。”[①] 此孔氏以“听言”为《论语》所谓“道听途说”之言，与以《诗》、《书》之言为代表的“诵言”相对举，前者（名词结构）浅俗，后者古雅，似与我们今天所谓“听其言而观其行”之“听言”（动词结构）不相干。事实上，孔颖达在此表达了二层意思：第一层意思是“立言”要古雅，如《诗》、《书》之言，虽未必易解和动听（如魏文侯不喜听古乐），但合乎常道，而“听言”（道听途说之言，名词结构）虽浅近通俗，甚至颇能吸引贪人、庸人之耳目感官，但不合常道；第二层意思是“听言”（动词结构）要“善听”，闻其声而揣摩其意，不能因其难解而昏昏欲睡，甚至退而寻求庸俗浅近之言（乐），放弃“鉴远闻”的机会。如此看来，孔氏所论，显然是在如何“善言”的基础上进而推衍至“善听”，从而进一步补充了其“立言”之论。

需要指出的是，孔颖达重视“立言”，在美学理论上有其特别的意义。众所周知，在中国哲学史和美学史上，自老庄以来，“言不尽意”论一直占据主流地位。老子的“道可道，非常道；名可名，非常名”，庄子的“大道毋言，言而失道”、“天地有大美而不言”，还有前述“得鱼而忘荃”、“得意而忘言”论，一直到王弼的“得意忘象、得象忘言”论，等等，深深地影响了中国古人的言语思维模式和审美方式。虽有先秦邓析、惠施、公孙龙等名辩学派曾一度力倡言辩，提出诸如“白马非马”、“坚白石离”等语言逻辑命题展开论难。但由于种种原因，名辩学派很快在历史上销声匿迹，重新让位于“非言”一派。客观地说，老庄等人所发端的“非言”思维方式对于中国古代文化之主客圆融、尚象感悟式诗性品格的陶塑，对于审美文艺蕴藉空灵的特征的养成，都有着不可忽视的积极影响。但同样不可忽视的是，这一思维方式一定程度上也养成了中国古人工具理性、逻辑思辨能力的不足，中国古人擅长工艺而短于科学，当与此大有关联，从而在后来的经济、文化发展上造成了一定的负面影响。而孔颖达以一代大儒的身份倡导“立言”，无疑有着补偏救弊的积极意义。就审美文艺来说，起码给一直被视为等而下之的“言”正了名，因为文艺终究是离不开语言表达形式的。更何况，自西方现代“语言论转向”以来，语言形式和结构问题已成为美学领域最重要的研究

---

① 李学勤主编：《十三经注疏·毛诗正义》，北京大学出版社1999年版，第1189页。

内容和话题之一。

第二节　言象互补

孔颖达重视“言”，但并不因此而忽略“象”。从形而上的角度来看，他对于“象”的重视甚至还超过了“言”，本书第三章所论已充分表明了这一点。这可视为孔颖达的辩证之处。在孔颖达这里，“言”固然重要，但毕竟是追求具体化、明确化和条理化表达，容易坐实。有些问题可以立“言”尽意，但对于某些深微玄奥之义理，仅靠“言”就不够了，还要借助“象”的中介和引申功能，或曰还要借助“象”的补充作用方能更好地奏效。“象”较之于“言”，它具体可感而又朦胧蕴藉，具有多向生发的可能性，从而给主体以展开丰富想象和创造的空间，并可在直觉体验中感悟其“意”，在情景交融中捉摸其“意”。对此，孔颖达是有着充分的体认的，在这一层面上，他与王弼等人的观点又是相当一致的。因此，立“象”以尽意，或者说，以“象”济“言”，言象互补，就构成了孔颖达言、意观的又一个重要方面。

《周易·系辞上》曰：“圣人有以见天下之赜，而拟诸其形容，象其物宜，是故谓之象。”孔氏正义云：“（圣人）见此刚理，则拟诸乾之形容；见此柔理，则拟诸坤之形容也。‘象其物宜’者，圣人又法象其物之所宜，若象阳物，宜于刚也；若象阴物，宜于柔也。是各象其物之所宜，六十四卦，皆拟诸形容，象其物宜也。若泰卦比拟泰之形容，象其泰之物宜；若否卦则比拟否之形容，象其否之物宜也。举此而言，诸卦可知也。”① 这里孔颖达揭示了圣人假借各种物象比拟、象征“天下之赜”（即一种幽深玄奥的义理），从而有益于教人的情形。孔氏释《周易·乾卦》象辞“天行健”句云：“天有纯刚，故有健用，今画纯阳之卦以比拟之，故谓之象。……‘天行健’者，行者运动之称，健者强壮之名，……万物壮健，皆有衰怠，唯天运动日过一度，盖运转混没，未曾休息，故云‘天行健’。”孔颖达还对此补充说：“天体之行，昼夜不息，周而复始，无时亏退，故云‘天行健’。此谓天之自然

① 李学勤主编：《十三经注疏·周易正义》，北京大学出版社 1999 年版，第 274 页。

之象。”“天以健为用者，运行不息，应化无穷，此天之自然之理，故圣人当法此自然之象而施人事。”[①] 孔氏诸说意谓，之所以称“天行健”，是因为“天体之行，昼夜不息，周而复始，无时亏退”，较之其他万物，非但更加“壮健”，且能“应化无穷”，乾卦的卦象便是对“天体运行不息”这一自然之象的描摹，故此，乾卦的卦象便隐喻、象征“健”之义理和功用。

孔氏又疏《礼记·学记》云：“若欲学诗，先依倚广博譬喻。若不学广博譬喻，则不能安善其诗，以诗譬喻故也。”[②] 这也就是要求通过广泛描摹自然界种种物象，作为形象性的譬喻来抒情言志。而《周易·说卦》孔氏正义一番说辞，便是依倚广博譬喻，在诗性中表达一种思性：“鼓动万物者，莫疾乎震，震象雷也。桡散万物者，莫疾乎巽，巽象风也。干燥万物者，莫熯乎离，离象火也。光说万物者，莫说乎兑，兑象泽也。润湿万物者，莫润乎坎，坎象水也。终万物始万物者，莫盛乎艮，艮东北方之卦也。故水火虽不相入而相逮，及雷风虽相薄而不相悖逆，山泽虽相悬而能通气，然后能行变化而尽成万物也。艮不言山，独举卦名者，动桡燥润之功，是雷风水火，至于终始万物，于山义为微，故言艮而不言山也。”[③] 孔颖达对这些易象所作出的种种描述和发挥，其实是要求创作者在描摹各物象时，一方面要注意外在表象上的相似性，即力求“拟诸形容”，另一方面又要注意内在义理上的准确性，即尽量“象其物宜”（此“物宜”即“物之所宜”，亦即“物之义”）。如此，方能实现“立象以尽意”。

为了更好地表达易象“拟诸形容”、“象其物宜”的特点，孔颖达还特别提出“实象”、“假象”之说：

> 先儒所云此等象辞，或有实象，或有假象。实象者，若“地上有水，比”也，“地中生木，升”也，皆非虚，故言实也。假象者，若“天在山中”，“风自火出”，如此之类，实无此象，假而为义，故谓之假也。虽有实象、假象，皆以义示人，总谓之“象”也。[④]

---

① 李学勤主编：《十三经注疏·周易正义》，北京大学出版社 1999 年版，第 10、11、1 页。
② 李学勤主编：《十三经注疏·礼记正义》，北京大学出版社 1999 年版，第 1058 页。
③ 李学勤主编：《十三经注疏·周易正义》，北京大学出版社 1999 年版，第 329 页。
④ 李学勤主编：《十三经注疏·周易正义》，北京大学出版社 1999 年版，第 11 页。

按孔氏之意，这里所谓“实象”，就是指某些卦象所模拟的对象实有其形，实有其物，如比卦（卦符为䷇，寓意为“地上有水”）与升卦（卦符为䷭，寓意为“地中生木”）的卦象即如此；所谓“假象”，就是指某些卦象所模拟的对象并非实有其物，实有其形，而是人在大脑中想象、虚拟而成的某种形象，如大畜卦（卦符为䷙，寓意为“天在山中”）与家人卦（卦符为䷤，寓意为“风自火出”）的卦象即如此。但无论是“实象”还是“假象”，都是用来隐喻和象征某种事理的，都要求以“象”来表意，故皆归为易象。这就进一步阐明了六十四卦卦爻象既模拟事物形象，又象征隐喻事理的特性。

诚然，整个《周易》卦爻系统的创构是“观物取象”的结果，它一般不直接显示某种义理，而是通过抽象的卦爻符号隐喻或象征某种义理。这种隐喻或象征常是精微的、微妙的，非概念所能穷尽的。如八卦中阴阳两爻及其功能，是由天地的四时运转、育养万物的造化功能，由人的男女性别特征以及男女育养后嗣的生命功能中得到启示而概括提挈出来的。其所表征的阴阳、刚柔一类义理精神和生命情态，就不像逻辑语言所表达的抽象概念和道理那样，需要删落感性成分，而是始终不脱离感性成分，并以感性的“象”来比拟象征。① 诚如钱锺书先生所指出，《周易》“取象”实是以一种“取譬明理”的方式来“致知”、“穷理”。② 这种“托象明义”、“取譬明理”的取象方式实际上还反映了原始初民以拟物、象征、类比为主要特点的直觉性思维方式，这本身就是一种情感体验型的、富有形象性特征的思维方式。一定程度上，这种“托象明义”、“取譬明理”的取象方式成为沟通天文和人文、已知和未知的桥梁，帮助人们打开了由“言不尽意”的哲学认识论到诗学意义生成方式的大门。孔颖达对此所作的大量阐发，可谓把握了《周易》卦爻象的要义，同时也昭示了其言、意观中的丰厚审美蕴涵。

综上所述，孔颖达于“言”、“象”、“意”三者关系的梳理论释，继承并发挥了《周易·系辞》中“立象以尽意”、“系辞以尽言”的论断，同时又适当汲取了王弼“意以象尽”、“象以言著”观点的合理内核，但他并没有像王弼等玄学家那样力图崇本息末，贵无贱有，以致走到“得意忘象”、“得象忘

① 参见汪裕雄：《意象探源》，安徽教育出版社 1996 年版，第 151 页。

② 参见钱锺书：《管锥编》第一册，中华书局 1979 年版，第 12 页。

言”的地步，而是始终强调“言”、“象”、“意”三者并重的重要意义，这在很大程度上纠正了魏晋玄学语言观的偏颇。同时，孔颖达所再三致意的借物象作形象性譬喻的表现方法，以及对这种表现方法所作的理论概括和总结，推进了“言不尽意”这一古老命题的审美化取向，从而对我国古典诗学和美学中意象、意境理论的发展和成熟，产生了重要的影响。

应当说，孔颖达关于“言”、“象”、“意”三者关系的论述，不专为审美问题而发。然而，其为确立“言”、“象”、“意”三者递进、互动的关系，进而为意象和意境在美学中确立中心地位，打下了更扎实的基础。

进而言之，孔颖达充分注意到“言”、“象”、“意”三者各自的重要意义，但同时也意识到各自的局限与不足。在孔氏这里，“言”之于“象”、“象”之于“意”，各有其双重质性，既可以收桥梁引渡之功，又可生障碍阻滞之弊。只有即“言”而不偏执于“言”，即“象”而不拘泥于“象”，方能超越“言”和“象”，从而进达“言之外”和“象之外”的境界。故“立言”、“立象”虽是“得意”的手段和媒介，但沾滞于具体的“言”和“象”又终不能“尽意”，尤其难尽“本体之意”。故只有借助比拟、象征、直观体验等方法和途径，即“言”而离“言”，即“象”而超“象”，逐渐从有限的“言——象”之境延伸至无限的“象外”之境，从形而下的“言——象”符号体系探入形而上的“意”的境域，最终升华至本体性的“道”的境域。如论者所识，“道”虽寂然无体，自身无形无象，但却可以经由意象的象征意指作用，逼近和体验它。《老子》一书，曾以“水”、“江海”、“母”、“根”、“朴”等意象喻“道”，多层面多向度描述和暗示“道”的特性，使人意会“道”的本真，进入体“道”的境界。而作为“道”的象征性能指的“象”，老子称之为“大象”。①

在孔颖达这里，则以“太虚之象”为“大象”。《周易·系辞上》曰：“易无思也，无为也，寂然不动，感而遂通天下之故，非天下之至神，其孰能与于此。”孔氏疏韩注云：“云‘夫非忘象者，则无以制象’者，凡自有形象者，不可以制他物之形象，犹若海不能制山之形象，山不能制海之形象。遗忘己象者，乃能制众物之形象也。……象之所以立有象者，岂由象而

① 参见汪裕雄、桑农：《意境无涯》，安徽教育出版社2002年版，第116页。

来，由太虚自然而有象也。……是太虚之象、太虚之数，是其至精、至变也。由其至精，故能制数；由其至变，故能制象。若非至精、至变、至神，则不得参与妙极之玄理也。”① 孔氏此论，已将“象”提升到本体论的高度，所谓“凡自有形象者，不可以制他物之形象”，“遗忘已象者，乃能制众物之形象”，此“象”已非普通的有形的“形象”，而是无形无状的“太虚之象”，此“太虚之象”虽无形无状，却可以生发无限的形而下的“形象”来，并能“制众物之形象”。显然，此“太虚之象”是对本体性的“道”的另一种表达，类于老庄的“大象无形”、“大音希声”、“大美不言”，“道”、“大象”、“太虚之象”等在一气贯通之下，构成另一种“互文”关系。孔氏又释韩注“夫唯知天之所为者，穷理体化，坐忘遗照”句云：“言若能知天之所造为者，会能穷其物理，体其变化，静坐而忘其事及遗弃所照之物，任其自然之理，不以他事系心，端然玄寂，如此者，乃能知天之所为也。言天之道亦如此也。”② 孔颖达这里强调了“制象者”无思无为、任物自化的心理状态，即“忘已象”、“去数名”，不以繁琐的现象性的东西为念，而任由心灵达到无思无欲的状态，这样才能忘却小我，体悟天地之大道。而天地之大道即“太虚之象”，对天地之大道的体悟，亦即对“太虚之象”的领悟。这样的观点，与庄子之“心斋”（《庄子·人间世》）、“坐忘”（《庄子·大宗师》）、“象罔”（《庄子·天地》），南朝宗炳之“澄怀观道”、“澄怀味象”等美学命题③，可谓遥相呼应，一脉相承。

这里，孔颖达之“太虚之象”已由哲学向审美一端倾斜，其审美意蕴已较为丰厚。如果说，在观物取象阶段，言语符号的形象描摹占主要地位，形象思维尚处于起始阶段；在立象尽意阶段，言语符号的描摹已逐渐让位于审美意象的演变，形象思维处于非常活跃的阶段，审美对象的情致状态在主体情感与想象力的推动下愈发鲜活生动，并与审美主体的生命情态由异质趋

---

① 李学勤主编：《十三经注疏·周易正义》，北京大学出版社 1999 年版，第 284—285 页。

② 李学勤主编：《十三经注疏·周易正义》，北京大学出版社 1999 年版，第 272 页。

③ 宗炳曾提出“澄怀味象”与“澄怀观道”两个含义互摄的命题，认为“味象”亦即“观道”，则所“味”之“象”，当包括作为“道”之象的“大象”。（参见宗炳：《画山水序》和张彦远《历代名画记》卷六，分别载严可均编：《全上古三代秦汉三国六朝文》、《全宋文》卷二十，以及明《津逮秘书》本张彦远《历代名画记》）

于同构；至最后的“太虚之象”阶段，则是超越有限的形象（意象）而入于无限的“大象”，“大象”无形而无限，在阴阳二气的普运周流中，生生不息，而人作为万物的灵长，气运的精华，在气类相感的基础上充分展开内倾性体验，由言→象→意→大象的层层递嬗，最终指向世界的本体与万物的生命之根。

要言之，孔颖达上述有关论说可说是对他以前有关“言”、“象”、“意”复杂关系探讨和争论的一个总结和升华。对于中国美学和审美文化来说，则不仅重新确认和发挥了《易传》以来“立象尽意”的表意方式，而且开辟了“立言尽意”的新途，使得“言”、“意”二者互济互补、有机融合于中国语言文化系统中，而非厚此薄彼，造成人为的偏颇和割裂。在此基础上，孔颖达还进一步将“立象尽意”推进到“太虚之象”的高邈阶段，大大深化了“立象尽意”的审美蕴涵，使之实现了形而上的哲学超越，接近于老子本体性的“大象”。孔氏此类阐发，在中国审美文化史上应是不小的贡献。一方面，模塑了中国传统的表意文化符号由片面的“言”或“象”系统走向有机互补的“言象互动”系统。如识者所指出：“严格说来，中国文化的基本符号，既非单纯的语言系统，也非单一的意象系统，而是两者互动的‘言象’系统。”[①] 这种“言象互动”系统较之单纯的“言”或“象”系统，其表意空间无限增强，这对于中国传统的审美创造活动、审美欣赏活动以及审美诠释活动，无疑都带来了深远的影响。另一方面，孔氏一系列论说，一定程度上促进了“意象”和“意境”这两个重要审美范畴的诞生或成熟。“意象”范畴在魏晋南北朝时已初步形成，刘勰《文心雕龙·神思》所谓“独照之匠，窥意象而运斤”等论为我们所熟知。到唐代，由于孔颖达、殷璠等人的理论贡献，“意象”范畴又衍生出“兴象”范畴，使得“意象”范畴走向成熟，前章已述，此不赘言。而这里孔氏的“太虚之象”之论，则促使“意象”范畴进一步由“象内”走向“象外”，真正完成了“意象”范畴的层深建构。此后“意象”范畴在中国诗、文、书、画各艺术领域得到了广泛的运用，如唐代诗人王昌龄《诗格》云“久用精思，未契意象”，唐书论家张怀瓘《文字论》云“探彼意象，如此规模”，唐诗论家司空图《二十四诗品》云“意

① 汪裕雄：《意象探源》，安徽教育出版社1996年版，第16页。

象欲出，造化已奇”，等等，不一而足。“意境”概念则由王昌龄在《诗格》中首倡，随后又有刘禹锡的《董氏武陵集序》所呈“境生于象外”等论断，以及司空图《与极浦书》所言“象外之象，景外之景”等论说。叶朗先生曾对“意境”范畴的美学本质作如许界定：“‘意境’不是表现孤立的物象，而是表现虚实结合的‘境’，也就是表现造化自然的气韵生动的图景，表现作为宇宙的本体和生命的道（气）。”① 并扼要区别“境”与“象”云：“‘象’是某种孤立的、有限的物象，而‘境’则是大自然或人生的整幅图景。‘境’不仅包括‘象’，而且包括‘象’外的虚空。‘境’不是一草一木一花一果，而是元气流动的造化自然。”② 可见，“意境”是对“意象”理论的进一步拓展和深化，既包容各具体意象及意象系列，又涵摄意象之外的无限虚空和气韵生动的自然、人生图景，它俨然是一种微妙而又不可言说的“有意味的形式”。而孔颖达有关论说，对“意境”范畴的诞生和成熟，大有理论铺垫之功。

① 叶朗：《中国美学史大纲》，上海人民出版社 1985 年版，第 276 页。

② 叶朗：《中国美学史大纲》，上海人民出版社 1985 年版，第 270 页。

第五章 诗 论

作为经学家的孔颖达在主撰《五经正义》过程中，对于诗歌的性质、功能，对于诗经学领域的诸多难题，也予以高度的重视和创造性的阐发。由于唐初大一统的政治文化环境背景以及孔颖达等撰作者自身的文艺理念和价值取向的独特性，孔氏《五经正义》的诗论思想既体现出一种涵纳古今的集大成气质，又体现出相当鲜明的个性化特征。其所提出的“诗有三训”、“风雅之诗，缘政而作”、“诗述民志，乐歌民诗”、“畅怀舒愤，塞违从正”等诗学命题，以及对诗之“六义”、“三体三用”、“孔子删诗”等问题所作的深入发掘和考辨，在中国诗学和美学史上均具有承前启后的重要意义。曾有学者认为以《毛诗正义》为代表的孔氏诗学研究“完成了汉学各派的统一，成为《诗经》研究的第二个里程碑”①。下面，笔者试图在前贤研究成果的基础上，对孔氏儒家诗学思想作一番梳理和总结。

第一节 “诗有三训”

关于诗之大旨要义，孔颖达曾在释郑玄《诗谱序》时云：

名为诗者，《内则》说负子之礼云“诗负之”，注云：“诗之言承也。”《春秋说题辞》云：“在事为诗，未发为谋，恬澹为心，思虑为志。诗之为言，志也。”《诗纬·含神雾》云：“诗者，持也。”然则诗有三

① 夏传才：《诗经研究史概要》，中州书画社 1982 年版，第 99 页。

训，承也、志也、持也。作者承君政之善恶，述己志而作诗，为诗所以持人之行，使不失队，故一名而三训也。①

这里，孔颖达引经据典，并用简洁的语言概括出“诗有三训”，钱锺书先生称之为“并行分训之同时合训也”②。孔氏所谓“诗有三训”，一是指“承君政之善恶”，即以诗歌为手段评骘君政的优劣，君政善则褒之，君政恶则刺之，这可视为对汉代诗经学美刺精神的承传和发挥；二是指“述己志而作诗”，即诗人创作诗歌应是建立在抒发自己的情志的基础上，有自己的立场和态度，这凸显了抒情主体的地位和抒情言志的合理性；三是指“持人之行，使不失队”，即规范人的言行，扶植人的性情，使人弃恶从善，而不至于沉沦堕落。孔氏所论“诗有三训”，虽有取于《礼记·内则》郑注、《春秋说题辞》、《诗纬·含神雾》诸文之义，但经孔颖达整合发挥之后，所包含的内蕴更为深广，它既强调诗歌创作要关注政教善恶，又强调诗人要站在主体性立场上进行价值评判，并且还要求发挥诗歌创作之审美教育和感化功能。由此，诗歌创作的价值和意义得到较为全面的剔发。清末王闿运在《论诗文体法》中承孔氏之说云：“诗，承也，持也；承人心性而持之，以风上化下，使感于无形，动于自然。”③此论虽仅及孔氏“承”、“持”二训，实则暗涵孔氏三训之义。有论者曾指出：“孔疏一名三训不只属字词的训诂问题，背后实存在一套完整而深刻的诗学理论。‘抒愤’和‘救世’是孔颖达诗学的两大纲维，极精微的诗心论和极恢弘的诗用论所构成的诗学体系，撑拄起承、志、持的内在义蕴。”④下面就孔氏所阐发的诗之大旨作进一步的展开。

一、“风雅之诗，缘政而作”

如本书绪论所指出，孔颖达首先是一名大儒，他最基本的思想立场便

① 李学勤主编：《十三经注疏·毛诗正义》，北京大学出版社 1999 年版，“目录”第 5 页。

② 钱锺书：《管锥编》，中华书局 1979 年版，第 57 页。

③ 王闿运：《论诗文体法》，载徐中玉主编：《中国近代文学大系·文学理论集·1》，上海书店 1994 年版，第 624 页。

④ 邓国光：《唐代诗论抉原：孔颖达诗学》，《唐代文学研究》第七辑，广西师范大学出版社 1998 年版。

是儒家的政治伦理思想，故“考察其事，必以仲尼为宗”，“至于垂范作则，便是有而教有”。孔颖达这种儒家思想观念深深地渗透到其诗论思想中，其中最为明显的一点，就是提倡“风雅之诗，缘政而作”，即要求诗歌的思想内容应当符合匡政教民的基本原则。

在《毛诗大序》正义中，孔颖达阐述了自己对诗歌创作宗旨的基本看法：

> 风、雅、颂者，皆是施政之名也。上云“风，风也，教也。风以动之，教以化之”，是风为政名也。下云“雅者，正也。政有小大，故有《小雅》焉，有《大雅》焉”，是雅为政名也。《周颂谱》云：“颂之言容，天子之德，光被四表，格于上下，此之谓容”，是颂为政名也。人君以政化下，臣下感政作诗，故还取政教之名，以为作诗之目。……一国之事为风，天下之事为雅者，以诸侯列土树疆，风俗各异，故唐有尧之遗风，魏有俭约之化，由随风设教，故名之为风。天子则威加四海，齐正万方，政教所施，皆能齐正，故名之为雅。风、雅之诗，缘政而作，政既不同，诗亦异体。①

在此，孔颖达明确肯定《诗经》“风”、“雅”、“颂”三体皆施政之名，其中风为“风以动之，教以化之”，即以诗歌等艺术施行感染教化之能；雅为“正”，即匡扶政德，而政德有大小，故有“小雅”、“大雅”之别；颂为“容”，即以诗歌等艺术形式描绘和歌颂圣人明君的大德伟业。要之，“风”、“雅”、“颂”三体皆关乎政教、政德。由此，孔颖达鲜明地提出了“风雅之诗，缘政而作”的诗学命题，重新确立了诗歌创作的出发点与旨归乃在于王政教化，即所谓“人君以政化下，臣下感政作诗，故还取政教之名，以为作诗之目”。这一诗学命题的提出，与传统的诗论经典命题“诗言志”、“诗缘情”构成鼎足而三的局面，可谓意义重大。

既然是“风、雅之诗，缘政而作，政既不同，诗亦异体”，那么人君施行怎样的政教，如何管理国家和社会，就成了如何去作诗以及作怎样的诗的

① 李学勤主编：《十三经注疏·毛诗正义》，北京大学出版社 1999 年版，第 12 页。

关键环节。由于在封建专制时代，统治者施行什么样的政教以及施政的好坏往往在很大程度上决定着时政之善恶，而时政之善恶又直接影响着国之治乱、民之忧乐，进而影响着“感政作诗”的具体面貌，孔颖达一直是把劝谏统治者施行礼义仁政放在“缘政而作”的首位。如孔氏疏《毛诗大序》“国史明乎得失之迹”句云：

> 礼义废则人伦乱，政教失则法令酷。国史伤此人伦之废弃，哀此刑政之苛虐，哀伤之志郁积于内，乃吟咏己之情性，以风刺其上，觊其改恶为善，所以作变诗也。①

孔颖达此论是说，一国之治，礼义政教为首务，礼义不彰则人伦淆乱，政教缺失则法令苛虐，国之志士识此危局，忧愁哀伤而作诗，以讽刺和劝诫国之统治者们改恶从善，实行礼义仁政，那些描绘乱世之“变诗”即由此而来。

诗人们劝谏讽喻，往往忧深思远，即使讽刺前朝之恶，未必真有实效，但也是为了惩前毖后，警戒当下和未来。故孔氏《诗经·抑》正义云：

> 往者之失，诚不可追，将来之君，庶或能改。虽刺前世之恶，冀为未然之鉴，不必虐君见在，始得出辞，其人已逝即当杜口！《雨无正》之篇，……虽文刺前朝，实意在当代，故诵习此言，以自肃警。②

孔氏意谓，虽然前世“虐君”已作古，其恶行已无法纠正，但将来之人君，或能因此而自戒，得以改过从善。故诗人们劝谏讽喻，即使不能惩前，亦可以毖后，当下或后世人君接触此类诗文，揽镜自照，亦能起到“以自肃警”的效果。此即所谓“虽文刺前朝，实意在当代”。

既然诗歌创作担负着如此重要的使命，那么诗人就应该时时以美刺讽谏、匡主教民为己任。我们再来看看与此相关的论述，孔氏《毛诗正义》云：

---

① 李学勤主编：《十三经注疏·毛诗正义》，北京大学出版社 1999 年版，第 15 页。

② 李学勤主编：《十三经注疏·毛诗正义》，北京大学出版社 1999 年版，第 1162 页。

> 臣下作诗，所以谏君，君又用之教化，……在上，人君用此六义风动教化；在下，人臣用此六义以风喻箴刺君上。①
>
> 诗人既见时世之事变，改旧时之俗，故依准旧法，而作诗戒之。虽俱准旧法，而诗体不同，或陈古政治，或指世淫荒。虽复属意不同，俱怀匡救之意，故各发情性，而皆止礼义也。②

这里，孔颖达认为，臣子和普通民众作诗，是为了讽喻箴刺君主，促其改恶从善，而君主则用诗歌教化臣民，促其修身养性，安分守己，最终求得匡主和民，发情止礼，天下大治。这可以说是孔氏诗学理论的基本出发点，也是孔颖达整个《五经正义》经学诠释的指导思想。

在孔颖达这里，非但诗人担负着美刺讽谏、匡主教民之任，凡文臣史官，执笔修书者皆有此责。孔氏《春秋左氏传序》正义云：

> 志其典礼，合典法者褒之，违礼度者贬之。上以遵周公之遗制，使旧典更兴；下以明将来之法，令后世有则，以此故修《春秋》也。前代后代，事终一揆，所赏所罚，理必相符。仲尼定《春秋》之文，制治国之法，文之所褒，是可赏之徒；文之所贬，是可罚之类。后代人主，诚能观《春秋》之文，揆当代之事，辟所恶而行所善，顺褒贬而施赏罚，则法必明，而国必治。③

孔氏此谓，礼官修典，无论古今，均应合典法者褒之，违礼度者贬之，一如诗人作诗，见善则美之，见恶则刺之。就此而言，当年孔子笔削《春秋》，褒其可褒，贬其可贬，褒贬之间，重构治国之法，“前代后代，事终一揆，所赏所罚，理必相符”，堪称历代史官修书的典范。若后代人君浏览《春秋》之文，深入领会褒贬、赏罚之义，并以史为鉴，弃其所恶而行其所善，“则法必明，而国必治”。同理，若诗人坚持借古讽今，褒贬时政，人君又能及时地从当中汲取经验教训，励精图治，则善莫大焉。

① 李学勤主编：《十三经注疏·毛诗正义》，北京大学出版社1999年版，第13页。
② 李学勤主编：《十三经注疏·毛诗正义》，北京大学出版社1999年版，第16页。
③ 李学勤主编：《十三经注疏·春秋左传正义》，北京大学出版社1999年版，第11页。

风雅之诗，缘政而作，作为一般创作原则，孔颖达往往是“美”、“刺”并举的，王政教化成功则歌颂赞美，王政教化衰微弛废则讥刺匡救。如孔氏疏解《诗谱序》时云：“风、雅之诗，止有论功颂德、刺过讥失之二事耳。”① 此所谓“论功颂德”，即是指“美”；“刺过讥失”，即是指“刺”，二者相辅相成，因时而发，择机而用。但是针对当时之政教美、善者少而乱、恶者多这一无可回避的实情，孔颖达不得不更多强调“刺”的重要意义。他说：

> 诗人见善则美、见恶则刺之。……变风、变雅之作，皆王道始衰、政教初失，尚可匡而革之、追而复之，故执彼旧章，绳此新失，觊望自悔其心，更遵正道。②
>
> 诗人所陈者，皆乱状淫形，时政之疾病也，所言者，皆忠规切谏，救世之针药也。《尚书》之“三风十愆”，疾病也。诗人之“四始”“六义”，救药也。若夫疾病尚轻，有可生之道，则医之治也用心锐。扁鹊之疗太子，知其必可生也。疾病已重，有将死之势，则医之治也用心缓。秦和之视平公，知其不可为也。诗人救世，亦犹是矣。典刑未亡，觊可追改，则箴规之意切，《鹤鸣》、《沔水》，殷勤而责王也。淫风大行，莫之能救，则匡谏之志微，《溱洧》、《桑中》，所以咨嗟叹息而闵世。陈、郑之俗，亡形已成，诗人度已箴规必不变改，且复赋己之志，哀叹而已，不敢望其存，是谓匡谏之志微。故季札见歌《陈》，曰：“国无主，其能久乎！”见歌《郑》，曰：“美哉！其细已甚，民弗堪也，是其先亡乎！”美者，美诗人之情，言不有先王之训，孰能若此。先亡者，见其匡谏意微，知其国将亡灭也。③

这里，孔颖达把社会现实中所发生的种种“乱状淫形”、“三风十愆”视为时政之疾病，把忠规切谏的诗人视为救世之良医，而诗之“四始”、“六义”则被当作拯救时弊之针药。诗人针砭时政的目的在于“救世”，其“忠规切谏”精神即使与温柔敦厚的传统诗教不合也是允许的。孔氏以医者用心比况

① 李学勤主编：《十三经注疏·毛诗正义》，北京大学出版社 1999 年版，“目录”第 6 页。

② 李学勤主编：《十三经注疏·毛诗正义》，北京大学出版社 1999 年版，第 14 页。

③ 李学勤主编：《十三经注疏·毛诗正义》，北京大学出版社 1999 年版，第 16 页。

诗人之心，诗人救世，一如医者治病，如果病人尚有生存之机，则医者必急于救治，用心也显得率直；诗人恳切陈情，是因为时世尚有转机和希望，变风、变雅即如此。而当诗人认为时世已至无可救药的地步，如同病人病入膏肓，焦急殷勤已无所用，则惟有哀婉叹息，任其灭亡了。孔颖达在这里所强调的，正是诗人刺过讥失以匡扶政德的救世情怀。

在孔颖达之后，杜甫《奉赠韦左丞丈二十二韵》云"致君尧舜上，再使风俗淳"，白居易《寄唐生》云"唯歌生民病，愿得天子知"，又《采诗官》云"欲开壅蔽达人情，先向歌诗求讽刺"，元结《二风诗论》云"极帝王理乱之道，系古人规讽之流"，以及皮日休《正乐府》序所云"诗之刺也，闻之足以戒乎政"，等等，也都体现了孔颖达所倡导的"匡扶政德"的诗歌创作原则。又晚唐顾陶在《唐诗类选序》中强调："在昔乐官采诗而陈于国者，以察风俗之邪正，以审王化之兴废，得刍荛而上达，萌治乱而先觉，诗之义也，大矣远矣。肇自宗周，降及汉魏，莫不由政治以讽谕，系国家之盛衰，作之者有犯而无讳，闻之者伤惧而鉴诫，宁同嘲戏风月，取欢流俗而已哉！"① 顾氏在此所褒所贬，一如孔颖达所论。

萧华荣先生曾指出："在整个中国古代文学史上，唐代的诗学可以说是对《诗》'经'精神的一次最有力的贯彻。故顾陶《唐诗类选序》说：'国朝以来，人多反（返）古。'所谓'返古'，即'由政治以讽喻，系国家之盛衰'。"② 唐代诗学对《诗》"经"精神的这种有力贯彻和高度重视，无疑很大程度上要归功于孔颖达。谢建忠先生则认为，孔颖达"风雅之诗，缘政而作"这一命题，"发展并超越了汉代诗学理论视域，代表了唐代经学对诗歌本质问题的终极关注和理论提挈。这一新命题的确立尽管不可能扫荡诗歌在长期发展中所形成的多元功能，但是其主流价值观念却对唐诗的发展产生了深巨的影响"③。诚哉斯言！

二、"诗述民志，乐歌民诗"

与"风雅之诗，缘政而作"命题相关联，孔颖达于《毛诗正义》中又

---

① 顾陶：《唐诗类选序》，载董诰等编：《全唐文》卷七百六十五，清嘉庆内府刻本。

② 萧华荣：《中国古典诗学理论史》，华东师范大学出版社 2005 年版，第 96 页。

③ 谢建忠：《论孔颖达与唐诗》，《文学评论》2007 年第 3 期。

提出了“诗述民志，乐歌民诗”的诗学命题。如果说前者更关乎国政的话，后者更关乎民情，两者都是孔颖达现实主义诗学理论的核心内容。

《毛诗大序》孔氏正义云：“诗述民志，乐歌民诗，故时政善恶见于音也。”① 孔颖达在汲取前人成果的基础上，对“诗言志”这个关于诗歌艺术的传统定义，作了一种创造性的阐释。本来，前人论“诗言志”，更多是偏于贵族士大夫个体志意的抒发和表达，而孔颖达将其引申为“诗述民志，乐歌民诗”，“民”这一长期被遮蔽的主体在此得到了充分的彰显，由个体主体性走向了群体主体性，由精英阶层走向了平民大众，要求诗歌创作的目的，应更多表达广大民众的志向、意愿，即代民立言，而非抒发小我一己之感慨。这种观点较之以前的诗论，无疑是一种历史的进步。又由于《诗经》中的诗基本上都能伴乐歌唱，故孔氏进一步揭明了“诗”和“乐”在表达“民志”方面相辅相成的效果：“诗述民志，乐歌民诗，故时政善恶见于音”，即诗歌所描述的应是由时政善恶所触发的“民志”，而音乐所歌咏的应是描述民志的“民诗”，故“民志”通过诗与乐两种艺术形式的演绎和传播，能更真实有效地展示“时政善恶”，亦能更好地代民立言。

以“诗述民志，乐歌民诗”为诗歌创作的基准，孔颖达对《毛诗大序》中的“治世之音安以乐”一节作了详细的阐发：

> 治世之音既安又以欢乐者，由其政教和睦故也。乱世之音既怨又以恚怒者，由其政教乖戾故也。亡国之音既哀又以愁思者，由其民之困苦故也。……乱世之政教与民心乖戾，民怨其政教，所以忿怒。述其怨怒之心而作歌，故乱世之音亦怨以怒也。《蓼莪》云：“民莫不谷，我独何害！”怨之至也。《巷伯》云：“取彼谮人，投畀豺虎。”怒之甚也。《十月》云：“彻我墙屋，田卒污莱。”是其政乖也。国将灭亡，民遭困厄，哀伤己身，思慕明世，述其哀思之心而作歌，故亡国之音亦哀以思也。《苕之华》云：“知我如此，不如无生。”哀之甚也。《大东》云：“眷言顾之，潸焉出涕。”思之笃也。《正月》云：“民今之无禄，天夭是椓。”是其民困也。……乱世谓世乱而国存，故以世言之。亡国则国亡

① 李学勤主编：《十三经注疏·毛诗正义》，北京大学出版社 1999 年版，第 9 页。

> 而世绝，故不言世也。乱世言政，亡国不言政者，民困必政暴，举其民困为甚辞，故不言政也。[①]

孔颖达此段疏文，其基本要义在于：无论是治世之音、乱世之音还是亡国之音，皆源于政教之善恶，政教和睦则有治世之音，政教乖戾则有乱世之音，政亡民困则有亡国之音。如论者所揭，世之治乱、国之兴亡，取决于政教如何；政教是否和睦、乖戾或暴虐，视其得民心、失民心的程度而定；诗歌艺术，则是民心对政教实施状况的直接或间接的反映。应该说，这些都体现了孔颖达素朴的反映论观点和以民为本的思想，展示了其现实主义诗学理论的主要特征。[②]

孔氏“诗述民志”说倡导诗人们要心忧天下，积极主动地去了解国计民生，尤其要深入体察民生疾苦，从而更好地反映民情，此即孔氏所谓“诗人览一国之意，以为己心，故一国之事，系此一人，使言之也”[③]。孔颖达还举证说：“《谷风》、《黄鸟》，妻怨其夫，未必一国之妻皆怨夫耳。《北门》、《北山》，下怨其上，未必一朝之臣皆怨上也。但举其夫妇离绝，则知风俗败矣；言己独劳从事，则知政教偏矣。莫不取众之意以为己辞。一人言之，一国皆悦。”[④] 这涉及诗歌创作者要有正确的立场和倾向性问题，即诗人应当直面现实，以各种社会民生问题为题材和主题进行艺术创构，为广大民众写诗代言。诸如《谷风》之夫妻离绝，《黄鸟》之三良殉葬，《北门》之忠臣不遇，《北山》之劳逸不均，《硕鼠》之贪鄙酷虐，《黍离》之国衰政弛，《君子于役》之役卒愁苦，等等，都是诗人关注国计民生问题而创作出来的优秀之作，可谓深入民心。唯其如此，方能赢得广大民众的爱护和尊重，此即孔氏所称“莫不取众之意以为己辞。一人言之，一国皆悦”。这很大程度上体现出孔颖达的民本主义思想和忧国忧民的情怀，从而使得建筑其上的诗学理论命题在历史上具有进步意义。

---

① 李学勤主编：《十三经注疏·毛诗正义》，北京大学出版社 1999 年版，第 9 页。
② 参见霍松林：《诗述民志——孔颖达诗歌理论初探》，《文艺理论研究》1981 年第 2 期。
③ 李学勤主编：《十三经注疏·毛诗正义》，北京大学出版社 1999 年版，第 17 页。
④ 李学勤主编：《十三经注疏·毛诗正义》，北京大学出版社 1999 年版，第 17 页。

三、“畅怀舒愤，塞违从正”

孔颖达在突出强调诗歌的社会政治功能时，并没有忽视诗歌的抒情特性。孔氏《毛诗正义序》云：

> 夫《诗》者，论功颂德之歌，止僻防邪之训，虽无为而自发，乃有益于生灵。六情静于中，百物荡于外，情缘物动，物感情迁。若政遇醇和，则欢娱被于朝野，时当惨黩，亦怨刺形于咏歌。作之者所以畅怀舒愤，闻之者足以塞违从正。发诸情性，谐于律吕，故曰“感天地，动鬼神，莫近于《诗》”。此乃《诗》之为用，其利大矣。①

这里可以看到，孔颖达一方面强调了诗歌的社会政治功能，认为“政遇醇和”则当颂美，“时当惨黩”则必“怨刺”，以论功颂德或止僻防邪。另一方面又对诗歌创作的主体性问题进行了有益的探讨。就创作主体而言，诗人可以通过诗歌创作来“畅怀舒愤”，即将自己的喜怒哀乐、感时伤怀之情表达出来。尽管抒发的是主体个人的情志，客观上仍然可以起到批判现实、“塞违从正”的作用。这里“塞违”是指堵塞乖违悖逆之行（即“止僻防邪”之意），“从正”是指复返正道，尊德尚礼。因此，在孔颖达这里，所谓“畅怀舒愤”与前述“诗缘政作”、“诗述民志”等诗学命题并不矛盾，而是完全统一的。这就进一步肯定了诗歌创作主体抒发个人情志的合理性与合法性。

又孔颖达疏《毛诗大序》“诗者，志之所之也”句云：

> 诗者，人志意之所之适也。虽有所适，犹未发口，蕴藏在心，谓之为志。发见于言，乃名为诗。言作诗者，所以舒心志愤懑，而卒成于歌咏。故《虞书》谓之“诗言志”也。包管万虑，其名曰心；感物而动，乃呼为志。志之所适，外物感焉，言悦豫之志则和乐兴而颂声作；言忧愁之志则哀伤起而怨刺生。②

---

① 李学勤主编：《十三经注疏 · 毛诗正义》，北京大学出版社 1999 年版，“目录”第 3 页。

② 李学勤主编：《十三经注疏 · 毛诗正义》，北京大学出版社 1999 年版，第 6 页。

这里，由于“情”和“志”对于孔颖达来说是统一的，故“悦豫之志”即“悦豫之情”，“忧愁之志”即“忧愁之情”，孔氏充分肯定了诗歌的抒情特性。他尤其强调“舒心志愤懑”这一抒情特性，是因为在历代社会现实中，使人“悦豫”的美好事物常常受到打压，而使人“愤懑”的丑恶事物则普遍存在。因此，“舒心志愤懑”就成了作诗者主要的抒情方式。如前文所说，“畅怀舒愤”与“塞违从正”是统一的，“舒心志愤懑”的同时依然可以起到“怨刺”的作用，这是一个问题的两个方面。由此也可以看出孔颖达诗学思想的辩证特性。

正是基于这样的理解，孔颖达一方面主张“畅怀舒愤”，另一方面又倡导“塞违从正”的儒家诗教观。在他看来，诗歌等文艺是实施儒家政教和审美教化不可或缺的媒介和手段，因为诗歌等文艺既能启迪人的智慧，又能抒发人的情感，且有助于宣扬儒家政治伦理教化理念，对君对民都能发挥其独特的效果。孔氏于《尚书正义》云：

> 乐官掌颂诗言以纳谏，以诗之义理或微，人君听之，若有不悟，当正其义而扬道之。扬，举也，举而道向君也。①
>
> 乐之感人，能成忠、和、祇、庸、孝、友之六德也。……刚、简是其本性，教之使无虐、傲，是言教之以防其失也。……作诗者自言己志，则诗是言志之书，习之可以生长志意，故教其诗言志以导胄子之志，使开悟也。②

孔颖达认为，就上层统治者而言，诗之义理，可助人君弃恶从善，若人君听之而不悟，掌管颂诗进言的乐官们当揭明其义理，引导人君纳谏而从善。就普通士人和平民百姓而言，诗乐之教，既可以感化人心，怡情养性，促成“忠、和、祇、庸、孝、友”等六种美德的养成；亦可以防微杜渐，克服“虐”、“傲”等性格和心理上的缺陷，使人的心性趋向中正平和；还可以激发人的志意，使人领悟人生的要义，积极进取，奋发有为。长此以往，必然

---

① 李学勤主编：《十三经注疏·尚书正义》，北京大学出版社 1999 年版，第 122 页。

② 李学勤主编：《十三经注疏·尚书正义》，北京大学出版社 1999 年版，第 80 页。

会君贤臣善，民心和乐，上行下效，国泰民安。因此，诗歌等文艺的教化作用，既可以帮助统治者们维护和巩固国家政治和社会伦常秩序，又有助于不同阶层的国民基本素质的提升。

类似这种诗关教化、育人性情的理论表述在孔氏正义中还有很多。如《礼记·经解》孔氏释“温柔敦厚”句云：“温，谓颜色温润；柔，谓情性和柔。《诗》依违讽谏不指切事情，故云‘温柔敦厚’，是《诗》教也。”又释“《诗》之失愚”云：“《诗》主敦厚，若不节之，则失在愚。”又释“温柔敦厚而不愚”句云：“此一经以《诗》化民，虽用敦厚，能以义节之。欲使民虽敦厚，不至于愚，则是在上深达于《诗》之义理，能以《诗》教民也。故云‘深于《诗》者’也。”[①] 诸如此类表述，很大程度上已经触及中国古代儒家审美教化思想的核心内容，兹不赘引。

综上可知，孔颖达对儒家诗学的阐释和发挥，一方面体现了对建构理想的社会政治和伦理秩序的群体理性要求，另一方面又充分肯定了发扬个体情性和审美感性的重要意义。这就从本体性层面将诗歌艺术的政治教化功能与审美抒情特性统一了起来，较之汉儒的政教诗学观和魏晋南北朝以来的抒情主义诗学观，有了更为丰富而辩证的美学内涵，也更具理论的张力。

在孔颖达之后，与孔氏诗学和美学精神气脉相通者，代不乏人。就唐代而言，孔氏正义中大量针对政治腐败、道德沦丧、社会不公、民生困苦等所作的批评和阐释，及其所呈显的价值判断和情感指向，引导并激励着唐代文人知识分子创作了大量“经邦济世”与“发愤抒情”相结合的诗歌作品，有的还提炼出相关诗学理论。尽管这些文人知识分子和相关理论派别的承传渊源多元而复杂，但孔颖达有关“诗有三训”、“风雅之诗，缘政而作”、“诗述民志，乐歌民诗”、“畅怀舒愤，塞违从正”等诗学思想的影响终究居于主导性的位置。就诗学理论来说，如王勃在其《上吏部裴侍郎启》中申言：“夫文章之道，自古称难，圣人以开物成务，君子以立言见志，遗雅背训，孟子不为，劝百讽一，扬雄所耻。苟非可以甄明大义，矫正末流，俗化资以兴衰，家国繇其轻重，古人未尝留心也。”[②] 这正是从儒

① 李学勤主编：《十三经注疏·礼记正义》，北京大学出版社 1999 年版，第 1368—1369 页。

② 王勃：《上吏部裴侍郎启》，《王子安集》卷八，《四部丛刊》影明本。

家传统的文艺观出发，强调文艺的经世教化作用，主张文艺之道必须甄明大义，矫正末流，化媚俗为雅正。白居易在《议文章碑碣词赋》中警示云："古之为文者，上以纽王教，系国风；下以存炯戒，通讽谕。故惩劝善恶之柄，执于文士褒贬之际焉；补察得失之端，操于诗人美刺之间焉。今褒贬之文无覈实，则惩劝之道缺矣；美刺之诗不稽政，则补察之义废矣。虽雕章镂句，将焉用之。"① 这是一面张扬以《国风》为表征的美刺讽喻的诗学观，一面批评当时诗坛不关风雅、雕章镂句的不良作风。白居易还与元稹等人一道，标举"风雅比兴"的现实主义大旗，掀起了"唯歌生民病"的新乐府运动。他们提倡写实讽谕诗，并总结出"文章合为时而著，歌诗合为事而作"的著名理论。刘知己在《史通·载文篇》中则以史论文云："夫观乎人文，以化成天下；观乎国风，以察兴亡。是知文之为用，远矣大矣。若乃宣、僖善政，其美载于周诗；怀、襄不道，其恶存乎楚赋；读者不以吉甫、奚斯为谄，屈平、宋玉为谤者，何也？盖不虚美、不隐恶故也。是则文之将史，其流一焉，固可以方驾南、董，俱称良直者矣。"② 刘氏认为诗歌文学如同良史笔录，记载了创作主体对时政善恶的真实评价，蕴含了鲜明的好恶之情，不仅可藉此考察兴亡，亦可裨补时教，化育天下。就具体诗歌创作来说，如陈子昂的感遇诗，杜甫的时事诗，李白的古风诗、感兴诗，元结、顾况的乐府诗，韩愈的古风、古体诗等，大多以孔颖达式批判现实主义精神为指导，前赴后继，不断高扬诗人所肩负的社会使命和诗歌的批判现实的社会功能。③ 如邓国光先生所指出："从陈子昂至杜甫，华夏诗心已恢弘至无以复加的地步。诗人淑世意念如此殷切，诗道自任的承担感和那股奋发扬厉的气魄，又是如此触目，这一切都可从孔颖达'诗人救世'的理念中寻觅得其原型。"④

---

① 白居易：《白氏长庆集·白氏文集》卷第四十八，《四部丛刊》影日本翻宋大字本。

② 刘知己著，浦起龙通释：《史通通释》，上海古籍出版社 1978 年版，第 123 页。

③ 参见谢建忠：《论孔颖达与唐诗》，《文学评论》2007 年第 3 期。

④ 邓国光：《唐代诗论抉原：孔颖达诗学》，《唐代文学研究》第七辑，广西师范大学出版社 1998 年版。

第二节 “六诗”新释

在中国古典诗学、美学史上，关于《诗经》“六诗”、“六义”之谜可谓源远流长而又聚讼纷纭，各家异说，迄无定论，而孔颖达在《五经正义》中对此多有开创性阐发和独到的贡献。兹就其“六诗”新释、“三体三用”说等问题作一番考察。

如我们所知，“六诗”之称最早见于《周礼》。《周礼·春官·大师》上有这样一段记载：大师“教六诗，曰风，曰赋，曰比，曰兴，曰雅，曰颂；以六德为之本，以六律为之音”①；而瞽矇“掌《九德》、《六诗》之歌，以役大师”②。后来，《毛诗大序》径将《诗经》中的诗之六体称为“六义”，其曰：“诗有六义焉：一曰风，二曰赋，三曰比，四曰兴，五曰雅，六曰颂。”③在这里，《诗》之六体“风、赋、比、兴、雅、颂”与《周礼》中的“六诗”顺序保持一致，《周礼》之“六诗”似被默认为《诗经》中诗之六体，但“六诗”改成了“六义”。《毛诗大序》又释“风”、“雅”、“颂”曰：“是以一国之事，系一人之本，谓之风。言天下之事，形四方之风，谓之雅。雅者，正也，言王政之所由废兴也。政有大小，故有小雅焉，有大雅焉。颂者，美盛德之形容，以其成功告于神明者也。是谓四始，《诗》之至也。”④此释文中对“风”、“雅”（又分“大雅”、“小雅”）、“颂”作出了相当细致的解释和发挥，并称其为“四始”，而对“赋”、“比”、“兴”却未作半点说明，甚是蹊跷。此外，《毛传》还对《诗经》中的一百一十六篇诗歌之首章标上“兴也”字样，至于剩下的一百余篇该如何归类，却没有标明，也没有对此给出应有的解释。从此，对《诗经》中的诗歌究竟应如何分类，以及对《周礼》中的“六诗”究竟应作何解释，在后世《诗经》诠释史上逐渐变得歧义丛生。

东汉末年，古文经学大师郑玄撰成《毛诗传笺》、《毛诗谱》，对《毛传》

---

① 李学勤主编：《十三经注疏·周礼注疏》，北京大学出版社 1999 年版，第 610—611 页。

② 李学勤主编：《十三经注疏·周礼注疏》，北京大学出版社 1999 年版，第 617 页。

③ 李学勤主编：《十三经注疏·毛诗正义》，北京大学出版社 1999 年版，第 11 页。

④ 李学勤主编：《十三经注疏·毛诗正义》，北京大学出版社 1999 年版，第 11、16 页。

中的许多重要问题进行了阐发，但依旧未能阐明“六义”的确切内涵以及它与“六诗”究竟是何关系。其后，南朝刘勰在《文心雕龙》中试图对《毛传》独标“兴”体这一特殊现象作出理论上的解释，他说：“诗文弘奥，包韫六义，毛公述传，独标兴体，岂不以风通而赋同，比显而兴隐哉?”[①] 刘氏意谓“风”、“赋”义近，故“赋”似可包含于“风”；而“比”与“兴”一显一隐而已，差别亦有限，“比”似可涵摄于“兴”。从而，毛公在《诗传》中只阐述“风”、“雅”、“颂”和“兴”亦未尝不可。于是，“六义”缩减成了“四义”。嗣后，钟嵘在《诗品序》中则将风、雅、颂与赋、比、兴剥离开来，单倡赋、比、兴“三义”。至于此“三义”与彼“三义”（风、雅、颂）之间是何关系，钟嵘也没能给出明确的交代。这样，先秦时代的“六诗”，先由汉儒变转为“六义”，再由刘勰缩减为风、雅、颂、兴“四义”，到了钟嵘这里，“四义”又化约为“三义”，于是，关于“六诗”的诠解就更加模糊不清了。[②]

直至唐初孔颖达撰成《毛诗正义》，“六诗”、“六义”问题才得到了较为全面的梳理和阐发，各类诠解暂归一统。下面分而释之。

其一，关于“六诗”与“六义”的关系问题。

《毛诗大序》“故诗有六义焉”句孔氏正义云：

> 上言诗功既大，明非一义能周，故又言“诗有六义”。《大师》上文未有“诗”字，不得径云“六义”，故言“六诗”。各自为文，其实一也。[③]

如前所述，《毛诗大序》改变《周礼》之说，将“六诗”径称为“六义”，而六者排列顺序依然不变。在此，孔氏明确指出，“《周礼·大师》上文未有‘诗’字，不得径云六义，故言六诗。各自为文，其实一也”。这就是说，《周礼·大师》中的“六诗”实即“六义”，只因在前文中没出现“诗”字，若径直称其为“六义”，显得比较突兀，故还是称“六诗”；而到《毛诗

① 刘勰著，范文澜注：《文心雕龙注》，人民文学出版社 1958 年版，第 601 页。

② 参见郑志强：《诗经“六诗”新考》，《中州学刊》2006 年第 6 期。

③ 李学勤主编：《十三经注疏·毛诗正义》，北京大学出版社 1999 年版，第 11 页。

大序》中，前文已有“诗”字作铺垫，故可称“诗”为“义”，“六诗”即“六义”，互文相通。为此，孔颖达本人在《毛诗·周颂谱》正义中还现身说法，曰：“孔子以前，六诗并列，故太师教六诗，是六诗皆别题也。……周诗虽六义并列，要先风、雅而后颂也。”① 这里孔氏便前称“六诗”，后称“六义”，转换之间，似无须更加说明。孔氏此番解释虽稍显简略，却从理论上疏通了扞格，消解了“六诗”、“六义”间长期存在的歧义，从而正式认定“六诗”即“六义”。

其二，关于风、雅、颂含义问题。

对此问题，《毛诗序》曾作过简要的分析，但含义较模糊，孔氏正义则在前人基础上作了更深入的探讨。

关于风、雅、颂三体，孔颖达先从文字训诂的角度综论曰：

> 彼注云：“风，言贤圣治道之遗化。……雅，正也，言今之正者，以为后世法。颂之言诵也，容也，诵今之德，广以美之。”是解六义之名也。彼虽各解其名，以诗有正、变，故互见其意。“风”云贤圣之遗化，谓变风也。“雅”云“言今之正，以为后世法”，谓正雅也。其实正风亦言当时之风化，变雅亦是贤圣之遗法也。“颂”训为“容”，止云“诵今之德，广以美之”，不解容之义，谓天子美有形容，下云“美盛德之形容”，是其事也。……郑必以“风”言贤圣之遗化，举变风者，以唐有尧之遗风，故于“风”言贤圣之遗化。……“雅”既以齐正为名，故云“以为后世法”。②

孔氏此论，先引郑玄《周礼·大师·教六诗》注“六诗”之义，以“风”为“言贤圣治道之遗化”；以“雅”为“正”，即“言今之正者，以为后世法”；以“颂”为“诵”，即“诵今之德，广以美之”。孔颖达接着补充说，郑氏注“风”为贤圣之遗化，是就变风而言；注“雅”为“言今之正，以为后世法”，是就正雅立论。但事实上正风亦指当时之风化，变雅亦是贤圣之遗法，

① 李学勤主编：《十三经注疏·毛诗正义》，北京大学出版社 1999 年版，第 1272 页。

② 李学勤主编：《十三经注疏·毛诗正义》，北京大学出版社 1999 年版，第 11—12 页。

因此，“彼虽各解其名，以诗有正、变，故互见其意”。又郑氏注训“颂”为“容”，却未释其义，他补充指出，因天子美有形容，所谓“美盛德之形容”，故又可训“颂”为“容”。如此，孔颖达从文字训诂的角度将风、雅、颂三体之基本含义揭示得更加明白确当，弥补了郑氏注的不足。

进而，孔颖达在《春秋左传·昭公二十年》正义中对风、雅、颂三体作了如许界定：“一国之事，诸侯之诗为风，天下之事，天子之诗为雅，成功告神为颂。是三者，类别各不同。”① 即吟咏地方风俗民情、诸侯之事者为风诗；吟咏天下之事、天子朝政者为雅诗；吟颂尊天祭祖、太平德洽者为颂诗。孔氏此番定义虽有取于《毛诗大序》，但更加简明精当。

在此基础上，孔颖达又分别申论风、雅、颂三体之奥义。如关于雅体，孔氏于《春秋左传·襄公二十九年》正义曰：

> 《诗序》云：“言天下之事，形四方之风，谓之雅。雅者，正也。政有小大，故有小雅焉，有大雅焉。”然则小雅、大雅，皆天子之诗也。立政所以正下，故《诗序》训“雅”为“正”，又以政解之。天子以政教齐正天下，故民述天子之政，还以齐正而为名，故谓之“雅”也。王者政教有大有小，诗人述之，亦有大小，故有小雅、大雅焉。据《诗》以小雅所陈，有饮食宾客、赏劳群臣、燕赐以怀诸侯、征伐以强中国、乐得贤者、长育人材，于天子之政，皆小事也。大雅所陈，有受命作周、代殷继伐、受先王之福禄、尊祖考以配天、醉酒饱德、官人用士、泽被昆虫、仁及草木，于天子之政，皆大事也。诗人歌其大事，制为大体；述其小事，制为小体。体有大小，故分为二焉。②

孔氏此论，继续以“诗缘政作”为基本立场，认为政有小、大之分，故雅亦有小大之别。如《小雅》所陈饮食宾客、赏劳群臣、燕赐以怀诸侯、征伐以强中国、乐得贤者、长育人才等事，在天子之政中属小事，而《大雅》所陈

① 李学勤主编：《十三经注疏·春秋左传正义》，北京大学出版社 1999 年版，第 1402 页。
② 李学勤主编：《十三经注疏·春秋左传正义》，北京大学出版社 1999 年版，第 1101 页。

受命作周、代殷继伐、受先王之福禄、尊祖考以配天等事，在天子之政中属大事，故“诗人歌其大事，制为大体；述其小事，制为小体。体有大小，故分为二焉”。

而关于风、雅二体，孔氏于《毛诗大序》正义中又合而论之曰：

> 一国之政事善恶，皆系属于一人之本意，如此而作诗者，谓之风。言道天下之政事，发见四方之风俗，如是而作诗者，谓之雅。言风、雅之别，其大意如此也。……诗人览一国之意，以为己心，故一国之事系此一人，使言之也。但所言者，直是诸侯之政，行风化于一国，故谓之风，以其狭故也。言天下之事，亦谓一人言之。诗人总天下之心，四方风俗，以为己意，而咏歌王政，故作诗道说天下之事，发见四方之风。所言者，乃是天子之政，施齐正于天下，故谓之雅，以其广故也。风之与雅，各是一人所为，风言一国之事系一人，雅亦天下之事系一人。雅言天下之事，谓一人言天下之事。风亦一人言一国之事。……如此言，风、雅之作，皆是一人之言耳。一人美，则一国皆美之；一人刺，则天下皆刺之。《谷风》、《黄鸟》，妻怨其夫，未必一国之妻皆怨夫耳。《北门》、《北山》，下怨其上，未必一朝之臣皆怨上也。但举其夫妇离绝，则知风俗败矣；言己独劳从事，则知政教偏矣，莫不取众之意以为己辞。一人言之，一国皆悦。假使圣哲之君，功齐区宇，设有一人，独言其恶，如弁随、务光之羞见殷汤，伯夷、叔齐之耻事周武，海内之心不同之也。无道之主，恶加万民，设有一人，独称其善，如张竦之美王莽，蔡邕之惜董卓，天下之意不与之也。必是言当举世之心，动合一国之意，然后得为风、雅，载在乐章。不然，则国史不录其文也。此言谓之风、雅，理兼正、变。天下无道，政出诸侯，而变雅亦称雅者，当作变雅之时，王政仍被邦国。《大学》曰：“尧、舜率天下以仁而民从之，桀、纣率天下以暴而民从之。”是善政、恶政皆能正人，所以幽、厉之诗亦名为雅。及平王东迁，政遂微弱，其政才行境内，是以变为风焉。①

① 李学勤主编：《十三经注疏·毛诗正义》，北京大学出版社1999年版，第16—17页。

孔颖达此论，对于风、雅二体作了更为全面的梳理和阐释。总体上，孔氏依然持“诗缘政作”的理念论诗，但就风、雅二体而言，“政”之大小功用有别。关于“风”诗，孔氏谓：“诗人览一国之意，以为己心，故一国之事系此一人，使言之也。但所言者，直是诸侯之政，行风化于一国，故谓之风，以其狭故也。”即认为“风”诗所咏内容仅囿于一国诸侯之政教，其所体现的教化之道仅能够在某一诸侯国范围内施行。关于“雅”诗，孔氏谓：“诗人总天下之心，四方风俗，以为己意，而咏歌王政，故作诗道说天下之事，发见四方之风。所言者，乃是天子之政，施齐正于天下，故谓之雅，以其广故也。”即认为“雅”诗所陈述的是天子之政教，所咏内容可涵盖天下之政事，四方之风俗，其所体现的教化之道可以齐正天下万方，而非拘囿于某一诸侯国。并且，诗人作诗，无论风雅、美刺，皆须“言当举世之心，动合一国之意”，即代一国或天下民众立言，而不能出自一己之私意好恶，这样方能真正裁成风、雅，载在乐章。此外，风、雅还有正、变之别，天下有道，政出天子，则为正风、正雅；天下无道，政出诸侯或奸佞之臣，则为变风、变雅。幽王、厉王时期，王政虽恶，尚能施行于各诸侯国，故其诗仍称为雅（变雅）；至平王东迁，王政更加衰弱，诸侯各自为政，天子实际已沦为诸侯，故其诗由变雅转为变风。要之，孔颖达此番议论，从政教角度对风、雅二体作了较系统的阐发，进一步加强了其“诗缘政作”之说。

关于颂体，《毛诗大序》孔氏正义则疏曰：

> 云“颂者，美盛德之形容”，明训“颂”为“容”，解颂名也。“以其成功，告于神明”，解颂体也。上言“雅者，正也”，此亦当云“颂者，容也”。以雅已备文，此亦从可知，故略之也。《易》称“圣人拟诸形容，象其物宜”，则形容者，谓形状容貌也。作颂者美盛德之形容，则天子政教有形容也。可美之形容，正谓道教周备也，故《颂谱》云：“天子之德，光被四表，格于上下，无不覆焘，无不持载，此之谓容。”其意出于此也。“成功”者，营造之功毕也。天之所营在于命圣，圣之所营在于任贤，贤之所营在于养民。民安而财丰，众和而事节，如是则司牧之功毕矣。干戈既戢，夷狄来宾，嘉瑞悉臻，远迩咸服，群生尽遂其性，万物各得其所，即是成功之验也。万物本于天，人本于

祖，天之所命者牧民也，祖之所命者成业也。民安业就，须告神使知，虽社稷山川四岳河海皆以民为主，欲民安乐，故作诗歌其功，遍告神明，所以报神恩也。王者政有兴废，未尝不祭群神，但政未太平，则神无恩力，故太平德洽，始报神功。颂诗直述祭祀之状，不言得神之力，但美其祭祀，是报德可知。此解颂者，唯《周颂》耳，其商、鲁之颂则异于是矣。《商颂》虽是祭祀之歌，祭其先王之庙，述其生时之功，正是死后颂德，非以成功告神，其体异于《周颂》也。《鲁颂》主咏僖公功德才，如变风之美者耳，又与《商颂》异也。颂者，美诗之名，王者不陈鲁诗，鲁人不得作风，以其得用天子之礼，故借天子美诗之名，改称为颂，非《周颂》之流也。孔子以其同有颂名，故取备三颂耳。置之《商颂》前者，以鲁是周宗亲同姓，故使之先前代也。①

孔氏此论，一方面承毛诗序“颂者，美盛德之形容，以其成功告于神明者也”之说，详解颂诗之内涵，其要义为：颂诗主要颂美圣贤治平功德之事；天子道教周备，功成业就，民安财丰，众和事节，群生尽遂其性，万物各得其所；为长保民生安乐，天下太平德洽，天子尊天祭祖，遍告神明以报恩德；诗人歌咏其盛德形容，是为颂诗。孔颖达另一方面又指出，此番描述主要是针对《周颂》而言，《商颂》、《鲁颂》又各自不同，所谓“《商颂》虽是祭祀之歌，祭其先王之庙，述其生时之功，正是死后颂德，非以成功告神，其体异于《周颂》也。《鲁颂》主咏僖公功德才，如变风之美者耳，又与《商颂》异也”，即《商颂》虽同为歌功颂德，但“是死后颂德，非以成功告神”，故不同于《周颂》；而鲁诗虽为诸侯国之诗，所谓“变风之美诗”，但因其先祖周公之杰出功德，得享天子之礼，故鲁诗借天子美诗之名，又称为《鲁颂》，其性质终究与《周颂》不同。又因鲁人系周宗亲同姓，而商人乃是异族，按亲疏之理，《鲁颂》又置于《商颂》之前。孔颖达此番对于颂诗的梳理阐发，较之毛诗序显然更加详明而周到。

并且，关于《周颂》、《鲁颂》、《商颂》三体之别，孔颖达还在《毛诗·周颂谱》正义中作了更细致的分梳比较：

① 李学勤主编：《十三经注疏·毛诗正义》，北京大学出版社 1999 年版，第 18—19 页。

颂之言容，歌成功之容状也。……祖父未太平，而子孙太平，颂声之兴，系于子孙，《周颂》是也。祖父未太平，而子孙未太平，则所颂之诗，系其父祖，《商颂》是也。若父祖子孙俱太平，作颂于子孙之时，论父祖之事者，则所系之主，由作者本意，无定准也。颂者，述盛德之容，至美之名，因此复有借其美名，因以指所颂者，《驷》颂僖公是也。止颂德政之容，无复告神之事，以位在诸侯，不敢辄作，虽非告神，又非风体，故曰“季孙行父请命于周，而史克作是颂”也。然《鲁颂》之文，尤类小雅，比于《商颂》，体制又异，明三颂之名虽同，其体各别也。①

孔颖达在此辨明：一国之政，若祖父未太平，而子孙太平，颂声之兴，系于子孙，是为《周颂》；若祖父未太平，子孙亦未太平，所颂之诗，系其父祖，是为《商颂》；若父祖子孙俱太平，子孙作颂论父祖之事，则所系之主，由作者本意而定，未可定论；若以位在诸侯，却借颂之美名，述盛德之容，是为鲁颂。孔颖达最后指出：“《鲁颂》之文，尤类小雅，比于《商颂》，体制又异，明三颂之名虽同，其体各别也。”

孔颖达上述一系列论议，似多依循汉学传统，从政教角度考察风、雅、颂三体。其实不然，他不仅从政教角度立论，亦适当兼顾其审美艺术风格，如《毛诗·小大雅谱》孔氏正义论雅诗云：

三王变雅，善者不纯为大雅，恶者不纯为小雅，则雅诗自有体之大小，不在于善恶多少也。《关雎序》曰：“雅者，正也。政有小大，故有小雅焉，有大雅焉。”此为随政善恶，为美刺之形容以正物也。所正之形容有小大，所以为二雅矣。故上以盛隆为大雅，政治为小雅，是其形容各有区域，而善者之体，大略既殊，恶者之中，非无别矣。详观其叹美，审察其讥刺，大雅则宏远而疏朗，弘大体以明责；小雅则躁急而局促，多忧伤而怨诽。司马迁以良史之才，所坐非罪，及其刊述坟典，辞多慷慨。班固曰：“迹其所以自伤悼，小雅《巷伯》之伦也。

① 李学勤主编：《十三经注疏·毛诗正义》，北京大学出版社 1999 年版，第 1273 页。

夫唯大雅既明且哲，以保其身，难矣哉！”又《淮南子》曰：“国风好色而不淫，小雅怨诽而不乱。”是古之道又以二雅为异区也。①

这里，孔氏先依例从王政之大小、善恶来谈大小雅问题，紧接着便从两者的艺术表现风格和情感表达效果等方面来辨析两者之异，所谓“详观其叹美，审察其讥刺，大雅则宏远而疏朗，弘大体以明责；小雅则躁急而局促，多忧伤而怨诽。”又举史上司马迁因所坐非罪，著述“辞多慷慨”；又引班固评司马氏自伤悼类于小雅之《巷伯》，情溢于言，然终不及大雅之明哲保身；复引《淮南子》“国风好色而不淫，小雅怨诽而不乱”之评语，从而表明大、小雅以及风、雅之别。此番辨析，显然是从审美的而非政教的角度讨论风、雅等诗体的特征。

又《礼记·乐记》孔氏正义论风、雅、颂三体风貌特征云：

广大，谓志意宏大而安静。疏达，谓疏朗通达而诚信。《大雅》者，歌其大正，故性广大疏达，直歌《大雅》，但广大而不宽，疏达而不柔，包容未尽，故不能歌《颂》。……恭，谓以礼自持。俭，谓以约自处。若好礼而动，不越法也。《小雅》者，王者小正，性既恭俭好礼而守分，不能广大疏通，故宜歌《小雅》者也。……正直而不能包容，静退即不知机变，廉约自守，谦恭卑退，不能好礼自处，其德狭劣，故宜歌诸侯之《风》，未能听天子之《雅》矣。②

这里，孔颖达分别以“广大，谓志意宏大而安静。疏达，谓疏朗通达而诚信”描述“大雅”的风貌特征，以“广大而宽，疏达而柔”暗指颂诗的风貌特征，以“恭俭好礼而守分，不能广大疏通”指称“小雅”的风貌特征，以“正直而不能包容，静退即不知机变，廉约自守，谦恭卑退”概括风诗的风貌特征。这些描述和概括，显然既有其思想内容上的评估（如“恭俭好礼”、“谦恭卑退”等评语），又有语言风格和审美形式上的考量（如“疏朗通达”、

① 李学勤主编：《十三经注疏·毛诗正义》，北京大学出版社1999年版，第551页。

② 李学勤主编：《十三经注疏·礼记正义》，北京大学出版社1999年版，第1148页。

“疏达而柔”等评语）。而综观孔氏关于风、雅、颂三体各诗篇的论评，类此兼顾思想性和审美性评价者可谓比比皆是，有的还专门作了较深入的审美性赏析，这充分显示了孔氏美、善兼顾的多元考察视角和文、儒双修的学养品格。

至此，孔颖达对《诗经》风、雅、颂三体作了全面的梳理总结，颇见推陈出新之功，但若仅仅停留于此的话，还不足以见出孔氏在这一论题上的杰出贡献。孔氏另从音声角度讨论风、雅、颂三体，尤值得我们关注。《毛诗大序》孔氏正义云：

> 诗体既异，其声亦殊。《公羊传》曰：“十一而税，颂声作。”《史记》称微子过殷墟而作雅声。《谱》云：“师挚之始，《关雎》之乱，早失风声矣。”《乐记》云：“人不能无乱，先王耻其乱，故制雅、颂之声以道之。”是其各自别声也。诗各有体，体各有声，大师听声得情，知其本意。《周南》为王者之风，《召南》为诸侯之风，是听声而知之也。①
>
> 诗体既异，乐音亦殊。国风之音，各从水土之气，述其当国之歌而作之。雅、颂之音，则王者遍览天下之志，总合四方之风而制之，《乐记》所谓“先王制雅、颂之声以道之”，是其事也。②

这里，孔颖达又提出一个重要的论点，即风、雅、颂等诗体，不只是以政教义理相区别，还有其音声方面的考量因素，即所谓“诗各有体，体各有声”、“诗体既异，其声亦殊”。风、雅、颂皆如此，所谓“国风之音，各从水土之气，述其当国之歌而作之”，“雅、颂之音，则王者遍览天下之志，总合四方之风而制之”，故各诗体起码应是义理与音声二方面因素结合而成，而非政教义理一维所裁成。这无疑是对前述孔氏“诗缘政作”、“风、雅、颂者，皆是施政之名”等观点的有机补充和发展，亦是对前述孔氏审美考察视角的进一步佐证。

又《春秋左传·襄公二十九年》孔氏正义云：

---

① 李学勤主编：《十三经注疏·毛诗正义》，北京大学出版社 1999 年版，第 12 页。

② 李学勤主编：《十三经注疏·毛诗正义》，北京大学出版社 1999 年版，第 18 页。

诗体既异，乐音亦殊。其音既定，其法可传。后之作者，各从其旧。二雅正经，述小政为小雅，述大政为大雅。既有小雅、大雅之体，亦有小雅、大雅之音。王道既衰，变雅并作。取小雅之音，歌其政事之变者，谓之“变小雅”；取大雅之音，歌其政事之变者，谓之“变大雅”。故变雅之美刺，皆由音制有大小，不复由政事之大小也。风述诸侯之政，非无大小，但化止一国，不足分别。颂则功成乃作，归美报神，皆是大事，无复小体。故风、颂不分，唯雅分为二也。周自文王受命，发迹肇基，武王伐纣，功成业就，及成王、周公而治致升平，颂声乃作。此功成之颂，本由此风、雅而来，故录《周南》、《召南》之风，《鹿鸣》、《文王》之雅，以为《诗》之正经。计《周南》、《召南》之风，《鹿鸣》、《文王》之雅，所述文王之事，亦有同时者也。但文王实是诸侯而有天子之政，诗人所作，立意不同。述诸侯之政，则为之作风；述天子之政，则为之作雅。就雅之内，又为大、小二体，是由体制异，非时节异也。①

在此，孔颖达继续加强诗主音声之说，不仅“诗各有体，体各有声”、“诗体既异，其声亦殊”，而且“其音既定，其法可传。后之作者，各从其旧”，也即不同的诗体有不同的音声，此音声渐成标别不同诗体的规范模式，即使诗体随着世事的变化而流失，其音声模式仍可为后人效仿沿用，所谓“变风”、“变雅”之作即由此而成，如孔氏谓，“王道既衰，变雅并作。取小雅之音，歌其政事之变者，谓之‘变小雅’；取大雅之音，歌其政事之变者，谓之‘变大雅’。故变雅之美刺，皆由音制有大小，不复由政事之大小也”，即缘此而来。此外，孔颖达还解释了雅分小、大，而风、颂却不分的原因：“风述诸侯之政，非无大小，但化止一国，不足分别。颂则功成乃作，归美报神，皆是大事，无复小体。故风、颂不分，唯雅分为二也。”此等解释言简意赅，基本合乎《诗经》创作实际，从而解决了诗经学的又一疑问。总体上来看，孔颖达强调音乐属性在《诗经》中的特殊地位和意义，但他并不忽略

① 李学勤主编：《十三经注疏 · 春秋左传正义》，北京大学出版社 1999 年版，第 1101—1102 页。

“诗缘政作”这一要义，故他接着陈述“周自文王受命，发迹肇基，武王伐纣，功成业就，及成王、周公而治致升平，颂声乃作。……”此所谓“文王受命”云云显然是就王政而言，而所谓“颂声乃作”终以“声歌”作结。可见，在孔颖达这里，“诗缘政作”与“诗为声歌”是一体两面的存在，前者偏向于内涵性要求，后者偏向于形制性要求，两者共同铸造了《诗经》之诗的经典样态。这样的观点，无疑更加契合风、雅、颂等诗体的真实状况，在诗经学研究史上意义重大。

如前文所述，《毛诗大序》改变《周礼》之说，将“六诗”径称为“六义”，后人多无异议。但细按《周礼》本文，所谓“教六诗，曰风、曰赋、曰比、曰兴、曰雅、曰颂”并不是一句孤立的话，其前有言曰：“大师掌六律六同，以合阴阳之声。阳声：黄钟、大蔟、姑洗、蕤宾、夷则、无射。阴声：大吕、应钟、南吕、函钟、小吕、夹钟。皆文之以五声，宫、商、角、徵、羽。皆播之以八音，金、石、土、革、丝、木、匏、竹。”① 其后又有言曰：“以六德为之本，以六律为之音。”② 这些句子都是连在一起的，从上下文来看，其基本语意应是“大师掌六律六同，以合阴阳之声，教六诗，以六德为之本，以六律为之音”。这里的“六德”当是指“中、和、祗、庸、孝、友”六种乐德，因为《周礼·大司乐》就明确指出：“以乐德教国子：中、和、祗、庸、孝、友。”③ 孔颖达《尚书·舜典》正义亦云：“言乐官用乐教之，使成此六德也。……是乐之感人，能成忠、和、祗、庸、孝、友之六德也。”④ 此“忠”同“中”，为通假字。而这里的“六律”，应是上文所指黄钟、大蔟、姑洗、蕤宾、夷则、无射这六种乐音，贾公彦《周礼》疏云：“六律为阳，六同为阴，两两相合。”⑤ 此所谓“阳”，即指黄钟等六种阳声。因此，《周礼·大师》所说的“以六德为之本，以六律为之音”，当是指以乐德为基础教以音律。既然大师所掌管的是“六律六同”，其“教六诗”也应是从乐舞的角度履行其施教职能，即常说的弦、

① 李学勤主编：《十三经注疏·周礼注疏》，北京大学出版社 1999 年版，第 607 页。
② 李学勤主编：《十三经注疏·周礼注疏》，北京大学出版社 1999 年版，第 611 页。
③ 李学勤主编：《十三经注疏·周礼注疏》，北京大学出版社 1999 年版，第 575 页。
④ 李学勤主编：《十三经注疏·尚书正义》，北京大学出版社 1999 年版，第 80 页。
⑤ 李学勤主编：《十三经注疏·周礼注疏》，北京大学出版社 1999 年版，第 608 页。

诵、歌、舞等方面的教学，而非一般性地学习诗歌义理或作诗、用诗的技巧。故此，大师所教“六诗”与《毛诗大序》所说“六义”的内涵就不尽相同了。要言之，《周礼》之“六诗”可能更偏于乐舞技能的表演属性，而《毛诗大序》之“六义”则更偏于文本、义理的阐释与发挥。这样，《毛诗大序》作者有意无意地忽略了“六诗”与“六义”之间的这种歧异，从而导致了后来诗经学诠释史上的不少问题。而博学的孔颖达却敏锐地捕捉到“六诗”与“六义”之间这种微妙而又重要的差异。因此，孔颖达在《毛诗正义》中，一方面从文本、义理的角度阐释“六诗”，提出“六诗”即“六义”，这可视为秉承了《毛诗大序》作者的旨意；另一方面又从音乐属性的角度予以补充论证，提出“诗体既异，其声亦殊”、“诗各有体，体各有声”等论点，从而将《毛诗》传笺只重义理、不达音声的偏颇诠释重新扭转到义理与音声相统一的诠释轨道上来。这可视为孔氏的重要推进，其功劳可谓不小。孔氏之后，宋人戴埴于《鼠璞》中承其论并发挥曰：“孔颖达云：‘取《大雅》之音，歌其政事之变者，谓之变小雅。’言政而参以音，其论得之矣！盖乐与政通，谓无关于政固不可，悉以政事解之则有不可解者。今之乐章至不足道，犹有‘正调’、‘转调’、‘大曲’、‘小曲’之异。风、雅、颂既欲被之弦歌，播之金石，安得不别其声之小、大、正、变哉?”① 戴氏此论，可谓深得孔氏意旨。又宋郑樵《昆虫草木略·序》云：“风土之音曰风，朝廷之音曰雅，宗庙之音曰颂。”② 此论完全以音声界定风、雅、颂三体，显然亦脱胎于孔氏诸说。宋代以降，以《诗》为声歌之作渐成学界主流观点。③

其三，关于风、雅、颂三者排列顺序问题。

对此问题，前人有所述及，但不甚详明。孔颖达则给予较为明确而又合理的解释。

孔氏在《毛诗大序》和《春秋左传·襄公二十九年》正义中分别指出：

> 风、雅、颂同为政称，而事有积渐，教化之道，必先讽动之，物

---

① 戴埴：《鼠璞》卷上，宋《百川学海》本。

② 郑樵：《昆虫草木略·序》，载《通志》卷七十五，中华书局 1987 年版，第 865 页。

③ 详见本书第六章“诗乐关系论”部分。

> 情既悟，然后教化，使之齐正。言其风动之初，则名之曰风。指其齐正之后，则名之曰雅。风俗既齐，然后德能容物，故功成乃谓之颂。先风，后雅、颂，为此次故也。①
>
> 二雅正经，述小政为小雅，述大政为大雅。……《诗》见积渐之义，小雅先于大雅，故鲁为季札亦先歌小雅。②

这里孔氏正义认为，风、雅、颂缘政而作，皆本于教化之道，但三者发挥教化之能并非是完全同步的，而是有“积渐”之序：一般而言，是“先讽动之，物情既悟”，由于“风动”在先，感物动情，故风为首，“然后教化，使之齐正”，孔氏云“雅者，正也”，故以雅次之；而雅又分为小、大，“述小政为小雅，述大政为大雅”，从政教“积渐”角度考量，故小雅先于大雅；又“风俗既齐，然后德能容物，故功成乃谓之颂”，即教化之功大成，需颂扬祭奠，故以颂终之。孔氏此说显然与其“诗缘政作”的观点是一脉相承的，主要从政治伦理教化的角度梳理风、雅、颂三者的先后关系，这放在《诗经》成型时代，应是基本符合历史事实的。孔氏之后，大多学者皆认同此说。如明人季本《诗说解颐》论“六义”云：“风、雅、颂之次，先后亦有义焉，风以感发人之良心也，人心正而后有正论，故雅次于风。朋友正而后君臣正，故大雅次小雅。君德正而后成功，故颂次大雅。然皆起于风，而风以二《南》为本。”③ 季氏此论，先言感发人心在于风，次言人心正而有雅，再言朋友正而有小雅，君臣正而有大雅，复言君德正、大功成而有颂，其对风、雅、颂之排列缘由的解说可谓一本孔颖达之说而来。又明人郝敬《谈经》论毛诗云：“三诗始风，中雅，终颂，何也？凡诗皆风也。尹吉甫作《雅》曰‘其风肆好’，颂亦可知矣。故风首六义。风敝成俗，化俗成雅。雅者，正也，以维风也。雅化则从容和平，动天地，感鬼神，诗斯至矣，故终之以颂也。”④ 郝氏此说，从“风动”化人的角度立论，阐明“凡诗皆风”，

① 李学勤主编：《十三经注疏·毛诗正义》，北京大学出版社 1999 年版，第 12 页。

② 李学勤主编：《十三经注疏·春秋左传正义》，北京大学出版社 1999 年版，第 1101—1102 页。

③ 季本：《诗说解颐》总论卷一，文渊阁《四库全书》本。

④ 郝敬：《谈经》卷三，明崇祯山草堂集增修本。

故风为首；而“风敝成俗，化俗成雅”，雅以维风，故雅次之；雅化则太平，太平则祭祀祖宗，颂扬功德，故颂终之。此番解释，显然也是依据孔颖达观点发挥而成。

其四，关于赋、比、兴含义问题。

关于六义中的“赋、比、兴”三义，历代对其解释和争议尤多，孔颖达在深入领会前贤研究成果的基础上，作出了自己的一番解说，可谓后出转精，多有可观之处。

就“赋”、“比”、“兴”三者相较，诸家对于“赋”的解释较为简单明了。如郑玄注《周礼》“六诗”，对“赋”作如下界说：“赋之言铺，直铺陈今之政教善恶。”[①] 这里郑氏彰显了“赋”之“铺陈”义，即着眼于“今之政教善恶”作客观的叙述、描摹。刘勰在《文心雕龙·诠赋》中论释“赋”的内涵曰：“诗有六义，其二曰赋。赋者，铺也，铺采摛文，体物写志也。”[②] 这里刘氏对“赋”之“铺陈”义的强调显然本于郑玄，但“体物写志”一语与郑氏“直铺陈今之政教善恶”语稍有不同，更多了一层对借物写志的强调，主体性相对凸显。至唐孔颖达，则将“赋”进一步规定为“诗文直陈其事，不譬喻者”[③]。此后对于把“赋”作为诗歌的表现方法来看待，基本上与孔颖达的解释没有很大出入。如朱熹对“赋”的解释，仍是“赋者，敷陈其事而直言之者也”[④]。

就“比”、“兴”来说，较早对之加以讨论的是东汉经师郑众（即郑司农，史称“先郑”）。他说：“曰比曰兴，比者，比方于物也；兴者，托事于物。”[⑤] 按郑众的解说，“比”，就是用物打比方，也就是比喻；“兴”，就是把事理寄托在事物中。郑众的解说虽很简要，却点出了“比”和“兴”之间的不同，即前者借物以晓喻，后者借物以隐喻寄托。随后，大儒郑玄（史称“后郑”）对“赋”、“比”、“兴”三种表现手法作出了自己的独特理解：“赋之言铺，直铺陈今之政教善恶。比，见今之失，不敢斥言，取比类以言

---

① 李学勤主编：《十三经注疏·周礼注疏》，北京大学出版社 1999 年版，第 610 页。

② 刘勰著，范文澜注：《文心雕龙注》，人民文学出版社 1958 年版，第 134 页。

③ 李学勤主编：《十三经注疏·毛诗正义》，北京大学出版社 1999 年版，第 12 页。

④ 朱熹：《诗集传》，中华书局 1958 年版，第 3 页。

⑤ 李学勤主编：《十三经注疏·周礼注疏》，北京大学出版社 1999 年版，第 610 页。

之。兴，见今之美，嫌于媚谀，取善事以喻劝之。”[①] 即认为“赋”、“比”、“兴”是按表达美刺教化的不同方式来划分的，或直陈“今之政教善恶”，或暗刺“今之失”，或曲赞“今之美”，皆着眼于政治性的美刺教化。[②] 晋人挚虞《文章流别论》则指出：“《周礼》太师掌教六诗：曰风、曰赋、曰比、曰兴、曰雅、曰颂，言一国之事，系一人之本，谓之风；言天下之事，形四方之风，谓之雅；颂者，美盛德之形容；赋者，敷陈之称也；比者，喻类之言也；兴者，有感之辞也。”[③] 其对“六诗”的界分依然不够明晰，有取于前人者亦多，但在一定程度上已注意到“风”、“雅”、“颂”三义偏于义理内涵的规定，所谓“言一国之事，系一人之本”、“言天下之事，形四方之风”、“美盛德之形容”等即属此；而“赋”、“比”、“兴”三义偏于修辞方法的表达，所谓“敷陈之称”、“喻类之言”、“有感之辞”等即属此。而其言“兴者，有感之辞也”，亦从主体触物起情的角度概括出“兴”的某些审美特征。

到南朝，刘勰在《文心雕龙·比兴》中阐发比、兴说：“诗文宏奥，包韫六义，毛公述传，独标兴体，岂不以风通而赋同，比显而兴隐哉！故比者，附也；兴者，起也。附理者切类以指事，起情者依微以拟议。起情故兴体以立，附理故比例以生。比则畜愤以斥言，兴则环譬以记讽。”[④] 刘勰在此指出“比”、“兴”的某些特质，如“比”之“附理”和“兴”之“起情”，并将“兴”亦视为一种特殊的比喻（环譬），而“比”、“兴”的区别则在于“比”的义涵较为显露，“兴”的义涵却隐约幽微得多。刘勰所论，主要是从借物譬喻之明暗关系的角度论“比”、“兴”，一定程度上承传并发挥了郑众的观点，近人黄侃就称刘勰“妙得先郑（郑众）之意”[⑤]。钟嵘在《诗品》总论中则对“六义”问题作了更趋审美化的阐发：“故诗有三义焉：一曰兴，二曰比，三曰赋。文已尽而意有余，兴也；因物喻志，比也；直书其事，寓

① 李学勤主编：《十三经注疏·周礼注疏》，北京大学出版社 1999 年版，第 610 页。

② 王运熙先生曾就此提出批评说：“实际上郑玄说之谬误，不但在于以美刺释比兴，而且把作为表现手法的比兴牵强地同诗的政治内容联系起来。事实上，比兴手法可以同美刺内容相结合，也可以不相结合，二者之间并没有必然的联系。”（王运熙：《中国古代文论管窥》，齐鲁书社 1987 年版，第 68—69 页）

③ 挚虞：《文章流别论》，载《西晋文纪》卷十三，文渊阁《四库全书》本。

④ 刘勰著，范文澜注：《文心雕龙注》，人民文学出版社 1958 年版，第 601 页。

⑤ 黄侃：《文心雕龙札记》，华东师范大学出版社 1996 年版，第 221 页。

言写物，赋也。宏斯三义，酌而用之，干之以风力，润之以丹彩，使味之者无极，闻之者动心，是诗之至也。若专用比兴，患在意深，意深则词踬。若但用赋体，患在意浮，意浮则文散，嬉成流移，文无止泊，有芜漫之累矣。”[①] 其对“赋”和“比”的解释基本承袭前人，但对于“兴”的解释颇多新意，所谓“文已尽而意有余”，已近于意象论的审美内涵。

至唐代孔颖达，他在广泛吸纳前贤成果的基础上，对“赋”、“比”、“兴”三义作出了推陈出新的诠解。首先，孔氏针对郑玄的有关论说进行了分析和评价，《毛诗大序》“诗有六义焉”句孔氏正义云：

> “赋”云“铺陈今之政教善恶”，其言通正、变，兼美、刺也。“比”云“见今之失，取比类以言之”，谓刺诗之比也。“兴”云“见今之美，取善事以劝之”，谓美诗之兴也。其实美、刺俱有比、兴者也。……“赋”者，直陈其事，无所避讳，故得失俱言。“比”者，比托于物，不敢正言，似有所畏惧，故云“见今之失，取比类以言之”。“兴”者，兴起志意赞扬之辞，故云“见今之美以喻劝之”。……诗皆用之于乐，言之者无罪。赋则直陈其事。于比、兴云“不敢斥言”、“嫌于媚谀”者，据其辞不指斥，若有嫌惧之意。其实作文之体，理自当然，非有所嫌惧也。[②]

在此，孔氏先引郑玄对“赋”、“比”、“兴”之释义：“赋之言铺，直铺陈今之政教善恶。比，见今之失，不敢斥言，取比类以言之。兴，见今之美，嫌于媚谀，取善事以喻劝之。”然后，就此进行了深入的阐发。本来郑玄注“比”、“兴”，认为刺诗用“比”，美诗用“兴”，失之于简单和片面，而其对《诗》的具体笺注又“比”、“兴”不分，造成了理论与实践的脱节，因此孔颖达强调说：“其实美、刺俱有比、兴者也。”又严肃地批评郑玄论“比”、“兴”“似有所畏惧”、“若有嫌惧之意”的态度，进而明确指出：“其实作文之体，理自当然，非有所嫌惧也。”

① 钟嵘著，陈延杰注：《诗品注》，人民文学出版社 1961 年版，第 2 页。

② 李学勤主编：《十三经注疏・毛诗正义》，北京大学出版社 1999 年版，第 11—12 页。

孔颖达在破除郑玄过于突出政教、美刺之陈见的基础上，进而推出了自己对于“赋”、“比”、“兴”的一番理解，《毛诗大序》孔氏正义又云：

> 郑以赋之言铺也，铺陈善恶，则诗文直陈其事，不譬喻者，皆赋辞也。郑司农云：“比者，比方于物。诸言如者，皆比辞也。”司农又云：“兴者，托事于物。”则兴者起也。取譬引类，起发己心，诗文诸举草木鸟兽以见意者，皆兴辞也。①

这里，关于“赋”的特征，孔颖达借鉴了郑玄的合理之说，即“赋之言铺也，铺陈善恶，则诗文直陈其事，不譬喻者，皆赋辞也”。简单地说，“赋”直接铺事陈理，不作譬喻象征等修辞。关于“比”的特征，孔氏则引用并认同郑众的界定，即“比者，比方于物。诸言如者，皆比辞也”。这就是说，“比”是通过打比方来表情达意，且一般都是借助“如”、“象”等明显的譬喻性词语来实现这种打比方。关于“兴”的特征，孔颖达先引郑众之说“兴者，托事于物”，然后发挥说：“兴者起也。取譬引类，起发己心，诗文诸举草木鸟兽以见意者，皆兴辞也。”也就是说，“兴”较之于“比”，虽然也注意打比方（取譬）这一功能，但并不特别属意于“如”、“象”等譬喻性词语，而是更注重以触手可及的草木鸟兽等形象“托事于物”，寓托、象征的成分明显大于一般比喻的成分。如“关关雎鸠，在河之洲”之于“窈窕淑女，君子好逑”，彼此之间的相似性远不如一般譬喻那样明显、具体、直接，而更多是通过朦胧、宽泛、间接的类比、象征，引渡、铺垫出下文，言在此而意在彼，从而实现“感发”、“兴起”、“引类”等特殊的表意功能，起到一种“兴辞”的效果。另外本书在第三章论“兴必取象”时还指出，在孔颖达这里，“比”、“兴”在形式上具有显隐、意义上具有深浅的不同，“兴”虽是譬喻之名，但“兴”可以摄“比”，即所谓“意有不尽，故题曰兴”。作为审美心理活动，“兴”之“远取义深”，可具有较“比”更为深广的情感容量和取用的自由度。孔颖达的此番理解可说是对郑玄、郑众等人诗学思想的批判性继承和发挥，但整体上要比郑玄、郑众等人所论要周全、深入。可以说，

---

① 李学勤主编：《十三经注疏·毛诗正义》，北京大学出版社1999年版，第12页。

孔颖达对“赋”、“比”、“兴”三者各自特质的把握已相当准确、系统，并较为清晰地揭示了“赋”、“比”、“兴”三者取象譬喻的诗性思维特征，迄今仍然不失其理论价值和意义。

并且，孔颖达明确将“赋”、“比”、“兴”三者作为诗之三法整体拈出，还触及了中国古典美学的精要处——审美感兴论和意象论。“赋”固然为直陈其事，基本承传了自《春秋》以降的叙事艺术传统，但“赋”之叙事既重事象，又掺有主观情感色彩和价值判断因素，已不同于纯客观的事实描述，审美性特质显著增强。而“比”、“兴”二法，“比”为比方于物，“兴”为取譬引类、托物起情，都直接关乎审美想象和意象营造。尤其是“兴”，所谓“先言他物以引起所咏之辞”，通过塑造鲜活的形象以寄托主体情感，或为全诗提供某种情绪氛围，亦虚亦实，朦胧缥缈，从而由直接摹拟事象（“赋”）和具体比附的喻象（“比”）宕开一步，取得了抒情言志、隐喻象征的更大灵活性，其意在言外，境由象生，自然而然地走向了即象而离象的审美意象。“兴象”之法由此而在中国诗学、美学史上更为凸显，亦更为后世学者所重。①

此外，孔颖达还分析了“赋”、“比”、“兴”三者如此排列的原因：

> 赋、比、兴如此次者，言事之道，直陈为正，故《诗经》多赋在比、兴之先。比之与兴，虽同是附托外物，比显而兴隐。当先显而后隐，故比居兴先也。毛传特言兴也，为其理隐故也。②

这里孔颖达揭出“赋”、“比”、“兴”三者排位的基本标准是：“言事之道，直陈为正”，也即以三者表现匡扶政德、礼义教化等政教功能的直接性、明确性来衡量。三者相较，“赋”以“直陈为正”，故要排在首位，“比”、“兴”则居其后；而“比”与“兴”相较，尽管均具有“附托外物”的特征，表意不是那么直接，但由于“比”的含义相对浅白，且常有明显的比喻词“如”、“若”等标示出来，而“兴”却要蕴藉隐晦得多，即所谓“比显而兴隐”，以

---

① 参见本书第三章“兴必取象”部分。

② 李学勤主编：《十三经注疏·毛诗正义》，北京大学出版社 1999 年版，第 12 页。

体现政教功能的直接性、明确性来考量，则“比”居“兴”先，“兴”叨陪末座。孔颖达这一解释虽然含有政治教化上的考虑，但较之众多前人的说辞，确实能自圆其说，也基本合乎《诗经》的实际情况。

其五，关于“三体三用”说问题。

对《诗》之“六义”的内涵作了较全面的阐发后，孔颖达接着将诗之“六义”标别为“三体三用（辞）”。《毛诗正义》卷一云：

> 然则风、雅、颂者，诗篇之异体；赋、比、兴者，诗文之异辞耳，大小不同，而得并为六义者，赋、比、兴是诗之所用，风、雅、颂是诗之成形，用彼三事，成此三事，是故同称为义，非别有篇卷也。①

此前，《诗大序》云：“诗有六义焉：一曰风、二曰赋、三曰比、四曰兴、五曰雅、六曰颂。”此“六义”之间的关系是并列的。而到此处，孔氏从现存《诗经》文本仅有风、雅、颂三类诗体的实际情况考量，认为“六义”各项应该区分为两组概念，即风、雅、颂为一组，这是指诗歌的内容体制部分；赋、比、兴为另一组，这是指诗歌的文辞表现方法部分。风、雅、颂有完整的形态体制，故称为“三体”；赋、比、兴作为文辞表现方法随机运用于风、雅、颂之中，没有自己固定的形制，故称为“三用”或“三辞”，在《诗经》中也不占有独立的篇卷。由此，孔颖达首次明确提出“三体三用（辞）”说。

为了更清楚地阐明“三体三用（辞）”说的内涵，孔氏还借郑玄答弟子张逸问为话头，讨论风、雅、颂的独立形制与赋、比、兴别无篇卷的问题。《毛诗正义》卷一复云：

> 《郑志》：“张逸问：‘何诗近于比、赋、兴？’答曰：‘比、赋、兴，吴札观诗已不歌也。孔子录《诗》，已合风、雅、颂中，难复摘别。篇中义多兴。’”逸见风、雅、颂有分段，以为比、赋、兴亦有分段，谓有全篇为比，全篇为兴，欲郑指摘言之。郑以比、赋、兴者直是文辞之异，非篇卷之别，故远言从本来不别之意。言“吴札观诗已不歌”，

① 李学勤主编：《十三经注疏·毛诗正义》，北京大学出版社 1999 年版，第 12—13 页。

明其先无别体，不可歌也。“孔子录《诗》，已合风、雅、颂中”，明其先无别体，不可分也。元来合而不分，今日“难复摘别”也。言“篇中义多兴”者，以毛传于诸篇之中每言兴也。以兴在篇中，明比、赋亦在篇中，故以兴显比、赋也。若然，比、赋、兴元来不分，则唯有风、雅、颂三诗而已。《艺论》云“至周分为六诗”者，据《周礼》“六诗”之文而言之耳，非谓篇卷也。或以为郑云孔子已合于风、雅、颂中，则孔子以前，未合之时，比、赋、兴别为篇卷。若然，则离其章句，析其文辞，乐不可歌，文不可诵。且风、雅、颂以比、赋、兴为体，若比、赋、兴别为篇卷，则无风、雅、颂矣。是比、赋、兴之义，有诗则有之。唐、虞之世，治致升平，周于太平之世，无诸侯之风，则唐、虞之世必无风也。雅虽王者之政，乃是太平前事，以尧、舜之圣，黎民时雍，亦似无雅，于六义之中，唯应有颂耳。夏在制礼之后，不复面称目谏，或当有雅。夏氏之衰，昆吾作霸，诸侯彊盛，或当有风。但篇章泯灭，无以言之。《艺论》云“唐、虞始造其初，至周分为六诗”，据《周礼》成文而言之，诗之六义，非起于周也。①

此段文字表明，当年郑玄弟子张逸对“六义”中的比、赋、兴到底有没有独立的诗体形式很是疑惑，故问其师，而郑玄的答问亦未能予以确认，只是笼统地说“比、赋、兴，吴札观诗已不歌也。孔子录《诗》，已合风、雅、颂中，难复摘别。篇中义多兴”。这是说吴札观诗时已不见比、赋、兴三体，至孔子录《诗》时已融合于风、雅、颂中，再难剥离出来。但风、雅、颂诸诗篇中仍留有“兴”的踪迹，可见“兴”等并非完全消失。当时郑玄可能心中也没底，故答问语焉不详，这就给后人留下了更多的疑问以及更多解释的空间。到了孔颖达这里，则借当初郑玄模糊的解答作出明确的解说和发挥，一是指出比、赋、兴是文辞之异，非篇卷之别；二是指出吴札观诗不歌是因为比、赋、兴本无别体，故不可歌；三是指出孔子录《诗》之前，比、赋、兴与风、雅、颂已是一体，故难复摘别；四是指出郑玄虽仅言“篇中义多兴”，但表明比、赋亦在篇中，是“以兴显比、赋”；五是指出《六艺

① 李学勤主编：《十三经注疏・毛诗正义》，北京大学出版社1999年版，第13页。

论》、《周礼》等所谓“六诗”并非指六种诗体，比、赋、兴并非别为篇卷；六是指出若比、赋、兴别为篇卷，“则离其章句，析其文辞，乐不可歌，文不可诵”，甚至导致风、雅、颂不复存在；七是指出比、赋、兴作为诗歌表现方法，“有诗则有之”；八是指出诗之“六义”当起于周之前更早的时代。孔颖达此番借题发挥，既进一步阐明“风、雅、颂”与“赋、比、兴”之异同，亦交代了它们的缘起流渐过程，可谓苦心经营，终成其说。

需指出的是，孔颖达的“三体三用”说也并非空穴来风，而自有其文脉渊源，本书第一章所论孔颖达的哲学体用观便是其重要理论源头。此外，他还适当吸收了此前部分文论家有关文体研究的成果。从文论角度言，如论者所指出，孔氏“三体三用”说可视为对魏晋以来有关诗学理论成果的承传和发挥，如曹丕的《典论·论文》将诗分为四科八体；挚虞的《文章流别论》专门讨论文体问题；刘勰的《文心雕龙》的文体论部分论述了三十多种文体；萧子显《南齐书·文学传论》把南齐时代的诗赋文章分为三体；梁代又有萧纲等倡导的宫体诗；等等。如此之例，大致构成了孔氏“三体三用”说的文论渊源。[①] 孔颖达正是在其本人哲学体用观基础上，适当吸收前人诗学文体观成果，从而作出了“三体三用”说的高明论断。

其六，关于“六义”排序问题。

在“三体三用”说基础上，孔颖达还进而对《诗》之“六义”的排列顺序问题展开了深入探讨。

本来，既然《诗》之“六义”被分为二组且各居其半，即“三体”风、雅、颂为一组，“三用”赋、比、兴为另一组，那么这两组概念就应该直接排列成“风、雅、颂、赋、比、兴”或“赋、比、兴、风、雅、颂”这样的顺序，而不应排列成“风、赋、比、兴、雅、颂”这种别别扭扭的顺序，但在《周礼》、《诗大序》中，“六义”（“六诗”）却均如此排列，这是为什么呢？孔氏对此解释说：

> 六义次第如此者，以诗之四始，以风为先，故曰“风”。风之所用，以赋、比、兴为之辞，故于风之下即次赋、比、兴，然后次以雅、

---

① 参见韩宏韬：《〈毛诗正义〉研究》，博士学位论文，山东大学，2007年，第127页。

> 颂。雅、颂亦以赋、比、兴为之，既见赋、比、兴于风之下，明雅、颂亦同之。①

这就是说，“六义”（“六诗”）的排列以“风”为先，后接“赋”、“比”、“兴”，再接以“雅”、“颂”，首先是因为“诗之四始，以风为先”，故“风”居“六义”之首位；其次是因为“风”体中广泛运用了“赋”、“比”、“兴”三辞（即三种艺术表现手法），故“赋”、“比”、“兴”紧跟“风”体之后；再次是因为“雅”、“颂”二体也都运用了“赋”、“比”、“兴”三辞，按理应该是“雅”、“颂”二体之后又分别带上“赋”、“比”、“兴”三辞，但这样一来就太过繁复、累赘，为简明起见，“雅”、“颂”之后的“赋”、“比”、“兴”三辞也就暂且省略了，此即孔氏所谓“雅、颂亦以赋、比、兴为之，既见赋、比、兴于风之下，明雅、颂亦同之”。这种说法看似讨巧，却很能说明问题，堪称以最简洁的方式解决了长期以来“六义”排序的难题，透露出孔颖达的智慧和匠心。这就进一步完善了其“三体三用”说。

其七，关于“三体三用”说的影响问题。

自孔颖达“三体三用”说正式提出后，其影响越来越大，在孔氏身后一千多年里，“三体三用”说几乎成了约定俗成的论《诗》模式。如颇受孔氏影响的唐代另一著名经学家成伯玙在《毛诗指说·解说》中指出：“风、赋、比、兴、雅、颂，谓之六义。赋、比、兴是诗人制作之情，风、雅、颂是诗人所歌之用。”② 其措辞与孔氏稍异，基本思路则一。宋代王安石在《周官新义·大师》中有云：“风、雅、颂诗之体，赋、比、兴诗之用。六德，所谓中和、只庸、孝友也。以六德为之本，故虽‘变’，犹‘止乎礼义’；以六律为之音，则《书》所谓‘声依永，律和声’。”③ 此王氏径以“体用”论六诗，并从六德、六律角度彰显六诗音声特质，显是承孔氏说而来。其后，陈旸《乐图论》云：“诗之道出于情性，则浑而为一。其义各有所宜，则离而为六：风、雅、颂者，六义之体；赋、比、兴者，六义之用。体立于终

---

① 李学勤主编：《十三经注疏·毛诗正义》，北京大学出版社 1999 年版，第 12 页。

② 成伯玙：《毛诗指说·解说》，文渊阁《四库全书》本。

③ 王安石：《周官新义》卷十，文渊阁《四库全书》本。

始，而用列乎其中。”[①] 张文伯《论作诗有六义》则云：“赋、比、兴者，风、雅、颂以为用；风、雅、颂者，比、赋、兴以为体。”[②] 郑樵《风雅颂辨》亦云：“风、雅、颂，诗之体也。赋、兴、比，诗之言也。”[③] 此三家均以风、雅、颂为体，赋、比、兴为用（言），袭孔氏之说甚明。又南宋林岊《毛诗讲义·诗序一》云：“《诗》有‘六义’，风、雅、颂者，诗之体。赋、比、兴者，诗之用。赋，铺陈也。比，取譬也。兴，托物而有感也。自风、雅、颂定体而言之，则风主感动，雅主齐正，颂主赞美。自风、雅、颂杂用赋、比、兴之理而言之，则一篇之中，或有赋，或有比，或有兴。有各得其一义者，有一篇而全具者，有一篇而兼具者。体不易，用相参。叙赋、比、兴于风之下，见雅、颂之亦具此义也。”[④] 李樗《毛诗集解》则云：“《周官·太师》所掌谓之‘六诗’，此《诗序》谓之‘六义’，盖以其《三百篇》之中有此六体不同。风也，雅也，颂也，古今相法以为歌诗之名，至于比也，兴也，赋也，则虽有三者之目，不以为名。惟此三者不以为名，故诗之所以为体也，兼此三体，故比、兴、赋皆在于风、雅、颂之中，不可以别而言之也。”[⑤] 此林岊、李樗二人所论，显然皆据孔颖达“三体三用”说及“六义”说敷衍而成。又元人陈栎《诗经句解序》云：“《诗》部分有三：曰风、曰雅、曰颂。所以作风、雅、颂之体亦有三：曰赋、曰比、曰兴。《诗》有六义，此之谓也。”[⑥] 此陈氏所论，依然蹈孔氏之窠臼。诸如此类例证，或许对“风”、“雅”、“颂”与“赋”、“比”、“兴”各项内容的实际认识和具体表达不完全一致，但基本上都延续了孔颖达体、用二分的思路。

值得注意的是，南宋朱熹是孔氏之后又一诗经学大家，其对《诗经》“六义”问题也发表了自己的看法，并提出了与孔氏“三体三用”说并行的“三经三纬”说，在诗经学史上影响也很大。在《朱子语类》中，朱子如是说：“‘三经’是赋、比、兴，是做诗底骨子，无诗不有，才无，则不成诗。

---

① 陈旸：《乐图论》，载《乐书》卷一百五十一，文渊阁《四库全书》本。

② 张文伯：《论作诗有六义》，载《九经疑难》卷四，明祁氏澹生堂钞本。

③ 郑樵：《风雅颂辨》，载《六经奥论》卷三《诗经》，文渊阁《四库全书》本。

④ 林岊：《毛诗讲义》卷十一，文渊阁《四库全书》本。

⑤ 李樗：《毛诗集解》卷一，文渊阁《四库全书》本。

⑥ 陈栎：《诗经句解序》，《定宇集》卷一，文渊阁《四库全书》补配文津阁《四库全书》本。

盖不是赋，便是比；不是比，便是兴。如《风》、《雅》、《颂》却是里面横串底，都有赋、比、兴，故谓之‘三纬’。”① 这里我们注意到，朱子所论“三经”、“三纬”与孔氏“三体三用”说稍有不同，在孔氏那里，“三体”是指“风、雅、颂”，此当为“三经”；“三用”是指“赋、比、兴”，此当为“三纬”。然而到了朱熹这里，“三体”变成了“赋、比、兴”这“三经”，“三用”变成了“风、雅、颂”这“三纬”。之所以出现这种阴错阳差的情况，笔者觉得有两种可能。

一种可能是，朱子不愿苟同前贤，立意出新，故以“三经三纬”这种新的概念及其新的指称对象作出自己个性化的概括和表达。这种推陈出新的努力诚然有其可取之处，然而也带来了某些概念上的混淆和涵义理解上的困难，如其言“‘三经’是赋、比、兴，是做诗底骨子，无诗不有，才无，则不成诗”，一则将作诗之方法比拟于“经”欠妥帖，二则“无诗不有”的判断并不符合《诗经》三百余篇各自实际情况；又如其言“《风》、《雅》、《颂》却是里面横串底，都有赋、比、兴”，风、雅、颂作为独立的形制，何以能“横串”本无形制的赋、比、兴三法，殊难理解，等等。相比之下，孔氏“三体三用”说表意更加准确严谨，也显得更加简洁明了。这从后世学者即使沿用朱子“三经三纬”说之名而往往采用孔氏“三体三用”说之义，即可见出一般。更何况，朱子“三经三纬”说虽标新义，但仍然逃不开孔氏“三体三用”说的基本轨迹，实质上只是对孔氏“体用”说的某种推衍、改造而已。

而另一种可能是，朱子“三经三纬”说本就依循孔氏“三体三用”说而来，只是稍作概念上的更换，如“三体”换作“三经”，“三用”换作“三纬”，而内涵则一仍其旧，只是其弟子记录有误而致后来这种情形。如我们所知，朱子“三经三纬”说载于《朱子语类》，该著乃朱子弟子根据朱子平时答疑问难之语记录整理而成，非朱子亲撰，故很难保证其中每一则材料都准确无误。关于此种可能，我们若对照朱子后学一系列论述，则更加明显。如朱子门生辅广在《诗传纲领》中论曰：“制作之体谓赋、比、兴也，盖风、雅、颂之体皆用是三者以制作之也。‘三经’，谓风、雅、颂，盖其体之一定

---

① 黎靖德编：《朱子语类》卷八十，中华书局 1986 年版，第 2070 页。

也；‘三纬’，谓赋、比、兴，盖其用之不一也。”[①] 辅广长期就学于朱熹，此说当根据乃师之说演绎而成，较为可靠。然其明确指出“‘三经’谓风、雅、颂，盖其体之一定也；‘三纬’谓赋、比、兴，盖其用之不一也”，这显然与朱子之说不符而与孔氏之说更为接近，这是很不正常的。其最合理的解释就是：辅广所论恰是朱子本义。又元人梁益《诗传旁通》卷一解《关雎》篇云：“赋、比、兴者，作诗之体。风、雅、颂者，作诗之名。《诗》有‘六义’：三经而三纬之，风、雅、颂为经，赋、比、兴为纬。三纬之中又复错综焉。如兴而比，赋而兴之类。‘六义’之旨，粲然明矣。”[②] 梁益向以演释朱子诗说见称，当不会随意篡改朱子“三经三纬”之义。然这里明确申张“风、雅、颂为经，赋、比、兴为纬”，与朱熹之说相左，而与孔氏说同。其间曲折，当与辅广近似。又元末明初梁寅《诗演义》解《关雎》篇云：“《诗》之六义，风、雅、颂曰三经，赋、比、兴曰三纬。”[③] 梁氏《诗演义》本为演绎朱子《诗集传》之义而来，其“三经三纬”之说，当贴近朱子“三经三纬”之论，然而实际情况是，梁氏明确指认“风、雅、颂”为“三经”，“赋、比、兴”为“三纬”，与朱子之说异而与孔氏之说同，此间消息，颇堪玩味。类此情形者还颇有一些，晚明许学夷《诗源辩体》云：“《三百篇》有六义，曰风、雅、颂、赋、比、兴。风、雅、颂为三经，赋、比、兴为三纬。”[④] 清初学者黄宗羲《汪扶晨诗序》亦云：“自毛公之六义以风、雅、颂为经，以赋、比、兴为纬，后儒因之。”[⑤] 又康熙年间宫梦仁《读书纪数略》云：“三经三纬。风、雅、颂：经；赋、比、兴：纬。”[⑥] 直至现代文史大家鲁迅在《汉文学史纲要·书与诗》中还指出：“风雅颂以性质言：风者，吕巷之情诗；雅者，朝廷之乐歌；颂者，宗庙之乐歌也。是为《诗》之三经。赋比兴以体制言：赋者直抒其情；比者借物言志；兴者托物兴辞也。是为《诗》之三纬。”[⑦] 如

---

① 辅广：《诗传纲领》，《诗童子问》“卷首”，文渊阁《四库全书》本。

② 梁益：《诗传旁通》卷一，文渊阁《四库全书》本。

③ 梁寅：《诗演义》卷一，文渊阁《四库全书》本。

④ 许学夷：《诗源辩体》卷一，人民文学出版社 1987 年版，第 1 页。

⑤ 黄宗羲：《汪扶晨诗序》，《南雷文定》四集卷之一，清康熙刊本。

⑥ 宫梦仁：《读书纪数略》卷三十一，文渊阁《四库全书》本。

⑦ 鲁迅：《汉文学史纲要》，上海古籍出版社 2005 年版，第 9 页。

此众多的例证皆显示出，朱子后学及相关学者几乎是一边倒地弃朱说而从孔说，这在“师法”、“门第”甚严，弟子后学多乐为乃师乃祖曲说、辩护的封建时代，是极为罕见的。它起码可以启示我们：当初《朱子语类》所载朱子“三经三纬”说，要么是本身说理不当，不被后人认同；要么是门生记录有误，后人识其本相，返始归真。

综上可知，孔颖达所倡“三体三用”说，逐渐成为诗经学史上的主流观点，尽管后世各家对其具体表述不尽相同，但本质上却相通，多秉承孔氏体、用二分的思路，把风、雅、颂视为《诗经》的不同诗体分类，把赋、比、兴视为《诗经》各篇艺术表现手法。足见孔氏“三体三用”说影响之深远。

总之，孔颖达对《诗经》“六诗”（“六义”）说系统而翔实的疏解，一方面促使“六诗”的内涵和外延得到更全面的彰显，另一方面有助于“六诗”走上审美化道路，因为在孔颖达这里，“风”、“雅”、“颂”被认定为三种诗歌体制，“赋”、“比”、“兴”被界分为诗歌艺术的三种表现方法和手段，这已体现出较明显的文体学观念和对文艺审美形式的自觉意识，较之汉儒解《诗》，其政教色彩相对淡化而审美色彩却显著增强。而其首倡“三体三用”说，全面而深入地破解了《诗经》学史上的一系列难题，这对后世学人更加准确、深刻地领会《诗经》“六诗”（“六义”）的精髓，并有效地推进《诗经》学研究的诗学化、审美化取向，无疑具有重要意义。

正是在孔颖达等人的义理分梳和审美阐释的基础上，一些唐代著名文艺家则将历来侧重于经学阐释的“风”、“雅”、“比”、“兴”原则，提挈为一种文艺创作主张和文艺口号，“风雅比兴”说渐成为唐代文论之主流。[①] 如陈子昂在其《与东方左史虬修竹篇序》中说：“仆偿暇观齐、梁间诗，采丽竞繁，而兴寄都绝，每以永叹，思古人常恐逶迤颓靡，风雅不作，以耿耿也。”[②] 陈氏在此鞭挞“兴寄都绝”、“风雅不作”的时代颓风，呼唤对国计民生的关怀和期待，重扬风雅兴寄、汉魏风骨的大旗，并为此而身体力行。据《本事诗·高逸》记载，李白深憾“梁陈以来，艳薄斯极，沈休文又尚以声律”[③]，

① 参见徐正英：《先秦至唐代比兴说述论》，《西北师大学报》2003 年第 1 期。

② 郭绍虞：《中国历代文论选》第二册，上海古籍出版社 1979 年版，第 55 页。

③ 孟棨等：《本事诗·高逸》，上海古籍出版社 1991 年版，第 17 页。

又感慨“大雅久不作，颂声久崩沦。安得郢中质，一挥成风斤”[①]，从而力主重归风雅，“寄兴深微”，所谓“寄兴”即指比兴寄托。而杜甫在其《同元使君春陵行诗》小序中，以“不意复见比兴体制”赞扬元结《春陵行》、《贼退示官吏》两首作品风雅比兴的高格。柳宗元则在《杨评事文集后序》中说：“文有二道：辞令褒贬，本乎著述者也；导扬讽喻，本乎比兴者也。……比兴者流，盖出于虞夏之咏歌，殷周之风雅，其要在于丽则清越，言畅而意美，宜流于谣诵也。”[②] 认为比兴既是为了符合政教原则，亦是出于文学言畅而意美的抒情功能，并力图调谐比兴之政教功能与审美功能的关系。到白居易创作《与元九书》一文，则已将“风雅比兴”视作评骘诗歌艺术高下的最基本的标准：“诗之豪者，世称李杜。李之作，才矣奇矣，人不逮矣；索其风雅比兴，十无一焉。杜诗最多，……然撮其《新安吏》、《石壕吏》、《潼关吏》、《塞芦子》、《留花门》之章，‘朱门酒肉臭，路有冻死骨’之句，亦不过三四十首。”[③] 如陈寅恪《元白诗笺证稿》所指出：“夫乐天作诗之意，直上拟三百篇，陈义甚高。”[④] 从而，“风雅比兴”说终成为唐代诗学和美学谈诗论艺的最重要理论范式之一。

又唐王朝开科取士，特重“六义”之学，为“风雅比兴”说的兴盛创造了极有利的客观条件。大历诗人李益《诗有六义赋》云：“君非五谏兮何弼，诗匪六义兮何成？我皇乃以诗而条之国政，本乎人情，故得行于蛮貊，岂独用之邦国。修之身则寿考不忘，垂乎后则子孙千亿。乃知诗之为教，盖亦王猷之至极。”[⑤] 可见在唐政府政治文化政策中，诗教地位极高，“盖亦王猷之至极”，而诗教如此重要，又端赖“六义”以成。清代康熙《御制全唐诗序》亦言：“盖唐当开国之初，即用声律取士，聚天下才智英杰之彦，悉从事于六义之学，以为进身之阶。则习之者固已专且勤矣。……其精思独悟，不屑为苟同者，皆得殚其才力所至，沿寻风雅，以卓然自成其家。”[⑥] 在唐政

① 李白：《李太白诗集注》卷二《古诗五十九首》，文渊阁《四库全书》本。

② 郭绍虞：《中国历代文论选》第二册，上海古籍出版社 1979 年版，第 148 页。

③ 郭绍虞：《中国历代文论选》第二册，上海古籍出版社 1979 年版，第 79 页。

④ 陈寅恪：《陈寅恪集·元白诗笺证稿》，生活·读书·新知三联书店 2001 年版，第 124 页。

⑤ 董诰等编：《全唐文》卷四百八十一，清嘉庆内府刻本。

⑥ 康熙：《全唐诗序》，载《清文献通考》卷二百三十七《经籍考》，文渊阁《四库全书》本。

府政治文化政策的激励和引导下，无数英才“悉从事于六义之学，以为进身之阶”，《诗》之风雅比兴之旨，“六义”之精髓，遂更加普遍地传播和渗透到整个唐代的文艺思潮中。有论者曾就此曰：“在这种时代精神与文学思潮中，‘六义’成为广泛的谈诗口实。甚至道士吴筠，也被称赏为‘近古游方外而言六义者，先生实主盟焉’。皎然也是‘方外’之人，他的《诗式》基本上谈诗艺与诗美，但也不时露出‘六义’的话头。晚唐司空图晚年归心佛道，论诗又标举玄淡之风，但也声称‘诗冠六义，则讽喻、抑扬、停蓄、温雅皆在其间矣’。”①

今人邓国光先生指出：“孔疏的兴义，已完全渗进唐代诗论的大流之中。孔颖达把‘六义’推向更具理论深度的阶段，启动了唐人以六义比兴论诗的风气。……孔疏对六义兴象论的创造性阐发，对唐代以至后来的诗论，实具有深潜而实质的启导性影响。”② 笔者以为此论颇能概括孔颖达在唐诗学史上的潜在而又不可忽视的贡献。

第三节 “删诗”考辨

“孔子删诗”问题，曾被学界视为诗经学史上四大“公案”之一。③ 而孔颖达在此“公案”中所扮演的角色，尤为引人瞩目。

关于“孔子删诗”之说，诗经学界一般认为肇始于司马迁。司马迁《史记·孔子世家》云：

> 古者，诗三千余篇，及至孔子，去其重，取可施于礼义，上采契后稷，中述殷周之盛，至幽厉之缺。……三百五篇孔子皆弦歌之，以求

① 萧华荣：《中国古典诗学理论史》，华东师范大学出版社 2005 年版，第 102 页。

② 邓国光：《唐代诗论抉原：孔颖达诗学》，《唐代文学研究》第七辑，广西师范大学出版社 1998 年版。

③ 说见夏传才《诗经学四大公案的现代进展》一文（《河北学刊》1998 年第 1 期），该文称诗经学史上的四大“公案”为“孔子删诗公案”、“毛诗序公案”、“商颂时代公案”和“国风作者与民歌的公案”。

合《韶》、《武》、《雅》、《颂》之音。礼乐自此可得而述，以备王道，成六艺。①

司马迁的这段话，简要叙述了孔子将古代流传下来的三千多首诗，经过“去其重”，仅剩符合礼义标准的三百〇五篇，并配乐演奏，使之合乎《韶》、《武》、《雅》、《颂》之音，但这里尚未明确提出“删诗”之说。西汉古文经学家、孔子后人孔安国曾于《尚书序》云：“先君孔子，生于周末，睹史籍之烦文，惧览之者不一。遂乃定《礼》、《乐》，明旧章，删《诗》为三百篇。约史记而修春秋。”② 这里倒明确提出孔子“删诗”之说，但孔传《古文尚书》经清儒阎若璩、惠栋等人考辨，东汉时已亡佚，现存《古文尚书》较长期以来被视为晋代梅赜伪作，多不为人信从，故孔安国之说只能存疑。到东汉，史学家班固在《汉书·叙传》中说：“伏羲画卦，书契后作。虞夏商周，孔纂其业。簒书删诗，缀礼正乐。”③ 其时大学者王充也于《论衡》中指出：“《诗经》旧时亦数千篇，孔子删去重复，正而存三百篇。”④ 二人皆明言孔子“删诗”，至此，“孔子删诗”说正式成为诗经学史上的一大论断。东汉末年郑玄作《毛诗》笺时，亦认同“孔子删诗”的观点，如郑玄《六艺论》云：“孔子录周衰之歌，及众国贤圣之遗风，自文王创基，至于鲁僖四百年间，凡取三百五篇，合为《国风》、《雅》、《颂》。”⑤ 直至唐初，经学家陆德明在《经典释文》中仍然提出：“诗者，所以言志，吟咏性情以讽其上者也。……是以孔子最先删录。既取周诗，上兼商颂，凡三百十一篇，毛公为《故训》时已亡六篇，故《艺文志》云三百五篇。”⑥ 这显然亦是肯定“孔子删诗”的观点。综上，大略而言，在唐孔颖达之前，大多学者均尊奉“孔子删诗”之说，并虔诚地相信这是孔子为万世立教的重要举措。

至孔颖达，始对“孔子删诗”之说明确提出质疑。其在《毛诗·诗谱

① 司马迁：《史记》卷四十七，清乾隆武英殿刻本。

② 李学勤主编：《十三经注疏·尚书正义》，北京大学出版社 1999 年版，第 8 页。

③ 班固：《汉书》卷一百下，清乾隆武英殿刻本。

④ 王充：《论衡校释》，中华书局 1990 年版，第 1129 页。

⑤ 李学勤主编：《十三经注疏·毛诗正义》，北京大学出版社 1999 年版，“目录”第 8 页。

⑥ 陆德明：《经典释文》卷一，《清报经堂丛书》本。

序》正义中说："《史记·孔子世家》云：'古者诗本三千余篇，去其重，取其可施于礼义者三百五篇。'是《诗》三百者，孔子定之。如《史记》之言，则孔子之前，诗篇多矣。案《书传》所引之诗，见在者多，亡逸者少，则孔子所录，不容十分去九，马迁言古诗三千余篇，未可信也。"[①] 这里，孔氏指出，若按照司马迁"古诗三千余篇"之说，则孔子之前，诗歌总量是相当庞大的，即使孔子编订《诗经》时予以大幅度地删除淘汰，那些没能入选《诗经》的二千七百余篇逸诗也应广泛留存于其他各类文献典籍中。但事实上，从《尚书》、《国语》、《春秋左传》等书传典籍的引诗情况来看，《诗经》之外的逸诗数量极其有限，绝大多数引诗依然是《诗经》中的那些篇章，而二千多篇逸诗却几乎不见踪影，这是非常不合情理的。由此可以推断，孔子当年应该没有大规模的删诗行为。否则，以逸诗九倍于《诗经》入选诗篇的比例，何以会在春秋列国乐师们吟诗配乐、文人士大夫赋诗言志极为盛行的情况下，短期内消失殆尽？故此，孔颖达明确质疑说："见在者多，亡逸者少，则孔子所录，不容十分去九，马迁言古诗三千余篇，未可信也。"从而将历来被视为定论的"孔子删诗"之说，变成了一桩千古悬案。

不仅如此，孔颖达还进一步加强此说。《毛诗·诗谱序》孔氏正义云："此等正诗，昔武王采得之后，乃成王即政之初，于时国史自定其篇，属之大师，以为常乐，非孔子有去取也。"[②] 这就是说，《诗经》之"正诗"各篇，乃周武王、成王时采得并选编而成，系由当时国史定其篇目，王朝乐师配其乐章，这些远在孔子之前业已发生，故并非后世孔子删录所致。又《左传·襄公二十九年》载吴公子季札在鲁观乐，乐师为其演奏《秦风》，杜预注云："《诗》第十一，后仲尼删定，故不同。"孔氏正义则曰："此为季札歌《诗》。风有十五，国其名，皆与《诗》同，唯其次第异耳。则仲尼以前，篇目先具，其所删削，盖亦无多。记传引《诗》，亡逸甚少，知本先不多也。《史记·孔子世家》云：'古者诗三千余篇，孔子去其重，取三百五篇。'盖马迁之谬耳。"[③] 这就再次否定了"孔子删诗"的观点。孔颖达作为孔子的后人，能在举世皆奉乃祖孔子为神明的封建时代，如此再三质疑"孔子删诗"

① 李学勤主编：《十三经注疏·毛诗正义》，北京大学出版社 1999 年版，"目录"第 8 页。
② 李学勤主编：《十三经注疏·毛诗正义》，北京大学出版社 1999 年版，"目录"第 7 页。
③ 李学勤主编：《十三经注疏·春秋左传正义》，北京大学出版社 1999 年版，第 1099 页。

为谬说，殊为难得，这充分地体现了孔颖达本人宽广的胸怀和唯真是求的崇高风范。

自孔颖达明确提出孔子不曾删诗的观点以后，在诗经学领域激起了很大的波澜，“删诗”派与非“删诗”派双方论辩频繁，从而引发了一场延续一千多年的学术公案。自宋代以降，非“删诗”派从者众多，如南宋郑樵说：“上下千余年，《诗》才三百五篇，有更十君而取一篇者，皆商周人所作，夫子并得之于鲁太师，编而录之，非有意于删也。删《诗》之说，汉儒倡之。”① 叶适说：“《论语》称‘诗三百’，本谓古人已具之诗，不应指其自删者言之，然则诗不因孔子而后删矣。”“《诗》不因孔子而删，诚千古卓见也。”② 朱熹则认为，“孔子重新整理一番，未见得删与不删”，“孔子不曾删去，往往只是刊定而已”，“那曾见得圣人持笔删那个，存这个，也只得就相传上说去”，③ 故基本认定孔子并没有删订《诗经》。南宋王柏亦明确反对“孔子删诗”说，他认为“左氏载季札之辞，皆与今《诗》合，止举《国风》，微有先后尔。使夫子未删之《诗》，果如季札之所称，正不待夫子而后删也”。④ 除了上述四人外，其他支持、拥护或补充孔颖达观点者甚众，如宋代吕祖谦，明代黄淳耀，清代江永、朱彝尊、王士祯、赵翼、崔述、魏源、方玉润等，以及近代以来梁启超、胡适、顾颉刚、钱玄同等。

当然，反对孔颖达观点者亦代不乏人，如北宋欧阳修就公开赞成“孔子删诗”的观点，并对司马迁的说法作进一步修正完善。他在《诗本义·诗图总序》中说：“司马迁谓古诗三千余篇，……以余考之，迁说然也。何以知之？今书传所载逸诗何可数焉。以图推之，有更十君而采其一篇者，又有二十余君而取其一篇，由是言之，何啻乎三千？……非止全篇删去也，或篇删其章，或章删其句，或句删其字。”⑤ 明代卢格认为：“西周盛时，环海内而封者，千八百国，使各陈一诗，亦千八百篇矣。载于经者，惟邶、鄘、

① 引自朱彝尊：《经义考》卷九十八，《四库全书·史部》。

② 引自朱彝尊：《曝书亭集》卷五十九《论诗一》，《四库全书·集部》。

③ 黎靖德编：《朱子语类》卷三十四、卷二十三、八十卷，中华书局1986年版，第856、542、2065页。

④ 王柏：《诗疑》，商务印书馆1936年版，第26页。

⑤ 欧阳修：《诗本义·诗图总序》，《四库全书·经部》。

卫、郑、齐、魏、唐、秦、陈、桧、曹十一国，皆春秋时诗，其他亦无所录。孟子‘诗亡’之论，其有慨于此乎?”① 清初顾炎武亦认为：“孔子删《诗》，所以存列国之风也，有善有不善，兼而存之，犹古之太师，陈诗以观民风。……选其辞，比其音，去烦且滥者，此夫子之所谓删也。”② 除了欧阳修等人外，其他赞成“孔子删诗”说者尚有宋代邵雍、程颢、周子醇、王应麟、元代马端临、清代范家相等。

但非“删诗”派终究占据了主导地位。朱彝尊说：“窃以诗者，掌之王朝，班之侯服，小学大学之所讽诵，冬夏之所教，莫之有异，故盟会聘问燕享，列国之大夫赋诗见志，不尽操其土风。使孔子以一人之见，取而删之，王朝列国之臣，其孰信而从之者?”又说：“季札观乐于鲁，所歌《风》者，无出十三国之外者。又子所雅言：一则曰‘诗三百’，再则曰‘诵诗三百’，未必定属删后之言。况多至三千，乐师矇叟，安能遍为讽诵?窃疑当时掌之王朝，班之侯服者，亦止于三百余篇而已。”③ 故断定孔子无删诗之事。崔述则在《读风偶识》卷一中说：“孔子删诗，孰言之?孔子未尝自言之也，史记言之耳。……孔子曰：‘诵诗三百’，是《诗》止有三百，孔子未尝删也。学者不信孔子所自言，而信他人之言，甚可怪也。”④ 并在《洙泗考信录》中作了进一步的详细辩正，力主孔子仅仅是“厘正次第之，以教门人，非删之也”。⑤ 与此同时，清代学者还发挥其考据学的优长，对《诗经》之外逸诗数量多少问题进行了综合比对和查证。赵翼于《古诗三千之非》一文综论云：“司马迁谓古诗三千余篇，孔子删之为三百五篇，孔颖达、朱彝尊皆疑古诗本无三千。今以《国语》、《左传》二书所引之诗校之，《国语》引诗凡三十一条，……然则国语所引逸诗仅一条，而三十条皆删存之诗，是逸诗仅删存诗三十之一也。《左传》引诗共二百十七条，……今考左丘明自引及述孔子之言所引者共四十八条，而逸诗不过三条。其余列国公卿自引诗共一百一条，而逸诗不过五条。又列国宴享歌诗赠答七十条，而逸诗不过五

① 朱彝尊：《经义考》卷九十八引其说，《四库全书·史部》。

② 顾炎武：《孔子删〈诗〉》，《日知录》卷三，上海古籍出版社 2006 年版。

③ 朱彝尊：《曝书亭集》卷五十九，《论诗一》，《四库全书·集部》。

④ 崔述：《读风偶识》卷一，《崔东壁遗书》，上海古籍出版社 1983 年版。

⑤ 参见洪湛侯：《诗经学史》，中华书局 2002 年版，第 13 页。

条。是逸诗仅删存诗二十之一也。若使古诗有三千余则，所引逸诗宜多于删存之诗十倍，岂有古诗则十倍于删存诗，而所引逸诗反不及删存诗二三十分之一？以此而推知，古诗三千之说不足凭也。”① 诚然，若古诗有三千之多，那么除去《诗经》中的三百余篇，尚存二千七百余篇，将近《诗经》篇幅的十倍，则《诗经》之外的逸诗当俯拾即是，最不济也不会少于《诗经》中的数量。而依据逸诗统计结果，却不及《诗经》存诗的二三十分之一，这是不能不令人疑窦丛生的。而且孔门儒学在当时也还只是诸子百家之一，其影响主要局限于鲁国和儒家范围内，远不可能发生孔子一人删诗而天下影从的情况，更何况孔子本人还是“述而不作、信而好古”之人，轻易不会擅自损毁前人文化成果。此外，当时诗乐文化尚处繁盛时期，也并没有遭遇类于后世秦始皇焚书坑儒的大规模文化破坏行为。因此，诸家所举例证，足以证明孔氏“见在者多，亡逸者少，则孔子所录，不容十分去九”的论断是非常有说服力的。所谓“孔子删诗”之说逐渐走向衰微。

自孔颖达以降，否定“孔子删诗”之说者所持理据甚多，蒋伯潜《十三经概论》将其归纳为四点②，夏传才《诗经研究史概要》将其概括为五条，③ 程俊英《诗经漫话》将其列具为六项④，等等。其中最有力的理由仍然还是当初孔颖达所指出的“见存者多，亡逸者少，则孔子所录，不容十分去九”。的确，若孔子果真汰除了内容各不相同的两千七百多首诗，那么这么多曾经普遍运用于中央王朝和各诸侯国的外交、典礼、教育、娱乐等场合，传播面极为广泛的诗歌，何以在孔子之前的文献典籍中未曾留下什么痕迹呢？信从孔子删诗的学者，终究未能对此作出令人信服的解答。从而，孔颖达所持有关论断，迄今仍然是诗经学界质疑司马迁《孔子世家》所述不确，并否弃“孔子删诗”说的最重要的理据。

然而，司马迁以“良史”著称于世，所谓“古诗三千，孔子去重”之说岂会一无依凭？笔者以为，在众声喧哗之中，清人赵坦、魏源等所开启的“去其重”说，值得我们特别予以关注。赵坦在《宝甓斋札记》中云：“删

---

① 赵翼：《陔馀丛考》卷二，清乾隆五十五年湛贻堂刻本。

② 蒋伯潜：《十三经概论》，上海古籍出版社 1983 年版，第 188 页。

③ 夏传才：《诗经研究史概要》，中州书画社 1982 年版，第 37 页。

④ 程俊英：《诗经漫话》，上海文艺出版社 1983 年版，第 34—35 页。

《诗》之旨可述乎？曰：'去其重复焉尔。'今试举群经诸子所引《诗》，不见于三百篇者一证之。……凡若此类，复见叠出，疑皆为孔子所删也。若夫《河水》即《沔水》，《新宫》即《斯干》，昔人论说，有足取者。然则史迁所云'去其重，可施于礼义者'者，直千古不易之论。"① 魏源在《夫子正乐论》中则云："因是以通《史记》之言曰，孔子去其重，取可施于礼义者，凡三百五篇。曰去其重者，谓重复倒乱之篇，而非谓乐章可删，列国可黜也。吾故曰：夫子有正乐之功，无删诗之事，三家之文有同异，则三百之外不尽为逸诗也。"② 按照赵、魏二人所揭，一方面司马迁"古诗三千"之说大致不谬，另一方面三千余首古诗是"复见叠出"的诗，即内容重复的诗。所谓孔子"删诗"其实是删除不同来源不同版本中重复错杂的诗。孔子主要的功劳在于"正乐"，而不在于"删诗"。前贤未备，后续转精，现代一些学者在承传前人成果的基础上，进一步加强了对"去其重"说的论证，从而使得这一学术公案有了更为合理而圆通的解释。③ 考究诸家之见并证之史实，可知早在孔子之前，诗乐之教已为周王朝定制，对此《周礼》、《礼记》等均有明载。周王朝的乐官很可能早就编有一种诗集，用作教本，而且也颁行于各诸侯国。当时，在中原地区，甚至包括南方的吴、楚等地，诗就以三百余篇的规模广泛流传。《左传·襄公二十九年》所载吴公子季札在鲁观乐所闻所论，即是明证。另《国语·楚语上》亦载云："叔时曰：教之《春秋》而为之声善而抑恶焉，以戒劝其心；……教之《诗》而为之道广显德，以耀明其志；教之《礼》使知上下之则；教之《乐》以疏其秽而镇其浮。"④ 据《左传》，楚人申叔时最晚见于成公十六年，早于孔子出生（鲁襄公二十二年）二十四年。此处申叔时提到用《春秋》、《诗》、《礼》、《乐》等作教材实施教育。可见在孔子之前，诸如《春秋》、《诗》、《礼》、《乐》等周王朝文献典籍流传既

① 赵坦：《宝甓斋札记》，上海书局，清光绪十四年（1888年）线装本。

② 魏源：《夫子正乐论》，《诗古微》上编之一，《续修四库全书·经部》。

③ 参见金德健《司马迁所见书考》（上海人民出版社1963年版）、刘操南《孔子删诗初探》（《杭州大学学报》1987年第1期）、蒋立甫《略说司马迁与诗经研究》（《人文杂志》1994年第6期）、许司东《孔子删诗说辨正》（《东岳论丛》1996年第1期）、张燕婴《孔子删诗说考辨》（《文教资料》1998年第4期）、邹然《唐代〈诗〉说撷英》（《福州师专学报（社会科学版）》2000年第2期）等。

④ 韦昭：《国语韦氏解》卷十七，《士礼居丛书》影宋本。

久且广。后来孔子周游列国，所至必闻其政，从而搜集了各国乐官所保存的一些诗集传本。这些传本所有的诗篇加起来，或许即司马迁所说“古者诗三千余篇”。孔子自卫返鲁以后，致力于文献整理，把三千余篇诗互相参校，删除其中绝大部分重复的篇章，并确定篇次，从而形成一个三百余篇的《诗经》定本。故司马迁在《史记》中并未明言孔子“删诗”，只说孔子“去其重”，所谓“去其重”，即删去相重之诗。因此，所谓三千余篇诗实际上也就是三百余篇诗，并非还另有两千七百余篇诗。①

若果真如此，那么孔颖达等人所论，可谓破“孔子删诗”之说有余，释司马迁之言不足。但这依然不能抹杀孔氏在这一领域的重大贡献。所谓真理越辩越明，正因为有了孔颖达有理有据的发难之功，才有了历代学人对这一问题所展开的深入论难和考辨，从而在很大程度上推进了整个诗经学的发展。这在诗学史和美学史上都有其重要意义。

综上，本章主要从“诗有三训”、“‘六诗’新释”、“孔子删诗”等三个大的方面讨论了孔氏诗学思想之大旨，涉及孔氏“风雅之诗，缘政而作”、“诗述民志，乐歌民诗”、“畅怀舒愤，塞违从正”等一系列诗学命题，以及孔氏对《诗》之“六义”、“三体三用”、“孔子删诗”等问题所作的系统而深入的考察，从而表明孔氏诗学思想在中国儒家诗学史以及美学史上有着不可忽视的地位和影响。

---

① 参见许司东：《孔子删诗说辨正》，《东岳论丛》1996年第1期。

第六章　诗乐关系论

在《五经正义》中，孔颖达除了充分讨论诗歌艺术的审美特征、社会功能、诗经学史上的一系列疑难问题外，还对中国早期艺术史上关联最密切的诗歌与音乐之关系作了全面而深入的阐发，在中国诗乐美学史上产生了深远的影响。

就诗、乐关系来说，孔颖达的基本观点是诗乐同功，且诗教与乐教相携而行。在疏解《毛诗大序》时，孔颖达明确提出了“诗乐同功”、“诗乐相将”的美学命题。孔氏正义云：

> 诗是乐之心，乐为诗之声，故诗、乐同其功也。然则诗、乐相将，无诗则无乐。……据五帝以还，诗乐相将，故有诗则有乐。①

这里，孔颖达先是点明“诗是乐之心，乐为诗之声”，即以人之“心”、“声”的密切关系比况诗、乐之间相互依赖、不可分割的关系。孔氏意谓诗、乐本为一体，如同人之“心”与“声”，人“心”发而为“声”，“声”应“心”而起，二者须臾不可分离；而诗与乐之间，乐无定质，借诗为其灵府，诗无音声，借乐为其华章，其具体表现即诗为乐的歌辞和内容，乐为诗的歌咏表演形式，诗侧重于义涵表达，乐侧重于形式渲染，故诗是乐之心，乐为诗之声，二者相辅相成，相得益彰，共同服务于个体的抒情言志功能或“美教化，移风俗”的社会教化功能，此之谓“诗乐同功”或曰“诗乐相将”。孔颖达还进一步指出“据五帝以还，诗乐相将，故有诗则有乐”，从而赋予“诗乐相将”

---

①　李学勤主编：《十三经注疏·毛诗正义》，北京大学出版社 1999 年版，第 11 页。

理论以深厚的历史文化背景。在"诗乐同功"、"诗乐相将"这一总的观点之下，孔氏又作了具体而深入的阐发和论证，以下试从几个方面予以分梳。

第一节　"诗为乐章"

孔颖达在具体论述诗乐关系时，首要提出了"诗为乐章"的命题，较为引人瞩目。在《礼记正义》中，孔氏疏《经解》篇云："《诗》为《乐》章，《诗》、《乐》是一。"① 又疏《学记》篇云："诗是乐歌，故次乐也。"② 又疏《文王世子》云："诵谓歌乐者，谓口诵歌乐之篇章，不以琴瑟歌也。云'弦谓以丝播《诗》'者，谓以琴瑟播彼《诗》之音节，《诗》音则乐章也。"③ 显然，此皆以"诗"为"乐歌"，"诗音"为"乐章"。孔氏又于《春秋左传正义》中倡言："《诗》为《乐》章，琴瑟必以歌诗。"④ "乐以歌诗为主，《诗》有风、雅、颂，其类各别。"⑤ 孔氏又疏《毛诗·蟋蟀》小序云："情见于诗，诗为乐章。"⑥ 可见，诗为乐歌或乐章之说在孔氏经解中极为普遍，表明了孔氏对以《诗经》为代表的先秦诗歌艺术诗乐一体现象的深入洞察，以及对《诗经》三百篇皆入乐的深刻理解。

今人朱自清先生尝言："乐以言志、歌以言志、诗以言志是传统的一贯。以乐歌相语，该是初民的生活方式之一。那时结恩情，做恋爱用乐歌，这种情形现在还常常看见；那时有所讽颂，有所祈求，总之有所表示，也多用乐歌。人们生活在乐歌中，乐歌就是'乐语'；日常的语言是太平凡了，不够郑重，不够强调的。明白了这种'乐语'，才能明白献诗和赋诗。这时代人们都还能歌，乐歌还是生活里的重要节目。"⑦ 朱先生这段话主要表明，乐、

---

① 李学勤主编：《十三经注疏·礼记正义》，北京大学出版社 1999 年版，第 1369 页。
② 李学勤主编：《十三经注疏·礼记正义》，北京大学出版社 1999 年版，第 1058 页。
③ 李学勤主编：《十三经注疏·礼记正义》，北京大学出版社 1999 年版，第 627 页。
④ 李学勤主编：《十三经注疏·春秋左传正义》，北京大学出版社 1999 年版，第 818 页。
⑤ 李学勤主编：《十三经注疏·春秋左传正义》，北京大学出版社 1999 年版，第 1401 页。
⑥ 李学勤主编：《十三经注疏·毛诗正义》，北京大学出版社 1999 年版，第 378 页。
⑦ 朱自清：《诗言志辨》，华东师范大学出版社 1996 年版，第 9 页。

歌、诗皆源自原始初民的生活方式，三者三位一体，共同承担抒情言志的功能。但对于这种乐、歌、诗一体的本始状貌，后人已不甚了然，他们往往是知诗而不知歌，知歌而不知乐，知乐者又不知诗，从而对诗、对乐的理解也常常是一知半解、顾此失彼的。因此，如何认知和梳理古代诗歌在音韵律吕等形式方面所呈现的艺术规律，也即如何正确把握古代诗歌的音乐性特征，就成了一个非常重要的课题。对此，当年孔颖达等人就高度重视并给予自觉的理论上的阐发和总结。

在《毛诗・子衿》正义中，孔氏语云："古者教学子以诗乐，诵之谓背文暗诵之，歌之谓引声长咏之，弦之谓以琴瑟播之，舞之谓以手足舞之。学乐学诗，皆是音声之事。"① 此即强调诗乐歌舞等，皆是"音声之事"，都离不开音乐性功能的表达。在《毛诗・诗谱序》正义中，孔氏复指出："既能和集，必不空弦，弦之所歌，即是诗也。"② 又释《毛诗・大序》云："情发于声，谓人哀乐之情发见于言语之声，于时虽言哀乐之事，未有宫、商之调，唯是声耳。至于作诗之时，则次序清浊，节奏高下，使五声为曲，似五色成文，一人之身则能如此。据其成文之响，即是为音。此音被诸弦管，乃名为乐。虽在人在器，皆得为音。"③ 孔颖达这里揭示了古典诗歌创作与音乐结合，谱曲成文，高低抑扬，诗必合乐的审美特征。孔氏又释《毛诗・关雎》云："初作乐者，准诗而为声；声既成形，须依声而作诗，故后之作诗者，皆主应于乐文也。"④ 这里所谓"准诗为声"或"依声为诗"，表明诗和乐的创作应相互配合，诗、乐应当同功的道理。这些论述再三强调诗是乐歌、诗乐相将的特点，很大程度上又将诗歌侧重于义理的取向拨转到诗乐同功、声言并重的传统途径上来，这对于我国古代诗乐二艺辩证而均衡地发展无疑具有重要的理论意义和实践意义。

诗歌与音乐之间的这种密切联系，使得中国古典诗歌总是自觉或不自觉地在语言形式结构中营造音韵节奏之美，即使不配乐，也朗朗上口，节奏鲜明，如同音乐之婉转流美。如早在《诗经》当中，其间大多数篇章仅就语

---

① 李学勤主编：《十三经注疏・毛诗正义》，北京大学出版社 1999 年版，第 314 页。

② 李学勤主编：《十三经注疏・毛诗正义》，北京大学出版社 1999 年版，"目录"第 4 页。

③ 李学勤主编：《十三经注疏・毛诗正义》，北京大学出版社 1999 年版，第 7 页。

④ 李学勤主编：《十三经注疏・毛诗正义》，北京大学出版社 1999 年版，第 14 页。

言形式结构而言，也都是节奏清雅有致、音韵和谐优美的。熟读《诗经》及历代诗文，自己也“善属文”的孔颖达充分体认到中国古典诗歌的这一优长，自觉地给予理论上的梳理抉发。如孔氏《毛诗大序》正义云：“然则在心为志，出口为言，诵言为诗，咏声为歌，播于八音谓之为乐，皆始末之异名耳。”[①] 又前引孔氏正义云：“人哀乐之情发见于言语之声，于时虽言哀乐之事，未有宫、商之调，惟是声耳。至于作诗之时，则次序清浊，节奏高下，使五声为曲，似五色成文，……据其成文之响，即是为音，此音被诸弦管，乃名为乐。”此即通过对“志”、“言”、“诵”、“咏”、“声”、“音”、“乐”等多个相关概念的辨析，解释并倡扬了声韵对于语言“成文”之形式美创造的意义。又孔氏疏《王风·采葛》云：“三章如此次者，既以葛、萧、艾为喻，因以月、秋、岁为韵。积日成月，积月成时，积时成岁，欲先少而后多，故以月、秋、岁为次也。臣之惧谗于小事大事，其忧等耳，未必小事之忧则如月，急事之忧则如岁。设文各从其韵，不由事大忧深也。年有四时，时皆三月，三秋谓九月也。设言三春三夏，其义亦同，作者取其韵耳。”[②] 这里，孔氏再三申张诗文“取韵”的重要，并据韵为说，认为“设文各从其韵，不由事大忧深”，反驳了郑笺“小事之忧如月，急事之忧如岁”的机械之论。又孔氏疏《魏风·伐檀》云：“风行吹水而成文章者曰涟。此云‘涟猗’，下云‘直猗’、‘沦猗’。涟、直、沦论水波之异，猗皆辞也。《释水》云：‘河水清且澜猗。大波为澜。小波为沦。直波为径。’李巡云：‘分别水大小曲直之名。’郭璞曰：‘澜言涣澜也。沦言蕴沦也。径言径侹也。’涟、澜虽异而义同。此诗涟、沦举波名，直波不言径而言直者，取韵故也。”[③] 这里，孔颖达在详细疏释澜、沦、径等水波不同表现情况后，解释原经文之所以用“直”而不用“径”这一既有的名称，是为了更好地押韵，从而采取变文的表达形式。此外，孔氏在《周南·汉广》正义中还特别强调说：“诗之大体，韵在辞上”[④]，其对诗歌音韵的重视甚至超过了文辞的表达效果。可见在孔氏诗乐观中，诗歌音韵之美是极其重要的。

---

① 李学勤主编：《十三经注疏·毛诗正义》，北京大学出版社 1999 年版，第 7 页。
② 李学勤主编：《十三经注疏·毛诗正义》，北京大学出版社 1999 年版，第 266 页。
③ 李学勤主编：《十三经注疏·毛诗正义》，北京大学出版社 1999 年版，第 370 页。
④ 李学勤主编：《十三经注疏·毛诗正义》，北京大学出版社 1999 年版，第 54 页。

对于诗歌的语言文字具体如何组织恰当，以合声韵“成文”之要求，孔氏于《毛诗·关雎》正义中阐释云：

诗者申志，一字则言蹇而不会，故《诗》之见句，少不减二，即“祈父”、“肇禋”之类也。三字者，“绥万邦”、“娄丰年”之类也。四字者，“关关雎鸠”、“窈窕淑女”之类也。五字者，“谁谓雀无角，何以穿我屋”之类也。六字者，“昔者先王受命”、“有如召公之臣”之类也。七字者，“如彼筑室于道谋”、“尚之以琼华乎而”之类也。八字者，“十月蟋蟀入我床下”、“我不敢效我友自逸”是也。其外更不见九字、十字者。挚虞《流别论》云《诗》有九言者，“洞酌彼行潦挹彼注兹”是也。遍检诸本，皆云《洞酌》三章，章五句，则以为二句也。颜延之云：“《诗》体本无九言者，将由声度阐缓，不协金石，仲治之言，未可据也。”句字之数，四言为多，唯以二三七八者，将由言以申情，唯变所适，播之乐器，俱得成文故也。①

孔颖达在此一一举例说明诗歌遣词造句从一字到八字的运用情况，并以是否合乎金石音声为标准反驳挚虞“九言”之论，且进一步提出“句字之数”的多少主要由“申情”和“播之乐器，俱得成文”二条所决定，可谓深得诗歌之要领。

在《诗经》三百〇五篇中，为了更好地表情达意，合乎不同形式的押韵要求，运用了很多语气词、感叹词，孔颖达对此进行了较详细的梳理概括。《毛诗·关雎》孔氏正义云：

诗之大体，必须依韵，其有乖者，古人之韵不协耳。之、兮、矣、也之类，本取以为辞，虽在句中，不以为义，故处末者，皆字上为韵。之者，“左右流之”、“寤寐求之”之类也。兮者，“其实七兮”、“迨其吉兮”之类也。矣者，“颜之厚矣”、“出自口矣”之类也。也者，“何其处也”、“必有与也”之类也。《著》“俟我于著乎而”，《伐檀》“且涟漪”

① 李学勤主编：《十三经注疏·毛诗正义》，北京大学出版社1999年版，第28页。

> 之篇，此等皆字上为韵，不为义也。然人志各异，作诗不同，必须声韵谐和，曲应金石，亦有即将助句之字，以当声韵之体者，则“彼人是哉，子曰何其”，“不思其反，反是不思，亦已焉哉”；“是究是图，亶其然乎”；“其虚其徐，既亟只且”之类是也。①

这里，孔氏明确提出“诗之大体，必须依韵”，认为有乖违者皆不协古人之韵，将用韵看作古代诗体的基本组成要素，并对“之、兮、矣、也、而、猗、哉、乎、且”等不同的语气助词在不同诗篇中的合韵之效进行了梳理论证，甚是详明。孔颖达还强调不同的诗歌创作者尽管志向、旨趣、创作方式等有别，依韵作诗则是共同的要求，都应做到“声韵谐和，曲应金石”，即让诗句声韵谐美，使所要表达的情感意绪在抑扬有致的音韵波动中，扩展、延伸审美想象和情感体验的空间，也更便于配乐和歌咏传唱。孔氏此论，很好地揭示了中国古代诗歌通过汉字本身的有效组合也足以体现音乐美的特征。

从文本角度看，《诗经》皆为歌辞，配乐即可歌，故讨论《诗经》作为乐歌的结构和曲式，本是《诗经》学史题内应有之义。但自先秦两汉以来，由于经学观念的主导性影响，从政治伦理等义理角度论述《诗经》者众，从乐歌曲式等审美角度研究《诗经》者寡，从而给《诗经》学研究留下了一个很大的缺憾。而孔颖达别具慧眼，于经学诠释之外，对《诗经》作为乐歌的结构曲式作了一番归纳、总结，很大程度上填补了这一缺憾。孔氏《毛诗·关雎》正义云：

> 累句为章，则一句不可，二句得为之，《卢令》及《鱼丽》之下三章是也。其三句则《麟趾》、《甘棠》、《驺虞》之类是也。其多者，《载芟》三十一句，《閟宫》之三章三十八句，自外不过也。篇之大小，随章多少。风、雅之中，少犹两章以上，即《驺虞》、《渭阳》之类是也。多则十六以下，《正月》、《桑柔》之类是也。唯《周颂》三十一篇，及《那》、《烈祖》、《玄鸟》，皆一章者。以其风、雅叙人事，刺过论功，

① 李学勤主编：《十三经注疏·毛诗正义》，北京大学出版社 1999 年版，第 28—29 页。

> 志在匡救，一章不尽，重章以申殷勤，故风、雅之篇无一章者。颂者，太平德洽之歌，述成功以告神，直言写志，不必殷勤，故一章而已。《鲁颂》不一章者，《鲁颂》美僖公之事，非告神之歌，此则论功颂德之诗，亦殷勤而重章也。虽云盛德所同，《鲁颂》实不及制，故颂体不一也。高宗一人，而《玄鸟》一章，《长发》、《殷武》重章者，或诗人之意，所作不同；或以武丁之德，上不及成汤，下又逾于鲁僖。论其至者，同于太平之歌；述其祖者，同于论功之颂。明成功有大小，其篇咏有优劣。采立章之法，不常厥体，或重章共述一事，《采蘋》之类；或一事叠为数章，《甘棠》之类；或初同而末异，《东山》之类；或首异而末同，《汉广》之类；或事讫而更申，《既醉》之类；或章重而事别，《鸱鸮》之类。《何草不黄》，随时而改色；《文王有声》，因事而变文；"采采芣苡"，一章而再言；《宾之初筵》，三章而一发。①

这里，孔颖达所论各"章"即指《诗经》各篇所呈现的乐章形式，从诗歌的语言结构形式来看，就是重章叠句，从乐歌的音乐结构形式来说，即为重章叠唱。这种乐歌结构形式的主要特点是前后乐章复沓叠宕，回环往复，一唱三叹，使得乐歌音韵谐和，旋律优美，从而能充分发挥乐歌的抒情功能，给人浓浓的音乐美感。诸如孔氏上述各诗篇，以及孔氏这里没有提到的《卷耳》、《樛木》、《桃夭》、《摽有梅》、《式微》、《柏舟》、《桑中》、《木瓜》、《采葛》、《将仲子》、《风雨》、《伐檀》、《蒹葭》、《南有嘉鱼》、《鹤鸣》、《谷风》、《青蝇》等，不一而足，皆如此。

即使对审美属性相对薄弱的史传文章，孔颖达也着意剔抉其中的音韵美。如《左传·隐公元年》载："公入而赋：'大隧之中，其乐也融融！'姜出而赋：'大隧之外，其乐也洩洩！'"孔氏正义曰："赋诗谓自作诗也。中、融、外、洩，各自为韵。"② 又如《左传·哀公十七年》"卫侯贞卜"句下正义曰："诗之为体，文皆韵句，其语助之辞，皆在韵句之下。即齐《诗》云：'俟我于著乎而，充耳以素乎而。'其王《诗》云'君子阳阳，左执簧。其

① 李学勤主编：《十三经注疏·毛诗正义》，北京大学出版社 1999 年版，第 29 页。

② 李学勤主编：《十三经注疏·春秋左传正义》，北京大学出版社 1999 年版，第 56 页。

乐只且'之类是也。此之'方羊'与下句'将亡'自相为韵。'裔焉'二字为助句之辞。且繇辞之例，未必皆韵。此云'阖门塞窦，乃自后逾'，不与'将亡'为韵。又'一薰一莸，十年尚犹有臭'，不与'攘公之羭'为韵。是或韵或不韵，理无定准。"① 诸如此类，孔氏皆简明扼要地分析了《春秋左传》有关文本的用韵情况，体现了其对以音韵形式加强文章表达效果和审美感染力的重视。可以说，孔颖达如此讨论语言形式的声韵之美，已完全超出了语言学的领域，而走向了诗学和美学。

诚然，古诗与音乐一样，都讲究韵律，本质上都是人的生命节奏的体现，都合乎主体审美的需要。现代著名诗论家、美学家朱光潜先生在谈到诗歌声韵问题时曾说："就大体论，散文的功用偏于叙事说理，诗的功用偏于抒情遣兴。事理直截了当，一往无余，情趣则低徊往复，缠绵不尽。直截了当者宜偏重叙述语气，缠绵不尽者宜偏重惊叹语气。在叙述语中事尽于词，理尽于意；在惊叹语中语言是情感的缩写字，情溢于词，所以读者可因声音想到弦外之响。换句话说，事理可以专从文字的意义上领会，情趣必从文字的声音上体验。诗的情趣是缠绵不尽，往而复返的，诗的音律也是如此。"② "用美学术语来说，音律是一种制造'距离'的工具，把平凡粗糙的东西提高到理想世界。"③ 当代学人吴相洲先生则云："从诗的本质上看，诗需要乐，诗待乐而升华，而传播，而实现感人心的价值。徒诗是单纯的语言艺术，在感人心上有它的不足，必须经过人们的想象和理解，才能实现其感人心的价值。徒诗价值的实现对欣赏者有更高的要求，不仅要求读者有文化，而且有更高的想象力、感受力，因而在感人的深度和广度上都要有很大的局限性。而配乐以后的诗则可以直接给人情感上的刺激，更容易实现其价值。音乐给人的感受是当下的，全方位的，声、乐、舞、容，从各个方面同时引发人们的美感，诗的内容也往往得到淋漓尽致的表达。"④ 如上二家所论，皆认为诗表情达意，本质上需要音律形式的补足，诗待乐而升华，此诚为卓见。然而，重视语言形式的声韵之美，就诗学、美学来说，是理所应当

① 李学勤主编：《十三经注疏·春秋左传正义》，北京大学出版社 1999 年版，第 1698 页。
② 朱光潜：《诗论》，《朱光潜全集》第三卷，安徽教育出版社 1987 年版，第 112 页。
③ 朱光潜：《诗论》，《朱光潜全集》第三卷，安徽教育出版社 1987 年版，第 121 页。
④ 吴相洲：《唐代歌诗与诗歌》，北京大学出版社 2000 年版，第 7 页。

的话题，但就传统经学来说，却有画蛇添足、不务正业之嫌。而孔颖达却不避嫌疑，再三申说，这在孔氏之前的经学诠释者中是极少见的，可视为孔氏审美意识的灵光闪耀，亦可视为其对魏晋六朝以降诗歌创作讲求声韵律吕等艺术形式规律予以概括、提挈的成果。齐梁时有不少文论家已关注过这一问题，如刘勰在《文心雕龙·声律》中便曾专门讨论了诗歌的声律原理和具体应用情况；钟嵘在《诗品》总论中也曾强调“古曰诗颂，皆被之金竹。故非调五音，无以谐会”①；以沈约等为代表的永明文学作家更是大力倡导并践行诗歌的声律化取向。至唐初，孔颖达等人承此余韵，在理论上进一步总结诗歌用韵规律，播扬音韵声律之美，从而推动了初唐诗坛对诗歌声律的自觉追求，促进了格律诗在唐代走向高度成熟和繁荣。

孔颖达之后，明末清初学者顾炎武在《古诗用韵之法》中对以《诗经》为代表的古诗用韵规律有过很好的总结：“古诗用韵之法，大约有三：首句次句连用韵，隔第三句而于第四句用韵者，《关雎》之首章是也，凡汉以下诗及唐人律诗之首句用韵者，源于此。一起即隔句用韵者，《卷耳》之首章是也，凡汉以下诗及唐人律诗之首句不用韵者，源于此。自首至末句用韵者，若《考槃》、《清人》、《还》、《著》、《十亩之间》、《月出》、《素冠》诸篇，又如《卷耳》之二章、三章、四章，《车攻》之一章、二章、三章、七章，《长发》之一章、二章、三章、四章、五章是也，凡汉以下诗，若魏文帝《燕歌行》之类，源于此。自是而变，则转韵矣。转韵之始，亦有连用、隔用之别，而错综变化，不可以一体拘。于是有上下各自为韵，若《兔罝》及《采薇》之首章，《鱼丽》之前三章，《卷阿》之首章者；有首末自为一韵、中间自为一韵，若《车攻》之五章者；有隔半章自为韵，若《生民》之卒章者；有首提二韵而下分二节承之，若《有瞽》之篇者。此皆诗之变格，然亦莫非出于自然，非有意为之也。”② 这里，顾炎武从三个方面梳理总结了古诗用韵之法，个中结论，已被后人广泛认同与引用。这是孔氏之后对古诗用韵规律的又一次较为经典的概括，可视为孔氏音韵学成就跨时空的延续与发展。还有学人就诗歌音韵律吕话题推而广之，如朱自清先生认为，以声为用

① 钟嵘著，陈延杰注：《诗品注》，人民文学出版社 1961 年版，第 5 页。

② 顾炎武：《古诗用韵之法》，《日知录》卷二十一，清乾隆刻本。

的《诗》的传统——也就是乐的传统，比以义为用的《诗》的传统古久得多，影响也大得多；[①] 朱谦之先生则指出，中国文学的特征，主要就表现为音乐文学；[②] 等等，颇为可观。而中国《诗经》学史到底是以声乐传统为先，还是以义理传统为重，也成了学界极有价值的研究论题。

第二节　《诗》皆入乐

就《诗经》来说，历来存在“诗全入乐”和“诗不全入乐”两说，前说以孔颖达等人为代表，后说以南宋程大昌等人为代表，两说间有过较长期的争论，但孔说最终占据了主导地位。

一般而言，唐代以前，学者多认为《诗经》三百〇五篇皆入乐。如我们所知，《墨子·公孟》中有关于《诗》三百篇皆入乐的最早记载：“诵《诗》三百，弦《诗》三百，歌《诗》三百，舞《诗》三百。”[③] 其中诵、弦、歌、舞均指乐事而言，表明《诗》三百篇皆入乐。墨子与孔子同时而稍晚，作为当时的亲历者，此类记载，应基本合乎春秋末年以前的历史事实。汉代以降，《乐》渐失传，但学者也大都承认《诗》三百篇皆曾入乐的史实。如司马迁《史记·孔子世家》云：“三百五篇，孔子皆弦歌之，以求合《韶》、《武》、《雅》、《颂》之音。礼乐自此可得而述，以备王道，成六艺。”[④] “皆弦歌之”也即皆入乐之意。《史记》成书于公元前二世纪末左右，当时去古未远，古籍传世者尚多，司马氏所记当有其依据。直至唐初孔颖达，在总结前贤成果基础上，首先提出“诗为乐章”的命题，继而明确肯定《诗》皆入乐。

孔颖达在《毛诗·小大雅谱》正义中云：

> 诗者乐章，既说二雅为之正经，因言用乐之事。变者虽亦播于乐，

---

① 参见朱自清：《诗言志辨》，华东师范大学出版社 1996 年版，第 128 页。

② 参见朱谦之：《中国音乐文学史》，上海人民出版社 2006 年版，第 32 页。

③ 《墨子·公孟》，载《二十二子》，上海古籍出版社 1986 年版，第 267 页。

④ 司马迁：《史记》卷四十七，清乾隆武英殿刻本。

> 或无筭之节所用，或随事类而歌，又在制礼之后，乐不常用，故郑于变雅下不言所用焉。知国君以小雅，天子以大雅者，以《乡饮酒》云“乃合乐《关雎》、《鹊巢》”，则不言乡乐。《燕礼》云：“遂歌乡乐《周南·关雎》、《召南·鹊巢》。”燕诸侯之礼，谓《周南》、《召南》为乡乐。乡饮酒，大夫之礼，直云“合乐”。大夫称乡，得不以用之乡饮酒？是乡可知，故不云乡也。由此言之，则知风为乡乐矣。《左传》晋为穆叔《文王》、《鹿鸣》别歌之，大雅为一等，小雅为一等。风既定为乡乐，差次之而上，明小雅为诸侯之乐，大雅为天子之乐矣。……诗为乐章，善恶所以为劝诫，尤美者可以为典法。……故《乡饮酒》、《燕礼》注云“乡乐者，风也。小雅为诸侯之乐，大雅、颂为天子之乐”，是也。①

孔颖达此论，一方面继续倡扬“诗为乐章”之说，另一方面详细描述和辨析《诗经》各篇用乐情况，最终认定风诗为乡土之乐，小雅为诸侯之乐，大雅与颂为天子之乐。总之，《诗》之风、小雅、大雅、颂各体皆为配乐的辞章，或曰《诗》三百篇皆入乐。

进而，孔氏对《诗经》不同诗体的音制规定作了进一步的阐发。《毛诗大序》孔氏正义云：

> 诗体既异，乐音亦殊。国风之音，各从水土之气，述其当国之歌而作之。雅、颂之音，则王者遍览天下之志，总合四方之风而制之，《乐记》所谓“先王制雅、颂之声以道之”，是其事也。诗体既定，乐音既成，则后之作者各从旧俗。“变风”之诗，各是其国之音，季札观之，而各知其国，由其音异故也。小雅音体亦然。正经述大政为大雅，述小政为小雅，有小雅、大雅之声。王政既衰，变雅兼作，取大雅之音，歌其政事之变者，谓之“变大雅”；取其小雅之音，歌其政事之变者，谓之“变小雅”，故变雅之美刺，皆由音体有小大，不复由政事之大小也。②

---

① 李学勤主编：《十三经注疏·毛诗正义》，北京大学出版社 1999 年版，第 544 页。

② 李学勤主编：《十三经注疏·毛诗正义》，北京大学出版社 1999 年版，第 18 页。

在此，孔颖达继续发挥“《诗》皆入乐”之说，并明确提出“诗体既异，乐音亦殊”的观点，即不同的诗体所配乐音也会各有差异，譬如“国风之音，各从水土之气，述其当国之歌而作之”，即“国风”各篇章所配乐音是取自各诸侯国的乡土之音，“各从水土之气”，地方乡土特色比较明显。①“雅、颂之音，则王者遍览天下之志，总合四方之风而制之”，即“雅”、“颂”各篇章所配乐音是周王朝统治者命人遍览天下之志、综合四方之声整理制作而成，带有更多中央王朝的庙堂气质。这就进一步表明了“风”、“雅”、“颂”三种诗体自诞生伊始便与音乐结下了不解之缘，且各自拥有自己的音乐表现特征。而孔氏谓“诗体既定，乐音既成，则后之作者各从旧俗”，是说各诗体及所配乐音经过一段时间的磨砺改进，基本成熟定型，后来的创作者则依此模式从事新的创作，一般是内容变而格式不变，词变而声不变，变风、变雅即由此而成。如变雅：“取大雅之音，歌其政事之变者，谓之‘变大雅’；取其小雅之音，歌其政事之变者，谓之‘变小雅’。”即“变大雅”、“变小雅”诗体受制于“大雅”、“小雅”音制之别，而非内容（政事）之别，音制是固定的，而内容（政事）是不断更新的，所谓“旧瓶装新酒”者也，故孔氏又谓“变雅之美刺，皆由音体有小大，不复由政事之大小也”。可见，孔颖达在前人过于重视《诗经》之政教功能的基础上，独具慧眼地认识到《诗经》音乐属性的重要性，并在理论上予以详细的梳理与深度掘发，这对《诗经》诠释由经学向美学的转化带来了积极而深远的影响。

自从孔颖达提出“《诗》为乐章”说和《诗》皆入乐的观点后，后世学者就此展开了大量的论述，尽管他们对诗乐关系的具体解说不尽相同，但基本是在孔颖达所开启的思路下展开的。

如晚唐成伯玙《毛诗指说》即对孔颖达之说进行发挥，其《毛诗指说·兴述第一》云：“幽、厉之后，周室大坏，不能赏善罚恶，讽刺无益故

---

① 此说为近人顾颉刚所取，并径称其为“土乐”。顾氏《论诗经所录全为乐歌》云：“《大雅·崧高》篇说：‘吉甫作诵，其诗孔硕，其风肆好’，又《左传·成九年》说：‘钟仪操南音’，范文子说他‘乐操土风’，则风字的意义似乎就是声调。声调不仅是诸国之风所具，《雅》、《颂》也是有的。所以风之一名，是把通名用成专名的。所谓《国风》，犹之乎说‘土乐’。”（顾颉刚：《论〈诗经〉所录全为乐歌》，载《古史辨》（三），上海古籍出版社 1982 年版，第 608—654 页）

也。诗乐相通，可以观政矣。古之王者，发言举事，左右书之。犹虑臣有曲从，史无直笔。于是省方巡狩，大明黜陟。诸侯之国各使陈诗以观风，又置采诗之官而主纳之，申命瞽史习其箴诵，广闻教谏之义也。人心之哀乐，王政之得失，备于此矣。然诗者乐章也。”① 又其《毛诗指说·解说第二》云：“在辞为诗，在乐为歌，其本一也，故云好作歌以讯之是也。”② 成氏在此既言“诗乐相通”，又言“诗者乐章”，复言“在辞为诗，在乐为歌，其本一也”，一本孔氏之说甚明。

唐以后，赓扬孔颖达之论者不绝如缕，其要者如下：

宋人戴埴于《鼠璞》中论“十五国风、二雅、三颂”云：“予谓求诗于诗，不若求诗于乐。夫子自卫反鲁，然后乐正，《雅》、《颂》各得其所。及言《关雎》之乱，洋洋盈耳，以乐正诗，则《风》、《雅》与《颂》以声而别。古者诗存于乐。延陵季子观乐于鲁，使工为之歌，乃于五声和，八风平，节有度，守有常。……《左传》：晋得楚囚，问其族，曰：‘伶人也。’与之琴，操南音。文子曰：‘乐操土风，不忘旧也。’有娀之北音，涂山之南音，夏之东音，周之西音，专以音乐为主。声相形，故生变。五音，乐之正也。应钟为变宫，蕤宾为变徵，乐之变也。后之言乐，有三宫，二十一变。乐有正声，必有变声。夫子正《诗》于乐，岂独《风》、《雅》有正声而无变声哉？故《国风》，十五国之土歌。土歌之正，为正风。土歌之变，为变风。采诗者，以声别之，列国非无正音，散而不传耳。《豳风》、《王风》，周之变音。《周南》、《召南》，周之正音。其雅乐之正、变也亦然。瞽诵工歌既别其声之正、变，复析为《小雅》、《大雅》，亦不过雅音之大者为大乐章，大燕享用之；雅音之小者为小乐章，小燕享用之。……足见雅音小、大即乐章之小、大也。以言于颂，《周颂》虽简，《商》、《鲁》之颂虽繁；《周颂》虽敬惧而谦恭，《商》、《鲁》之颂虽侈丽而夸大。其音苟合，何往非颂？人不以言求《诗》，而以乐求《诗》，始知风雅之正变、小大与三颂之殊途同归矣。”③ 戴埴此番长论，引经据典，谈古论今，然其要义始终不离孔颖达“诗为乐章”之论。其关于《诗》之风雅正变之论、大雅小雅之辨、《周》、《商》、《鲁》三颂之异同

---

① 成伯玙：《毛诗指说·兴述第一》，文渊阁《四库全书》本。

② 成伯玙：《毛诗指说·解说第二》，文渊阁《四库全书》本。

③ 戴埴：《鼠璞》卷上，宋《百川学海》本。

比较，皆立足乐音为说，整体上可视为孔氏观点的进一步补充和发挥。

又《朱子语类》卷八十载朱熹语云："盖所谓六义者，风、雅、颂乃是乐章之腔调，如言仲吕调、大石调、越调之类。""诗，古之乐也，亦如今之歌曲，音各不同。卫有卫音，鄘有鄘音，邶有邶音。故诗有鄘音者，系之鄘；有邶音者，系之邶。若大雅、小雅，则亦如今之商调、宫调，作歌曲者亦按其腔调而作尔。大雅、小雅亦古作乐之体格，按大雅体格作大雅，按小雅体格作小雅，非是做成诗后，旋相度其辞目为大雅、小雅也。"① 这里朱子认定风、大雅、小雅、颂等均是"乐章腔调"或曰"作乐之体格"，与孔氏"诗为乐章"说显然同调。其弟子辅广《诗童子问》卷首亦云："凡诗声音之节，制作之体，有此'六义'，而教《诗》与学《诗》者，皆当先辨而识之也。此一条盖《三百篇》之纲领管辖者。风、雅、颂者，声乐部分之名，而《三百篇》之节奏，实统于是，而无所遗，故谓之'纲领'。赋、比、兴者，所以制作风、雅、颂之体，而《三百篇》之体制，实出于是，而不能外，故谓之管辖。声音之节，谓风、雅、颂也，故先生因论诗乐而有说曰：古者，风、雅、颂名既不同，其声，想亦各别也。"② 这依然是从声乐的角度标识风、雅、颂之体制。其后郑樵更是大力张扬"诗为乐章"说："作诗未有不歌者也。诗者乐章也，或形之歌咏，或散之律吕。"③ "三百篇之诗，尽在声歌。"④ "夫乐之本在诗，诗之本在声。"⑤ "自后夔以来，乐以诗为本，诗以声为用，八音六律为之羽翼耳。"⑥ 所论一如孔氏之见。郑樵进而指出："乐以《诗》为本，《诗》以声为用。风土之音曰'风'，朝廷之音曰'雅'，宗庙之音曰'颂'。仲尼编《诗》为正乐也，以风、雅、颂之歌为燕享祭祀之乐。"⑦ 郑氏所论，认为风、雅、颂的分类源于声乐不同，亦不出孔氏机杼。又明代刘濂于《乐经元义》曰："夫人性本静也，喜怒哀乐之心感，而呻吟

---

① 黎靖德编：《朱子语类》卷八十，明成化九年陈炜刻本。

② 辅广：《诗传纲领》，载《诗童子问》"卷首"，文渊阁《四库全书》本。

③ 郑樵：《通志》，中华书局 1987 年版，第 626 页。

④ 郑樵：《通志》，中华书局 1987 年版，第 3 页。

⑤ 郑樵：《通志》，中华书局 1987 年版，第 865 页。

⑥ 郑樵：《通志》，中华书局 1987 年版，第 625 页。

⑦ 郑樵：《通志》，中华书局 1987 年版，第 2 页。

讴叹之事兴。凡诗篇歌曲，莫不陈其情而敷其事。故曰‘诗言志’也。歌生于言，永生于歌，引长其音，而使之悠扬回翔，累然而成节奏，故曰‘歌永言’也。乐声效歌，非人歌效乐。当歌之诗，必和之以钟磬琴瑟之声，故曰‘声依永’也。乐声以清浊顺序不相凌犯，为美必定之以律管而后协焉，故曰‘律和声’也。律吕既定，由是度之金石管诸音，且如作黄钟调则众音以次皆从黄钟，作太蔟调则众音以次皆从太蔟。人声、乐声莫不安顺和好。故曰：‘八音克谐，无相夺伦也。’此堂上之乐，即古先王所谓雅奏，登歌平调者也。夫始于诗言志，终于八音克谐，古乐之全，大略可见矣。”① 此刘氏所论，仍不外乎诗乐同源、诗乐同工之理，且结论是“夫始于诗言志，终于八音克谐，古乐之全，大略可见矣”，大有将《诗经》并入《乐经》的取向。另明人唐顺之《送陆训导序》云：“六籍皆以文传，而《诗》独以声传，……诗之为诗不专以其文，以其声也。”② 清代惠周惕《诗说》卷上云：“风、雅、颂以音别也，雅有小大，义不存乎小大也。……大小二雅，当以音乐别之，不以政之小大论也，如律有大小吕，诗有大小明，义不存小大也。”③ 袁枚《结响》云：“诗本乐章，按节当歌，将断必续，如往复过。”④ 范家相《诗渖》卷一云：“生于心而节于音谓之诗，故一言诗而乐自寓焉。……三百五篇有节有调，可歌可弦，无非乐章乐谱而已。”⑤ 魏源《夫子正乐论上》云：“大司乐以乐歌教国子，毛公言古者教以诗乐，歌之、诵之、弦之、舞之，则习诗即所以习乐。……《庄子》、《史迁》：‘三百篇孔子皆弦歌其声。’《墨子》言儒者诵诗三百、弦诗三百、歌诗三百、舞诗三百，是周时无不入乐之诗。”⑥ 等等。诸如此类，皆力图证明“《诗》为乐章”或“诗全入乐”之说，堪称孔氏同调者。

当初，孔颖达主张“《诗》为乐章”时，还曾提出：“《诗》为乐章，琴

---

① 刘濂：《乐经元义》，载朱载堉：《乐律全书》卷五《律吕精义》内篇五，文渊阁《四库全书》本。

② 唐顺之：《送陆训导序》，载《荆川先生文集》，《四部丛刊》本。

③ 惠周惕：《诗说》卷上，清《指海》本。

④ 袁枚：《小仓山房诗集·结响》，载《小仓山房集》卷二十，清乾隆刻增修本。

⑤ 范家相：《诗渖》卷一，文渊阁《四库全书》本。

⑥ 魏源：《夫子正乐论上》，载《诗古微》上编之一，清道光刻本。

瑟必以歌《诗》。诗有《雅》、《颂》，故以‘颂’为琴名，犹如言‘雅琴’也。”① 这就进一步将雅、颂等诗体与演奏雅、颂之声的琴瑟等乐器联系起来了。这看似随文释义，非刻意为说，然而却极具理论启发性。后世有些学者正是据此而另辟蹊径，从乐器名称的角度考证风、雅、颂之成因，进而证成“诗为乐章”说。如宋代陈善《诗之雅颂即今之琴操》云：“《诗》三百篇，孔子皆被之弦歌。古人赋诗见志，盖不独诵其章句，必有声韵之文，但今不传耳。琴中有《鹊巢操》、《驺虞操》、《伐檀》、《白驹》等操，皆今《诗》文，则知当时作诗皆以歌也。又，琴，古人有谓之雅琴、颂琴者，盖古之为琴，皆以歌乎诗，古之雅、颂，即今之琴操尔。”② 此陈善承孔氏之说，从《鹊巢操》等琴谱，雅琴、颂琴等古乐器论及风、雅、颂之成因。又明代陆深《中和堂随笔上》云：“大雅、小雅，犹今言大乐、小乐云。尝见古器物铭识，有莞曰小雅莞，有钟曰颂钟。乃知诗之篇名，各以声音为类，而所被之器亦有不同尔。后人失之声，而独以名义求者，非诗之全体也。”③ 此陆深从小雅莞、颂钟等乐器论及雅、颂等诗篇即乐章，依然继承并发挥了孔氏之说。今人张西堂亦明确认同此说，其《诗经六论·诗经的体制》云：“以雅为乐器之说为比较正确，我们以本经证本经，《钟鼓篇》说：‘以雅以南，以籥不僭’三个‘以’字并列叠叙，‘南’、‘籥’都是乐器，雅应当也是指乐器而言，这是绝好的证明。”“其实大小二雅仍当以音乐别之；因为雅是以乐器得名，主政事、道德、辞体的说法都是不妥当的。”④ 经过张西堂等人的补充论证，该说在理论和材料上也越发丰满起来，很大程度上进一步支撑了“诗为乐章”之论。

下面我们再来看一下“诗不全入乐”说有关论点。

南宋程大昌《诗论一》云：“诗有南、雅、颂，无国风，其曰国风者，非古也。……盖南、雅、颂，乐名也，若今乐曲之在某宫者也。南有《周》、《召》，颂有《周》、《鲁》、《商》，本其所从得而还以系其国土也。二雅独无所系，以其纯当周世，无用标别也，均之为雅。音类既同，又有别为大小，

① 李学勤主编：《十三经注疏·春秋左传正义》，北京大学出版社 1999 年版，第 818 页。

② 陈善：《诗之雅颂即今之琴操》，《扪虱新话》上集卷一，民国校刻《儒学警悟》本。

③ 陆深：《中和堂随笔上》，《俨山外集》卷二十二，文渊阁《四库全书》本。

④ 张西堂：《诗经六论》，商务印书馆 1957 年版，第 110 页。

则声度必有丰杀廉肉，亦如十二律然，既有大吕，又有小吕也。若夫邶、鄘、卫、王、郑、齐、魏、唐、秦、陈、桧、曹、豳，此十三国者，诗皆可采而声不入乐，则直以徒诗者之本土。故季札所见与夫周工所歌，单举国名，更无附语，知本无国风也。”① 这里程氏通过认真梳理史料，提出《诗》之“南”（含周南、召南）、“雅”、“颂”均为乐名，故这些部分诗歌皆可入乐，其中“二南”与“颂”之乐名皆源自所系国土之乐，大雅、小雅之乐名则源自声乐本身丰杀廉肉之别。至于源于邶、鄘、卫以下十三国之“国风”其实本无“国风”之名，皆为“徒诗”而已，皆不入乐。程氏此说出炉，明显与孔颖达等人所代表的主流观点不合，因而在诗经学史上引起了相当大的争论和影响。又明代郝敬《谈经》卷三云：“诗皆古贤达闻人感事托兴劝善遏恶而作，苟不关法戒，圣人不录。《三百》皆治乱兴衰之迹，不独为歌舞之节耳。朱子拘于《论语》‘正乐，雅颂得所’之说，专以乐歌论诗，遍改古序。然则诗之为经，只如后世乐府俳唱之用而已，焉能为有焉能为无。《诗》三百皆可弦歌。如《关雎》、《驺虞》、《鹿鸣》、《四牡》、《皇皇者华》，皆先王盛世徽音，义正辞雅，故借作乐歌，通诸朝廷邦国，乡射、食飨皆借用之者，诗不足故借也。若诗本为乐作，即宜各自为章，何至互相假借？诗本不为乐作，而言《诗》者定以为乐章，误也。”② 此郝氏认为，《诗》三百篇皆治乱兴衰之迹，义理为先，关乎人事法戒，不独为歌舞节律，朱熹专以乐歌论诗，不妥。虽然《诗》三百皆可弦歌，但乃权宜之计，一时借用而已，这并不意味着诗本为乐作，言《诗》者定以为乐章，是一种错误的见解。郝氏所论亦与孔颖达等人观点异趣，而更趋近于程大昌。又清初顾炎武《诗有入乐不入乐之分》云：“《鼓钟》之诗曰：‘以雅以南。’子曰：‘《雅》、《颂》各得其所。’夫《二南》也，《豳》之《七月》也，《小雅》正十六篇，《大雅》正十八篇，《颂》也，诗之入乐者也。《邶》以下十二国之附于《二南》之后而谓之‘变风’；《鸱鸮》以下六篇之附于《豳》而亦谓之《豳》；《六月》以下五十八篇之附于《小雅》；《民劳》以下十三篇之附于《大雅》，而谓之‘变雅’，《诗》之不入乐者也。”③ 顾氏于此主张“正风”、“正雅”为

① 程大昌：《诗论一》，《考古编》卷一，民国校刻《儒学警悟》本。

② 郝敬：《谈经》卷三，明崇祯山草堂集增修本。

③ 顾炎武：《诗有入乐不入乐之分》，《日知录》卷三，清乾隆刻本。

入乐者；“变风”、“变雅”为不入乐者，从而进一步申张了程大昌之说。

由此，“诗皆入乐”说与“诗不全入乐”说逐渐成为诗经学史上的又一公案，争论双方都有重量级的学者参与，相互间有时分歧还很大。但从整个历史过程来看，还是孔颖达等人所代表的“诗皆入乐”说占据了主导性地位。除了前述众多赞同孔氏之说者外，还有不少学者一面继续补充、加强“诗皆入乐”、“诗为乐章”说，一面驳斥程大昌等人观点之谬。

如清人马瑞辰《诗入乐说》云：“《诗》三百篇，未有不可入乐者。……若非诗皆入乐，何以被之声歌，且协诸音律乎？《周官》大师教六诗而云‘以六德为之本，以六律为之音’，是六诗皆可调以六律已。……若非诗皆入乐，则何以六诗皆以六律为音，又何以同是三百篇，而可诵者即可弦、可歌、可舞乎？……程大昌谓《南》、《雅》、《颂》为乐，《诗》自《邶》至《豳》皆不入乐，为徒诗。其说非也。”[①] 皮锡瑞《论诗无不入乐史汉与左氏传可证》云：“史记曰：‘三百五篇，孔子皆弦歌之，以求合韶、武、雅、颂之音。’则孔子之时诗无不入乐矣。汉书曰：‘行人振木铎徇于路，以采诗献之大师，比其音律。’则孔子之前诗无不入乐矣。墨子曰：‘诵诗三百，弦诗三百，歌诗三百，舞诗三百。’则孔子之后诗无不入乐矣。……谓诗不入乐，与史汉皆不合，亦无解于左氏之文。古者诗教通行，必无徒诗不入乐者。”[②] 陈启源《毛诗稽古编·六义》云：“三百十一篇，皆古乐章也。二南、雅、颂之入乐，载于《仪礼》之燕礼、乡饮礼及内外传，列国燕享所歌无论矣。至鲁人歌周乐，则十三国继二南之后，《周礼》龠章迎寒暑则吹豳诗，祈年则吹豳雅，祭蜡则吹豳颂。《大戴投壶记》称可歌者八篇，则魏风之《伐檀》在焉，汉末杜夔能记雅乐，则《伐檀》之诗与《鹿鸣》、《驺虞》、《文王》并列，十三国变风之入乐，又历历可考也。宋程大昌谓诗有南、雅、颂而无国风，自邶至豳十三国诗皆不入乐，岂非妄说乎？”[③] 以上诸家所论，皆有破有立，理直气壮。

其间还有学者不但认定“诗皆入乐”、“诗为乐章”，而且认为所谓失传的《乐经》恰恰就是《诗经》的声乐部分，《诗经》、《乐经》本为一经。持

---

① 马瑞辰：《诗入乐说》，《毛诗传笺通释》卷一，清道光十五年学古堂刻本。

② 皮锡瑞：《经学通论》，清光绪思贤书局刻本。

③ 陈启源：《毛诗稽古编》卷二十五，文渊阁《四库全书》本。

此观点者可以明代音乐家刘濂为代表，刘氏在《乐经元义》中论曰："《六经》缺《乐经》，古今有是论矣，愚谓《乐经》不缺，三百篇者《乐经》也，世儒未之深考耳。夫诗者声音之道也，昔夫子删诗，取风、雅、颂一一歌之，得诗、得声者三百篇余，皆放逸可见。诗在圣门，辞与音并存矣。仲尼殁而微言绝，谈经者知有辞，不复知有音。如以辞焉，凡书皆可，何必诗也？灭学之后，此道益加沦谬，文义且不能晓解，况不可传之声音乎？无怪乎以诗为诗，不以诗为乐也。故曰三百篇者《乐经》也。或疑之曰：'乐之用广矣大矣，乃以三百篇当之，何局而不弘也？'愚曰：'乐之道与他书不同，有以文义存者，器数存者，声调谱奏存者。文义存者诗章是也，器数存者六律八音是也，声调谱奏存者，工师以神意相授受是也。古圣人以明物之智，制为黄钟之宫，自十二律出而律吕之能事毕矣，自钟磬、琴瑟、笙箫、埙篪出而声音之能事毕矣，则器数者即经也。周太师制歌声，自《关雎》、《鹿鸣》、《文王》、《清庙》以往皆有定调，国风、小雅多商音，大雅多宫音，三颂尽为宫音，则周庭之乐，惟黄钟、太蔟二调也。至春秋而鲁庭师挚犹能传其音，汉兴，制氏以声音之学肄业，晋杜夔尚能传文王《鹿鸣》、《伐檀》、《驺虞》四诗余响，此以音调相授受也。《南陔》、《白华》、《华黍》、《崇丘》、《由庚》、《由仪》六篇，其辞已不可考，而《笙竽》独能存其音节，此以谱奏相授受也，则神意者即经也。二者其始皆出于圣人，既寄之器数，即求之器数；寄之神意，即求之神意。遗此而使圣人更复着经，将何着经。惟所谓诗者，以辞义寓乎声音，以声音附之辞义，读之则为言，歌之则为曲，被之金石管则为乐。三百篇非《乐经》而何哉？'"① 刘氏在此详细地论释了《诗经》三百篇皆入乐的史实，并明确认定《诗经》即《乐经》，从而为"诗为乐章"说更添新义，其言之凿凿，几无可置疑。

尤其是现代以来，一些学者在前人已作大量旁证的基础上，力求以本经证本经，即从《诗经》本身找出第一手材料，以佐证"诗皆入乐"、"诗为乐章"说，进一步增强了其说服力。如现代"古史辨派"代表人物顾颉刚在《论〈诗经〉所录全为乐歌》一文中，以《诗经》文本为据，以大量有效

① 刘濂：《乐经元义》，载朱载堉：《乐律全书》卷五《律吕精义》内篇五，文渊阁《四库全书》本。

的材料，层层递进，有破有立，从四大方面论证“《诗经》所录全为乐歌”，其最后的结论是：“春秋时的徒歌是不分章段的，词句的复沓也是不整齐的，《诗经》不然，所以《诗经》是乐歌。凡是乐歌，因为乐调的复奏，容易把歌词铺张到多方面，《诗经》亦然，所以《诗经》是乐歌。两汉六朝的乐歌很多从徒歌变来的，那时的乐歌集又是分地著录，承接着《国风》，所以《诗经》是乐歌。徒歌是向来不受人注意的，流传下来的无名氏诗歌亦皆为乐歌；春秋时的徒歌不会特使人注意而结集入《诗经》，所以《诗经》是乐歌。”从而认定《诗经》皆为乐歌，其中一大部分是为奏乐而创作的乐歌，一小部分是由徒歌变成的乐歌。① 又张西堂撰《诗经六论》，在顾氏之说基础上，展开了进一步的补充论证，论证主要从诗三百篇的搜集、风诗之决非徒歌、古代歌舞的关系、古代“诗”、“乐”的关系等四个方面展开，② 资料翔实，说理有力，从而为“诗皆入乐”之说，奠定了更扎实的基础。经过这一系列的学术推进，“诗皆入乐”说几成定论，“诗不全入乐”说渐息。

第三节　诗乐舞三位一体

如我们所知，中国古代乐教传统大致经历了从巫史文化到政教文化的漫长演变过程。这一悠久的承传流变历史造成了音乐艺术生存方式的复杂性，它不但与诗歌艺术相辅相成，亦与舞蹈艺术密切关联。迄于西周，诗、乐、舞仍统称为“乐”，常借乐器伴奏表演，并共同实施乐教功能。如《周礼·大司乐》载云：“以乐德教国子：中、和、祗、庸、孝、友。以乐语教国子：兴、道、讽、诵、言、语。以乐舞教国子：舞《云门》、《大卷》、《大咸》、《大韶》、《大夏》、《大濩》、《大武》。”③ 这里的“乐德”和“乐语”主要关乎诗、乐的伦理道德内涵和吟咏歌唱的形式，乐舞则在诗、乐基础上借助人体、道具等作更具体、形象的表演，根据表演内容、形式和时代的不

① 顾颉刚：《论〈诗经〉所录全为乐歌》，载《古史辨》（三），上海古籍出版社 1982 年版，第 608—654 页。

② 张西堂：《诗经六论》，商务印书馆 1957 年版，第 13—18 页。

③ 李学勤主编：《十三经注疏·周礼注疏》，北京大学出版社 1999 年版，第 575 页。

同，又形成《云门》、《大卷》、《大咸》、《大韶》、《大夏》、《大濩》、《大武》等多部经典乐舞作品。总之，诗、乐、舞是三位一体，共同发挥审美教化功能的。又《礼记·乐记》云："乐者，德之华也。金石丝竹，乐之器也。诗，言其志也。歌，咏其声也。舞，动其容也。三者本于心，然后乐器从之。"① 这显然也是描绘中国古代诗、乐、舞三位一体的情形。

对于中国古代诗、乐、舞三位一体的生存方式和独特的美学特征，唐代的孔颖达等人已经有着较为充分的体认。《春秋左传·襄公二十九年》孔氏正义云：

> 乐之为乐，有歌有舞。歌则咏其辞而以声播之，舞则动其容而以曲随之。歌者乐器同而辞不一，声随辞变，曲尽更歌，故云"为之歌风"，"为之歌雅"。及其舞，则每乐别舞，其舞不同。季札请观周乐，鲁人以次而舞。每见一舞，各有所叹，故以见舞为文，不言为之舞也。……乐有音声，唯言舞者，乐以舞为主。《周礼·大司乐》云："以乐舞教国子，舞《云门》、《大卷》、《大咸》、《大韶》、《大夏》、《大濩》、《大武》。"又云："乃分乐而序之以祭、以享、以祀。舞《云门》，以祀天神。舞《咸池》，以祭地祇。舞《大韶》，以祀四望。舞《大夏》，以祭山川。舞《大濩》，以享先妣。舞《大武》，以享先祖。凡六乐者，文之以五声，播之以八音。"郑玄云："播之言被也。"是其以舞为主，而被以音声。故鲁作诸乐，于季札皆云"见舞"也。礼法，歌在堂，而舞在庭，故《郊特牲》云："歌者在上，匏竹在下，贵人声也。"以贵人声，乐必先歌后舞。故鲁为季札，先歌诸《诗》，而后舞诸乐。其实舞时，堂上歌其舞曲也。②

这段话先后讲了几层意思。孔颖达先是明确提出："乐之为乐，有歌有舞"，即音乐艺术本身已内在地包含了歌和舞的元素，歌是咏其辞，舞是动其容，歌辞（即诗）、音乐、舞蹈有机结合为一整体。孔氏继而描述歌、乐、舞等

① 李学勤主编：《十三经注疏·礼记正义》，北京大学出版社 1999 年版，第 1111—1112 页。

② 李学勤主编：《十三经注疏·春秋左传正义》，北京大学出版社 1999 年版，第 1105 页。

元素在不同场合的复杂组合情况，或“乐器同而辞不一”，或“声随辞变”，或“每乐别舞”等。吴公子季札入鲁观周乐，见乐舞而窥文德，侧重于歌辞义理。周大司乐以乐舞教国子，侧重于舞容声势。孔氏复而指出诗、乐、舞虽同场演出，但或歌在堂而舞在庭，或先歌而后舞，且舞时伴有乐曲演奏，不一而足。此外，孔氏引周礼对《云门》诸乐舞或祀天神、或祭地祇、或祀四望、或祭山川、或享先妣、或享先祖等功能的介绍，客观上也揭示出周代礼乐文化对巫术图腾时代原始歌舞沟通天地神人功能的绍续关系，对于研究上古时代由巫到史、由原始神秘主义到后世礼乐文明的文化演变，极具有理论启发意义。

对于造成古代这种诗、乐、舞三位一体现象的内在原因，孔颖达还从主体心理和发生学的角度作出了分析。孔氏《毛诗大序》正义云：

> 而直言者非诗，故更序诗必长歌之意。情谓哀乐之情，中谓中心，言哀乐之情动于心志之中，出口而形见于言。初言之时，直平言之耳，平言之而意不足，嫌其言未申志，故咨嗟叹息以和续之。嗟叹之犹嫌不足，故长引声而歌之，长歌之犹嫌不足，忽然不知手之舞之、足之蹈之。言身为心使，不自觉知举手而舞身、动足而蹈地，如是而后得舒心腹之愤，故为诗必长歌也。圣王以人情之如是，故用诗于乐，使人歌咏其声，象其吟咏之辞也；舞动其容，象其舞蹈之形也。具象哀乐之形，然后得尽其心术焉。①

这里，孔颖达细致地描述了诗、歌、舞三者之间的关系，在他看来，诗、歌、舞都植根于主体的内在情感。当哀乐之情动于心志之中，需要抒发出来，于是“出口而形见于言”，而平常之言不足以申其意志，“故咨嗟叹息以和续之”，是乃为诗；当内在情感能量累积到了一定的程度，“嗟叹之犹嫌不足，故长引声而歌之”，是乃为歌（若伴奏则为乐）；而当内在情感强度达到极致，“长歌之犹嫌不足”，则“不自觉知举手而舞身、动足而蹈地”，是乃为舞蹈，如此方能抒尽心中哀乐之情，恢复身心平衡。故古代圣王顺应人

① 李学勤主编：《十三经注疏·毛诗正义》，北京大学出版社 1999 年版，第 6 页。

情，因势利导，教人用诗于乐，并舞动其容，诗、乐、舞三者结合，“具象哀乐之形，然后得尽其心术焉”。这就从心理学和发生学角度深入揭示了诗、乐、舞三艺何以能扭结为一体、相互生发的缘由。

在《礼记·檀弓下》正义中，孔氏从审美心理的角度更详细地描述了诗歌乐舞与主体内在情感相互生发，以及情感表现与礼仪法度间相反相成、辩证统一的关系：

> “人喜则斯陶”者，为明踊以节，而踊由心哀，故此以下极言哀乐之本也。喜者，外竟会心之谓也。斯，语助也。陶者，郁陶。郁陶者，心初悦而未畅之意也。言人若外竟会心，则怀抱欣悦，但始发俄尔，则郁陶未畅，故云“斯陶”也。《尔雅》云：“郁陶，繇喜也。”何胤云：“陶，怀喜未畅意也。《孟子》曰：‘郁陶以思君。’”“陶斯咏”者，咏，歌咏也。郁陶情转畅，故口歌咏之也。“咏斯犹”者，摇动身也。咏歌不足，渐至自摇动身体也。“犹斯舞”者，舞，起舞也。摇身不足，乃至起舞，足蹈手扬，乐之极也。“舞斯愠”者，愠，怒也，外竟违心之谓也。凡喜怒相对，哀乐相生，故若舞而无节，形疲厌倦，事与心违，故所以怒生。怒生由于舞极，故云“舞斯愠”也。故《曲礼》云：“乐不可极。”即此谓也。何胤云：“乐终则愠起，非始之愠相连系也。”“愠斯戚”者，戚，愤恚也。怒来戚心，故愤恚起也。此句对“喜斯陶”也。“戚斯叹”者，叹，吟息也。愤恚转深，故因发吟息也。此句对“陶斯咏”。“叹斯辟”者，辟，抚心也。叹息不泄，故至抚心也。此句对“咏斯犹”。“辟斯踊矣”者，抚心不泄，乃至跳踊奋击，亦哀之极也。此句对“犹斯舞”也。“品节斯，斯之谓礼”者，品，阶格也。节，制断也。斯，此也。此之谓于哀乐也。若喜而不节，自陶至舞，俄倾不愠生。若怒而不节，从戚至踊，踊极则笑，故夷狄无礼，朝殒夕歌，童儿任情，倏啼欻笑。今若品节此二涂，使踊舞有数，有数则久长，故云此之谓礼。①

① 李学勤主编：《十三经注疏·礼记正义》，北京大学出版社 1999 年版，第 284—285 页。

孔颖达此段疏释，先言人有初悦而未畅之情，借歌咏而畅其意；次言咏歌不足，遂摇动身体，进而由乐至舞，手舞足蹈，情畅而意美；再言若欢喜无度，舞而无节，则又可能形疲心倦，乐极生悲；复言悲伤愠怒之情亦通过言行动作表现出来，则如同童儿任情，哭笑无端，喜怒无常。故乐舞之乐，亦应发乎情止乎礼，守中正平和之道。可见，诗、乐、舞等艺术起于情感的表现，并以感性的面目呈现人的种种内在心理状态，但终究离不开理性的礼的规约与引导，否则它就可能走向纵情或纵欲，偏离诗、乐、舞应有的育人之道。

关于诗、乐、舞相合的具体情形，孔颖达还多次结合《诗经》等文本加以详细疏释。如孔氏《毛诗·维清》正义云：

> 《维清》诗者，奏《象舞》之歌乐也。谓文王时有击刺之法，武王作乐，象而为舞，号其乐曰《象舞》。至周公、成王之时，用而奏之于庙。诗人以今大平由彼五伐，睹其奏而思其本，故述之而为此歌焉。《时迈》、《般》、《桓》之等，皆武王时事，成王之世乃颂之。此《象舞》武王所制，以为成王之时奏之，成王之时颂之，理亦可矣。但武王既制此乐，其法遂传于后，春秋之世，季札观乐，见舞《象》，是后于成王之世犹尚奏之，可知颂必大平乃为，明是睹之而作。又此诗所述，述其作乐所象，不言初成新奏，以此知奏在成王之世，作者见而歌之也。……此乐象于用兵之时刺伐之事而为之舞，故谓之《象舞》也。知者，以其言象，则是有所法象。《乐记》说《大武》之乐，象武王之伐，明此《象舞》象文王之伐。……于周公之时，已象伐纣之功，作《大武》之乐，不言复象文王之伐，制为别乐，故知《象舞》武王制焉。武王未及太平而作此乐。一代大典，须待大平。此象文王之功，非为易代大法，故虽未制礼，亦得为之。周公大作，故别为武乐耳。《春官·大司乐》六代之乐，唯舞《大武》，以享先祖。此《象舞》不列于六乐，盖大合诸乐，乃为此舞，或祈告所用，《周礼》无之。襄二十九年，曾为季札舞之，则其有用明矣。……以其象事为舞，故此文称“象舞”也。《象舞》之乐象文王之事，其《大武》之乐象武王之事，二者俱是为象，但序者于此云“奏《象舞》”，于《武》之篇不可

> 复言奏象，故指其乐名，言“奏《大武》”耳。其实《大武》之乐亦为象也，故《礼记·文王世子》、《明堂位》、《祭统》皆云“升歌《清庙》，下管《象》”。《象》与《清庙》相对，即俱是诗篇，故《明堂位》注“《象》谓《周颂·武》也”。谓《武》诗为《象》，明《大武》之乐亦为象矣。但《记》文于“管”之下别云“舞《大武》”，谓《武》诗则箫管以吹之，《武》乐则干戚以舞之，所以并设其文，故郑并《武》解其意。于《文王世子》注云：“《象》，周武王伐纣之乐也，以管播其声，又为之舞。”于《祭统》注云：“管《象》，吹管而舞《武象》之乐也。”皆《武》诗、《武》乐并解之也。①

孔颖达此番论释，表明《象舞》乃武王时所作乐舞作品，主要描述文王征伐之业，至周公、成王时奏之于宗庙祭祀；而《维清》一诗乃与《象舞》匹配的歌辞，诗人睹其舞容而追思其本，作《维清》诗以赞颂之。《维清》既为歌辞（诗），《象舞》为舞谱舞容，再配上音乐伴奏，便构成了诗、乐、舞三位一体的综合表演结构。此种情形，颇似《武》诗之于《大武》乐舞创作。孔氏曾于《毛诗·武》正义云：“《武》诗者，奏《大武》之乐歌也。谓周公摄政六年之时，象武王伐纣之事，作《大武》之乐，既成，而于庙奏之。诗人睹其奏而思武功，故述其事而作此歌焉。”② 这是说《大武》乃周公时所作乐舞，以描述武王伐纣之功业，并奏之于庙祭，而诗人“睹其奏而思武功，述其事而作此歌焉”。故《武》诗为歌辞，《大武》为舞容，配上乐奏，同样是诗、歌、舞三位一体的表演格局。因此，《象舞》与《大武》，皆载歌载舞，俱呈为“象”，且此“象”乃诗歌意象与乐舞意象的结合体，如孔氏谓“《武》诗为《象》，明《大武》之乐亦为象矣”。

又如孔氏于《春秋左传·襄公二十九年》正义云：

> 《诗》述硕人之善舞云：“左手执籥，右手秉翟。”籥是舞者所执，则箾亦舞者所执。杜说当得其实，但不知箾是何等器耳。杜云“皆文

① 李学勤主编：《十三经注疏·毛诗正义》，北京大学出版社 1999 年版，第 1287 页。
② 李学勤主编：《十三经注疏·毛诗正义》，北京大学出版社 1999 年版，第 1342 页。

王之乐”，则《象箾》与《南龠》各是一舞。《南龠》既是文舞，则《象箾》当是武舞也。《诗》云：“《维清》，奏象舞。”则此《象箾》之舞。故郑玄注《诗》云“象用兵时刺伐之舞”，是武舞可知。其名之曰“南”，其义未闻也。知是武王制者，以为人子者，贵其成父之事。文王既有大功，武王无容不述。于周公之时，已象伐纣之功，作《大武》之乐，不应复象文王之伐，制为别乐，故知此舞是武王制焉。王者之作礼乐，必太平乃得为之。武王未及大平，而得作此乐者，一代大典，须待大平。此象文王之功，非为易代大法，故虽未制礼，亦得为之。周公大平，虽作《大武》，尊重文王之功，留播之以为别乐，故六代之乐，不数此象也。《周礼》分乐而序之，象舞不以祭祀，或当祈告所用，故鲁今亦有之。刘炫云：“知是文王乐者，《诗》云‘维清缉熙，文王之典’，此象乐之所舞，故知是文王乐也。”郑玄注“象”又云：“此乐名象而已。”以其象事有舞音，故《诗序》谓之“象舞”。舞非此乐名，故此直言“舞”也。其箾、龠，是可执之物。司马相如《上林赋》曰：“拂翳鸟，捎凤凰。”则捎亦拂之类。今人谓“拂”为“拂捎”，此必传于古，其箾、捎字同也。①

孔氏此段论释与上文相类，以《象箾》（即《象舞》）、《南龠》二舞为中心，更详细地描述了当时乐舞表演的具体情形。此类舞蹈常借助箾、龠等道具，或表文治之功（文舞），或象征伐之烈（武舞），诗、乐、舞结合，有声有色，加上后世诸家之义理诠解，则当初诗歌乐舞之繁盛焕然可观。

孔颖达在多方论述诗、乐、舞三位一体的情形后，还比照诗歌的社会功能论及乐舞的社会功能。在《春秋左传·襄公二十九年》正义中，孔氏复云：

正义曰：歌听声而舞观形，故知美者，美其容也。歌诗，由口而出乐音，以诗为章。人歌君德，情见于音，听声知政容或可尔。计圣人之德，非舞容可象。而季札观舞，皆知其德者，圣人之作乐也，各

① 李学勤主编：《十三经注疏·春秋左传正义》，北京大学出版社1999年版，第1105页。

象当时之事。时事见于舞，故观之可以知也。《乐记》称宾牟贾问《大武》之乐云："敢问迟之迟而又久，何也？"子曰："夫乐者，象成者也。总干而山立，武王之事也；发扬蹈厉，大公之志也；《武》乱皆坐，周、召之治也。且夫《武》，始而北出；再成而灭商；三成而南；四成而南国是疆；五成而分，周公左，召公右；六成复缀，以崇天子。夹振之而四伐，盛威于中国也。分夹而进，事早济也。久立于缀，以待诸侯之至也。"彼言《大武》之舞，是象武王之事。则知诸乐之舞，皆象时王功德也。圣王功德，见于举动之容，故观其舞容，各知其德也。①

孔颖达此段文字，进一步述及周初乐舞的社会功能，认为观舞容而可见圣王功德，一如诗歌听其声而知政事。世人歌君德，情见于声，故可听声而知政；而当时乐舞之作，亦皆描摹圣王之功业，一时之盛事。如周公时完成的《大武》之乐，便总体上模拟了武王伐纣、姜尚建功等功业和盛事，若细分之，则有六个乐章（六成）：一是北出誓师伐纣；二是血战灭商；三是举师南征；四是统一南疆；五是分封诸侯，周、召辅政；六是天下一统，诸侯共朝天子。这六个乐章以生动的乐舞形象再现了武王君臣创建周王朝的艰辛历程和丰功伟绩，若联系《武》、《酌》等相关诗篇的吟咏赞颂之词，则武王等人的功德皆见诸乐舞之形容。不仅《大武》如此，其他诸部乐舞，皆表征当时各王之德业事迹。故观舞容可知政德，当年博学的季札观各国乐舞而知其政德，便是明证。

既然诗、乐、舞三位一体的现象既有其悠久的历史传统，又有其深厚的现实文化基础，且具有广泛的政治、伦理和审美教化功能，那么实施诗、乐、舞三位一体的教育方式，便成了题中应有之义。孔氏《毛诗·子衿》正义曾就此论曰：

古者教学子以诗乐，诵之谓背文暗诵之，歌之谓引声长咏之，弦之谓以琴瑟播之，舞之谓以手足舞之。学乐学诗，皆是音声之事，……《王制》云："乐正崇四术，立四教。春秋教以礼乐，冬夏教以诗书。"

① 李学勤主编：《十三经注疏·春秋左传正义》，北京大学出版社1999年版，第1106页。

《文王世子》云："春诵夏弦，太师诏之。"注云："诵，谓歌乐也。弦，谓以丝播诗。"是学诗学乐，皆弦诵歌舞之。①

这里孔颖达明确指出，古代教习诗乐，并非单纯地教以诗和乐，而是弦、诵、歌、舞皆教之，并引《王制》、《文王世子》等文献佐证之。可见古代关于诗、乐的教育乃是诗、乐、舞三位一体的综合式教育，所培养的也是具有多方面才艺的综合性人才。

又《礼记·文王世子》孔氏正义论曰：

云"《周礼》乐师掌国学之政，教国子小舞"者，证乐师有教舞之事。小舞者，谓年幼小时教之舞，其舞即帗舞、羽舞、皇舞、旄舞、干舞、人舞也。……春时入学释芊藻之菜，礼先圣先师，合六舞节奏，令之得所。秋时颁布学者才艺，和合音声，使应曲折。……诵谓歌乐者，谓口诵歌乐之篇章，不以琴瑟歌也。云"弦谓以丝播《诗》"者，谓以琴瑟播彼《诗》之音节，《诗》音则乐章也。②

此处孔颖达据《周礼》而论，先言乐师在国子学校教习小舞之事，这种教习往往循序渐进，按程序来进行，如春天刚入学时教其基本的礼仪规范，拜先圣先师，然后开始习舞，先习小舞，有帗舞、羽舞、皇舞、旄舞、干舞、人舞等六种形式，其基本标准是"合六舞节奏，令之得所"，经不断学习训练，到秋天时则教学要求更高，即"和合音声，使应曲折"等。孔氏次言教习作诗诵诗之事，即所谓"口诵歌乐之篇章"等。再言以乐器演奏诗歌之事，即所谓"以琴瑟播彼《诗》之音节，《诗》音则乐章也"。如此这般，依然是在描述和讨论诗、乐、舞三位一体的教育方式。

孔颖达在《五经正义》中关于诗、乐、舞三者关系的论述仍有不少，限于篇幅，兹不赘述。

英国文论家汤姆生曾指出："舞蹈、音乐、诗歌三种艺术开头是合一的。

① 李学勤主编：《十三经注疏·毛诗正义》，北京大学出版社1999年版，第314页。

② 李学勤主编：《十三经注疏·礼记正义》，北京大学出版社1999年版，第626—628页。

它们的起源，是人体在集体劳动中的有节奏的运动。这运动有两个构成部分——身体的和嘴巴的。前者发展为舞蹈，后者发展为语言。开始是标志节奏的无意识的呼喊，后来发展为诗的语言和普通语言。抛弃了口唱，运用工具来表演，于是无意义的呼喊就转而为器乐的起源。达到正式所谓诗，第一步是舞的取消，这样就变成了歌。在歌中，诗是音乐的内容，音乐是诗的形式。"[①] 汤姆生此论，显然是强调人类早期艺术诞生时期，诗、乐、舞本为一体的情形。这在中西方艺术史上基本上是一样的，孔颖达在《五经正义》中的有关论证则很早就揭明了这一点。

第四节　诗乐分途

如上文所述，诗、乐本为一体，然迨至春秋，诗、乐已见分化。列国交往，诸侯大夫动辄诵诗、赋诗。而诗之所用，常取义不取声，且大多是断章取义，不及全文，从而蜕化为外交辞令的手段和工具，与乐两相脱节。"诗言志"由此走向了"诗以言志"。[②] 据《汉书・艺文志》载，"春秋之后，周道寖坏，聘问歌咏，不行于列国"[③]。诗乐相将的传统进一步被打破，诗乐脱节，声义两离。对于这种诗乐分途的现象及其原因，后人一般从社会学、文化学的角度进行分析讨论。孔颖达尽管也很重视这一考察视角，但他更注意从诗乐的源头和内在特质来寻找二者分离的潜在因素。

首先，孔颖达仔细考察了诗与乐的缘起过程及二者间复杂的离合关系。孔氏《毛诗・诗谱序》正义云：

---

① 汤姆生：《论诗歌源流》，转引自张西堂《诗经六论》，商务印书馆 1957 年版，第 5 页。

② 关于"诗言志"与"诗以言志"之别，蔡先金先生曾作如下界说："'诗以言志'也就是'赋诗言志'的意思，是借他诗言己志，所赋之诗也多为《诗经》之篇章。另外，从语法结构上看，'诗以言志'是一个宾语前置结构，'以'是介词，'诗'作为'以'的宾语被前置，介词'以'则相当于现代汉语的'用'，所以'诗以言志'应当是'用诗言志'，正所谓用他诗言己志。而'诗言志'却是诗人用诗歌表现自家之志，而'诗'也并非专指《诗经》。这是两者之间的本质区别。"笔者以为蔡先生此论可取。（参见蔡先金等：《孔子诗学研究》，齐鲁书社 2006 年版，第 194 页）

③ 班固：《汉书》卷三十，清乾隆武英殿刻本。

大庭有鼓龠之器，黄帝有《云门》之乐，至周尚有《云门》，明其音声和集。既能和集，必不空弦，弦之所歌，即是诗也。但事不经见，故总为疑辞。案《古史考》云“伏牺作瑟”，《明堂位》云“女娲之笙簧”，则伏牺、女娲已有乐矣。……原夫乐之所起，发于人之性情，性情之生，斯乃自然而有，故婴儿孩子则怀嬉戏抃跃之心，玄鹤苍鸾亦合歌舞节奏之应，岂由有诗而乃成乐，乐作而必由诗？然则上古之时，徒有讴歌吟呼，纵令土鼓、苇龠，必无文字雅颂之声。故伏牺作瑟，女娲笙簧，及蒉桴、土鼓，必不因诗咏。如此则时虽有乐，容或无诗。①

孔氏此论，认为自伏牺、女娲以来，先民们已尝试作乐，至大庭（即神农）时期有鼓龠之器，黄帝时期有《云门》之乐，乐事渐成。从根底上说，乐本源于人之性情，随人之自然性情而发，自然而有，即孔氏所谓“原夫乐之所起，发于人之性情，性情之生，斯乃自然而有”。乐的产生就如同婴孩怀嬉戏之心，鹤鸾应歌舞节奏，乃天性使然。上古之民正是秉此天性，纵情讴歌吟呼，遂有民间歌谣，伴以土鼓、苇龠之声，遂有乐器。因此，从源头上说，乐与诗未必同步生长，亦不必一定要先有诗然后才能成乐，乐的历史甚至还要早于诗的历史，故孔氏又谓：“上古之时，徒有讴歌吟呼，纵令土鼓、苇钥，必无文字雅颂之声。故伏牺作瑟，女娲笙簧，及蒉桴、土鼓，必不因诗咏。如此则时虽有乐，容或无诗。”

在《礼记·乐记》正义中，孔氏进一步阐明乐之所起，乃人之心性使然的道理，孔氏云：

“凡音之起，由人心生也”者，言凡乐之音曲所起，本由人心而生也。“人心之动，物使之然也”者，言音之所以起于人心者，由人心动则音起，人心所以动者，外物使之然也。“感于物而动，故形于声”者，人心既感外物而动，口以宣心，其心形见于声。心若感死丧之物而兴动，于口则形见于悲感之声。心若感福庆而兴动，于口则形见于欢乐

① 李学勤主编：《十三经注疏·毛诗正义》，北京大学出版社 1999 年版，“目录”第 4 页。

之声也。①

孔氏此谓，乐之音曲，本自人心而生，而人心之动，乃外物感发所致。物有阴阳动静之别，人有喜怒哀乐之情，不同的外物感发人心，会引起主体不同的情绪反应，“人心既感外物而动，口以宣心，其心形见于声”，这种饱含主体情绪的声音，或表现为“悲感之声”，或表现为“欢乐之声”，度之节律，便成为乐。这种展示主体生命情态的声乐正源于人的“感物动情”的本能。故乐乃人心与外物相互感发的结果，不必待诗而成乐。

那么，既然乐与诗常连文并举，诗又到底起于何时呢？孔颖达于《毛诗·诗谱序》疏“《虞书》曰‘诗言志，歌咏言’”句云：“《虞书》所言，虽是舜之命夔，而舜承于尧，明尧已用诗矣，故《六艺论》云唐、虞始造其初，至周分为六诗，亦指《尧典》之文。谓之造初，谓造今诗之初，非讴歌之初。讴歌之初，则疑其起自大庭时矣。然讴歌自当久远，其名曰诗，未知何代？虽于舜世始见诗名，其名必不初起舜时也。”② 也就是说，据遗存资料，“诗”之名称出现于虞舜时期，但考虑到当时文献资料保存的难度，按常理推测应该出现得稍早一些，具体时间已不可考。尧舜期间开始用诗，至周时分为“六诗”，但这大多已是经过文人加工、整理过的诗。相比之下，先民们“讴歌”的历史要远远早于“其名曰诗”的历史，大概要追溯至大庭（神农）时代。若将上古歌谣也视为“诗”的话，则“诗”的历史似可追步“乐”的历史。

诗歌的前身是上古时代的歌谣，由上古歌谣到后来的文人诗歌的演进，郭绍虞先生曾作过简要的概括：“文字未兴以前，风谣即为初民的文学，……风谣是原始文学，而诗则是风谣之演进。”③ 郭先生此所谓“风谣”即指初民们的原始歌谣，它构成了原始文学的主要样态，也成了后世文人诗歌的滥觞。可以想见，原始歌谣比起义理化的“今诗”，更接近于“乐”的特征，抑或就是上古时期集歌乐舞于一身的综合性的“乐”的重要组成部分。

正因为此，在孔颖达看来，那些上古时期直抒胸臆的原始歌谣与“诵

① 李学勤主编：《十三经注疏·礼记正义》，北京大学出版社 1999 年版，第 1074 页。

② 李学勤主编：《十三经注疏·毛诗正义》，北京大学出版社 1999 年版，“目录”第 5 页。

③ 郭绍虞：《照隅室古典文学论集》（上），上海古籍出版社 1983 年版，第 31 页。

美讥过”的“今诗”是有所区别的，孔氏《毛诗·诗谱序》正义云：

彼《舜典》命乐，已道歌诗，经典言诗，无先此者。……今诵美讥过之诗，其道始于此，非初作讴歌始于此也。《益稷》称舜云：“工以纳言，时而飏之，格则乘之庸之，否则威之。”彼说舜诫群臣，使之用诗。是用诗规谏，舜时已然。大舜之圣，任贤使能，目谏面称，似无所忌。而云“情志不通，始作诗”者，《六艺论》云情志不通者，据今诗而论，故云“以诵其美而讥其过”。其唐虞之诗，非由情志不通，直对面歌诗以相诫勖，且为滥觞之渐，与今诗不一，故《皋陶谟》说皋陶与舜相答为歌，即是诗也。①

这里孔颖达指出，“今诗”之作，其直接的原因在于“情志不通，始作诗”，即作诗的目的在于疏通主体的情志，其间接的原因则在于“用诗规谏，舜时已然”，即受虞舜以来诗歌传统的影响，担当用诗规谏的重要功能。但虞舜时期上下情志尚通，君臣之间仍能“直对面歌诗以相诫勖”，且“目谏面称，似无所忌”，而“今诗”之作，因尊卑等级严明，上下情志不通，“目谏面称”已无可能，诗人则只能委婉含蓄地“诵美讥过”了。相比今诗“诵美讥过”的政教性要求，原始歌谣多直抒胸臆，自由抒情的成分和音乐性成分远为浓郁，而政教功能和义理蕴涵则相对淡泊。故孔氏又云：“言有诗之渐，述情歌咏，未有箴谏，故疑大庭以还。由主意有异，故所称不同。”② 意谓神农时代的歌咏以述情为主，对箴谏功能的重视则是后来的事情，由主情的“歌”到主理的“诗”，诗歌越来越理性化、义理化，最终演化为“诗以言志”、“诵美讥过”的“今诗”。

那么如果将原始歌谣也算作“诗”的话，乐与诗是否就一直相携而行、并行不悖呢？在孔氏看来，也未必尽然，《毛诗大序》孔氏正义云：

周存六代之乐，岂有黄帝之诗？有乐而无诗，何能移风易俗？斯

① 李学勤主编：《十三经注疏·毛诗正义》，北京大学出版社 1999 年版，“目录”第 5 页。
② 李学勤主编：《十三经注疏·毛诗正义》，北京大学出版社 1999 年版，“目录”第 5 页。

> 不然矣。原夫乐之初也，始于人心，出于口歌，圣人作八音之器以文之，然后谓之为音，谓之为乐。乐虽逐诗为曲，仿诗为音，曲有清浊次第之序，音有宫商相应之节，其法既成，其音可久，是以昔日之诗虽绝，昔日之乐常存。……若上皇之世，人性醇厚，徒有嬉戏之乐，未有歌咏之诗。①

这里孔颖达对诗、乐产生的前后以及音、乐区别等问题进行了较详细的探讨。孔氏谓“原夫乐之初也，始于人心，出于口歌，圣人作八音之器以文之，然后谓之为音，谓之为乐”，也就是说，乐一开始起于人心喜怒哀乐之情宣泄的需要，主要依靠口头吟唱的方式来表达，后来圣人“作八音之器以文之”，终成规范化的音和乐，可见乐的创制是独立于诗的。孔颖达还再次指出，乐与诗诞生的时间并不一致，乐的产生似更早于诗，甚至可追溯到上皇（上皇指伏牺，孔氏释云“三皇之最先者，谓之上皇”，三皇分别指伏牺、女娲、神农）时期，当时已有“嬉戏之乐”，但尚未有“歌咏之诗”。即便后来出现原始歌谣，并逐步演化为诗，诗乐有一体化发展的趋势，以至还出现“乐逐诗为曲，仿诗为音”的现象，但音乐仍很大程度上保持了自己的独立性，即使所仿诗歌灭绝，其乐曲仍能长期承传下去。此即孔氏所谓“曲有清浊次第之序，音有宫商相应之节，其法既成，其音可久，是以昔日之诗虽绝，昔日之乐常存”。可见，在历史上，乐与诗并非完全同步发展的，乐较诗更早，似也更具审美文化的统合性特征。

当然，另一方面，孔颖达也看到了“逐诗为曲，仿诗为音”，即“因诗为乐”的历史事实。那么如何看待诗、乐之间这种复杂的逻辑关系呢？孔颖达解释说：“《诗序》云‘情动于中而形于言，言之不足乃咏歌嗟叹。声成文谓之音’，是由诗乃为乐者。此据后代之诗因诗为乐，其上古之乐必不如此。”② 也就是说，《诗大序》所描绘的“因诗为乐”的情况也是后来发生的事，“上古之乐必不如此”。至于为什么会发生由上古之乐独立创制到后来因诗为乐的历史性转变，孔氏还作了更深入的阐发。孔颖达引郑玄《六艺

---

① 李学勤主编：《十三经注疏·毛诗正义》，北京大学出版社 1999 年版，第 11 页。

② 李学勤主编：《十三经注疏·毛诗正义》，北京大学出版社 1999 年版，“目录”第 5 页。

论·论诗》之语并评价云：

> 《六艺论·论诗》云："诗者，弦歌讽喻之声也。自书契之兴，朴略尚质，面称不为谄，目谏不为谤，君臣之接如朋友然，在于恳诚而已。斯道稍衰，奸伪以生，上下相犯。及其制礼，尊君卑臣，君道刚严，臣道柔顺，于是箴谏者希，情志不通，故作诗者以诵其美而讥其过。"彼书契之兴既未有诗，制礼之后始有诗者，《艺论》所云今诗所用诵美讥过，故以制礼为限。①

这里孔颖达指出，古时人性醇厚质朴，君臣上下"面称不为谄，目谏不为谤"，凡规谏之事皆可直抒胸臆，无需辗转隐讳，但至后世古道渐衰，奸伪滋生，上下相犯，不得不制礼以规约之。制礼的结果，一方面稳定和规范了社会政治和伦常秩序，使上下尊卑井然有序；另一方面也导致礼法严明、等级森严，最终出现"箴谏者希"、上下情志不通的严重情况。为了弥补此一不足，有识的统治者又适当鼓励"作诗者以诵其美而讥其过"，从而形成了含蓄隐讳而又政教色彩较为浓厚的"今诗"。所谓"彼书契之兴既未有诗，制礼之后始有诗者"，此"诗"便是指着重于诵美讥过的"今诗"，而非古之歌谣，甚至与唐虞时期的规谏之诗亦不尽相同。但"今诗"往往质木无文，过于义理化，不便于歌咏传唱和上下交流，故需配上不同形式的音乐以增添其形式音韵之美，以更好地实现"诵美讥过"之效；而乐亦借助诗歌的政教义理加强了自己的时代性蕴涵，从而更好地适应"制礼"的社会文化环境，"因诗为乐"的情形由此应运而生，礼乐相济的新文化传统亦由兹而成。故此，作为"因诗为乐"的"今诗"，多始于"制礼"之后，旨在诵美讥过，强化政教功能，一定程度上可说是"制礼"的结果。

周代"制礼"之后，"因诗为乐"的现象较为普遍，但这并不意味着"乐"一概依"诗"而成，实际情形要比这复杂得多。孔颖达对此又作了进一步辨析，他说：

---

① 李学勤主编：《十三经注疏·毛诗正义》，北京大学出版社 1999 年版，"目录"第 5 页。

> 情发于声，谓人哀乐之情发见于言语之声，于时虽言哀乐之事，未有宫、商之调，唯是声耳。至于作诗之时，则次序清浊，节奏高下，使五声为曲，似五色成文，一人之身则能如此。据其成文之响，即是为音。此音被诸弦管，乃名为乐，虽在人在器，皆得为音。……原夫作乐之始，乐写人音，人音有小大高下之殊，乐器有宫、徵、商、羽之异，依人音而制乐，托乐器以写人，是乐本效人，非人效乐。但乐曲既定，规矩先成，后人作诗，谟摩旧法，此声成文谓之音。若据乐初之时，则人能成文，始入于乐。若据制乐之后，则人之作诗，先须成乐之文，乃成为音。①

这里，孔颖达先是指出，物感情动，情发于声，人哀乐之情发于言语之声，是为歌咏或诗歌，再加诸宫商之调，被诸弦管之器，即为音乐。也就是说，先有人吟咏歌叹之声，然后依人之声音的大小高下来确定乐的清浊抑扬，此乃“逐诗为曲，仿诗为音”的阶段，亦即孔氏所谓“乐本效人”的阶段。但乐曲既定、规矩形成后，渐成定制，不便随意变更，后人便又依此形制作诗，这又走向因乐而写诗的阶段。故而孔氏又总结说：“若据乐初之时，则人能成文，始入于乐。若据制乐之后，则人之作诗，先须成乐之文，乃成为音。”即初作乐时，仿效人歌咏赞叹之声而后成乐，乐成之后，又据乐而作诗，由诗而宣声。这里孔氏一方面明确地提出“乐本效人，非人效乐”的观点，另一方面又充分注意到诗、乐之间相互生发、相互借鉴的复杂样态，从而展现了自己对中国古代诗乐二艺流变过程的深入而独到的理解。

孔颖达还特别指出一种情况，即后人因乐而写诗，诗辞可变而乐声有常。孔氏于《春秋左传·襄公二十九年》正义云：“诗人观时政善恶，而发愤作诗。其所作文辞，皆准其乐音，令宫商相和，使成歌曲。乐人采其诗辞，以为乐章，述其诗之本音，以为乐之定声。其声既定，其法可传。虽多历年世，而其音不改。今此为季札歌者，各依其本国歌所常用声曲也。由其各有声曲，故季札听而识之。”② 这是说，诗人观时政善恶，发愤作诗，并调

---

① 李学勤主编：《十三经注疏·毛诗正义》，北京大学出版社 1999 年版，第 7 页。

② 李学勤主编：《十三经注疏·春秋左传正义》，北京大学出版社 1999 年版，第 1096 页。

其宫商而成歌曲。乐人采得其诗辞，制成乐章，“述其诗之本音，以为乐之定声”，其乐声一旦成熟定型，便可长期承传下去，成为各国诗乐的稳定形制，即使多历年世而其音不改。正因为此，当年吴国公子季札至鲁观乐，能听其声曲而识其国别。这就进一步深入地揭示了诗、乐之间“辞变而声常”的独特历史现象，从而也说明诗、乐之间尽管同功、相将，但依然保持了各自的艺术特性和相对的独立性，在一定社会历史条件下就会由相携相将走向二艺分途。

综上，孔颖达分别从纵向历史的角度和横向逻辑的角度梳理了诗与乐之间的相互生发关系及其疏离的内因。在孔颖达看来，先民们秉承天性，感物而动情，发于吟呼歌叹，遂为原始乐歌，原始乐歌加诸土鼓、苇籥之声，遂有乐器演奏。乐事初起，可追溯至伏牺时代，该时尚有乐而无诗。大约至神农时代以后，徒歌渐兴，成为后世文学性诗歌的滥觞。至周代制礼作乐，乐与文学之诗共同担当了诵美讥过、政治伦理教化的功能，开启了华夏礼乐文明的繁荣阶段。但随着春秋以降礼乐政治的解体，诗与乐再次走向疏离，乐教地位衰落，诗教则代之而兴起。由上古礼乐文明中先乐后诗，到周代制礼以后“逐诗为曲，仿诗为音”，再到此后又因乐写诗、“辞变而声常”，以致最终走向声义两离，诗乐分途，孔颖达为我们深入揭示了诗乐二艺相互生发而又若即若离的复杂演变历程，帮助我们领略了中国早期社会某些历史文化本相。而无论是诗乐相将，还是诗乐分途，似都可从此追寻某些内在的根因。

值得一提的是，孔颖达上述有关论说，还在其身后造成了不同的文化影响甚至争论，这又可从两大主题来看。

第一，关于诗与乐孰先孰后的问题。

在孔颖达之后，关于诗乐之相互生发关系，逐渐形成了两种不同的观点。一种观点认为因诗而为乐、声乐依诗而作。如宋代朱熹曰：“古人作诗，只是说他心下所存事。说出来，人便将他诗来歌。其声之清浊长短，各依他诗之语言，却将律来调和其声。今人却先安排下腔调了，然后做语言去合腔子，岂不是倒了！却是永依声也。古人是以乐去就他诗，后世是以诗去就他乐，如何解兴起得人。”① 宋人辅广《诗童子问·论乐出乎诗》曰：“诗

① 黎靖德编：《朱子语类》卷七十八，中华书局 1986 年版，第 2005 页。

之作，本为言志而已。方其诗也，未有歌也；及其歌也，未有乐也。以诗依永，以律和声，则乐乃为诗而作，非诗为乐而作也。”① 明人韩邦奇《苑洛志乐》曰：“乐本于诗，诗本生于心，而心本感于物，苟八音无诗，八音何用哉？”② 明人刘濂《乐经元义》曰：“人性本静也，喜怒哀乐之心感，而呻吟讴叹之事兴，凡诗篇歌曲，莫不陈其情而敷其事，故曰‘诗言志’也。歌生于言，永生于歌，引长其音而使之悠扬回翔，累然而成节奏，故曰‘歌永言’也。乐声效歌，非人歌效乐，当歌之诗，必和之以钟磬琴瑟之声，故曰‘声依永’也。”③ 如此之例皆以为先诗后乐，因诗而为乐。

另一种观点则认为或因诗而为乐，或因乐而为诗，不可一概而论。如元代吴澄《四经叙录》云：“《风》因诗而为乐，《雅》、《颂》因乐而为诗，诗之先后于乐不同，其为歌辞一也。”④ 清代范家相《诗渖》卷一《声乐一》云：“人之有诗，非必缘乐以作，圣人作乐非必因诗以兴，而诗为人声，金石丝竹为物声，各有相须之妙。圣人见其然，因之以《诗》入乐，亦以乐合之于诗而成乐。……古者既作诗，从而歌之，然后以声叶律和而成曲，自历代至本朝皆先制乐章而后成谱，崇宁以后乃制谱然后命词，于是词律不相谐协，与俗乐无以异矣。”⑤ 魏源《夫子正乐论上》则云：“岂知《诗》有为乐作、不为乐作之分；且同一入乐，而有正歌、散歌之别耶？古圣人因礼作乐，因乐作诗之始也，欲为房中之乐，则必为房中之诗，而《关雎》、《鹊巢》等篇作焉；欲吹豳乐，则必为农事之诗，而豳诗、豳雅、豳颂作焉；欲为燕享祭祀之乐，则必为燕享祭祀之诗，而正雅及诸颂作焉。”⑥ 此类论述皆以为诗与乐或先或后，难以定论。

如上两种观点，一方面认同诗、乐一体，另一方面就诗与乐孰先孰后问题存在分歧，因阐述角度不同，各自皆有一定道理，在某种程度上，都可以视为孔颖达诗乐学说的继承、发挥或改造。相比之下，孔颖达以历史的眼

---

① 辅广：《诗童子问》卷首，文渊阁《四库全书》本。

② 韩邦奇著，吴元莱刻：《苑洛志乐》，清康熙二十二年（1683）版。

③ 刘濂：《乐经元义》，载朱载堉：《乐律全书》卷五，文渊阁《四库全书》本。

④ 吴澄：《四经叙录》，《吴文正集》卷一，文渊阁《四库全书》本。

⑤ 范家相：《诗渖》卷一，文渊阁《四库全书》本。

⑥ 魏源：《夫子正乐论上》，载《诗古微》上编之一，清道光刻本。

光作纵向梳理，亦作特定历史条件下的横向展开，其具体论述照顾到了问题的多样性与复杂性，显得更加客观而圆融。

第二，关于诗与乐如何分离的问题。

关于诗、乐分途的具体情况，孔颖达曾引《汉书·艺文志》加以概括："周衰礼坏，其乐尤微，以音律为节，又为郑、卫所乱，故无遗法矣。汉兴，制氏以雅乐声律，世为乐官，颇能记其铿鎗鼓舞而已，不能言其义理。"① 春秋以降，礼崩乐坏，加上郑、卫之音的冲击，乐教更加衰落，纵有汉代乐官能记其铿鎗鼓舞，但不能言其义理。如果说，此时的乐官仅能记其铿鎗鼓舞而不能言其义理，存在很大的缺陷，但毕竟尚能使乐谱、舞谱、铿鎗鼓舞等技艺继续流传。往后的情况就更加不如人意了。汉晋之际，《诗》三百篇曲谱和操作技艺全部失传，仅存《诗经》文本，以及残存于《礼记》中的同样是文本形态的《乐记》，其功能主要是记录和阐发当初《乐经》的某些义理，与颇重乐舞操作技艺的《乐经》当有很大不同。孔氏在《礼记·乐记第十九》正义中，曾对《乐记》的存亡情况作了详细的文献梳理。② 当代美学家周来祥先生则在孔颖达此番文献梳理的基础上，作过如许发挥："《乐记》原二十三篇，现存于《礼记》中的有乐本、乐论、乐施、乐言、乐礼、乐情、乐化、乐象、宾牟贾、师乙、魏文侯等十一篇（这十一篇的次第，与刘向《别录》、《史记·乐书》都略有差异），这些主要是阐述音乐和文艺的美学原理的。其余十二篇仅存目录，孔颖达《礼记·乐记》疏云：'案《别录》十一篇，余次奏乐第十二，乐器第十三，乐作第十四，意始第十五，乐穆第十六，说律第十七，季札第十八，乐道第十九，乐义第二十，昭本第二十一，招颂第二十二，窦公第二十三是也。'这十二篇大多是谈音乐舞蹈的表演技艺和用乐舞的制度、仪式的，大概汉儒重理论而轻技艺所以被删落了。"③ 周先生在此提出，汉儒重理论而轻技艺，故《乐本》、《乐论》等偏于义理阐发的十一篇留存下来，而《奏乐》、《乐器》等偏于技艺操作的十二篇就被有意无意地删落了。周先生此说或还有可议之处，但基本符合汉代文化发展的实际情况，也颇能启示《乐经》失传的某些内在缘由。

---

① 李学勤主编：《十三经注疏·礼记正义》，北京大学出版社 1999 年版，第 1073 页。

② 参见李学勤主编：《十三经注疏·礼记正义》，北京大学出版社 1999 年版，第 1073 页。

③ 周来祥：《美学问题论稿》，陕西人民出版社 1984 年版，第 447 页。

本来，关于春秋末以后诗、乐何以分离，《诗》之乐章何以失传问题，史上还有其他诸说，相互间也颇有争议。如南朝沈约《答诏访古乐》指出："窃以秦代灭学，《乐经》残亡。至于汉武帝时，河间献王与毛生等共采周官及诸子言乐事者，以作《乐记》。"① 刘勰《文心雕龙·乐府第七》亦云："自雅声浸微，溺音腾沸，秦燔《乐经》。汉初绍复，制氏纪其铿锵，叔孙定其容与。"② 这里沈、刘皆认为《乐经》亡于秦火，汉初有所修复。又如《四库全书总目·乐类》提出："沈约称《乐经》亡于秦，考诸古籍，惟《礼记·经解》有乐教之文，伏生《尚书大传》引'辟雍舟张'四语，亦谓之乐然。他书均不云有乐经。……大抵乐之纲目具于《礼》，其歌词具于《诗》，其铿锵鼓舞则传在伶官。汉初制氏所记，盖其遗谱，非别有一经为圣人手定也。"③ 这又是认为"乐"本散存于《诗》、《礼》及伶官之手，独立的"乐经"原本就不存在，故无所谓"乐亡"问题。诸如此类歧见，其真伪如何，迄今尚无定论，在没有更新的文献资料来证实或证伪之前，均可聊备一格。

然而相比之下，孔颖达等人"诗乐分途"说似更具胜义，从者亦众。如南宋郑樵在《乐府总序》中，对汉以降诗、乐分离，乐谱流失的情况曾作出这样的推断和描述："自后夔以来，乐以诗为本，诗以声为用，八音六律为之羽翼耳。仲尼编诗，为燕、享、祀之时用以歌，而非用以说义也。古之诗，今之辞曲也。若不能歌之，但能诵其文而说其义可乎？不幸腐儒之说起，齐、鲁、韩、毛四家各为序训，而以说相高。汉朝又立之学官，以义理相授，遂使声歌之音湮没无闻。然当汉之初，去三代未远，虽经主学者不识诗，而太乐氏以声歌肄业，往往仲尼三百篇，瞽史之徒例能歌也。奈义理之说既胜，则声歌之学日微。东汉之末，礼乐萧条。虽东观石渠议论纷纭，无补于事。曹孟德平刘表，得汉雅乐郎杜夔，夔老矣，久不肄习，所得于三百篇者，惟《鹿鸣》、《驺虞》、《伐檀》、《文王》四篇而已，余声不传。太和末，又失其三，左延年所得惟《鹿鸣》一篇，每正旦大会，太尉奉璧，群臣行礼东厢，雅乐常作者是也。古者歌《鹿鸣》，必歌《四牡》、《皇皇者华》，

① 沈约：《答诏访古乐》，载《全上古三代秦汉三国六朝文全梁》文卷二十六，民国十九年影清光绪二十年黄冈王氏刻本。

② 刘勰：《文心雕龙》卷二，《四部丛刊》影明嘉靖刊本。

③ 永瑢：《四库全书总目》卷三十八，清乾隆武英殿刻本。

三诗同节，故曰工歌《鹿鸣》之三，而用《南陔》、《白华》、《华黍》三笙以赞之，然后首尾相承，节奏有属。今得一诗而如此用可乎？应知古诗之声为可贵也。至晋室，《鹿鸣》一篇又无传矣。”① 这里，郑樵先是申张“乐以诗为本，诗以声为用”，充分肯定孔氏诗乐相将的观点；复指出汉代“腐儒”均偏重对《诗经》义理的传授，而无端忽视“声歌之音”；再指出“义理之说既胜，则声歌之学日微”，最终使得《诗》之乐章在汉晋之际彻底消亡。这显然是继承和发展了孔氏“声、义”两离以致“乐亡”的观点。清人陈启源在《毛诗稽古编》中亦论及汉儒《序》诗只重其意不及其声的情况：“故序《诗》者止言作诗之意，其用为何乐，则弗及焉。即《鹿鸣》燕群臣，《清庙》祀文王之类，亦指作诗之意而言，其奏之为乐，偶与作诗之意同耳。《序》自言诗不言乐也，意歌诗之法自载于《乐经》，元无烦序《诗》者之赘及。《乐经》已不存，则亦无可考矣。”② 陈氏此说，亦强调《序》诗者言诗不言乐，乐应另载于《乐经》。但《乐经》亡佚，歌诗之法已不可考。从而进一步彰显了汉儒《序》诗时，诗、乐传播已分为两途的情形。又，清末国学大家王国维在《汉以后所传周乐考》一文中更翔实地梳理了《诗》之乐篇赓续存亡情况，最后作结曰：“诗、乐二家，春秋之季已自分途。诗家习其义，出于古师儒，孔子所云言诗、诵诗、学诗者，皆就其义言之，其流为齐、鲁、韩、毛四家。乐家传其声，出于古太师氏，子贡所问于师乙者，专以其声言之，其流为制氏诸家。诗家之诗，士大夫习之，故《诗》三百篇至秦汉具存；乐家之诗，惟伶人世守之，故子贡时尚有风、雅、颂、商、齐诸声，而先秦以后仅存二十六篇，又亡其八篇，且均被以雅名。汉魏之际，仅存四五篇，后又易其三，迄永嘉之乱而三代之乐遂全亡矣。二家本自殊途，不能相通，世或有以此绳彼者，均未可谓为笃论也。”③ 在此，王国维明确申言“诗、乐二家，春秋之季已自分途”，并指出“诗家习其义，乐家传其声”是二艺分途的主因，这固然是对孔颖达、郑樵、陈启源等人观点的进一步推衍；而其言“二家本自殊途，不能相通”，这种对诗、乐二艺异质性的过分

① 郑樵：《乐府总序》，载《通志》卷四十九《乐略第一》，文渊阁《四库全书》本。

② 陈启源：《毛诗稽古编》卷二十五，文渊阁《四库全书》本。

③ 王国维：《汉以后所传周乐考》，《王国维遗书・观堂集林》卷二，上海古籍书店1983年版，第158—162页。

强调未必尽合孔颖达本义，却也以其醒豁的表达方式增进了“诗乐分途”说的影响。

此后，现代经学家罗倬汉继续讨论这种声义两离、诗乐分途的情况，他说：“始而切其意而用其歌，继而离其意而用其歌，终则离其歌而谱其声。于是或可徒彰之为谱，而诗与乐不相属矣。”① 所谓“切其意而用其歌”，这是指诗歌初始是声、义并用的；所谓“离其意而用其歌”，是指诗乐关系发展到一定阶段，某些乐人只用其声，不取其义；所谓“离其歌而谱其声”，是指最后乐官只取其声乐为谱，不取歌辞，这就使得声与义、乐与诗完全脱离。罗氏这是从取声不取义的角度分析诗乐分途之由，与前面诸家论证角度可谓相反相成，殊途同归。今人洪湛侯先生在《诗经学史》中还指出：“自礼崩乐坏以后，乐谱渐渐失传。《孟子》中引《诗》三十四次，而论乐却极少，可能这时诗、乐已经分离，所以《孟子》书中论《诗》，都是说义为主。孟子引《诗》，大多用作自己立说的证明，或者为陈述历史事实用为依据，与孔子的正乐与说义并重，情况已大不相同。”② 这段论述以孟子论《诗》以说义为主，与孔子正乐与说义并重不同，分析诗乐分途、乐谱失传的缘由，可视为对前贤观点的进一步补充。另，顾颉刚先生还就此话题作过这般阐释：“从西周到春秋中叶，诗与乐是合一的，乐与礼是合一的。春秋末叶，新声起了。新声是有独立性的音乐，可以不必附歌词，也脱离了礼节的束缚。因为这种音乐很能悦耳，所以在社会上占极大的势力，不久就把雅乐打倒。战国时，音乐上尽管推陈出新，雅乐成为古乐，更加衰微得不成样子。一二儒者极力拥护古乐诗，却只会讲古诗的意义，不会讲古乐的声律。”③ 这里，顾颉刚先生论乐之衰微，除了重申儒者说诗只重义理不重声律这一因素外，还揭出春秋末叶不附歌辞的新乐崛起，进一步冲击着雅乐，从而加速了《诗》之乐章的衰亡。这就为“诗乐分途”说又添一新义。诸如此类论说，皆与孔颖达之观点踵武相续，蔚然可观。

---

① 罗倬汉：《述学》，《诗乐论》，台湾正中书局 1982 年版。

② 洪湛侯：《诗经学史》，中华书局 2002 年版，第 68 页。

③ 顾颉刚：《〈诗经〉在春秋战国间的地位》，载《古史辨》第三册，上海古籍出版社 1982 年版，第 366—367 页。

第五节　诗教与乐教

在中国礼乐文化传统中，诗教与乐教共同扮演了最为重要的角色，某种意义上可以说，中国礼乐文化发展史就是诗教与乐教两大系统或相辅形成，或此消彼长的历史。

中国文化史上最早提出“诗教”和“乐教”一说的，大概要数《礼记》了。《礼记·经解第二十六》云：“孔子曰：‘入其国，其教可知也。其为人也温柔敦厚，《诗》教也。疏通知远，《书》教也。广博易良，《乐》教也。絜静精微，《易》教也。恭俭庄敬，《礼》教也。属辞比事，《春秋》教也。故《诗》之失愚，《书》之失诬，《乐》之失奢，《易》之失贼，《礼》之失烦，《春秋》之失乱。其为人也温柔敦厚而不愚，则深于《诗》者也。疏通知远而不诬，则深于《书》者也。广博易良而不奢，则深于《乐》者也。絜静精微而不贼，则深于《易》者也。恭俭庄敬而不烦，则深于《礼》者也。属辞比事而不乱，则深于《春秋》者也。’”① 对此，孔颖达作了细致深入的疏解，《礼记·经解》孔氏正义云：

> “温柔敦厚，《诗》教也”者，温，谓颜色温润；柔，谓情性和柔。《诗》依违讽谏不指切事情，故云“温柔敦厚”，是《诗》教也。“疏通知远，《书》教也”者，书录帝王言诰，举其大纲，事非繁密，是疏通上知帝皇之世，是知远也。“广博易良，《乐》教也”者，《乐》以和通为体，无所不用，是广博简易良善，使人从化，是易良。“絜静精微，《易》教也”者，《易》之于人，正则获吉，邪则获凶，不为淫滥，是絜静。穷理尽性，言入秋毫，是精微。“恭俭庄敬，《礼》教也”者，《礼》以恭逊、节俭、齐庄敬慎为本，若人能恭敬节俭，是《礼》之教也。“属辞比事，《春秋》教也”者，属，合也；比，近也。《春秋》聚合、会同之辞，是属辞，比次褒贬之事，是比事也。凡人君行此等

① 李学勤主编：《十三经注疏·礼记正义》，北京大学出版社 1999 年版，第 1368 页。

> 六经之教，以化于下。在下染习其教，还有六经之性，故云《诗》教《书》教之等。“故《诗》之失愚”者，《诗》主敦厚，若不节之，则失在于愚。“《书》之失诬”者，《书》广知久远，若不节制，则失在于诬。“《乐》之失奢”者，《乐》主广博和易，若不节制，则失在于奢。“《易》之失贼”者，《易》主絜静严正，远近相取，爱恶相攻，若不节制，则失在于贼害。“《礼》之失烦”者，《礼》主文物，恭俭庄敬，若不能节制，则失在于烦苛。“《春秋》之失乱”者，《春秋》习战争之事，若不能节制，失在于乱。此皆谓人君用之教下，不能可否相济、节制合宜，所以致失也。“其为人也温柔敦厚而不愚，则深于《诗》者也”，此一经以《诗》化民，虽用敦厚，能以义节之。欲使民虽敦厚，不至于愚，则是在上深达于《诗》之义理，能以《诗》教民也。故云“深于《诗》者”也。以下诸经，义皆放此。①

孔颖达此段疏解大致分为三个部分，第一部分主要是疏解各经教化的宗旨和功能，如《诗》教之“温柔敦厚”、“依违讽谏不指切事情”，《乐》教之“广博易良”、“以和通为体，无所不用，是广博简易良善，使人从化”等，并指明此六经之教可以化育民众，葆有六经之性；第二部分主要是疏解各经教化可能存在的缺失，如“《诗》主敦厚，若不节之，则失在于愚”，“《乐》主广博和易，若不节制，则失在于奢”等，并指出之所以出现这些缺失，乃“人君用之教下，不能可否相济、节制合宜”的缘故；第三部分主要疏解如何让六经之教做得恰到好处，如《诗》教，“以《诗》化民，虽用敦厚，能以义节之。欲使民虽敦厚，不至于愚”，是为“其为人也温柔敦厚而不愚，则深于《诗》者也”，其他诸经之教大致类此。孔氏此番疏解虽主要依经文而释义，可发挥的余地不多，却更加清晰地展示了当年孔子关于诗教、乐教等的基本观点，同时也见出孔颖达本人对于六经之教全面而深入的理解。

在孔颖达看来，尽管《礼记·经解》谈及六经皆可教化，但诗教、礼教和乐教似更为重要，在当时的地位也更为显豁。《礼记·经解》孔氏正义复云：

---

① 李学勤主编：《十三经注疏·礼记正义》，北京大学出版社 1999 年版，第 1369 页。

此六经者，惟论人君施化，能以此教民，民得从之，未能行之至极也。若盛明之君，为民之父母者，则能恩惠下极于民，则《诗》有好恶之情，礼有政治之体，乐有谐和性情，皆能与民至极，民同上情，故《孔子闲居》云"志之所至，《诗》亦至焉。《诗》之所至，礼亦至焉。礼之所至，乐亦至焉"是也。其《书》、《易》、《春秋》，非是恩情相感、与民至极者，故《孔子闲居》无《书》、《易》及《春秋》也。①

这里孔颖达认为，为人君者将六经之教直接施之于民，民众亦能遵从教化，但很难达到最佳效果。关键在于人君如同民之父母，应施恩惠于民众，并主动与民众进行情感和思想的沟通，而非高高在上作片面的施教者。从君民上下沟通的角度着眼，诗教、礼教、乐教似来得更为便捷有效，因为此三者更倾向于情感、思想的表达和交流，正所谓"《诗》有好恶之情，《礼》有政治之体，《乐》有谐和性情，皆能与民至极，民同上情"，相比之下，《书》、《易》、《春秋》三经之教说理有余，情感性表达不足，"非是恩情相感、与民至极者"，故《孔子闲居》只提及《诗》、《礼》、《乐》三教，而未提《书》、《易》、《春秋》三教，而当年孔子特别强调"兴于诗，立于礼，成于乐"，大概也是出于此意。孔氏此论，既是对先秦时期教育状况的真实客观的概括，也表达了自己对理想的教育理念的理解和期待，即以情感人、潜移默化、寓教于乐，这对于后世的审美教育思想，无疑有着深刻的启迪意义。

在孔颖达这里，诗教、礼教和乐教皆很重要，但由于本章论旨在于考察孔氏有关诗、乐关系的见解，故下面着重谈谈诗教和乐教问题。

如前文所述，在孔颖达看来，诗、乐同其功，二者相携而行，故诗教与乐教之间有着天然的一致性。在《毛诗正义》中，孔氏对此屡着笔墨。如孔氏于《毛诗大序》正义云："诗能易俗，《孝经》言乐能移风俗者，诗是乐之心，乐为诗之声，故诗、乐同其功也。……有乐而无诗，何能移风易俗？斯不然矣。……乐本由诗而生，所以乐能移俗。"② 这里孔氏认为，诗歌能教化民众，移风易俗，这已是普遍的共识；而音乐同样能起到移风易俗的

① 李学勤主编：《十三经注疏·礼记正义》，北京大学出版社 1999 年版，第 1369 页。

② 李学勤主编：《十三经注疏·毛诗正义》，北京大学出版社 1999 年版，第 11 页。

作用，因为“诗是乐之心，乐为诗之声”，甚至“乐本由诗而生”，诗乐同功，诗乐相将，故音乐能够自然而然能起到诗歌那种教化民众、移风易俗的作用。《毛诗大序》孔氏正义又云：“播诗于音，音从政变，政之善恶皆在于诗，故又言诗之功德也。由诗为乐章之故，正人得失之行，变动天地之灵，感致鬼神之意，无有近于诗者。……诗者志之所歌，歌者人之精诚，精诚之至，以类相感。诗人陈得失之事以为劝戒，令人行善不行恶，使失者皆得是诗，能正得失也。普正人之得失，非独正人君也。下云‘上以风化下，下以风刺上’，是上下俱正人也。人君诚能用诗人之美道，听嘉乐之正音，使赏善伐恶之道举无不当，则可使天地效灵，鬼神降福也。故《乐记》云：‘奸声感人而逆气应之，逆气成象而淫乐兴焉。正声感人而顺气应之，顺气成象而和乐兴焉。’又曰：‘歌者直己而陈德也，动己而天地应焉，四时和焉，星辰理焉，万物育焉。’此说声能感物，能致顺气、逆气者也。”[①] 这里孔氏指出，诗歌配上音乐，经歌咏传唱，能更好地反映政教之善恶，实现劝诫教化的功能，对君对民皆如此。尤其是执掌政教之柄的人君，若能“用诗人之美道，听嘉乐之正音”，则使赏善伐恶之道举无不当，甚至通过声气相通，气类相感，可使天人相应，万物和乐。诗乐相将之功，诚然不可小觑。在《毛诗大序》正义中，孔氏还从诗乐和合的角度讨论《诗》之“六义”——风、雅、颂、赋、比、兴的教化功能：“臣下作诗，所以谏君，君又用之教化，故又言上下皆用此六义之意。在上，人君用此六义风动教化；在下，人臣用此六义以风喻箴刺君上。其作诗也，本心主意，使合于宫商相应之文，播之于乐，而依违谲谏，不直言君之过失，故言之者无罪。人君不怒其作主而罪戮之，闻之者足以自戒。……人君教民，自得指斥，但用诗教民，播之于乐，故亦不斥言也。上言‘声成文’，此言‘主文’，知作诗者主意，令诗文与乐之宫商相应也。”[②] 孔氏此谓，六义之作，既可讽喻箴刺君上，又可教化百姓，但直接的义理陈述和说教容易引起对方的抵触、排斥情绪，若配上宫商音律，播之于乐器，则由于音乐形式的委曲美化和情感上的感染渗透，一定程度上冲淡了用诗歌直接说教带来的紧张，从而更易达到箴刺或教化之效。

---

① 李学勤主编：《十三经注疏·毛诗正义》，北京大学出版社 1999 年版，第 10 页。

② 李学勤主编：《十三经注疏·毛诗正义》，北京大学出版社 1999 年版，第 13—14 页。

孔氏《毛诗·大序》正义还进一步申论风、雅、颂三义的教化功能："风、雅、颂同为政称，而事有积渐，教化之道，必先讽动之，物情既悟，然后教化，使之齐正。言其风动之初，则名之曰风。指其齐正之后，则名之曰雅。风俗既齐，然后德能容物，故功成乃谓之颂。先风，后雅、颂，为此次故也。一国之事为风，天下之事为雅者，以诸侯列土树疆，风俗各异，故唐有尧之遗风，魏有俭约之化，由随风设教，故名之为风。天子则威加四海，齐正万方，政教所施，皆能齐正，故名之为雅。"① 孔颖达认为，风、雅、颂三义同尊教化之道，但积渐有别，教化之初，讽而动之，歌之以为风；教化渐成，风俗齐正，歌之以为雅；风俗既正，教化大成，德化万物，功成作歌，是为颂。故先风，次之以雅、颂。一般地方诸侯国多偏处一隅，风俗各异，随风设教，尚未达举国齐正之境，故仍称之为风诗，而中央王朝（天子）则威加四海，齐正万方，政教所施，能齐正天下，故称之为雅诗或颂诗。由于在孔氏这里，风、雅、颂三义既指诗体，又含乐声②，故所论风、雅、颂之教仍是诗乐合一的教化之举。

除了《毛诗正义》外，孔颖达在其他诸经正义中，亦时时论及诗教与乐教问题。如孔氏于《尚书·舜典》正义疏"命汝典乐，教胄子"句云："教之诗乐，所以然者，诗言人之志意，歌咏其义以长其言。乐声依此长歌为节，律吕和此长歌为声。八音皆能和谐，无令相夺道理，如此则神人以此和矣。"③ 孔氏此谓诗乐之教，诗言有待于歌咏而彰其义，歌咏有待于音乐律吕而节其声，诗乐合拍，诗歌内容通过优美的音乐形式的演绎，则更加生动、和谐，深入人心，故诗、乐当合而教之。孔氏又疏"诗言志，歌永言"句云："作诗者自言己志，则《诗》是言志之书，习之可以生长志意，故教其诗言志以导胄子之志，使开悟也。作诗者直言不足以申意，故长歌之，教令歌咏其诗之义以长其言，谓声长续之。"④ 孔氏意谓《诗》是言志之书，习诗可以激励和疏导人的志意，但仅授以诗言还不够，还需教之歌咏传唱之法，帮助受教者通过歌咏传唱更好地把握诗之意旨以及和谐的形式。这无疑

① 李学勤主编：《十三经注疏·毛诗正义》，北京大学出版社 1999 年版，第 12 页。
② 参见本书第五章。
③ 李学勤主编：《十三经注疏·尚书正义》，北京大学出版社 1999 年版，第 80 页。
④ 李学勤主编：《十三经注疏·尚书正义》，北京大学出版社 1999 年版，第 80 页。

也是强调诗教与乐教的结合，以达到诗、乐相将之效。如此等等。

由于诗教与乐教自身的审美感染性和情感渗透性，更合乎中国古代重人伦情感的文化心理结构，较之一般的理论说教更具有现实的感召力和可操作性，孔颖达等人对此有着充分的体认，故对诗教与乐教的论释与推崇自然不遗余力。从历史发展的角度来看，春秋中叶以前，诗、乐基本是合一的，诗教与乐教也共同构成了礼乐文化传统最核心的内容。如《尚书·舜典》记舜命夔典乐云："夔！命汝典乐，教胄子。直而温，宽而栗，刚而无虐，简而无傲。诗言志，歌永言，声依永，律和声，八音克谐，无相夺伦，神人以和。"这是舜帝时太学主要以诗乐教贵族子弟的简要交代，涉及诗、歌、声、律等多个方面。清人俞正燮曾就此发挥说："所谓学道弦歌，虞命教胄子，止属典乐。周成均之教，大司成、小司成、乐胥皆主乐，《周官》大司乐、乐师、大胥、小胥皆主学。……子路曰：'何必读书，然后为学？古者背文为诵，冬读书，为春诵夏弦地，亦读乐书。'《周语》召穆公云：'瞍赋、矇诵、古史教诲。'《檀弓》云：'大功废业，大功诵。'孔子既祥，弹琴十日而成声，子夏除丧而见予之琴，子张除丧而见予之琴。通检三代以上书，乐之外无所谓学。……弦歌之道，六经之义，合是圣人告子游本义也。"① 俞正燮所论，进一步阐释了这样的历史事实，即孔子时代及以前，贵族教育是以诗教与乐教为本的，举凡六经之教，终离不开诗乐歌舞的吟咏演绎。因此，当时的诗教和乐教水乳交融，相辅相成，共同将礼乐文化推向高潮。

另一方面，尽管诗、乐相将，但诗与乐终究具有各自的特质，二者间的差别也不可抹杀，否则就不会出现前文所述诗、乐二艺分途的结果了。这种差别也体现在诗教与乐教的差异上。孔氏于《礼记·经解》正义中指出："然《诗》为《乐》章，《诗》、《乐》是一，而教别者，若以声音、干戚以教人，是《乐》教也；若以《诗》辞美刺、讽喻以教人，是《诗》教也。……王制云：'春秋教以礼、乐，冬夏教以《诗》、《书》'是也。"② 这里孔颖达认为，虽然诗、乐同功，都能起到教育感化受教者的作用，但二者在具体施教手段及施教时间上均有差别。如乐教主要是"以声音、干戚以教人"，即通

① 俞正燮：《癸巳存稿》卷二，清《连筠簃丛书》本。

② 李学勤主编：《十三经注疏·礼记正义》，北京大学出版社 1999 年版，第 1369 页。

过音乐、舞蹈等艺术教育形式达到审美感化的效果；而诗教则“以《诗》辞美刺、讽喻以教人”，即通过对诗歌字词的吟诵和义理的领会，把握美刺、讽喻之道，从而增进赋诗言志的能力以及对社会政治和伦理的了解。从时间上来说，礼乐之教一般安排在春秋季节，诗书之教一般安排在冬夏季节，这主要是考虑到时令的转换与人体生理机能之间阴阳动静等因素的合理对应问题。又《毛诗大序》孔氏正义云：“歌其声谓之乐，诵其言谓之诗，声言不同，故异时别教。《王制》称‘春教乐，夏教诗’。”[①] 这里孔氏所谓“声言不同，故异时别教”，依然是强调诗教与乐教的具体表现方式不同和时间安排上的差别，即一侧重于声音、干戚等乐舞形式，一侧重于美刺、讽喻等语言修辞，二者“异时别教”，“春教乐，夏教诗”，循序更替。除了施教方式和施教时间有异外，孔颖达还特别指出诗教与乐教所要实现的目的和效果也颇有不同。如《毛诗大序》孔氏正义又云：“《经解》称‘温柔敦厚，诗教也；广博易良，乐教也’。由其事异，故异教也。”[②] 也就是说，诗教旨在培养受教者“温柔敦厚”的性格和待人处事的方式，如孔氏谓“依违讽谏不指切事情”，便是“温柔敦厚”的诗教品格的体现；而乐教旨在模塑受教者“广博易良”的习性及多才多艺的素质，如孔氏谓“以和通为体”、“使人从化”，便是对“广博易良”的乐教品格的要求。相比之下，诗教似更侧重于伦理教化的外在责任感，乐教则更侧重于审美感化的内在和谐性。如此，孔氏分别从施教方式和施教时间，以及从主体心理和人格建构的角度细致地剖析了诗乐二教之间的差异，这对于后世文化人和教育家们深入了解古代诗教、乐教各自的特质与功能，从而更合理有效地实施礼乐文化教育，无疑具有很大的启发意义。如清末陈启源在《毛诗稽古编》中论“诗乐”云：“《诗》篇皆乐章也，然诗与乐实分二教。《经解》云：‘《诗》之教温柔敦厚，《乐》之教广博易良。’是教《诗》、教《乐》其旨不同也。《王制》云：‘乐正立四教以造士：春秋教以《礼》、《乐》，冬夏教以《诗》、《书》。’是教学其时不同也。”[③] 陈氏仍一本孔氏之说。

正因为诗教与乐教同功而异质，导致二者未能一直相携而行。大致说

---

① 李学勤主编：《十三经注疏 · 礼记正义》，北京大学出版社 1999 年版，第 11 页。

② 李学勤主编：《十三经注疏 · 毛诗正义》，北京大学出版社 1999 年版，第 11 页。

③ 陈启源：《毛诗稽古编》卷二十五，文渊阁《四库全书》本。

来，春秋后期，诗教影响渐长，乐教逐渐衰落。对于这段诗乐疏离、乐教让位于诗教的历史情形，刘怀荣先生曾作过如此的推理和描述："可以肯定作为语言艺术的诗，直到周初还正在形成之中，又因'诗三百'都是'乐以诗为本，诗以乐为用'的乐诗，所以真正成熟的诗歌又是在从诗乐不分、以声为主到诗乐各自为用、取义不取声的漫长的发展过程中逐渐产生的。这便决定了诗乐分家之后独立的诗必然要分担原本由舞、乐、诗或乐、诗组成的综合体所发挥的社会功能，尤其因为以语言为载体的诗比之作为时间艺术的舞、乐更易于保存、流传，从而也更能有效地发挥其实用的社会功能。所以，在我国古代，诗、乐、舞综合体的宗教功能转化为社会、伦理功能之后，这种社会、伦理功能最终主要是由诗歌来承担和发挥的。"① 诚然如此，如果说，孔子时代以前，以声为主的乐教似占据着主导性地位，一定程度上还笼罩了诗教，那么孔子时代以后，礼崩乐坏，以义为主的诗教逐渐占据了主导性地位，甚至将乐教纳入了诗教的藩篱，儒家的政治伦理教化功能基本上都是由诗教来担当，独立的乐教则逐渐式微。

比照孔颖达的有关论述和有关史实，我们可以看出，诗、乐二教在属性上有同有异，在历史发展过程中有合有分，最终诗乐殊途，乐教让位于诗教。二者间的复杂关系及其流变情况需作深入而辩证的考量。

综上，本章主要从"诗为乐章"、"《诗》皆入乐"、"诗乐舞三位一体"、"诗乐分途"、"诗教与乐教"等五个大的方面梳理和总结了孔颖达有关诗乐关系的讨论，从中足以见出孔氏在此类论题上的卓拔识见和精深的学养。孔氏有关论释，在中国诗乐美学史上又增添了浓重的一笔。

---

① 刘怀荣：《论赋、比、兴与"诗言志"及"诗教"的发生学关联》，《东南大学学报》（哲学社会科学版）2000 年第 3 期。

第七章　礼乐教化论

自周秦以来，以礼乐教化为主导的政治伦理模式渐趋成熟并成为一种典范和理想化的社会治理模式。寓礼乐于教化中，以仁、义等五常之道教人，将其内化为修己之习，外化为治人之政，以达到“亲亲”与“尊尊”、国家政权与民间秩序的稳定与和谐，此乃乐教之精髓。孔子早就揭明“诗”、“礼”、“乐”等对国家教育和建构完满人性结构的重要意义和价值，如美学家宗白华先生所指出：“孔子说‘兴于诗，立于礼，成于乐’，这三句话挺简括地说出孔子的文化理想，社会政策和教育程序。……教育的主要工具、门径和方法是艺术文学。艺术的作用是能以感情动人，潜移默化培养社会民众的性格品德于不知不觉之中，深刻而普遍。尤以诗和乐能直接打动人心，陶冶人的性灵人格。而‘礼’却在群体生活的和谐与节律中，养成文质彬彬的动作，步调的整齐，意志的集中。”[①] 可以说，“诗”、“礼”、“乐”三教是孔子以来儒家实施文化教育的最基本，也是最有效的途径。而在儒家六经中，《诗》、《礼》、《乐》三经便能直接体现儒家“礼乐教化”之宗旨。礼乐教化与人格建构问题历来也是美学和审美教育关注的焦点，尤其关乎中国古代儒家美学的本质与特征。孔颖达诗乐美学思想于此多有阐发。由于前文已考察过孔氏的有关诗歌和诗乐关系的观点和思想，这里就集中讨论孔氏的礼乐教化论思想。

---

① 宗白华：《艺术与中国社会》，《宗白华全集》第二卷，安徽教育出版社 1994 年版，第 413 页。

第一节 礼乐教化的历史语境

孔颖达对审美教育问题的深入论阐，是建立在其充分重视礼乐文化制度基础之上的。而孔氏重视礼乐文化制度，有其现实与历史两方面的原因。

从当时社会政治现实来看，李唐初有天下，根基未稳，百废待兴，亟须借助礼乐制度来整饬国家和社会秩序。为了改变“方天下乱，礼典湮没”的混乱局面，以唐太宗为首，贞观君臣都十分重视礼乐教化的作用。唐太宗特颁《礼乐诏》以诏告天下，其中有言曰：“乐由内作，礼自外成。可以安上治民，可以移风易俗，揖让而天下治者，其惟礼乐乎！……探六经之奥旨，采三代之英华。古典之废，于今者咸择善而修复；新声之乱，于雅者并随违而矫正。莫不本之人心，稽乎物理，正情性而节事宜，穷高深而归简易。用之邦国，彝伦以之攸叙；施之律度，金石于是克谐。今修撰既毕，可颁天下，俾富教之方，有符先圣；人伦之化，贻厥后昆。”[①] 太宗此诏，高度肯定了礼乐的安上治民、移风易俗的社会政治功能，而其对于新颁礼乐之于匡扶政德的重视和期待，溢于言表。太宗君臣还继承与发展了汉代援礼入律的传统，提出“德礼为政教之本，刑罚为政教之用”[②] 的方针，即德礼与刑律互相配合，刑外礼内，相辅而行。他们为此还采取了一系列的措施，如贞观二年，唐太宗令房玄龄召集“礼官学士”修改旧礼，贞观七年“始令颁示”。嗣后，唐太宗又命房玄龄、魏徵等主持修改《贞观新礼》，孔颖达参与其议。并且，孔氏还“与朝贤修定《五礼》，所有疑滞，咸咨决之”[③]。因此，孔颖达本人就是唐初礼乐文化制度的主要设计者和践行者之一，对唐代礼乐文化的重建有着重要的影响。

从历史角度来看，礼乐文明的建构和完善是先秦以降历代儒家士人的“乌托邦”理想。一般认为，乐教传统渊源于三代及史前的巫史文化，而礼乐文明之礼的正式创制并走向高度成熟却是在周代。《礼记·表记》云：“周

---

① 李世民：《颁示礼乐诏》，载董诰等编：《全唐文》卷六，清嘉庆内府刻本。

② 长孙无忌：《唐律疏议·名例》卷一，《万有文库》本，第 1 页。

③ 刘昫：《旧唐书·孔颖达传》，中华书局 1975 年版，第 2602 页。

人尊礼尚施。”孔颖达释之云：“‘尊礼尚施’者，谓尊重礼之往来之法，贵尚施惠之事也。”[①]《礼记·明堂位》亦云：“六年，（周公）朝诸侯于明堂，制作礼乐，颁度量，而天下大服。”孔颖达疏之曰：“周公摄政三年，天下太平，六年而始制礼作乐者，《书传》云：‘周公将制礼作乐，优游三年，而不能作。将大作，恐天下莫我知也。将小作，则为人子不能扬父之功烈德泽，然后营洛邑，以期天下之心。于是四方民大和会。周公曰：示之以力役且犹至，而况导之以礼乐乎？’其度量六年则颁，故郑注《尚书·康王之诰》云：‘摄政六年，颁度量，制其礼乐。成王即位，乃始用之。’”[②]范文澜先生还指出，夏代为“尊命文化”，商代为“尊神文化”，而周代为“尊礼文化”。[③]诚然，以礼乐治国构成了周文化的主要特征，周人将“乐”视为礼文化的重要一翼，乐修内，礼修外，如《礼记·文王世子》所云：“凡三王教世子，必以礼乐。乐，所以修内也，礼，所以修外也。礼乐交错于中，发形于外，是故其成也怿，恭敬而温文。”[④]礼与乐交相为用，既维系与强化尊卑等级的社会秩序，也疏导和规范人心、人情。又《礼记·礼器》云：“先王之制礼也以节事；修乐以道志。故观其礼乐而治乱可知也。”孔颖达疏之曰：“‘是故先王之制礼也以节事’者，以礼为反本，故用礼以节万事。动皆反本，以初生王业，用此礼以得民心，故用民心之义，以节事宜。‘修乐以道志’者，王者修治所作之乐以道达已志，由已用此乐以成王业，故修正其乐，以劝道已志，使行之不倦。‘故观其礼乐而治乱可知也’者，若能以礼节事，以乐道志，则国治也。若不以礼节事，不以乐道志，则国乱也，故云‘治乱可知也’。”[⑤]众所周知，儒家始祖孔子极推重周代礼乐文化制度，所谓“周监于二代，郁郁乎文哉，吾从周”[⑥]，即是孔子发自内心的感慨。孔子所倡“兴于诗，立于礼，成于乐”（《论语·泰伯》），即是对周代礼乐教化思想的最好表

---

① 李学勤主编：《十三经注疏·礼记正义》，北京大学出版社 1999 年版，第 1486 页。

② 李学勤主编：《十三经注疏·礼记正义》，北京大学出版社 1999 年版，第 934—935 页。

③ 参见范文澜：《中国通史》第一册，人民出版社 1978 年版，第 147 页。

④ 李学勤主编：《十三经注疏·礼记正义》，北京大学出版社 1999 年版，第 634—635 页。

⑤ 李学勤主编：《十三经注疏·礼记正义》，北京大学出版社 1999 年版，第 756—757 页。

⑥ 按：监，同鉴，借鉴之意；二代，指夏、商二代；郁郁，指礼仪文采隆盛；从，遵从意。语出《论语·八佾》。（参见程树德撰：《论语集释》，中华书局 1990 年版，第 182 页）

述，它着眼于士君子人格的建构，认为诗可感发情感意志，礼可规范立身处事的目的行为，乐则帮助健全的人格得以养成。

周以礼乐治天下，乐教地位隆重，在举行典礼仪式时，常常要演奏诗乐。如《墨子·公孟》云："诵《诗》三百，弦《诗》三百，歌《诗》三百，舞《诗》三百。"① 《郑风·子衿》毛传云："古者教以诗乐，诵之歌之，弦之舞之。"② 这些皆可见当时礼乐之繁盛。而仪典上的诗乐演奏，常是有等级规定的。一般情况下，大夫与士采用《小雅》、《二南》，诸侯燕士大夫亦用《小雅》、《二南》。两君相见多用《大雅》或《颂》，如《左传·襄公四年》云："《文王》，两君相见之乐也。"《礼记·仲尼燕居》云："两君相见……升歌《清庙》，示德也。"《礼记·明堂位》云："（成王）命鲁公世世祀周公，以天子之礼乐。……季夏六月，以禘礼祀周公于大庙，……升歌《清庙》，下管《象》，朱干玉戚，冕而舞《大武》。"③ 对于当时诗乐演奏的种种规范、要求，孔颖达在《礼记·效特性》正义中有一段较为集中的概括和描述，孔氏云："王享燕元侯，升歌《三夏》，《三夏》即《颂》，合乐降一等，即合《大雅》也。元侯自相享，亦歌《颂》合《大雅》，故《仲尼燕居》两君相见，歌《清庙》是也。侯伯子男相见，既歌《文王》合《鹿鸣》也。准约元侯，则天子享燕侯伯子男，亦歌《文王》合《鹿鸣》也。诸侯燕臣子，歌《鹿鸣》合乡乐，燕礼是也。其天子燕在朝臣子，工歌《鹿鸣》合乡乐，故郑作《诗谱》云：'天子诸侯燕群臣及聘问之宾，皆歌《鹿鸣》，合乡乐。'是也。升歌合乐，所以异者，案《乡酒礼》及《燕礼》：工升自西阶，歌《鹿鸣》、《四牡》、《皇皇者华》。歌讫，笙入立于堂下，奏《南陔》、《白华》、《华黍》。奏讫，乃间歌《鱼丽》，笙《由庚》，歌《南有嘉鱼》，笙《崇丘》，歌《南山有台》，笙《由仪》。间歌讫，乃合乡乐。《周南·关雎》、《葛覃》、《卷耳》，《召南·鹊巢》、《采蘩》、《采蘋》。间者，谓堂上堂下，一歌一吹，更递而作。合者，上下之乐并作，此其所以异也。"④ 孔氏此番概括和描述，既充分显示出当时诗乐礼仪的繁复、隆盛，亦可见出孔氏本人对于周

① 《墨子·公孟》，载《二十二子》，上海古籍出版社 1986 年版，第 267 页。

② 李学勤主编：《十三经注疏·毛诗正义》，北京大学出版社 1999 年版，第 314 页。

③ 李学勤主编：《十三经注疏·礼记正义》，北京大学出版社 1999 年版，第 936—937 页。

④ 李学勤主编：《十三经注疏·礼记正义》，北京大学出版社 1999 年版，第 777 页。

代礼乐文化全面、深入的了解。

周时典礼演奏诗乐，不仅看重声乐而且注重义理，常有等级秩序之分，不能乱用。与此相类，乐舞表演也各有规定。《左传·隐公五年》载："公问羽数于众仲，对曰：'天子用八，诸侯用六，大夫四，士二。'"① 即是说天子表演乐舞的队列是横排八人竖排八人，诸侯的乐舞队列是横排六人竖排六人，其他官员，依次递减。《论语·八佾》载："孔子谓：'季氏八佾舞于庭，是可忍也，孰不可忍也。'"② 季氏作为鲁国的一名大夫，他只配用十六人组成的乐舞队列，而他却用了天子所用的"八佾"，即六十四人组成的乐舞队列，因此遭到孔子的严厉谴责。

自周公"制礼作乐"之后，礼乐制度便成了一种具有法律效力的制度，从西周乃至春秋，基本上得到严格的贯彻执行。如《春秋左传正义·襄公四年》载鲁穆叔聘晋，"晋侯享之，金奏《肆夏》之三，不拜。工歌《文王》之三，又不拜。歌《鹿鸣》之三，三拜"。晋韩献子使人问之："吾子舍其大，而重拜其细，敢问何礼也？"穆叔答曰："三夏，天子所以享元侯也，使臣弗敢与闻。《文王》，两君相见之乐也，使臣不敢及。《鹿鸣》，君所以嘉寡君也，敢不拜嘉？《四牡》，君所以劳使臣也，敢不重拜？《皇皇者华》，君教使臣曰：'必咨于周。'臣闻之：'访问于善为咨，咨亲为询，咨礼为度，咨事为诹，咨难为谋。'臣获五善，敢不重拜？"③ 穆叔此番解释，充分显示了当时外交使臣对于诗乐礼仪的熟稔程度，亦让后人看到西周时期礼乐文化制度是如何规范运行的。当时社会政治和伦理结构的基础是封建宗法等级制度，而维系这种社会政治和伦理结构的主要方式则是礼乐文化的熏陶、规约和社会个体的道德自律。如《史记·乐书》所述："礼节民心，乐和民声，政以行之，刑以防之，礼乐刑政四达而不悖，则王道备矣。""合情饰貌者，礼乐之事也。礼义立则贵贱等矣，乐文同则上下和矣。""审声以知音，审音以知乐，审乐以知政，而治道备矣。"④ 此皆论周时礼乐相济，以成王道之治的愿景。《汉书·礼乐志》亦云："乐以治内而为同，礼以修外而为异；同则和亲，

① 李学勤主编：《十三经注疏·春秋左传正义》，北京大学出版社 1999 年版，第 98 页。

② 李学勤主编：《十三经注疏·论语注疏》，北京大学出版社 1999 年版，第 28 页。

③ 李学勤主编：《十三经注疏·春秋左传正义》，北京大学出版社 1999 年版，第 829—833 页。

④ 司马迁：《史记》卷二十四，清乾隆武英殿刻本。

异则敬畏；和亲则无怨，畏敬则不争。揖让而天下治者，礼乐之谓也。”[①]这样，西周的礼乐文化制度就不仅具有社会伦理规约和文化教育的意义，亦具有直接的政治治理的意义。

孔颖达《毛诗·大序》正义云：“周公制礼作乐，用之乡人焉，令乡大夫以之教其民也；又用之邦国焉，令天下诸侯以之教其臣也。”[②]如孔氏所述，周公制礼作乐后，礼乐之教是当时最典型、最普遍的教育模式，上至王公贵族，下至平民百姓，皆不同程度地受其教化。当然，能够全面而深入地接受礼乐教化者，大多还是那些公卿贵族子弟们。《周礼·春官宗伯下》载云：“大司乐掌成均之法，以治建国之学政，而合国之子弟焉。凡有道者，有德者使教焉。死则以为乐祖，祭于瞽宗。以乐德教国子，中、和、祗、庸、孝、友；以乐语教国子，兴、道、讽、诵、言、语；以乐舞教国子，舞《云门》、《大卷》、《大咸》、《大磬》、《大夏》、《大濩》、《大武》。”对于此节，汉郑玄注云：“郑司农云：‘均，调也。乐师主调其音，大司乐主受此成事已调之乐。’玄谓董仲舒云：‘成均，五帝之学。’成均之法者，其遗礼可法者。国之子弟，公卿大夫之子弟，当学者谓之国子。《文王世子》曰：‘于成均以及取爵于上尊。’然则周人立此学之宫。”[③]综合郑众（郑司农）、董仲舒、郑玄诸家之义，可知“均”关乎乐调、乐事，普通乐师主调其音，大司乐主调其乐。而“成均”则溯源于五帝之学，“成均之法”乃五帝之遗礼，后人可效法者，关乎礼仪教化。故大司乐掌成均之法，教国之子弟（即公卿贵族子弟，又称“国子”），既行乐教，又行礼教。其具体教育方式即系统地教之以乐德（中、和、祗、庸、孝、友）、乐语（兴、道、讽、诵、言、语）、乐舞（《云门》、《大卷》、《大咸》、《大磬》、《大夏》、《大濩》、《大武》）等。可见，周代的礼乐之教极其繁盛、成熟，涉及道德修养、言行礼仪、诗文乐舞等多个方面，礼乐相济，以乐促教，是一种综合性的文化素质教育。

据《周礼》，当时对于贵族子弟的教育内容不仅有礼乐之教，还包括射、御、书、数等各个方面，礼、乐与射、御、书、数等一起被统称为“六艺”，只不过“礼”、“乐”二艺的地位在当时更加突出而已。据史载，贵族

---

① 班固：《汉书》卷二十二，清乾隆武英殿刻本。

② 李学勤主编：《十三经注疏·毛诗正义》，北京大学出版社 1999 年版，第 5 页。

③ 李学勤主编：《十三经注疏·周礼注疏》，北京大学出版社 1999 年版，第 573—575 页。

子弟们一般在十三岁左右入小学，就开始逐步学习这些才艺和技能。如此长年累月的教育和训练，使得大多数受教育者都才艺精通，技能出众，如在礼仪、诗歌、音乐、舞蹈、政事、历史、书写、算术、射箭、驾车等方面，或兼通，或专擅，如此培养出来的人才，则大多具有高度的文化艺术修养和良好的人格品行。今人钱穆先生曾就此称道说：

> 大体言之，当时的贵族，对古代相传的宗教均已抱有一种开明而合理的见解。因此他们对人生，亦有一种清晰而稳健的看法。当时的国际间虽则不断以兵戎相见，而大体上一般趋势，则均重和平，守信义。外交上的文雅风流，更足表现当时一般贵族文化上之修养与了解。即在战争中，犹能不失他们重人道、讲礼貌、守信让之素养，而有时则成为一种当时独有的幽默。道义礼信，在当时的地位，显见超出于富强攻取之上。……他们识见之渊博，人格之完备，嘉言懿行，可资后代敬慕者，到处可见。春秋时代实可说是中国古代贵族文化已发达到一种极优美、极高明、极细腻雅致的时代。①

钱氏此论，对春秋以前的贵族士大夫们的文化修养不吝赞美之词，恐稍有过誉的成分，但总体上应是符合当时的实际情况的。

然而，春秋以降，“礼崩乐坏”，其具体案例甚多，如上述《论语·八佾》载鲁国季氏“八佾舞于庭”，孔子愤怒谴责“是可忍，孰不可忍”。又《论语·微子》载：“齐人归女乐，季桓子受之，三日不朝，孔子行。”② 因季桓子与鲁定公等耽于女乐，怠慢朝政，悖于礼仪，孔子愤而出鲁。《论语·微子》复载：“大师挚适齐，亚饭干适楚，三饭缭适蔡，四饭缺适秦，鼓方叔入于河，播鼗武入于汉，少师阳、击磬襄入于海。”③ 这是描绘周王朝礼仪乐队解散，“大师挚”、“亚饭干”等领衔乐师各奔东西谋求生路的窘状。这都是“礼崩乐坏”的表现与结果。周代繁荣的礼乐文化制度对于后人来说逐渐成为遥远的过去，但却从此成为历代儒家士人治国施政的“乌托邦”

---

① 钱穆：《国史大纲》（上），商务印书馆1996年版，第71页。

② 李学勤主编：《十三经注疏·论语注疏》，北京大学出版社1999年版，第248页。

③ 李学勤主编：《十三经注疏·论语注疏》，北京大学出版社1999年版，第253页。

蓝图。

既然在孔颖达之前已经有了悠久的礼乐文明传统，而孔颖达本人又是现实政治生活中礼乐制度的重要设计者之一，且作为儒家始祖孔子的后人，孔颖达本就有自觉继承先祖遗志的一面，因此他大力推行礼乐文化制度，也是理所当然。《礼记正义》序所载一段话，足以见出孔氏对古代礼乐文化制度的推崇、向往之情以及恢复其昔日荣光的宏愿：

> 夏商革命，损益可知；文武重光，典章斯备。洎乎姬旦，负扆临朝，述《曲礼》以节威仪，制《周礼》而经邦国。礼者，体也，履也，郁郁乎文哉！三百三千，于斯为盛。纲纪万事，雕琢六情。……顺之则宗祐固，社稷宁，君臣序，朝廷正；逆之则纪纲废，政教烦，阴阳错于上，人神怨于下。故曰，人之所生，礼为大也。非礼无以事天地之神，辩君臣长幼之位，是礼之时义大矣哉！暨周昭王南征之后，彝伦渐坏；彗星东出之际，宪章遂泯。夫子虽定礼正乐，颓纲暂理，而国异家殊，异端并作。画蛇之说，文擅于纵横；非马之谈，辨离于坚白。暨乎道丧两楹，义乖四术，上自游夏之初，下终秦汉之际，其间歧涂诡说，虽纷然竞起，而余风曩烈，亦时或独存。①

孔颖达此番宏论，既陈礼制渊源有自，不可偏废；又申礼体事大，关乎国计民生、天地人伦；复述周代后期，礼制损毁，虽经孔子定礼正乐，暂挽颓纲，然国异家殊，异端并作，纵横名辨，纷然竞起；最终指出，尽管时事乖违，礼道不彰，但“余风曩烈，时或独存”。故重振礼制文化，既为现实之需要，亦为历史之必然。

因此，礼乐教化思想自然会深刻地反映到《五经正义》的编撰中，并构成孔氏审美教化思想的核心内容。大致地说，孔氏这种审美教化思想又表现为礼乐教化的理论意义、礼乐教化的基本内涵、礼乐教化的具体实践等各个方面。下面撮而论之。

① 李学勤主编：《十三经注疏·礼记正义》，北京大学出版社 1999 年版，“序言”。

第二节　“礼乐兼有，所以为美”

孔颖达对于礼乐的重视程度毋庸赘辞，其对于礼乐的理论研究也是至为深入的。在孔颖达这里，礼乐几为一体，礼侧重于内容，乐侧重于形式，二者互为表里，重乐则必先重礼。

首先，孔颖达对于礼的来龙去脉有过全面深入的梳理和总结，所论几无出其右者，如《礼记正义》开篇释“礼记”云：

> 案《礼运》云：“夫礼之初，始诸饮食，燔黍椑豚，蒉桴而土鼓。”又《明堂位》云：“土鼓苇龠，伊耆氏之乐。”又《郊特牲》云：“伊耆氏始为蜡。”蜡即田祭，与种谷相协，土鼓苇龠又与蒉桴土鼓相当，故熊氏云：伊耆氏即神农也。既云始诸饮食，致敬鬼神，则祭祀吉礼起于神农也。又《史记》云“黄帝与蚩尤战于涿鹿”，则有军礼也。《易·系辞》“黄帝九事”章云“古者葬诸中野”，则有凶礼也。又《论语撰考》云：“轩知地利，九牧倡教。”既有九州之牧，当有朝聘，是宾礼也。若然，自伏牺以后至黄帝，吉、凶、宾、军、嘉五礼始具。皇氏云：“礼有三起，礼理起于大一，礼事起于遂皇，礼名起于黄帝。”其“礼理起于大一”，其义通也；其“礼事起于遂皇，礼名起于黄帝”，其义乖也。且遂皇在伏牺之前，《礼运》“燔黍捭豚”在伏牺之后，何得以祭祀在遂皇之时？其唐尧，则《舜典》云“修五礼”，郑康成以为公、侯、伯、子、男之礼。又云命伯夷“典朕三礼”。“五礼”其文，亦见经也。案《舜典》云“类于上帝”，则吉礼也；“百姓如丧考妣”，则凶礼也；“群后四朝”，则宾礼也；“舜征有苗”，则军礼也；“嫔于虞”，则嘉礼也。是舜时五礼具备。直云“典朕三礼”者，据事天、地与人为三礼。其实事天、地唯吉礼也，其余四礼并人事兼之也。案《论语》云“殷因于夏礼”，“周因于殷礼”，则《礼记》总陈虞、夏、商、周。则是虞、夏、商、周各有当代之礼，则夏、商亦有五礼。郑康成注《大宗伯》，唯云唐、虞有三礼，至周分为五礼，不言夏、商者，但书篇散亡，夏、

> 商之礼绝灭，无文以言，故据周礼有文者而言耳。武王没后，成王幼弱，周公代之摄政，六年致大平，述文、武之德而制礼也。故《洛诰》云："考朕昭子刑，乃单文祖德。"又《礼记·明堂位》云，周公摄政六年，制礼作乐，颁度量于天下。但所制之礼，则《周官》、《仪礼》也。郑作序云："礼者，体也，履也。统之于心曰体，践而行之曰履。"郑知然者，《礼器》云："礼者，体也。"《祭义》云："礼者，履此者也。"《礼记》既有此释，故郑依而用之。礼虽合训体、履，则《周官》为体，《仪礼》为履，故郑序又云："然则三百三千虽混同为礼，至于并立俱陈，则曰此经礼也，此曲礼也。或云此经文也，此威仪也。"是《周礼》、《仪礼》有体、履之别也。所以《周礼》为体者，《周礼》是立治之本，统之心体，以齐正于物，故为礼。贺玚云："其体有二，一是物体，言万物贵贱高下小大文质各有其体；二曰礼体，言圣人制法，体此万物，使高下贵贱各得其宜也。"其《仪礼》但明体之所行践履之事，物虽万体，皆同一履，履无两义也。于周之礼，其文大备，故《论语》云："周监于二代，郁郁乎文哉！吾从周也。"然周既礼道大用，何以《老子》云"失道而后德，失德而后仁，失仁而后义，失义而后礼。礼者，忠信之薄，道德之华，争愚之始"。故先师准纬候之文，以为三皇行道、五帝行德，三王行仁，五霸行义。若失义而后礼，岂周之成、康在五霸之后？所以不同者，《老子》盛言道德质素之事，无为静默之教，故云此也。礼为浮薄而施，所以抑浮薄，故云"忠信之薄"。且圣人之王天下，道、德、仁、义及礼并蕴于心，但量时设教，道、德、仁、义及礼，须用则行，岂可三皇五帝之时全无仁、义、礼也？殷、周之时全无道、德也？《老子》意有所主，不可据之以难经也。①

孔颖达此段长篇疏解，大致可分为如下几层意思：其一，礼的缘起很早，大概要追溯到伏羲刀耕火种的时代，综合《礼运》、《明堂位》、《郊特牲》等文献，其基本成熟约莫到神农时代，所谓"始诸饮食，致敬鬼神，则祭祀吉礼起于神农也"，这种最早出现的礼仪即祭祀先祖和天地鬼神的吉礼。到黄帝

① 李学勤主编：《十三经注疏·礼记正义》，北京大学出版社 1999 年版，第 2—4 页。

时期，又陆续有了与军事活动相关的军礼、与丧葬活动有关的凶礼、与外交活动有关的宾礼、与婚嫁活动有关的嘉礼等，至此“五礼”始备。其二，考辨皇氏、《礼运》、《舜典》、《论语》等典籍异同，认为虞（舜）、夏、商、周各有当代之礼（“三礼”或“五礼”），彼此间不尽相同，只是周以前书篇散亡，礼无确考，端赖周礼而逆推其形制。其三，周公摄政六年，制礼作乐，颁度量于天下，周公所制之礼，主要为《周官》（《周礼》）、《仪礼》，前者为体，后者为履（用），两者相辅相成，至此礼文大备，礼道大行，为孔子所盛赞、仰慕。至于后世所流行的《礼记》，乃对《周礼》、《仪礼》的进一步解读和发展，其具体成书情况，孔氏在该篇曾扼要指出：“其《礼记》之作，出自孔氏。但正《礼》残缺，无复能明，故范武子不识殽烝，赵鞅及鲁君谓《仪》为《礼》。至孔子没后，七十二子之徒共撰所闻，以为此《记》。或录旧礼之义，或录变礼所由，或兼记体履，或杂序得失，故编而录之，以为《记》也。《中庸》是子思伋所作，《缁衣》公孙尼子所撰。郑康成云：《月令》，吕不韦所修。卢植云：《王制》，谓汉文时博士所录。其余众篇，皆如此例，但未能尽知所记之人也。”① 也就是说，《礼记》出自孔子及其后学之手。这样一来，就有了历史上著名的“三礼”之书：《周礼》、《仪礼》、《礼记》，此后“三礼”之书各有传授。其四，既然周时礼道大行，何以《老子》云“失道而后德，失德而后仁，失仁而后义，失义而后礼。礼者，忠信之薄，道德之华，争愚之始”，即对周时大行礼仪之事提出批评？对此，孔颖达解释为《老子》一书“盛言道德质素之事，无为静默之教”，即老子所代表的道家所追求的是自然本始之道德，实施无为无不为之教，而儒家所追求的是人事伦理之道德，实施有为之教，立场本就不同，提出异见可以理解，但若仅据道家理论批判儒家礼经，而不考虑儒家自身的传统，未免会出现偏差。孔颖达还指出，道、德、仁、义、礼作为整体并蕴于圣王之心，彼此不可分离，只是量时设教，须用则行而已，故纬候之文“三皇行道、五帝行德，三王行仁、五霸行义”等论点，是片面而站不住脚的。综上，孔颖达对有关礼制的形成与“三礼”之书的性质、承传问题作了层层深入、鞭辟入里的解说，甚是详明得体。

---

① 李学勤主编：《十三经注疏·礼记正义》，北京大学出版社 1999 年版，第 4—5 页。

其次，孔颖达推崇礼制，并将其上升到哲学本体论的高度。孔氏解《礼记》题名曰：

> 夫礼者，经天地，理人伦，本其所起，在天地未分之前。故《礼运》云："夫礼必本于大一。"是天地未分之前已有礼也。礼者，理也。其用以治，则与天地俱兴，故昭二十六年《左传》称晏子云："礼之可以为国也久矣，与天地并。"但于时质略，物生则自然而有尊卑，若羊羔跪乳，鸿雁飞有行列，岂由教之者哉！是三才既判，尊卑自然而有。①

孔氏认为，礼之所以能经天地，理人伦，乃在于礼本就生于天地人伦之道，合乎天地人伦之序，如羊羔之跪乳，鸿雁之飞有行列，乃自然而有尊卑，非人为之勉强；而礼之生成，不过是人们经过长期的观察、实践，逐渐洞悉其本质，把握其规律，最终归纳总结为一整套人世间的规范秩序而已。这样的礼及其相关物化形式（仪式），无疑都是合乎天地自然及人类社会的本质规律的。

孔颖达还于《礼记·礼运》正义解"礼必本于大一"句云：

> "必本于大一"者，谓天地未分，混沌之元气也。极大曰大，未分曰一，其气既极大而未分，故曰大一也。礼理既与大一而齐，故制礼者用至善之大理以为教本，是本于大一也。……混沌元气既分，轻清为天在上，重浊为地在下，而制礼者法之，以立尊卑之位也。……天地二形既分，而天之气运转为阳，地之气运转为阴。而制礼者，贵左以象阳，贵右以法阴。又因阳时而行赏，因阴时而行罚也。……阳气则变为春夏，阴气则变为秋冬，而制礼者，吉礼则有四面之坐，凶礼有恩理节权，是法四时也。……圣人制礼，皆仰法"太一"以下之事，而下之以为教命也。……圣人所以下为教命者，皆是取法于天也。②

---

① 李学勤主编：《十三经注疏·礼记正义》，北京大学出版社 1999 年版，第 1 页。

② 李学勤主编：《十三经注疏·礼记正义》，北京大学出版社 1999 年版，第 707 页。

孔颖达此处将“大一”释为本体性的“混沌之元气”，而“至善之大理”即含于这种本体性的“大一”（“混沌之元气”），圣人悟此“至善之大理”，禀天地阴阳之道，循四时五行之序，制礼以为政教之命。故礼之形上根底，终在“大一”。孔氏此番论议，显然是其哲学本体论思想的进一步演绎。

再次，在孔颖达这里，礼源于“大一”，是本体之道在人世间的具体体现，天之道落实为人之道，它既是礼仪制度，又是思想言行的准则、规范，且是政教之本。圣人制礼，人君则行礼。如孔氏《礼记·礼运》正义云：“人君治国须礼，如巧匠治物，执斤斧之柄”①，“使礼仪有序，民得治理”②，孔氏在此强调，人君以礼治国，如同巧匠执斧柄以治器，事半而功倍。同时，孔颖达又充分认识到，治国之道，至为繁难，仅靠行礼还是不够的，还需综合运用礼、乐、刑、政等多种手段。孔氏《礼记·乐记》正义云：“用其正礼教道其志，用正乐谐和其声，用法律齐一其行，用刑辟防其凶奸，则民不复流僻也。”③“政，谓禁令，用禁令以行礼乐也。……若不行礼乐，则以刑罚防止也。”④孔氏此谓，以正大之礼教育引导民众的志向，以端正之乐调和民众的心声，以法令条律统一规范民众的言行，以适当的刑罚防范凶奸之徒行凶作恶，其大旨是让每一位民众都能自觉自愿地遵循社会人伦之序，若一般的礼乐教化不足以管控越轨行为的话，则需借助刑罚、政令的力量。若能做到礼、乐、刑、政四者有机兼顾，则“四事通达流行而不悖逆，则王道备具矣”⑤。

复次，对于孔颖达等人来说，在礼、乐、刑、政四种社会管控手段中，礼乐教化自然是首选，因刑、政一般只能治身，而礼、乐却能治心，更符合孔门心性教化的传统。基于此，孔颖达常常以礼释乐，以乐证礼，秉承儒家礼乐相济的传统，深入阐发心性教化之旨。

孔氏《礼记·乐记》正义云：“‘乐胜则流，礼胜则离’者，此明虽有同异，而又有相须也。胜，犹过也。若乐过和同而无礼，则流慢，无复尊卑之

---

① 李学勤主编：《十三经注疏·礼记正义》，北京大学出版社 1999 年版，第 682 页。

② 李学勤主编：《十三经注疏·礼记正义》，北京大学出版社 1999 年版，第 686 页。

③ 李学勤主编：《十三经注疏·礼记正义》，北京大学出版社 1999 年版，第 1077 页。

④ 李学勤主编：《十三经注疏·礼记正义》，北京大学出版社 1999 年版，第 1085 页。

⑤ 李学勤主编：《十三经注疏·礼记正义》，北京大学出版社 1999 年版，第 1085 页。

敬。若礼过殊隔而无和乐，则亲属离析，无复骨肉之爱。唯须礼乐兼有，所以为美。故《论语》云‘礼之用，和为贵’，是也。‘合情饰貌者，礼乐之事也’者，合情，谓乐也。乐和其内，是合情也。饰貌，谓礼也，礼以检迹于外，是饰貌也。貌与心半，二者无偏，则是礼乐之事也。”① 孔颖达在这里强调礼与乐相辅相成，相须为用，乐合内情，礼检外貌，二者共同培养内外兼修的谦谦君子，并由此明确提出“礼乐兼有，所以为美”的美学命题，高度评价礼、乐结合所能达到的最佳效能。这可以说是对儒家“礼乐相济”、“美善相从”、“文质彬彬”、“中和为美”等观点的进一步强调和发挥，也构成了孔氏审美教化思想的核心论点之一。

关于礼乐相济之道，孔氏在《礼记·乐记》正义中还有一段长篇论述，现摘录如下：

> 乐得则阴阳和，乐失则群物乱，是乐能经通伦理也。阴阳万物，各有伦类分理者也。……“唯君子为能知乐”者，君子谓大德圣人，能知极乐之理，故云“为能知乐”。“是故审声以知音，审音以知乐，审乐以知政，而治道备矣”者，音由声生，先审识其声，然后可以知音。乐由音生，先审识其音，然后知乐。政由乐生，先审识其乐，可以知政。所以“审乐知政”者，乐由音、声相生，声感善恶而起，若能审乐，则知善恶之理，行善不行恶，习是不习非，知为政化民。“而治道备矣”者，政善乐和，音声皆善，人事无邪僻，则治道备具矣。“知乐，则几于礼矣”者，几，近也。知乐则知政之得失，知政之得失，则能正君、臣、民、事、物，故云“近于礼矣”。但礼包万事，万事备具，始是礼极。今知乐，但知正君、臣、民、事、物而已，于礼未极，故云“近于礼矣”。“礼乐皆得，谓之有德。德者得也”者，言王者能使礼乐皆得其所，谓之有德之君。所以名为德者，得礼乐之称也。“是故乐之隆非极音也”者，隆，谓隆盛，言乐之隆盛，本在移风易俗，非崇重于钟鼓之音，故云“非极音也”。案《论语》云“乐云乐云，钟鼓云乎哉”是也。“食飨之礼非致味也”者，食飨，谓宗庙祫祭。此礼之

① 李学勤主编：《十三经注疏·礼记正义》，北京大学出版社1999年版，第1086页。

隆重，在于孝敬也，非在于致其美味而已。"礼"云食飨之礼，则"乐"应云祭祀之乐，互可知也。"清庙之瑟，朱弦而疏越，一倡而三叹"者，覆上乐之隆非极音也。《清庙》之瑟，谓歌《清庙》之诗，所弹之瑟朱弦，谓练朱丝为弦，练则声浊也。越，谓瑟底孔也，疏通之使声迟，故云"疏越"。弦声既浊，瑟音又迟，是质素之声，非要妙之响。以其质素，初发首一倡之时，而唯有三人叹之，是人不爱乐。虽然，有遗余之音，言以其贵在于德，所以有遗余之音，念之不忘也。①

孔颖达此段论述，其要义有五：其一，世间万物，各有伦理，乐得阴阳和合之精华，能经济万物，疏通伦理，君子、圣人能领会乐理并加以运用；其二，乐由音、声相生，声感善恶而起，若能领会乐理，则知善恶之理，进而从善去恶，从是去非，故乐与政通，能审乐而知政，知政而化民，则政善人和；其三，知乐则知政之得失，进而能正君、臣、民、事、物，至此已接近于礼治，但礼包万事，万事备具，始能称礼治完善，故仅凭乐教还不够，还需要其他礼仪制度之助，礼乐相济，方能成其大功，能为此者，方为有德之明君；其四，礼乐相济之道，不在于钟鼓之音，形制之盛，而在于移风易俗，崇天敬祖；其五，如《清庙》等雅颂之乐，沉重舒缓，贵在仁德，即使接受者寡，仍能流传久远。综上所论，其核心主张便是礼乐相济，美善相从，亦即孔氏所谓"礼乐兼有，所以为美"。

孔颖达在他处也再三强调礼乐相济的重要性。如《礼记·乐记》正义云："礼之与乐俱有吉凶，行礼得所为吉，失礼则凶；为乐美善则吉，为乐恶则凶。""礼乐所说义理，包管于人情。乐主和同，则远近皆合。礼主恭敬，则贵贱有序。""以先王制乐如此，以化于民，由乐声调和，故亲疏之理，见于乐声也。乐声有清浊高下，故贵贱长幼，见于乐也。以乐声有阴阳律吕，故男女之理见于乐也。""上从天子下至国之俊选，皆须礼乐而成。"②如此之例，不一而足，均是强调礼乐相济对于社会政治和伦理建设的重要意义，故礼乐之教不可或缺。后世郑樵深谙孔氏所推重的礼乐相须之道，曾

① 李学勤主编：《十三经注疏·礼记正义》，北京大学出版社1999年版，第1081—1082页。

② 李学勤主编：《十三经注疏·礼记正义》，北京大学出版社1999年版，第1143、1116、1107页。

于《乐府总序》云："古之达礼三：一曰燕，二曰享，三曰祀，所谓吉、凶、军、宾、嘉皆主此三者以成礼。古之达乐三：一曰风，二曰雅，三曰颂，所谓金、石、丝、竹、匏、土、革、木皆主此三者以成乐。礼乐相须以为用，礼非乐不行，乐非礼不举。"① 郑氏指出吉、凶、军、宾、嘉等"五礼"主要用于燕、享、祀等场合，金、石、丝、竹等乐器主要演奏《风》、《雅》、《颂》等诗乐作品，而具体演奏的乐器和诗篇常常根据燕、享、祀等不同场合以及吉、凶等不同礼仪要求而定，各类礼仪要求也通过不同的诗乐表演来展示和认定，这就将礼乐相须之道作了一个简明扼要的总结，可以视为孔氏礼乐教化思想在宋代的延续。

孔颖达还将这种礼乐相济的功能比况天地大化之理。其曰："礼乐之法天地也，乐静而礼动，其并用事，则亦天地之间耳。释礼乐所以亦是天地之间物义也。若离而言之，则乐静礼动。若礼乐合用事，则同有动静，故如天地之间，物有动静也。"② 按照《乐记》之义，乐由中出，故静；礼自外作，故动。若礼乐合用，则如天地万物，动静合宜。"乐以法天，化得其时则物生，不得其时则物不生，是天之情也。礼以法地，男女有别则治兴，男女无别则乱成，是地之情也。皇氏云：'天地无情，以人心而谓之耳。'"③ 孔氏认为礼乐法于天地，动静有常，一如男女有别，皆是一种恒常之理，民众当习礼乐而知常理。

又次，由于对孔颖达来说，不但"礼乐相济"，而且"诗乐同功"，故孔氏进一步将礼、乐、诗三者合一而论。如《礼记·经解》孔氏正义云："此六经者，惟论人君施化，能以此教民，民得从之，未能行之至极也。若盛明之君，为民之父母者，则能恩惠下极于民，则《诗》有好恶之情，礼有政治之体，乐有谐和性情，皆能与民至极，民同上情，故《孔子闲居》云'志之所至，《诗》亦至焉。《诗》之所至，礼亦至焉。礼之所至，乐亦至焉'是也。其《书》、《易》、《春秋》，非是恩情相感、与民至极者，故《孔子闲居》无《书》、《易》及《春秋》也。"④ 孔氏以为，既有六经，复有六经之教，

---

① 郑樵：《乐府总序》，载《通志》卷四十九《乐略第一》，文渊阁《四库全书》本。

② 李学勤主编：《十三经注疏·礼记正义》，北京大学出版社 1999 年版，第 1098 页。

③ 李学勤主编：《十三经注疏·礼记正义》，北京大学出版社 1999 年版，第 1097 页。

④ 李学勤主编：《十三经注疏·礼记正义》，北京大学出版社 1999 年版，第 1369 页。

就六经的各自特点来说，《诗》、《礼》、《乐》三经偏于情感的交流和实践性操作与体验，而《书》、《易》、《春秋》三经更侧重于历史知识的传授和理性智慧的启迪。就施教效果来说，《诗》、《礼》、《乐》三经似能更直接地体现儒家性情教化思想，方便施教者与受教者进行情感和思想的交流，从而做到“恩情相感、与民至极者”。故而孔氏特别凸显出诗、礼、乐三教，这种三教一体的教育方式，也正契合了当年孔子所倡“兴于诗，立于礼，成于乐”的教育思想。

孔颖达对于“礼乐相济”问题的多重阐发，对于社会政治和伦理建设，对于当时乃至后来美学和美育思想的发展，都具有重要意义。孔氏重“乐”的美学意义自无须细说，而其对于礼的推崇和强调，也与美学问题大有关联。《礼记·礼器第十》孔氏正义云：“礼能使人成器，故云礼器也。既得成器，则于事无不足。……用礼为器，能除去人之邪恶也。……礼非唯去邪而已，人有美性者，礼又能益之也。……人经夷险，不变其德，由礼使然，譬如松柏陵寒而郁茂，由其内心贞和故也。……于外疏远之处，与人谐和，于内亲近之处，无相怨恨，以其有礼接人，故内外协服也。……譬于君子内外俱美，外柔刃如筠，故能与一切物相谐，内和泽如松心，故能与人无怨。”① 此段论释，足证礼乃人之内在精神状貌与外在言行举止的综合表现形式，人之美与不美，很大程度上可据其对礼的态度和具体践履程度而定。又《尚书·洪范》孔氏正义云：“貌总身也，口言之，目视之，耳听之，心虑之，人主始于敬身，终通万事，此五事为天下之本也。……此五事皆有是非，《论语》云：‘非礼勿视，非礼勿听，非礼勿言，非礼勿动。’又引《诗》云：‘思无邪。’故此五事皆有是非也。此经历言五名，名非善恶之称，但为之有善有恶，传皆以是辞释之。‘貌’者言其动有容仪也，‘言’道其语有辞章也，‘视’者言其观正不观邪也，‘听’者受人言察是非也，‘思’者心虑所行使行得中也。传于‘听’云‘察是非’，明五者皆有是非也，所为者为正不为邪也。于‘视’不言‘视邪正’，于‘听’言‘察是非’，亦所以互相明也。”② 这里，孔氏以人的视、听、言、动符合礼的规范和要求为是、为

① 李学勤主编：《十三经注疏·礼记正义》，北京大学出版社 1999 年版，第 717 页。

② 李学勤主编：《十三经注疏·尚书正义》，北京大学出版社 1999 年版，第 304 页。

正，不符合为非、为邪，这就从更具体的层面讨论了礼与人的外貌、言行以及人格风貌的关系，涉及人体美、行为美、人格美等多个方面。在《尚书·武成》正义中，孔氏还引用了《帝王世纪》中的一段有趣的记载，表明人的视、听、言、动与内在修养、人格气质的不可分割的关系："商容及殷民观周军之入，见毕公至，殷民曰：'是吾新君也。'容曰：'非也，视其为人严乎将有急色，故君子临事而惧。'见太公至，民曰：'是吾新君也。'容曰：'非也，视其为人虎据而鹰趾，当敌将众，威怒自倍，见利即前，不顾其后，故君子临众，果于进退。'见周公至，民曰：'是吾新君也。'容曰：'非也，视其为人忻忻休休，志在除贼，是非天子，则周之相国也，故圣人临众知之。'见武王至，民曰：'是吾新君也。'容曰：'然，圣人为海内讨恶，见恶不怒，见善不喜，颜色相副，是以知之。'是说商容之事也。"① 此段记载通过被商纣王贬退的贤人商容对周之毕公、太公、周公、武王等人言行气度的品评，生动地描述、展示了人的外貌仪容与内在精神修养的紧密关联，虽未特别提到礼仪规范问题，但足以暗示后来周公制礼作乐对人的身心建设的重要性和必要性。

如果说，礼本身已包含内外兼修、表里皆美之要求，那么礼乐相济之道就更注重于此。《礼记·文王世子》孔氏正义云："论三王教世子礼乐，及立师傅教以道德既成，教尊、官正、国治之事。'乐所以修内'者，乐是喜乐之事，喜乐从内而生，和谐性情，故云'所以修内也'。'礼所以修外也'者，礼是恭敬之事，恭敬是正其容体，容体在表，故'所以修外也'。'礼乐交错于中，发形于外'者，乐虽由中，从中而见外；礼虽由外，从外而入中。是中之与外，皆有礼乐，故云'礼乐交错于中'，谓交间错杂于其情性之中。'发形于外'，谓宣发形见于身外也，谓威仪和美也。'是故其成也怿'者，谓内外有乐，心既喜悦，外貌和美，故'其成也怿'。怿，说怿也。'恭敬而温文'者，谓内外有礼，貌恭心敬，而温润文章，故云'恭敬而温文'也。"② 孔氏此段疏文，由上古三王以礼乐教世子之史实展开讨论，认为礼乐相济，以乐著教时，乐主修内心，以谐和其性情，礼主修外表，以扶正其容

① 李学勤主编：《十三经注疏·尚书正义》，北京大学出版社 1999 年版，第 294 页

② 李学勤主编：《十三经注疏·礼记正义》，北京大学出版社 1999 年版，第 635 页。

体，但礼乐是相辅相成，交互为用的，所谓“乐虽由中，从中而见外；礼虽由外，从外而入中。是中之与外，皆有礼乐”，即礼乐共同作用于人的内在心性修养，亦共同影响人的外表仪容，最终使人内外和美，貌恭而心敬，即温文尔雅的谦谦君子形象。

孔颖达上述有关礼乐的论说，其所具审美价值可从现当代一些学者的论述中见出端倪。当代著名美学家朱光潜先生曾就中国古代礼乐的审美意义作如是评价：“诗、礼、乐三项可以说都属于美感教育。诗与乐相关，目的在怡情养性，养成内心的和谐（harmony）；礼重仪节，目的在使行为仪表就规范，养成生活上的秩序（order）。蕴于中的是性情，受诗与乐的陶冶而达到和谐；发于外的是行为仪表，受礼的调节而进到秩序。内具和谐而外具秩序的生活，从伦理观点看，是最善的；从美感观点看，也是最美的。”① 另一美学大家李泽厚先生亦指出，“礼”作为社会行为活动中的一整套规范秩序，也就存在着仪容、动作、程式等感性形式方面。所谓“习礼”，其中就包括对各种动作、行为、表情、言语、服饰、色彩等一系列感性秩序的建立和要求，它在制约和规范人的各种身体活动和外在方面的同时，便对人的内在心理（情感、理解、想象、意念）起着巨大的影响。② 现代新儒家学者梁漱溟先生则从礼乐与人的情感的内在关联角度立论曰：“人类远高于动物者，不徒在其长于理智，更在其富于情感。情感动于衷而形著于外，斯则礼乐仪文之所以出，而为其内容本质者。儒家极重礼乐仪文，盖谓其能从外而内，以诱发涵养乎情感也。必情感敦厚深醇，有发抒，有节蓄，喜怒哀乐不失中和，而后人生意味绵永，乃自然稳定。”③ 汪祚民先生还从文化心理学的角度补充论证说：“‘见其美必欲返其本’，意即爱美之心，人皆有之。……人的可贵就在于见美而不耽于爱美的情感满足，还能返本思源，感念图报。审美是一种感性的心理活动，而返本是一种社会文化理性。《礼记 · 礼器》‘礼也者，返本修古，不忘其初者也。’返本的自觉意识就是这种文化理性在人们

① 朱光潜：《朱光潜全集》第四卷，安徽教育出版社 1988 年版，第 145 页。

② 参见李泽厚：《美学三书 · 华夏美学》，安徽文艺出版社 1999 年版，第 227—244 页。

③ 梁漱溟：《儒佛异同论》，载《中国文化与中国哲学》第一辑，东方出版社 1986 年版，第 441 页。

感性心理的积淀。”[①]而“礼”便是人们“见美返本”的文化心理在现实社会的具体表现形式。美学家宗白华先生更从形而上的高度对礼和乐的本体性价值予以确认和强调：“礼和乐是中国社会的两大柱石。‘礼’构成社会生活里的秩序条理。礼好像画上的线文钩出事物的形象轮廓，使万象昭然有序。……‘乐’滋润着群体内心的和谐与团结力。然而礼乐的最后根据，在于形而上的天地境界。《礼记》上说：‘礼者，天地之序也；乐者，天地之和也。’人生里面的礼乐负荷着形而上的光辉，使现实的人生启示着深一层的意义和美。礼乐使生活上最实用的、最物质的，衣食住行及日用品，升华进端庄流丽的艺术领域。……在中国文化里，从最低层的物质器皿，穿过礼乐生活，直达天地境界，是一片混然无间，灵肉不二的大和谐，大节奏。……中国人感到宇宙全体是大生命的流行，其本身就是节奏与和谐。人类社会生活里的礼和乐，是反射着天地的节奏与和谐。一切艺术境界都根基于此。”[②]如此众多的有关礼乐文化之论，其大旨皆在于礼所代表的道德理性与乐所代表的审美情感、节奏韵律如何相融相通、共建和谐人性，甚而沟通天人、主客统一的问题，无疑都关乎“美学”或“美育”的核心问题，由于时贤对此论述已详，兹不赘述。

第三节 “时政善恶见于音”

既然礼乐相济关乎国计民生，则实施礼乐教化乃国家文化教育的头等大事，对此，孔颖达等人有着充分的体认。《礼记·乐记》“乐者，所以象德也”一节孔氏正义云：

> “乐者，所以象德也”者，谓君作乐以训民，使民法象其德也。“礼者，所以缀淫也”者，缀，止也。言人君制礼以教天下，所以缀止淫邪也。“乐也者，圣人之所乐也”者，言乐体者，圣人心所爱乐也。圣

---

① 汪祚民：《诗经文学阐释史（先秦—隋唐）》，人民出版社 2005 年版，第 93 页。

② 宗白华：《艺术与中国社会》，《宗白华全集》第二卷，安徽教育出版社 1994 年版，第 413—416 页。

> 人贪爱此乐，以乐身化民。“而可以善民心”者，言用乐化民，调善民心。“其感人深”者，言乐本从民心而来，乃成于乐，故感动人深也。“其移风易俗”者，风，谓水土之风气，谓舒疾刚柔。俗，谓君上之情欲，谓好恶趣舍。用乐化之，故使恶风移改，弊俗变易。“故先王著其教焉”者，著，立也。以其乐功如此，故先王立乐官，以乐教化焉。①

孔颖达此论，其要义为：人君治国，一方面要制定礼法以规范天下，防止各类淫佚邪僻之行发生，另一方面要择良乐以教民众，使民众领会良乐所蕴含的美善之德。由于音乐艺术特殊的情感渗透性和形式美感染力，能潜移默化地化育民众，调善民心，故执政者应当善于利用乐教，教人改恶从善，从而移风易俗，使风俗醇正。当初圣王便是如此选拔任用乐官，以乐教化民众的，宜为后世所效法。

在《毛诗·大序》正义和《毛诗·谷风》正义中，孔颖达进一步阐明礼乐之教所致“移风易俗”的教化功能：

> “移风俗”者，《地理志》云：“民有刚柔缓急，音声不同，系水土之风气，故谓之风。好恶、取舍、动静，随君上之情欲，故谓之俗。”则风为本，俗为末，皆谓民情好恶也。缓急系水土之气，急则失于躁，缓则失于慢。王者为政，当移之，使缓急调和，刚柔得中也。随君上之情，则君有善恶，民并从之。有风俗伤败者，王者为政，当易之使善。故《地理志》又云：“孔子曰：‘移风易俗，莫善于乐。’言圣王在上，统理人伦，必移其本而易其末，然后王教成。”是其事也。②
>
> 《汉书·地理志》云：“凡民禀五常之性，而有刚柔缓急音声不同，系水土之风气，故谓之风。好恶取舍，动静无常，随君上之情欲，故谓之俗。”是解风俗之事也。风与俗对则小别，散则义通。《蟋蟀》云：“尧之遗风。”乃是民感君政，其实亦是俗也。此俗由君政所为，故言旧俗。言旧俗者，亦谓之政。定四年《左传》曰“启以夏政、商政”，

① 李学勤主编：《十三经注疏·礼记正义》，北京大学出版社1999年版，第1103页。

② 李学勤主编：《十三经注疏·毛诗正义》，北京大学出版社1999年版，第11页。

谓夏、商旧俗也。言风俗者，谓中国民情礼法可与民变化者也。《孝经》云“移风易俗”，《关雎序》云“移风俗”，皆变恶为善。《邶·谷风序》云“国俗伤败焉”，此云“天下俗薄”，皆谓变善为恶。是得与民变革也。①

孔颖达这二段疏文，先引班固《汉书·地理志》对风俗的界定，所谓“凡民禀五常之性，而有刚柔缓急音声不同，系水土之风气，故谓之风。好恶取舍，动静无常，随君上之情欲，故谓之俗。”即“风”主要由一方水土风气养育而成，偏于自然地理环境的作用，常表现为刚柔、缓急、音声等不同；“俗”主要由统治阶层的个人喜好、人伦教化推广演绎而成，偏于社会人文环境的影响，表现为好恶、取舍、动静等差别。在此基础上，孔氏则提出，“风”与“俗”虽各有侧重，但“对则小别，散则义通”，即二者间作对比时小有区别，分开来说时则含义相通，甚至可以互相取代，如“尧之遗风”亦可称“尧之遗俗”，总体上二者都是指称“民情之好恶”。而各地风俗有急有缓，有善有恶，王者为政，当努力借助礼乐教化改良其风俗，使其缓急调和，刚柔得中，善者益善，恶者终从善，此之谓“与民变革”，“移其本而易其末，然后王教成”。

值得我们注意的是，孔颖达还将《汉书·地理志》所揭“民禀五常之性，而有刚柔缓急音声不同，系水土之风气”的观点更作发挥。孔氏《礼记·中庸》正义云：“北方沙漠之地，其地多阴。阴气坚急，故人生刚猛，恒好斗争，故以甲铠为席，寝宿于中，至死不厌，非君子所处，而强梁者居之。然唯云南北，不云东西者，郑冲云：‘是必南北互举，盖与东西俗同，故不言也。’‘故君子和而不流，强哉矫’，此以下，皆述中国之强也。流，移也。矫亦强貌也。不为南北之强，故性行和合而不流移，心行强哉，形貌矫然。”② 孔颖达认为，北方沙漠荒寒之地，阴气坚急，故养成北人刚猛、躁急、好斗的性格，南北、东西之地因地理环境的差异而各有同异，君子当和而不流，不强求一致。孔氏此论，结合其在《毛诗正义》中对各诗谱所涉历

① 李学勤主编：《十三经注疏·毛诗正义》，北京大学出版社 1999 年版，第 773 页。

② 李学勤主编：《十三经注疏·礼记正义》，北京大学出版社 1999 年版，第 1427—1428 页。

史地理环境的系统性的疏释和引申，可以说已深入到地域环境与民众性格的复杂互动关系，很大程度上开启了我国古代人文地理学和文艺地域风格论的先河，对后世影响甚大。宋人张载便秉承此说，复加补证，其论郑卫之音曰："郑、卫地滨大河，沙地土薄，故其人气轻浮；其地平下，故其人质柔弱；其地肥饶，不费耕耨，故其人心怠惰。其人情性如此，其声音亦然，故闻其乐使人懈慢也。"①张子此论，以郑、卫之地独特的自然地理环境导致郑、卫民众独特的性情和风气，反映到诗歌、音乐上，往往呈现出淫靡而懈慢的特征，由此便形成了独特的郑卫之音。此种论释思路，显然与孔颖达一脉相承。又清末刘师培撰《南北文学不同论》，更详细地剖析了南北不同的地理环境与各自文艺风格的内在关联，其中有论曰："南方之文亦与北方迥别，大抵北方之地，土厚水深，民生其间，多尚实际；南方之地，水势浩洋，民生其间，多尚虚无。民崇实际，故所著之文不外记事析理二端；民尚虚无，故所作之文或为言志抒情之体。"②这依然是从地理环境的角度论释文艺风格的形成，可视为孔氏观点在千载之下的回响，抑或总结。若将诸家论点作一梳理，或与西人丹纳的《艺术哲学》等所呈文艺地域风格论相比勘，当有其重要的学术价值。

在孔颖达看来，礼乐教化之道不仅可施之于华夏中原地区，亦可施之于四夷蛮荒之地，鼎盛时期的周王朝即是如此行事的。孔氏《礼记·文王世子》正义云：

> 《钩命决》云："东夷之乐曰《昧》，南夷之乐曰《南》，西夷之乐曰《朱离》，北夷之乐曰《禁南》，一名《任》。"《明堂位》云："《任》，南蛮之乐也。"……云"旄人教夷乐"者，证教《南》乐之人是旄人也。引《诗》"以雅以南"者，是《小雅·鼓钟》之诗，刺幽王用乐不与德比，故陈先王正乐以刺之。教夷蛮者，明王德化率来四夷，言先王以《万》舞之雅乐，以四夷之《南》乐，以龠舞之文乐，进旅退旅，则知三舞各得其所，不有僭差。引之者，证此经之《南》，举南乐，则四夷

① 转引自吕祖谦：《吕氏家塾读诗记》卷五，《四部丛刊续编》影宋本。

② 刘师培：《南北文学不同论》，《刘申叔遗书》，江苏古籍出版社1997年版，第560页。

之乐皆教之也。①

孔颖达在此引纬书《孝经·钩命决》等论证周时“四夷之乐皆教”的历史事实，四夷各有其乐，如东夷之乐《昧》，南夷之乐《南》，西夷之乐《朱离》，北夷之乐《禁南》等，各自以乐著教，南蛮之南乐如此，其他诸乐亦如是，且四夷之乐有机会与中原地区的雅乐同场演出，共同担当礼乐教化的作用，如孔氏正义所云“先王以《万》舞之雅乐，以四夷之《南》乐，以龠舞之文乐，进旅退旅，则知三舞各得其所，不有僭差”，即如此。

尤值一提的是，孔颖达一方面肯定普天之下莫非王土，无论是华夏中原地区，还是四夷蛮荒之地皆可施行礼乐教化，另一方面又充分考虑到四夷之地的特殊性，主张因地制宜，不可一概而论。孔氏《毛诗·大序》正义云：“案《王制》云：‘广谷大川异制，民生其间者异俗。修其教，不易其俗。’此云‘易俗’，彼言‘不易’者，彼谓五方之民，戎夷殊俗，言语不通，器械异制，王者就而抚之，不复易其器械，同其言音，故言‘不易其俗’，与此异也。”② 又孔氏《毛诗·谷风》正义云：“若其夷夏异宜，山川殊制，民之器物、言语及所行礼法，各是其身所欲，亦谓之俗也。如此者，则圣王因其所宜，不强变革。《王制》曰：‘广谷大川异制，民生其间者异俗。’又曰：‘修其教，不易其俗。’《地官·土均》云：‘礼俗丧纪，皆以地美恶为轻重之法而行之。’《诵训》：‘掌道方慝，以知地俗。’皆是不改之。此言其大法耳。乃箕子之处朝鲜，大伯之在勾吴，皆能教之礼仪，使同中国，是有可改者也。但有不可改者，不强改之耳。”③ 孔颖达这两处论议，分别引《王制》、《地官·土均》、《诵训》等文献并作引申发挥，谓五方之民“戎夷殊俗，言语不通，器械异制”，“夷夏异宜，山川殊制，民之器物、言语及所行礼法，各是其身所欲”，即四夷大不同于中原地区的风俗民情和物质文化，若勉强要求其与中原地区保持一致，非但操作难度极大，还有可能引起反抗和动乱，结果适得其反。故应学习古之圣王“就而抚之，不复易其器械，同其言音”，“因其所宜，不强变革”，即适当尊重四夷各少数民族在器械使用、

① 李学勤主编：《十三经注疏·礼记正义》，北京大学出版社 1999 年版，第 627 页。

② 李学勤主编：《十三经注疏·毛诗正义》，北京大学出版社 1999 年版，第 11 页。

③ 李学勤主编：《十三经注疏·毛诗正义》，北京大学出版社 1999 年版，第 773 页。

言音表达等方面的传统，能教化则教化之，如箕子之化朝鲜，大伯之化勾吴，不能教化则因势利导，求同存异，如《王制》等文献所述那样。孔颖达此种观点，应该说是非常辩证而深刻的，也是实事求是的，充分体现了大唐初建时期孔颖达等上层精英们广博的视野、心胸和灵活、开放的治国方略，这对于当时及后世的民族文化政策和教育思想无疑具有积极的影响，即便放在今天，仍不失其理论意义和实践意义。

在如上正反二面论证的基础上，孔颖达进而认为，人君治国，借助礼乐之教而化育民众，移风易俗，因而，通过观察各地的乐教情况可逆推当地时政之善恶、礼法之兴衰，即观乐教而知时政。《礼记·乐记》孔氏正义云："知乐则知政之得失，知政之得失，则能正君、臣、民、事、物，故云'近于礼矣'。但礼包万事，万事备具，始是礼极。"[①] 孔氏此谓，知乐则知政之得失，知政之得失则知礼之兴衰程度。又孔氏于《左传·襄公二十九年正义》云：

> 长歌以申意也。及其八音俱作，取诗为章，则人之情意更复发见于乐之音声。出言为诗，各述己情，声能写情，情皆可见。听音而知治乱，观乐而晓盛衰，故神瞽有以知其趣也。[②]

这里，孔颖达首先强调了乐的抒情功能，也突出了观乐听声之于了解作者情志的重要作用，并进一步认为听音可知治乱，观乐可晓盛衰，乐师（神瞽）可知其趣向。与此相近，孔氏疏《毛诗·大序》"诗有六义"句云："诗各有体，体各有声，大师听声得情，知其本意。《周南》为王者之风，《召南》为诸侯之风，是听声而知之也。"孔氏《礼记·乐记》正义复云："音由声生，先审识其声，然后可以知音。乐由音生，先审识其音，然后知乐。政由乐生，先审识其乐，可以知政。所以'审乐知政'者，乐由音、声相生，声感善恶而起，若能审乐，则知善恶之理，行善不行恶，习是不习非，知为政化民。……政善乐和，音声皆善，人事无邪僻，则治道备具矣。"[③] 孔颖达这里

① 李学勤主编：《十三经注疏·礼记正义》，北京大学出版社 1999 年版，第 1082 页。

② 李学勤主编：《十三经注疏·春秋左传正义》，北京大学出版社 1999 年版，第 1096 页。

③ 李学勤主编：《十三经注疏·礼记正义》，北京大学出版社 1999 年版，第 1082 页。

进一步强调音乐与政体的关系，认为通过不同的音乐，可以辨别不同的政风政德和礼仪法度，政善则乐和，礼仪亦善，政恶则反之，礼仪不彰。

基于此，孔颖达在《毛诗·大序》正义中明确提出了“时政善恶见于音”的命题。孔氏云：“诗述民志，乐歌民诗，故时政善恶见于音也。”① 意谓诗歌是反映民众意愿的，音乐又是以诗歌（歌词）之意为己意的，因而时政善恶、民心所向，皆可通过音声表现出来。孔氏还于《春秋左传·襄公二十九年》正义举证说：“乐歌诗篇，情见于声。‘美哉’者，美其政治之音有所善也。郑君政教烦碎，情见于诗，以乐播诗，见于声内。言其细碎已甚矣，下民不能堪也。民不堪命，国不可久。是国其将在先亡乎！居上者，宽则得众。为政细密，庶事烦碎，故民不能堪也。”② 这是说时政善恶见于音声，当年郑国国君政教烦碎，礼法淆乱，民不能堪，见之于诗乐，是国之将亡之征兆。孔氏“时政善恶见于音”这一命题显然是对《礼记·乐记》“声音之道与政通”这一观点的补充和发挥。

在《毛诗·大序》正义中，孔氏还进一步梳理了“时政善恶见于音”的三种情况：“治世之音既安又以欢乐者，由其政教和睦故也。乱世之音既怨又以恚怒者，由其政教乖戾故也。亡国之音既哀又以愁思者，由其民之困苦故也。”③ 即政教和睦，表现为安详又欢乐的治世之音；政教乖戾，则表现为哀怨又恚怒的乱世之音；民生极端困顿，则表现为悲哀又愁苦的亡国之音。孔颖达还详细地比较了“治世之音”与“亡国之音”的具体情形，他先论“治世之音”曰：

> 治世之政教和顺民心，民安其化，所以喜乐，述其安乐之心而作歌，故治世之音亦安以乐也。《良耜》云：“百室盈止，妇子宁止。”安之极也。《湛露》云：“厌厌夜饮，不醉无归。”乐之至也。《天保》云：“民之质矣，日用饮食。”是其政和也。④

① 李学勤主编：《十三经注疏·毛诗正义》，北京大学出版社 1999 年版，第 9 页。
② 李学勤主编：《十三经注疏·春秋左传正义》，北京大学出版社 1999 年版，第 1098 页。
③ 李学勤主编：《十三经注疏·毛诗正义》，北京大学出版社 1999 年版，第 8 页。
④ 李学勤主编：《十三经注疏·毛诗正义》，北京大学出版社 1999 年版，第 8 页。

这就是说，因为“治世之政教和顺民心”，民心喜乐，因而“述其安乐之心而作歌”。所以“治世之音安以乐”，是表现了时政之善、礼法有序。孔颖达还在别处解释说：“情动于中，而有音声之异，故言治平之世，其乐音安静而欢乐也。治世之音，民既安静以乐而感其心，故乐音亦安以乐，由其政和美故也。君政和美，使人心安乐，人心安乐，故乐声亦安以乐也。”① 这里孔氏谓“君政和美，使人心安乐，人心安乐，故乐声亦安以乐也”，明确梳理出“君政和美→人心安乐→乐声亦安乐”这样一条线索来，延续了其关于文艺创作“感物动情”、“诗缘政作”的一贯思路，从而将“时政善恶见于音”的因果关系揭示得更加清楚。

而“亡国之音”则与此相反，孔氏《毛诗·大序》正义云：

亡国者，国实未亡，观其歌咏，知其必亡，故谓之亡国耳，非已亡也。若其已亡，则无复作诗，不得有亡国之音。此云乱世、亡国者，谓贤人君子听其乐音，知其亡乱，故谓之乱世之音、亡国之音。……淫恣之人，肆于民上，满志纵欲，甘酒嗜音，作为新声，以自娱乐。其音皆乐而为之，无哀怨也。《乐记》云：“乐者，乐也。君子乐得其道，小人乐得其欲。”彼乐得其欲，所以谓之淫乐。为此乐者，必乱必亡，故亦谓之乱世之音、亡国之音耳。②

这是指国之将亡，荒淫的统治者依然“肆于民上，满志纵欲，甘酒嗜音，作为新声，以自娱乐”。这种“音”也“乐而为之，无哀怨也”，但决非“治世之音”，而是“乱世之音，亡国之音”，甚至可径直称为“淫乐”。孔颖达还补充说：“乱世，谓祸乱之世，乐音怨恨而恚怒。乱世之时，其民怨怒，故乐声亦怨怒流亡，由其政乖僻故也。”③ 因此，在孔颖达看来，衡量“治世之音”、“乱世之音”、“亡国之音”的标准就是“时政之善恶”，尤其在于统治者的自身品德与施政效果如何，正所谓“君德好而乐音亦好，君德恶而乐音

① 李学勤主编：《十三经注疏·礼记正义》，北京大学出版社 1999 年版，第 1077 页。

② 李学勤主编：《十三经注疏·毛诗正义》，北京大学出版社 1999 年版，第 9 页。

③ 李学勤主编：《十三经注疏·礼记正义》，北京大学出版社 1999 年版，第 1077 页。

亦恶"①，此番理论，显然体现了孔氏希望通过艺术的方式警醒统治者改善政治、眷顾民生的良苦用心。正如他所说："若己欲恩爱，民亦欲恩爱。已有好恶，民亦有好恶。己欲礼乐，民亦欲礼乐。己欲哀恤，民亦欲哀恤。是推己所有，与民共之也。"② 这是进一步要求统治者体恤民情，与民众同甘共苦，一定程度上发挥了孟子的"与民同乐"的民本思想，与孔颖达本人所称"风雅之诗，缘政而作"、"诗述民志，乐歌民诗"、"畅怀舒愤，塞违从正"等诗学题旨也是一脉相承的。

在《礼记·乐记》正义中，孔氏颖达专门谈到一则"乱世之音"、"亡国之音"的典型例证，以示警醒：

> 郑国之音，好滥淫志，卫国之乐，促速烦志，并是乱世之音也。虽乱而未灭亡，故云"比于慢"，即同前谓之慢也。"桑间濮上之音，亡国之音也"者，于濮水之上桑林之间所得之乐，是亡国之音矣，故云"亡国之音"。"其政散"者，谓君之政教荒散也。"其民流"者，流，谓流亡。君既荒散，民自流亡也。"诬上行私而不可止也"者，君既失政，在下则诬罔于上，行其私意，违背公道，不可禁止也。……"濮水之上，地有桑间"者，言濮水与桑间一处也。云"昔殷纣使师延作靡靡之乐"以下，皆《史记·乐书》之文也。言卫灵公之时，将之晋，至于濮水之上，舍，夜半之时，闻鼓琴之声，问左右，皆对曰："不闻。"乃召师涓，听而写之。明日即去，乃至晋国，见平公，平公享之。灵公曰："今者来闻新声，请奏之。"平公曰："可。"即命师涓坐师旷之旁，援琴鼓之。未终，而师旷抚而止之曰："此亡国之声也，不可遂。"平公曰："何?"师旷曰："昔师延所作也，与纣为靡靡之乐。武王代纣，师延东走，自投濮水之中。故闻此声，必于濮水之上而闻之。"是其事。③

这里，孔颖达以郑、卫之音为乱世之音，其特点分别是"好滥淫志"、"促速

① 李学勤主编：《十三经注疏·礼记正义》，北京大学出版社 1999 年版，第 1105 页。
② 李学勤主编：《十三经注疏·礼记正义》，北京大学出版社 1999 年版，第 1393 页。
③ 李学勤主编：《十三经注疏·礼记正义》，北京大学出版社 1999 年版，第 1080 页。

烦志”，但虽乱而未灭亡，故还未到亡国之音的地步。而“桑间濮上之音”则是真正的亡国之音了，其具体表现是政教荒散，民自流亡等，如商纣王末期即如此。孔颖达还借《史记·乐书》的一段记载追溯“桑间濮上之音”一说的来源，即卫灵公到晋国访问，途中住宿于濮水之畔，夜闻鼓琴之声，不识其乐，命乐官师涓聆听并谱写成曲。到晋国后，晤晋平公，座上让师涓演奏该曲，但晋国乐官师旷未听完即抚而止之，认为是亡国之音，不宜演奏。原来该曲系商纣时乐官师延为商纣王所作靡靡之乐，乃不详之音，后武王代纣，商纣王身死国灭，师延亦自投濮水而死。故“桑间濮上之音”几成了亡国的征兆，不可轻易演奏。孔氏所录这则故事颇具传奇色彩，但也同样证明了“时政善恶见于音”、“声音之道与政通”这一简单而朴素的道理，体现了孔氏借古而讽今的良苦用心。

在《礼记·乐记第十九》“宫为君，商为臣，角为民，徵为事，羽为物”一节正义中，孔颖达对“时政善恶见于音”、“声音之道与政通”的论题作了一番深入而系统的总结，其论曰：

> 此一节论五声宫、商、角、徵、羽之殊，所主之事，上下不一，得则乐声和调，失则国将灭亡也。“宫为君”者，宫则主君，所以然者，郑注《月令》云：宫属土，土居中央，总四方，君之象也。又“土爰稼穑”，犹君能滋生万民也。又五音，以丝多声重者为尊，宫弦最大，用八十一丝，故“宫为君”。崔氏云：“五音之次，以宫最浊，自宫以下，则稍清矣。君、臣、民、事、物，亦有尊卑，故以次配之。”“商为臣”者，商所以为臣者何？以郑注《月令》云：“商属金，以其浊，次宫，臣之象也。”解者云：“宫八十一丝，商七十二丝，次宫，如臣之得次君之贵重也。”崔氏云：“商是金，金以决断。为臣事君，亦以义断为贤矣。”“角为民”，所以为民者，郑注《月令》云：“角属木，以其清浊中，民之象也。”解者云：“宫浊而羽清，角六十四丝，声居宫、羽之中，半清半浊，故云以其清浊中也。民比君、臣为劣，比事、物为优，故云角，清浊中，民之象矣。”崔氏云：“角属春，春时物生众，皆有区别，亦象万民众多而有区别也。”“徵为事”，所以为事者，郑注《月令》云：“徵属火，以其徵清，事之象也。”解者云：“羽最清，徵次之，

故用五十四丝，是徵清，徵清所以为事之象也。”夫事是造为，造为由民，故先事后乃有物也。是事胜于物，而劣于民，故次民，居物之前，所以徵为事之象也。崔氏云：“徵属夏，夏时生长万物，皆成形体，事亦有体，故以徵配事也。”“羽为物”，羽所以为物者，郑注《月令》云：“羽属水者，以其最清，物之象也。”解者云：“羽者最清，用四十八丝而为，物劣于事，故最处末，所以‘羽为物’也。”崔氏云：“羽属冬，冬物聚则成财用，冬则物皆藏聚，与财相类也。”……若君、臣、民、事、物五者各得其所用，不相坏乱，则五声之响无敝败矣。……前明音声与政通，若五事皆正，则音不敝败，是声与政通，故此以下明声与政通也。若五音之敝败，则政乱各有所由也。荒，犹散也。若宫音之乱，则其声放散，是知由其君骄溢故也。崔氏云：“宫声所以散者，由君骄也，若君骄则万物荒散也。”……若商音之乱，则其声欹斜而不正也，是知由其臣不治于官，官坏故也。崔氏云：“商声所以倾邪者，由臣官坏也，官若坏，则物皆倾邪也。”……若角音之乱，则其声忧愁，是知由政虐，其民怨故也。崔氏云：“角声所以乱者，由民不安业，有忧愁之心也。”民无自怨，皆君上失政，故下民生怨也。……若徵音之乱，则其声哀苦，是知由繇役不休，其民事勤劳故也。崔氏云：“徵所以乱者，由民勤于事，悲哀之所生。”……若羽音之乱，则其声倾危，是知由君赋重，其民贫乏故也。崔氏云：“危者，谓声不安也。”羽音所以不安者，由君乱于上，物散于下，故知财乏，不能得安，故有匮乏也。……若五声并和，则君臣上下不失。若五声不和，则君臣上下互相陵越，所以为“慢”也。崔氏云：“前是偏据一乱以为义，未足以为灭亡，今此以五者皆乱，故灭亡无日矣。”灭者，绝也。亡，叛也。无日，言无复一日也。若君臣互相陵慢如此，则国必叛灭，旦夕可俟，无复一日也。①

孔氏此段疏文较长，大致分为如下几层意思：首先总论乐之五声宫、商、角、徵、羽等上下有别，各自代表不同音阶，有似人伦秩序中的不同主体，

① 李学勤主编：《十三经注疏·礼记正义》，北京大学出版社 1999 年版，第 1078—1079 页。

若各安其位则乐声调和，国家安定，若各自紊乱则民生凋敝，国将不国。然后详细论释宫声何以代表君上，商声何以代表臣子，角声何以代表民众，徵声何以代表事象，羽声何以代表物象。在此基础上，孔氏明确指出："若君、臣、民、事、物五者各得其所用，不相坏乱，则五声之响无敝败"，"若五事皆正，则音不敝败"，"若五音敝败，则政乱各有所由"，是为"声与政通"。孔氏还一一指出五声之乱所表征的政治伦理秩序之乱的具体表现形式，层层递进，鞭辟入里。最后孔氏总结说，若五声并和，则君臣上下不失，国泰民安；若五声不和，则君臣上下互相陵越，国之将亡。孔氏此番论释，可谓客观而辩证，将"时政善恶见于音"、"声音之道与政通"的论题作了全面而系统的总结。

本来，《礼记·乐记》中已提出过"声音之道与政通"的观点，其论曰："凡音者，生人心者也。情动于中，故形于声。声成文，谓之音。是故治世之音，安以乐，其政和。乱世之音，怨以怒，其政乖。亡国之音，哀以思，其民困。声音之道与政通矣。"[①]《毛诗·大序》承其说而稍加变更曰："情发于声，声成文谓之音。治世之音，安以乐，其政和。乱世之音，怨以怒，其政乖。亡国之音，哀以思，其民困。"[②] 两者所论基本一致，皆认为"声音之道与政通"，但都很简略。孔颖达等人在此基础上更作发挥，不但将"声音之道与政通"的命题转换为"时政善恶见于音"这类更加具体可感的命题，而且通过深入翔实的论证令人信服地揭示了社会政治伦理秩序与音乐等表情性艺术之间的深刻关联，表明一个国家的政治礼法制度建设只有建立在民众合理的感性需求得到满足和喜怒哀乐的情感体验得到关注之上，使群体理性主义与个体感性主义达到一个合理的平衡，才能夯实它的根基。这样的论证，不唯在理论上具有历史总结意义，且在实践中，尤其在大唐初建时期，具有非常切实的现实指导意义。

---

① 李学勤主编：《十三经注疏·礼记正义》，北京大学出版社 1999 年版，第 1077 页。

② 李学勤主编：《十三经注疏·毛诗正义》，北京大学出版社 1999 年版，第 7—8 页。

第四节 “乐出于人而还感人”

在孔颖达看来，音乐能反映时政之善恶，而时政之善恶又体现于无数个体之心声，故音乐反映个体之心声乃见时政之善恶的基础。孔氏《礼记·乐记》正义云：“乐本出于人心，心哀则哀，心乐则乐，是可以原穷极本也。若心恶不可变恶为善，是知变也。”“若善事积于中，则善声见于外。若恶事积于中，则恶声见于外。若心恶而望声之善，不可得也，故云‘唯乐不可以为伪也’。”[①] 孔氏此谓乐的根底在于人心的喜怒哀乐善恶，所谓“心哀则哀，心乐则乐”“善事积于中，则善声见于外。若恶事积于中，则恶声见于外”，乐为心声，真情、假情容易辨别，故乐不可作伪。也因此，乐的邪与正就与特定主体的内心善恶有着密切的关系。孔氏《礼记·乐记》正义又云：“君子所欢乐，在于得仁义之道，得其道则欢乐也。小人所欢乐，在于邪淫，得邪淫则欢乐也。若君子在上，以仁义之道制邪淫之欲，则意得欢乐而不有昏乱也。若小人在上，以淫邪之欲忘仁义之道，则志意迷惑而不得欢乐也。”“凡利欲之发，由贪鄙而来。心若思利欲，则神劳形苦。今善心既生，则利欲寡少，利欲既少，则情性和乐。”[②] 也就是说，乐的邪与正往往直接取决于主体之善恶，君子乐得其道，小人乐得其欲，贪鄙之人乐于邪淫之乐，仁义之人乐于平和中正之乐。

另一方面，孔氏认为，乐之邪与正一旦形成，它又能反作用于人，引人作善或作恶。孔氏《礼记·乐记》正义云：“夫乐声善恶，本由民心而生，所感善事则善声应，所感恶事则恶声起。乐之善恶，初则从民心而兴，后乃合成为乐，乐又下感于人，善乐感人，则人化之为善，恶乐感人，则人随之为恶，是乐出于人，而还感人，犹如雨出于山而还雨山，火出于木而还燔木。”[③] “论人感物而动。物有好恶，所感不同。若其感恶则天理灭，为大乱之道，……恣己情欲，不能自反禁止。理，性也，是天之所生本性灭

① 李学勤主编：《十三经注疏·礼记正义》，北京大学出版社 1999 年版，第 1116、1113 页。

② 李学勤主编：《十三经注疏·礼记正义》，北京大学出版社 1999 年版，第 1111、1140 页。

③ 李学勤主编：《十三经注疏·礼记正义》，北京大学出版社 1999 年版，第 1104 页。

绝矣。”[①]另外，在《毛诗·大序》正义中，孔颖达还表达了相近的意思，其云：“《礼记·问丧》称：‘礼者，非从天降，非从地出，人情而已矣。’是礼之本意出于民也。《乐记》又曰：‘凡音之起，由人心生也。乐者，乐其所自生。’是乐之本意出于民也。《乐记》又曰：‘夫物之感人无穷，而人之好恶无节，则是物至而人化物也。人化物也者，则灭天理而穷人欲者也。于是有悖逆诈伪之心，有淫佚作乱之事。故先王制礼作乐为之节。’是王者采民情制礼乐之意。礼乐本出于民，还以教民，与夫云出于山，复雨其山；火生于木，反焚其木，复何异哉！”[②]孔氏此番议论，有三点值得我们注意：其一，孔氏认为礼、乐从根底上来说皆出自人心或人情，是民众心性的具体表现，体现了一种民本主义的思想。其二，孔氏认为人感物而动，物有善恶，所感结果也大异其趣。孔氏还由此特别提出“乐出于人而还感人”的命题，意谓乐本出自人心、人情，由人创作而成，而乐一旦被创作完成后，又成了新的感人之“物”，甚至比一般的“物”更具有感染性和渗透性。孔氏此论，充分突显了音乐艺术与审美主体之间作用与反作用的关系，体现了一种理性、辩证的色彩。其三，孔氏论述“乐出于人而还感人”的命题，还特别拈出“人化物”这一概念，所谓“人化物”，即“外物来至，而人化之于物，物善则人善，物恶则人恶，是‘人化物也’”“人既化物，逐而迁之，恣其情欲，故灭其天生清静之性，而穷极人所贪嗜欲也”[③]。孔氏指明“物至而人化物”的弊端，即恶物可能导致人为物役，穷奢极欲，最终走向“灭天理而穷人欲”这一危险境地，这一观点，既直接开启了宋明理学“存天理而灭人欲”口号的提出，亦与近代马克思主义者“物化、异化”理论遥相契合[④]，其深刻性与前瞻性不言而喻。

因此，如何借助音乐的审美感化功能来陶冶人的性情，就显得非常重要。孔氏于《毛诗正义》云：“哀乐出于民情，乐音从民而变，乃是人能变乐，非乐能变人。案《乐记》称‘人心感于物而后动，先王慎所以感之者，

① 李学勤主编：《十三经注疏·礼记正义》，北京大学出版社 1999 年版，第 1084 页。

② 李学勤主编：《十三经注疏·毛诗正义》，北京大学出版社 1999 年版，第 9 页。

③ 李学勤主编：《十三经注疏·礼记正义》，北京大学出版社 1999 年版，第 1084 页。

④ 就此论题，雷恩海《从“人化物”到“异化”——〈礼记·乐记〉一个哲学命题的考察》一文论述颇详，可参看。[《聊城大学学报》（社会科学版）2011 年第 3 期]

故作乐以和其声。乐之感人深，其移风易俗’。又云：‘志微、噍杀之音作而民思忧，廉直、庄诚之音作而民肃敬，宽裕、顺成之音作而民慈爱，流僻、邪散之音作而民淫乱。’如彼文，又是乐能变人。乐由王者所制，民逐乐音而变。此言民能变乐，彼言乐能变人者，但兆民既众，贤愚不等，以贤哲歌谣采诗定乐；以贤者所乐，教愚者为乐；取智者之心，变不智者之心，制礼之事亦犹是也。礼者，称人之情而为之节文，贤者俯而就之，不肖者企而及之，是下民之所行，非圣人之所行也。圣王亦取贤行以教不贤，举得中以裁不中。”① 这里，孔氏一方面继续执持“哀乐出于民情，乐音从民而变”的立场，肯定乐之善恶缘于人之善恶；另一方面又强调乐对人的反作用，所谓“乐之感人深，其移风易俗”，善音导人向善，恶音引人作恶，故要借助贤者的礼乐之教，充分发挥乐教的审美感化功能，改良人（尤其是“愚者”、“下民”）之性情。

在孔颖达这里，乐教的直接目的是改造人的心性情感，其最终旨归则在于使人由恶趋善，性情中正平和。孔氏《礼记·乐记》正义云：“‘致乐以治心，则易、直、子、谅之心油然生矣’者，致，谓深致详审。易，谓和易。直，谓正直。子，谓子爱。谅，谓诚信。言能深远详审此乐以治正其心，则和易、正直、子爱、诚信之心油油然从内而生矣。言乐能感人，使善心生也。”② 孔氏此谓，美善之乐可以调和人心，使人和易、正直、友爱、诚信，即感人心性，去恶从善。孔氏又云：“既节之以《雅》、《颂》，又调之以律吕，貌得其敬，心得其和，故放心邪气，不得接于情性矣。”③ 孔氏意谓：以《雅》、《颂》之诗规约其行，以声音律吕调和其心，外得恭敬之礼，内禀心性之和，则放逸之心、邪僻之念可以祛除，终得情性之正。孔氏复云：“其乐施行而伦类清美矣。人听之则耳目清明，血气和平也。乐法既善，变移敝恶谨风，改革昏乱之俗，人无恶事，故天下皆宁矣。”④ 孔颖达认为，施行雅乐之教，则有利于社会秩序清雅和美，世人聆听清雅之乐，会变得耳目清明，血气平和。长期施行这样有效的乐教，自然可以助人去恶从善，改良

① 李学勤主编：《十三经注疏·毛诗正义》，北京大学出版社 1999 年版，第 9 页。
② 李学勤主编：《十三经注疏·礼记正义》，北京大学出版社 1999 年版，第 1139 页。
③ 李学勤主编：《十三经注疏·礼记正义》，北京大学出版社 1999 年版，第 1144 页。
④ 李学勤主编：《十三经注疏·礼记正义》，北京大学出版社 1999 年版，第 1110 页。

各种鄙陋昏乱的风俗。当世人皆无恶行恶事，天下自然趋于安宁太平了。可见乐的调和之功不可谓不大。并且，人的性情改变，复能使音乐纯化，进而调阴阳之气，使万物得其所。如孔氏云："乐之根本由人心而生，人心调和则乐音纯善。协律吕之体，调阴阳之气，二气既调，故万物得所也。"①

应该说，孔颖达对于音乐"和"的功能的阐发，是与中国传统的乐教精神相契合的。在中国古人的心目中，由天道到阴阳四时，再到万物化生，一切都自然流转，有序而和谐地运行。上古圣王制礼作乐，便是仿照天地万物运行的秩序、规律而制成。如果说，"礼"所表征的是天地万物间的差别和秩序，"乐"则是对这些差别和秩序的调和与融通。只有礼乐相辅相成，共同发挥作用，才能反映天地万物的秩序和规律，也才能更有序而和谐地运行下去。因此，在构建人世间的政治伦理秩序过程中，乐的调和与融通作用不可或缺。史上《尚书大传·虞夏传》便有"至乐相和"之说，《吕氏春秋·察传》亦有"和，乐之本"之说，《礼记·乐记》更有"乐者天地之和，礼者天地之序"这样明确而辩证的表达："乐者，天地之和也；礼者，天地之序也。和故百物皆化，序故群物皆别。"②这些命题的核心思想是：礼乐相须乃天地万物秩序和规律的体现，故人们在遵从礼的规约时，还应遵循乐的指引，使得喜怒哀乐各类情感情绪皆守其中，这样方可实现各种政治伦理规约有序而又和谐地实施。而由聆听"和乐"生发"和敬"、"和顺"、"和亲"等政治伦理之情，则构成了中国传统乐教的重要理念。李泽厚先生曾对我国古代"乐从和"的独特性作出如许解释："乐"与"礼"在基本目的上是一致或相通的，都在维护、巩固群体既定秩序的和谐稳定；但"乐"不同于"礼"的某种外在强制性，它是通过群体情感上的交流、协同和和谐，通过陶冶性情、塑造情感以建立内在人性，与外在的"礼"相辅相成，从而达到维系社会的和谐秩序；"乐"所追求的不仅是人际关系中的上下长幼、尊卑秩序的"和"（"上下和"），而且还是天地神鬼与人间世界的"和"（"天地和"）。③可见，在礼乐教化传统中，乐教的"和"的功能是礼教及其他教育所难以代替的。而一千多年前的孔颖达用明确的语言对此再三致意，不能不

① 李学勤主编：《十三经注疏·礼记正义》，北京大学出版社 1999 年版，第 1118 页。

② 李学勤主编：《十三经注疏·礼记正义》，北京大学出版社 1999 年版，第 1090 页。

③ 李泽厚：《美学三书·华夏美学》，安徽文艺出版社 1999 年版，第 234—235 页。

引起我们特别的注意。

此外，孔颖达还论及“无声之乐”。孔氏《礼记正义》云：“言早夜谋为政教于国，民得宽和宁静，民喜乐之。于是无钟鼓之声而民乐，故为‘无声之乐’也。”① 孔氏这里所论“无声之乐”显然着眼于王道教化，旨归在社会人伦之和，其推重的更多是音乐的伦理感化功能。如我们所知，“无声之乐”一说本起源于道家。老子《道德经》四十一章曾曰：“大音希声。”王弼给其作注云：“听之不闻名曰希，不可得闻之音也，……故有声者，非大音也。”② 庄子《天地》篇亦曰：“视乎冥冥，听乎无声。冥冥之中，独见晓焉；无声之中，独闻和焉。”郭象注云：“若夫视听而不寄之于寂，则有暗昧而不和也。”③ 虽然皆论“无声之乐”，相比之下，老庄之论更倾向于天地自然之道，孔氏之论更倾向于社会人伦之道，前者重“无”，后者尚“有”，孔颖达有意化道为儒，可谓善学善用者矣！孔氏之后，中唐吕温《乐出虚赋》云：“和而出者乐之情，虚而应者物之声。或洞尔以形受，乃泠然而韵生。去默归喧，始兆成文之象；从无入有，方为饰喜之名。其始也，因妙有而来，向无间而至，披洪纤清浊之响，满丝竹陶匏之器。根乎寂寂，故难辨于将萌；率尔熙熙，亦不知其所自。故圣人取象于物，观民以风，辟嗜欲之由塞，决形神之未通。”④ 而晚唐徐寅《扣寂寞以求其音赋》云：“寂寞何有声音？……寂寂戞戞，向无象以取象，无音而索音。莫不塞耳目，廓胸襟，靡在躁而在静，不由物以由心，透恍惚以斯采，触杳冥而独寻，击杨雄吐凤之门，应怜凤啸，排老氏犹龙之阏，别契龙吟。是音也，非桑濮之传者，异秦齐之奏也。得之则协人神，畅风雅，本冲漠而将有，岂喧哗而与假。考灵台而入，听我调斯鸣。……岂比夫宣尼宅在，依稀留金石之声；秦女台空，仿佛有鸾凰之韵。寂与寞兮虚更幽，声与音兮深且柔。”⑤ 此吕、徐二人论乐，均离无入有，虚实之间，颇与孔氏同调，只是孔氏更偏于论人事，吕、徐更侧重论乐理而已。又盛唐张说《洛州张司马集序》论曰：“万象鼓舞，入有名之地；

① 李学勤主编：《十三经注疏·礼记正义》，北京大学出版社 1999 年版，第 1394 页。

② 王弼：《老子注》，载《二十二子》，上海古籍出版社 1986 年版，第 5 页。

③ 郭象：《庄子注》，载《二十二子》，上海古籍出版社 1986 年版，第 40 页。

④ 吕温：《乐出虚赋》，载董诰等编：《全唐文》卷六百二十五，清嘉庆内府刻本。

⑤ 徐寅：《扣寂寞以求其音赋》，《钓矶文集》卷二赋，《四部丛刊三编》影清述古堂钞本。

五音繁杂，出无声之境。非穷神体妙，其孰能与于此乎！”[①] 此是说，听乐论文，既应“入有名之地”，又应“出无声之境”，即通过感性的音乐形象去把握无形无声的造化之境，如此方能“穷神体妙”。几与张说同时的书法家张怀瓘在《书议》中云：“玄妙之意，出于万类之表；幽深之理，伏于杳冥之间。岂常情之所能言，世智之所能测？非有独闻之听，独见之明，不可议无声之音，无形之相。”[②] 其论玄妙之意、幽深之理、无声之音、无形之相等玄理，出儒入道，与张说近似而与孔说稍异，亦可谓别开生面者也。

第五节 礼乐教习

如我们所知，孔颖达是隋末唐初少有的硕学鸿儒，一生都未曾离开过求学和教学的生涯。当初孔氏从同郡大儒刘焯处辞归后，便曾任教于乡里。隋大业初年举明经高第，授河内郡博士，后补太学助教。隋亡入唐后，历任文学馆学士、国子博士、国子司业、太子右庶子兼司业、国子祭酒等职，皆为教学或教育管理类的职务。在其长期的教学实践和教育管理活动中，积累了丰富的教育、教学经验，并逐渐形成卓拔的教学理论和教育思想。他最终被唐太宗任命为国子祭酒，成为大唐政府教育部门的最高长官（相当于今时的教育部长），全面掌管教育之事，使得他的教育经验和教育思想在更广阔的舞台上得以施展。孔氏同僚于志宁曾称赞孔氏曰：“公乃再振颓风，重宏绝业，学徒盈于家室，颂声彰于国朝。”[③] 这是对孔氏献身于儒家教育事业，在当时教育界享有巨大影响和崇高威望的充分肯定。而由孔氏主编的《五经正义》，更是中国历史上首部由政府正式颁行、全国通用的教材，对推动唐以降文化教育事业作出了不可替代的贡献。

由于前文已从理论的角度梳理和阐释了孔颖达的礼乐教化论思想，此节再从教育实践的角度集中考察其有关人才培养和礼乐教习的基本观点。

---

① 张说：《洛州张司马集序》，载董诰等编：《全唐文》卷二百二十五，清嘉庆内府刻本。

② 张怀瓘：《书议》，载《法书要录》卷四，文渊阁《四库全书》本。

③ 于志宁：《孔颖达碑铭》，载董诰等编：《全唐文》卷一百四十五，清嘉庆内府刻本。

一、论礼乐之教的一般宗旨、原则和意义

孔颖达作为唐初著名的教育家，对礼乐之教的一般宗旨、原则和意义予以多方阐发。

首先，孔颖达对礼乐之教的基本态度是：儒学为宗，礼乐为本，六艺皆教，德育为重。对于以儒学为宗的思想，孔氏本人曾多次明确指出，如《礼记·学记》孔氏正义云："'教必有正业'者，正业，谓先王正典，非诸子百家，是教必用正典教之也。"① 所谓"教必用正典教之"，即以儒家正典（六经之属）教育学生，儒家正典之外的诸子百家，不在施教之列。又如孔氏《周易正义序》云："至于垂范作则，便是有而教有。……考察其事，必以仲尼为宗。"② 这依然是强调以孔门儒学为宗旨和典范，实施现实伦常之教。孔颖达弘扬儒学之义，本书多章皆有所论述，毋庸再三赘述。

孔颖达弘扬儒学，反映在教学实践中，便是以礼乐为本，大力推行儒家"六艺"之教。《礼记·少仪》孔氏正义云：

> "一曰五礼"至"九数"者，是《周礼·保氏职》文。案彼注云："五礼：吉、凶、宾、军、嘉也。六乐：《云门》、《大咸》、《大韶》、《大夏》、《大濩》、《大武》也。五射：白矢、参连、剡注、襄尺、井仪也。五御：鸣和鸾、逐水曲、过君表、舞交衢、逐禽左。六书：象形、会意、转注、处事、假借、谐声也。九数：方田、粟米、差分、少广、商功、均输、方程、赢不足、旁要。今有重差、句股。"③

孔颖达此疏，借助郑玄、郑众等注《周礼·保氏职》文，介绍了"六艺"之教的具体内容，即常说的礼、乐、射、御、书、数，其中礼为"五礼"，乐为"六乐"，射有"五射"，御有"五御"，书分"六书"，数分"九数"，此"六艺"之教，几乎包含了德育、智育、体育、美育各个方面，堪称全面而系统的综合素质教育，所培养的则是一种复合型人才。

当然，在"六艺"之教中，礼教和乐教（广义上又包含《诗》、《书》、

---

① 李学勤主编：《十三经注疏·礼记正义》，北京大学出版社 1999 年版，第 1058—1060 页。
② 李学勤主编：《十三经注疏·周易正义》，北京大学出版社 1999 年版，"序言"第 3 页。
③ 李学勤主编：《十三经注疏·礼记正义》，北京大学出版社 1999 年版，第 1027 页。

《礼》、《乐》之教等）是根本、基础，因为此两者直接决定了受教育者能否成人、成才，相比之下，其他四教多偏于技术、技能性的传授，对于人的心性品格的影响相对要间接一些。《周易·贲》孔氏正义尝云："圣人观察人文，则《诗》、《书》、《礼》、《乐》之谓，当法此教而'化成天下'也。"① 这里孔氏即强调以《诗》、《书》、《礼》、《乐》为具体内容的礼乐之教对于人文教化的重要意义。因前文已较为全面地介绍了孔氏的礼乐教化思想及其对礼乐教化的重视程度，这里不再过多展开，仅补充二例略加佐证。如《礼记·学记》孔氏正义云：

> "学不学操缦，不能安弦"者，此以下并正业积渐之事也。此教乐也。乐主和，故在前，然后须以积渐，故操缦为前也。操缦者，杂弄也。弦，琴瑟之属。学之须渐，言人将学琴瑟，若不先学调弦杂弄，则手指不便；手指不便，则不能安正其弦。先学杂弄，然后音曲乃成也。"不学博依，不能安诗"者，此教诗法者。诗是乐歌，故次乐也。博，广也。依，谓依倚也，谓依附譬喻也。若欲学诗，先依倚广博譬喻。若不学广博譬喻，则不能安善其诗，以诗譬喻故也。"不学杂服，不能安礼"者，此教礼法也。前诗后礼，亦其次也。杂服，自衮而下至皮弁至朝服玄端服属。礼谓《礼经》也。《礼经》正体在于服章，以表贵贱。今若欲学礼，而不能明杂衣服，则心不能安善于礼也。"不兴其艺，不能乐学"者，此总结上三事，并先从小起义也。兴，谓歆喜也，故《尔雅》云："歆、喜，兴也。"艺，谓操缦、博依、六艺之等。若欲学《诗》、《书》正典，意不歆喜其杂艺，则不能耽玩乐于所学之正道。②

孔颖达此疏，先论乐教之要，因为乐教主和，而儒家伦常的核心便是中庸之道，中和之美，且乐教一定程度上可涵摄诗教和礼教，故乐教先于诗教与礼教。乐教的关键是教学生先学好调弦杂弄，即训练并逐渐熟悉琴、瑟等乐器

---

① 李学勤主编：《十三经注疏·周易正义》，北京大学出版社1999年版，第105页。

② 李学勤主编：《十三经注疏·礼记正义》，北京大学出版社1999年版，第1058—1060页。

的弹拨技巧和方法，然后再正式学习演奏音曲，这样就能较顺利地掌握音乐学习之道。次论诗教，因诗是乐歌，故诗教仅次于乐教，或曰乐教的后续部分。诗教的关键是教学生先学好广博譬喻，即先掌握比喻、象征、拟人等艺术手法，加强联想、想象等形象思维能力，然后才能做出好诗，因为诗是比喻和想象的艺术。再论礼教，因前诗后礼（孔子谓“兴于诗，立于礼”），故礼教次于诗教。礼教的教习可从服装穿着入手来进行，因不同的服饰代表不同的等级和秩序，且普遍展示于日常生活中，能最直观最方便地让人领略礼的内涵和外延，礼教当以此为基础，再逐渐扩展到对其他的礼的内容的学习。孔颖达最后总结指出，乐教、诗教和礼教，皆从小的、浅的、易的方面训练起，以求以小见大、由浅入深、由易到难之效，最终由偏入正，带着由衷的喜好步入礼乐之教乃至六艺之教的正道。

又《礼记·乐记》孔氏正义云：

> 经云：“立之学等”，是学有等差，随才高下而为等。云“广，谓增习之”者，学者习音乐，使其广大也。云“文采，谓节奏合也”者，文，谓宫、商相应，若画采成文，即上文“声成文”是也。云“绳，犹度也”，绳是量度之物，经云“以绳德厚”，谓量度之以道德仁厚，故郑引《周礼·大司乐》“以乐语教国子，兴、道、讽、诵、言、语。以乐舞教国子之等”是也。①

此孔疏意谓，学子就学，才有高低，学有等差，不管他们自身条件如何，让他们接受礼乐之教，一定程度上都有助于他们开拓心胸，增长见识，尤其是能帮助他们培养仁厚之德。故《周礼·大司乐》强调“以乐德教国子，中、和、祗、庸、孝、友。以乐语教国子，兴道、讽诵、言语。以乐舞教国子，舞《云门》、《大卷》、《大咸》、《大韶》、《大夏》、《大濩》、《大武》”，这是希望通过诗、乐、舞一体化的教育，启迪智慧，陶冶情感，养心育德，让学子德育、智育、美育全面发展，以培养高素质、综合型人才。

在孔颖达看来，德育、智育、美育三者缺一不可，就三者比较而言，

---

① 李学勤主编：《十三经注疏·礼记正义》，北京大学出版社 1999 年版，第 1107 页。

则德育为重，因为以德树人，是儒家最优良的传统，它普遍贯穿于礼乐之教乃至六艺之教中，也是衡量礼乐之教或六艺之教成功与否的最基本的尺度，这于上文已可见出。又《礼记·少仪》孔氏正义曰：

案《周礼·师氏》：“以三德教国子，一曰至德，二曰敏德，三曰孝德。”彼注云：“至德，中和之德，覆焘持载含容者也。敏德，仁义顺时者也。孝德，尊祖爱亲。”案《大司徒职》云：“以乡三物教万民，一曰六德，知、仁、圣、义、忠、和。”知此“依于德”非六德者，六德所以教万民，而云三德所以教国子。此经云“士”，故知是三德也。①

孔氏此论，是介绍周礼当中的德育教育，对于贵族子弟一般教其三德，即“至德”（中和之德）、“敏德”（仁义顺时之德）、“孝德”（尊祖爱亲之德）等；对于广大民众则教其六德，即“知”、“仁”、“圣”、“义”、“忠”、“和”，根据不同教育对象施以不同的德育教育，更具有针对性和可操作性，重视以德育人，则是其共同的宗旨。

其次，孔颖达论施教的一般原则和重要意义。关于施教的一般原则，《礼记·中庸》孔氏正义云：

中庸之道去人不远，但行于己则外能及物。“道不远人”者，言中庸之道不远离于人身，但人能行之于己，则中庸也。“人之为道而远人，不可以为道”，言人为中庸之道，当附近于人，谓人所能行，则己所行可以为道。若违理离远，则不可施于己，又不可行于人，则非道也，故云“人之为道而远人，不可以为道也”。“《诗》云‘伐柯伐柯，其则不远’。执柯以伐柯，睨而视之，犹以为远”，此《豳风·伐柯》之篇，美周公之诗。柯，斧柄也。《周礼》云：“柯长三尺，博三寸。”则，法也。言伐柯，斫也。柯柄长短，其法不远也，但执柯睨而视之，犹以为远。言欲行其道于人，其法亦不远，但近取法于身，何异持柯以伐柯？人犹以为远，明为道之法亦不可以远。即所不原于上，无以交于

① 李学勤主编：《十三经注疏·礼记正义》，北京大学出版社 1999 年版，第 1027 页。

> 下；所不原于下，无以事上。况是在身外，于他人之处，欲以为道，何可得乎？明行道在于身而求道也。“故君子以人治人，改而止”者，以道去人不远，言人有过，君子当以人道治此有过之人。“改而止”，若人自改而休止，不须更责不能之事。若人所不能，则己亦不能，是行道在于己身也。①

孔氏此疏，主要阐释教人之道当奉行可行性原则，己之所能，教之于人，己所不能，勿责于人。譬如中庸之道，去人不远，能行于己，亦能行于他人，若违背常理，既不可施之于己身，又不可行之于他人，就不是真正的中庸之道。《豳风·伐柯》所云“伐柯伐柯，其则不远”与此理同，即持柯伐柯，其法不远，而行其道于人，其法亦不远。故教人之道，先行之于己，后行之于人，不能强行要求他人承担不能胜任之事，他人不能，己亦不能。因此，能否行道，从根底上说，在于一己之身。

关于尊师重教的重要意义，《礼记·学记》孔氏正义云：

> 论弟子当亲师之事，……“比物丑类”者，既明学者仍见旧事，又须以时事相比方也。物，事也。言古之学者，比方其事以丑类，谓以同类之事相比方，则事学乃易成。既云古学如斯，则今学岂不然？“鼓无当于五声，五声弗得不和”者。……鼓，革也。当，主也。五声：宫、商、角、徵、羽。言鼓之为声，不宫不商，故言“无当于五声”，而宫商等之。五声不得鼓，则无谐和之节，故云“弗得不和”也。所以五声必鼓者，为俱是声类也。若奏五声，必求鼓以和之而已，即是比类也。“水无当于五色，五色弗得不章”者，“水”谓清水也。五色：青、赤、黄、白、黑。章，明也。言清水无色，不在五色之限，无主青黄，而五色画缋者，不得水则不分明，故云“弗得不章”也。五色是其水之出也，故五色须水，亦其类也。“学无当于五官，五官弗得不治”者，本学先王之道也。五官：金、木、水、火、土之官也。夫学为官之理，本求博闻强识，非主于一官，而五官不得学，则不能治，故云“弗得

① 李学勤主编：《十三经注疏·礼记正义》，北京大学出版社1999年版，第1431—1432页。

不治”也。故化民成俗，必由学乎！能为师，然后能为君长，故“官”是学之类也。“师无当于五服，五服弗得不亲”者，师，教之师也。五服：斩衰也，齐衰也，大功也，小功也，缌麻也。师于弟子，不当五服之一也，而弟子之家，若无师教诲，则五服之情，不相和亲也，故云“弗得不亲”，是师情有在三年之义，故亦与亲为类。①

孔颖达此节疏文，主要从社会伦理的角度论弟子当亲近师长，聆听师长教诲的必要性和重要性。孔疏借助了一系列的打比方（“比物丑类”）来阐明亲师的道理，如鼓声不宫不商，无当于宫、商、角、徵、羽五声，但五声若缺少了鼓声的配合则难以谐和；清水无色，不在青、赤、黄、白、黑五色之内，但五色画缋，不得水则不分明；学习本求博闻强识，非主于金、木、水、火、土任一官能，但无学则五官不能治；老师本不在斩衰、齐衰、大功、小功、缌麻等五服（即以白麻布衣等不同孝服样式表征亲属之间亲疏远近关系）之内，但若无老师的教诲指导，则五服关系不明，难以实现五服亲和之情。故师生情谊近于父子之情，子为父守孝三年，师情亦有三年之义，与近亲相比类。这就从社会伦理和血缘亲疏的角度阐明了尊师重学的重要意义，很符合中国古代重伦理、重亲情的社会文化心理。

《礼记·学记》孔氏正义又云：

此一节论教者若善，则能使学者继其志于其师也。言学者继师之志，记者以善歌而比喻之，故云“善歌者使人继其声”。善歌，谓音声和美，感动于人心，令使听者继续其声也。“善教者使人继其志”者，设譬既毕，故述其事，而言善教者必能使后人继其志，如善歌之人能以乐继其声，如今人传继周、孔是也。“其言也约而达”者，此释所以可继之事。言善为教者，出言寡约，而义理显达易解之。“微而臧”者，微，谓幽微。臧，善也。谓义理微妙，而说之精善也。“罕譬而喻”者，罕，少也。喻，晓也。其譬罕少而听者皆晓。“可谓继志矣”者，能为教如上，则可使后人继其志意。不继声而继志者，本为志设，故不继

① 李学勤主编：《十三经注疏·礼记正义》，北京大学出版社1999年版，第1070页。

声也。①

孔颖达此疏，主要讨论施教者如何引导学子积极向上，以继承老师之志趣。认为善教者出言简约，但所讲解的道理通俗易懂，即使是深奥微妙的义理，不通过繁复的打比方，亦能讲得精辟透彻，让人听起来明白晓畅。能如此善教者，当能使学者继承其志趣，一如善歌之人能使学者以音声继承其声。

由尊师重教的重要性，孔氏还进而论及择良师的重要，《礼记·学记》孔氏正义云：

> 此一节明为师法。君子，谓师也。教人至极之美，可以为君长之事。"君子知至学之难易"者，三王、四代所以敬师，随器与之，是至学之易；随失而救之，是至学之难。"而知其美恶"者，罕譬而喻，言约而达，是为美。反此则为恶也。"然后能博喻"者，博喻，广晓也。若知四事为主，触类长之，后乃得为广有晓解也。"能博喻然后能为师"者，前能广解，后乃可为人作师也。"能为师然后能为长"者，为师是学优，学优宜仕，故能为一官之长也。"能为长然后能为君"者，既能治一官之长有功，能为一国之君也。"故师也者，所以学为君也"，《宵雅》肄三，官其始也。师既有君德，则弟子就师可学为君之德，故前云："君子如欲化民成俗，其必由学乎！"即是学能为君也。"是故择师不可不慎也"者，师善，则能教弟子，弟子则能为君，故弟子必宜慎择其师，不可取恶师也。"《记》曰：三王、四代唯其师"者，引旧《记》结此择师之重也。三王，谓夏、殷、周，四代，则加虞也。言三王、四代虽皆圣人，而无不择师为慎，故云"唯其师"。②

孔颖达此疏，主要讨论择师之重要，认为良师可以教人美善之德，以及为人君、长官之事。良师们往往学识渊博，言语简约而畅达，又善于触类旁通，随机设譬，广为晓解。堪为良师者，学优宜仕，常能为一官之长，而为一官

① 李学勤主编：《十三经注疏·礼记正义》，北京大学出版社1999年版，第1065页。

② 李学勤主编：《十三经注疏·礼记正义》，北京大学出版社1999年版，第1065—1066页。

之长又颇有建树者，则能为人君矣。用现代话语来说，善为人师者，或能胜任学者型官员，担任学者型官员颇有政绩者，或可担任学者型领袖。这样的观念，一定程度上体现了孔颖达君、师合一的王道理想。孔氏进而认为，这样优秀的老师，内涵人君之德，弟子从其学，亦可学其为君之德。因此，弟子择师一定要慎重，尽量择取善师而非恶师，因善师可教人为君长之道。古之虞（舜）、夏、商、周各圣王皆是择善师而从的。

再次，孔颖达论受学的原则和重要意义。关于受学的原则，《礼记·学记》孔氏正义云：

> “故君子之于学也，藏焉，修焉，息焉，游焉”者，故，谓因上起下之辞。学虽积渐，故君子之人为学之法，恒使业不离身。藏，谓心常怀抱学业也。修，谓修习不能废也。息，谓作事倦息之时而亦在学也。游，谓闲暇无事游行之时亦在于学，言君子于学无时暂替也。“夫然，故安其学而亲其师”者，此明亲师爱友也。然，如此也。若能藏、修、游、息、游，无时暂替，能如此者，乃能安其所学业。言安学业既深，必知此是深由本师，故至于亲爱师也。“乐其友”者，师既获亲，而同志之友亦被于乐重。然前三年乐群，五年亲师，亲师在乐群之后，而此前亲后乐友者，群即友也，为义然也。前明始学，故乐友在前。此明学业已成，故亲师为首矣。“而信其道”者，其道，己道也。既亲师乐友，己道深明，心自说信，不复虚妄。一云：信师友之道，前安学，故乃亲师乐友，后乃信道也。“是以虽离师辅而不反也”者，“辅”即友也，友主切磋，是辅己之道深远也。“离”犹违也。己道深明，不复虚妄，心自信之。若假令违离师友，独在一处而讲说，不违反于师友昔日之意旨，此则强立不返也。……“敬孙务时敏”者，此句结积习也。当能敬重其道，孙顺学业，而务习其时，疾速行之，故云“敬孙务时敏”。敏，犹疾速也。“厥修乃来”者，此句结亲师敬道也。厥，其也。若敬孙以时，疾行不废，则其所修之业乃来。谓所学得成也，所以尊师乐友。①

---

① 李学勤主编：《十三经注疏·礼记正义》，北京大学出版社 1999 年版，第 1059—1060 页。

孔颖达此疏，言学习之道，首先当一心向学，坚持不懈，勤学苦练，劳逸结合，如此方能专心致志于学业。究心于学业既深，乃知良师益友之重要，长期亲师乐友，自己的道德学问也不断长进，内心更加笃实诚信，为人也更加敦厚质实。学有所得，则更加亲师敬道，用心于学业，勤勉有加。长此以往，终究会学业大成。孔氏所论，一是强调学习要讲究方式方法，二是强调学贵坚持，三是强调要尊师乐友，营造良好的学习环境。这些观点，显然触及到学习之道的核心之处。

关于受学的重要性，孔氏曾再三论之。如《礼记·学记》孔氏正义云：

> 欲化民成俗，不如学之为重。……天子诸侯及卿大夫欲教化其民，成其美俗，非学不可，故云“其必由学乎”。学则博识多闻，知古知今，既身有善行，示民轨仪，故可以化民成俗也。①

孔颖达此论，便是强调受学的重要性，认为通过学习，可以博识多闻，知古知今。尤其是天子诸侯及公卿大夫等统治者们，更应该自觉地加强学习，在知识、能力和品行上不断完善自我，这样才能以身作则，为人表率，从而更好影响和教化民众，使社会风俗臻于美善之境。

又《春秋左传·昭公十八年》孔氏正义云：

> 一国之人，皆怀苟且，不识上下之序，不知尊卑之义。于是在下者陵侮其上，在上者替废其位，上下失分，能无乱乎？夫学如殖草木也，令人日长日进，犹草木之生枝叶也。不学，则才知日退，将如草木之队落枝叶也。②

这里，孔颖达依然是强调受学的重要性，认为学习就如同培植草木，草木若施肥浇水则枝叶日益繁盛，人通过学习则不断长进；反之，人若不学习，就如同草木枝叶之败落，才智将日渐减退。一人如此，一国亦然，若国民皆懈

---

① 李学勤主编：《十三经注疏·礼记正义》，北京大学出版社 1999 年版，第 1050 页。

② 李学勤主编：《十三经注疏·春秋左传正义》，北京大学出版社 1999 年版，第 1377 页。

怠，不重学习，则举国之人不识上下之序，不知尊卑之义，在下位者凌辱其尊上，在上位者则争权夺位，上下尊卑之序皆乱了套，其结果往往是天下大乱。可见受学之事关乎国计民生，不可稍有怠慢。此番见解，颇可以为我们今时的“建设学习型社会和学习型国家”的理念与实践所借鉴和承传。

又《礼记·学记》孔氏正义云：

> 学为众事之本。……庾云：“四者，谓不官为群官之本，不器为群器之本，不约为群约之本，不齐为群齐之本。言四者莫不有本，人亦以学为本也。”“三王之祭川也，皆先河而后海，或源也，或委也”者，言三王祭百川之时，皆先祭河而后祭海也。或先祭其源，或后祭其委，河为海本，源为委本，皆曰川也，故总云“三王之祭川”。源、委，谓河海之外，诸大川也。“此之谓务本”者，先祭本，是务重其本也。本小而后至大，是小为大本。先学然后至圣，是学为圣本也。……云“始出一勺，卒成不测”者，《中庸》篇云：“水一勺之多，及其不测，鲛龙生焉。”是其始一勺也，后至不测也。犹言学初为积渐，后成圣贤也。①

孔颖达此疏，论学为众事之本，不学不足以成器，学首先要掌握要领，抓其根本，领会先河后海、先本后末之义，由初学到成贤成圣，这是一个循序渐进的相当漫长的过程，悟此积渐之道，并付出艰辛的努力，最后方能成功。

上文主要介绍了孔颖达有关礼乐之教的一般宗旨、原则和意义的看法，下面进一步梳理孔氏对于一般教学经验和教学方法的讨论。

二、论一般教学经验和教学方法

孔颖达在漫长的教学和教育管理生涯中，逐渐积淀和提炼出丰富的教学经验和教学方法，这些教学经验和教学方法，迄今仍有多方面的启迪和借鉴意义。

（一）教学相长

孔颖达从教多年，深谙教学相长之理，其在正义中曾对此多有论及。

---

① 李学勤主编：《十三经注疏·礼记正义》，北京大学出版社 1999 年版，第 1071 页。

《礼记·学记》孔氏正义曰：

> 此一节明教学相益。“虽有嘉肴，弗食不知其旨也”者，嘉，善也。旨，美也。虽有嘉美之肴，兼陈列于前，若不食，即不知其肴之美也。“虽有至道，弗学不知其善也”者，至，谓至极。虽有至极大道，若不学，则不知大道之善。“是故学然后知不足”者，若不学之时，诸事荡然，不知己身何长何短。若学，则知己之所短，有不足之处也。“教然后知困”者，不教之时，谓己诸事皆通。若其教人，则知己有不通，而事有困弊，困则甚于不足矣。“知不足，然后能自反也”者，凡人皆欲向前相进，既知不足，然后能自反向身，而求诸己之困，故反学矣。“知困然后能自强也”者，凡人多有解怠，既知困弊，然后能自强学，其身不复解怠也。“故曰：教学相长也”者，谓教能长益于善。教学之时，然后知己困而乃强之，是教能长学善也。学则道业成就，于教益善，是学能相长也。但此礼本明教之长学。“《兑命》曰：学学半”者，上“学”为教，音教，下“学”者，谓习也，谓学习也。言教人乃是益己学之半也。《说命》所云“其此之谓乎”，言学习不可暂废，故引《说命》以证之。言恒思念，从始至终，习礼典于学也。①

孔颖达此疏，主要围绕礼典的学习，论教学相长的道理。就学而言，若不学，则不知大道之善，不知己身有何优点和缺点，若学且善学，则有助于领会大道之善，知自身之长短，这就如同美味佳肴，只有亲口品尝才能识其好处。就教而言，若不教，则常以为自己诸事皆通，只有通过具体的教学实践活动才能知道自己的困弊与不足，然后返归学习，寻求解决之道。因此，学能使自己不断长进，亦给教者提供了各种教学实践的可能，教能帮助学者增长知识和才干，而自身也得到不断的提升和完善。正所谓教学相长，各有所成。孔氏此番论释，将教学相长的道理讲得清晰明了。

（二）因材施教

孔颖达作为一个教学理论和教学经验均极其丰富的教育家，深明因材

---

① 李学勤主编：《十三经注疏·礼记正义》，北京大学出版社 1999 年版，第 1052 页。

施教的重要性，并在正义中多次对此加以论释。如《礼记·学记》孔氏正义曰：

此一节明教者识学者之心，而救其失也。故云“学者有四失，教者必先知之”。“人之学也，或失则多”者，一失也。假若有人才识浅小，而所学贪多，则终无所成，是失于多也。“或失则寡”者，二失也。或有人才识深大，而所学务少，徒有器调，而终成狭局，是失于寡少也。“或失则易”者，三失也。至道深远，非凡浅所能，而人不知思求，唯好泛滥外问，是失在轻易于妙道，故云“或失则易”，此是“学而不思则罔”。“或失则止”者，四失也。人心未晓知，而不肯谘问，惟但止住而自思之，终不能达其实理，此失在于自止也。此是“思而不学则殆”。“此四者，心之莫同也”者，结前四失，是由人心之异故也。“知其心，然后能救其失也”者，结救失四事。师既前识其四心之不同，故后乃能随失而救之也。“教也者，长善而救其失者也”者，使学者“和易以思”，是长善，使学者无此四者之失，是救失，唯善教者能知之。①

孔颖达此疏，主要论教者如何把握学者的接受能力和接受心理。学者常犯四种过失，教者首先要明了此四种过失，即一失在于学者自身才浅识小，所学却贪大求多，导致无法消化和驾驭；二失在于学者自身本才深识大，所学却极其寡少，才识器调无所用，终成偏狭之才；三失在于以简单的方式对待意蕴深奥的道理，不知自己去深入思考和推求，遇问题辄轻易询问别人，结果却更容易招致困惑，此所谓“学而不思则罔”；四失在于自己穷思冥想而不得其理，又不肯询问别人，自己一味钻牛角尖，最终劳而无果，此所谓“思而不学则殆”。此四种过失常因学者个人心性不同而表现各异，为人师者当先识其心性，然后根据其心性特点而防微杜渐，及时防止或挽救其学习过程中所犯的此类过失，此乃善教者所能知、所能为。孔氏此论，无疑有助于为人师者推己及人，识其人而因材施教。

---

① 李学勤主编：《十三经注疏·礼记正义》，北京大学出版社 1999 年版，第 1064—1065 页。

在《礼记·学记》正义中，孔氏又针对“善学善问者”和“不善学善问”者两种接受情况作出辩证处理，其论曰：

> 此一节明善学及善问，并善答不善答之事。“善学者师逸而功倍”者，受者聪明易入，是为学之善，故师体逸豫，而弟子所解又倍于他人也。“又从而庸之”者，庸亦功也。所得既倍于他人，故恒言我师特加功于我者，是“从而功之”也。“不善学者师勤而功半”者，此明劣者也。己既暗钝，故师体勤苦，而功裁半于他人也。“又从而怨之”者，己既暗钝，而不自责己不明，乃反怨于师，独不尽意于我也。“善问者如攻坚木，先其易者，后其节目”者，此明能问者。问，谓论难也。攻，治也。言善问之人，如匠善攻治坚木，先斫治其濡易之处，然后斫其节目。其所问师之时，亦先问其易，后问其难也。“及其久也，相说以解”者，言问者顺理，答者分明，故及其经久，师徒共相爱说，以解义理。“不善问者反此”者，若暗劣不解问之人，则与能问者意反也。谓先问其难，心且不解，则答问之人，不相喜说，义又不通也，故云“反此”矣。“善待问者如撞钟，叩之以小者则小鸣，叩之以大者则大鸣”者，向明问，此明答也。以为设喻譬，善能答问难者，如钟之应撞，撞小则小鸣应之，撞大则大鸣应之。能答问者，亦随彼所问事之大小而答之。“待其从容，然后尽其声”者，又以钟为喻也。“不善答问者反此”者，谓不善答他所问，则反此。上来之事，或问小而答大，或问大而答小，或暂问而说尽，此皆无益于所问，故云“不善答问者反此”。“此皆进学之道也”者，言上善问善答，此皆进益学者之道也。……言善答者，亦待其一问然后一答，乃后尽说义理也。①

孔颖达此节疏文，先从学生的角度讨论善学善问之事，认为善学者聪明易入，能够做到举一反三，老师只需适当点拨即可收效，故老师教起来轻松愉快，学生则所获多多，由此师生之间形成良性循环，事半而功倍。反之，不善学者鲁钝不敏，即使老师再三讲解而不能明了，学生往往不从自身找原

① 李学勤主编：《十三经注疏·礼记正义》，北京大学出版社1999年版，第1067—1068页。

因，而怨怪老师教得不好，这样师生之间就形成了恶性循环，事倍而功半。善问者如巧匠治坚木，由易到难，循序渐进，问者既顺理，答者亦分明，长此以往，则师生间更加默契，更容易解决各种难题。而不善问者往往一开始就询问很难的问题，经老师再三解说而不能理解，老师不喜，学生亦更加困顿。孔颖达接着从老师的角度讨论如何处置这两种情况，认为善教的老师，“如钟之应撞，撞小则小鸣应之，撞大则大鸣应之”，即根据提问者所问事情的大小难易而随机作答，大事、难事宜详解、深解，小事、易事则略说、浅说。而不善教的老师，“或问小而答大，或问大而答小，或暂问而说尽”，如此皆不利于教导学生。不同于善教的老师一问一答，每一答问，将该讲的义理阐述殆尽。明白了这些道理，也就基本把握了教学之道。

（三）因时施教

在孔颖达这里，除了因材施教的要求之外，还应根据春夏秋冬的时间、季节转换而因时施教；并结合被教者年龄层次、接受心理而施教。孔颖达在《礼记·学记》中明确要求：“教学之道，当以时习之。”[①] 在《礼记·文王世子》正义中，孔氏对此作了更详细的论证：

> 三王教世子及学士等，必各逐四时所宜，……“四时各有所宜学”者，即下云“春夏学干戈”，及“春诵夏弦”之类是也。……春夏阳气发动，故云“用动作之时学之”。“秋冬学羽籥”，羽，翟羽也。秋则体成文章也。籥，笛也。籥声出于中，冬则万物藏于中。云“羽籥，籥舞，象文也”，宣八年《公羊传》云：“籥者何？籥舞也。”以其不用兵器，故象文也。引《诗》者，《邶风·简兮》之篇也，证羽籥之义，以秋冬凝寒渐静，故云“用安静之时学之”。卢植以为春教干，夏教戈，秋教羽，冬教籥。但干与戈、羽与籥，舞时相对之物。皇氏云“郑引《诗》‘左手执籥，右手秉翟’，则秋冬羽籥同教，春夏亦同教干戈”，义或然也，……若学舞之时，春夏学干戈而用动，秋冬学羽籥而用静，皆据年二十升于大学者。若其未升大学之时，则春诵夏弦，在殷之瞽宗也。云“阳用事则学之以声”，春夏是阳，阳主清轻，故学声，声亦清

① 李学勤主编：《十三经注疏·礼记正义》，北京大学出版社 1999 年版，第 1058—1060 页。

轻。云“阴用事则学之以事”，秋冬属阴，阴主体质，故学事，事亦体质。因四时所宜，顺动静之气，于学功业易成也。①

孔颖达此疏，主要论因时设教之事，认为四时气候不同，所教亦应随时而变，如对于二十岁以上已入大学的学子来说，春夏季节，大地回暖，阳气渐增，适宜活动，适合教习干戈等兵戎之事，秋冬季节，地气渐寒，人体趋静，适合教习羽籥类乐舞等文雅安静之事，此即孔氏所谓“春夏学干戈而用动，秋冬学羽籥而用静”。而对于二十岁以下未升入大学的学子来说，则是另外一种安排，如孔氏谓“春夏是阳，阳主清轻，故学声，声亦清轻”，故春夏期间比较适合教习诗书诵读或音乐演奏等事，又孔氏谓“秋冬属阴，阴主体质，故学事，事亦体质”，故春秋期间比较适合教习一些待人处事的技术、技能等。最后孔颖达总结说，“因四时所宜，顺动静之气，于学功业易成也”，故因时设教理应成为重要的教学原则和教学方法。

孔颖达论因时设教之理时，已包含了据学子的年龄层次而设教之意，这于上文已可见出，又《礼记·学记》孔氏正义曰：

正义曰：此一节论教之得理，则教兴也。“禁于未发之谓豫”者，发，谓情欲发也。豫，逆也。十五以前，情欲未发，则用意专一，学业易入。为教之道，当逆防未发之前而教之，故云“禁于未发之谓豫”。“当其可之谓时”者，可，谓年二十之时。言人年至二十，德业已成，言受教之端，是时最可也。“不陵节而施之谓孙”者，陵，犹越也。节，谓年才所堪。施，犹教也。孙，顺也。谓教人之法，当随其年才，若年长而聪明者，则教以大事，而多与之；若年幼又顽钝者，当教以小事，又与之少，是不越其节分而教之，所谓“孙，顺也”，从其人而设教也。②

孔颖达此疏，进一步论述施教者应掌握学者的年龄尤其是心理年龄，根据其

① 李学勤主编：《十三经注疏·礼记正义》，北京大学出版社1999年版，第626—628页。

② 李学勤主编：《十三经注疏·礼记正义》，北京大学出版社1999年版，第1062页。

心理年龄判断其接受能力，有针对性地实施教育，更容易取得效果。如15岁以下少年，情欲未发，用意专一，学业易入；20岁以上青年，品德、学业初成，接受能力更强。教人之法，应当顺应其年龄和才智施以恰当的教育，若年纪稍长而又聪慧者，可以尽量多教授其成大事的学问和能力，若年纪较小而又顽皮鲁钝者，应当教授一些基本的知识和能力，且适可而止，不宜传授过多。这样就能很好地掌握教学的分寸，因其人而施教。

（四）把握好教学节奏和分寸

对于把握好礼乐之教的节奏感和分寸感，孔颖达有着非常清醒的认识。如《礼记·学记》正义云："论教学之道，必当优柔宽缓，不假急速，游息孙顺，其学乃成。"①孔氏意谓，教学之道，应当循序渐进，不急不躁，当行则行，当止则止，顺着教学节奏和规律从容不迫地展开，温和而宽缓，这样才能成就其学业。这是讲要把握好教学节奏的问题。又《礼记·乐记》孔氏正义曰："乐声之作，人听而不厌，是人之所好，好而不止，放荡奢佚，故害在淫侉。若朋淫于家，俾昼作夜，物极则反，乐去忧来。又烦手淫声，慆堙心耳，则哀痛生也。"②孔氏此论，是借助音乐欣赏的例子说明过犹不及、乐极生悲的道理。人皆爱欣赏音乐，但若沉迷过渡，昼夜不休，则伤身伤神，乐去忧来。这是讲要把握好教学分寸感的问题。

（五）注重启发式教学

现代教育非常注重启发式教学，其实，在孔氏正义中，便多次谈到启发式教学，如《礼记·学记》孔氏正义云：

> 此一节明君子教人方便善诱之事。"故君子之教喻也，道而弗牵"者，喻，犹晓也；道，犹示也；牵，谓牵逼。师教既识学之废兴，故教喻有节，使人晓解之法，但广开道，示语学理而已。若人苟不晓知，亦不逼急，牵令速晓也。"强而弗抑"者，抑，推也。谓师微劝学者，使神识坚强，师当随才而与之，使学者不甚推抑其义而教之。"开而弗达"者，开，谓开发事端，但为学者开发大义头角而已，亦不事事使

① 李学勤主编：《十三经注疏·礼记正义》，北京大学出版社1999年版，第1058—1060页。
② 李学勤主编：《十三经注疏·礼记正义》，北京大学出版社1999年版，第1093页。

> 之通达也。“道而弗牵则和”者，此下三句，释上三事之所由也。若心苟不晓而牵逼之，则彼心必生忿恚，师与弟子不复和亲。今若但示正道，宽柔教之，则彼心和而意乃觉悟也。“强而弗抑则易”者，贺氏以为：师但劝强其神识，而不抑之令晓，则受者和易，和易亦易成也。“开而弗达则思”者，但开发义理，而不为通达，使学者用意思念，思得必深，故云“则思”也。“和易以思，可谓善喻矣”者，结上三事之功，若师能教弟子如此三事，则可谓“善教喻矣”。①

孔颖达此节疏文，主要讨论如何诱导和启发学生，以达到更佳教学效果的问题。孔氏认为，善教的老师往往通过启发暗示的方式加以引导，使学生循序渐进地接近所要掌握的义理，而非逼迫他立马弄懂所有的义理。老师有必要帮助学生更好地掌握义理，但不能强行灌输，而应该调动他的精神和意志力，激发他的学习兴趣，根据其才识情况引导他自主探索其义理。老师教导学生，也只是教其最重要的内容，而非事事使之通达，越全面、详细越好。若学生不懂而老师强逼之，会使对方心生怨恨，以致师生关系不和，适得其反。反之，若老师只示其大义，以及领略其义的途径和方法，让学生在心平气和的情境下进入学习状态，而非强行逼迫，学生在宽松的氛围中往往注意力更加集中，思考更加深入，从而更容易领悟其义理，实现教学目标。如果老师教学能做到如此，堪称循循善诱之良师矣！

出于对启发式教学的特别重视，孔颖达不吝在《礼记·学记》正义中再三申之。如孔氏正义云：“教者时时观之，而不丁宁告语。所以然者，欲使学者存其心也。既不告语，学者则心愤愤，口悱悱，然后启之，学者则存其心也。”② 这是说，老师教育学生，并非要再三叮嘱他应该如何如何，而是注意观察他的学习进展和反映，学生没有了老师的包办式教育，则反躬自省，口中挂念，心中思考，待其困惑无解，再适当予以点拨，便能取得茅塞顿开之效。孔氏又云：“教人之时，必待学者之问，听受其所问之语，然后依问为说之也。……若受业者才力苟不能见问，待愤愤悱悱之间，则师然后

① 李学勤主编：《十三经注疏·礼记正义》，北京大学出版社 1999 年版，第 1064 页。

② 李学勤主编：《十三经注疏·礼记正义》，北京大学出版社 1999 年版，第 1057 页。

乃示语之矣。……弟子既不能问，因而语之，语之不能知，且舍住，待后别更语之可也。”[①] 这是说，教学当中，尽量避免直接灌输，而应当鼓励学生善疑善问，带着问题去学习，老师则根据学生的提问而随机作答，这样教学效果更佳。若学生才识浅薄，不知如何向老师请教，老师亦应根据学生疑惑焦虑的情况而适当予以开解。若弟子既不善提问，老师开解之仍不能理解，这时也不必勉强，姑且留下话题，等日后机会成熟再予以教导。孔氏复云：“受学之法，言人人竞问，则师思不专，故令弟子共推长者能者一人谘问，余小不能者，但观听长者之问答，而各得知解。”[②] 这是说，教学之间，师生问答，若问者众多，则老师思维不能专一，无助于解决问题，这时可让学生推选一位年龄稍长、才识出众者代表大家来发问，其他年纪稍小、才识稍弱者则旁听师生间的问答，或能各得其解，这样更能取得教学成效。如此之论，较全面地反映了孔颖达的启发式教学思想，对当时及后世的文化教育和人才培养都有其重要意义。

（六）注重实践训练

教学当中，理论联系实际，开展适当的实践性操作训练是必不可少的环节，孔颖达于此也颇为留意。《礼记·学记》“良冶之子，必学为裘”一节孔氏正义云：

> 此一节论学者数见数习，其学则善，故三譬之。此为第一譬。良，善也。冶，谓铸冶也。裘，谓衣裘也。言积世善冶之家，其子弟见其父兄世业鍮铸金铁，使之柔合，以补治破器，皆令全好，故其子弟仍能学为袍裘，补续兽皮，片片相合，以至完全也。“良弓之子，必学为箕”者，此第二譬，亦世业者。箕，柳箕也。言善为弓之家，使干角挠屈调和成其弓，故其子弟亦睹其父兄世业，仍学取柳和软挠之成箕也。“始驾马者反之，车在马前”者，此第三譬，明新习者也。始驾者，谓马子始学驾车之时。反之者，驾马之法。大马本驾在车前，今将马子系随车后而行，故云“反之，车在马前”，所以然者，此驹既未曾驾

① 李学勤主编：《十三经注疏·礼记正义》，北京大学出版社1999年版，第1068页。
② 李学勤主编：《十三经注疏·礼记正义》，北京大学出版社1999年版，第1062页。

车，若忽驾之，必当惊奔，今以大马牵车于前，而系驹于后，使此驹日日见车之行，其驹惯习而后驾之，不复惊也。言学者亦须先教小事操缦之属，然后乃示其业，则道乃易成也。“君子察于此三者，可以有志于学矣”者，结上三事。三事皆须积习，非一日所成，君子察此三事之由，则可有志于学矣。①

孔颖达此节疏文，主要是根据经文中的三个比方加以引申发挥，探讨实践教学的重要性。先是举“良冶之子，必学为裘”的例证，意谓良冶之家，世代冶铸金铁，补治破器，其家弟子耳濡目染，言传身教，长期的训练，即便不能继承祖业，亦能很好地从事缝制袍裘、补续兽皮一类的手工制作。次举“良弓之子，必学为箕”的例证，意谓善于制作良弓之家，世代弯屈枝干以成弓弦，其家弟子在潜移默化中亦学其艺，起码能编制柳箕一类的用品。再举“始驾马者反之，车在马前”的例证，意谓训练马驹驾车，当使大马牵车于前，而系马驹于后，因马驹初次驾车易惊慌而奔逃，只有使马驹长期跟从车后，逐渐习惯随车而行，再训练其于车前牵行，而不至于惊慌。如此三例，说明教学之道，当先使学生从小处、易处入手，循序渐进、日积月累地加以训练，积小成大，由易到难，最终完全把握其道，掌握其技。可见耐心的有步骤的前期训练更有助于实现教学目标。

综上，孔颖达分别从教学相长、因材施教、因时施教、把握好教学节奏和分寸、注重启发式教学、注重实践训练等多个方面论述了礼乐之教的一般经验和方法，可谓孔氏一生教学经验和教学方法的总结，具有非常重要的理论意义和实践意义。

三、论教学中应该防范的一些问题

除了系统论述一般教学原则和方法之外，孔颖达还特别提出教学活动中应该防范的一些问题。如《礼记·学记》孔氏正义云：

此一节论教者违法，学者所以不成，是今师之失，故云“今之教

① 李学勤主编：《十三经注疏·礼记正义》，北京大学出版社 1999 年版，第 1069 页。

者”。“呻其占毕”者，此明师恶也。呻，吟也。占，视也。毕，简也。故《释器》云：“简谓之毕。”言今之师，不晓经义，但诈吟长咏，以视篇简而已。“多其讯”者，讯，问难也。既自不晓义理，而外不肯默然，故假作问难，诈了多疑，言若已有解之然也。“言及于数”者，数，谓法象。既不解义理，若有所言，而辄诈称有法象也。“进而不顾其安”者，务欲前进诵习使多，而不曾反顾其义理之安，不谓义理危辟而不自知也。“使人不由其诚”者，人，谓学者也。由，用也。诚，忠诚。使学者诵文，而己为之说义，心皆不晓而猛浪，是不用己之忠诚也。“教人不尽其材”者，材，道也。谓己既不晓其义，而纵有所悟者，又不能多，恒恐人胜之，故凡有所知，又为所隐，惜不尽其道也。“其施之也悖”者，谓教者有上五者之短，故施教于人，违背其理也。“其求之也佛”者，佛，戾也，教者佛戾也。教者既背违其理，其学者求之则又违戾。受学者心既不解，求问于师，师又不晓违戾义意也。“夫然，故隐其学而疾其师”者，由师教既悖，而受者又违，故受学者弟子不荷师教之德，乃隐没其师之学，而憎疾其师也。“苦其难而不知其益也”者，师说既不晓了，故弟子受之，苦其难。既难不解，故不自知其有益。“虽终其业，其去之必速”者，学者勉力自强，虽得终竟其业，为心不晓解，其亡去之必速疾矣。①

孔颖达此疏，揭示了教学中常见的一些问题，如为人师者，本不理解经义，但以吟诵篇简代替讲解，教学方式过于简单；或自己尚未弄懂义理，遇学子提问又不愿以实情相告，而是虚与委蛇，假作问答，甚至不懂装懂，胡诌一番，贻害学生；或一味教学生死记硬背，而不顾其是否懂得义理；或让学生背诵一番，自己不甚理解而勉强解说，言不由衷；或自己本不甚理解，纵有所悟，又担心别人胜过自己，故不肯轻易说出，常言不尽意。为人师者有如此一些短处，从事教学，必违背教学一般规律，教之不当，则学之不顺，如此，则形成恶性循环。老师教得不明白，学生学得更艰难，从而很难感受到学习的益处，进而不再尊师重教，即使勉强支撑到毕业，也是盼望尽快离开

① 李学勤主编：《十三经注疏·礼记正义》，北京大学出版社 1999 年版，第 1060—1061 页。

求学之地，而无留恋之意。这显然是教学的失败。孔颖达在这里梳理总结了施教者违背教学规律，导致学生学无所成的一些基本情况，发人深省。

《礼记·学记》孔氏正义又云：

> 此一节论学不依理，教之废耳。“发然后禁，则扞格而不胜”者，发，谓情欲既生也。扞，谓拒扞也。格，谓坚强。若情欲既发而后乃禁，教则扞格于教，教之不复入也。是教弱而欲强，为教不胜矣。“时过然后学，则勤苦而难成”者，时过，谓学时已过，则心情放荡，虽欲追悔欲学，精明已散，徒勤苦四体，终难成也。“杂施而不孙，则坏乱而不修”者，杂施，谓教杂乱无次越节，则大才轻其小业，小才苦其大业，并是坏乱之法，不可复修治也。“独学而无友，则孤陋而寡闻”者，独学，谓独自习学而无朋友。言有所疑，无可谘问，则学识孤偏鄙陋，寡有所闻也。“燕朋逆其师”者，以前四条皆反上教之所兴，此“燕朋”、“燕譬”，特加二条，不与上相对。燕朋，谓燕亵朋友，不相遵敬，则违逆师之教道也。“燕譬废其学”者，譬，譬喻也。谓义理钩深，或直言难晓时，须假设譬喻，然后可解。而堕学之徒，好亵慢笑师之譬喻，是废学之道也。①

孔颖达此疏，进一步论述不遵循教学规律而勉强施教所造成的危害。认为教学要提前规划，及时捕捉受教者的心理时机而施教，错过最佳时机，则事倍功半，“勤苦而难成”，因一旦受教者情欲外发，心情放荡，则精神涣散，很难收敛管控，即使逼迫其四体勤苦也难成其业。并且教学要讲究章法，需循序渐进，否则教学秩序紊乱，会导致“大才轻其小业，小才苦其大业”，教学基础没能夯扎实，则日后很难修补。此外要引导学生经常与师友们切磋交流，否则独自学习，缺乏必要的交流咨询环节，容易导致孤陋寡闻，偏离正轨。并且告诫学生要尊师敬友，虚心求教，有的义理较为深奥，需借助譬喻等方式才能讲解明白，要设法引导学生深入思考其义理，而非无端讪笑其譬喻，这样才能步入学习的正道。

---

① 李学勤主编：《十三经注疏·礼记正义》，北京大学出版社 1999 年版，第 1063 页。

综上，孔颖达分别讨论了礼乐之教的一般宗旨、原则和意义，一般教学经验和方法，以及教学中应该防范的一些问题等，这既是孔氏对前人教育思想和教学经验的总结，亦是其本人数十年教学实践和教育管理工作所积淀而成的经验、智慧的结晶，对唐初的文化教育和审美教育带来了全面而深远的影响，迄今仍不失其理论价值和实践意义。

总之，孔颖达从礼乐教化的理论意义、礼乐教化的基本内涵、礼乐教化的具体实践事项等多个方面阐释了自己的礼乐教化论思想。在《礼记·乐记第十九》正义中，孔氏曾概括《乐记》之要义为"广明礼乐相须之事"[①]。可以说，"礼乐相须"一语既是孔颖达对以《乐记》等为代表的传统礼乐文化之精髓的精要概括，亦是其本人经推陈出新所凝炼的礼乐教化理念和审美教育思想的集中表述。孔颖达有关礼乐相济、乐关时政、以乐著教等礼乐教化思想为唐人所认同，以乐著教几成为唐人政教观的普遍共识。如唐人鲍溶《元日早朝行》诗云："文昌垂彩礼乐正，太平下直旌旗红。"[②]李百药于《北齐书·文苑传序》中尝言："制礼作乐，腾实飞声，若或言之不文，岂能行之远也。"[③]杜佑于《通典》中指出："乐也者，圣人之所乐，可以善人心焉。所以古者天子诸侯卿大夫无故不撤乐，士无故不去琴瑟，以平其心，以畅其志，则和气不散，邪气不干。此古先哲后立乐之方也。"[④]白居易于《策林·议礼乐》中亦强调："礼者，纳人于别而不能和也，乐者，致人于和而不能别也，必待礼以济乐，乐以济礼，然后和而无怨，别而不争，是以先王并建而用之，故理天下如指诸掌耳!"[⑤]白居易在《策林》诸篇如《议礼乐》、《复乐古器古曲》、《沿革礼乐》、《采诗以补察时政》等文中，还多次倡议恢复古代诗乐制度以补察时政、振兴礼仪。[⑥]由此，孔颖达等人所倾心倡导和身体力行的唐代礼乐文化建设，自春秋时期礼乐高潮退却之后，大有中兴之势。

---

① 李学勤主编：《十三经注疏·礼记正义》，北京大学出版社 1999 年版，第 1085 页。

② 鲍溶：《元日早朝行》，《鲍溶诗集》，民国《唐诗百名家全集》本。

③ 李百药：《北齐书·文苑传序》卷四十五《列传第三十七》，清乾隆武英殿刻本。

④ 杜佑：《通典》卷一百四十一《乐一》，清武英殿刻本。

⑤ 白居易：《白氏长庆集·白氏文集》卷第四十八，《四部丛刊》影日本翻宋大字本。

⑥ 参见白居易：《白氏长庆集·白氏文集》卷第四十八，《四部丛刊》影日本翻宋大字本。

第八章　律历融通论

在中国传统文化中，音律与时历有着密切的关系。从先秦时人将阴阳五行模式演绎为十二月令、十二律吕，到汉人以卦气说诠解时历与律法，逐渐形成了一种“律历融通”的文化现象，即基于阴阳五行、易卦诸说，通过一系列的联类比附，将音乐的五声、十二律吕等与时历中的四时、十二个月相匹配，以解释天文和人文之关系的文化现象。此类诠解既关乎文化、哲学，亦关乎美学问题。而孔颖达于《五经正义》中，对此颇有发掘、整合、提挈之功。

先秦时期，《吕氏春秋·音律》已指出：“天地之气，合而生风，日至则月钟其风，以生十二律。仲冬日短至，则生黄钟，季冬生大吕，孟春生太簇，仲春生夹钟，季春生姑洗，孟夏生仲吕，仲夏日长至，则生蕤宾，季夏生林钟，孟秋生夷则，仲秋生南吕，季秋生无射，孟冬生应钟。天地之风气正，则十二律定矣。”① 这里撰者认为，天地之气，合而生风，一年十二个月，日月交替，各生其风，亦各有其律，据其风而定其律，则仲冬之日（十一月）为黄钟，季冬之日（十二月）为大吕，孟春之日（一月）为太簇，仲春之日（二月）为夹钟，等等，依次类推，直至孟冬之日为应钟，完成一年十二个月，同时也是十二律的一个循环。这便是较早将时历与音律结合起来的例证，至于时历与音律何以能够结合，尚需等待更系统、深入的诠解。又汉人戴德《曾子天圆》论“律历迭相治”云：“圣人慎守日月之数，以察星辰之行，以序四时之顺逆，谓之历；截十二管，以宗八音之上下清浊，谓

---

① 吕不韦：《吕氏春秋》第六卷，《四部丛刊》影明刊本。

之律也。律居阴而治阳，历居阳而治阴，律历迭相治也，其间不容发。"①这里戴氏认为，所谓"历"，即天文时历，乃古圣人根据日月、星辰的运行变化所制定的四时节气的先后序秩；所谓"律"，即阴阳律吕，指古人模拟八节、八风之音的高下清浊而制作成十二律管，以与四时十二月叠相对应。所谓"律历迭相治"，即历以治时，律以候气，天象与气象相参而治，"律居阴而治阳，历居阳而治阴"，天象（阳气轻清，属天）与气象（阴气沉浊，属地）在此得以融通统一。其他如《淮南鸿烈·时则》、《史记·律书》、《汉书·律历志》、《礼记·月令》等文献也曾有过类似表述。

至唐初，精通乐律和时历的孔颖达充分注意到"律历融通"这一文化现象的重要意义，并予以相当丰富的理论阐发，一定程度上将"历以治时，律以候气"这个古老的气象学传统由技术论层面推衍到本体论、价值论的层面，从而为孔颖达的文化哲学和美学思想又增添了新的重要内容。撮其要者，大致可概括为如下几个方面。

第一节　气本论基础上的律历融通

本书第一章已指出，孔颖达哲学和美学思想很大程度上是建立在气本论基础之上的，孔氏诸多美学观点都与此有关，有类于此，孔氏讨论律历融通的文化现象，也是以其气本论为基础的，由此我们可以进一步领会孔氏美学思想的系统性和渗透力。

孔颖达在《周易正义》中疏解乾卦九二爻辞王弼注时提出："阴阳二气，共成岁功，故阴兴之时，仍有阳在，阳生之月，尚有阴存。所以六律六吕，阴阳相间，取象论义，与此不殊。"②这是说，阴阳二气的消长变化贯穿于一年四季当中，阴气隆盛之时仍有阳气相伴，阳气生长之时仍有阴气相随，而音乐十二律之六律、六吕，对应于一年十二个月，自然包含阴阳二气的消长变化之理，乐象乐理，均可从阴阳二气的和合演变中予以探求。又《礼

① 戴德：《曾子天圆》，《大戴礼记》卷五，《四部丛刊》影明袁氏嘉趣堂本。

② 李学勤主编：《十三经注疏·周易正义》，北京大学出版社1999年版，第4页。

记·月令》孔氏正义云："十一月建子，阳气在中，'六气：阴、阳、风、雨、晦、明。九德：金、木、水、火、土、谷、正德、利用、厚生'。作事宣遍，黄钟象气伏地，物始萌，所以遍养六气九功之德。此养之者，若施于人六情，正德，天德；利用，地德；厚生，人德。六府者，金、木、水、火、土、谷也。"[①] 这又是说，音乐之十二律吕（六律、六吕）对应一年十二个月，各有阴阳之气相应，其中作为十二律吕之首的黄钟，对应于建子之月——十一月，该月阴气盛极而衰，阳气萌动于下，而黄钟之象，象阳气伏于地下，万物萌生于地中，遍养六气、九功之德。至于为什么要选阴历十一月为一年之首以对应黄钟，从阴阳二气的变化情况来看，主要是因为十一月阴气由盛转衰，阳气一元复生（可比照十二辟卦中的首卦复卦），意味着一个新的轮回开始，故周人以十一月为一年的正月（按地支记为建子之月），与后世不同，汉代蔡邕尝言："周以十一月为正，……言阳气踵黄泉而出，故以为正也。"[②] 孔颖达亦指出："冬至者，周之正月之中气。"[③] 冬至日即十一月中，阳气始生，为一年中阴阳二气转换的关节点，故以之为发端。黄钟之后，其他十一律吕亦根据所对应各月阴阳二气的组合变化情况递次展开，共同表现于天地自然、社会人事各个方面，完成一年一度的生命循环周期。这就将时历与乐律的共同基础——阴阳二气的和合变化彰显出来，从而，气论成了孔氏律历哲学的本体论基础。

又孔氏《尚书·舜典》正义云："《周礼·太师》云：'文之以五声：宫、商、角、徵、羽。'言五声之清浊有五品，分之为五声也。又'太师掌六律、六吕以合阴阳之声。阳声黄钟、太簇、姑洗、蕤宾、夷则、无射。阴声大吕、应钟、南吕、林钟、仲吕、夹钟'。是六律、六吕之名也。《汉书·律历志》云：'律有十二，阳六为律，阴六为吕。'是阴律名同，亦名吕也。郑玄云：'律述气也，同助阴宣气，与之同也。'又云：'吕，旅也，言旅助阳宣气也。'《志》又云：'律，黄帝之所作也，黄帝使伶伦氏自大夏之西、昆仑之阴，取竹于嶰谷之中各生、其窍厚薄均者，断两节之间吹之，以为黄钟之宫。制十二龠，以听凤皇之鸣，其雄声为六，雌鸣亦六，以比黄钟之宫，

---

① 李学勤主编：《十三经注疏·礼记正义》，北京大学出版社 1999 年版，第 552 页。

② 蔡邕：《独断》卷上，《四部丛刊三编》影明弘治本。

③ 李学勤主编：《十三经注疏·春秋左传正义》，北京大学出版社 1999 年版，第 1387 页。

是为律之本。'言律之所作如此。圣人之作律也，既以出音，又以候气，布十二律于十二月之位，气至则律应，是六律、六吕述十二月之音气也。"①孔氏此论，根据《周礼・太师》、《汉书・律历志》解五声和六律、六吕之名，认为乐声据其清、浊程度的不同可分为五品，是为五声，而乐声又有阴阳之别，若以十二月的形制来划分，则有六律、六吕，六律属阳声，分别为黄钟、太簇、姑洗、蕤宾、夷则、无射；六吕属阴声，分别为大吕、应钟、南吕、林钟、仲吕、夹钟，六律、六吕虽阴阳有别，但调和阴阳之气则一。至于《汉书・律历志》所述黄帝使伶伦氏取昆仑之竹制成十二龠，仿凤凰之鸣发为六律、六吕之声，成为乐律的来源，带有很强的神话传奇色彩，未必属实。但在孔氏看来，可以确认的是，古人作律管，不仅仅是为了发律吕之声，同时也是为了测度一年四季十二月的地气，其方法即布十二律管于十二月方位，每月气至则律管应，因此，十二律管除了具有校定六律、六吕的功效外，还有另一种重要的功能，即候地气。

在孔颖达这里，候地气的理论基础依然是气本论，表现为一年十二个月阴阳二气的流行变化，而通过十二律管应气而发出的不同声响可以洞察其流行变化情况。十二律管本为校定音乐律吕而来，现又用以候十二月之气，因此音与气之间存在密切的对应关系，孔氏有时干脆称其为"音气"。不同的时节有不同的"音气"，孔氏《礼记・月令》正义就此论曰：

角是春时之音，律审正月之气，音由气成，以其音气相须，故律角同处。言正月之时，候气之管，中于大蔟，中犹应也，谓候气飞灰，应于大蔟，其大蔟夹钟，六律六吕之等，皆是候气管名。言正月之时，律之候气应于大蔟之管，又计大蔟管数，倍而更半，铸之为钟，名曰大蔟之钟。是大蔟之钟，元生于大蔟之律，是律在于前，钟生于后，……阳管为律，律，法也，言阳气与阴气为法。郑云："律，述也，述气之管，阴管为吕。"《律历志》云："吕，助也。言助阳宣气。"又云："吕，拒也。言与阳相承，更迭而至。"又阴律称同，言与阳同也。总而言之，阴阳皆称律，故十二月皆云"律中"是也。按《律历志》

① 李学勤主编：《十三经注疏・尚书正义》，北京大学出版社1999年版，第80—81页。

云“黄钟，黄者，中之色，君之服也；钟者，种也”，“阳气施种于黄泉，孳萌万物，为六气元也”，“变动不居，周流六虚，位于子，在十一月。大吕，吕，旅也，言阴气大旅，助黄钟宣气而牙物也，位于丑，在于十二月。大蔟，蔟，凑也，言阳气大，凑地而达物也，位于寅，在正月。夹钟，钟，钟也；夹，助也，言阴夹助大蔟，宣四方之气，而出钟物也，位于卯，在二月。姑洗，洗之言洁也，言阳气洗物姑洁之也，位于辰，在三月。仲吕，言微阴始起未成，著于其中，旅助姑洗，宣气齐物也，位于巳，在四月。蕤宾，蕤，继也；宾，道也，言阳气始道阴气，使继养物也，位于午，在五月。林钟，林，君也，阴气受任，助蕤宾君主种物，使长大楙盛也，位于未，在六月。夷则，则，法也，言阳正法度，而使阴气夷当伤之物，位于申，在七月。南吕，南，任也，言阴气旅助夷则任成万物也，位于酉，在八月。无射，射，厌也，言阳气究物，而使阴气毕剥落之，终而复始，无厌已也，位于戌，在九月。应钟，言阴气应无射，该藏万物，而杂阳阂种也，位于亥，在十月”。①

在此节疏文中，孔颖达主要论列声音、律管与节气的关系，如角声属春季，春季分为孟春、仲春、季春三个月份，分别由大蔟、夹钟、姑洗三种律管候其气，每月气至而管应（灰飞而管空），管应而声响，故音由气成，音气相须。六律属阳，六吕属阴，又合称十二律，对应一年十二个月。十二律管，既可发声，亦可候气，是沟通“音”与“气”的物质载体，每月阴阳二气的变化情况，均可通过十二律管来表征。其中十二律之首黄钟表征“阳气施种于黄泉，孳萌万物，为六气元也”，其状“变动不居，周流六虚，位于子，在十一月”；其次，大吕“言阴气大旅，助黄钟宣气而牙物也，位于丑，在于十二月”；再次，大蔟“言阳气大，凑地而达物也，位于寅，在正月”；复次，夹钟“言阴夹助大蔟，宣四方之气，而出钟物也，位于卯，在二月”；……如此这般，十二律管候气所示，无非是天地之间阴阳二气的消长变化，以及此种消长变化所带来的季节的推移、草木的荣枯、农事的更迭

① 李学勤主编：《十三经注疏·礼记正义》，北京大学出版社1999年版，第449—450页。

等现象。此外，在《春秋左传·昭公二十年》"六律"正义中，孔氏亦有一段近似的表述，详细讨论了六律、六吕与一年十二个月阴阳二气相生相应的关系。孔氏律历融通论以气本论为基础的特征由此越发显明。

关于以十二律管侯气的具体操作过程，孔颖达在《礼记·月令》正义中亦作过仔细的介绍，其文曰："蔡邕云：'以法为室三重，户闭，涂衅必周密，布缇缦室中，以木为案，每律各一案，内庳外高，从其方位，加律其上，以葭灰实其端，其月气至，则灰飞而管通。'如蔡所云，则是为十二月律，则布室内十二辰，若其月气至，则其辰之管灰飞而管空也。然则十二律，各当其辰，邪埋地下，入地处庳，出地处高，故云'内庳外高'。黄钟之管，埋于子位，上头向南，以外诸管，推之可悉知。又律云，以河内葭莩为灰，宜阳金门山竹为管。熊氏云：'按吹灰者，谓作十二律管，于室中四时位上埋之，取芦莩烧之作灰，而实之律管中，以罗縠覆之，气至则吹灰动縠矣。小动为气和，大动为君弱臣强专政之应，不动縠为君严猛之应。'"① 此处孔颖达分别引蔡邕、熊安生的说法，认为所谓侯气之法，即在一密室中，将十二律管塞以葭灰，按十二个月各自方位安放，置之于木案之上，或如孔氏所云斜埋于地下。其中黄钟之管埋于子位，上端朝南摆放，其他十一律管以此为准，依次循环安放。俟某月气至，风吹律管，发生振动，则相应之管灰飞而管空。故十二律管又称"候气之管"。这种候气之法最早起于何时，尚无定见，甚至还带有某种神秘论色彩，但它确实是建立在中国古人长期观天象、察日影，候地气、应吕律等实践经验基础之上的，从而有"敬授民时"的重要功能。

如我们所知，中国古代社会是以农业生产为主导的社会，故对农时、气候的考察极为重视。季节变化，季风、季雨等自然气候亦随之而变，如何准确捕捉气候的变化信息以及时地安排相应的农业活动，甚至军事活动和政治活动，便成了极重要而又有一定难度的问题。聪明的古人在漫长的实践经验中，逐渐察觉十二律管有独特的候气功能，以十二律管候地气，随着季节、月份的不同，风力、风向、风速等亦各有差异，风吹律管，会随着律管长短、大小不同而形成不同的空气柱，产生不同的震动频率，由此导致的

---

① 李学勤主编：《十三经注疏·礼记正义》，北京大学出版社 1999 年版，第 451 页。

声响自会呈现微妙的差异，就如同口吹十二律管所发出的乐音各有不同一般。如《礼记·乐记》孔氏正义云："'八风从律而不奸'者，八风，八方之风也。律，谓十二月之律也。乐音象八风，其乐得其度，故八风十二月律应八节而至，不为奸慝也。"① 八风即八方之风，亦称八节之风，源于不同方位、不同时节阴阳两气的和合状态，阴阳两气，合而生风，因方位、季节的不同而风向、风力各有不同，其间参差变化的规律，一如音律之合其度数。若八风应节而至，则风调雨顺，国泰民安，否则就有可能带来某些灾祸。故"十二律"既可作乐律的考校方法，亦可作律历的测度方法，与时历中的四时、八节、十二月具有一一对应关系，其理论基础则在于阴阳之气（风）的流行变化情况。

从形而上的角度来看，六律、六吕配四时、八节、十二月，律历融通，其基本观念是阴阳二气交通和合，时间空间浑然一体，从而演绎成充满运动感和节奏感的时空一体的宇宙结构。而能播之八音的十二律吕，恰能体现这动态的宇宙结构，体现天地生生之道。这在一定程度上也体现了中国古代"天人合一"的农业社会之实践模式和文化、审美模式。由此，孔氏生命论哲学和美学，足可奏出新的华章。

第二节　律历融通与阴阳五行

孔颖达的律历融通论建立于气本论基础之上，而孔颖达有关阴阳五行的理论也是以气本论为基础的，正是有了气本论这一共同的基础，孔颖达力图将阴阳五行与律历融通联系起来，以阴阳五行理论来解说律历融通的问题。

首先，孔颖达全面论述五行与阴阳之气的关系，为律历融通之说作了五行理论的铺垫。《礼记·月令》孔氏正义云："五行谓金木水火土。谓之五行者，按《白虎通》云：'行者，言欲为天行气也。'谓之水者，《白虎通》云：'水训准，是平均法则之称也，言水在黄泉养物，平均有准则也。木，

① 李学勤主编：《十三经注疏·礼记正义》，北京大学出版社 1999 年版，第 1110 页。

触也，阳气动跃，触地而出也。火之为言化也，阳气用事，万物变化也。金训禁也，言秋时万物，阴气所禁止也。土训吐也，言土居中，总吐万物也。’……水所以在北方者，从盛阴之气，所以润下者，下从阴也。火所以在南方者，从盛阳之气，炎上者，从阳也。木所以在东者，东是半阴半阳，曲直以阴阳俱有，体质尚柔，故可曲可直也。金所以在西方者，西方亦半阴半阳，但物既成就，体性坚之，虽可改革，犹须火柔之。土所以在中者，以其包载四行，含养万物，为万物之主，稼者，所以养万物也。”[①]孔氏此论，先解五行之名义，他认同并发挥《白虎通》之说，认为金、木、水、火、土之所以称“五行”，其根本原因在于此五者皆“为天行气”，乃天地阴阳之气凝聚而成，并宣发、运行天地阴阳之气，如孔氏《尚书·洪范》正义又云：“在天则五气流行，在地世所行用也。”[②]其中水含阴气，遍布地中，滋养万物，无所偏废，在季节上属冬；木为阳气动跃，触地而出，在季节上属春；火为阳气用事，万物化生，在季节上属夏；金为阴气所凝，万物止生待收，在季节上属秋；土则涵纳阴阳，蕴蓄百物，在方位上居中而统领四方，在时令上疏散而纲维四季。在此基础上，孔颖达又从空间方位角度讨论五行与阴阳二气的关系，认为水行之所以属北方，因北方阴寒，阳气衰微，而水凝盛阴之气，居阴而润下，对应于八卦中的坎卦（卦象为水）方位，处正北方；火行所以属南方，因南方炽热，阳气隆盛，而火聚盛阳之气，居阳而炎上，对应于八卦中的离卦（卦象为火）方位，处正南方；木行之所以属东方，因东方半阴半阳，刚柔相济，而木可曲可直，亦柔亦刚，利于万物生长，对应于八卦中的震卦（卦象为雷，寓意春雷滚滚，万物发生）方位，处正东方；金行之所以属西方，因西方亦半阴半阳，但春华秋实，物已成就，体性坚实，而金亦体性坚实，如金秋之熟果，待火而柔化之，对应于八卦中的兑卦（卦象为泽，寓意泽润四方，悦纳百物）方位，处正西方；土行之所以在中央，因土行包含、承载其他四行，为其他四行之纲维和基础，蓄养万物并为万物之宗主，对应于八卦中的坤卦（卦象为土，寓意生养万物，无所偏废）方位，处于中央，如孔氏引郑玄语云：“坤不言方者，所言地之养物不专一

---

① 李学勤主编：《十三经注疏·礼记正义》，北京大学出版社1999年版，第451—452页。

② 李学勤主编：《十三经注疏·尚书正义》，北京大学出版社1999年版，第302页。

也。”[①] 孔氏此番论释，将五行与阴阳之气的关系交代得相当全面、具体，其中还糅合了某些易学思想，此不具论。

其次，关于阴阳五行与四时节气的关系，孔颖达有过不少论述，如《礼记·礼运》孔氏正义云：“地持阴气，出纳于山川，气有阴气阳气，皆出于地，地体是阴，故虽阳气，亦总谓之阴气也。……气在地中，含藏聚敛，出于地则舒散。……五行四时者，以金木水火各为一行，土无正位，分寄四时，故云‘播五行于四时也’。……此五行之气。凡月体之生，禀于日光。若气之不和，日月行度差错，失于次序，则月生不依其时。若其五行气和，则月依其时而生，上配日也。”[②] 孔氏此论，即认为阴阳之气禀地而生，舒散于四时五行，金、木、水、火四行分别对应着秋、春、冬、夏四时，皆承四时阴阳之气，土行居中央，统率四时、四方，合应四时、四方之气，五行各有气禀，统称五行之气。若五行之气不和，则阴阳失调，日月差池，四时淆乱；若五行之气和顺，则阴阳相合，日月有序，四时有节。可见孔颖达在气本论基础之上，将阴阳五行与四时节气有机沟通起来。如我们所知，在我国古代天文历法上，金、木、水、火、土五行又被称为“五纬”，可分别代表金、木、水、火、土五大行星，五大行星再加上日、月，即构成天文历法上著名的“七政”（“政”通“正”），“五纬”、“七政”在天体上的运行秩序，构成了天文历法的基础。故五行与时历，本有着不可分割的联系，孔氏所论，自有其内在的理据。

再次，关于五行、四时与音乐律吕的关系，孔颖达亦多次论及。如论五行与五声，《春秋左传·昭公二十五年》孔氏正义云：“五行之气，入人之口为五味，发见于目为五色，章彻于耳为五声。味以养口，色以养目，声以养耳。……五色，五行之色也。木色青，火色赤，土色黄，金色白，水色黑也。木生柯叶则青，金被磨砺则白，土黄，火赤，水黑，则本质自然也。发，见也。谓见于人目，有此五色。……声之清浊，差为五等。圣人因其有五，分配五行。其本末由五行而来也。但既配五行，即以五者为五行之声。土为宫，金为商，木为角，火为徵，水为羽。声之清浊，入耳乃知，章彻于

① 李学勤主编：《十三经注疏·周易正义》，北京大学出版社 1999 年版，第 328 页。

② 李学勤主编：《十三经注疏·礼记正义》，北京大学出版社 1999 年版，第 692 页。

人为五声也。”又《礼记·乐记》孔氏正义云：“‘五色成文而不乱’者，五色，五行之色也。既有所象，故应达天地五行之色，各依其行色成就文章，而不错乱。崔氏云：‘五色者，五行之音，谓宫、商、角、徵、羽之声，和合成文不乱也。而云五色，因五行之色，别广以明义也。’”① 孔氏此二处论述，要义为：五行之气养成五味、五色和五声，故五声由五行而来，根据声之清浊，分为宫、商、角、徵、羽，其中宫对应土，商对应金，角对应木，徵对应火，羽对应水。又金、木、水、火、土五行各有其色，如木色青，火色赤，土色黄，金色白，水色黑，五行之色各有所象，各自成文（纹），若宫、商、角、徵、羽五声循此而构建，则文理井然有序，如同五行之色焕然可观。

如前文所述，天文历法上有“五纬七政”之说，“五纬”即五行，可配宫、商、角、徵、羽五音，“七政”即五行之外再加上日、月，这又该如何比配呢？对此，孔氏又进一步论及“七音”的问题，《春秋左传·昭公二十年》孔氏正义云：“声之清浊，数不过五，而得有七音者，终五以外更变为之也。贾逵注《周语》云：周有七音，谓七律，谓七器音也，黄钟为宫，太蔟为商，姑洗为角，林钟为徵，南吕为羽，应钟为变宫，蕤宾为变徵。是五声以外，更加变宫、变徵为七音也。”② 孔氏在此借贾逵注指出，周时五音为正，但五音适当增损可成新声，如宫声可易为变宫，由应钟对应其律数，徵声可易为变徵，由蕤宾对应其律数，这样一来就有了宫、商、角、徵、羽、变宫、变徵七音，与“七政”金、木、水、火、土、月、日可以一一匹配起来，从而进一步完善了五行与声律之关系的论证。

孔颖达进而又论四时与声律的关系，《礼记·月令》孔氏正义云：“四时之律，皆取气应，而土王之律独取声应者，一者欲与四行为互，二者为无别候土气之管故也。土无候气之管者，以寄王四季之末，故从四时之管，而不别候也，唯以四行末十八日为土之气也。蔡氏及熊氏以为黄钟之宫，谓黄钟少宫也，半黄钟九寸之数，管长四寸五分，六月用为候气。按六月林钟之律长六寸，七月夷则长五寸三分有余，何以四寸五分之律，于六月候之乎？又

---

① 李学勤主编：《十三经注疏·礼记正义》，北京大学出版社 1999 年版，第 1110 页。

② 李学勤主编：《十三经注疏·春秋左传正义》，北京大学出版社 1999 年版，第 1404 页。

土声最浊，何得以黄钟平声相应乎？蔡、熊之说非也。”[①] 这里，孔氏将四时之律与音乐律吕联系起来，并借五行理论为说。四时之律，可以与乐律中的宫、商、角、徵、羽五声相对应，其中春季对角声，夏季对徵声，秋季对商声，冬季对羽声，余宫声无所对，则以五行中的土行（中央土）对之，尽管后者与前四者之四季（节气）——四声对应关系不类，但通过五行的中介，也还说得通，因五行中的金、木、水、火可同时对应秋、春、冬、夏四季和五声当中的商、角、羽、徵四声，这样四时、五行、五声便被有机地勾连起来，宫声不以四时对，而以五行中的土行相配似乎亦可。而四时之律，各有候气之管，对应四时八节之气，并与五行当中的金、木、水、火四行一一对应，土行无所对，也无特定的候气之管，只能分布于四时并为四时之纲领，也有以四行末十八日为土之气者。此外，与《吕氏春秋·音律》所论一致，四时十二个月分别对应乐律当中的十二律（六律、六吕），如阴历十一月对应黄钟，十二月对应大吕，正月对应大蔟，二月对应夹钟，等等，直至十月对应应钟，完成一个循环周期。由此而有十二律管，既可发十二律之声，又能候十二月之气。蔡氏、熊氏认为黄钟律管应是指黄钟少宫律管，管长四寸五分，为黄钟律管九寸之数的一半，用于候六月之气，孔颖达认为此观点有误，六月候气当属林钟律管。可见，在孔颖达这里，四时、五行与音律之间的关系已非常复杂而严密。

又《毛诗·大序》“情发于声，声成文谓之音”句下孔氏正义云：“《春官·大师职》云：‘文之以五声：宫、商、角、徵、羽。’是声必有五，故引五声之名以解之。五声之配五方也，于《月令》角东、商西、徵南、羽北、宫在中央。立名还以其方为义，《汉书·律历志》云：‘商之为言章也，物成熟可章度也。角，触也，物触地而出，戴芒角也。宫，中也，居中央，畅四方，唱始施生，为四声之纲也。徵，祉也，物盛大而蕃祉也。羽，宇也，物聚藏宇覆之也。’又云：‘宫为君。’君是阳，阳数极于九，故宫数八十一。三分去一以生徵，徵数五十四。三分益一以生商，商数七十二。三分去一以生羽，羽数四十八。三分益一以生角，角数六十四。”[②] 孔氏此论，主要据

① 李学勤主编：《十三经注疏·礼记正义》，北京大学出版社 1999 年版，第 516 页。
② 李学勤主编：《十三经注疏·毛诗正义》，北京大学出版社 1999 年版，第 8 页。

《礼记·月令》和《汉书·律历志》，梳理、阐发音乐之宫、商、角、徵、羽五声与春、夏、秋、冬四时节气，以及与五行之东、西、南、北、中五方的搭配关系。就五声与四时来说，角声代表春生，徵声代表夏长，商声代表秋熟，羽声代表冬藏，宫声则为四声之纲，唱始施生，统领四时八节。就五声与五方来说，角配东，商配西，徵配南，羽配北，宫配中央。五方以中央为尊，以中央统领东、西、南、北四方。而五声又以宫声为准，宫声度数八十一，在此基础上适当予以增损，则分别得徵、商、羽、角四声。如此，则将表面上看似互不相干的五声、四时与五方整合到一起来，互为沟通，各自循环，构成一个庞大而有机的时空一体的系统。

复次，在《春秋左传·隐公五年》正义中，孔颖达除了将乐律与五行、四时相联系，还进一步与易学之八卦统一起来，构建了一个更繁复的文化诠释系统。其论曰：

> 舞为乐主，音逐舞节，八音皆奏，而舞曲齐之，故舞所以节八音也。八方风气寒暑不同，乐能调阴阳，和节气。八方风气由舞而行，故舞所以行八风也。……八音为“金、石、土、革、丝、木、匏、竹”，《周礼·大师职》文也。郑玄云：“金，钟镈也；石，磬也；土，埙也；革，鼓鼗也；丝，琴瑟也；木，柷敔也；匏，笙也；竹，管箫也。”八风，八方之风者，服虔以为八卦之风；乾音石，其风不周；坎音革，其风广莫；艮音匏，其风融；震音竹，其风明庶；巽音木，其风清明；离音丝，其风景；坤音土，其风凉；兑音金，其风阊阖。《易纬·通卦验》云：立春调风至，春分明庶风至，立夏清明风至，夏至景风至，立秋凉风至，秋分阊阖风至，立冬不周风至，冬至广莫风至。风体一也，逐天气、随八节而为之立名耳。调与融一风一名。昭十八年传曰“是谓融风”，是其调、融同也。沈氏云：案《乐纬》云，坎主冬至，乐用管；艮主立春，乐用埙；震主春分，乐用鼓；巽主立夏，乐用笙；离主夏至，乐用弦；坤主立秋，乐用磬；兑主秋分，乐用钟；乾主立冬，乐用柷敔。此八方之音，既有二说，未知孰是，故两存焉。更说制乐之本，节音行风之意，以八音之器，宣播八方之风，使人用手以舞之，用足以蹈之，节其礼制，使不荒淫，次序人情，使不蕴结也。《蟋蟀》诗曰：“无

> 已大康，职思其居。”是节其制也。舜歌《南风》曰：“南风之时兮，可以阜吾人之财兮。南风之薰兮，可以解吾人之愠兮。”是序其情也。①

在此则疏文中，孔氏正义先后引《周礼·大师职》、《易纬·通卦验》、《乐纬》诸说，试图将八音（金、石、土、革、丝、木、匏、竹，《乐纬》谓管、埙、鼓、笙、弦、磬、钟、柷敔）、八风（调风或曰融风、明庶风、清明风、景风、凉风、阊阖风、不周风、广莫风）、八卦（乾、坎、艮、震、巽、离、坤、兑）、八节（立春、春分、立夏、夏至、立秋、秋分、立冬、冬至）等统一起来，也即将乐律与四时八节、阴阳五行、八卦方位等统一起来，而其共同的理论基础依然是孔颖达的气本论哲学。

这种努力统一各说的倾向在孔氏其他阐释中亦可见出。如《春秋左传·昭公二十年》孔氏正义云：“《易纬·通卦验》云：‘立春，调风至；春分，明庶风至；立夏，清明风至；夏至，景风至；立秋，凉风至；秋分，阊阖风至；立冬，不周风至；冬至，广莫风至。’调风一名融风。十八年传云：‘是谓融风。’是调融同也。此八方之风，以八节而至，但八方风气寒暑不同，乐能调阴阳和节气。隐五年传曰：‘舞，所以节八音而行八风’，故乐以八风相成也。八节之风，亦与八卦、八音相配。贾逵云：兑为金，为阊阖风也。乾为石，为不周风也。坎为革，为广莫风也。艮为匏，为融风也。震为竹，为明庶风也。巽为木，为清明风也。离为丝，为景风也。坤为土，为凉风也。是先儒依《易纬》配八风也。”② 孔颖达在此明确强调八风、八音、八卦之间一一对应的关系，以统一乐律、时历与易学，引经据典间，不乏调和的痕迹，但一定程度上将各家分散的学说整合成了一个庞大而有机的系统，这既有助于解决某些彼此不一的理论难题，亦有助于后人整体性地理解和把握我国古代律历相生的学说。

总之，在孔颖达这里，律与历同为阴阳五行、天地之气的体现，二者同源而相生，相涵而相宣，烘托出一个动静结合、时空一体的宇宙结构，此宇宙结构不是独立于人的存在，而是与人共为一体，时空是属人的时空，人

---

① 李学勤主编：《十三经注疏·春秋左传正义》，北京大学出版社 1999 年版，第 98—99 页。
② 李学勤主编：《十三经注疏·春秋左传正义》，北京大学出版社 1999 年版，第 1405 页。

是时空中的人，彼此互为对象，共同组成一个庞大的生命系统，乐律、时历、人事、天道在这一充满无限生机的宇宙结构中彼此相依，绵延无尽，它充分体现了中国古代独特的系统论思维方式和天人合一的文化理想。

第三节　律历融通与数理结构

天文时历有其定数，律吕相生亦有其定则，历以纪数而寓声，律以宣声而寓数，两者共同的形式基础是宇宙自然中的数理结构，它们在阴阳二气消长变化过程中，常呈现共同的数理结构和形式美，彼此可以联类比附。孔颖达深悟此理，多次论释律历融通与数理结构的关系，认为律历融通的本体论基础在于气本论，而其形式构成基础则在于数理结构，某种意义上可以说，数理结构是律历融通的客观表现形式。下面分而论之。

首先，关于时历的数理结构形式，孔颖达认为其要义在于天地阴阳、日月星辰、五行之气的变化法则。

《尚书·洪范》孔氏正义曰："天是积气，其状无形，列宿四方，为天之限。天左行，昼夜一周。日月右行，日迟月疾。周天三百六十五度有余，日则日行一度，月则日行十三度有余，日月行于星辰，乃为天之历数。和此天时，令不差错，使行得正用五纪也。日月逆天道而行，其行又有迟疾，故须调和之。"① 孔氏此论，认为所谓天，其实乃气之所积，并无实体形状，日月星辰运行于其间，在人的视运动中，日月右行（顺时针方向），天左行（逆时针方向），天行一周共三百六十五度有余，日每日运行一度，月每日运行十三度有余，日月更迭，周而复始，围绕周天运行三百六十五度左右为一大循环，即完成一年的周期，由此构成基本的天时历数。在这一循环周期内，又可以根据日月运行的情况，气候的变化等因素，分为一年四季、十二月、二十四节气等。又因为日月逆天道而行，其行又有快又慢，故须适当在历数上加以调节，使历数与气候相应，如闰年、闰月现象即由此而来，归根结底，历数的变更是由天地阴阳之气的变化所决定的。

---

① 李学勤主编：《十三经注疏·尚书正义》，北京大学出版社 1999 年版，第 300 页。

又孔氏疏解《周易·复卦·彖辞》“反复其道，七日来复”句云：“阳气始于剥尽之后，至阳气来复时，凡经七日。……离、坎、震、兑，各主其一方，其余六十卦，卦有六爻，爻别主一日，凡主三百六十日。余有五日四分日之一者，每日分为八十分，五日分为四百分四分日之一又为二十分，是四百二十分。六十卦分之，六七四十二卦，别各得七分，是每卦得六日七分也。剥卦阳气之尽在于九月之末，十月当纯坤用事。坤卦有六日七分。坤卦之尽，则复卦阳来，是从剥尽至阳气来复，隔坤之一卦六日七分，举成数言之，故辅嗣言‘凡七日’也。”① 这里，孔颖达以卦气说来解释时日的变更，尤其是汉代以来的“六日七分”之说，认为易卦重卦六十四，其中离、坎、震、兑四正卦各主夏、冬、春、秋四季，暂存而不论，剩余六十卦共三百六十爻，分主一年三百六十日，故每卦六日，每爻一日，但还剩下五日四分日多一点（因太阳运行一大周天约三百六十五度有余），分摊到六十卦上，每卦又得七分日，故最终每卦所占时长约六日七分，从而有“六日七分”之说。如十二辟卦中，由剥卦一阳消尽，到复卦一阳复生，中间隔了一个坤卦，而坤卦有六日七分，故云“阳气始于剥尽之后，至阳气来复时，凡经七日”，“七日”是举约数为说。孔氏此论，以卦气的消长来诠解时日的变更，从而进一步佐证了历数与阴阳之气的关系。

在《尚书·洪范》正义中，孔氏还就历数与阴阳之气的关系问题更加发挥，其论曰：“数之所起，起于阴阳。阴阳往来，在于日道。十一月冬至日南极，阳来而阴往。冬，水位也，以一阳生为水数。五月夏至日北极，阴进而阳退。夏，火位也，当以一阴生为火数。但阴不名奇，数必以偶，故以六月二阴生为火数也。是故《易说》称乾贞于十一月子，坤贞于六月未，而皆左行，由此也。冬至以及于夏至，当为阳来。正月为春木位也，三阳已生，故三为木数。夏至以及冬至，当为阴进。八月为秋金位也，四阴已生，故四为金数。三月春之季，四季土位也，五阳已生，故五为土数，此其生数之由也。又万物之本，有生于无，著生于微，及其成形，亦以微著为渐。五行先后，亦以微著为次。五行之体，水最微，为一。火渐著，为二。木形实，为三。金体固，为四。土质大，为五。亦是次之宜。大刘与顾氏皆以为

① 李学勤主编：《十三经注疏·周易正义》，北京大学出版社 1999 年版，第 111—112 页。

水火木金，得土数而成，故水成数六，火成数七，木成数八，金成数九，土成数十。义亦然也。”[①]孔氏此论，强调“数之所起，起于阴阳。阴阳往来，在于日道”，明确将“历数”的得来归于阴阳二气运演变化（通过日道，即太阳的运行轨迹呈现出来）所致，如阴历十一月冬至日，太阳移至南极（今时南回归线），阴气由盛及衰，阳气由微渐著，此所谓“阳来而阴往”；五月夏至日太阳移至北极（今时北回归线），阳气盛极而衰，阴气由微而著，此所谓“阴进而阳退”；由冬至到夏至六个月，当为阳气渐长、阴气渐消的过程；而由夏至到冬至六个月，则为阴气渐长，阳气渐消的过程。总之，时历的推移、计算是根据阴阳二气此消彼长的情况而展开、完成的。此外，孔氏还就阴阳二气如何生成变化为水、火、木、金、土等五行之象作了详细的数理解释。在孔氏这里，“五行”即“四时”（春、夏、秋、冬，若加上“长夏”则为“五时”）即“阴阳”，如庄子所云：“通天下一气耳！”

在《礼记·月令》正义中，孔氏进一步就天地、五行、时历之数与阴阳之气的关系论曰：

> “五行佐天地，生成万物之次”者，五行谓金木水火土。……生物者，谓木火七八之数也。成物者，谓金水九六之数也。则春夏生物也，秋冬成物也。……天阳地阴，阳数奇，阴数耦。阳所以奇者，阳为气，气则浑沌为一，无分别之象；又为日，日体常明，无亏盈之异，故其数奇。其阴数所以耦者，阴为形，形则有彼此之殊；又为月，则有晦朔之别，故其数耦。按《律历志》云：“天数二十五”，所以二十五者，天一、天三、天五、天七、天九，总为二十五。《律历志》又云：“地数三十”者，地二、地四、地六、地八、地十，故三十也。以天地之数相合，则《易》之大衍之数五十五也。云“五行自水始，火次之，木次之，金次之，土为后”者，天一生水于北，地二生火于南，天三生木于东，地四生金于西，天五生土于中，以益五行生之本。按《尚书·洪范》云：“一曰水，二曰火，三曰木，四曰金，五曰土”，故其次如是也。所以一曰水者，乾贞于十一月子，十一月一阳生，故水数

① 李学勤主编：《十三经注疏·尚书正义》，北京大学出版社1999年版，第302页。

> 一也，又天地之内，水体最微，故水为始也；二曰火者，坤贞于六月未，六月两阴生，阴不敢当午，火比于水，严厉著见，故次火也；三曰木者，正月三阳生，是建寅之月，故三曰木，木比火象有体质，故次木也；四曰金者，八月四阴生，是建酉之月，故四曰金，金比木，其体坚刚，故次金也；五曰土者，三月五阳生，三月建辰之月，辰为土，是四季之首，土王四季，故五曰土载四行，又广大，故次土也。……云“木生数三，成数八”者，郑注《易·系辞》云：“天一生水于北，地二生火于南，天三生木于东，地四生金于西，天五生土于中。阳无耦，阴无配，未得相成。地六成水于北，与天一并；天七成火于南，与地二并；地八成木于东，与天三并；天九成金于西，与地四并；地十成土于中，与天五并也。大衍之数五十，有五行各气并，气并而减五，惟有五十，以五十之数，不可以为七八九六卜筮之占以用之，故更减其一，故四十有九也。”是郑注之意，水数一，成数六，火数二，成数七，木数三，成数八，金数四，成数九，土数五，成数十，故此云：“木生数三，成数八”。“但言八者，举其成数”者，金木水火以成数为功。皇氏用先儒之义，以为金木水火得土而成，以水数一，得土数五，故六也；火数二，得土数五，为成数七；木数三，得土数五，为成数八，又金数四，得土数五，为成数九。①

孔颖达此论，认为天阳地阴，阳数奇，阴数耦，基于此，天数为天一、天三、天五、天七、天九，故天之总数为二十五；地数为地二、地四、地六、地八、地十，故地之总数为三十，而天、地之总数相合，即《易》之大衍之数五十五。至于天地之数与五行之数的关系，孔颖达借助郑玄注指出，天一生水于北，地二生火于南，天三生木于东，地四生金于西，天五生土于中，共襄五行相生之本，但若阳无耦，阴无配，则生而未成，未奏其功，故又有地六成水于北，与天一生水相配；天七成火于南，与地二生火于南相配；地八成木于东，与天三生木于东相配；天九成金于西，与地四生金于西相配；地十成土于中，与天五生土于中相配。皇氏注认为金木水火之生数得

① 李学勤主编：《十三经注疏·礼记正义》，北京大学出版社1999年版，第452页。

土而成，故每一生数再加五，即为其成数，而无须天地之数重新搭配，此说与郑氏注稍异，但生成之数仍相同。孔氏还指出，由此天地与五行之数的匹配，可进一步与春生、夏长、秋收、冬藏之时历变迁联系起来，所谓“生物者，谓木火七八之数也。成物者，谓金水九六之数也”，意谓木之成数八，火之成数七，而木代表春季，火代表夏季，故举木火七八之数可代表春生夏长之意；又金之成数九，水之成数六，而金代表秋季，水代表冬季，故举金水九六之数可代表秋收冬藏之意，故孔氏于文中概括云“春夏生物也，秋冬成物也”。另外，孔氏《尚书·洪范》正义中有一段话堪为此番论释的注脚：“《易·系辞》曰：‘天一，地二，天三，地四，天五，地六，天七，地八，天九，地十。’此即是五行生成之数。天一生水，地二生火，天三生木，地四生金，天五生土，此其生数也。如此则阳无匹，阴无耦，故地六成水，天七成火，地八成木，天九成金，地十成土，于是阴阳各有匹偶，而物得成焉，故谓之成数也。《易·系辞》又曰‘天数五，地数五，五位相得而各有合，此所以成变化而行鬼神’，谓此也。”① 这样，孔氏就将天地阴阳之数、五行之数与时历之数统一到一起来，各自既可自成体系，又可互阐互释，从而形成一个独特的基于数理的“阐释学循环”结构。

其次，关于乐律的数理结构，孔氏亦作了多方论释。如《春秋左传·昭公二十年》孔氏正义云：

> 《志》又云：“五声之本，生黄钟之律。九寸为宫，或益或损，以定商、角、徵、羽。九六相生，阴阳之应也。”《乐记》云：“宫为君，商为臣，角为民，徵为事，羽为物。”《月令》，“春其音角，夏其音徵，中央土其音宫，秋其音商，冬其音羽”。郑玄云，“声始于宫，宫数八十一，属土，以其最浊，君之象也。三分宫去一以生徵，徵数五十四，属火，以其微清，事之象也。三分徵益一以生商，商数七十二属金，以其浊次宫，臣之象也。三分商去一以生羽，羽数四十八，属水以为最清，物之象也。三分羽益一以生角，角数六十四，属木，以其清浊中，民之象也。”《志》言或损或益者，下生三分损

① 李学勤主编：《十三经注疏·尚书正义》，北京大学出版社1999年版，第302页。

一，上生三分益一。九六相生者，以九生六，是三损一也。以六生九是三益一也。损益之数，清浊之差，无可以相准；况以黄钟九寸自乘为九九八十一，定之为宫数，因宫而损益以定商、角、徵、羽之差，言其相校如此数也，唯相准况耳，非言实有此数可用之也。①

孔颖达此论，分别据《汉书·律历志》、《乐记》、《礼记·月令》等为说，认为宫、商、角、徵、羽五声，基于黄钟之律，黄钟律长九寸，九寸之数自乘得九九八十一，以此定为宫声之数，在此基础上或增或损，分别得商、角、徵、羽四声之数，如：宫声之数八十一，三分损一为五十四，是为徵数；徵数三分益一为七十二，是为商数；商数三分损一为四十八，是为羽数；羽数三分益一为六十四，是为角数，于是五声各有其数。五声度数有别，清浊亦有差异，其中宫声最为沉浊，商声次之，角声居于清浊之间，徵声由浊转清，羽声最为清越。五声因度数、清浊等歧异，复有种种义涵上的区别，如宫声在五行中代表土行，时令上代表一年之中（长夏），人事上代表君王；商声在五行中代表金行，时令上代表秋季，人事上代表臣子；角声在五行中代表木行，时令上代表春季，人事上代表民众；徵声在五行中代表火行，时令上代表夏季，人事上代表事件；羽声在五行中代表水行，时令上代表冬季，人事上代表物象等。当然，五声在度数、清浊、义涵上的种种差别，不能掩盖其整体上的关联性，所谓“九六相生，阴阳之应”，即体现了一气贯通之下的辩证统一性。

《春秋左传·昭公二十年》孔氏正义又云：

《周礼》“大师掌六律六吕，以合阴阳之声。阳声：黄钟、大蔟、姑洗、蕤宾、夷则、无射；阴声：大吕、应钟、南吕、林钟、小吕、夹钟”。《月令》以小吕为仲吕。《律历志》云，律有十二。阳六为律，阴六为吕。……其律吕相生，郑注《周礼·大师》职云：“黄钟之初九，下生林钟之初六，林钟又上生大蔟之九二，大蔟又下生南吕之六二，南吕又上生姑洗之九三，姑洗又下生应钟之六三，应钟又上生蕤宾之

① 李学勤主编：《十三经注疏·春秋左传正义》，北京大学出版社 1999 年版，第 1402 页。

九四，蕤宾又上生大吕之六四，大吕又下生夷则之九五，夷则又上生夹钟之六五，夹钟又下生无射之上九，无射又上生中吕之上六。同位者象夫妻，异位者象子母，所谓律取妻而吕生子也。”子午以东为上生，子午以西为下生，五下六上，乃一终矣。郑玄云“同位象夫妻”者，黄钟初九，林钟初六及大蔟九二，南吕六二之类，同在初、二之位，故象夫妻。异位象子母者，谓林钟初六生大蔟九二，初之与二其数不同，故为异位，象子母。律生于吕，是为同位，故云律取妻。吕生于律，则为异位，故云吕生子。言五下者，谓夷则、林钟、南吕、无射、应钟皆是子午以东之管下而生之，故云下生。六上者，谓大吕、大蔟、夹钟、姑洗、仲吕、蕤宾，皆是子午以西之管上而生之，故云上生。黄钟为律之首，不是余管所生，不入其数。上生者三分益一，下生者三分减一，皆左旋隔八而相生。①

孔颖达此论，又分别据《周礼·大师》及郑玄注、《汉书·律历志》、《礼记·月令》等讨论六律、六吕损益相生之义，认为十二律吕据天道圆周上的子午线（亦即十二律管候气方位上的黄钟律管与蕤宾律管连接线）为界，子午线以东为上生，子午线以西为下生，上生者三分益一，下生者三分减一，如黄钟律长九寸，三分减一为六寸，得林钟，林钟三分益一为八寸，得大蔟；如此等等，乃三分损益而生十二律度数之法。所谓“五下六上”，是指林钟、夷则、南吕、无射、应钟五律管皆处于子午线以西，皆由子午线以东各律管三分减一而生，是为“五下”；而大吕、大蔟、夹钟、姑洗、仲吕、蕤宾六律管皆处于子午线以东，皆由子午线以西各律管三分益一而生，是为“六上”。又因天道左旋，日月右转，故时历由左至右按顺时针方向推移，律管位置亦循此推移，而律吕每次相生均隔八位，如黄钟下生林钟，林钟上生大蔟，等等，皆隔八位，故云“皆左旋隔八而相生”。至于郑玄语“同位象夫妻，异位象子母”者，意谓黄钟初九与林钟初六同在初位，大蔟九二与南吕六二同在二位，相互间地位匹配，故象夫妻，而林钟初六生大蔟九二，初

① 李学勤主编：《十三经注疏·春秋左传正义》，北京大学出版社 1999 年版，第 1402—1404 页。

位与二位有上下等差，故象子母。在六律、六吕相生关系中，六律生六吕，皆为同位，故云律取妻；六吕生六律，皆为异位，故云吕生子。此外，所谓“子午”，是指十二地支中的“子”和“午”，因十二地支可匹配一年十二个月和一日十二个时辰，故“子”和“午”在一年之内分别对应阴历十一月（对应黄钟律管，该月中冬至日，阴气盛极而衰，阳气始生，如复卦之一阳初生）和五月（对应蕤宾律管，该月中夏至日，阳气盛极而衰，阴气始生，如姤卦之一阴初生），在一日之内则匹配子时（夜半，阴气盛极始衰）和午时（日中，阳气盛极始衰）。故律吕相生之道表面上看起来仅是各律吕间度数损益的关系，事实上关系着整个天道循环、日月推移和阴阳二气和合的内在数理规律。

在《礼记·月令》正义中，孔颖达对此论题有进一步的补充发挥，其论曰：

> 其十二律，则有上生下生，同位异位，长短分寸之别，故郑注《周礼·大师》职云“其相生，则以阴阳六体为黄钟初九也，……黄钟长九寸，其实一龠。下生者三分去一，上生者三分益一，五下六上，乃一终矣。大吕长八寸二百四十三分寸之一百四，大蔟长八寸，夹钟长七寸二千一百八十七分寸之千七十五，姑洗长七寸九分寸之一，中吕长六寸万九千六百八十三分寸之万二千九百七十四，蕤宾长六寸八十一分寸之二十六，林钟长六寸，夷则长五寸七百二十九分寸之四百五十一，南吕长五寸三分寸之一，无射长四寸六千五百六十一分寸之六千五百二十四，应钟长四寸二十七分寸之二十”是也。同位象夫妻者，则黄钟之初九，下生林钟之初六，同是初位，故为夫妇，又是律娶妻也。异位为子母者，谓林钟上生大蔟，林钟是初位，大蔟是二位，故云异位为子母，又是吕生子也。云五下六上者，谓林钟、夷则、南吕、无射、应钟，皆被子午已东之管，三分减一，而下生之。六上者，谓大吕、大蔟、夹钟、姑洗、中吕、蕤宾，皆被子午已西之管，三分益一，而上生之。子午皆属上生，应云七上而云六上者，以黄钟为诸律之首，物莫之先，似若无所禀生，故不数黄钟也。其实十二律终于仲吕，还反归黄钟，生于仲吕，三分益一，大略得应黄钟

九寸之数也。《律历志》云“黄钟为天统”，“林钟为地统”，“大蔟为人统”，故数整，余律则各有分数。①

在此则论述中，孔氏除了继续讨论十二律吕上生下生、同位异位问题外，还引郑玄注详解十二律度数大小，并就“五下六上”问题作补充解释，如本来黄钟律与蕤宾律均居于子午线上，非东非西，无法按照“子午以东为上生，子午以西为下生”的原则进行处理，但按照律历传统，“子午皆属上生”，即子午线上的黄钟律与蕤宾律皆应归入“上生”一列，从而使得这一问题得以解决。然而这样一来，又产生了新的问题，即子午线以东原有大吕、大蔟、夹钟、姑洗、中吕五律，若再加上黄钟律与蕤宾律，就是七律，谓之“六上”，显然是不准确的。孔氏给出的解释是：“应云七上而云六上者，以黄钟为诸律之首，物莫之先，似若无所禀生，故不数黄钟也。”也就是说，黄钟作为十二律之首，各律之基础，在逻辑上能生出其他诸律，却不能被其他某律所生，似乎天生自成，故“下生”也好，“上生”也好，均不参与其中，因此黄钟可不归入“上生”之列，“七上”也就可称“六上”。尽管如此，孔颖达也还指出：“其实十二律终于仲吕，还反归黄钟，生于仲吕，三分益一，大略得应黄钟九寸之数也。”也就是说，律吕相生，最后一环是无射上生仲吕，以仲吕作结。但若仲吕再三分益一的话，大约得黄钟九寸之数，由此，又可展开新的一轮循环，迭相递生以至无穷。此外，十二律当中，唯黄钟、林钟、大蔟律长为整数，分别为九寸、六寸、八寸，其他律长均为分数，孔氏引《汉书·律历志》的说法为“黄钟为天统”，“林钟为地统”，“大蔟为人统”，既为“天统”、“地统”、“人统”，则大一统无分别，故三者为整数，其他为分数。这就意味着十二律不仅是音乐律法或候气律法的问题，还隐含着包罗宇宙，与天、地、人“三才”相参以为用的问题。经此发挥，孔氏律历哲学更见丰厚的意蕴。

而且，在孔颖达这里，不但十二律吕辗转相生，还可进一步推衍为六十律循环相生，以至无穷。《礼记·礼运》孔氏正义云：

① 李学勤主编：《十三经注疏·礼记正义》，北京大学出版社1999年版，第450页。

云“终于南吕，更相为宫，凡六十也”者，以十二管更相为宫，以黄钟为始，当其为宫，备有五声。言黄钟下生林钟，林钟上生大蔟，大蔟下生南吕，南吕上生姑洗，姑洗下生应钟，应钟上生蕤宾，蕤宾上生大吕，大吕下生夷则，夷则上生夹钟，夹钟下生无射，无射上生中吕，此则相生之次也。随其相生之次，每辰各自为宫，各有五声十二管相生之次，至中吕而匝。黄钟为第一宫，下生林钟为徵，上生大蔟为商，下生南吕为羽，上生姑洗为角。林钟为第二宫，上生大蔟为徵，下生南吕为商，上生姑洗为羽，下生应钟为角。大蔟为第三宫，下生南吕为徵，上生姑洗为商，下生应钟为羽，上生蕤宾为角。南吕为第四宫，上生姑洗为徵，下生应钟为商，上生蕤宾为羽，上生大吕为角。姑洗为第五宫，下生应钟为徵，上生蕤宾为商，上生大吕为羽，下生夷则为角。应钟为第六宫，上生蕤宾为徵，上生大吕为商，下生夷则为羽，上生夹钟为角，蕤宾为第七宫，上生大吕为徵，下生夷则为商，上生夹钟为羽，下生无射为角。大吕为第八宫，下生夷则为徵，上生夹钟为为商，下生无射为羽，上生中吕为角。夷则为第九宫，上生夹钟为徵，下生无射为商，上生中吕为羽，上生黄钟为角。夹钟为第十宫，下生无射为徵，上生中吕为商，上生黄钟为羽，下生林钟为角。无射为第十一宫，上生中吕为徵，上生黄钟为商，下生林钟为羽，上生大蔟为角。中吕为第十二宫，上生黄钟为徵，下生林钟为商，上生大蔟为羽，下生南吕为角。是十二宫各有五声，凡六十声。南吕最处于末，故云“终于南吕”。以此言之，则南吕为是。然诸本及定本多作“终于南事”，则是京房律法。按汉元帝时，郎中京房知五音十二律之数，上使大子大傅韦玄成等亲试问房于乐府，房对受学故小黄令焦延寿等六十律相生之法，以上生下，皆三生二；以下生上，皆三生四；阳下生阴，阴上生阳，终于中吕，而十二律毕矣；中吕上生执始，执始下生去灭，上下相生，终于南事，六十律毕矣。夫十二律之变至于六十，犹八卦之变至于六十四也。宓牺作《易》，纪阳气之初以为律法。建日冬至之声，以黄钟为宫，大蔟为商，姑洗为角，林钟为徵，南吕为羽，应钟为变宫，蕤宾为变徵，此声气之元，五音之正也。故各统一月，其余以次运行，当月者各自为宫，而商、徵以类定焉。《礼运》篇曰“五声六律十二管，还相为宫”，此之谓也。[①]

孔颖达此段疏文，更解六十律循环相生之义。本来十二律相生序秩为：黄钟下生林钟，林钟上生大蔟，大蔟下生南吕，南吕上生姑洗，姑洗下生应钟，应钟上生蕤宾，蕤宾上生大吕，大吕下生夷则，夷则上生夹钟，夹钟下生无射，无射上生中吕，此为一个循环。以此为基础，十二律可各自为宫，各备宫、商、角、徵、羽五声，循环转进。如从黄钟开始，黄钟为第一宫，下生林钟为徵，上生大蔟为商，下生南吕为羽，上生姑洗为角。随后，林钟为第二宫，上生大蔟为徵，下生南吕为商，上生姑洗为羽，下生应钟为角。依次类推，直至最后中吕为第十二宫，上生黄钟为徵，下生林钟为商，上生大蔟为羽，下生南吕为角。声律结合，形成了一个更大规模的循环。十二律各自为宫，有十二宫，各备五声，至最后的南吕，共六十声，故云“终于南吕，更相为宫，凡六十也”。汉代京房律法与此相似，也是由五声十二律推衍至六十律，只不过其中某些声律名称有别而已。孔颖达还发挥《汉书·律历志》之义，认为十二律演绎为六十律，类似八卦演变为六十四重卦，当初伏羲创八卦，以一阳为基始，以阴阳相生之道董理卦变和爻变；律吕相生之理，亦以冬至日一阳初生为发端，以黄钟律比配之，黄钟为宫声，亦为基准音，其他各律、各音依此损益而成，律有十二，音有五音（加变宫、变徵为七音），此所谓“声气之元，五音之正”，音、律交叠而得六十律，一如八卦二二交叠而得六十四卦。故律吕相生之理与易卦推演之道有着近似的数理结构，它们共同构建了中国古代文化中的循环相生论和系统论思想。

再次，孔颖达讨论了如何通过合理的数理结构构建和谐音乐形式的问题。孔氏《毛诗·大序》正义云：

> 《乐记》云：“声相应，故生变。变成方，谓之音。”注云：“方犹文章也。”“乐之器，弹其宫则众宫应，然不足乐，是以变之使杂也。”引昭二十年《左传》曰：“若以水济水，谁能食之？若琴瑟之专一，谁能听之？”是解声必须杂之意也。此言“声成文谓之音”，则声与音别。

① 李学勤主编：《十三经注疏·礼记正义》，北京大学出版社1999年版，第693—694页。

> 《乐记》注："杂比曰音，单出曰声。"《记》又云："审声以知音，审音以知乐。"则声、音、乐三者不同矣。以声变乃成音，音和乃成乐，故别为三名。对文则别，散则可以通。季札见歌《秦》曰："此之谓夏声。"《公羊传》云："十一而税，颂声作。"声即音也。下云"治世之音"，音即乐也。是声与音、乐名得相通也。《乐记》子夏对魏文侯云："君之所问者乐也。所好者音也。夫乐者，与音相近而不同。"又以音、乐为异者。以文侯并问古乐、新乐，二者同呼为乐，谓其乐、音同也。子夏以古乐顺于民而当于神，与天下同乐，故定为乐。名新乐，淫于色而害于德，直申说其音而已，故变言溺音，以晓文侯耳。音、乐非为异也。《乐记》云"淫乐慝礼"，子夏亦云"古乐之发"，"新乐之发"，是郑、卫之音亦为乐也。①

孔氏此论，其要义为：乐音要做到和谐悦耳，不能在数量上过于简单，形式上过于单一，如乐器演奏，弹宫声不能止于宫声，还需商、角、徵、羽、变宫、变徵诸声予以配合响应，形成一个复合式音乐结构；否则，"以水济水，谁能食之？若琴瑟之专一，谁能听之？"故"声必须杂"，方能动人。当然"杂"并非指杂乱无章，而是指化简单的音乐形式为复杂的音乐形式，从而多角度、多方位地刺激听众，感染听众，造成立体式的美感享受。孔颖达还由此指出，音乐艺术中，有声、音、乐不同的层次，三者比较，含义有别，从数量上来说，单出曰声，杂比曰音，加上乐器歌舞等元素则成乐。乐的组成元素相对要复杂一些，其对伦理、审美等义涵的表现力也相对要强一些，如孔氏《礼记·乐记》正义尝云："'是故知声而不知音者，禽兽是也'者，言禽兽知其声，不知五音之和变，是声易识而音难知矣。'知音而不知乐者，众庶是也'者，言众庶知歌曲之音，而不知乐之大理，是音犹易而乐极难也。"② 也就是说，禽兽知声而不知音，众庶（普通老百姓）知音而不知乐，知乐者还有待于君子或圣人。故从艺术元素的多寡和表现力的强弱（尤其是对社会政治伦理的表现力）来看，乐的重要性似乎要远高于声和音，从而当

---

① 李学勤主编：《十三经注疏·毛诗正义》，北京大学出版社 1999 年版，第 8 页。

② 李学勤主编：《十三经注疏·礼记正义》，北京大学出版社 1999 年版，第 1081 页。

年子夏批评魏文侯只是喜好音（所谓靡靡之音）而已，而非真正喜好乐。当然，在不是严格对比的情况下，声、音、乐三者间可以通用，如“颂声作”亦即“颂音作”，“治世之音”亦即“治世之乐”等。

又《礼记·乐记》孔氏正义云：

> 言“声”者，是宫、商、角、徵、羽也。极浊者为宫，极清者为羽，五声以清浊相次。云“杂比曰音”者，谓宫、商、角、徵、羽清浊相杂和比谓之音。云“单出曰声”者，五声之内，唯单有一声，无余声相杂，是“单出曰声”也。然则初发口单者谓之声，众声和合成章谓之音，金石干戚羽旄谓之乐，则声为初，音为中，乐为末也，所以唯举音者，举“中”见上、下矣。……“弹其宫则众宫应，然不足乐”者，明直唯一声，不足可为乐，故须变之使杂也。引“《易》曰：同声相应，同气相求”者，《易·文言》文，证“同声相应”之义也。同声虽相应，不得为乐，必有异声相应，乃得为乐耳。引《春秋传》以下者，证“同声不得为乐”也。案《春秋》昭二十年《左传》：“齐景公曰：‘唯据与我和夫！’晏子对曰：‘据亦同也，焉得为和？同者，若以水济水，谁能食之？琴瑟之专一，谁能听之？’”言琴瑟专一，唯有一声，不得成乐故也。注“方，犹文章也”。正义曰：凡画者，青黄相杂分布，得成文章，言音清浊上下分布次序，得成音曲也，以画者文章，故云“方，犹文章也”。①

在此则疏文中，孔颖达进一步从数理结构角度梳理声、音、乐三者关系问题，认为所谓“单出曰声”，是指宫、商、角、徵、羽五声当中，唯有一声发出，其他四声不参与其中，故声音形式比较单一；所谓“杂比曰音”，是指宫、商、角、徵、羽五声相杂，清浊和比，且杂而不乱，颇合乐理秩序，即“众声和合成章谓之音”；所谓乐，则是在前二者的基础上，配上乐器演奏和歌舞、道具表演，呈现为听觉和视觉元素相结合的乐舞形象，此即“金石干戚羽旄谓之乐”。故由声到乐，其艺术元素在数量上由少增多，在形式

① 李学勤主编：《十三经注疏·礼记正义》，北京大学出版社 1999 年版，第 1074—1075 页。

上由简单变复杂，在接受效果上由单纯的听觉走向听觉和视觉相结合。孔氏再次强调“直唯一声，不足为乐”，“琴瑟专一，唯有一声，不得成乐”，故“须变之使杂也”。孔颖达还由此发挥说，非但音乐“同声相应”不得为乐，其他门类的艺术亦如此，如绘画，单色难以成画，需“青黄相杂分布，得成文章”，即青黄诸色按需要相杂分布于画面，形成丰富的层次和文理，方能成画。应该说，孔氏此论，在黑白水墨画还没有产生之前，是极有道理的，即使后世水墨画不特别追求诸色调和的效果，但墨分五色，也还有墨色浓淡的种种讲究。故某种意义上说，“声一无听”、“色一无文”的说法是具有普遍意义的。

在《礼记·礼运》正义中，孔颖达还进一步发挥“声一无听”、“色一无文”之说，其论曰：

> 云“五色六章，画缋事也”者，缋，犹画也。然初画曰画，成文曰缋，郑注《司服》云“画以为缋”是也。云“《周礼·考工记》曰”至“谓之巧也”，证缋画有五色六章也。“土以黄其象方”者，言若画作土，必黄而四方之，象地之黄而方。郑注：“古人之象无天地也，为此记者，见时有之耳。”云“天时变”者，画作天，则无定色，是随四时色而为之也。郑司农云：“画天随四时色。”①

孔氏此论，就“画”、“绘”之别谈起，所谓“初画曰画，成文曰缋”，是指画事一开始文理相对简单，这时尚称“画”，然后踵色增华，终成五色六章，文理相对繁复，这时就称为“缋”。由“画”到“绘”，艺术元素不断得到充实和丰富，这是一个由简入繁的过程，其情形大致类似于由“声”到“乐”的过程。并且，画缋之事，如何由简入繁并无一定之规，要根据所描绘的审美对象的实际情况随时加以调整，如画天，需随四时之色而作变更，不可一概而论。从而，“声一无听”、“色一无文”之说有了更丰富而深刻的含义，对艺术创作的随机性、灵感性和想象力等有了更多的要求，对后世也有较大的影响，如清人章炳麟于《订文第二十五》承孔氏说云：“夫琴瑟专一不可

① 李学勤主编：《十三经注疏·礼记正义》，北京大学出版社 1999 年版，第 698 页。

为听，分间布白，乡背乃章。故俪体之用，同训者，千不一二，而非同训者，擅其全部矣。”①

综上，孔颖达详细论证了数理结构与律历融通现象之间的密切关系，揭示了中国古代音乐艺术及其他门类艺术创作的一些基本规律，其重要的文化意义和审美意义，我们可以通过宗白华先生的一段话看出来，宗先生于《形上学——中西哲学之比较》一文云：“‘授民时’之‘律历’为中国哲学之根基点。中国‘本之性情，稽之度数’之音乐为哲学象征，……中国哲学主‘参’天地赞‘化育’，……‘天地位，万物育’是以‘序秩理数’创造‘生命之结构’。生命有条理结构，则器（文化）成立。”②宗先生从文化哲学的高度评价中国文化艺术中所蕴含的“稽之度数”、“序秩理数”，认为其是中国古代文化参天地赞化育的基础，由此而创造“生命之结构”，而孔颖达关于数理结构与律历融通之关系的一系列论释，其精义也正在于此。

第四节　律历融通与人文化成

在孔颖达这里，律历融通现象不仅关乎音律与时历，还关乎整个天文与人文如何沟通和合，如何借助天文规律以实现人文化成的问题。孔氏在《周易·贲卦》正义中尝云：“‘观乎天文，以察时变’者，言圣人当观视天文，刚柔交错，相饰成文，以察四时变化。……‘观乎人文以化成天下’者，言圣人观察人文，则《诗》、《书》、《礼》、《乐》之谓，当法此教而‘化成天下’也。”③孔氏在此解释天文、人文之义，所谓天文是指日月星辰等天象布局及其四时变化所造成的气象流变等，即天地自然现象及其变化规律；所谓人文，广义地说，是指人类文化，包括物质文化和精神文化，狭义地说，是指精神文化及与其相关的文化教育。对中国古代儒家士人来说，《诗》、《书》、《礼》、《乐》等乃人文的精粹，实施诗、书、礼、乐之教，可化成天下人的

---

① 章炳麟：《订文第二十五》，《訄书》，清光绪三十年重订本。

② 宗白华：《形上学——中西哲学之比较》，《宗白华全集》第一卷，安徽教育出版社1994年版，第587页。

③ 李学勤主编：《十三经注疏·周易正义》，北京大学出版社1999年版，第105页。

美德，进而可建立太平盛世。而自先秦以来，律、历等都笼统地属于礼乐文化范畴，周时典礼之官即大史，不但掌管四时八节等时历之事，亦掌管钟鼓乐律之事，以及玉帛、衣服、度量衡等事务，如孔氏云："典礼之官，于周则大史也。考校四时，及十二月之大小，时有节气早晚，月有弦望晦朔，考之使各当其节。又正定甲乙之日，阴管之同，阳管之律，玉帛之礼，钟鼓之乐，及制度衣服，各有等差，当正之使正。《尧典》云：'协时月正日，同律度量衡。'文虽小异，大意与此同也。"① 可见，律历协同，共襄礼乐文化，调和天人之际，有其悠久的传统。就律、历二者而言，律偏于人文，但含有天文的质素，历偏于天文，而含有人文的质素，律、历均有沟通天、人的潜质，而二者又同属礼乐文化，因此，借助律历融通促进人文化成，当有其内在的理据。就此问题，孔颖达展开了一系列的讨论。

首先，孔颖达立足于气本论和生生气化的宇宙观，明确指出，律历融通为人们提供了一个节奏从容、动静得宜的宇宙，并具有沟通天人、促进人文化成的重要功能。

《礼记·乐记》孔氏正义云："天地与阴阳生养为气，乐有六律、六吕，调和生养，是顺天地之气。"② 这是说，天地、阴阳皆以生生不息之气实现生命化育与调节功能，而音乐之六律、六吕皆气之律动，能顺应天地、阴阳之气的变转节奏，调和天地万物生发养育之功。《礼记·乐记》孔氏正义又云："乐者感天地之气，是天地之教命也。……乐和律吕之声，是中和纪纲。……人感天地而生，又感阴阳之气。乐既合天地之命，协中和之纪，感动于人，是人情不能自免退。言人感乐声，自然敬爱也。"③ 这是说，音乐感天地之气，和律吕之声，人亦感天地阴阳之气而生而长，在气类相感的基础上，人与乐一气沟通，人聆听六律、六吕之乐，则能感应天地、阴阳之节律，进而调和身心，怡情养性，自然而生敬天爱人之心。《礼记·乐记》孔氏正义复云："天地气和，而生万物。大乐之体，顺阴阳律吕，生养万物，是'大乐与天地同和'也。"④ 这又是说，天地之间，一气贯通，阴阳和合则孕生万

① 李学勤主编：《十三经注疏·礼记正义》，北京大学出版社 1999 年版，第 365 页。

② 李学勤主编：《十三经注疏·礼记正义》，北京大学出版社 1999 年版，第 1088 页。

③ 李学勤主编：《十三经注疏·礼记正义》，北京大学出版社 1999 年版，第 1146 页。

④ 李学勤主编：《十三经注疏·礼记正义》，北京大学出版社 1999 年版，第 1088 页。

物，阴阳和合，自有其节奏与韵律，人间大乐，若能循此节奏和韵律，则与天地阴阳相调和，共同助成万物生长，此之谓“大乐与天地同和”。

孔颖达再三发挥《乐记》“大乐与天地同和”的命题，其要义有二：其一，乐能调和天地人，端赖一气流通。孔氏于《春秋左传·昭公二十年》正义云：“人以气生，动皆由气，弹丝、击石莫不用气，气是作乐之主。”① 这是说，人禀气而生，乐禀气而作，皆不离一气之动。《礼记·乐记》孔氏正义云：“正声感动于人，而顺气来应。既闻顺声，又感顺气，二者相合而成象，则和乐兴。”② 孔氏又云：“容从声生，声从志起，志从心发，三者相因，原本从心而来，故云‘本于心’。先心而后志，先志而后声，先声而后舞。声须合于宫商，舞须应于节奏，乃成于乐，是故‘然后乐气从之’也。……志意蕴积于中，故气盛。内志既盛，则外感动于物，故变化神通也。”③ 这是说，声歌乐舞起于人之志意，志意蓄积于体内，则意气充盈，意气借助乐舞抒发出来，与身外之气相接，主客交流，声顺气和，则变化通神，天人相应。其二，乐能调和天地人，有赖于阴阳和合过程中所产生的节奏和韵律。阴阳之气流布于天地自然之间，形成有节奏的律动，而音乐的基本属性即有节奏的律动，音乐之所以能“与天地同和”，很大程度上即归功于这种有节奏的律动，孔氏《尚书·舜典》正义云：“五声依附长言而为之，其声未和，乃用此律吕调和其五声，使应于节奏也。”④ 同时，这种有节奏的律动又与人的生命节奏共振共鸣，孔氏《礼记·乐记》正义云：“节奏，谓或作或止，作则奏之，止则节之。言声音之内，或曲或直，或繁或瘠，或廉或肉，或节或奏，随分而作，以会其宜。但使会其宜，足以感动人之善心。”⑤ 从而，这种“或作或止”的节奏足以感动人心，并进而沟通天人。

对于《礼记·乐记》之“大乐与天地同和”的命题，其实此前老、庄等人已有所论及。老子曾以“大音希声”来形容这种流行于宇宙时空中的无声而玄妙的韵律，这里“大音”犹指本体之大道，乃宇宙大化在生生不息的

① 李学勤主编：《十三经注疏·春秋左传正义》，北京大学出版社 1999 年版，第 1401 页。

② 李学勤主编：《十三经注疏·礼记正义》，北京大学出版社 1999 年版，第 1109 页。

③ 李学勤主编：《十三经注疏·礼记正义》，北京大学出版社 1999 年版，第 1112—1113 页。

④ 李学勤主编：《十三经注疏·尚书正义》，北京大学出版社 1999 年版，第 81 页。

⑤ 李学勤主编：《十三经注疏·礼记正义》，北京大学出版社 1999 年版，第 1144 页。

运演过程中所体现的某种无声的节奏和韵律。庄子亦曾言“天地有大美而不言”，此“大美”依然指向本体之道，是天地自然氤氲变化的本质和规律的表现。哲人们澄思静虑，“心斋”、“坐忘”，自能悟此“大道”，体此“大美”，宇宙阴阳和合之道，氤氲变化之理，回荡于哲人心中，则自有“大乐”。老、庄等人所追求的“大乐”，主要着眼于以人合天，人与天调。相比之下，《乐记》等儒家典籍所呈现的“大乐与天地同和”的境界，更侧重于天人和合，应天育人，立足于现实伦常之教。至魏晋玄学，贵无贱有，高蹈于虚无的形上境界，“课虚无以责有，叩寂寞以求音”（陆机语），一定程度上忽略了“大乐”的形而下的根基。而至唐世孔颖达，兼容儒道玄诸家思想，一方面在气本论哲学基础上彰显律历融通思想的形上品格，另一方面又淡化道玄二家的神秘主义玄思，而突出其与现实伦常世界、人的感性生命密切相关的重要意义，从而使得传统的律历融通模式在唐代文化背景中谱写出新的华章。

孔颖达之后，中唐吕温于《乐出虚赋》一文中用流丽的骈文描绘了“大乐与天地同和”的境界，其文曰：“欲使和气潜作，元关暗空，与吹万而皆唱，起生三而尽同。自我及人，托物于未分之表；蟠天极地，开机于方寸之中。于是澹以无倪，留而不滞，有非象之象，生无际之际。是故实其想而道升，窒其空而声蔽。洞乎内而笙竽作，刳其中而琴瑟制。波腾悦豫，风行于有道之年；派别商宫，雷动于无为之世。杳杳徐徐，周流六虚，信阒尔于始寂，乃哗然而戒初。铿锵于百姓之心，于斯已矣；鼓舞于一人之德，知彼何如？是则垂其仁，有其实，乐因之祖述，究其形，实其质。声因之洞出，理在无二，情归得一。塞云谷而响绝，疏天籁而音逸。未随于物，氤氲乎七政八风；忽变其和，剖判于五声六律。由是迁为草木，散作笙镛，群分自此而猋起，九奏因之而景从。道薄风漓，莫究箫韶之本；声消韵息，空传干戚之容。今则素扆垂休，清悬继响，平心已立于皇极，率舞犹虚于睿想。如是则薰然泄泄，将生于象罔。”① 吕氏此文，透过其华美的文字，我们依然不难把握其要义，即音乐之作，本于一气流通，出乎笙竽琴瑟，上可达天地宇宙，虚无寂寞之始，下可及人情物理，政教伦常之终。总之，极度赞叹音乐周流六虚、沟通天人之美。又清人李重华《诗谈杂录》云：“言为心声，人

① 吕温：《乐出虚赋》，《全唐文》卷六百二十五，清嘉庆内府刻本。

心中亦各具窍穴，借韵语发之。其能者，自然五音六律与乐相和，此即吹万不同之谓也。同一著述，文曰作文，诗曰吟诗，龙鸣曰吟，弹琴者弦指龃龉，成音亦曰吟。盖从空里求音，与词妙会。”① 李氏《论诗答问三则》又云：“何谓音？曰诗本空中出音，即庄生所云天籁是已。籁有大有细，总各有其自然之节，故作诗曰吟，曰哦，贵在叩寂寞而求之也。求之果得，则此中或悲或喜或激或平，一一随其音以出焉，如洞箫长笛各有窍，一一按律调之，其凄锵要眇，莫不感人之深。”② 李氏于此谈诗论乐，其要点亦在于，以人之声合自然之声，五音六律合于天籁之音，则自然感人至深。此乃人与天调之又一表达。

关于“乐”如何能使人际和天际和谐一致的问题，现当代美学家们也曾作过不少论述。如李泽厚先生曾解释说：“要把音乐（以及舞蹈、诗歌）的节律与自然界事物的运动和人的身心的情感和节奏韵律相对照呼应，以组织、构造一个相互感应的同构系统。……在以五行为核心的宇宙观盛行的春秋战国以至汉代，味、声、色便都被区分为‘五’而构造出一个相互对应的宇宙——人际的结构系统。……所谓‘和’主要表现为多样性的‘相杂’和对立项的‘相济’。整个世界、事物、社会以及人的情感本身就是多样的矛盾统一体，‘乐’也应该如此。音乐的‘和’与人际的‘和’、宇宙的‘和’便是这样同构一致，才能相互感应的。……这固然仍是图腾巫术通神人的观念遗存；但也表达了音乐应该与整个宇宙和人际关系的合规律性相一致的思想。”③ 宗白华先生则指出：“中国人在天地的动静，四时的节律，昼夜的来复，生长老死的绵延，感到宇宙是生生而具条理的。这‘生生而条理’就是天地运行的大道，就是一切现象的体和用。……中国人感到宇宙全体是大生命的流行，其本身就是节奏与和谐。人类社会生活里的礼和乐，是反射着天地的节奏与和谐。一切艺术境界都根基于此。”④ 朱光潜先生亦从节奏的角度指出：“节奏是宇宙中自然现象的一个基本原则。自然现象彼此不能全

---

① 李重华：《贞一斋诗说》，清《昭代丛书》本。

② 李重华：《贞一斋诗说》，清《昭代丛书》本。

③ 李泽厚：《美学三书·华夏美学》，安徽文艺出版社 1999 年版，第 235—236 页。

④ 宗白华：《艺术与中国社会》，《宗白华全集》第二卷，安徽教育出版社 1994 年版，第 413—416 页。

同，亦不能全异。全同全异不能有节奏，节奏生于同异相承续，相错综，相呼应。寒暑昼夜的来往，新陈的代谢，雌雄的匹偶，风波的起伏，山川的交错，数量的乘除消长，以至于玄理方面反正的对称，历史方面兴亡隆替的循环，都有一个节奏的道理在里面。艺术返照自然，节奏是一切艺术的灵魂。在造型艺术则为浓淡、疏密、阴阳、向背相配称，在诗、乐、舞诸时间艺术则为高低、长短、疾徐相呼应。”① 综括诸位美学大家所论，音乐沟通人际与天际，其最基本的要素便是节奏，节奏是天地自然、群生万殊的共同规律，也是音乐等艺术的灵魂，天人交通，离不开此一节奏，中国艺术的生命精神，亦离不开此一节奏。由此看来，孔颖达所论，迄今仍不失其理论意义和价值。

其次，孔颖达对律历融通、“律历迭相治”诸问题的有关论述，寄托了深厚的人文理想。据《吕氏春秋·十二纪》载，天子起居于明堂，以一年十二个月阴阳二气消长变化的情况和春生夏长秋收冬藏的时令推移规律为参照，转徙其居所方位（如春居青阳，夏居明堂，秋居总章，冬居玄堂），并依天时而制人事，按序发号施令，处置政事，敬授民时，以求建成太平盛世。而孔颖达所充分彰显的律历融通、律历相参的文化审美模式，一方面体现了其天、地、人三材一统的思想，另一方面也承载了其对大同盛世的向往，对理想的圣贤明君的期待。

孔颖达于《春秋左传·昭公二十年》正义中论曰：

> 《汉书·律历志》云：五声者，“宫、商、角、徵、羽也。所以作乐者，谐八音，荡涤人之邪志，令其正性，移风易俗也”。五声和，八音谐，而乐成。商之为言章也，物成熟可章度也。角，触也，物触地而出，戴芒角也。宫，中也，居中央，畅四方，唱始生，为四声纲也。徵，祉也，物盛大而蕃祉也。羽，宇也，物聚宇而覆之也。夫声者，中于宫，触于角，祉于徵，章于商，宇于羽，故四声为宫纪也。是五声之名义也。声之清浊，凡有五品，自然之理也。圣人配于五方，宫居其中，商、角、徵、羽分配四方。四时之物，春生，夏长，秋成，

① 朱光潜：《诗论》，《朱光潜全集》第三卷，安徽教育出版社1987年版，第124页。

冬聚，取其事而为之名也。[①]

孔颖达此论，一方面仍以联类比附的方式，将表面上看似互不相干的五声、四时与五方整合到一起来，另一方面又将其与社会人事、审美教化相勾连，强调五声八音之作，是为了“荡涤人之邪志，令其正性，移风易俗”，将五声与四时、五方匹配，是为了更好地规划国事，指导农业生产，让世人掌握“春生、夏长、秋成、冬聚”之本质规律。故律历融通，其根本意义不在于“律”与“历”本身，而在于通过“律”、“历”结合，更好地循天道而行人事，实现圣人之治。

孔颖达追求圣人之治的理想，在《尚书·益稷》正义中有一段更具体的表述，其文曰：

> 此经大意，令臣审听乐音，察世之治否以报君也。金、石、丝、竹、匏、土、革、木，八物各出其音，谓之“八音”。八音之声皆有清浊，圣人差之以为五品，宫、商、角、徵、羽，谓之“五声”。五声高下各有所准则，圣人制为六律，与五声相均，作乐者以律均声，声从器出。帝言我欲以六律和彼五声八音，以此乐之音声，察世之治否。《诗序》云：“治世之音安以乐，其政和；乱世之音怨以怒，其政乖。”此则听声知政之道也。言今听作乐，若其音安乐和平，则时政辨治而修理也；若其音怨怒乖离，则时政忽漫而怠惰也；是用乐之声音察天下治理及忽怠者也。知其治理，则保以修之；知其忽怠，则改以修之；此治理忽怠，人君所愿闻也。又乐之感人，使和易调畅，若乐音合度，则言必得理。以此乐音出纳仁义礼智信五德之言，乃君之发言，合彼五德，施之于人，可以成其教化，是出五言也。人之五言，合彼五德，归之于君，可以成讽谏，是纳五言也。君言可以利民，民言可以益君，是言之善恶由乐音而知也。此言之善恶，亦人君之所愿闻也。政之理忽，言之善恶，皆是上所愿闻，欲令察知以告己，得守善而改恶，故帝令臣，汝当为我听审之也。六律、六吕，当有十二，惟言“六律”

① 李学勤主编：《十三经注疏·春秋左传正义》，北京大学出版社 1999 年版，第 1402 页。

者，郑玄云："举阳，阴从可知也。"传以"五言"为"五德之言"者，《汉书·律历志》称五声播于五常，则角为仁，商为义，徵为礼，羽为智，宫为信，《志》之所称必有旧说也。言五声与五德相协，此论乐事而云"出纳五言"，知是出纳五德之言也。乐音和，则五德之言得其理；音不和，则五德之言违其度；故亦以乐音察五言也。帝之此言，自说臣之大法。于舜所听，使听韶乐也。襄二十九年《左传》吴季札见舞韶乐而叹曰："德至矣哉，大矣！如天之无不帱也，如地之无不载也。"然则韶乐尽善尽美，有理无忽，而并言"忽"者，韶乐自美，取乐采人歌为曲，若其怠忽，则音辞亦有焉，故常使听察之也。①

孔氏此节疏文，其要义大略有四：其一，古代圣人以六律应和五音八声，并通过听音知政，观察国家、社会治理情况，若治理妥当，则保持并发展它，若治理不善，则及时改变、修正它。其二，乐能感人，使人和易调畅，乐音合度，则言必得理，好的音乐应涵纳仁、义、礼、智、信五常之德，以这样的音乐去教化民众，当能获得很好的效果，以这样的音乐去感染人君，亦能起到讽谏之效。贤明的君主往往很想了解政教治理、民情善恶的情况，以守善而改恶，当年圣王派人到各地观音听政便是了解情况的有效途径。其三，律有十二，声有五声，皆与政教伦常有关，如五声可匹配五常之德，角为仁，商为义，徵为礼，羽为智，宫为信；若五声与五德相协调，则乐音和顺，反之，则乐音乖戾，故听音可知民情善恶。其四，当年舜帝以仁德治国，天下大治，舜帝的丰功伟绩载于《韶》乐，《韶》乐亦尽善尽美，季札、孔子等均对其赞美有加；而舜帝本人，则成了圣人人格、贤明君主的楷模。要言之，孔颖达此番疏释，主要便是强调律历问题关乎政德，期求统治者学习古代明君，通过听音知政，不断改恶从善，最终实现大同治世。

孔颖达期求以德治国，实施仁政，以王道化成天下，实现大同治世的理想，还时时表露于其他各处疏文中，如《礼记·乐记》孔氏正义云：

---

① 李学勤主编：《十三经注疏·尚书正义》，北京大学出版社1999年版，第120—121页。

舜以文德为备，故云“《韶》尽美矣”，谓乐音美也，“又尽善也”，谓文德具也。虞舜之时，杂舞干羽于两阶，而文多于武也。谓“《武》尽美矣”者，《大武》之乐，其体美矣，下文说《大武》之乐是也。“未尽善”者，文德犹少，未致太平。①

此处孔颖达充分肯定《韶》乐既美且善，因《韶》乐在音乐形式上堪称完美，在音乐内容上则描绘和歌颂了当年舜帝以文德治理天下的业绩，颇合古圣人王道政治的理想。而《武》乐尽管形式上也很完美，但内涵上表现了当年周武王以武功取天下的事迹，尽管也很伟大，但不太符合古圣人以王道化成天下，臻至太平的理想，故还不尽完善。很明显，孔氏一如乃祖孔子，所向往的是以文德治理天下的社会政治模式，而《韶》乐等经典音乐作品，或能居间起到人文化成之效。

《礼记·乐记》孔氏正义又云：

而乐云“作”，礼云“制”者，作是动用，制是裁断，礼是形化，故言“制”。乐是气化，故言“作”，亦相互也。《白虎通》云：“乐者，阳也，动作倡始，故言作也。礼者，阴也，系制于阳，故云制也。”治定，谓教民从化。若用质教民治定者，则制礼省略也。若用文教民而治定者，则制礼繁多也。其法虽殊，若大判而论，则五帝以上尚乐，三王之世贵礼，故乐兴五帝，礼盛三王，所以尔者，五帝之时尚德，故义取于同和；三王之代尚礼，故义取于仪别。是以乐随王者之功，礼随治世之教也。②

孔颖达此论，进一步讨论如何制礼作乐以教化民众之事。因乐以治心，礼以治身，乐以合同，礼以别异，乐教简质，礼教繁复，二者各有优长，在历史上不同时期各自发挥了自己重要的作用。大致地说，五帝时期崇尚德教，故乐教占主导地位；三王时期侧重礼制，故礼教地位隆盛；到周代，国情已较

① 李学勤主编：《十三经注疏·礼记正义》，北京大学出版社 1999 年版，第 1093 页。
② 李学勤主编：《十三经注疏·礼记正义》，北京大学出版社 1999 年版，第 1092 页。

前复杂得多，单一的礼教或乐教已难堪大任，故周公合其所长，礼乐相济，使之共同担当教化功能。这成了后世实施人文教化的典型模式，亦是孔氏心目中理想的模式。

正因为律历问题关乎政德，故为人主者当精心选拔律历人才，使其调节阴阳律吕，以助人主听音而察时政得失。如《礼记·月令》孔氏正义云："按《易纬·通卦验》云：'夏至人主从八能之士，或调黄钟，或调六律，或调五音，或调五声，或调五行，或调律历，或调阴阳，或调正德所行。'……谓选于天下人众之中，取其习晓者而使之。调黄钟者，县黄钟于子，其以大小之差展其声。调六律者，六律管，阳也。又有六吕为之合，管有长短，吹之以调乐器之声。调五音者，金为钟，革为鼓，石为磬，竹为管，丝为弦，皆有声变舒疾也。匏也，木也，土也，不言调者，声少变，故不调。调五声者，宫、商、角、徵、羽，声弘杀缓急。凡黄钟六律之声，五音之动，与神灵之气通，人君听之，可以察已之得失，而知群臣贤否。调五行者，五行谓五英。调律历者，律历谓六茎也。调阴阳者，谓《云门》、《咸池》。调正德所行者，谓之《大韶》、《大夏》、《大濩》、《大武》，此郑云《五英》，谓颛顼乐名，云《六茎》者，帝喾乐名。"① 这里孔颖达指出，人主选拔律历人才，或调黄钟，或调六律，或调五音，或调五声，或调五行，或调律历，或调阴阳，或调正德所行，共涉及八类音乐技能，故称八能之士，八能之士所掌握的都是乐律最关键的技能和最经典的音乐作品，足以沟通君臣上下，体现人伦教化之旨。

总之，在孔颖达的阐释视域中，中国古人用音乐中的五声配合四时五行，用十二律分配于十二月，这种律历融通的模式既是天、地、人三位一体的宇宙时空模式，亦是天、地、人相参相和的文化审美模式。对此，明代朱载堉承孔氏说而概括指出："历有五纬七政，律有五声七始，故律历同一，道天之阴阳五行一气而已。有气必有数有声，历以纪数而声寓，律以宣声而数行。律与历同，流行相生。"② 在这种"律与历流行相生"的宇宙时空模式和文化审美模式中，"四时的运行，生育万物，对我们展示着天地创

---

① 李学勤主编：《十三经注疏·礼记正义》，北京大学出版社 1999 年版，第 506 页。

② 朱载堉：《律历融通》，商务印书馆 1931 年版，"序言"。

造性的旋律的秘密。一切在此中生长流动，具有节奏与和谐。……使我们一岁中的生活融化在音乐的节奏中，从容不迫而感到内部有意义有价值，充实而美”①。

① 宗白华：《中国文化的美丽精神往那里去》，《宗白华全集》第二卷，安徽教育出版社 1994 年版，第 401 页。

第九章　审美诠释论

千百年来，历代学者已从不同视角对中国历史上最为重要的文化经典《五经》进行了种种研究和诠释，并形成了一种专门的学问，即“经学”。他们在研究、诠释《五经》过程中，逐渐形成独特的理解、诠释《五经》的理论、原则和方法，可称之为经学诠释学。在唐代以前，经学诠释主要表现为汉学。汉学注重五经，注重章句之学，师法和家法则成为经学诠释的前理解状态。至唐代，以孔颖达等人为代表的经学家们在汉学权威地位逐渐削弱、佛道盛行的情况下，对《五经》经传加以精心整理和全面剔发，再度呈现《五经》文本深厚的内蕴和强大的活力，同时也展现了自己极为丰富的诠释思想。①

从历史文献上看，以往对于孔颖达《五经正义》诠释思想的研究，数量极其有限，且基本上是走着经学的路子。而经学研究往往着眼于考据训诂或为服务于时政而挖掘某种微言大义，其被允许的诠释空间，往往受到很大

---

① 笔者按：依照西方哲学传统，“诠释学”（Hermeneutik）本是一门研究“理解”（Verstehen）和“解释”（Auslegung）的学问，“理解”是“此在”的一种存在方式，是“解释”的前结构，而“解释”则是“理解”的一种具体表现形式。本书所论《五经正义》的诠释思想，主要是指孔颖达等经学家以《五经》经传为核心，在中国传统文化语境中所引申、发挥出来的诠释理论、诠释原则和诠释方法。其主要关注的是儒家经典文本“解释”活动，与西哲施莱尔马赫、狄尔泰等人认识论、方法论意义上的传统诠释学颇为相近；而其力图将儒家原典思想、教义内化为主体性的人格建构，并作为一种前理解结构渗透于《五经》文本诠释活动，又与海德格尔、伽达默尔等人所倡本体论诠释学，一种存在论意义上的“理解”活动有暗合之处。故某种意义上，《五经正义》之诠释思想可视为认识论与本体论诠释思想在中国传统文化语境中的一种综合形态。本章主要从美学的视角，立足文本解释予以申论。

限制。但若从美学角度对之重新加以研究的话，从理论上说，或可开拓一个更广阔的领域。从文化渊源和历史作用中可以看出，孔氏诠释思想既是对汉魏晋南北朝诠释学的承传与发展，又为唐以降历代诠释理论和实践奠定了新的基础。它还以其特殊的思维方式和文化操作方式辐射到审美文艺领域，深入影响了中国封建社会中后期的美学理论和审美方式，在中国审美诠释史上有着极其重要的意义。清代学者王夫之曾自撰“观生居”堂联曰“六经责我开生面”，梁启超在《清代学术概论》中概括清代二百年学术特点为“以复古为解放”①。“开经典之生面”，“以复古为解放”，也正是孔颖达审美诠释思想的主要特征。唐颜师古《策贤良问》曾云：“厥意如何，伫问诠释。”② 我们这里就尝试着从美学的角度对其经典诠释思想进行一番讨论。

第一节 疏不破注与随文释义

在后人看来，为了合乎唐代统一经学的宗旨和科考规范，“疏不破注”是孔颖达等人诠释《五经》经传时遵循的基本原则和方法③，这也似乎构成了唐代经学诠释的一大特点。从所谓“疏不破注”诠释原则入手，有助于我们更方便、更深入地考量孔颖达的审美诠释思想。

---

① 梁启超：《清代学术概论》，上海古籍出版社 1998 年版，第 7 页。

② 颜师古：《策贤良问》第一道，载董浩等编：《全唐文》卷一百四十七，中华书局 1983 年版，第 1488 页。

③ 清人桂文灿云：“唐人作疏，惟知疏不破注。”（桂文灿：《经学博采录》卷三，民国《刻敬跻堂丛书》本）凌廷堪云：“疏不破注，此义疏之例也。”（凌廷堪：《校礼堂文集》卷二十三，清嘉庆十八年刻本）皮锡瑞云：“（孔疏）著书之例，注不驳经，疏不驳注，不取异义，专宗一家。”（皮锡瑞：《经学历史》，中华书局 2004 年版，第 141 页）胡培翚云：“唐人之作疏，往往株守注义，不参众说。……今惟求之于经，是非得失一以经为断，勿拘疏不破注之例。”（胡培翚：《上罗椒生学使书》，《研六室文钞》补遗，清道光十七年泾川书院刻本）近人章炳麟云：“冲远疏诗，毛郑异义，各自分疏，不加裁断。此固传笺并用，疏不破注，不得不尔。”（章炳麟：《太炎文录》卷二，民国《章氏丛书》本）如此之例，皆以孔疏为“疏不破注”或“疏不驳注”。

一、释“疏不破注”

“疏不破注”诠释原则的形成有其独特的历史语境。唐王朝一统天下，使中国社会结束了长期战乱的局面，社会政治经济和文化秩序终趋稳定。初唐统治者亲眼目睹强大的隋王朝统治因耽于佛道，虚应儒学，以致朝纲不振，一朝覆亡的惨痛悲剧，再联系到史上大秦帝国重法轻儒，王祚短促的历史教训，决心以史为鉴，重振儒学。但史上那些能够侥幸流传下来的儒家典籍，大多由于辗转传抄，岁月寖磨，各类讹谬所在多有，又由于儒家经学史自汉代以来，先后经历了今古文之争、南北学之争、师法家法之争等此起彼伏的纠纷，早已是派别林立，莫衷一是，义疏驳杂，章句淆乱，以致无论是官学传授还是科举考试，都很难确定一个统一的经学标准。这种情况，是极不利于初建的唐王朝的持续巩固和发展的。因此，贞观年间，唐太宗经慎重权衡后，先诏大儒颜师古考校《五经》文字，编撰《五经》定本，复诏孔颖达与诸儒整饬历代《五经》义疏，撰成《五经正义》。如果说，汉代罢黜百家，独尊儒术，儒家思想从诸子百家中脱颖而出，成为国家意识形态的统治思想，但儒家经传典籍始终未能得到统一的话，那么到唐代孔颖达等人撰定《五经正义》时，儒家经典从经文文字到传注诠解等，都有了一套规整的通行全国的钦定本，至此儒家经学才真正完成了天下一统的工作，孔颖达等人则可谓居功至伟。

孔颖达《五经正义》本奉诏而撰，其宗旨是为了统一和规范久经淆乱的经学典籍和经学思想，使得传统儒家思想能够更好地服务于大唐王朝的社会人伦、政治经济和文化秩序。而所谓“疏不破注”，大意是指疏文撰作者须先精心选定合乎学术要求和时政要求的经文注释本，然后对前儒所撰“传”、“笺”等不同形式的注文进行疏通性解释与串讲，在原注文没有原则性讹误的情况下，基本遵循原注文的大旨要义和诠解体例，若疏文撰作者对原注文持有明显歧见，则可辨别是非，对原注文予以适当补充或纠正。在此基础上，最终确立一套从内容到形制都比较规范的样本，以为全国士子们研习儒经、参加科举考试等确立统一的标准。某种意义上说，正是在“疏不破注”的解经原则下，孔氏《五经正义》实现了唐王朝要求统一思想、整饬经学的意图，并助成科举选拔制度在唐代走向成熟。如晚清皮锡瑞所指出：“自《正义》、《定本》颁之国胄，用以取士，天下奉为圭臬。唐至宋初数百年，士子皆谨守官书，莫敢异议矣。故论经学，为统一最久时代。”①

孔颖达《五经正义》统一经学之功自不待言，但由于择善而从的客观需要，《五经正义》在经注选本上专主一家，如《周易》宗王弼注，《左传》宗杜预注等，其结果必然是举一而废百，若再加上单向度的“疏不破注”，则《五经》经传经孔颖达等人疏解后作为固定标准颁行天下，开科取士，就会在一定程度上限制研习者自由阐释和创造的空间，既束缚研习者们的思想，亦影响经学诠释的多维开展，削弱儒家经学自身的生命力。也正因为此，自清季以来，不少学者对《五经正义》所谓“疏不破注”的诠释原则提出了批评，并由此引发了不少争论。

《四库全书总目提要》指出，“颖达等奉诏作疏，始专崇王注，而众说皆废”，并批评孔氏解《易》“墨守专门”、“偏袒”王弼，又称孔氏“诠释文句，多用空言，不能如诸经《正义》，根据典籍，源委粲然，则由王《注》扫弃旧文，无古义之可引，亦非考证之疏矣”②。但是，今人刘玉建先生已著文对此详为反驳，认为孔氏《周易正义》固然取王弼、韩康伯注为底本，孔颖达固然恪守“疏不破注”之古训，但这并不意味着孔氏墨守一家之言。孔氏解《易》只是形式上立足于王弼义理派易学，而实质上则是对汉魏晋南北朝以来象数与义理两大易学流派的继承与扬弃、创新与发展。至于批评孔颖达“诠释文句，多用空言”，则是四库馆臣站在清代汉学的立场，苛求孔颖达要像汉代象数易学家那样“定马于乾，案文责卦”，即考证经文字句与卦爻象之间的一一对应关系。而汉易这种治学方法、思维方式，却正是孔氏所要扬弃的。事实上孔氏长于名物训诂，其对经文的注疏，充分体现了具体、翔实、全面、系统、清晰的特征，而不是所谓“多用空言”。因此，四库馆臣认为孔颖达墨守王弼一家之言的说法，实是一种偏见。③

又清末刘文淇著《左传旧疏考证》，其大旨以为唐人作《五经正义》，多用旧疏而没其名，《春秋左传正义》尤甚。承此，刘师培撰《国学发微》，既批评孔氏正义专守一家：“《正义》之学，乃专守一家举一废百之学也”；又批评其掩袭前儒：“冲远《正义》非惟排黜旧说也，且掩袭前儒之旧说以

① 皮锡瑞：《经学历史》，中华书局2004年版，第146页。

② 李学勤主编：《十三经注疏·周易正义》，北京大学出版社1999年版，“目录”第2页。

③ 参见刘玉建：《汉魏易学发展的理论结晶：〈周易正义〉》，《周易研究》2006年第5期。

讳其所从来。”[①] 于此，台湾潘重规先生已加以辩驳，他认为孔颖达奉敕删定《五经》义疏，本为国家明经考试确立教本与规范，使经义定于一尊，故不得不专崇一家；而孔氏义疏虽参取旧说，然博取诸家之长以补短，且时出个人新见，并非完全因袭。又观孔颖达诸经正义之序，实皆胪陈六朝旧疏之目而加以评骘，并明言所据以为本，并非讳所从来。《五经正义》之所以不见所据蓝本之本来面目，实由永徽诸儒重加审订时删改所致：“刊改冲远之书，于征引旧说名氏，多所刊削，使后之读者，误以为冲远有意攘窃，要亦非冲远之咎也。”[②] 而李慈铭《越缦堂日记》所云：“唐初儒学尚盛，况其时沈之《义疏》，刘之《述议》，遍布人间，世所共习，冲远以耆儒奉敕撰述，而尽掩前人，攘为己有，独不畏人言乎？太宗非可欺之君，士亦何能尽罔，恐非甚无耻者不肯出此也。……其间用旧说而失系姓名者，或亦有之。若以为一部书中惟驳光伯之语出于冲远，余皆袭旧义，毋乃言之过欤？”[③] 亦可为潘先生引为同调。

类似论难近来仍有继续。如有学人指出：“正义解释注文则不得有出入，注文错了，也要顺着它强词辩说，有比注文更好的解释，也不能采用，要一概排斥。正义的这种做法叫做‘疏不破注’。”[④] 亦有论者批评说：“《毛诗正义》所谓‘疏不破注’就是一宗于《笺》，把魏晋南北朝以来或申毛难郑，或申郑难毛的诗经学定格在郑学之上，突出地反映了唐代经学以及小学守成的特点。……然则《毛诗正义》这种抑毛扬郑的疏释，虽然扩大了《郑笺》的影响，却掩盖了《毛传》的光辉：有其功，亦有其过。”[⑤] 更有论者直接了当地指出：“唐人编定《五经正义》，……守着一条‘疏不破注’的规矩，因而无多新义。”[⑥]

那么，我们究竟该如何看待此类论争呢？笔者以为，问题的关键在于

---

① 刘师培：《刘申叔遗书》，江苏古籍出版社 1997 年版，第 494—495 页。

② 潘重规：《五经正义探源》，《华冈学报》第 1 期，台北中国文化学院 1965 年版。

③ 李慈铭著，由云龙辑：《越缦堂读书记》，上海书店出版社 2000 年版，第 101 页。

④ 杨端志：《训诂学》下册，山东文艺出版社 1986 年版，第 530 页。

⑤ 韩峥嵘、张利文：《〈毛诗正义〉“疏不破注”考辨》，《吉林大学社会科学学报》2000 年第 4 期。

⑥ 吴孟复：《训诂通论》，安徽教育出版社 1983 年版，第 28 页。

到底如何理解“疏不破注”，或者说，孔颖达等人到底是在多大程度上按照“疏不破注”的原则来操作的。如果“疏不破注”是严格意义上的“疏不破注”，即“疏”不能超出“注”这一雷池半步，那么孔颖达等人的“疏”必然会固守樊篱，弊端不少，也理应承受上述批评；反之，若“疏不破注”并非严格意义上的“疏不破注”，“疏”可以适当超出“注”的牢笼，或者孔颖达等人在具体操作过程中有意无意地突破了严格意义上的“疏不破注”的限制，有了自己的发挥和创造，那么上述批评就有可能过于严厉，甚至失之武断。

若衡之于整个《五经正义》，我们不难发现，上述有关责难尽管有其合理的一面，但也不无偏颇之处。清代阮元在《毛诗注疏校刊记》中已指出：“凡《正义》自为文，其于注有足成，有隐括，皆取词旨通畅，不必尽与注相应。”① 近人马宗霍评价甚允当：“其实唐人义疏之学，虽得失互见，而瑕不掩瑜，名宗一家，实采众说，固不无附会之弊，亦足破门户之习。”② 今人霍松林先生亦曾指出，所谓“疏不破注”，也只是一个大体上的说法。“疏”只要不是“注”的翻译，就不免有所补充，有所发挥，有所突破。③ 刘纲纪先生则推而广之：“中国历代的经学家，如郑玄、孔颖达都是通过对经的解释，来阐发他自己的思想。”④ 诚然，整体上说，孔颖达等人奉敕整治《五经》经传，不但治学谨严，取证精审，而且对于所据注文、所本义疏，均有选择，有补充，有超越，对于经注难点尤多疏解，这于前面各章所论已颇见端倪。而孔氏本人在《〈毛诗·昊天有成命〉正义》中就说过：“古人说诗者，因其节文，比义起象，理颇溢于经意，不必全与本同。”⑤ 又孔氏疏《毛诗·绸缪》云：“与笺意异者，彼意或出于此，但引诗断章，不必如本也。”⑥ 又孔氏疏《周易·睽卦》云：“庄子所言以明齐物，故举恢诡谲怪至异之

---

① 阮元：《毛诗注疏校刊记》，《十三经注疏》影印本，中华书局 1980 年版。

② 马宗霍：《中国经学史》，商务印书馆 1937 年版，第 98—99 页。

③ 参见霍松林：《诗述民志——孔颖达诗歌理论初探》，《文艺理论研究》1981 年第 2 期。

④ 刘纲纪等：《美学、艺术学研究要打通中西、融会古今》，《安徽师范大学学报》（人文社会科学版）2013 年第 6 期。

⑤ 李学勤主编：《十三经注疏·毛诗正义》，北京大学出版社 1999 年版，第 1298 页。

⑥ 李学勤主编：《十三经注疏·毛诗正义》，北京大学出版社 1999 年版，第 390 页。

物，道通为一，得性则同。王辅嗣用此文而改‘通’为‘将’字者，明物极则反，睽极则通，有似引诗断章，不必与本义同也。”[①] 这里孔氏疏释《诗》、《易》经传等，皆认为可以“不必与本义同”，甚至认同“引诗断章”的合理性，可见孔氏远非某些论者所认定的因循守旧、固守樊篱者。

孔颖达在《五经正义》各序言中所表明的态度则更能说明问题。如《周易正义》序云：“义理可诠，先以辅嗣为本；去其华而取其实，欲使信而有征。其文简，其理约，寡而制众，变而能通，仍恐鄙才短见，意未周尽。”[②]《尚书正义》序云：“览古人之传记，质近代之异同，存其是而去其非，削其烦而增其简。”[③]《毛诗正义》序云：“今则削其所烦，增其所简，唯意存于曲直，非有心于爱憎。”[④]《礼记正义》序云：“虽体例既别，不可因循，……必取文证详悉，义理精审；剪其繁芜，撮其机要。”[⑤]《春秋左传正义》序云：“今奉敕删定，据以为本，其有疏漏，以沈氏补焉。若两义俱违，则特申短见。”[⑥] 事实也正是如此，如孔氏对《周易》王弼《注》，即有取有弃，并竭力排除江南虚浮义疏；孔氏撰《春秋左传正义》，虽申杜驳刘，但若两义俱违，则申个人之见；孔氏撰《毛诗正义》，或据经驳笺，或以笺驳传，纠正《传》、《笺》之谬误很多，且时呈特出之见，等等。这些显然已很大程度上突破了所谓“疏不破注”的框框，由“疏不破注”走向了“疏可破注”，甚至走向了新的诠释和创造。可以说，正是假借“疏不破注”的旗帜，孔颖达等人“以复古为解放”，既遵从前贤又开出新面，从而大大丰富了《五经》经传的学术思想，终至整合异说于一尊，赋予《五经正义》以鲜活的生命力和难以动摇的经典地位。

二、随文释义

进一步言，所谓“疏不破注”，更多情况下表现出来的是随文释义、因

---

① 李学勤主编：《十三经注疏·周易正义》，北京大学出版社 1999 年版，第 165 页。
② 李学勤主编：《十三经注疏·周易正义》，北京大学出版社 1999 年版，“目录”第 3 页。
③ 李学勤主编：《十三经注疏·尚书正义》，北京大学出版社 1999 年版，“目录”第 3 页。
④ 李学勤主编：《十三经注疏·毛诗正义》，北京大学出版社 1999 年版，“目录”第 4 页。
⑤ 李学勤主编：《十三经注疏·礼记正义》，北京大学出版社 1999 年版，“目录”第 4 页。
⑥ 李学勤主编：《十三经注疏·春秋左传正义》，北京大学出版社 1999 年版，“目录”第 4 页。

文生义的诠释方式。即在诠解过程中，基本上依附于所释经传之文，遇文解文，遇事说事，或长或短，情况不一，并常在正义中说明“各随文解之”，帮助读者循序渐进地把捉各经传文义。这种随文释义的诠释方式看似“疏不破注”，呆板而守旧。其实不然，若遇有疑义、缺漏或错误之处，其往往随时加以疏通、纠正、辩驳，并补充发挥自己的见解，充分体现了解经的机动性和灵活性。孔颖达诸多创见，基本上都是以这种形式表达出来的。

如释《大雅·瞻印》“人有土田，女反有之，……哲夫成城，哲妇倾城”句，郑笺曰：“此言王削黜诸侯及卿大夫无罪者。覆犹反也。哲谓多谋虑也。城，犹国也。丈夫，阳也。阳动故多谋虑则成国。妇人，阴也。阴静故多谋虑乃乱国。”[①] 孔氏正义随文解之云：“上八句言王之为恶皆由妇人，下二句谓妇人之言不可听用。若谓智多谋虑之丈夫，则兴成人之城国；若为智多谋虑之妇人，则倾败人之城国。妇言是用，国必灭亡。王何故用妇人之言，为此大恶，故疾之也。”这是按惯例对原经文和郑氏笺文含义的一般性疏解，可视为“疏不破注”。但孔氏正义接着说：“智者役心以谋虑，故云哲谓多谋虑也。国之所在，必筑城居之，作者以城表国。笺以其有城居之嫌，故云城犹国也。笺以‘丈夫，阳。阳动故多谋虑则成国。妇人，阴。阴静故多谋虑则乱国’。由阴阳不等，动静事异，故俱多谋虑而成、倾有殊也。若然，谋虑苟当，则妇人亦成国，任、姒是也。谋虑理乖，虽丈夫亦倾城，宰嚭、无极是也。然则成败在于是非得失，不由动静。而云阴阳不同者，于时褒姒用事，干预朝政，其意言褒姒有智，唯欲身求代后，子图夺宗，非有益国之谋，劝王不使听用，非言妇人有智皆将乱邦也。”[②] 这里，孔颖达明确地指出：“谋虑苟当，则妇人亦成国，任、姒是也。谋虑理乖，虽丈夫亦倾城，宰嚭、无极是也。”较之郑玄的注解“丈夫，阳也。阳动故多谋虑则成国。妇人，阴也。阴静故多谋虑乃乱国”，显得客观而辩证得多，从而弥补和纠正了郑笺之偏颇。

又如释《郑风·缁衣》，《毛序》曰：“美武公也。父子并为周司徒，善于其职，国人宜之，故美其德，以明有国善善之功焉。”孔氏正义随文疏解

---

① 李学勤主编：《十三经注疏·毛诗正义》，北京大学出版社 1999 年版，第 1258 页。

② 李学勤主编：《十三经注疏·毛诗正义》，北京大学出版社 1999 年版，第 1258 页。

云："作《缁衣》诗者，美武公也。武公之与桓公，父子皆为周司徒之卿，而善于其卿之职，郑国之人咸宜之，谓武公为卿，正得其宜。诸侯有德，乃能入仕王朝。武公既为郑国之君，又复入作司徒，已是其善，又能善其职，此乃有国者善中之善，故作此诗，美其武公之德，以明有邦国者善善之功焉。经三章，皆是国人宜之，美其德之辞也。'以明有国善善之功焉'，叙其作诗之意，于经无所当也。"① 这里孔氏先疏解《毛序》大意，然后将《缁衣》诗文与《毛序》两相比照，认为此诗三章之意均为颂美郑武公之德，与《毛序》所云"国人宜之，故美其德"相对应，这可视为因循旧文、"疏不破注"式的疏解。但最后孔氏又指出，《毛序》中叙作诗之意的"以明有国善善之功"云云，在《缁衣》文本中没有对应的语句，即"于经无所当"。尽管孔颖达可能出于对《毛序》撰者（一般归之于孔门高足子夏）的敬重，没能直接予以批评，但仍对《毛序》之说含蓄地提出了质疑，表达了自己的不同见解。

而《五经正义》中很多直接诠"美"之论，也正是以这种随文释义的方式呈现出来的。由于此前各章主要讨论孔氏"体系性"的美学思想，无暇及此，故这里集中指出并略加讨论。

以孔氏《周易正义》为例。《周易·文言》曰："亨者，嘉之会也。"孔颖达随文疏之曰："嘉，美也。言天能通畅万物，使物嘉美之会聚，故云嘉之会也。"② 这里，孔氏随文释义，认为美有极大的包容性、覆盖性，近乎庄子所说的"大美"。但天地之美乃是自然的、原本的，它加惠于人，给人以美，使人也获得美的特质。这就表现出天地人三极之道的统一性，也显示出三极之美的统一性。孔颖达所说的"极地之美，自然而生，不假修营"③，亦表明这种自然大化之美的自在性。

又《〈周易·坤卦〉六三爻辞》曰："含章可贞，或从王事，无成有终。"孔颖达随文疏之曰，"内含章美之道，待命乃行，可以得正"，并疏《象》曰，"知虑光大，不自擅其美"④。这里，孔颖达把"章"释为美的意思，认

---

① 李学勤主编：《十三经注疏·毛诗正义》，北京大学出版社 1999 年版，第 276 页。

② 李学勤主编：《十三经注疏·周易正义》，北京大学出版社 1999 年版，第 13 页。

③ 李学勤主编：《十三经注疏·周易正义》，北京大学出版社 1999 年版，第 28 页。

④ 李学勤主编：《十三经注疏·周易正义》，北京大学出版社 1999 年版，第 29 页。

为这种美待命而行，可张可弛，表现了一种含蓄、充盈而有节制的美。而孔颖达在疏通《文言》“黄中通理”句时说：“黄中通理，是美在其中。有美在于中，必通畅于外，……外内俱善，能宣发于事业。……美莫过之，故云‘美之至’也。”[①] 认为内美可达于外美，外美则显示内美，若能做到内外皆美且二者高度统一，这就是“美之至也”。与此相近，孔氏解释《周易·大畜卦》时，还强调“笃实”之美。他说：“凡物暂时荣华而即陨落者，由体质虚薄也；若能笃厚充实，则恒保荣美，不有陨落也。”[②] 这与孟子所讲的“充实之谓美”（《孟子·尽心章句下》）有异曲同工之妙。

孔颖达在随文释义中还彰显了文质相彰、刚柔互渗之美。其疏《周易·贲》曰：“贲，饰也。以刚柔二象交相文饰也。”又曰：“刚柔交错，相饰成文。”这种文，既有天文，又有人文，因而堪称“广美”。这里，不仅解释了文饰美的内涵，而且说出了文饰美的产生原因和广大范围。但疏通至此，并不中止，而是继续深究，层层剥析。贲卦的美，是多样化的，如有贲如之美、濡如之美、皤如之美、翰如之美等。孔氏曰：“贲如，华饰之貌；濡如，润泽之理。……其美如此，长保贞吉，物莫之陵。”又曰：“皤是素白之色。……或以文洁，故‘贲如’也；或守质素，故‘皤如’也。‘白马翰如’者，但鲜洁其马，其色‘翰如’。”这里，“贲如”是指纹饰整洁美观，“濡如”是指润泽生动，“皤如”是指素雅大方，至于“翰如”，是指光鲜的白马整装待发的样子。可见，贲卦既有华采文饰之美，又有素雅质朴之美。孔颖达在疏通“白贲无咎”的内在意义时说：“‘处饰之终’，饰终则反素，故任其质素，不劳文饰，故曰‘白贲无咎’也。”由此更见出，贲卦既显示了色彩的斑斓美，又显示了质地的朴素美。孔氏正义还说：“圣人观察人文，则诗书礼乐之谓，当法此教而化成天下也。”[③] “化”为感化之意，即以诗书礼乐感化人心，使天下和平，万国咸宁，这就是“化成天下”。这个“化成天下”，其中也包含了发挥审美教育作用的意义。孔颖达在解释《周易·离卦》时还说：“离，丽也。丽谓附著也。……离卦之体，阴柔为主。”又说：“必取两

① 李学勤主编：《十三经注疏·周易正义》，北京大学出版社 1999 年版，第 32 页。
② 李学勤主编：《十三经注疏·周易正义》，北京大学出版社 1999 年版，第 119 页。
③ 李学勤主编：《十三经注疏·周易正义》，北京大学出版社 1999 年版，第 104—108 页。

明前后相续，乃得作离卦之美。”[①] 意思是说，离卦（离上离下）由两个象征光明的“离”合成，前后相继，照于四方，所以美。这就进一步凸显了文采装饰、鲜明亮丽之美。

孔颖达在随文释义中还谈到刚健之美。《周易·乾卦》正义云：“乾，健也，以言天体以健为用。……天以健为用者，运行不息，应化无穷，此天自然之理。”[②]“健”既为“自然之理”使人感知，又在外观上给人以愉悦的美感。乾卦是阳刚之美的本卦，大有、大畜、大壮等卦都以经卦乾为内卦，故皆以刚健为美。与此相近，《周易·彖下》云：“大壮，大者壮也。刚以动，故壮。大壮利贞，大者正也。正大，而天地之情可见矣。”孔颖达在疏解大壮卦义时，除了阐明正大的精神以外，还突出了一个“美”字，即所谓“因大获正，遂广美正大之义”。[③] 孔氏又疏《周易·豫卦》云：“雷是阳气之声，奋是震动之状。雷既出地，震动万物，被阳气而生，各皆逸豫。故曰‘雷出地奋，豫’也。‘先王以作乐崇德’者，雷是鼓动，故先王法此鼓动而作乐，崇盛德业，乐以发扬盛德故也。”[④] 这里不仅描述了“雷出地奋”的壮美景观，而且指出了象征这种壮美景观的豫卦之音乐特征和美感特征。所谓“逸豫”，也即豫悦逸乐，就是指美感的愉悦性。

除了《周易正义》外，孔颖达在其他诸经正义中亦时有以随文释义的方式诠“美”者，如《诗经·大雅·烝民》，孔氏疏经云：“以仲山甫述职，日月长久，而多所思，故述其美以慰安其心，欲使之自忘劳也。”又疏毛传云：“以清微之风，化养万物，故以比清美之诗，可以感益于人也。”又疏郑笺云：“穆是美之貌，故为和也。穆下即云‘如清风’，是穆为清之用，故和为调和人之性也。”[⑤] 这里孔颖达把诗比作清风，所谓“清美之诗”其实就是以清净淡雅为美的诗歌，因此“穆如清风”之“清”即指一种清美。又如《左传·桓公元年》记载：“宋华父督见孔父之妻于路，目逆而送之，曰：‘美而艳’。”这段记述非常生动，孔疏释之曰：“美者，言其形貌美，艳者，言

---

① 李学勤主编：《十三经注疏·周易正义》，北京大学出版社 1999 年版，第 135 页。

② 李学勤主编：《十三经注疏·周易正义》，北京大学出版社 1999 年版，第 1 页。

③ 李学勤主编：《十三经注疏·周易正义》，北京大学出版社 1999 年版，第 149 页。

④ 李学勤主编：《十三经注疏·周易正义》，北京大学出版社 1999 年版，第 85 页。

⑤ 李学勤主编：《十三经注疏·毛诗正义》，北京大学出版社 1999 年版，第 1224—1225 页。

其颜色好，故曰‘美而艳’。”[①] 也就是说，美、艳有别，美指形体苗条、面目姣好，艳指肤色润泽，光采动人。这已很接近于现代人的审美观点。

如此之例，在《五经正义》中不胜枚举。这些直接诠“美”之论，虽大多属于随文释义，比较零散，缺乏完整的体系，但时常闪现出美学思想的火花，能予人以多方启迪和思考，从而也构成了孔颖达审美诠释思想的一个重要方面。

事实上，上述诸例，仅是孔颖达整个《五经正义》中的吉光片羽，理论锋芒和系统性尚不够突出，我们尤应注意者，是孔氏《五经正义》在整个经传疏释中所展现的诸多疑经辨伪之论，推陈出新之见，本书前面各章所述即可见一斑。孔氏正义即使是随文释义，也很大程度上显示了一种“唯真是求”的启蒙精神，这不仅成为孔氏自己，亦成为后世（尤其是宋明理学和清代朴学时期）学术创新的重要渊薮，客观上推动了中国经学和审美诠释史的发展。

本体论诠释学的代表人物海德格尔曾指出：“准确的经典注疏可以拿来当作解释的一种特殊的具体化，它固然喜欢援引‘有典可稽’的东西，然而最先的‘有典可稽’的东西，原不过是解释者的不言自明、无可争议的先入之见。任何解释工作之初都必然有这种先入之见，它作为随着解释就已经‘设定了的’东西是先行给定的。”[②] 诚然，由于诠释者所处的历史文化背景、所具备的知识结构、所投注的思想情感等的差异，决定了诠释者以各自不同的视野（先入之见）解读文本，每一部经学诠释著作都是诠释者带着自己的先入之见对五经文本作依照性还原与创造性重塑的结果，所不同者可能只是还原与重塑所占的比例不同而已。故笔者以为，孔颖达《五经正义》虽宗一家之注以解经，然非仅囿于注说，所谓“疏不破注”只是孔氏作正义时宏观而大致的指导原则，并没有严格地去执行，其在具体诠释各经经传之义时仍多有推衍，时有突破，上文所论就充分地说明了这一点。孔颖达《五经正义》于此所凸显的独特的审美诠释思想，值得我们去深入探究。

孔颖达《五经正义》这种随文释义、不拘泥于注说的诠解方式亦对后

---

① 李学勤主编：《十三经注疏·春秋左传正义》，北京大学出版社 1999 年版，第 133 页。

② 海德格尔：《存在与时间》，生活·读书·新知三联书店 2006 年版，第 176 页。

人产生了积极的影响。如宋代范仲淹《易义》释乾卦云："如卦言六龙，而九三不言龙而言君子，盖龙无乘刚之义，则以君子言之。随义而发，非必执六龙之象也。故曰：易无体。而圣人之言岂凝滞于斯乎？"① 又宋人魏了翁在《周易要义》中云："乾卦是阳生之世，故六爻所述，皆以圣人出处托之。其余卦六爻，各因象明义，随义而发，不必皆论圣人。他皆放（同仿）此。""夫子因义理文势，随义而发，不为例也。"② 又清人姚范于《援鹑堂笔记》中径云："随义而发，其例之所重。按孔氏正义，以随义而发。"③ 如此之例，皆强调不必胶柱于前人，当随文释义，随义而发，与孔氏诠解方式遥相应承。

第二节 "体无恒式"

从诠释学角度来说，《五经》文本一旦产生，其所存在的价值与意义就已经让渡于后世语言符号的诠释，并在后世的不断诠释中赢得自己的生命力。而不同历史境遇中的不同诠释，又应以《五经》文本诠释空间的敞开为前提。从某种意义上讲，没有《五经》文本诠释空间的敞开，就不会有《五经》之多维诠释的可能，更不会有《五经》之多重价值意义在历史的长河中充分彰显。无论从经学角度言，还是从美学角度言，均是如此。

有鉴于此，我们就应特别关注一下孔颖达在"疏不破注"诠释原则之外，所提出的另一种诠释原则和方法——"体无恒式"，以及与此相类的"唯变所适"、"不可一例求之，不可一类取之"、"不可为典要"等重要的诠释原则和方法。

"体无恒式"这一诠释原则是孔颖达在《毛诗·关雎》正义中提出的。孔氏正义云：

章者，积句所为，不限句数也，以其作者陈事，须有多少章总一

① 范仲淹：《易义》，《范文正公文集》卷五，《四部丛刊》影明翻元刊本。

② 魏了翁：《周易要义》卷一上、卷三上，文渊阁《四库全书》本。

③ 姚范：《援鹑堂笔记》卷三十九《集部》，清道光姚莹刻本。

> 义，必须意尽而成故也。……或篇有数章，章句众寡不等；章有数句，句字多少不同，皆由各言其情，故体无恒式也。①

这里，孔颖达在全面梳理了《诗经》中各种重章叠句的形式后总结指出："皆各言其情，故体无恒式也。"意谓诗歌的语言组织结构，章句的众寡，字句的多少，都应根据其表情达意的需要而定，"须意尽而成"即可，没有一定之规，此乃"体无恒式"也。

孔颖达在总结《诗经》中字句运用的各种变化情况时，又提出了一个类似的命题："唯变所适"。孔氏云：

> 字之所用，或全取以制义，"关关雎鸠"之类也。或假辞以为助，者、乎、而、只、且之类也。……句字之数，四言为多，唯以二三七八者，将由言以申情，唯变所适，播之乐器，俱得成文故也。②

通观孔颖达《五经正义》可知，他这里所强调的"体无恒式"、"唯变所适"等命题，不仅是对《诗经》艺术表达形式的经验总结，而且是具有普遍指导意义的诠释理论。其后隐藏有深厚的哲学思想背景，它很大程度上是孔颖达哲学上的"变易"思想在诠释实践中的具体贯彻和运用。

孔颖达在《周易正义》开篇解释乾卦卦名时曾指出，圣人对《周易》六十四卦名称的确定，并不是根据某一种固定不变的格式与方法，而是采用了不同的体例，即所谓"圣人名卦，体例不同"。而"所以如此不同者，但物有万象，人有万事，若执一事，不可包万物之象；若限局一象，不可总万有之事。故名有隐显，辞有踳驳"。紧接着，孔氏明确提出了其完整的经学诠释原则，即"不可一例求之，不可一类取之"③。

孔颖达这一诠释原则的提出，旨在强调包括《周易》在内的《五经》经传的诠释，不可执着于某一种固定不变的方法或原则，不可陷入僵化的形而上学困境。就易学而言，《易》道广大，蕴涵并昭示着宇宙人生万事万

---

① 李学勤主编：《十三经注疏·毛诗正义》，北京大学出版社 1999 年版，第 29 页。

② 李学勤主编：《十三经注疏·毛诗正义》，北京大学出版社 1999 年版，第 28 页。

③ 李学勤主编：《十三经注疏·周易正义》，北京大学出版社 1999 年版，第 1 页。

象万理，如果执持某种单一、机械、绝对的解《易》理路，不仅难以明了《易》之微言大义，反而会削足适履地将其引入歧途。如孔氏所强调："原夫《易》之为书，曲明万象，苟在释辞，明其意，达其理，不可以一爻为例，义有变通也。"① 同时，这一原则在语言表述方式上是否定中包含着肯定，"不可一例求之，不可一类取之"本身就意味着解《易》之有例可求，有类可取。而这一诠释原则的提出，其目的正是为了确立新的、合理的解《易》体例，即"体无恒式"、"唯变所适"的解《易》体例。②

这一诠释原则表现在孔颖达《周易正义》中，既不像汉易那样拘泥于象数之体例，也不像魏晋玄学易那样执着于义理之体例，而是二者兼顾，有机地融合。孔氏在解释《坤》初六时明确指出："凡易者象也，以物象而明人事，若《诗》之比喻也。或取天地阴阳之象以明义者，若《乾》之'潜龙'、'见龙'，《坤》之'履霜坚冰'、'龙战'之属是也。或取万物杂象以明义者，若《屯》之六三'即鹿无虞'、六四'乘马班如'之属是也。如此之类，《易》中多矣。或直以人事，不取物象以明义者，若《乾》之九三'君子终日乾乾'、《坤》之六三'含章可贞'之例是也。圣人之意，可以取象则取象也，可以取人事者则取人事也。"③ 这充分显示了孔氏解易的灵活性和辩证性。孔颖达这番诠解，已不知不觉中超出了一般经学诠释的限阈，而跨向了诗学和美学诠释的领域。

如对于《毛诗》经传的诠释，孔颖达就时时贯彻着这种灵活、机动的诠释原则。孔氏《〈周南·关雎〉正义》概括《诗经》各诗篇命名情况云："名篇之例，义无定准，多不过五，少才取一。或偏举两字，或全取一句。偏举则或上或下，全取则或尽或余。亦有舍其篇首，撮章中之一言；或复都遗见文，假外理以定称。《黄鸟》显绵蛮之貌，《草虫》弃喓喓之声，'瓜瓞'取绵绵之形，《瓠叶》舍番番之状，'夭夭'与桃名而俱举，'蚩蚩'从氓状而见遗，《召旻》、《韩奕》则采合上下，《驺虞》、《权舆》则并举篇末。其中蹐驳不可胜论。岂古人之无常，何立名之异与？以作非一人，故名无定

① 李学勤主编：《十三经注疏·周易正义》，北京大学出版社 1999 年版，第 262 页。

② 参见刘玉建：《孔颖达易学诠释学原则及意义》，《管子学刊》2004 年第 1 期。

③ 李学勤主编：《十三经注疏·周易正义》，北京大学出版社 1999 年版，第 27 页。

目。”[①] 孔颖达此番归纳，理论与实例相结合，既可见《诗经》三百篇命名之一般规律，又体现了孔颖达对“义无定准”、“名无定目”、“踳驳不可胜论”等复杂多变的诠释样态的充分关注。

又《周南·汉广》首章孔氏正义云：“兴者取其一象，木可就荫，水可方、泳，犹女有可求。今木以枝高不可休息，水以广长不可求渡，不得要言木本小时可息，水本一勺可渡也。”[②] 这里木与水可能各有二个意象，一者指“木以枝高不可休息，水以广长不可求渡”，一者指“木本小时可息，水本一勺可渡”，那么究竟如何取象呢？孔颖达认为，根据上下文语境，这里选取前者更为妥贴，而不应勉强择取后者。此即采取“兴者取其一象”、“唯变所适”的诠释原则，而非采取“一例取之，一类求之”的僵化诠释模式。

在孔颖达看来，“兴必取象”，即使所取之象相同，其所比喻、象征的意义也是各各不同的，此即孔氏所谓“兴取一象，不得皆同”[③]。如取《大雅·卷阿》中的“飘风”为象，其便既可喻善，亦可喻恶，《大雅·卷阿》孔氏正义云：“飘风之来，非有定所，而以自南言之，明其取南为义，故知以南，是长养之方，喻贤者有长养之德，故云其来为长养民也。《桧风》云：‘匪风飘兮。’《何人斯》篇云：‘其为飘风。’彼皆不言自南，故以为恶。”[④] 孔氏意谓南方是长养之地，贤人众多，飘风来去本无定则，来自南方的风似沾溉了长养之气，喻意贤人疾来以长养民，故南风喻善，而这里飘风非来自南方，则譬喻象征的意义就指向了恶。同一“飘风”意象，其意义变化竟存在如此大的反差！又如同是以山上草木为兴象，《小雅·南山有台》是借草木之象彰显“高大”、“尊贵”之意，《小雅·车舝》则借草木之象表达“遮蔽”、“障碍”之意，如孔氏谓：“兴喻者各有所取。若欲睹其山形，草木便为蔽障之物；若欲显其高大，草木则是裨益之言，不一端矣。”[⑤] 这里，由于表达旨趣不同，其譬喻象征的意义也就大异其趣甚至截然相反。

又如对《春秋左传》经传的诠释，孔颖达亦注重具体问题具体分析，

① 李学勤主编：《十三经注疏·毛诗正义》，北京大学出版社 1999 年版，第 1 页。
② 李学勤主编：《十三经注疏·毛诗正义》，北京大学出版社 1999 年版，第 54 页。
③ 李学勤主编：《十三经注疏·毛诗正义》，北京大学出版社 1999 年版，第 1127 页。
④ 李学勤主编：《十三经注疏·毛诗正义》，北京大学出版社 1999 年版，第 1126 页。
⑤ 李学勤主编：《十三经注疏·毛诗正义》，北京大学出版社 1999 年版，第 615 页。

不拘于特定体例为说。《左传·昭公十二年》载："昭子曰：'必亡。宴语之不怀，宠光之不宣，令德之不知，同福之不受，将何以在?'"孔氏正义云："不怀，不宣，不知，不受，皆据华定为文也。《诗》云'燕笑语兮'，言定当思此笑语，与主相对也。《诗》云'为龙为光'，定当应此宠光宣扬之也。《诗》云'令德寿凯'，定当知己有德与否，须辞谢之也。《诗》云'万福悠同'，定当受同福，荷君恩也。各准事而为之文。"[①] 又《左传·哀公十七年》"卫侯贞卜"句下正义云："诗之为体，文皆韵句，其语助之辞，皆在韵句之下。……是或韵或不韵，理无定准。"[②] 如此之例甚多。

可见，孔颖达在诠释经传过程中，充分注意到了诠释目的和诠释境遇的复杂性，并自觉运用"体无恒式"、"唯变所适"、"不可一例求之"等审美诠释原则处理不同的诠释对象。孔氏正义正是秉持这种诠释原则和方法，对《五经》经传进行了全面的梳理和总结，充分体现了多元灵活的诠释原则和客观求是的治学精神。

尽管这类诠释原则未必都是针对文艺学、美学问题而发，但其作为一种宏观指导原则，却对历代的文艺学和美学有着诸多方法论上的启迪。从经学诠释史来看，既有偏于客体（文本）的"我注六经"式诠释原则，又有偏于主体（读者）的"六经注我"式诠释原则。汉代今文经学大家董仲舒所提出的"诗无达诂"理论，即所谓"《诗》无达诂，《易》无达占，《春秋》无达辞，从变从义，而一以奉人"[③]，可以视为"六经注我"式诠释原则的理论总结。从孔颖达这里，我们似乎看到一种"六经注我"式诠释精神的遥远回响。然而从另一方面来看，孔颖达仍持守"注宜从经，疏不破注"的基本诠释原则，"我注六经"仍然是孔氏诠释精神的重要一维。因此，从一定意义上说，孔氏"体无恒式"、"唯变所适"等审美诠释原则的提出，是对历史上"我注六经"和"六经注我"二大诠释原则兼收并蓄、熔铸创新的结果，从而在经学和美学诠释史上均具有重要意义。

---

① 李学勤主编：《十三经注疏·春秋左传正义》，北京大学出版社 1999 年版，第 1294 页。

② 李学勤主编：《十三经注疏·毛诗正义》，北京大学出版社 1999 年版，第 1698 页。

③ 董仲舒：《春秋繁露》，上海古籍出版社 1986 年版，第 775 页。另刘向《说苑·奉使》篇亦曾作过类似评价："传曰：《诗》无通诂，《易》无通占，《春秋》无通义。"（刘向：《说苑》，上海商务印书馆 1932 年缩印平湖葛氏传朴堂藏明抄本，第 55 页）

在孔颖达之后，宋代陆九渊明确提出“六经注我”与“我注六经”这一既对立又互补的命题：“学苟知本，六经皆我注脚。”“六经注我，我注六经。”① 程颐继承了孔颖达“不可一例求之，不可一类取之”的诠释思想，继续张扬卦变说，认为六十四重卦皆由乾坤两母卦变转而来。朱熹则从审美角度提出：“彼虽以有邪之思作之，而我以无邪之思读之”②、“读者各以其义求之”③。明代谢榛强调：“诗有可解、不可解、不必解，若水月镜花，勿泥其迹可也。”④ 清代王夫之则将“诗无达诂”改为“诗无达志”，并提出“作者用一致之诗，读者各以情而自得”的理论主张。⑤ 叶燮亦认为诗之微妙在于“可言不可言之间，可解不可解之会，言在此而意在彼”，故不可拘泥于字面，征之实事，若“为执而不为化，非板则腐”⑥。陈廷焯更明确指出：“风诗三百，用意各有所在，仁者见之谓之仁，智者见之谓之智，故能感发人之性情。”⑦ 这些观点无疑与董仲舒、孔颖达的审美诠释思想一脉相承，而相比之下，又数孔颖达的审美诠释思想最为深刻而完备，也更接近于今人对审美诠释学的认识。西方诠释学大家伽达默尔曾指出：“理解活动总是这些被设定为在自身中存在的视域的融合过程。……在对传统的研究中，这种融合不断地出现。因此，新的视域和旧的视域不断地在活生生的价值中汇合在一起，这两者中的任何一个都不可能被明确地去除掉。”⑧ 伽达默尔在这里强调理解（诠释）活动是新的视域和旧的视域不断融合的过程，也即承传历史与开拓新变两相结合的过程。孔颖达的审美诠释思想庶几近此。

---

① 陆九渊：《语录上》，《陆九渊集》卷三十四，中华书局 1980 年版，第 395、399 页。

② 朱熹：《朱熹集》，四川教育出版社 1996 年版，第 3650 页。

③ 萧汉明：《〈周易本义〉导读》，齐鲁书社 2003 年版，第 168 页。

④ 谢榛：《四溟诗话》卷一，人民文学出版社 1961 年版，第 3 页。

⑤ 王夫之：《唐诗评选》（四），上海太平洋书店 1935 年版，第 18 页。

⑥ 叶燮：《原诗 · 内篇下》，人民文学出版社 1979 年版，第 30 页。

⑦ 陈廷焯：《白雨斋词话》，人民文学出版社 1959 年版，第 159 页。

⑧ 伽达默尔：《哲学解释学》，夏镇平等译，上海译文出版社 2004 年版，“编者导言”第 10 页。

第三节 立足文本

孔颖达之所以能在诠释原则和方法上既不偏颇于“我注六经”，又不偏颇于“六经注我”，而是平亭折中，左右逢源，很大程度上得益于他的自觉的文本诠释意识。依靠文本来承传、补正、发挥和创造，是他的审美诠释思想的又一重要方面。在《春秋正义序》中，孔氏曾评价诸家注《春秋左传》者曰：“其为义疏者，则有沈文何、苏宽、刘炫。然沈氏于义例粗可，于经传极疏；苏氏则全不体本文，唯旁攻贾、服，使后之学者钻仰无成；刘炫于数君之内，实为翘楚，然聪慧辩博，固亦罕俦，而探赜钩深，未能致远。其经注易者，必具饰以文辞；其理致难者，乃不入其根节。”① 孔颖达此处批评诸家或“于经传极疏”、或“全不体本文”、或“不入其根节”等，显然是皆立足经传文本及其原旨要义而作出的评判，被诠释的直接对象——经传文本才是其最基本的衡估标准，孔颖达重视文本的态度由此略见一斑。正是在努力尊重被诠释文本具体经义和语境的基础上，孔颖达等人将自己的思想与前人的阐释有机地融合，从而实现了综合理解和创新，甚而建构了自己的经学和美学思想体系。

一、注重文本基本表达形式

孔颖达对文本的注重，首先表现在对文本最基本的表达形式的关注。这既有其注疏之体客观要求的一面，更有其主观重视和努力追求的一面。孔氏对于有关经学“诂训”概念的解释有助于我们确切把握孔氏的这种诠释态度。《周南·关雎诂训传》孔氏正义云：“‘诂训传’者，注解之别名。毛以《尔雅》之作多为释诗，而篇有《释诂》、《释训》，故依《尔雅》训而为《诗》立传。传者，传通其义也。《尔雅》所释十有九篇，独云诂、训者，诂者古也，古今异言，通之使人知也；训者道也，道物之貌，以告人也。《释言》则《释诂》之别，故《尔雅序篇》云：《释诂》、《释言》，通古今之字，

① 李学勤主编：《十三经注疏·春秋左传正义》，北京大学出版社1999年版，“序言”第4页。

古与今异言也。《释训》言形貌也。然则‘诂训’者，通古今之异辞，辨物之形貌，则解释之义尽归于此。《释亲》已下，皆指体而释其别，亦是诂训之义，故唯言诂训，足总众篇之目。”[1] 从这段论述可以看出，孔颖达认为传统经传训诂的主要目的是“通古今之异辞，辨物之形貌”，因而对于字词章句的考订，对于古今名物的辨析就成为“诂训”的最基本要求。[2] 事实上，孔颖达等人在诠释实践中也正是这样做的。如孔氏正义花了很多力气梳理《诗经》中字、词、句、篇的复杂关系及其运用规律，最后才得出总结性的结论。他说：“句必联字而言，句者局也，联字分疆，所以局言者也。章者明也，总义包体，所以明情者也。篇者遍也，言出情铺，事明而遍者也。”这里孔颖达认为，诗句是诗歌表情达意的基础性组成部分，一方面将散乱无序的文字连为一体，使之成为有效的表意单元，另一方面界分出不同的意义单元，使之起承转合脉络分明，此所谓“句者局也，联字分疆，所以局言者也”；诗歌章节则是介于诗句与诗篇之间的一种结构形式，其作用是进一步扩大和连缀诗句的表意功能，使得分散的句式连为一体，成为表意相对集中、主题更加明确的模块结构，此所谓“章者明也，总义包体，所以明情者也”；而诗篇则是将多个表意各有侧重的章节连为一体，构成一个既错落有致，又有一个总的情意中心的文本结构形式，这一文本结构形式表情达意更为完整、明晰、典型，使得情志的抒发和事理的表达也更具有普遍性和说服力，此所谓“篇者遍也，言出情铺，事明而遍者也”。可见，对一篇诗歌作品来说，小到字、句，大到篇、章，都是有机的文本结构形式，都是抒情、言志、叙事等不可或缺的媒介、手段。这类结论，都是在细致梳理字、句、

---

① 李学勤主编：《十三经注疏·毛诗正义》，北京大学出版社 1999 年版，第 2 页。

② 关于训诂学的原起，清末刘师培曾有过很好的补充说明：“三代以前，以字音表字义，字各一义，无俟训诂。然言语之迁变，略有数端：有随时代而殊者。如《尔雅》：‘夏曰岁，商曰祀，周曰年，唐虞曰载。’《孟子》：‘夏曰校，商曰序，周曰庠’是也。同一事物而历代之称谓各殊，则生于后世，必有不能识古义者。若欲通古言，必须以今语释古语。有随方俗而殊者，如《公羊》之用‘得来’，《左传》之用‘熠’字是也。同一名义而四方之称各殊，则生于此地必有不能识彼地之言者。若欲通方言，必须以雅言证方言。且语言既与文字分离，凡通俗之文，必与文言之有别，则书籍所用之文，又必以通俗之文解之。综斯三故而训诂之学以兴。”（刘师培：《中国文学教科书》，《刘申叔遗书》，江苏古籍出版社 1997 年版，第 2176 页）

篇、章的基础上得出的，因而很具有说服力。

在梳理《五经》文本字、词、句、篇运用规律的过程中，孔颖达还归纳总结出诸如“变文”、“倒文”、“婉文”、“异文”、“便文”、“连言”、“协句”、“逆言”等多种语辞表达规律，并予以颇具审美意义的阐发。如论变文，孔氏疏《周南·桃夭》云：“室家谓夫妇也。此云‘家人’，家犹夫也，人犹妇也，以异章而变文耳，故云‘家人犹室家’也。”① 这里孔颖达认为“家人”本为“室家”别称，皆表夫妇成家之意，是为了避免重复、单调而舍彼用此。可见所谓“变文”，就是在诗文创作中有意地使用不同的语词来表达相同或相近的意思，使文词错落多变，意蕴丰富。又孔氏疏《周南·关雎》云：“琴瑟与钟鼓同为祭时，但此章言采之，故以琴瑟为友以韵之；卒章云芼，故以钟鼓为乐以韵之，俱祭时所用，而分为二等耳。……二文不同者，因事异而变其文。以琴瑟相和，似人情志，故以友言之；钟鼓铿宏，非情志可比，故以乐言之，见祭时淑女情志之和，而因听祭乐也。”② 可见变文不仅是为了避免语词重复，亦可因事理不同而变化，甚至应音韵形式的要求而作出调整。又如论倒文，孔氏疏《周南·葛覃》云：“倒其言者，古人之语皆然，诗文多此类也。”③ 又疏《周南·汝坟》云：“不我遐弃，犹云不遐弃我，古人之语多倒，《诗》之此类众矣。”④ 可见所谓倒文，也就是指在诗文表述中颠倒前后文顺序，这一方面与古代的言语表达习惯有关，另一方面也可以起到推陈出新、陌生化的表情达意效果。诸如此类语辞表达现象，孔颖达在《五经正义》中进行了大量的归纳和总结，这都是建立在严格的文本梳理的基础上才能完成的。

陈广恩先生曾指出，孔颖达《五经正义》在沿用前人训诂术语的同时，还创立了很多新术语，或用来说明语法、修辞现象，如义类、语助类、足句、累文等；或用来说解比较特殊的语言现象，如对文、散文等；或用来说明音与义的关系，如借声为义、义存于声等。⑤ 又据台湾学者张宝三先生所

---

① 李学勤主编：《十三经注疏·毛诗正义》，北京大学出版社 1999 年版，第 47 页。
② 李学勤主编：《十三经注疏·毛诗正义》，北京大学出版社 1999 年版，第 27 页。
③ 李学勤主编：《十三经注疏·毛诗正义》，北京大学出版社 1999 年版，第 31 页。
④ 李学勤主编：《十三经注疏·毛诗正义》，北京大学出版社 1999 年版，第 58 页。
⑤ 参见陈广恩：《论“疏不破注”》，《宁夏大学学报》1999 年第 4 期。

揭，孔颖达《五经正义》依注为疏，经、注并释，其诠释方式有“诠解”、“串讲”、“论难”、“案断”等，其解经内涵特色则有“疏通疑义”、“融会参证”、“引录异说”、“审慎阙疑”等。[①]孔颖达在文本梳理和文本研究过程中所取得的这些成果，其实已超出了一般的文字训诂的藩篱，而走向文艺修辞学和审美诠释学等多个领域。

正因为有了这样扎实的爬梳剔抉、归纳总结的功夫，有了对各经经、传、笺进行多方对照、确切比勘的经验，孔颖达等人才能在正义中理直气壮地下以己意，有取有舍，而不是无原则地偏袒、附和某一家言。以《毛诗正义》为例，虽是同样遵循《毛诗》序旨，但在具体阐释时，往往要认真考察《毛诗》序是否能够与诗文恰切吻合，即使吻合，也要疏通疑义，消除龃龉。如《周南·关雎》毛序曰：“《关雎》乐得淑女以配君子，忧在进贤，不淫其色”，孔氏正义云：“指斥诗文则忧在进贤，下三章是也。不淫其色，首章上二句是也。此诗之作，主美后妃进贤，所以能进贤者，由不淫其色，故先言不淫其色。序论作者之意，主在进贤，故先云进贤，所以经序倒也。”[②]这里孔颖达将《毛诗》序与《关雎》经文相比照，认为“忧在进贤”意落实于经文后三章，“不淫其色”意落实于首章上二句，并指出《毛诗》序先言“忧在进贤”，后言“不淫其色”，与经文之意前后颠倒，这是为了突出“进贤”这一主旨。孔氏此番疏释，便疏通了《毛诗》序旨与经文之间的扞格，从而证成其说。又如《召南·何彼襛矣》毛序曰：“美王姬也。虽则王姬亦下嫁于诸侯，车服不系其夫，下王后一等，犹执妇道，以成肃雍之德也。”孔氏正义云：“作《何彼襛矣》诗者，美王姬也。以其虽则王姬，天子之女，亦下嫁于诸侯。其所乘之车，所衣之服，皆不系其夫为尊卑，下王后一等而已。其尊如是，犹能执持妇道，以成肃敬雍和之德，不以已尊而慢人。此王姬之美，即经云‘曷不肃雍，王姬之车’是也。……此诗主美肃雍之德，因言颜色之美。以善道相求之事，叙者本其作意，略不言耳。”这里孔颖达先揭明经文中“曷不肃雍，王姬之车”等句体现了毛序所谓“以成肃敬雍和之德”之意，接着指出毛序主要着眼于王姬（周武王之女）执持妇道之善，故

① 参见张宝三：《唐代儒者解经之一侧面——〈五经正义〉解经方式析论》，《经学今诠三编》，辽宁教育出版社2002年版，第472—525页。

② 李学勤主编：《十三经注疏·毛诗正义》，北京大学出版社1999年版，第21页。

未及经文中“何彼秾矣，唐棣之华”、“何彼秾矣？华如桃李”等描摹王姬外貌之美的诗句，看似有所缺失，故释之云：“此诗主美肃雍之德，因言颜色之美。以善道相求之事，叙者本其作意，略不言耳。”① 从而弥补了毛序的偏失，并使得经文本义完整地彰显出来。又如《王风·采葛》一诗先后有“一日不见，如三月兮”、“一日不见，如三秋兮”、“一日不见，如三岁兮”三章咏叹，郑笺分别以“喻臣以小事使出”、“喻臣以大事使出”、“喻臣以急事使出”分而释之，孔氏正义则疏之云：“三章如此者，既以葛、萧、艾为喻，因以月、秋、岁为韵。积日成月，积月成时，积时成岁，欲先少而后多，故以月、秋、岁为次也。臣之惧谗于小事大事，其忧等耳，未必小事之忧如月，急事之忧则如岁。设文各从其韵，不由事大忧深也。……设言三春三夏，其义亦同，作者取其韵耳。”② 这里，孔氏正义明确指出“设文各从其韵，不由事大忧深也”，从而根据经文本身的音韵形式特点批驳了郑笺穿凿文意、巧为之说之谬。

从孔氏对于“于经无所当”的诠释义例的阐发，我们更能见出这种依据文本进行诠释的说服力。孔氏正义遵循《毛诗》序旨而不妄从之，在将《毛诗》序旨与各诗文本进行详细对照后，孔氏正义竟指出《毛诗》序中有三十三处“于经无所当”者，即传注诠释与经文不合之处。③ 如《郑风·清人》一诗，《毛诗》序曰：“刺文公也。高克好利而不顾其君，文公恶而欲远之不能。使高克将兵而御狄于竟，陈其师旅，翱翔河上。久而不召，众散而归，高克奔陈。公子素恶高克进之不以礼，文公退之不以道，危国亡师之本，故作是诗也。”孔氏正义云：“经三章唯言‘陈其师旅，翱翔河上’之事耳，序则具说翱翔所由。作诗之意，二句以外，皆于经无所当也。”④ 孔氏意谓《毛诗》序中只有“陈其师旅，翱翔河上”二句合乎三章经文之意，其他几句交代在此诗本文中找不到对应的诗句，故于经无所当，只能算是《毛诗》序作者的补充和发挥。又如《王风·黍离》一诗，《毛诗》序曰：“闵宗周也。周大夫行役至于宗周，过故宗庙宫室，尽为禾黍。闵周室之颠覆，彷

① 李学勤主编：《十三经注疏·毛诗正义》，北京大学出版社 1999 年版，第 102 页。

② 李学勤主编：《十三经注疏·毛诗正义》，北京大学出版社 1999 年版，第 266 页。

③ 参见汪祚民：《诗经文学阐释史（先秦—隋唐）》，人民出版社 2005 年版，第 317 页。

④ 李学勤主编：《十三经注疏·毛诗正义》，北京大学出版社 1999 年版，第 287 页。

徨不忍去，而作是诗也。”孔氏正义云：“言‘宗周宫室，尽为禾黍’，章首上二句是也。‘闵周颠覆，彷徨不忍去’，三章下八句是也。言‘周大夫行役至于宗周’，叙其所伤之由，于经无所当也。”[①] 此孔氏认为《毛诗》序所交代的诗人感伤缘由在《诗经》文本中无以落实，故于经无所当。又如《周南·桃夭》一诗，《毛诗》序曰：“后妃之所致也。不妒忌，则男女以正，婚姻以时，国无鳏民也。”孔氏正义云：“男女以正，三章上二句是也。昏姻以时，下二句是也。国无鳏民焉，申述所致之美，于经无所当也。”[②] 这里孔颖达认为所谓“国无鳏民”等教化意义的述说是就诗中之事引申发挥出来的，而《诗经》文本中没有与之对应的字句，故于经无当。如此之例甚多，这表现了孔颖达对《诗经》文本应有的尊重态度，同时也间接表达了对《毛诗》序旨的质疑。

如汪祚民先生所指出，“由于孔疏的钦定性质和科考范本的特殊文化角色，‘于经无所当’的义例，在孔疏本身的阐释中没有显示出应有的理论锋芒，但它潜在的话语就是指出了《毛序》的引申与附会，强调对《诗经》文本的尊重，必然对后世产生深远的影响。”[③] 其对后世的影响，既表现于唐人成伯玙以降的疑序、弃序思潮（详见本书第十章），又表现于宋儒们据文求义的方法论追求。宋代欧阳修《诗本义》解《小雅·何人斯》说：“古诗之体，意深则言缓，理胜则文简。然求其义者，务推其意理及其得也，必因其言据其文以为说，舍此则为臆说矣。”[④] 又解《卫风·竹竿》云：“《竹竿》之诗，据文求义，终篇无比兴之言，直是卫女嫁于异国不见答而思归之诗尔。”[⑤] 又解《邶风·静女》云：“据文求义，是言静女有所待于城隅，不见而彷徨尔，其文显而其义明灼易见。”[⑥] 又如朱熹《论读诗》云：“读诗，且只将做今人做底诗看。……却时时诵其本文，便见其语脉所在。”“须先去了《小序》，只将本文熟读玩味，仍不可先看诸家注解。看得久之，自然认

---

① 李学勤主编：《十三经注疏·毛诗正义》，北京大学出版社 1999 年版，第 253 页。

② 李学勤主编：《十三经注疏·毛诗正义》，北京大学出版社 1999 年版，第 45 页。

③ 汪祚民：《诗经文学阐释史（先秦—隋唐）》，人民出版社 2005 年版，第 320—321 页。

④ 欧阳修：《诗本义》卷八，《四部丛刊三编》影宋本。

⑤ 欧阳修：《诗本义》卷三，《四部丛刊三编》影宋本。

⑥ 欧阳修：《诗本义》卷三，《四部丛刊三编》影宋本。

得此诗是说个甚事。”[①] 其孙朱鉴《诗传遗说》又录其语云：“不要留一宗先儒旧说，莫问他是何人所说所尊所亲所憎所恶，一切莫问，而唯本文本意是求。”[②] 这里欧阳修提出“据文为说”、“据文求义”的解《诗》方法，朱熹提出“诵其本文”、“熟读玩味”、“唯本文本意是求”的读《诗》方法，等等，均重视文本的价值和意义，强调通过细读文本、涵泳文本以寻求《诗》之本义，而非拘泥于旧说。这些显然与孔疏以文本为据的诠释思想有很大关联。

二、注重文本语境

孔颖达诠释五经经传，注重文本的章句和辞理，注重语言的基本表达形式，但在具体阐释方法上却改变了汉代经师那种破碎章句、附会经义、“一字言至数万言”的弊端。孔颖达曾批评大儒刘焯“织综经文，穿凿孔穴，诡其新见，异彼前儒，非险而更为险，无义而更生义”的诠释弊端，并强调指出：“窃意古人言诰惟在达情，虽复时或取象，不必辞皆有意。若其言必托数，经悉对文，斯乃鼓怒浪于平流，震惊飙于静树。使教者烦而多惑，学者劳而少功，过犹不及，良为此也。”[③] 孔颖达在此提醒人们不能一味沉湎于字词章句的穿凿附会，同时应注意诠释对象在整体语境上所呈现的表情达意的功能，否则会造成“烦而多惑”、“劳而少功”、“过犹不及”等严重后果。上文所引“传通其义”、“通古今之异辞”等孔氏语也体现了孔氏这种关注文本大义、注重宏观诠释的一面。在孔颖达这里，文本语言已不是孤立的存在，阐释义理不能脱离整个文本的语境。其对文本语境的理解，既包含文本局部字词句之间和上下文之间的语意衔接和逻辑承传，亦关乎文本整体上所呈显出的文理脉络和文意气势。孔颖达在《五经正义》中常讲的“观文之势而为训”实即观文之语境而为训，而释义，其多次提及的“文势”或“势”就是对其文本语境观的最好概括和表达。

如孔颖达疏解《周南·兔罝》“肃肃兔罝”句下毛传云：“‘肃肃，敬也’，《释训》文。此美其贤人众多，故为敬。《小星》云‘肃肃宵征’，故传曰：‘肃肃，疾貌’。《鸨羽》、《鸿雁》说鸟飞，文连其羽，故传曰：‘肃肃，

① 朱熹：《朱熹集》，四川教育出版社 1996 年版，第 3650 页。

② 朱鉴：《诗传遗说》卷一，《通志堂经解》本。

③ 李学勤主编：《十三经注疏·尚书正义》，北京大学出版社 1999 年版，“目录”第 3 页。

羽声也'。《黍苗》说宫室，笺云：'肃肃，严正之貌'。各随文势也。"[①] 孔颖达在此归纳了《毛诗》传笺对《兔罝》、《小星》、《鸨羽》、《鸿雁》、《黍苗》等诗篇中"肃肃"一词的不同诠解，或为"恭敬"，或为"疾貌"，或为"羽声"，或为"严正之貌"等。同一语词之所以有如此含义上的差别，就在于其所运用的具体语境有别，如用以形容贤人威武之德，用"恭敬"之义。描述将士连夜出征，用"疾貌"之义；描摹鸟儿煽动翅膀状，用"羽声"之义，刻画宫室之庄严，用"严正"之义。故孔氏谓"各随文势也"，此"文势"即是对"肃肃"一词在不同语境下不同表义效果的考量。又如《召南·采蘋》一诗，主咏少女待嫁，行妇德教成之礼，共三章。孔氏正义云："三章势连，须通解之也。大夫之妻，将行嫁，欲为教成之祭。言往何处采此蘋菜？于彼南涧之厓采之。往何处采此藻菜？于彼流潦之中采之。南涧言滨，行潦言彼，互言也。既得此菜，往何器盛之？维筐及筥盛之。既盛此菜而还，往何器烹煮之？维锜及釜之中煮之也。既煮之为羹，往何处置设之？于宗子之室户外牖下设之。当设置之时，使谁主之？有齐庄之德少女主设之。"[②] 考此诗第一章描述待嫁的女主人公到南涧、行潦采摘蘋、藻等野菜，第二章描述女主人公用筐、筥等竹器盛放野菜，用锜、釜等器皿烹煮之为羹，第三章描述女主人公与家人带着上述祭品到宗庙外户牖下行祭祀之礼。孔氏此番疏释，正是着眼于此诗的整体语境（孔氏谓"三章势连"），娓娓道来，层层递进，首尾连贯，将行礼的准备过程和祭祀的具体情况表述得非常生动、形象。又如《小雅·北山》一诗，主咏劳逸不均、不得养父母之事，共六章。孔氏正义疏其后三章云："三章势接，须通解之，或不知叫号者，居家用逸，不知上有征发呼召者。或出入风议，谓闲暇无事，出入放恣，议量时政者。或勤者，无事不为者。"[③] 孔颖达在此依经而解，历数当时士大夫们或劳或逸、或苦或乐的严重不公平现象，他还特别指出"三章势接"，即该三章文势相接，语意连贯，回环跌宕，从而将主人公忧劳愁苦之境更加充分地彰显出来。又如孔氏疏解《小雅·甫田》毛序云："政烦赋重，《楚茨序》文。次四篇文势大同，此及下篇笺皆引之，言由政烦赋重，故农人失其

① 李学勤主编：《十三经注疏·毛诗正义》，北京大学出版社 1999 年版，第 49 页。
② 李学勤主编：《十三经注疏·毛诗正义》，北京大学出版社 1999 年版，第 74 页。
③ 李学勤主编：《十三经注疏·毛诗正义》，北京大学出版社 1999 年版，第 798 页。

常职也。”[①] 孔氏此谓“次四篇”是指《诗经·小雅》中次第相连的四篇，即《楚茨》、《信南山》、《甫田》、《大田》，孔氏此谓“文势大同”是指这四篇诗歌内容语境基本相同，皆为政烦赋重，农人失职，这亦是借“文势”以统观之。如此之例，或着眼于《诗经》作品内部章句之间的语意态势，或着眼于不同作品之间的整体文脉关联，皆以“文势”为说，足以表明孔颖达对文本语境的深入理解和把控能力。

进而言之，孔颖达还常借“文势”说辨疑析难，厘定最佳释义。如《郑风·溱洧》经文云：“溱与洧，方涣涣兮。士与女，方秉蕑兮。女曰：‘观乎？’士曰：‘既且。’‘且往观乎？洧之外，洵訏且乐。’”郑笺曰：“女情急，故劝男使往观于洧之外。”孔氏正义云：“以‘士曰既且’，是男答女也。‘且往观乎’，与上‘女曰观乎’文势相副，故以女劝男辞。言其宽且乐，于是男则往也。”[②] 这里，经文描绘了春天到来，春水焕发，青年男女在野外春心萌动，相互对答的场景。本来该对话中“且往观乎？洧之外，洵訏且乐”一语并没有显示说话主体是谁，郑笺认为这是女方劝男方到洧水外嬉戏之辞，但没有作具体分析，让一般读者有些摸不着头脑。孔氏正义则从“文势”的角度做出了推理和论证，因为“士曰‘既且’”是男答女之辞，意思是说男方已经去过，就不太想去了，而紧随的“且往观乎”一语则是竭力鼓动对方去观赏，这明显是女方意愿的表达，且与前文“女曰‘观乎’”在语义逻辑上也紧密相接，故为女方劝男方之辞。这就从文本语境的角度对郑笺的观点作了补充和完善。又如《诗经·葛覃》经云：“薄汙我私，薄浣我衣。害浣害否，归宁父母。”毛传云：“害，何也。私服宜浣，公服宜否。”郑笺云：“我之衣服，今者何所当见浣乎？何所当否乎？言常自洁清，以事君子。”孔氏正义云：“若如传言‘私服宜浣，公服宜否’，则经之‘害浣害否’乃是问辞，下无总结，殆非文势也。岂诗人设问，待毛传答以足之哉！且上言汙私、浣衣，衣、私别文，明其异也。私为私服，明衣是公衣。衣浣私汙，无不浣之事，故知公私皆浣，所以不从传也。”[③] 孔氏意谓，毛传以“害浣害否”句为疑问句，即“哪些衣服需要浣洗，哪些衣服无需浣洗”，但原经文

① 李学勤主编：《十三经注疏·毛诗正义》，北京大学出版社 1999 年版，第 832 页。
② 李学勤主编：《十三经注疏·毛诗正义》，北京大学出版社 1999 年版，第 322 页。
③ 李学勤主编：《十三经注疏·毛诗正义》，北京大学出版社 1999 年版，第 36 页。

中有问而无答，故毛传补充答辞曰“私服宜浣，公服宜否”，但这是不合原经文“文势”的，如孔氏所云：“岂诗人设问，待毛传答以足之哉！”而且，原经文曰“薄汙我私，薄浣我衣”，意味着私服、公衣皆需浣洗，而非毛传所言“私服宜浣，公服宜否”。郑笺则以“害浣害否”句为抒情性的感叹句，主要是强调“常自洁清，以事君子”之意，故公私皆浣，无需作答。两相比较，孔颖达择取郑笺之释，并通过分析原经文的上下文语意来否弃毛传。可见在孔颖达这里，以“文势”（语境）来解读经传之义是非常切实有效的，孔颖达本人也操作得相当娴熟。

孔颖达解经过程中对文势、语境等的重视和诠解，对后世朱熹等人影响较大。如朱熹在不同场所屡云：“读书，须看他文势语脉。”[①]“《春秋序》两处，观其语脉文势，似熹所据之本为是。……理既无害，文意又协，何为而不可从也？”[②]“按其旧文，然后刊正，虽或不能一一尽同，亦是类会数说而求其文势语脉所趋之便。”[③]如此等等，与孔氏释经几如出一辙。其间绍续关系，昭然若揭。

如我们所知，诠释离不开文本，必须尽量尊重文本，并且自觉地将文本语意与阐释者主观意图适当区别开来，才能保证诠释的有效性。如论者所言，“一方面要肯定其去古未远的价值；另一方面，也必须注意到这种由现实关怀和身份感而来的特定的解释向度。要把‘当下’人物‘断章取义’、‘以意逆志’所作出的释读和文本意义区分开来，使他们各安其位。只有这种大背景、大目标得到确立后，相关的语言、文学命题、现象才能得到合理的安顿，诸如此类的价值判断也才能保证公正”[④]。尊重文本则离不开对具体文本语境的理解，“对于所有文本来说，只有在理解过程中才能实现由无生气的意义痕迹向有生气的意义转换”[⑤]。也只有实现了这种由文本到意义的转

① 黎靖德编：《朱子语类》卷一〇，中华书局 1986 年版，第 173 页。

② 朱熹：《晦庵先生朱文公文集》卷三〇，《朱子全书》，上海古籍出版社、安徽教育出版社 2002 年版，第 1319 页。

③ 朱熹：《晦庵先生朱文公文集》卷三〇，《朱子全书》，上海古籍出版社、安徽教育出版社 2002 年版，第 1320 页。

④ 俞志慧：《君子儒与诗教——先秦儒家文学思想考论》，生活 · 读书 · 新知三联书店 2005 年版，第 11 页。

⑤ 伽达默尔：《真理与方法》，洪汉鼎译，上海译文出版社 1999 年版，第 215 页。

换，文化经典才是有生命、有意义的。而对文本语境的理解又当遵循“同情”的原则，因为“只有同情（Sympathie）才使真正的理解成为可能”①。这就要求诠释者对文本语境采取人同此心、心同此理的体贴态度，设身处地地重构文本的具体情境，努力从文本语境出发去把捉诠释对象的本旨。如陈寅恪先生所云：“所谓真了解者，必神游冥想，与立说之古人，处于同一境界，而对于其持论所以不得不如是之苦心孤诣，表一种之同情，始能批评其学说之是非得失，而无隔阂肤廓之论。”②宗白华先生亦指出：“我们了解古人及古代不仅是靠考证考据及流俗的成见，尤需要自己深厚的心灵和丰富的绪感，才能体会到古人真正精神与价值所在。这样的历史灵魂和新发掘才是于后人有益的。即从纯学术立场说，也是‘生命才能了解生命，精神才能了解精神’。”③而孔颖达虽然没有也不可能拥有现代诠释学理论知识，但他在实际操作中却很好地体现了这一点。他对整个《五经》经传的诠释活动总是以文本为中心，并以同情的眼光和心态，感同身受，从容体验，进而深入地反思、辩证，以求达成与《五经》经传文本的理解和对话。

第四节　学理通观

《周易·系辞上》孔氏正义尝云：“云‘仁知则滞于所见’者，言仁知虽贤犹有偏，见仁者观道谓道为仁，知者观道谓道为知，不能遍晓，是滞于所见也。是道既以无为用，若以仁以知，则滞所见也。”④孔颖达此论，一方面肯定传统的见仁见智之说有其可取之处，另一方面又反对偏执一隅的见仁见智之说，强调即使是表达一己之见、一家之言，也应该是建立在“遍晓”

① 狄尔泰语，转引自伽达默尔：《真理与方法》，洪汉鼎译，上海译文出版社 1999 年版，第 300 页。

② 陈寅恪：《冯友兰中国哲学史上册审查报告》，《陈寅恪史学论文选集》，上海古籍出版社 1992 年版，第 507 页。

③ 宗白华：《宗白华全集》第二卷，安徽教育出版社 1994 年版，第 293 页。

④ 李学勤主编：《十三经注疏·周易正义》，北京大学出版社 1999 年版，第 270 页。

的基础上所得出的可靠的结论。而所谓“遍晓”者，即“通观”也[①]，只有“通观”，才能全面而深入地考察对象，才能更准确地把握对象的本质或本体之道。孔氏此番见解，基本贯穿于其整个经学诠释过程中，前文介绍孔氏语境观时已略见一二。孔颖达诠释《五经》经传，注重文本又不拘泥于某一具体文本，注重细节又不拘囿于某一细节。其对于《五经》传注、各家各派，基本上是以平亭折中、兼收并蓄的方式加以认知、诠解和接受的，颇有一种学理通观的诠释意识和追求。这一点，很能显示其学术思想的集大成气象。

一、对于不同学术流派之间的通观

在唐初，大一统封建王朝统治的需要、南学与北学的趋于统一、各种社会思潮的殊途同归，决定了孔氏经学和美学阐释的显著特征，就是兼容并蓄、学理通观。这种通观体现在融合象数与义理、儒家与道家、南学与北学、历史与现实等诸多方面。但是，这种通观不是简单的拼凑组合，更不是机械地生搬硬套，而是对汉代以降各家注疏之学的去粗取精、去伪存真，最终熔诸家精萃于一炉。

以孔颖达《周易正义》为例，我们可以清楚地看到，王弼颇重义理，孔颖达亦重义理，但他所言之义理，不是王弼“得意忘象”之玄理，而是牢筑根基于易象之上的“因象明义”之义理；汉易颇重象数，孔颖达亦重象数，但孔颖达所言之象数，不是汉易“定马于乾，案文责卦”的公式化象数，而是“不可一例求之”、“随义而取象”之有机性象数。这充分体现了孔颖达对王弼义理派及汉易象数派易学皆有所扬弃、有所继承、有所创新的通观态度。正是在兼综象数与义理的基础上，孔氏易象观在很大程度上沟通了形上与形下两界，促使代表天启神意的易象转化为代表人类自身价值取向和行为意向的意象，与人的感性生命情态密切相联，从而趋近并转化为审美意象。孔颖达虽关注“疏不破注”的古训，但在处理诸多众说纷纭的诠释学问题时，除阐明自己的观点之外，总是力求融汇诸家并集其大成。就《周易正义》来说，孔颖达所引述各家包括子夏、孟喜、京房、马融、郑玄、荀爽、

---

① “通观”，孔氏在正义中称其为“会通”或“会合变通”，如《周易·系辞上》孔氏正义云：“知万物以此变动，观看其物之会合变通。”（李学勤主编：《十三经注疏·周易正义》，第275页）

刘表、虞翻、薛虞、董遇、陆绩、何晏、王肃、姚信、向秀、王廙、干宝、孙盛、顾欢、刘瓛、褚仲都、崔覲、周弘正、张讥、庄氏、卢氏、何妥等近三十位易学家。孔氏所引述各家及其对各家易说的评价，凸现了其始终兼顾象数与义理、备包有无的易学观，这是对汉魏以降各个不同历史时期易学研究优秀成果的吞吐吸纳。最终，孔颖达博采众长，自成大家。①

又以孔颖达《毛诗正义》为例，该书几乎援引或讨论了春秋以来各历史时期主要相关流派的名家及其观点。诸如先秦时期的诸子百家、两汉时期的今古文学派、纬书学派，魏晋时期的郑王学派、王韩玄学派，南北朝时期的北学和南学，等等，亦充分彰显了孔氏“名宗一家，实采众说”，纵贯古今、融通南北的学术风范。又如孔氏《礼记正义》，清四库馆臣在《四库全书总目提要》中概括其广博的特点曰：“采摭旧文，词富理博，说礼之家，钻研莫尽，譬诸依山铸铜，煮海为盐，即卫湜之书尚不能窥其涯涘，陈澔之流益如莛与楹矣。”② 认为孔氏正义“采摭旧文，词富理博，说礼之家，钻研莫尽”，即几乎将历代有关礼学学说钻研殆尽，且不是一般的照单全收，而是“依山铸铜，煮海为盐”，即披沙拣金，萃其精华，为我所用。向来目光严苛的四库馆臣们能如此高度评价孔氏广取博收之功，并认为宋人卫湜、元人陈澔两家《礼记集说》不能望其项背，良有以也。

综观孔颖达《五经正义》可知，孔氏对经学史上各家流派在思维模式、学术理路、思想宗旨等方面的功过得失，都作了较为广泛而深刻的理论反思，并基本形成了一套自己的经学和美学思想体系。因此，这种兼收并蓄、学理通观的过程，就是综合创新的过程，也是新的美学思想得以建构的过程。

如在美学本体论方面，孔颖达通过对道家自然本体之说与儒家伦理本位之论进行创造性转换发挥，建构了自然阴阳之气与主体心性之气相融和的气本论学说，“无”本论哲学被以气论为基础的“有”本论哲学所取代，彰显了人的生命精神和感性基质，一定程度上摆脱了形而上学的困境，其思致直指现实世界和感性现象，使感性之美获得了重要的历史地位。在美学情

① 参见刘玉建：《汉魏易学发展的理论结晶：〈周易正义〉》，《周易研究》2006 年第 5 期。

② 李学勤主编：《十三经注疏 · 礼记正义》，北京大学出版社 1999 年版，“目录”第 3 页。

性论方面，孔颖达对魏晋以来“名教”与“自然”之争作了有机的沟通融合，确立了一种兼具伦理特征与审美特质于一体的人格理想，从而促成了盛唐那种既洁身自律又昂然高蹈的精神气象、“戴着镣铐跳舞”而又挥洒自如的文艺辉煌。孔颖达通过对先秦两汉之“言志”说和魏晋六朝之“缘情”说兼收并蓄，提挈为“情志一也”的崭新命题，表征着中国传统文艺美学对文艺本质特征的认识已趋于成熟。孔氏还以“发愤抒情”的楚骚传统诠解“诗言志”，扩大了传统儒家美学的内涵和边界，并彰显了魏晋以来诗、骚合流的历史印痕。如此等等，不一而足，皆可见孔氏海纳百川、熔铸创新之功。

二、对于不同经传之间的通观

就《五经》来说，各经之间性质差别很大，王葆玹先生曾综论《五经》各自特点说：“《诗》为文学经典，《书》为政治学经典，《礼》为宗教学经典，《易》为哲学经典，《春秋》为历史学经典。”[①] 这不同的《五经》在孔颖达的通观诠释视域中却不是各自孤立的，而是基本上构成了一个恢弘、繁复而又有机联系的整体，各经之间常是互阐互释，相互发明。

如《周易·既济卦》象辞曰：“东邻杀牛，不如西邻之时也。”王弼注曰：“在于合时，不在于丰也。”孔氏正义云：“‘在于合时’者，《诗》云：‘威仪孔时’，言周王庙中，群臣助祭并皆威仪肃静，甚得其时。此合时之义，亦当如彼也。”[②] 这里孔颖达疏王弼注时，便引用《诗经·大雅·既醉》中的“威仪孔时”以为参证，认为“此合时之义，亦当如彼”。又如《诗经·小雅·采菽》曰：“赤芾在股，邪幅在下。彼交匪纾，天子所予。”毛传曰：“邪幅，偪也，偪所以自偪束也。”孔氏疏传云：“桓二年《左传》曰：‘带裳幅舄’。《内则》亦单云偪。则此服名偪而已。杜、郑皆云今之行縢，然则邪缠于足谓之邪幅，故传辨之云：‘邪幅，正是偪也。名曰偪者，所以自偪束也。’”[③] 这里孔颖达分别引用《左传·桓公二年》之文及《礼记·内则》之文以相互参证，说明《毛传》之义。又如《诗经·大雅·崧高》孔氏正义释

① 王葆玹：《今古文经学新论·引论》，中国社会科学出版社 1997 年版，第 1 页。

② 李学勤主编：《十三经注疏·周易正义》，北京大学出版社 1999 年版，第 252 页。

③ 李学勤主编：《十三经注疏·毛诗正义》，北京大学出版社 1999 年版，第 900 页。

郑笺云："甫侯训夏赎刑，即今《尚书·吕刑》之篇是也。训王不以周刑，而用夏者，以王者用刑，世轻世重，而周刑重于夏，欲矫穆王之太重，故举夏之轻刑以训之，所谓匡救其恶也。《尚书》作《吕刑》，此作甫侯者，孔安国云：'吕侯，后为甫侯。《诗》及《礼记》作甫，《尚书》与《外传》作吕，盖因燔《诗》、《书》，字遂改易，后人各从其学，不敢定之故也。'此笺定以甫为甫侯，而《孔子闲居》引此诗注以甫为仲山甫者，案《外传》称樊仲山甫，则是樊国之君，必不得与申伯同为岳神所生，注《礼》之时，未详诗意故耳。"[①] 这里孔颖达通过征引各经文字来说明《吕刑》之作者乃周穆王时贤臣吕侯（又称甫侯），并指出郑玄在《礼记·孔子闲居》中将甫侯当做樊国之君仲山甫，与此《毛诗》郑笺不一，是错误的。再考之《礼记·孔子闲居》孔氏正义，其释郑玄注云："案《诗·嵩高》之篇，'甫侯及申伯'，'甫侯'，谓吕侯也。穆王之时，'训夏赎刑'，谓吕刑与申伯俱出伯夷之后，掌四岳之祀。又《诗·烝民》称仲山甫之贤，与《崧高》'生甫及申'全别。此云'仲山甫'者，案《郑志》注《礼》在先，未得《毛诗传》。然则此注在前，故以'甫'为仲山甫。在后笺《诗》，乃得《毛传》，知甫侯、申伯同出伯夷之后，故与《礼》别也。"[②] 孔颖达进一步揭出郑氏因注《礼》在前，未识其误，注《诗》在后，终识其误而改，从而将《诗经·崧高》之甫侯与《诗经·烝民》之仲山甫的异同问题辨析得越发详明。诸如此类旁通互贯之例，在整个《五经正义》中可谓比比皆是。

清代陈澧尝云："孔冲远于三《礼》，惟疏《礼记》，而实贯穿三《礼》及诸经。有因《礼记》一、二语，而作疏至数千言者。……其一千余字者则尤多。元元本本，殚见洽闻，非后儒所能及矣！"[③] 今人王力先生亦曾指出："孔颖达作疏的长处在于以五经融会贯通，特别是善于以本书证本书。"[④] 二人都称赞孔氏诠经之旁征博引、融会贯通之功。若验之孔氏《礼记正义》，孔疏"广援古《左氏》说、《公羊》说、《周礼》说、《五经异义》及郑氏、张逸、赵商答问，一一疏通而证明之。而卢植之《礼记解诂》、郑氏之《丧

① 李学勤主编：《十三经注疏·毛诗正义》，北京大学出版社 1999 年版，第 1210 页。

② 李学勤主编：《十三经注疏·礼记正义》，北京大学出版社 1999 年版，第 1398 页。

③ 陈澧：《东塾读书记》（外一种），生活·读书·新知三联书店 1998 年版，第 181 页。

④ 王力：《中国语言学史》，复旦大学出版社 2006 年版，第 82 页。

服变除》、阮谌之《三礼图》、射氏之《音义隐》，亦复触类引入，故能词富理博，使说《礼》之家，钻研莫尽。又如疏《缁衣》而疑《孝经序》非郑氏作，足为陆氏《经典释文叙录》言《孝经》注与郑注《五经》不同之证。疏《乐记》而谓《乐记》入《礼记》在刘向前，足见《隋书·经籍志》言马融增益三篇之误，斯又因事而陈，堪资旁证者已"①。再验之《毛诗正义》，则孔疏"训诂本诸《尔雅》，而参以犍为舍人、樊光、李巡、孙叔然诸家之注，使《尔雅》古义，赖是以存。陆玑《毛诗草木虫鱼疏》亦间及焉。制度本诸群经，而益之以王肃之难，王基之驳，孙毓之评，崔灵恩之集注，佐之以郑氏易注书注，贾、服左传注，他若《郑志》驳《五经异义》诸书，亦咸萃焉。虽有二刘在前，足备采择，而取舍之间，实具卓识。终唐之世，人无异词，固其宜也"②。陈澧等人所赞，诚非虚言！

孔颖达《五经正义》除了贯通各经经传之外，还时引诸子百家之史、子、集文献以释经、注之义。所引之书，极为博赡，一时难于详列。仅就《毛诗正义》而言，其征引了史部著作如《国语》、《战国策》、《史记》、《汉书》、《后汉书》等有28种之多；征引子部著作如《孟子》、《荀子》、《老子》、《庄子》、《管子》、《淮南子》、《墨子》、《吕氏春秋》、《孙子兵法》、《尸子》、《九章算术》、《本草》等有26种之多；集部以战国以来的诗歌和辞赋为多，如屈原、宋玉的作品及注释，汉代的《古诗十九首》，三国时的曹植，晋代的张衡和潘岳的作品，等等。③ 这充分体现了孔氏诠释思想中广阔的学术视野和通观的学理意识。章学诚曾在《校雠通义·内篇一》叙言中指出："校雠之义，盖自刘向父子，部次条别，将以辨章学术，考镜源流。非深明于道术精微、群言得失之故者，不足于此。"④ 所谓"辨章学术，考镜源流"、"深明于道术精微、群言得失之故者"等语，若加之于孔氏博大弘通的经学诠释实践，倒也毫不为过。

正因为如此，孔颖达在美学思辨中也经常贯通各经，触类旁通。如孔氏自觉地从理论上沟通《诗》和《易》，以《易》象释《诗》兴，提出了

---

① 马宗霍：《中国经学史》，商务印书馆1937年版，第99页。

② 马宗霍：《中国经学史》，商务印书馆1937年版，第99页。

③ 参见罗英侠：《从引书看〈毛诗正义〉的成书特征》，《河南社会科学》2009年第6期。

④ 章学诚：《校雠通义》，《章学诚遗书》卷十，文物出版社1985年版，第95页。

"兴必取象"等命题，更深刻地揭示了中国传统的诗性思维特征。孔氏还在《易》学"体用"观基础上提出"三体三用"说，较为合理地解决了《诗》之"六义"说的系列悬疑。其他如《礼记正义》与《乐记正义》之间的"礼乐相济"，《毛诗正义》与《乐记正义》之间的"诗乐同功"，《春秋左传正义》与《毛诗正义》之间的"情志一体"，以及《周易正义》所凸显的生命美学构成各经正义的美学本体论基础，《毛诗正义》所剔发的"疏不破注"、"体无恒式"等审美诠释原则在各经诠释中的通用，等等。这些可说都是在孔颖达通观的诠释视域中互相激发而建构起来的，并成为具有普遍意义的美学思想。

三、对于同一经传文本内部的通观

孔颖达注重不同经传文本之间的通观，更注重同一经传文本之间的通观，前引王力先生所云"特别是善于以本书证本书"，即是褒扬孔氏诠释思想的这一特点。这种通观意识在其基本的疏解体例上即可见出。以孔氏《毛诗正义》为例，该著首先呈现于读者面前的是《毛诗正义序》，扼要表明《诗》之大旨、流渐过程及诠解情况，使读者初识其端绪；然后是列出郑玄的《诗谱序》和《周南·召南谱》并加以细致的疏解，使读者进而领会其产生、发展的历史文化背景；进而是对《毛诗大序》、风、雅、颂各谱展开疏解；以此番铺垫为基础，再依据国风、小雅、大雅、颂的诗体顺序，对《诗经》三百零五篇的经文、小序、毛传、郑笺等一一进行疏解。这样，整部《毛诗正义》从宏观历史地理文化背景的介绍到微观字、词、句的训诂、运用，无论是纵向还是横向，整体还是局部，都能做到纲举目张，条理井然，从而构成了一个庞大而又旁贯互通的系统结构。在这一系统结构中，每一局部性诠释往往都关乎整体，而每一整体性诠释又总是牵连着局部，整体与局部之间便构成了一种有机的诠释学循环。① 前文所论孔氏"语境"观足可证

① 陈文忠先生曾从审美接受史的角度对此作过评价："较自觉系统地利用'接受史料'于诗歌研究的，当首推唐代孔颖达。孔氏撰《毛诗正义》，始则逐句逐篇依次收集了'诗序'、'毛传'、'郑笺'、'诗谱'、'音义'等内容，继则加以极富价值的'孔疏'，从而使《毛诗正义》成为一部'先唐《诗经》接受史'的集大成之作。"（陈文忠：《古典诗歌接受史研究刍议》，《文学评论》1996 年第 5 期）

明此点。

因怀有这种文本通观意识，孔颖达对《五经》经传中的“互文相通”等语词表达现象，尤为关注，并对此进行了多方阐发和总结。所谓“互文”，是“互文见义”的简称，即同一文本前后文之间互参成文，合而见义，相互佐证。它既可以被视为一种文本修辞方法，也可以被视为一种通观的诠释方式和手段。在孔氏正义中，或云“互文”，或云“互言”，或云“互相见”，或云“互相足”，或云“互相备”，或云“互以相通”等，不一而足，但意皆相同或相近。为避免蹈空之论，本节就此问题略作申发，以求窥一斑而见全豹之效。

（一）同节异句之间互文相通

《礼记·曲礼下》曰：“岁凶年谷不登，君膳不祭肺，马不食谷，驰道不除，祭事不县；大夫不食粱；士饮酒不乐。”孔氏正义云：“‘君膳不祭肺’以下，及‘士饮酒不乐’，各举一边而言，其实互而相通，但君尊，故举不杀牲及不县之等大者而言，大夫士卑，直举饮酒之小者言耳。”[①] 这是叙述凶荒之年人君、大夫、士等忧民而自贬损之礼。依正义所释，为君者“膳不祭肺，马不食谷，驰道不除，祭事不县”；为大夫者“不食粱”；为士者则“饮酒不乐”。此三者虽各举一端为说，实互而相通，言此而及彼。又《周易·坤卦》文言曰：“天地变化，草木蕃，天地闭，贤人隐。”孔氏正义云：“‘天地变化’，谓二气交通，生养万物，故草木蕃滋。‘天地闭，贤人隐’者，谓二气不相交通，天地否闭，贤人潜隐。天地通则草木蕃，明天地闭草木不蕃；‘天地闭，贤人隐’，明天地通则贤人出，互而相通。”[②] 孔氏意谓文言之本义，是指若天地阴阳之气交通和合（如泰卦所示），则“草木蕃”且“贤人出”，若天地阴阳之气交通不畅（如否卦所示），则“草木不蕃”且“贤人隐遁”，上下文相著明而从省，合观则见经文之义，通观之效由此立见。又《左传·宣公十二年》曰：“君子小人，物有服章。贵有常尊，贱有等威，礼不逆矣。”孔氏正义云：“言‘贵有常尊’，则当云‘贱有常卑’，而云‘贱有等威’者，威仪等差文兼贵贱，既属‘常尊’于贵，遂属‘等威’

① 李学勤主编：《十三经注疏·礼记正义》，北京大学出版社 1999 年版，第 119—120 页。

② 李学勤主编：《十三经注疏·周易正义》，北京大学出版社 1999 年版，第 32 页。

于贱，使互相发明耳。”[①] 在此，孔氏正义揭明“贵有常尊，贱有等威”之言，乃互文相通之义，既属“常尊”于贵，则有“常卑”于贱，既然贱有“等威”，则贵亦然。此等诠释可谓通观豁达，颇显微言大义。

（二）同篇异节之间互文相通

毛诗《卫风·淇奥》第三章曰：“瞻彼淇奥，绿竹如箦；有匪君子，如金如锡，如圭如璧。”孔氏正义云：“此与首章互文。首章论其学问听谏之时，言如器未成之初，须琢磨。此论道德既成之时，故言如圭璧已成之器。”按《卫风·淇奥》首章云：“瞻彼淇奥，绿竹猗猗。有匪君子，如切如磋，如琢如磨。”[②] 据孔氏之意，首章言器未成之初，须琢磨，则其琢磨之后如圭如璧可知。又此第三章言器已成，“如圭如璧”，则其未成之前，必经琢磨，亦可知。故正义谓此两章为互文相通。孔氏从互文角度释经义之周遍、上下章之关联，体现了一种较为自觉的通观意识。又毛诗《卫风·木瓜》首章曰：“投我以木瓜，报之以琼琚。”孔氏正义云：“以言琼琚，琚是玉名，……下传云‘琼瑶，美石’，‘琼玖，玉石’。三者互也。琚言佩玉名，瑶、玖亦佩玉名。瑶言美石，玖言玉名，明此三者皆玉石杂也。”[③] 孔氏此谓，首章所言“琼琚”为玉石之美名，而以下二章、三章所言之“琼瑶”、“琼玖”亦均为玉石之名，名异而实同，故此三章互文见义，通观而归总。又《尚书·尧典》曰：“宵中，星虚，以殷仲秋。”孔安国传曰：“宵，夜也。春言日，秋言夜，互相备。”孔氏正义云：“三时皆言日，惟秋言夜，故传辨之云‘春言日，秋言夜，互相备’也，互著明也。明日中宵亦中，宵中日亦中，因此而推之，足知日永则宵短，日短则宵长，皆以此而备知也。”[④] 考《尚书·尧典》上节分别云：“日中，星鸟，以殷仲春。”“日永，星火，以正仲夏。”又下节云：“日短，星昴，以正仲冬。”春、夏、冬三时皆言“日”，唯此秋时言“宵”（即“夜”），与上下不合。故正义接受孔传之义，认为经文上下节间或言“日中”或言“宵中”，乃各言其一而互相著明。并推而广之曰：“足知日永则宵短，日短则宵长，皆以此而备知也。”这里孔氏虽依传为说，但将原

① 李学勤主编：《十三经注疏·春秋左传正义》，北京大学出版社 1999 年版，第 638 页。
② 李学勤主编：《十三经注疏·毛诗正义》，北京大学出版社 1999 年版，第 219、216 页。
③ 李学勤主编：《十三经注疏·毛诗正义》，北京大学出版社 1999 年版，第 247 页。
④ 李学勤主编：《十三经注疏·尚书正义》，北京大学出版社 1999 年版，第 30、37 页。

经文前后互通关系阐发得更加详明，颇见通观诠释之效。

（三）同经异篇之间互文相通

毛诗《小雅·楚茨》序曰："刺幽王也。政繁赋重，田莱多荒，饥馑降丧，民卒流亡，祭祀不飨，故君子思古焉。"孔颖达正义云："此及《信南山》、《甫田》、《大田》四篇之诗，事皆陈古，文指相类，故序有详略，以相发明。此序反经以言今，《信南山》序据今以本古；《甫田》直言思古，略而不陈所由，《大田》言矜寡不能自存，又略而不言思古，皆文互见。"[①]这里孔氏认为《楚茨》、《信南山》、《甫田》、《大田》等四诗皆陈古以刺今，有相通意。而四诗之序，文有详略，皆相互发明。这样，多篇诗文被贯串为一个整体。又毛诗《邶风·谷风》曰："毋逝我梁，毋发我笱。"孔氏正义云："此与《小弁》及'敝笱在梁'皆云笱。笱者，捕鱼之器，即梁为鱼梁明矣。《何人斯》云：'胡逝我梁。'我者，己所自专之辞，即亦为鱼梁也。"[②]这里孔氏分别引《小弁》、《何人斯》等诗文以证《谷风》所谓"梁"乃"鱼梁"之意，这同样彰显了不同经文之间互文通观之效。

以上所举仅为孔氏正义互文通观之大略。依孔颖达所论，经文之词、句、段、篇间，甚至不同经文、不同经典之间皆可互通，其互通之理，或上下而互涵，或平行而互通，或相对而互推，等等，蔚然可观。兹不赘言。

伽达默尔曾指出，理解和解释活动需要有卓越的宽广视界，这意味着"我们学会了超出近在咫尺的东西去观看，但这不是为了避而不见这种东西，而是为了在一个更大的整体中按照一个更正确的尺度去更好地观看这种东西"[③]。可以说，孔氏《五经正义》所体现的学理通观意识不期然而然地契合了这一诠释学要求。

孔颖达之后，朱熹等大儒摭其精义多加发扬。如朱熹在诠解经典、授业解惑时，便一再强调融会贯通、圆融无碍的重要性。《朱子语类》卷九云："宜于日用事物、经书指意、史传得失上做工夫，即精粗表里，融会贯通，而无一理之不尽矣。"[④]《朱子语类》卷十一云："经之有解，所以通经。经既

① 李学勤主编：《十三经注疏·毛诗正义》，北京大学出版社 1999 年版，第 809 页。

② 李学勤主编：《十三经注疏·毛诗正义》，北京大学出版社 1999 年版，第 149 页。

③ 伽达默尔：《真理与方法》，洪汉鼎译，上海译文出版社 1999 年版，第 392 页。

④ 黎靖德编：《朱子语类》卷九，中华书局 1986 年版，第 152 页。

通，自无事于解，借经以通乎理耳。理得，则无俟乎经。今意思只滞在此，则何时得脱然会通也。”[①]《朱子语类》卷一百一十七云：“须事事理会过，将来也要知个贯通处。”[②]又朱鉴《诗传遗说》记其言曰：“凡说《诗》者固当句为之释，然亦但能见其句中之训诂字义而已。至于一章之内，上下相承、首尾相应之大指，自当通全章而论之，乃得其意。”[③]诸如类此“融会贯通”、“会通”、“贯通”、“通全章而论”等诠释性语词，在朱子诸多文本和对话录中可谓比比皆是，皆可见出其注重整体观照的诠释思想，皆要求诠释者把诠释对象当作一个统一的整体来看待，对其整体与局部之间，以及局部与局部之间，实现融通性的理解与诠释。此种诠释理念和诠释方法，与孔氏诠释思想遥相应承，亦庶几近于西方施莱尔马赫等人所谓“解释学循环”。[④]

总之，从汉学、魏晋南北朝的义疏之学到宋明理学，孔颖达的注疏之学实为不可忽视的重要环节。美国著名汉学家包弼德曾指出：“《五经正义》首先是对学术传统的清理，这些学术传统建立在对文明生活至关重要的经典文献之上。在认识到过去的学术的多样性的同时，它确定某些注释和阐释形式是最权威的，并且将南北方的阐释传统融合为一。简单地讲，它以综合、区分次第以及总结的方式，将一个内容丰富的传统变成单一的组织工作。它是一种经学的百科全书。”[⑤]这是对《五经正义》之注疏继承传统、结构集大成体系的精要、客观的概括，但对其推陈出新、继往开来之功仍点拨不够。晚清皮锡瑞尝言：“夫汉学重在明经，唐学重在疏注。”[⑥]今人潘重规先生则云：“余尝以为六朝义疏之学，百川并流，而以唐人正义为壑谷。盖六朝义疏之制，实汉学之津梁；而唐人经疏，又六朝经说之总汇。唐疏之底蕴明，而后六朝之经说出。”[⑦]这是从总体上肯定唐人经疏对两汉六朝经学的承传与汇总，但对唐人经疏的时代新质仍掘发不够。笔者则以为，以《五经正义》

---

① 黎靖德编：《朱子语类》卷第十一，中华书局 1986 年版，第 192 页。

② 黎靖德编：《朱子语类》卷一百一十七，中华书局 1986 年版，第 2822 页。

③ 朱鉴：《诗传遗说》卷一，清《通志堂经解》本。

④ 参见朱立元主编：《现代西方美学史》，上海文艺出版社 1996 年版，第 852 页。

⑤ 包弼德：《斯文：唐宋思想的转型》，刘宁译，江苏人民出版社 2001 年版，第 85 页。

⑥ 皮锡瑞：《经学历史》，中华书局 2004 年版，第 130 页。

⑦ 潘重规：《五经正义探源》，《华冈学报》第 1 期，台北中国文化学院 1965 年版。

为代表的唐学不仅重注疏，亦重明经释理；不仅为六朝经说之总汇，亦在很大程度上开启了后世疑经惑古、另辟新境的思潮。其在经学诠释史上，不啻为汉学、宋学之间的“唐学”。诚然，孔颖达等人没有专门著述讨论过现代意义上的诠释学美学问题，但其在具体诠释《五经》经传过程中所彰显的诸多诠释原则、诠释体例和诠释方法，却极具诠释学美学的价值和意义，这还有待于我们进一步去深究。

第十章　审美影响论

孔颖达所主撰的《五经正义》作为经学诠释经典文本，形成了自己的独特学术思想风貌，并对初唐以降的社会意识形态产生了极其深远的影响。与此相应，《五经正义》所蕴含的丰富的诗学、美学思想，也同样深广地影响了唐代及后世诗学、美学、文艺创作和批评活动。关于《五经正义》在经学和美学史上的贡献，前面各章已作了不少介绍和讨论，这里再对其在美学史上的地位和对审美文化的多维影响作进一步的梳理和总结。

首先，《五经正义》成为由唐太宗钦定、唐政府正式颁行的各级各地教育和科举考试的统一教材，诚然是其获得经典权威地位，产生广泛影响的客观现实基础。据史料记载，唐代科考名目甚多，《新唐书·选举志》云："唐制，取士之科，多因隋旧，然其大要有三。由学馆者曰生徒，由州县者曰乡贡，皆升于有司而进退之。其科之目，有秀才，有明经，有俊士，有进士，有明法，有明字，有明算，有一史，有三史，有《开元礼》，有道举，有童子，而明经之别有五经，有三经，有学究一经，有三《礼》，有三《传》，有史科。此岁举之常选也。其天子自诏者曰制举，所以待非常之才焉。"① 可见科考考生主要有来自京师及各地学馆的"生徒"，以及各州县政府选拔推举的"乡贡"等，所考科目有常规性科目"明经"、"进士"、"秀才"、"俊士"、"明法"、"明字"、"明算"等，非常规性科目有"制举"等，其中如"明法"、"明字"、"明算"等科是招考"法令"、"书写"、"算术"等专门性技术人才的，因录取人数少，地位也偏低，不为时人所重；"俊士"、"秀才"二科很早就停废，影响亦有限；而"制举"科则是皇帝为选拔"非常之才"而临时

① 欧阳修等：《新唐书·选举志》卷四十四《志第三十四》，清乾隆武英殿刻本。

设置的科目，又随机分为“贤良方正”、“直言极谏”、“博学宏辞”等名目，因其选聘人数极少，且不常有，可不论。故当时最重要、影响最大最普遍的科目还是“明经”与“进士”二科。

“明经”科主要是选拔和培养中下层的吏治人才，“进士”科主要是选拔和培养中上层的制诰人才，二者的共同要求是熟悉儒家各类典籍以及时务政策，其考试内容主要就取资于《五经正义》等政府颁布的教材。据《新唐书·选举志》记载，所考各经根据难易程度、篇幅大小，还有大、中、小之分，“凡《礼记》、《春秋左氏传》为大经，《诗》、《周礼》、《仪礼》为中经，《易》、《尚书》、《春秋公羊传》、《穀梁传》为小经。通二经者，大经、小经各一，若中经二；通三经者，大经、中经、小经各一；通五经者，大经皆通，余经各一，《孝经》、《论语》皆兼通之。”① 可见在当时，《礼记》、《春秋左氏传》为大经，《诗》、《周礼》、《仪礼》为中经，《易》、《尚书》、《春秋公羊传》、《穀梁传》为小经。根据考试效果，有“通二经”（即通大经、小经各一，或者中经二）、“通三经”（即通大、中、小经各一）、“通五经”（即大经皆通，中、小经各一）之别。而《论语》、《孝经》则为通考科目。一般情况下，受试程度越高，要求所“通”经目自然越多。就考试题型来说，明经科考试一般是“先贴文，然后口试，经问大义十条，答时务策三道”；进士科则一般“试时务策五道、贴一大经，经、策全通为甲第”②。所谓“贴文”或“帖经”，相当于今时的留白填空，就是“以所习经掩其两端，中间开唯一行，裁纸为帖，凡帖三字，随时增损，可否不一，或得四，得五，得六者为通”③。而所谓“经问大义”、“答时务策”，即依据儒家经典大义，论述当下时务策略，类似于今日的“申论”科目。

除了科举考试外，唐政府还出台一系列辅助性的选拔和奖励措施，以帮助和激励通经明儒的人才脱颖而出，为国所用。如唐敬宗年间便明确规定：“澄清教化，莫尚乎太学；惣治心术，必本乎六经。天下诸色人中，有能精通一经，堪为师法者，委国子祭酒选择，具以名奏。天下州县，各委刺

① 欧阳修等：《新唐书·选举志》卷四十四《志第三十四》，清乾隆武英殿刻本。

② 欧阳修等：《新唐书·选举志》卷四十四《志第三十四》，清乾隆武英殿刻本。

③ 杜佑：《通典·选举三》卷十五，清武英殿刻本。

史县令招延儒学，明加训诱，名登科第，即免征徭。”① 就是说，当时“能精通一经，堪为师法者”，一旦被寻访发现，就可以直接由国子祭酒考察选拔，具名上报；各州县长官亦需负责招选当地儒学人才，予以训导和激励，若能名登科第，则免其赋税和徭役。

如此长期的科考训练和名利诱导，不仅培养了广大士人熟稔经学、通经致用的能力，而且很大程度上熏陶和培养了他们亦儒亦文、诗儒双兼的人文品格，从而对整个唐代文艺和美学产生了不可忽视的影响。有论者曾指出：“唐代文学就其精神品质而言，可以说是诗与儒的融合统一，而唐代的科举制度正是造成这种诗儒精神品质的重要因素。在这里，诗与儒既是唐代文学的精神品质的集中标志，同时又是构成这种精神品质的重要元素。这里的诗既标志着文学的自由精神，又实指其中的艺术意味；这里的儒，既标志着文学的规范精神，又实指其中的儒家思想内涵。”② 对于这种诗儒双兼的文艺品格的养成，孔氏《五经正义》可谓功不可没。而且其影响远非限于唐代，还一直延及后世。

具体说来，孔颖达的经学、美学诠释在史上的地位及其对于当时及后世诗学、美学和审美文化的影响，基本有直接和间接两种表现方式。所谓直接的表现方式，是指孔氏《五经正义》于系统诠解中所明确提出的诸多诗学、美学范畴、命题、概念等，直接为广大文人士子所认同、接受或加工、改造，从而成为中国古典诗学、美学思想的有机组成部分，并成为人们文艺创作或文艺批评活动的指导思想。所谓间接的表现方式，是指孔氏《五经正义》通过重新诠解和发挥儒家各经经传文本，并被钦定为全国通用的科举考试教材和研习儒学的入门书，促使儒家思想和学术成为唐代社会中的统治性思想和学术，模塑了延续数百年的主流意识形态，同时也使得《五经正义》中所蕴含的丰富的文艺学、美学思想渗透到广大士人的精神血脉中，潜移默化地影响了他们的人生观、价值观和思维方式，并进而影响他们的审美观念和审美文化活动。当然，无论是直接的影响方式还是间接的影响方式，皆纷繁复杂，一言难尽，现举其荦荦大者，则有如下诸端。

---

① 唐敬宗：《南郊赦文》，董诰等编：《全唐文》卷六十八，清嘉庆内府刻本。

② 陈飞：《唐代试策考述》，中华书局 2002 年版，第 18 页。

第一节　开拓了中国传统美学的新领域

从历史的角度来看，孔颖达《五经正义》在诸多美学论题上，都对中国传统美学作了不同程度的承传、拓展和推进。对此，本书前面各章已有较系统的介绍，这里再作一个简要的归纳和总结。

在本体论方面，孔颖达通过对道家自然本体之说与儒家伦理本位之论进行创造性转换发挥，建构了自然阴阳之气与主体心性之气相融合的气本论学说。以此为基础，孔氏还阐解出具有时代特征的生命论美学和气象论美学思想，以感性与理性统一、具象与超象统一、形下与形上统一的形式，以及更为显明的统绪特征和生命精神，影响着当时及之后的哲学和美学思想建构。孔氏还兼融道玄，以阴阳二气及其化生之理无形无体、无为而自然诠解“无”的义涵，促使“无”本论哲学走向以气论为基础的“有”本论哲学，抽象的哲学玄思让位于对实有世界和感性现象的体验和关注，从而使得活生生的感性现象赢得了自己应有的历史地位，感性之美也因此而得以立名。唐代学人如柳宗元等，以元气阴阳来解释天地自然，显是受孔氏气本论思想的影响，其有关自然天道、大中之道等的论述，都直接或间接地从《五经正义》中借鉴思想资源。宋明时期的理学家如张载、朱熹等，皆从孔氏的阴阳二元说中汲取养料，认为气是生命之源、宇宙之本，并构筑起理、气不离不杂、互不相外的哲学美学体系。一直到清代的王夫之，都承传并发展了孔颖达的气本论学说。孔颖达有关体用关系的思辨，则渗透进其生生论、情性论、易象论、诗论、礼乐论、律历论等诸多论题中，成为各论题共同的理论构架。孔氏还以“变易”思想言诗，客观上肯定了各类讽谏怨刺类诗歌创作的有效性，肯定了诗歌创作随时而变的合理性和必要性，从而突破了“美盛德之形容”的单一颂诗格局，开拓了诗歌美学新领域，在中国美学史上有重要意义。

在情性论方面，孔颖达对魏晋以来“名教”与“自然”之争作了创造性总结和发挥，确立了一种兼具伦理特征与审美特性于一体的人格理想，从而催发了盛唐那种既洁身自律又昂然高蹈的精神气象、“戴着镣铐跳舞”而又挥洒自如的文艺辉煌。孔颖达通过对传统的"言志"说和"缘情"说兼收并蓄，熔铸为"情志一也"的崭新命题。这一命题通过对"言志"说的重新发扬，矫正了魏晋南朝以来的华靡文风；通过对"缘情"说合理内核的汲取，拓展了"言志"说的义涵，促使中国诗歌美学对诗歌本质特征的诠解迈上了一个新的台阶。孔颖达在其气本论思想基础上，将前人的"物感"说推进到"感物动情"的理论阶段，从而构成了一个完整的诗学、美学命题。孔氏还以"发愤抒情"的楚骚传统诠解"诗言志"，扩大了传统儒家美学的内涵和边界，并彰显了魏晋以来诗骚合流的历史印痕。在孔氏之后，李善注《文赋》所云"诗以言志，故曰缘情"，与孔氏情性论思想直接相关；韩愈倡"不平则鸣"，与孔氏"发愤抒情"说一脉相承；等等。

在易象论方面，孔颖达兼重象数、义理，努力恢复《周易》重"象"的传统，使"形而中"之"象"兼指形上、形下两界，促进哲学之"易象"向审美之"意象"的转变。在孔氏的梳理和阐释下，古人"观物取象"所创构各卦爻象，富含意向性和价值论蕴涵，天然地通向审美。孔氏还自觉地从理论上贯通《诗》和《易》，以易象释诗兴，提出了"若诗之比喻"、"兴必取象"等诗学、美学命题，深刻地揭示了易象与诗兴共有的诗性思维特征。这对于中国传统经学、哲学的美学化诠释，对于中国古典美学之意象、意境理论在唐代形成或成熟，都起到了相当大的推助作用。

在言意论方面，孔颖达对史上有关"言"、"象"、"意"复杂关系的探讨和争论作了理论总结和升华，对于中国古典美学和审美文化来说，则不仅重新确认和发挥了《易传》以来"立象尽意"的表意方式，而且开辟了"立言尽意"的新途，使得"言"、"意"二者互济互补、有机融合于中国语言文化系统中，而非厚此薄彼，造成人为的偏颇和割裂。在此基础上，孔氏还进一步将"立象尽意"推进到"太虚之象"的高邈阶段，大大深化了"立象尽意"的审美蕴涵，使之实现了形而上的哲学超越，接近于老子本体性的"大象"。孔氏此类阐发，一方面模塑了中国传统的表意文化符号由片面的"言"或"象"系统走向有机互补的"言象互动"系统；另一方面进一步促成了"意象"和"意境"理论走向高度成熟，在中国审美文化史上意义重大。

在诗论方面，孔颖达继承并发展中国传统的儒家诗学观，倡导"承"、"志"、"持"等审美教化功能，提出"风雅之诗，缘政而作"、"诗述民志，乐歌民诗”、“畅怀舒愤，塞违从正”等一系列诗学命题，这既体现了对建构理想的社会政治和伦理秩序的群体理性要求，又充分肯定了发扬个体情性和审美感性的重要意义，从而从本体性层面将诗歌艺术的政治教化功能与审美抒情特性统一了起来。而孔颖达对《诗经》“六诗”（“六义”）说系统而翔实的疏解，一方面促使“六诗”的内涵和外延得到更全面的彰显，另一方面有助于“六诗”走上审美化道路，因为在孔颖达这里，“风”、“雅”、“颂”被认定为三种诗歌体制，“赋”、“比”、“兴”被界分为诗歌艺术的三种表现方法和手段，这已体现出较明显的文体学观念和对文艺审美形式的自觉意识，较之汉儒解《诗》，其政教色彩相对淡化而审美色彩却显著增强。而其首倡“三体三用”说，全面而深入地破解了《诗经》学史上的一系列难题，这对后世学人更加准确、深刻地领会《诗经》“六诗”（“六义”）的精髓，并有效地推进《诗经》学研究的诗学化、审美化取向，具有重要意义。正是在孔颖达等人的义理分梳和审美阐释的基础上，一些唐代著名文艺家将历来侧重于经学阐释的“风”、“雅”、“比”、“兴”原则，提挈为一种文艺创作主张和文艺口号，“风雅比兴”说渐成为唐代文论之主流。而孔颖达对“孔子删诗”问题的有力质疑和考辨，则引发了一场延续千年的论难，在很大程度上推进了《诗经》学的整体发展。

在诗乐关系论方面，孔颖达的基本观点是诗乐同功，且诗教与乐教相携而行。孔氏明确提出了“诗乐同功”、“诗乐相将”的美学命题，并大力播扬诗歌韵律之美，反映了孔氏对以《诗经》为代表的先秦诗歌艺术诗乐一体现象的深入洞察，以及对《诗经》三百篇皆入乐的深刻理解，这一方面有助于诗歌以义理为主返归诗乐一体、义理与声情并重的传统途径上来，从而推动了初唐诗坛对诗歌声律的自觉追求，促进了格律诗在唐代走向成熟和繁荣，另一方面引发了《诗经》学史上对诗乐关系的持续不断的讨论，对《诗经》诠释由经学向美学的转化带来了积极而深远的影响。孔颖达还从发生学和心理学等角度，对中国古代诗、乐、舞三位一体的生存方式和独特的美学特征作出深入的阐发，揭示了周代礼乐文化对巫术图腾时代原始歌舞沟通天地神人功能的绍续关系，对于研究上古时代由巫到史、由原始神秘主义到后世礼乐文明的文化演变，极具有理论启发意义。孔颖达还仔细考察了诗、乐之间相互生发而又“辞变声常”的独特文化现象，并由此剖析了诗、乐二艺由相将到分途的复杂情况，将中国诗乐美学史推向理论纵深处。而孔氏对诗教与乐教的梳理阐释，一方面概括和反映了中国古代文化教育的客观状况，另一方面也表达了自己对理想的教育理念的理解和期待，这对于后世的审美教育理论和实践，有着深刻的启迪意义。

在礼乐教化论方面，孔颖达立足于“礼乐相济”的悠久文化传统，先后提出并翔实地论证诸如“礼乐相须”、“礼乐兼有，所以为美”、“时政善恶见于音”、“乐出于人而还感人”等一系列理论命题，深入地揭示了社会政治伦理秩序与音乐等表情性艺术之间的深刻关联，大力承传并发展了儒家音乐美学思想，这不惟在理论上具有历史总结意义，对唐初的礼乐制度建设，亦具有非常切实的现实指导意义。孔颖达还分别讨论了礼乐之教的一般宗旨、原则和意义，一般教学经验和方法，以及教学中应该防范的一些问题等，既是对前人教育思想和教学经验的整合，亦是其本人数十年教学实践和教育管理工作所积淀而成的经验、智慧的结晶，对唐初的文化教育和审美教育带来了全面而深远的影响。

在律历融通论方面，孔颖达以其气本论为基础，分别从阴阳五行、数理结构、人文化成等不同角度探讨律历融通这一独特的历史文化现象。在孔氏的阐释视域中，律历融通的要义在于阴阳二气交通和合，时间空间浑然一体，从而演绎成充满运动感和节奏感的宇宙结构，而六律、六吕配四时、五方、八节、十二月，恰能体现这动态的时空一体的宇宙结构，体现天地生生之道，这在很大程度上反映了中国古代“天人合一”的农业社会之实践模式和文化、审美模式，从而将“历以治时，律以候气”这个古老的气象学传统由技术论层面推衍到价值论层面，使得传统的“大乐与天地同和”的审美模式谱写出新的华章。

在审美诠释论方面，孔颖达一方面遵循“注宜从经，疏不破注”的诠释学原则，另一方面又倡导“体无恒式”、“唯变所适”等新的诠释学原则，从而弥合了历史上“我注六经”和“六经注我”两大诠释系统之间的裂隙，促使中国传统诠释学走向成熟。孔氏注重诠释对象的章句和辞理，注重文本的基本表达形式，同时也注重诠释对象的整体结构特征和整体语境，这很大程度上带动了对《诗经》等经典文本的形式美的研究，并丰富了《诗经》学的语境理论，有利于传统经学研究向文学研究的转变，这对朱熹等人的审美诠释思想都产生了重要影响。孔颖达还对不同经学流派之间、不同经传之间以及同一经传文本内部之间实行通观式的诠释和观照，这对于后世诸如王夫之、叶燮、刘熙载等人的审美阐释活动也都有一定的影响。

综上可见，孔氏《五经正义》对中国传统美学（含诗学）的诸多论题和论域，都有继承，有发展，有创新，很大程度上开拓了中国传统美学的新领域，使得中国传统美学在唐代焕发出新的生机，并对后世美学的发展产生了多维而深远的影响。

第二节 促进了经学美学的形成

如前文所述，孔颖达解经的基本目的，首先是为了重新梳理和确认“圣人之道”，从而更好地维护儒家思想的正统地位，进而维护大唐政治统治秩序，这也是以唐太宗为代表的唐统治集团大力提倡“经学”的根本原因所在。孔颖达解经的这一基本目的，决定了其经学诠释思想是以儒家思想为指导的，故而儒家《五经》经传所宣扬的内圣外王之道，对社会政治、伦理道德的重视，也就必然转化为其经学诠释和审美诠释的一种内在要求，这既促成了经学美学在唐代走向它的巅峰时期，亦对后世美学无论偏离得多远，终究脱离不开儒家的政治标准和道德标准有着潜在而深远的影响。而所谓经学美学，顾名思义，当是经学与美学的结合形态，即以经学的方式阐释审美观点，表达美学蕴涵。经学美学是儒家美学发展的重要基础，儒家美学的承传流变大多是通过经学美学反映出来的。这反映在孔氏的经学美学中，一个重要特征便是以经释文，文儒并重。故要考察孔氏经学诠释对儒家诗学和美学的影响，可以从以经释文、经文互释的角度加以观照。

当初，曹丕在《典论·论文》中曾言：“盖文章，经国之大业，不朽之盛事。”[①] 曹氏父子以王霸之术经营天下，却宣称文学是“经国之大业，不朽之盛事”，未免带有虚应故事之嫌。相比之下，经学家们以“经”为“经国之大业，不朽之盛事”，却要真诚，可信得多。在孔颖达等儒者眼里，“经”

---

① 曹丕：《典论·论文》，载《六臣注文选》卷五十二，《四部丛刊》影宋本。

便是这样一种经伦天下的学问。《尚书·大禹谟》孔氏正义曾引《谥法》云："经纬天地曰文，克定祸乱曰武。"[①] 可见"经"是以"文"的方式治理天下的一种重要手段。在孔颖达的经学诠释中，"经"甚至拥有某种本体性地位与意义。孔颖达在《春秋左传正义》中指出："经，常也，……言'天地之经'，明天地皆有常也。天有常明之义，地有常利之义也。……天地性义有常，可以为法，故民法之而为礼也。……覆而无外，高而在上，运行不息，日月星辰，温凉寒暑，皆是天之道也。训经为常，故言道之常也。载而无弃，物无不殖，山川原隰，刚柔高下，皆是地之利也。……民之所行，法象天地，象天而为之者，皆是天之常也；象地而为之者，皆是地之宜也，故礼为天之经，地之义也。"[②] 这里，孔氏释"经"为"常"，即天地万物恒常之道，如日月星辰之运行，温凉寒暑之更替，山川大地之养物，皆为常道常理，这种常道常理落实到社会现实层面，便是政治伦理教化和礼仪规范。

严格地说，儒家士人"宗经"，"经"本身并非目的，其更深层次的目的是为了"明道"、"通理"，"经"不过是载体，"道"、"理"才是最终旨归。如范仲淹《南京书院题名记》云："讲议乎经，咏思乎文，经以明道，若太阳之御六合焉；文以通理，若四时之妙万物焉。"[③] 故通过"经"、"文"而领会天地人伦之大道、大理，乃儒家士人的终极追求。

因此，孔颖达治经，其诗学、美学也就自觉或不自觉地附着在"经"——"道"这样一种本体性诠释话语中，从而，其经学美学也就一定程度上带有了经世致用和人伦教化的色彩。儒学的大旨要义、人伦规范等，就渗透于其经学美学的各个方面，蕴涵着儒家美学的深层动力结构和价值追求。

当然，尽管孔颖达的审美诠释总体上是服从于经学诠释宗旨的，但其中凝聚着不少对审美诠释活动的本质和规律的深刻理解和把握，因此它与纯粹的经学诠释又有着较大的区别。如孔颖达在诠解《诗经》时，并非一味地"以《诗》为经"，而是适当地照顾到"以《诗》为诗"的一面。如论《诗》之功用，孔氏《毛诗正义序》曰："夫《诗》者，论功颂德之歌，止僻

① 李学勤主编：《十三经注疏·尚书正义》，北京大学出版社 1999 年版，第 87 页。
② 李学勤主编：《十三经注疏·春秋左传正义》，北京大学出版社 1999 年版，第 1448 页。
③ 范仲淹：《范文正公文集》卷七，《四部丛刊》影明翻元刊本。

防邪之训，虽无为而自发，乃有益于生灵。六情静于中，百物荡于外，情缘物动，物感情迁。若政遇醇和，则欢娱被于朝野，时当惨黩，亦怨刺形于咏歌。作之者所以畅怀舒愤，闻之者足以塞违从正。发诸情性，谐于律吕，故曰：'感天地，动鬼神，莫近于《诗》'。此乃《诗》之为用，其利大矣。"① 孔氏此论，固然不脱离传统经学之"论功颂德"、"止僻防邪"、"怨刺讽喻"等话头，但明显关注到诗歌的抒情性、形象性等审美特征，即便其文字表达也是骈、散结合，颇具审美韵味。又如孔氏《郑风·溱洧》正义云："郑国淫风大行，述其为淫之事。言溱水与洧水，春冰既泮，方欲涣涣然流盛兮。于此之时，有士与女方适野田，执芳香之兰草兮。既感春气，托采香草，期于田野，共为淫泆。士既与女相见，女谓士曰：'观于宽闲之处乎？'意愿与男俱行。士曰：'已观矣。'止其欲观之事，未从女言。女情急，又劝男云：'且复更往观乎？我闻洧水之外，信宽大而且乐，可相与观之。'士于是从之。维士与女，因即其相与戏谑，行夫妇之事。及其别也，士爱此女，赠送之以勺药之草，结其恩情，以为信约。男女当以礼相配，今淫泆如是，故陈之以刺乱。"② 孔颖达此段疏文，一方面依经传为说，认为该诗主旨是讽刺郑国淫风流行，男女失礼；另一方面又以详细的笔墨描绘了青年男女在春光明媚的野外相识、相知、相爱的过程，其语气之活波生动，情感之热烈明快，哪里像是一位守旧老儒板着脸训斥失礼之事，分明是一首对男女情爱和美好生活的赞歌！又如孔氏《毛诗·泽陂》正义云："毛以为，男女相悦，为此无礼，故君子恶之，忧思感伤焉。忧思时世之淫乱，感伤女人之无礼也。男女相悦者，章首上二句是也。感伤者，次二句是也。忧思者，下二句是也。言灵公君臣淫于其国者，本其男女相悦之由，由化效君上，故言之耳，于经无所当也。经先感伤，序先忧思者，经以章首二句既言男女之美好，因伤女而为恶行，伤而不已，故至于忧思，事之次也。序以感伤忧思，为事既同，取其语便，故先言忧思也。郑以为，由灵公君臣淫于其国，故国人淫泆，男女相悦。聚会则共相悦爱，别离则忧思感伤，言其相思之极也。男女相悦者，章首上二句是也。忧思者，次二句是也。感伤者，下二句

① 李学勤主编：《十三经注疏·毛诗正义》，北京大学出版社 1999 年版，"目录"第 3 页。

② 李学勤主编：《十三经注疏·毛诗正义》，北京大学出版社 1999 年版，第 322 页。

是也。毛于‘伤如之何’下传曰‘伤无礼’，则是君子伤此‘有美一人’之无礼也，‘伤如之何’。既伤‘有美一人’之无礼，‘寤寐无为’二句又在其下，是为忧思感伤时世之淫乱也。此君子所伤，伤此‘有美一人’，而‘有美一人’又承蒲、荷之下，则蒲、荷二物共喻一女。上二句皆是男悦女之辞也。经文止举其男悦女，明女亦悦男，不然则不得共为淫矣。故序言‘男女相悦’以明之。三章大意皆同。首章言荷，指芙蕖之茎。卒章言菡萏，指芙蕖之华。二者皆取华之美以喻女色，但变文以取韵耳。二章言兰者，兰是芬香之草，喻女有善闻。此淫泆之女，必无善声闻，但悦者之意言其善耳。郑以为，首章上二句，同姓之中有男悦女、女悦男，是其男女相悦也。次二句言离别之后，不能相见，念之而为忧思也。既忧不能相见，故下二句感伤而泪下。首章言荷，喻女之容体。二章言莲，喻女之言信。卒章言菡萏，以喻女之色美。”① 孔氏此段疏文较详细地疏解了《毛诗・泽陂》经文及毛传、郑笺之文意，其间不乏传统经学疏释那种忧时伤世、讽喻鞭挞等社会责任感和伦理道德情怀，但透过孔疏看似客观、理性的细致文字铺排中，我们依然不难发现其中渗透着对芳草美人、男女情爱之美的深刻洞察乃至欣赏之情。如此之例，在孔氏正义中所在多有。现代论者常认为是宋儒朱熹或欧阳修打开了“以《诗》为诗”的诠释门径，殊不知唐初孔颖达早已开启了《诗经》文学化诠释的先河。而且相较孔氏，朱子似对《诗经》中大量描绘男女爱情的“淫诗”批判有余，审美化描述和欣赏不足。若说孔颖达是《诗经》审美化诠释的重要代表者和推动者，是毫不为过的。

不仅是《诗经》诠释，孔颖达在诠解其他诸经文本时，也是在经学诠释的同时，适当渗透和把握其诗学和美学蕴涵，从而在一定程度上促成了经学诠释转化为审美诠释。如《尚书・尧典》孔氏正义释《尚书》各篇体例云：“典书草创，以义而录，但致言有本，名随其事。检其此体，为例有十。一曰典，二曰谟，三曰贡，四曰歌，五曰誓，六曰诰，七曰训，八曰命，九曰征，十曰范。《尧典》、《舜典》二篇，典也。《大禹谟》、《皋陶谟》二篇，谟也。《禹贡》一篇，贡也。《五子之歌》一篇，歌也。《甘誓》、《泰誓》三篇、《汤誓》、《牧誓》、《费誓》、《秦誓》八篇，誓也。《仲虺之诰》、《汤诰》、

① 李学勤主编：《十三经注疏・毛诗正义》，北京大学出版社 1999 年版，第 454 页。

《大诰》、《康诰》、《酒诰》、《召诰》、《洛诰》、《康王之诰》八篇，诰也。《伊训》一篇，训也。《说命》三篇、《微子之命》、《蔡仲之命》、《顾命》、《毕命》、《冏命》、《文侯之命》九篇，命也。《胤征》一篇，征也。《洪范》一篇，范也。此各随事而言。”[①] 这里孔颖达将《尚书》各篇体例归纳为典、谟、贡、歌、誓、诰、训、命、征、范等十种情况，并一一举例论证，且在后文中对一些特殊情况作出更详细的说明，《尚书》之文体大略，甚是清晰明了。孔氏此类梳理，对于经学研究来说，固然有助于体例格式的规整，但仅属于外部形式研究，相较于经学义理，并非特别重要，而对于文艺审美研究来说，却意义重大。因为对古代文章特定体例、格式的研究，本是文艺审美研究的题中应有之义，而孔氏这已经是一种自觉的文章学或文体学研究，是自刘勰《文心雕龙》以来文章学研究的又一次重要的承传和发展，对后世的文章学研究亦有着重要的影响。如论者所指出：“唐代经学对文章学的影响是多方面的。从宏观上看，经学是唐代文章变革的思想武器，特别是古文运动关于文章性质、功用、语体特征、审美旨趣以及作家修养等的探讨，无不深深打上经学烙印，不仅扭转了六朝以来的骈俪文风，更为后世文章学理论开无数法门。从微观上看，《五经正义》等著作中关于先秦文体研究以及对文势的探讨，本身就是唐代文章学研究的宝贵成果，也是唐代文学批评研究的重要史料来源。唐代经学与文章之学的密切关系，值得引起学界更多的关注。”[②]

又如孔颖达在诠解各经过程中，对“互文”、“变文”等文艺表达形式和修辞手法的自觉的梳理和总结，他所提出和发挥的一些基本的诠释原则和诠释方法，像“随文释义”、“体无恒式”、“立足文本”、“学理通观”等，也都体现了明显的审美意识。此外，孔颖达本人在长期解经过程中所逐渐凝聚而成的种种笺注体例，皆饱含着孔颖达对中国传统文化（含审美文化）的深刻理解，承载着丰富的审美诠释思想和审美文化底蕴，而非仅仅局限于经学领域，再经过后继者们不断的踵事增华，逐渐衍化为审美诠释的基本原则和方法，从而给中国古典美学增添了宝贵的思想资源，并对中国古典美学后期的发展产生了重要的影响。这于前面各章中已屡屡见出，毋庸赘言。

---

① 李学勤主编：《十三经注疏·尚书正义》，北京大学出版社 1999 年版，第 19 页。

② 何诗海：《唐代经学与文章之学》，《浙江学刊》2009 年第 1 期。

因此，我们在研究孔颖达的美学思想时，一方面固然要注意到其经学诠释与审美诠释之间的差别所在，不能将两者混同起来；另一方面也要深入考索其经学诠释背后的诗学和美学蕴涵，辨明其一系列原则、命题、方式、方法是如何融通、衍化为审美性的原则、命题、方式、方法的。

正是通过孔颖达《五经正义》等经学典籍的诠释、普及与推动，“以经释文”、“以经释艺”成为唐代诗学、美学谈诗论文的重要模式。就诗歌而言，初唐四杰、陈子昂、李白、元结、白居易，直至晚唐皮日休等人，强调发扬风雅比兴、汉魏风骨，关注社会民生；就散文而言，韩愈、李翱、柳宗元等古文家努力恢复原始儒家“六经”大义，遵经明道，主张经世致用。他们诗学、美学思想的共同特征，就是文、儒一体，文、教为一，而这，颇能见出唐初孔颖达等文化政策的设计者潜在而深刻的影响。萧华荣先生尝言：“自觉的文学创作是从屈原开始的，此后唐勒、宋玉、贾谊、司马相如、扬雄、曹植、王粲等人一脉相承，形成一个‘文统’；而以孔子领头，此后子游、子夏、孟轲、荀卿等儒者承其余绪，弘扬礼教，形成一个‘道统’。于是，‘文、儒异术’、‘文、教为二’，文学与教化伦理二水分流。”① 可以说，到唐代，这种“文、儒异术”、“文、教为二”的窘境一定程度上得到了改观。有论者曾指出，“初唐文人之文学创作以恢复儒学风雅观念与正统地位为思想武器，以革除文坛绮艳浮靡积弊为目标和旨归。他们在理论上崇尚风雅，实践上力主兴寄，其文学作品具有充实深刻的儒学特质，呈现出刚健质朴的风格。正是由于他们的辛勤耕耘和不断努力，才开创出初唐文坛的新气象，对此后的文学创作产生积极影响”②。

孔颖达之后，文儒兼修、文道并重成为士人们的主流风尚。这种文儒兼修、文道并重的士人越来越多，影响越来越大，逐渐形成了一个独特的“文儒”群体。“文儒”一词，顾名思义，是指“文而又儒”之士，即文采风雅而又精通儒学之人。据葛晓音所揭，该称谓在盛唐已较多见。如开元五年，唐政府专设“文儒异等科”取士；天宝年间，唐玄宗作《谕岭南州县听应诸色乡贡举诏》云：“如闻岭南州县，近来颇习文儒”；又韦抗《奉和圣

① 萧华荣：《中国古典诗学理论史》，华东师范大学出版社 2005 年版，第 106 页。

② 贾名党：《中唐儒学与文学研究》，博士学位论文，扬州大学，2006 年，第 8 页。

制送张说上集贤学士赐宴》称张说为“英宰文儒叶”；孙逖《太子右庶子王公神道碑》赞王敬从为“德义之所府聚，文儒之所膏润”；王维《裴仆射济州遗爱碑》奉裴耀卿为“文儒之宗伯，礼乐之本源”；等等。葛晓音还认为，“文”、“儒”结合当与初、盛唐大倡礼乐有关。高宗、玄宗等皆倡礼乐治国，唐玄宗《送张说上集贤学士诗》曾谓“动有礼乐之运，言有雅颂之声”，礼乐必待雅颂之文而后行，这样所作的文章便是与礼乐之运相配合的雅颂之文了，“文”与“儒”从而很好地结合起来。①《全唐文》卷二十七载唐玄宗《禁策判不切事宜诏》云：“我国家敦古质、断浮艳。礼乐诗书，是宏文德，绮罗珠翠，深革弊风。必使情见于词，不用言浮于行。比来选人试判、举人对策，剖析案牍，敷陈奏议，多不切事宜，广张华饰。何大雅之不足，而小能是炫？自今以后，不得更然。”② 作为当时最高的统治者，唐玄宗对于行文的基本要求是“敦古质、断浮艳。礼乐诗书，是宏文德，绮罗珠翠，深革弊风。必使情见于词，不用言浮于行”，可见当时对于行文的主导性意见，是以礼乐诗书等儒家原典为基本衡量标准，强调经邦致用，动合风雅，藻思清华，文而又儒，这从当时所设“文可以经邦”、“藻思清华”、“文词雅丽”等众科目的名称也可以见出端倪，而张九龄、张说、苏颋等宰臣、文儒则身体力行，大力推进之。

而取法于“六经”，则成为“文儒”们从事文艺创作的指导思想。如中唐前期文儒独孤及曾劝勉他的学生梁肃云：“为学在勤，为文在经，勤则能深，经则可行。……文章可以假道，道德可以长保，华而不实，君子所丑。”③ 独孤及于此强调为文须明道，明道则须宗经，道假借宗经之文而行。惟宗经明道之文可行长久，因此需抛却浮华不实之辞。独孤及《检校尚书吏部员外郎赵郡李公中集序》复云：“公之作，本乎王道。大抵以五经为源泉，抒情性以托讽，然后有歌咏；美教化，献箴谏，然后有赋颂；悬权衡以辨天下公是非，然后有论议。至若记、叙、编录、铭鼎、刻石之作，必采其行事以正褒贬，非夫子之旨不书。故风雅之旨归，刑政之本根，忠孝之大伦，皆

① 参见葛晓音：《盛唐文儒的形成与复古思潮的滥觞》，《文学遗产》1998 年第 6 期。

② 唐玄宗：《禁策判不切事宜诏》，载董诰等编：《全唐文》卷二十七，清嘉庆内府刻本。

③ 梁肃：《祭独孤常州文》，载董诰等编：《全唐文》卷五二二，清嘉庆内府刻本。

见于词。”[①] 在此，独孤及再次强调作文当以圣王之道为本，以五经为源泉，歌咏讽喻，教化箴谏，扬风雅之旨，张刑政之根。与独孤及相似，另一文儒李华在《赠礼部尚书孝公崔沔集序》中同样提出了作文须宗经明道的观点："文章本乎作者，而哀乐系乎时。本乎作者，六经之志也；系乎时者，乐文武而哀幽厉也。立身扬名，有国有家，化人成俗，安危存亡于是乎观之。宣于志者曰言，饰而成之曰文，有德之文信，无德之文诈。皋陶之歌，史克之颂，信也；子朝之告，宰嚭之词，诈也，而士君子耻之。夫子之文章，偃商传焉；偃商殁而孔伋、孟轲作，盖六经之遗也。屈平、宋玉，哀而伤，靡而不远，六经之道遁矣。”[②] 在此，李华以文武、孔孟之道为尊，再三强调“六经之志”、“六经之道”的重要性，与独孤及如出一辙。

稍后，韩愈、柳宗元、李翱、权德舆等中唐古文家们更是大力高扬原圣宗经，作文明道，《诗》、《书》、《易》等六经典籍（所谓“三代之文”）则是他们创作的基本准则。韩愈《答李翊书》云：“始者非三代两汉之书不敢观，非圣人之志不敢存，……行之乎仁义之途，游之乎《诗》、《书》之源，无迷其途，无绝其源，终吾身而已矣。”[③] 在韩子看来，存圣人之志，行仁义之途，游《诗》、《书》之源，是修身和作文的不二法则。又柳宗元《答韦中立论师道书》云：“本之《书》以求其质，本之《诗》以求其恒，本之《礼》以求其宜，本之《春秋》以求其断，本之《易》以求其动。此吾所以取道之原也。参之《榖梁氏》以厉其气，参之《孟》、《荀》以畅其支，参之《庄》、《老》以肆其端，参之《国语》以博其趣，参之《离骚》以致其幽，参之太史以著其洁。此吾所以旁推交通而以为之文也。”[④] 柳氏在此明确地表达了《诗》、《书》、《礼》、《易》、《春秋》等经典为取道之原，行文之本，其他诸家典籍则为“旁推交通”之参考、辅材。柳氏于《报袁君陈秀才避师名书》中复云：“文以行为本，在先诚其中。其外者当先读《六经》，次《论语》，孟轲书皆经言；左氏、《国语》、庄周、屈原之辞，稍采取之。榖梁子、太史

① 独孤及：《检校尚书吏部员外郎赵郡李公中集序》，载董诰等编：《全唐文》卷三八八，清嘉庆内府刻本。

② 李华：《赠礼部尚书孝公崔沔集序》，《李遐叔文集》卷一，文渊阁《四库全书》本。

③ 韩愈：《答李翊书》，《东雅堂昌黎集注》卷十六书，文渊阁《四库全书》本。

④ 柳宗元：《答韦中立论师道书》，载董诰等编：《全唐文》卷五百七十五，清嘉庆内府刻本。

公甚峻洁，可以出入，……其归在不出孔子。此其古人贤士所懔懔者，求孔子之道不于异书。”[①] 柳氏此说与前说相似，强调以《六经》、孔孟为尊，可稍参取左氏、国语、庄周、屈原、穀梁子、太史公诸家，然其旨归在“不出孔子”。所谓“求孔子之道不于异书”者，唯“曾经圣人手”之《六经》不为“异书”也，他书皆为“异书”，故求孔子之道，惟“六经”是正途。又文儒权德舆在《祭故梁补阙文》中云：“文章运衰，风流不还，作者盖稀。君得其门，独斥浇醨，遐蹈古始，六经为师。”[②] 权氏在此一方面感慨“文章运衰，风流不还”，另一方面又赞叹梁补阙（梁肃）之文“遐蹈古始，六经为师”，褒贬之间，以“六经”为准的也。又韩愈门人李翱在《答朱载言书》中曰：“列天地，立君臣，亲父子，别夫妇，明长幼，浃朋友，《六经》之旨也。浩浩乎若江海，高乎若邱山，赫乎若日火，包乎若天地，掇章称咏，津润怪丽，《六经》之词也。创意造言，皆不相师，故其读《春秋》也，如未尝有《诗》也；其读《诗》也，如未尝有《易》也；其读《易》也，如未尝有《书》也；其读屈原、庄周也，如未尝有《六经》也。”[③] 李翱在此进一步为《六经》张目，所谓《六经》之旨为“列天地，立君臣，亲父子，别夫妇，明长幼，浃朋友”，所谓《六经》之词为“浩浩乎若江海，高乎若邱山，赫乎若日火，包乎若天地，掇章称咏，津润怪丽”，且《六经》之“创意造言”，各具华采，各不相师，各为后世法，不可相互取代。如许评价，可谓极尽赞美、推崇之能事。而以经释文，至此亦达到其顶峰时期。

总之，唐代“文儒”们大力标举《六经》，倡导宗经明道，文、儒并重，对整个士人群体及其文艺创作影响极大，并有力地促进了唐代“文德”政治和文化建设走向成熟。关于唐代的“文德”政治，有学者作过简明扼要的论释：“‘文德’政治亦即‘王道’、‘帝道’政治，是古代儒家政治的高级理念，并被发展为完备成熟且庞大复杂的‘知—行’体系。简要地说就是要通过（儒家的）礼乐教化的内外配合，使社会成员实现伦理自觉和道德完善，使整个天下风俗淳正且安定富足，从而展开‘文质斌斌’的生活，达

① 柳宗元：《报袁君陈秀才避师名书》，载董诰等编：《全唐文》卷五百七十五，清嘉庆内府刻本。

② 权德舆：《祭故梁补阙文》，《权载之文集》卷四八，《四部丛刊》影清嘉庆本。

③ 李翱：《答朱载言书》，载董诰等编：《全唐文》卷二十七，清嘉庆内府刻本。

到‘化成’的境界。唐代‘文德’政治肇端于高祖时期，全面确立并完成于太宗时期。”“由于唐初统治者具有深厚的儒学背景和修养，对儒家政治有着长期的酝酿准备，因而从立国之初尤其是太宗即位之后便坚定地选择并实行了‘文德’政治，这样的政治须要‘文学’的全面配合，‘文学’不仅是其资源和根据，还是其途径和体现，同时也是其内容和目的，甚至在相当程度上就是这种政治本身，二者互为表里、互相支持而一体共成，非一般关系可比。”① 显然，这样的“文德”政治是儒家政治文化建设的理想状态，宗经明道，文、儒并重是其核心理念，广大“文儒”群体是其忠实的践行者，而“文质斌斌”、“文而又儒”的文艺创作则是其实施的具体媒介、手段和审美化成果。如果说，在道玄、佛学日盛，儒学式微的南朝时期，刘勰在《文心雕龙》中谈文论艺而首标“原道”、“征圣”、“宗经”，更多是为了针砭时弊，挽救世道人心，还带有很大程度的理想化色彩，那么到了唐代以后，这种美好的愿景已基本变成了现实，宗经明道，文、儒并重渐成为主流风尚。有论者曾从文章学的角度概括唐代文坛的这种宗经明道、文儒并重的风尚：“从初唐陈子昂的风雅兴寄，到盛唐张说的礼乐文章，直至天宝以后的宗经载道思潮，每一次文章变革，都是以复古相号召，即以传统儒家文艺思想作理论依据。尤其是天宝以来的复古思潮，持续时间最久，理论探索最热烈，古文运动的基本论题，如宗经明道、重政教之用、反对骈偶藻丽等，在韩愈、柳宗元之前，已经非常明确了。至韩、柳吸收前辈的理论成果，结合现实问题将古文运动理论系统化、具体化，并以丰硕的创作成果将这一运动推向高潮。……值得注意的是，韩、柳的古文理论，不仅以弘扬儒道为己任，更从文章写作角度，汲取儒家经典的养分，如韩愈‘沈浸醲郁，含英咀华，作为文章，其书满家。上规姚姒，浑浑无涯；周诰殷盘，佶屈聱牙；《春秋》谨严，《左氏》浮夸，《易》奇而法，《诗》正而葩’（《进学解》），柳宗元‘本之《书》以求其质，本之《诗》以求其恒，本之《礼》以求其宜，本之《春秋》以求其断，本之《易》以求其动’（《答韦中立书》）等。这些理论成果，对于涤荡风靡数百年的骈偶绮丽文风，开创以唐宋八大家为代表的古文传统，具有深远意义。苏轼称韩愈‘文起八代之衰，道济天下之溺’，分别从

① 陈飞：《唐代文学概念的确立与实现——以早期史学为中心》，《文学遗产》2005 年第 1 期。

文和道两个方面赞美韩愈的崇高地位，也正揭示了儒学和文章学之间相辅相成的密切关系。实际上，唐代每一次文章变革思潮，都是经学思想高涨在文章学上的必然结果。”① 并且，这种宗经明道、文儒并重的风尚不仅表现于唐代，还一直延伸至宋明理学、清代朴学和桐城文派等。清末文人王棻在《论文》一文中依然呼吁：“文章之道，莫备于六经；六经者，文章之源也。文章之体三：散文也，骈文也，有韵文也。散文本于《书》、《春秋》，骈文本于《周礼》、《国语》，有韵文本于《诗》，而《易》兼之。文章之用三：明道也，经世也，纪事也。明道之文本于《易》，经世之文本于《三礼》，纪事之文本于《春秋》，而《诗》、《书》兼之。故《易》、《书》、《诗》者，又六经之源也。……诚文章之备祖矣。昌黎有言：‘士不通经，果不足用。’乌乎！经之为用大矣，为学不本于经，岂徒文之不足观哉！”② 王棻此番论议，不啻是唐代“文儒”们的宗经明道思想在千载之下的回响，而开启这一千年文脉者，首先当属孔颖达及其《五经正义》。

傅绍良先生在《论唐朝贞观时期谏官的文学设计》一文中曾指出：“唐朝贞观时期的文学理论和创作是一个十分复杂的文学现象，这一时期既有南朝文学之遗风，又有鲜明的文学革新之意识。这一时期活跃在文坛上的作家和理论家，大都是谏官，特殊的政治地位和历史环境，促使他们对文学进行了一种深刻的反思，这种反思极有时代感和使命感，是对新时期文学的一种成功的设计，为唐代文学的健康发展奠定了基础。……如果说魏征和令狐德棻以史传的形式进行了一种文学设计，那么孔颖达则通过注疏经义全面解释了儒家诗教，确立了一种符合教化准则和道德伦理的文学规范。”③ 陈飞先生在《唐代文学概念的确立与实现——以早期史学为中心》一文中则提出，初唐的文学设计有六大系统，即“政令”系统、“史学”系统、“经学”系统、“文章”系统、“编集”系统、“文艺”系统，而“经学”系统便据其要位，其论曰：“唐初统治者开始了全面的‘文学’建设。总的说来，其文学建设

---

① 何诗海：《唐代经学与文章之学》，《浙江学刊》2009 年第 1 期。

② 王棻：《柔桥文钞》卷三《论文》，转引自舒芜等编：《近代文论选》，人民文学出版社 1999 年版，第 327 页。

③ 傅绍良：《论唐朝贞观时期谏官的文学设计》，《西南民族学院学报》（哲学社会科学版）2003 年第 3 期。

具有系统性、基础性和规范性，高度成熟且意志统一。这些建设可见诸当时国家政治的方方面面，就其主要途径和支撑而言，在意识形态领域则以下面几个系统最为显著而得力，……三是'经学'系统。在对古代经典尤其是儒家经典的阐述中表达。其特点是于整理文本、统一经注中确立意义和权威，示天下后世以准则。……六者各以其特有的方式从不同的角度和层面上致力唐代文学的基础建设。"①这里，傅、陈二人都充分肯定了孔氏的经学诠释和整理活动在唐初文学建设中的重要意义，即"通过注疏经义全面解释了儒家诗教，确立一种符合教化准则和道德伦理的文学规范"，"示天下后世以准则"，这种评价应当说是符合历史事实的。并且，孔氏的经学诠释之"立规范"、"示准则"的意义不仅表现于文学领域，还影响到整个审美艺术领域。谢建忠先生则以个案研究的形式，对《毛诗》及其经学阐释系统对唐代诗人诗作的影响作了具体深入的探讨，涉及陈子昂、李益、李白、杜甫、白居易等代表性诗人诗作。②谢先生虽然主要是从整个《毛诗》学角度，而不是从孔颖达诗学、美学角度来立论的，但其中时有论及孔氏诗学之意义和影响者。如《论经学对陈子昂诗文及诗论的影响》一文指出："《五经正义》中的《毛诗正义》乃经典化的诗教权威解读，无论对士子的社会政治观、人生价值观，或是对其文学观和文学创作，都有如神圣的指南，深深镌刻在士子们的意识形态里。""陈子昂诗文引用、化用《诗经》语汇和《毛诗正义》文本的解释话语来营构自己的精神产品，表达对现实和人生的理解，一方面证明陈子昂创作与《毛诗正义》的关系，另一方面还表明陈子昂对《毛诗正义》解释系统中《毛诗序》政教理论的认同。"③如此之例，虽不能都视为孔颖达《五经正义》一己之功，但足以表明孔氏《五经正义》对唐代广大诗人、文人具有多维而深远的影响。

需要指出的是，在今天某些学人看来，孔氏秉持传统儒家的教化原则，

① 陈飞：《唐代文学概念的确立与实现——以早期史学为中心》，《文学遗产》2005 年第 1 期。

② 参见谢建忠：《论经学对陈子昂诗文及诗论的影响》，《贵州师范大学学报》2003 年第 3 期；《论〈毛诗正义〉对李益诗歌的影响》，《文学遗产》2006 年第 1 期；《〈毛诗〉及其经学阐释对唐诗的影响》，博士学位论文，首都师范大学，2006 年；《论〈毛诗〉影响韩愈诗歌的得失》，《重庆师范大学学报》2011 年第 2 期。

③ 谢建忠：《论经学对陈子昂诗文及诗论的影响》，《贵州师范大学学报》2003 年第 6 期。

以经释文，自觉或不自觉地凸显了审美活动中的政治伦理蕴涵，似乎审美的“自律”不足，“他律”有余，颇不合当今的美学精神。然而，世上本就没有纯而又纯的美学，当年德国古典美学的开山者康德在《判断力批判》中试图论证“纯粹美”（偏于审美形式）的问题，但最终也不得不承认“依存美”（偏于社会伦理蕴涵）来得更为现实，也更为重要。而且，孔氏释经，也并没有走到因“道”（“经”）灭“文”的地步，相反，文、儒一体，文、教为一，始终是其经学诠释和言行践履的基本准则。这与史上其他大儒如郑玄、朱熹等基本上是一致的。并且，自先秦以来，儒家诗学、美学与经学、政教之间就已形成了千丝万缕的联系，诸如“诗言志”、“礼乐相济”、“文以载道”、“经世致用”等命题、观点已渐成为儒家诗学、美学的主导思想，整个儒家诗学、美学的优点和缺点似皆可寻根于此，若仅将其弊端归咎于孔颖达等一二人，未免失之不公，也不符合历史事实。

更何况，以经释文，文以载道，自有其积极意义在。如李建国先生所指出：“经学虽然一度式微，却始终是中国诗歌创作主体——士大夫的必修课，它潜移默化地影响了诗人的艺术思维和人格模式。与政治直接相关的‘情志’抒发成为中国传统文学的‘政治母题’，批判现实政治的‘怨刺’精神也积淀为知识分子人格结构的一个重要组成部分。它要求知识分子必须具备深层的普遍的社会关怀，基本的政治正义感和道德良知，从而真正成为时代精神和社会良心的承担者。就这一点而言，经学诗学又为中国文学的健康发展提供了某种可能性。”① 事实上，孔颖达作经学和美学诠释时，坚持和张扬传统儒家仁民爱物、关心国计民生的人文情怀，深挖人性的蕴涵，探究人性的本质，固然有其约束和规范人性的一面，也有其呵护与舒展人性的一面，其对人之性情和文艺抒情本质的充分探讨和积极肯定，在当时来说颇能体现思想解放的特征，也因此而感染了历代文学家、艺术家和文艺批评者，呼唤和培育出大量的感时伤怀、针砭时政的优秀文艺作品，促引中国现实主义审美思潮不断走向发展和深化，终成为中国古典诗学、美学的一个极其重要的传统。

---

① 李建国：《诗经汉学抒情本体论辨析》，《三峡大学学报》2009 年第 4 期。

第三节　勾连汉学与宋学的桥梁

如今学界论及中国哲学、经学或思想史，常曰先秦子学、两汉经学、魏晋玄学、隋唐佛学、宋代理学、明代心学、清代朴学、晚清西学云云，尤为人所常道者为汉代经学（简称汉学）与宋代理学（简称宋学），却很少有人关注处于汉学、宋学之间的唐人注疏之学。不少学者认为唐人注疏之学不过是蹈袭汉晋注疏之学而来，所谓“疏不破注”，训诂章句，辨名析物而已，无多新意。这种对唐代注疏之学的认识诚然失之偏颇甚至武断。事实上，通过对《五经正义》的全面考察，我们可以看出无论是在哲学、经学和美学诠释上，《五经正义》都体现了诸多的时代新质，代表了唐人在注疏之学和相关学术领域的极高成就，称其为唐代扛鼎之作并不为过。而且，其在中国学术史发展进程中具有承前启后、勾连汉宋的重要作用，尤不容小觑。

关于孔颖达《五经正义》对之前两汉六朝经说的继承与创新，前文各章节已陆续从诗学和美学角度作了些介绍。这里，可进一步借马宗霍先生“名宗一家，实采众说”之论涵盖之。马先生之论要言不烦，现将其直录如下：

其实唐人义疏之学，虽得失互见，而瑕不掩瑜，名宗一家，实采众说，固不无附会之弊，亦足破门户之习。今就孔疏论之。《易》宗王、韩，诚多空诠，然于马、郑、荀、虞诸家之古义，间亦有所援引，其取以补辅嗣之阙漏者，固可以存汉学。即其袒王而以古说为非者，亦未尝不可辨其非而观其是也。至所引庄氏、张氏、褚氏之说，虽无当于奥旨，亦足以广搜闻见。《易》道广大，象数、义理各有《易》之一体，则王氏与先儒，孰为轩轻，尚未敢知也。

《书》宗孔传，信为伪书，然如《虞书》作服十二章，州十有二师，则述郑注以补《传》所未备；立正三亳非文王时官，《吕刑》九黎非蚩尤，则径纠《孔传》之失；解祖乙“圮于耿”，则直以《孔传》圮相迁耿之说为必不可通，而引司马迁《史记·殷本纪》以相证，变文起例，类此者众。又如释“钦明文思”，以顾氏为得；“关石和钧”，以费氏为长，则义又不囿于二刘矣。后人谓《书》疏名物制度赖之以有考，不其然乎！

《左传》宗杜，论者谓杜之精义，皆从贾、服窃来，其浅处正复不少。孔氏惟杜之从，刘炫规杜，理精辞辨，孔氏复加评驳，不复遵用，此固中其病矣。然细寻之，则疏中考证之言，既多凭贾、服；旁采之说，亦时取刘规。又如桓七年谷伯邓侯，则兼存卫冀隆、秦道静，难杜、申杜之词不为分别；桓九年宾以上卿，则并着《膏肓》、《郑笺》之义藉资博证。虽曰杜之功臣，亦可谓杜之诤友也。

此三经在孔疏本非其至者，而已若是，及乎《诗》、《礼》，所宗皆郑氏，故疏亦发舒。《诗》则训诂本诸《尔雅》，而参以犍为舍人、樊光、李巡、孙叔然诸家之注，使《尔雅》古义赖是以存；陆玑《毛诗草木虫鱼疏》亦间及焉。制度本诸群经，而益之以王肃之难、王基之驳、孙毓之评、崔灵恩之《集注》，佐之以郑氏《易》注、《书》注，贾、服《左传》注，他若郑志驳《五经异义》诸书，亦咸萃焉。虽有二刘在前，足备采择，而取舍之间，实具卓识，终唐之世，人无异词，固其宜也。

《礼记》郑注已详实，疏复广援古左氏说、公羊说、《周礼》说、《五经异义》及郑氏、张逸、赵商答问，一一疏通而证明之。而卢植之《礼记解诂》、郑氏之丧服变除、阮谌之《三礼图》、射氏之《音义隐》，亦复触类引入，故能词富理博，使说礼之家钻研莫尽。又如疏《缁衣》而疑《孝经》序非郑氏作，足为陆氏《经典释文》叙录言《孝经》注与郑注《五经》不同之证。疏《乐记》而谓《乐记》入《礼记》在刘向前，足见《隋书经籍志》言马融增益三篇之误。斯又因事而陈，堪资旁证者已。①

以上马氏之论，分别例举孔颖达《五经正义》对前人的承传、取舍、得失情

① 马宗霍：《中国经学史》，商务印书馆1936年版，第98—99页。

况，虽提纲契领，没能面面俱到，但已足见孔氏《五经正义》对汉魏晋南北朝以来各家各派学说承传与创新之功。相比之下，某些学人对《五经正义》情绪化的批判和盲目的否弃，则殊可质疑。

就对后世的影响来说，孔颖达重振儒学，既为其所处的初唐时代提供了新的价值观念、行为规范和知识谱系，亦为后世儒学，尤其是宋明理学等的崛起和演进，奠定了多方面的基础，在中国儒家文化史上具有继往开来的重大意义，堪称汉学、宋学之间的“唐学”。具体地说，这还表现为多个方面。

一、学术思想的影响

如我们所知，唐代之后，宋明理学在中国学术思想史上的地位最为显赫。大致地说，宋明理学是在中国封建社会后期的独特社会文化土壤中孕育出来的一种社会文化思潮，含摄哲学、伦理学、社会学、文化学、美学等多方面蕴涵，其中以儒家思想内容为主导，同时也吸纳了道家、玄学和佛学（禅宗）的一些思想精髓。理学在北宋开始兴起，至南宋进一步发展壮大，经元代而朱、陆合流，到明代复有阳明心学及其后学的变革与转型，沿及清代，因朴学的崛起而逐渐式微。若沿波讨源，理学虽兴起于宋代，却滥觞于唐代。宋、明大儒如周敦颐、张载、二程、朱熹、陆九渊、王阳明等，在建构理学（心学）过程中都尝试着将某些概念、范畴和命题作为自己立论的基石，而其中不少概念、范畴和命题，早已在孔氏的经学诠解中被不同程度地讨论和彰显出来。如形上之道与形下之器的问题，无极与太极的问题，宇宙大化与生气流行的问题，道、气、象的问题，本体与功用的问题，阴与阳、静与动的问题，天人关系的问题，心物关系的问题，天理与人欲的问题，道心与人心的问题，性与情的问题，知、意、行合一的问题，儒、道、释诸家之辨的问题，等等，都已在孔颖达《五经正义》中得到较为深入的探讨，涉及经学、哲学、伦理学、美学等各个领域。可以说，孔氏《五经正义》从概念、范畴、命题、思想主题、思维方式、研究方法等多个方面为宋明理学的出现和发展奠定了基础。

清人陈澧曾评价孔颖达《五经正义》曰：“孔疏非但详于考典制，其说性理亦甚精。……唐以前论性理者已多，孔冲远作疏，已遍览之，而为折衷之说，冲远非但深于礼学，其于理学亦不浅也。”① 这里，陈澧既赞孔氏长于典制考据，又赞孔氏精于性理之说；既称孔氏深明于礼学，又称孔氏通达于理学。若说孔氏长于典制考据和礼制之学，历来世所公认，毋庸赘辞；若说孔氏通达理学，精于性理之说，这对于一般学者来说可能较为陌生，体认不够深切。那么事实如何呢？本来，儒家学说就兼具“修身齐家”与“治国平天下”两个方面，或所谓“内圣”与“外王”两个方面。而孔颖达解经，既注重外王之经济事功，亦注重内圣之心性修养，先王的丰功伟业，儒门的仁义道德，在孔氏诠解之下往往融为一体。就注重内圣之心性修养来说，孔颖达的经学诠释比较关注修身进德、性情化育、成己成圣、推己治人等，展示出较强的心性思辨色彩和实用理性精神，人伦教化与审美超越共同熔铸于心性人格的建构。其实本书前述“性情论”等章节已对此有不同程度的揭示和讨论，现再略补一二例以佐证之。

如孔氏《尚书·大禹谟》正义云：“民心惟甚危险，道心惟甚幽微。危则难安，微则难明，汝当精心，惟当一意，信执其中正之道，乃得人安而道明耳。”又云：“居位则治民，治民必须明道，故戒之以‘人心惟危，道心惟微’。道者经也，物所从之路也。因言‘人心’，遂云‘道心’。人心惟万虑之主，道心为众道之本。立君所以安人，人心危则难安。安民必须明道，道心微则难明。将欲明道，必须精心。将欲安民，必须一意。故以戒精心一意。又当信执其中，然后可得明道以安民耳。”② 孔颖达此番疏解“民心”、“道心”、“人心”等，甚是精要，其措辞及释义，若归之于后世宋明理学家之口，或置诸于理学家文献典籍中，倒也若合符节，难于辨识其真伪。

又如孔氏《毛诗·天作》正义云：“乾以佼易故为知，坤以凝简故为能。人能佼易，则其情易知；凝简，则其行易从。情易知则人亲之，故易知则有亲。行易从则功可就，故易从则有功。人以物不我亲，不能以久，故有亲则可久。由举事无功，不能以大，故有功则可大。为物所亲，事可长久，是为德有所成，故可久则贤人之德。举事有功，道可广大，是为业有所就，故可大则贤人之业。生人能事德业而已，易简为之，无往不究，故彼又云：‘易

① 陈澧：《东塾读书记》（外一种），生活·读书·新知三联书店 1998 年版，第 182 页。

② 李学勤主编：《十三经注疏·尚书正义》，北京大学出版社 1999 年版，第 94—95 页。

简而天下之理得。’是天地之德，易简而已。”[①] 孔氏此番论说，以“乾以易知，坤以简能”为话头，引申出“人能佼易，则其情易知；凝简，则其行易从”的修身践履之道，强调遵循“易简”之道，则能合乎天地之大德，成人事之大业。如此之论说在孔颖达《五经正义》中所在多有。这些论说，对于宋明理学家们总是努力将经典解读与主体身心实践结合起来，注重人格气节、操存涵养等身心实践工夫，无疑有着显在或潜在的影响。从这一角度来说，说孔颖达《五经正义》是宋明理学的滥觞，并不为过。

二、学术风气的影响

孔颖达在诠经过程中，唯本文是求，秉持求真辨伪的态度，发扬合理存疑的精神，模塑了一代学术新风。如孔氏认为孔子删《诗》说不可信；《大戴礼》“文多假托”，《礼记》是后世之言，不与经典合，《月令》是“托记”之书；《易经》之《卦辞》、《爻辞》非文王所作；《纬书》多伪辞；《春秋》左氏传有增窜，《穀梁》传不可信；等等。此外，孔氏对《竹书纪年》、《国语》、《世本》、《史记》、《管子》、《家语》等，也都不同程度地提出了质疑。[②] 如此之多的怀疑和考辨，很大程度上显示出一种批判和启蒙的精神，并开启了后世疑经辨伪、促进经学革新的先河。孔氏之后，便有部分儒者以文本为据，自立其说，别求新义。如颇受孔氏影响的成伯玙等人治《诗经》，赵匡、啖助等人治《春秋》，一定程度上已趋于弃传求经，自出机杼，表现出一种怀疑与批判的精神。而王通、韩愈、柳宗元、李翱等人解经，亦力求冲破传统经传注疏的藩篱，舍弃旧有的家法、师法等门户之见，直探先秦原典，寻求儒家本义。这体现了唐代经学研究的新气象。

这种求真辨伪、破旧立新的解经精神，尤对宋代疑经辨伪的学术风气，起到了导其先路的作用。如我们所知，宋代疑经辨伪思潮勃兴，并由此产生了一系列有影响力的成果。仅就《诗经》研究而言，较有代表性的就有欧阳修的《毛诗本义》、王安石的《诗经新义》、苏辙的《苏氏诗集传》、郑樵的《诗辨妄》、王质的《诗总闻》、朱熹的《诗集传》、《诗序辨说》、杨简的《慈

---

① 李学勤主编：《十三经注疏·毛诗正义》，北京大学出版社 1999 年版，第 1295 页。

② 参见洪湛侯：《诗经学史》（上），中华书局 2002 年版，第 286 页。

湖诗传》、程大昌的《诗论》、辅广的《诗童子问》、朱鉴的《诗传遗说》、王柏的《诗疑》，等等。这些成果多能大胆怀疑，批判成说，着意探求新义，引领了一时学术风尚。

宋儒们疑经辨伪，有破有立。如《诗经》学研究，欧阳修开始怀疑《诗序》之真伪，其后苏辙解《诗》，惟取《诗序》首句，余句不纳，而郑樵、朱熹等明确指摘《诗序》之误，王质等人则干脆弃《诗序》不用。从而，舍《序》言《诗》，惟经文求本义，成为主导性倾向。而对《毛诗》学派之序、传、笺、疏四位一体的体系的怀疑和批判，几成两宋《诗经》学的主潮。皮锡瑞在《经学历史》"经学变古时代"中曾借陆游之口道出宋人疑经的部分状况："陆游曰：'唐及国初，学者不敢议孔安国、郑康成，况圣人乎！自庆历后，诸儒发明经旨，非前人所及；然排《系辞》，毁《周礼》，疑《孟子》，讥《书》之《胤征》、《顾命》，黜《诗》之序，不难于议经，况传注乎！'案宋儒拔弃传注，遂不难于议经。排《系辞》谓欧阳修，毁《周礼》谓修与苏轼、苏辙，疑《孟子》谓李觏、司马光，讥《书》谓苏轼，黜《诗序》谓晁说之。此皆庆历及庆历稍后人，可见其时风气实然，亦不独咎刘敞、王安石矣。"①

宋人疑经辨伪，很大程度上开拓了传统经学研究的新领域，推动了中国经学的发展。然而，宋人此举也招来了后人的非议。如《四库全书总目》撰者批评欧阳修、郑樵等说诗之家废弃旧说，"务立新义，以掊击汉儒为能"②。皮锡瑞则告诫说："宋人不信注疏，驯至疑经；疑经不已，遂至改经、删经、移易经文以就己说，此不可为训者也。"③

其实，宋代诸家能够废弃旧说，"务立新义"，也是经学诠释不断进步的必然要求。就整体来看，宋代学人虽因其大胆怀疑、勇于创新而带来某些主观性和片面性之失，但他们对传统经传注疏的怀疑，对各种义理的改造和发挥，大多还是建立在较为扎实的文献考辨基础上展开的。这从《苏氏诗集传》、朱子《诗集传》等著作中皆可见出。这一方面固然得益于他们自身深厚的经学功底和严谨的治学态度，另一方面则与唐代孔颖达以来求真务实的

---

① 皮锡瑞：《经学历史》，中华书局 2004 年版，第 156 页。

② 永瑢：《四库全书总目》卷十六《经部十六》，清乾隆武英殿刻本。

③ 皮锡瑞：《经学历史》，中华书局 2004 年版，第 189 页。

释经传统有很大的关联。有论者云："《毛诗正义》以一种强烈的思辨精神继承汉代毛郑诗说，吸收扬弃魏晋六朝诗说，广征博引、求同存异、求真辨谬、择善而从，其学术态度是值得称道的，其学术精神是值得发扬的，'唯意存于曲直，非有心于爱憎'的《诗》学品格是值得肯定的。宋人不迷信旧说，不盲从旧典，打破了传统学术观念的束缚。宋人疑古惑经，唯真是求，体现出的同样是一种强烈的思辨精神和正确的学术态度。就学术态度、学术精神而言，唐宋两朝存在着内在的一致性，其中的关系，用'唐风宋雨'一词来比喻是再恰当不过了。相比于宋代，唐代以《毛诗正义》为代表的《诗经》学，观念上还不能打破藩篱，限制了其内在的活力，然而，正是有了唐人'唯意存于曲直，非有心于爱憎'之风，才有宋人'疑古惑经，唯真是求'之雨，《毛诗正义》在学术品格上对宋代《诗》学的影响是不容忽视的。"[①] 此论中个别论点似还可以商榷，但对唐宋诗经学之间绍续关系的总体评价应是比较客观、合理的；另外，此论虽主要针对孔颖达《毛诗正义》而发，对孔氏其他诸经正义亦基本适合。

要之，孔颖达的经学诠释，既有对传统解经体系和内容观点的破旧立新，亦有对传统解经方法的推陈出新，其破旧立新、疑经辨伪之举，不仅使自身迭有创获，亦促进了后世经学家们对旧有传统产生质疑，从而走上经学革新之路。从中国经学美学发展史的角度看，孔颖达《五经正义》对宋人的诗经学及理学美学风貌的影响是潜在而深远的，并且这种影响还一直延伸至清代乾嘉朴学美学之建构。

三、治学方法的影响

孔颖达的经学诠释，一方面遵重历代前贤的既有成果，借助考据、训诂等传统的研究方法推陈出新，另一方面则努力超越一般性的考据、训诂，力求阐明、发挥适合时代精神的经学义理，以资初唐时代思想文化建构之用。他秉着建设性的态度，在经学诠释范围上扩展了传统经学诠释的深度与广度，在经学诠释方法上致力于章句训诂与义理阐释相结合的方法，既重注疏，亦重明经，这对后世一些学人的解经路向产生了相当深远的影响，有些

---

① 刘挺颂：《〈毛诗正义〉研究》，硕士学位论文，贵州大学，2008年，第78页。

则直接为宋儒所效法。

在孔颖达之前的经学诠释史上，汉儒解经主要着眼于章句训诂、文物考据，力求传不离经、注不离传，总体上字句考校有余，义理阐发不足，且常囿于门户之见，执持一端，以偏概全；而魏晋南北朝儒者解经，多致力于文本义理的探索与演绎，这固然有助于深度发掘前代经典的“微言大义”，但也往往存在牵合附会、凌空蹈虚等弊端。至唐代，孔颖达面对新的历史语境，立意传承与创新并举，既注重借鉴和吸收历代儒者合理的旧说，兼融南学与北学，又注重从时代精神和现实需要出发，古为今用，融会贯通，最终形成了自己的义理与考据并重，实证与思辨并行的解经方法和经学系统。孔氏既熟稔传统义疏之学的章句训诂之法，又深悟义理掘发与经世致用精神的重要性。其训诂章句，则言不虚发，详赡有加；阐释义理，则考镜源流，文脉清晰。有论者云：“虽说《毛诗正义》也是整个汉学系统的重要组成部分，延续了汉学重章句训诂的传统，但毕竟还具有自身的特色。唯其如此，《五经正义》才能担当实现集南北朝诸家《诗经》义疏学之大成的重任。更值得注意的是，《五经正义》的出现及其所采用的义疏之学这一诠释形态，还成为隋唐《诗经》学向宋代《诗经》学转化的中间环节。自唐中叶起，逐步出现疑经、舍传求经、重视‘四书’的端倪，为重义理的宋学的产生开了先河。朱熹吸取汉唐训诂注疏之学的优长，批评其流弊，将训诂注疏之学与义理之学相结合，进而建立了宋学体系。而《五经正义》由文字、考据、训诂、名物制度、天文、地理等而推求语言文字背后的‘义理’的做法，对以戴震为首的清代经学研究也有着直接的影响。”① 此说虽针对孔颖达《毛诗正义》而发，事实上亦适合孔氏其他诸经正义。孔氏诸经正义在治学形态和治学方法上均为后世经学作出了很好的铺垫，以朱子为代表的宋学，以戴震为代表的清代朴学等，皆重考据训诂与义理抉发相结合，亦皆可溯源于他们的前辈孔颖达。

诚然，由汉学到宋学，由注重章句训诂到注重义理阐发，是经学诠释史上的一大变革。宋代理学勃兴，传统的考据训诂之法已难于满足时代的需求，义理思辨自然走向了主导性地位。一些代表性的理学家，更是以阐述义理为

---

① 孙雪萍：《论孔颖达对魏晋南北朝〈诗经〉学的整合》，《齐鲁学刊》2008 年第 3 期。

其主要任务。以致宋代学术研究的一重要特征即以义理阐释为主，章句训诂为辅。而孔颖达考据训诂与义理阐发兼综的方法，以及其解经过程中所展示的一些具体解读思路、方式等，对宋儒治学方法的形成无疑有着很大的影响。

对于孔颖达《五经正义》在中国学术史上的地位，龚鹏程先生曾有如是说："唐代无儒之说，哄传已久，……稽古者观澜索源、察常尽变，应知隋唐非无儒学，《正义》即其渊薮。而经学变古，虽昌于六朝；至其肇机，则在两汉。《正义》集两汉六朝经说之大成，导宋明义理之先躅，宜抉蕴蓄，以见其沟通汉晋南北朝及两宋学术之实，庶几学无断灭之嫌，理无骤生之疑。"① 如龚先生所强调，以为唐代无儒学，实为鄙陋之见，孔颖达《五经正义》即唐代儒学的渊薮和代表，《五经正义》"集两汉六朝经说之大成，导宋明义理之先躅"，沟通汉、宋之功不可抹煞。笔者以为，从儒学（经学）角度言是如此，从美学角度言亦是如此。

第四节　对儒家文化的承传与重塑

李唐初有天下，百废待兴，儒学不彰，佛老并盛，加上西域胡文化渐入，杂说流行，莫衷一是。故改造和复兴儒学和儒家文化，宏扬儒家道统，以之统一社会思想文化，重建社会伦理秩序，便成为唐初政治思想和文化学术领域的最重要课题。

孔颖达作为隋唐转折时期的硕儒，颇伤于魏晋以来儒门淡泊、人心不古的历史和现状，又身受唐太宗的嘱托重新整理和诠解《五经》经传，深感肩上所负社会责任和历史使命的重大。他不仅是经学家，亦是政治家、思想家，他站在时代的潮头，把握历史的脉搏，眺望古今，融贯群言，积极努力地去解决上述时代课题，应对现实的种种挑战。他希望借助对经典的重新诠解和普及，以匡正世道人心，重建儒家伦常秩序；同时亦攘斥异说，重新恢复儒学的主导地位。如我们所知，《五经》经传本就凝聚着极为丰富的古代文化精髓，饱含着华夏民族的智慧、热情和文史哲等多方面的人文价值，堪

① 龚鹏程：《唐代思潮》，商务印书馆 2007 年版，第 77 页。

称国学中的国学，经典中的经典。对《五经》经传的重新整理和解读，某种意义上也是对上古社会政治经济、伦理道德、礼仪风俗、文化艺术的历史性还原与重塑。重新整理和解读《五经》经传，既有助于再现中国古代文化的精髓，增强儒学自身的适应性和生命力；亦有助于经世致用，改善世道人心，最终实现原始儒家所期待的内圣外王之道。孔氏正是通过对《五经》经传的重新梳理与解读，对原始儒学本体论和心性论等作出深刻的诠解，再次彰显了原始儒家的大旨要道，并剔抉出时代所需的“微言大义”，从而赋予《五经》以新的生命活力和文化渗透力，为唐代儒学的重振以及后世儒学的发展奠定了坚实的基础。

在魏晋以来儒学发展渐遭困境而逐渐式微的情形下，孔颖达的经学诠释一方面以融通的态势整合着今古文经学、南北诸家学说以及上古历史文化精髓，并承传着原始儒家关怀现世的优良传统，强化了儒家政教诗学与美学，希望以此统一社会思想文化；另一方面又受到唐初崭新的时代面貌的激发，与时俱进，因时制宜地发展了新时期的诗学和美学，在时代主旋律中谱出了新声。他在《五经正义》中所倡扬的儒家意识形态及其话语系统，深刻体现了唐初士大夫阶层积极入世的心态和济世安民的胸怀，也体现了唐初儒家士人逐渐勃发的文化审美意识和人文情怀，为继承和发扬传统儒家文化精神起到了承前启后的作用，并对中国封建社会后期的主流意识形态产生了深远的影响。有日本学者云：“作为中国精神发展史之资料，《正义》颇具价值。首先，无庸辞费，《正义》乃是对作为中国人实践规范之‘五经’及汉、魏人加诸其上之注给予明确解释，此种解释超越其他注释，而成为一最具势力者。此种势力之形成，乃因‘五经’之字句自汉代以来即不断被反覆讨论，至此书遂达一稳定之呈现。所谓‘稳定之呈现’者，不外乎言：历经数世纪之讨论，已使‘经’之解释得到洗练与淘汰，乃至获致最符合中国人常识之解释。《正义》以后之解释，亦有不少歪曲经典原意之处，然这些部分，就了解中国人之精神而言，仍为重要资料。甚多情况，《正义》歪曲原意之解释，较诸被推定为经典之原意者，更符合中国人之普遍精神。”① 诚然，孔颖

---

① 日本京都大学东方研究所经学研究室编：《毛诗正义校定资料解说》，转引自安敏：《〈春秋左传正义〉研究》，博士学位论文，华中师范大学，2008 年，第 271 页。

达撰写的《五经正义》对儒家传统文化精神的承传，对时代精神风貌的重塑，对唐以降历代文人知识分子的思想观念、言行践履都有其潜在而深刻的影响。

并且，孔颖达的一系列经学诠释，不仅承传了儒家文化的精髓，亦汲取了老庄道家之学、魏晋南北朝玄学以及佛学的某些精神营养，最终形成了以儒为本，又兼综道玄释骚诸家文化因子的学理系统，具有深广的知识性、思想性和人文性。对此，本书绪论部分已作了较详细的论证，这里不再赘述。今人萧萐父先生尝言，学人治学之道当为“多维互动，漫汗通观儒释道；积杂成纯，从容涵化印中西”[①]，笔者以为此论甚精，若返归历史，将“从容涵化印中西”一语改为“从容涵化摄古今”，并加之于孔颖达身上，倒也颇为贴切。本来，儒释道三家思想各有优长，各自体现了人性之一面，三教融合当有利于完满人性的建构。三教融合能在唐代真正实现，应有其历史的必然性。而唐初孔氏融汇众流，“漫汗通观儒释道，从容涵化摄古今”，便很大程度上开启了唐代儒释道三家文化融合的端绪。孔颖达的一系列文化活动和经学诠解活动对后世文艺审美活动的影响无疑是多方面的，综合性的。后世文人常追求以儒学治世、道学治身、佛学（禅宗）治心，并具体呈现于文艺审美活动的方方面面，当与此有脱不开的联系。

此外，孔颖达《五经正义》在具体诠解过程中还引用并保存了大量上古以来的历史文化资料。据有关研究者统计，孔颖达《五经正义》共引各类文献 4839 次，所涉经典除了《诗经》、《史记》、《周礼》等常见的传世文献之外，还有汉代郑玄、晋代阮谌等人所撰《三礼图》、张华《博物志》等散佚之书，有《周书·伯禽》等散佚之篇等。[②] 事实上远不止此，唐以前很多有价值的文化学术资料皆赖孔氏《五经正义》而得以流传后世。对此，皮锡瑞于《经学历史》中尝言：“唐人义疏，其可议者诚不少矣；而学者当古籍沦亡之后，欲存汉学于万一，窥郑君之藩篱，舍是书无征焉。”[③] 洪业于《毛诗注疏引书引得序》中强调：“郑笺引书无多，孔氏《正义》参证之古籍则无虑二百种。千余年来，兵燹屡经，朝代数易，隋唐以前之述作，亡者过

---

① 转引自郭齐勇：《萧萐父启蒙论说的双重涵义》，《哲学动态》2009 年第 1 期。

② 参见安敏：《〈春秋左传正义〉研究》，博士学位论文，华中师范大学，2008 年，第 271 页。

③ 皮锡瑞：《经学历史》，中华书局 2004 年版，第 145 页。

半，孔氏引用之书，虽云删节之余，片辞只字难窥全豹，第一鳞一爪，究胜于无，是亦弥足珍已。”[①] 童强于《从注疏之学看唐代学术思想的发展》一文中亦指出：“中国典籍经过南北朝、隋末几大厄运，至唐渐已淹没，唐人奋起搜罗，细大不捐，追求博大深精，其注疏之学保存了大量前代的成果。唐人去古未远，汉代学术唐人尚能得其要实，故先唐典籍中许多抵牾不详之处，唐人尚能以其博洽考订其实。正是唐人的这些努力，为后人掌握先唐学术铺设了重要的桥梁。所以中国学术自汉至宋，唐代实为一承前启后的关键。”[②] 诸家所言皆为事实，孔颖达的一系列经学诠释和整理活动，对于儒家文化，甚至对整个中国传统文化的保存和研究都极有益处。而我们要深入研究中国上古以来的审美意识和美学思想，自然也离不开这些宝贵的历史文化资料。仅就历史文化资料的整理、保存与承传来说，其历史功绩便已不可抹杀。

要之，孔颖达的经学诠释，以儒为宗，兼容道玄释骚，较全面地反映了中国古代的物质文化、制度文化和精神文化的面目和精义，甚至其对历史文献的整理与保存也都发扬了中国传统文化的精神。因此，我们研究孔颖达的经学与美学诠释活动，一方面要重视其考据、训诂方面的成就，另一方面要注重其背后所承载的儒家传统及其对儒家文化精神的领会与发挥。我们要善于将其置于特定的历史文化语境中，在广阔的文化视野中加以审视，探寻其理论价值和实践意义。

第五节　孔氏美学之不足

关于孔颖达的经学及美学成就已不必多说，那么，他的一系列经学和美学诠释是否存在瑕疵呢？毋庸讳言，从历史上来看，历来对《五经正义》的批评已有不少；从今人的眼光来看，孔颖达的经学和美学诠释也并非完美无缺。清人皮锡瑞于《经学历史》第七章《经学统一时代》中，曾概括众

① 洪业：《毛诗注疏引书引得》，哈佛燕京学社 1937 年版，“卷首”。
② 童强：《从注疏之学看唐代学术思想的发展》，《江海学刊》2002 年第 4 期。

说，指出孔颖达《五经正义》主要缺点有三："议孔疏之失者，曰彼此互异，曰曲徇注文，曰杂引谶纬。"[①] 此三点虽主要针对孔氏经学成就而发，但对其美学成就似也适合。现据此三点，对孔氏美学思想之不足略作分梳。

首先，所谓"彼此互异"，是指《五经正义》中某些观点、主张自相歧异，彼此矛盾，这一点常为后人所诟病。这种情况虽不普遍，倒也确实存在。如孔氏疏《礼记·乐记》"著不息者，天也。著不动者，地也"句云："言乐法于天，动而不息，礼象于地，静而不动。"[②] 这是认肯乐取法于天，尚动；礼取法于地，尚静。又孔氏疏郑玄注"乐静而礼动，其并用事，则亦天地之间耳"句云："礼乐之法天地也，乐静而礼动，其并用事，则亦天地之间耳。释礼乐所以亦是天地之间物义也。若离而言之，则乐静礼动。若礼乐合用事，则同有动静，故如天地之间，物有动静也。"[③] 这里又明确认定乐静而礼动，与前面的疏文显然矛盾。尽管后者乃随郑玄义为释，有其不得已之处，但对前后扞格不通之处未经解释和处理，终为憾事。对此"彼此互异"的现象，马宗霍曾解释云："至彼此互异，则又以所作非一人，所采非一书，体之大者裁难密，亦势之无可如何者也。"[④] 从美学角度言，孔颖达的经典诠释规模宏大，所涉问题极多，难免在某些局部诠释中出现自相矛盾的现象，一定程度上影响了其经学和美学诠释的自洽性和圆融性。

其次，所谓"曲徇注文"，是指《五经正义》中存在墨守传、注之文、不惜迁就回护的现象。这种现象又分为二种情况。一种情况是传、注之文本身比较正确，有辩解回护的必要。如《毛诗·淇奥》"瞻彼淇奥，绿竹猗猗"句下，毛传云："兴也。奥，隈也。绿，王刍也。竹，篇竹也。猗猗，美盛貌。武公质美德盛，有康叔之余烈。"孔氏正义云："视彼淇水隈曲之内，则有王刍与萹竹猗猗然美盛以兴，视彼卫朝之上，则有武公质美德盛。然则王刍、萹竹所以美盛者，由得淇水浸润之故。武公所以德盛者，由得康叔之余烈故。又言此有斐然文章之君子谓武公，能学问听谏，以礼自修，而成其德美，如骨之见切，如象之见磋，如玉之见琢，如石之见磨，以成其宝器，而

① 皮锡瑞：《经学历史》，中华书局 2004 年版，第 141 页。

② 李学勤主编：《十三经注疏·礼记正义》，北京大学出版社 1999 年版，第 1098 页。

③ 李学勤主编：《十三经注疏·礼记正义》，北京大学出版社 1999 年版，第 1098 页。

④ 马宗霍：《中国经学史》，商务印书馆 1936 年版，第 100 页。

又能瑟兮颜色矜庄，僩兮容裕宽大，赫兮明德外见，咺兮威仪宣著。有斐然文章之君子，盛德之至如此，故民称之，终不可以忘兮。……‘隩，隈’，《释丘》文。孙炎曰：‘隈，水曲中也。’又云：‘厓内为隩。’李巡曰：‘厓内近水为隩。’是也。陆机云‘淇、奥，二水名’，以毛云‘隩，隈’为误，此非也。《尔雅》所以训此，而云‘隩，隈’，明非毛误。《释草》云：‘菉，王刍。’舍人曰：‘菉，一为王刍。’某氏曰：‘菉，鹿蓐也。’又曰：‘竹，萹蓄。’李巡曰：‘一物二名。’郭璞曰：‘似小藜，赤茎节，好生道傍，可食。’此作‘竹，萹竹’，字异音同，故孙炎、某氏皆引此诗，明其同也。陆机云：‘绿、竹一，草名，其茎叶似竹，青绿色，高数尺。今淇隩傍生此，人谓此为绿竹。’此说亦非也。《诗》有‘终朝采绿’，则绿与竹别草，故传依《尔雅》以为王刍与萹竹异也。二章‘绿竹青青’，传云‘茂盛’。卒章‘绿竹如箦’，传云‘积也’，言茂盛似如积聚，亦为美盛也。又云‘有康叔之余烈’者，烈，业也。美武公之质美德盛，有康叔之余业，即谓以淇水比康叔，以隩内比卫朝，以绿竹美盛比武公质美德盛也。”① 孔氏此段疏文大致可分为三个层次：第一个层次依照毛传之意，详解该诗借淇水之畔王刍、萹竹等植物生长茂盛，以喻武公质美德盛，能学问听谏，以礼自修，切磋琢磨；第二个层次围绕“隩”、“菉”、“萹竹”等文字训诂，以毛传之解为是，以陆机之解为非；第三个层次仍依循毛传解该诗二章、卒章大意，认为是赞美武公之质美德盛，继承了当年康叔的业绩、美德。综观孔氏此段疏文，确有“疏不破注（传）”的倾向，但其具体梳理、论证有理有据，并无大的不妥。

另外一种情况是传、注之文并非正确或完全正确，孔氏正义仍竭力回护之。如《春秋左传正义》中，孔颖达等人推尊杜注，有的诠解便有些勉强。《春秋左传·熹公二十三年》“公子赋《河水》，公赋《六月》”句下，杜预注云：“《六月》，《诗·小雅》，道尹吉甫佐宣王征伐，喻公子还晋，必能匡王国。古者礼会，因古诗以见意，故言赋。《诗》，断章也，其全称《诗》篇者，多取首章之义，他皆放此。”孔氏正义云：“杜言全引《诗》篇者，多取首章之义。刘炫《规过》云：‘案《春秋》赋《诗》，有虽举篇名，不取首

① 李学勤主编：《十三经注疏·毛诗正义》，北京大学出版社1999年版，第216—217页。

章之义者。故襄二十七年公孙段赋《桑扈》，赵孟曰‘匪交匪敖’，乃是卒章。又昭元年云令尹赋《大明》之首章，既特言首章，明知举篇名者不是首章。今删定知不然者，以文四年赋《湛露》云‘天子当阳’，又文十三年文子赋《四月》，是皆取首章。若取余章者，传皆指言其事，则赋《载驰》之四章，《绿衣》之卒章是也。所以令尹特言《大明》首章者，令尹意特取首章明德，故传指言首章，与余别也。杜言多取首章，言多，则非是总皆如此。刘以《春秋》赋《诗》有不取首章，以规杜氏，非也。”① 本来杜预注认为，春秋赋诗断章，多取首章之义，如“公子赋《河水》，公赋《六月》”例便是如此。孔氏正义认同此说，而对刘炫在《规过》中举一些反例以表异议深不以为然，认定杜是而刘非。若仅仅如此的话，尚犹有可说，孔氏又于《春秋左传正义序》中，对刘炫的义疏作出更严厉的批评：“意在矜伐，性好非毁，规杜氏之失，凡一百五十余条。习杜义而攻杜氏，犹蠹生于木而还食其木，非其理也。”② 孔氏认为刘炫“习杜义而攻杜氏，犹蠹生于木而还食其木，非其理也”，如此维护杜预之注，而不管事实上孰是孰非，就未免矫枉过正，过犹不及了。此种情况与孔氏在《礼记正义序》中批评熊安生、皇侃二家义疏，维护郑玄注近似，其论曰：“熊则违背本经，多引外义，犹之楚而北行，马虽疾而去逾远矣。又欲释经文，唯聚难义，犹治丝而棼之，手虽繁而丝益乱也。皇氏虽章句详正，微稍繁广，又既遵郑氏，乃时乖郑义，此是木落不归其本，狐死不首其丘。此皆二家之弊，未为得也。”③ 孔氏在这里既批评熊安生“违背本经，多引外义”，又批评皇侃“既遵郑氏，乃时乖郑义”，体现了一种主观主义和保守主义的倾向，与孔氏本人一贯的包容、开放式释经风格不尽相符。清代四库馆臣曾评价孔氏《礼记正义》云：“其书务伸郑注，未免有附会之处。”④ 便是指摘孔氏《礼记正义》有附会郑玄注的倾向。又《春秋左传·隐公三年》“冬，齐、郑盟于石门，寻卢之盟也”一节，杜预注云：“卢盟在春秋前。卢，齐地，今济北卢县故城。”孔氏正义云：“检水流之道，今古或殊。杜既考校元由，据当时所见，载于《释例》，

---

① 李学勤主编：《十三经注疏·春秋左传正义》，北京大学出版社 1999 年版，第 413 页。
② 李学勤主编：《十三经注疏·春秋左传正义》，北京大学出版社 1999 年版，“序言”第 4 页。
③ 李学勤主编：《十三经注疏·礼记正义》，北京大学出版社 1999 年版，“序言”第 2 页。
④ 李学勤主编：《十三经注疏·礼记正义》，北京大学出版社 1999 年版，“目录”第 3 页。

今一皆依杜。虽与《水经》乖异，亦不复根寻也。”[①] 孔颖达此疏，明明意识到杜预之解与《水经》所载相左，却仅以“水流之道，今古或殊”一语简单打发过去，而没能像往常那样对各种歧见辨别是非，考镜原委，这显然是在“疏不破注”原则下所采取的一种不得已的处理方式。

当然，从经学角度言，“曲徇注文”这种现象在当时的历史条件下，为维护所选底本的权威性和标准性，有时也在所难免，即使明知其弊，也难于完全摆脱注经体制的规约，如马宗霍所云：“然疏不驳注，体则使然。”[②] 从美学角度言，孔氏固然有“疏不破注”、牵强附会之弊，但按照西方解释学美学，一切历史皆为当下解释史，但凡经典解释都是在某种当下的文化语境中展开的，完全的“疏不破注”，一无创新也是不可能的。事实上，孔氏正义随文释义，破旧立新者俯拾即是。如《毛诗·河广》经云：“谁谓河广？一苇杭之。”毛传云：“杭，渡也。”郑笺云：“谁谓河水广与？一苇加之则可以渡之，喻狭也。今我之不渡，直自不往耳，非为其广。”孔氏正义云：“言一苇者，谓一束也，可以浮之水上而渡，若桴筏然，非一根苇也。此假有渡者之辞，非喻夫人之乡宋渡河也。何者？此文公之时，卫已在河南，自卫适宋，不渡河。”[③] 这里，毛传释“杭”为“渡”，郑笺承之，孔氏正义对此亦无异议，这可视为遵循注文者。但孔氏释“一苇”为“一束”，如同编排桴筏之可渡河，而非以“一根苇”喻河水狭窄，这显然与郑笺不同；而孔氏云“此文公之时，卫已在河南，自卫适宋，不渡河”，较之郑笺亦更具胜意。如此之例，远非“曲徇注文”一语所能掩盖。由于此论题在本书第九章“审美诠释论”部分已作详细阐发，这里不再赘言。

再次，所谓“杂引谶纬”，是指《五经正义》解经时多引谶纬之说。如本书绪论所指出，孔颖达《五经正义》确实引用了不少谶纬之说，但对此问题，需要辩证地去分析。一方面，谶纬之说固然有其神秘迷信、荒诞无稽之弊，在历史上也确实产生了一定的负面影响。另一方面，其在文物训诂、历史文化、风俗民情的考索等方面，却颇有价值，尤其某些纬书是如此，适当征引之，并不为过。进而言之，孔颖达在《五经正义》中多次引用谶纬之

---

① 李学勤主编：《十三经注疏·春秋左传正义》，北京大学出版社 1999 年版，第 78 页。

② 马宗霍：《中国经学史》，商务印书馆 1936 年版，第 100 页。

③ 李学勤主编：《十三经注疏·毛诗正义》，北京大学出版社 1999 年版，第 240 页。

说，并不代表他对所引之说不加分析地认同和接受。事实上，孔氏对纬书的态度是可信则用，不可信则弃，基本是求实而辩证的态度。这在本书绪论“间引谶纬”一节中已有较清楚的说明，现再引三例以佐证之。

孔氏《周易正义·卷首》论“易”之三名云：“作《易》所以垂教者，即《乾凿度》云：‘孔子曰：上古之时，人民无别，群物未殊，未有衣食器用之利，伏牺乃仰观象于天，俯观法于地，中观万物之宜。于是始作八卦，以通神明之德，以类万物之情。故易者所以断天地，理人伦，而明王道。是以画八卦，建五气，以立五常之行；象法乾坤，顺阴阳，以正君臣、父子、夫妇之义；度时制宜，作为罔罟，以佃以渔，以赡民用。于是人民乃治，君亲以尊，臣子以顺，群生和洽，各安其性。’此其作《易》垂教之本意也。”① 这里，孔氏援引《易纬·乾凿度》有关论述来说明“圣人作《易》所以垂教”的主题，所引既有上古史实的描述，又有哲学伦理的概括，且与《周易》及儒家之大旨完全合拍，并无虚妄不实之处，反而极具理论说服力。如此征引，堪称典范。

又如《周易·震卦》孔氏正义释“反复其道，七日来复”传文及王氏注云：“正义曰：‘阳气始剥尽’，谓阳气始于剥尽之后，至阳气来复时，凡经七日。……案《易纬·稽览图》云：‘卦气起中孚。’故离、坎、震、兑，各主其一方，其余六十卦，卦有六爻，爻别主一日，凡主三百六十日。余有五日四分日之一者，每日分为八十分，五日分为四百分，四分日之一又为二十分，是四百二十分。六十卦分之，六七四十二，别各得七分，是每卦得六日七分也。剥卦阳气之尽在于九月之末，十月当纯坤用事。坤卦有六日七分。坤卦之尽，则复卦阳来，是从剥尽至阳气来复，隔坤之一卦六日七分，举成数言之，故辅嗣言‘凡七日’也。”② 孔氏在此诠解“反复其道，七日来复”一语，其难点在于“六日七分”之说，孔氏援引《易纬·稽览图》以解之，可谓原原本本，逻辑清晰，计算准确，一点也不亚于现代数理科学之演绎和推算，颇使人信服。若无此引证，则这一疑难问题很难解释清楚。

又如《毛诗大序》孔氏正义论《诗》之“四始”及“五际六情”问题

---

① 李学勤主编：《十三经注疏·周易正义》，北京大学出版社 1999 年版，“卷首”第 6 页。

② 李学勤主编：《十三经注疏·周易正义》，北京大学出版社 1999 年版，第 111—112 页。

云："'四始'者，郑答张逸云：'风也，小雅也，大雅也，颂也。人君行之则为兴，废之则为衰。'又笺云：'始者，王道兴衰之所由。'然则此四者是人君兴废之始，故谓之四始也。'《诗》之至'者，《诗》理至极，尽于此也。序说《诗》理既尽，故言此以终之。案《诗纬·泛历枢》云：'《大明》在亥，水始也。《四牡》在寅，木始也。《嘉鱼》在巳，火始也。《鸿雁》在申，金始也。'与此不同者，纬文因金木水火有四始之义，以《诗》文托之。又郑作《六艺论》，引《春秋纬·演孔图》云：'《诗》含五际、六情'者，郑以《泛历枢》云午亥之际为革命，卯酉之际为改正。辰在天门，出入候听。卯，《天保》也。酉，《祈父》也。午，《采芑》也。亥，《大明》也。然则亥为革命，一际也；亥又为天门出入候听，二际也；卯为阴阳交际，三际也；午为阳谢阴兴，四际也；酉为阴盛阳微，五际也。其六情者，则《春秋》云'喜、怒、哀、乐、好、恶'是也。《诗》既含此五际六情，故郑于《六艺论》言之。"[①] 这里，孔氏先言《诗》分"四始"（风、小雅、大雅、颂）的来由；接着引《诗纬·泛历枢》之另"四始"（《大明》、《四牡》、《嘉鱼》、《鸿雁》）以比勘，表明《诗纬·泛历枢》之"四始"乃托金、木、水、火"四始"之义而成，与《诗》之"四始"不尽相同；再言郑玄引《春秋纬·演孔图》，在《六艺论》中提出《诗》之"五际六情"的问题，并予"五际六情"以详细分梳。孔颖达此番论议，以《诗》、《纬》互证互释，将《诗》之"四始"和"五际六情"问题交代得深入浅出，条理井然。

可见，孔颖达援引谶纬，并非出于盲目的迷信和从众，而是严加考量，细加甄别，然后取其精华，弃其糟粕。这样的态度和操作方式，即使放在今天，也无可厚非。

综上，史上对孔颖达《五经正义》三方面缺憾的指责诚然有其客观的理据，孔颖达等主要撰作者难辞其咎。但是，看问题要看到两个方面。我们既不能因其整体上贡献巨大而忽略其局部的不足，也不能因其小有瑕疵而否定其整体上的贡献。马宗霍曾就此问题指出："若夫曲徇注文、杂引谶纬、彼此互异，是三端，诚孔疏之可议者，然疏不驳注，体则使然。谶纬之传，其来已古，虽语多怪诞，而律历之数，典礼之遗，六书之旧训，秦火后或

① 李学勤主编：《十三经注疏·毛诗正义》，北京大学出版社 1999 年版，第 19 页。

赖纬书以传。取以释经，亦非巨失。”[①] 而皮锡瑞于其概括指出孔颖达《五经正义》三点缺失之余，也曾作补充性说明：“案著书之例，注不驳经，疏不驳注；不取异义，专宗一家；曲洵注文，未足为病。谶纬多存古义，原本今文；杂引释经，亦非巨谬。”[②] 马、皮二人所言，既揭出孔氏《五经正义》之不足，又指出其并非巨失（巨谬），且有势不得已的苦衷在，诚为客观公允之论。

复次，前人没有特别指出，而今人比较关注的一个问题是孔颖达经学诠释的政治、伦理主义取向问题。确实，孔颖达的经典诠释活动，其主要宗旨还是为了论证、维护大唐政治伦常秩序和儒家思想的正统地位，故重义理之学、道德理性和伦理实践，儒家的政治标准与道德标准在孔颖达的经学诠释活动中居于指导性地位，从而也成为孔氏诗学和美学思想的基本准则。也正因为此，孔颖达一系列经学诠释对儒家诗学和美学产生了双重影响：一方面，儒家诗学和美学由此而得到进一步的充实和发展；另一方面，也导致了儒家诗学和美学中的政治伦理教化成分得到延续，甚至加强。其结果，则一方面使得儒家诗学和美学在现实的经世致用、言行践履中发挥了重要的作用，另一方面也使自身损失了某些情性自由和审美感兴的成分。从理性反思的角度看，孔颖达的经学诠释对后世美学的发展诚然带来了某种负面的影响，这也是当今某些学者忽视孔氏经学美学思想的一个重要原因。

诚然，人之本性天然地隐含着崇尚自由和个性解放的因子，力求人性的多维开展。审美，应当更多一些培育个性呼唤真情的成分，而更少一些压抑个性、束缚人性的东西。从今天的角度来看，在孔氏的一系列经学和美学交杂的诠解中，不乏张扬封建伦理道德、维护封建统治秩序的思想，这固然不值得推崇。然而，孔颖达的诗学和美学诠释虽夹杂、渗透了一些伦理道德的成分，但又不同于一般的伦理学。伦理学主要关注或指向社会实践层面，它彰显的是人与人之间的伦理实践关系，更注重人的社会化生存样态；而诗学和美学更关注主体的内在情感体验和精神境界层面，更关注如何帮助人们实现“诗意的栖居”。我们研究孔氏的诗学与美学，仍是更多着眼于其诗性

① 马宗霍：《中国经学史》，商务印书馆 1936 年版，第 100 页。

② 皮锡瑞：《经学历史》，中华书局 2004 年版，第 141 页。

和审美的一面，而较少着眼于其伦理学的一面，但要完全避开伦理道德关怀也是不可能的。因为伦理道德与审美尽管有着很大的不同，各自有自己质的规定性，但两者在本质上亦具有某种意义上的共通性。事实上，向来就没有完全脱离社会实践和伦理道德的美和美学，历来考察美与审美的问题，总是离不开伦理之“善”，甚至也离不开科学、哲学之“真”，某种意义上可以说，求真是审美的基础，求善是审美的灵魂，只有真、善、美三者异曲同工，相辅相成，才能共同建构和谐的社会与完满的人性，促使人们更诗意地生存；也只有审美的感性形式与真、善等内涵完整统一时，才是审美真正应该接纳的对象，也才是美学真正应该研究的核心问题。王振复先生曾指出：“道德、科学与审美比邻。从道德走向审美，固然因道德不同于审美，因而步履维艰，然而在深层次上的人性、人格之解放与人的自我完善这一点上，道德与审美具有同构性与比邻性。道德的提升，消解了道德的意志与目的。审美的超越，是无目的的目的，无功利的功利。”[①] 确实，道德与审美存在同构性，尤其在人性的完满建构与人生幸福感的层面上，道德感与审美感之间存在着一种本然的精神联系，它们从根源上说都是人的本质力量（或曰人性）的一种对象化表现形式，以及对这种表现形式的一种心理性反馈，这也是伦理道德与审美能够统一的根本原因。就此而言，孔颖达的某些关乎社会伦理的探讨，也是颇合美学精神的。更何况，我们不能以今人的标准来要求古人，而应该以历史的辩证的观点，站在中国封建时代的中期——唐代，来看当时的经学和审美诠释。一方面，我们要借助现代的新观点、新方法、新视角解读古代典籍，另一方面，我们要对古人怀揣同情之理解，而非居高临下横加指责，自命为历史或道义的裁判者。当我们以同情、理解和尊重的态度对待我们的研究对象时，我们将会发现更多有价值的东西。

总之，孔颖达《五经正义》的一系列美学论阐，开拓了中国传统美学研究的新领域，承传和重塑了中国古代审美文化尤其是儒家审美文化，很大程度上促进了经学美学形态的形成，客观上也构成了汉代审美文化和宋代审美文化之间的桥梁，为中国封建时代的审美文化由前期向后期的顺利转型，起到了承前启后的枢纽性的作用。

---

① 王振复：《中国美学的文脉历程》，四川人民出版社 2002 年版，第 590 页。

结　语

总之，作为中国古代最有影响力的经典诠释文本和社会意识形态的集中表现，孔氏所撰《五经正义》几乎浓缩了中国封建社会前期各领域文化的精髓，为历代学人从事文、史、哲等领域的研究，旁搜远绍，钩沉索隐，提供了最基本最全面的文献史料。尽管孔颖达主撰《五经正义》，因主客观条件所限，存在这样那样的不足，但瑕不掩瑜，我们不能因此而否定孔氏一系列学说在中国美学史上的重大贡献。正如清人钱大昕所言："学问乃千秋事，订讹规过，非訾毁前人，实以嘉惠后学。但评论须平允，词气须谦和，一事之失，无妨全体之善，切不可效宋儒所云，一有差失，则余无观耳。……去其一非，成其百是，古人可作，当乐有诤友，不乐有佞臣也。"① 钱氏所言堪为的论。更何况，美学的发展从来不是直线式前进的，它总是在真理和谬误共生的状态中曲折前行的，哪怕是错误和挫折，也为美学的发展提供了宝贵的经验、教训，为其进一步的发展扫清了道路。诚然，目前有关《五经正义》的研究才刚刚起步，研究成果总体上尚不成熟。由于经学主要是古代的学问，与当今学科划分体系有很大的隔膜，导致其中一些重要的问题域往往被遮蔽，尤其是其中所涉及的诸多美学问题被有意无意地忽视。时至今日，国学研究重新兴起，作为"国学中的国学"，《五经正义》等经学要籍更不应该被无端放逐。我们应该秉着实事求是的态度，既不盲目追捧，也不盲目否弃，而是怀揣平常之心，以建设性的态度对其进行现代性的诠释和观照，稽古以为今用。《五经正义》虽主要为经学诠释文本，但其中蕴含着极为丰富的美学资源，故从美学的角度对其展开合理的研究完全是可以的，也是应该

---

① 钱大昕：《嘉定钱大昕全集》，江苏古籍出版社 1997 年版，第 624 页。

的。由于《五经正义》所蕴含的美学思想材料极其繁富，且与经学、哲学等各学科材料交融混杂，梳理极为不易，加上笔者学力不逮，本书所论可谓拾椟遗珠，挂一漏万。更深入、系统而有效的研究，还有俟于将来。此外，在条件允许的情况下，我们对于中国传统经学美学的研究还不应仅局限于《五经正义》，还可进一步扩展到“十三经”乃至历代经学的经传注疏，以及历代文论批评家、美学家对经学诠解成果的审美化转化和运用。唯其如此，我们才有可能全面发掘、整理出具有学理涵盖性和理论生命力的中国古代经学美学思想。

参考文献

（主要以年代为序，兼及专业属性）

（春秋）左丘明：《国语》，齐鲁书社 2005 年版。

（春秋）管仲：《管子》，《四部丛刊》影宋本。

（战国）荀况：《荀子》，清《抱经堂丛书》本。

（战国）吕不韦：《吕氏春秋》，《四部丛刊》影明刊本。

（西汉）司马迁：《史记》，中华书局 1982 年版。

（西汉）戴德：《大戴礼记》，《四部丛刊》影明袁氏嘉趣堂本。

（西汉）许慎注：《淮南鸿烈解》，《四部丛刊》影钞北宋本。

（西汉）刘向：《说苑》，上海商务印书馆 1932 年缩印平湖葛氏传朴堂藏明抄本。

（西汉）董仲舒：《董仲舒集》，学苑出版社 2003 年版。

（西汉）董仲舒：《春秋繁露》，上海古籍出版社 1986 年版。

（东汉）班固：《汉书》，中华书局 1964 年版。

（东汉）蔡邕：《独断》，《四部丛刊三编》影明弘治本。

（东汉）王充：《论衡》，《四部丛刊》影通津草堂本。

（东汉）郑玄注：《易纬·乾凿度》，清《武英殿聚珍版丛书》本。

（三国魏）曹丕：《典论·论文》，载《六臣注文选》卷五十二，《四部丛刊》影宋本。

（三国魏）王弼注：《老子注》，中华书局 1996 年版。

（三国吴）韦昭：《国语韦氏解》，《士礼居丛书》影宋本。

（西晋）陈寿：《三国志》，中华书局 1959 年版。

（西晋）挚虞：《文章流别论》，载《西晋文纪》卷十三，文渊阁《四库全书》本。

（西晋）陆机：《陆机集·文赋》，中华书局 1982 年版。

（南朝宋）范晔：《后汉书》，中华书局 2003 年版。

（南朝宋）王微：《叙画》，载孙岳颁：《佩文斋书画谱》卷十五，文渊阁《四库全书》本。

（南朝梁）萧统：《文选》，中华书局 1977 年版。

（唐）房玄龄：《晋书》，中华书局 1974 年版。

（唐）魏征：《隋书》，中华书局 1973 年版。

（唐）李延寿：《北史》，中华书局 1975 年版。

（唐）令狐德棻：《周书》，中华书局 1971 年版。

（唐）李百药：《北齐书》，中华书局 1972 年版。

（唐）吴兢：《贞观政要》，《四部丛刊续编》影明成化刻本。

（唐）杜佑：《通典》，商务印书馆 1935 年版。

（唐）李肇等：《唐国史补 · 因话录》，上海古籍出版社 1979 年版。

（唐）欧阳询：《艺文类聚》，上海古籍出版社 1982 年版。

（唐）陆德明：《经典释文》，中华书局 1983 年版。

（唐）李鼎祚：《周易集解》，上海古籍出版社 1989 年版。

（唐）成伯玙：《毛诗指说》，文渊阁《四库全书》本。

（唐）王勃：《王子安集》，《四部丛刊》影明本。

（唐）杜甫：《杜工部集》，《续古逸丛书》影宋本配毛氏汲古阁本。

（唐）李白：《李太白全集》，中华书局 1977 年版。

（唐）白居易：《白氏长庆集》，《四部丛刊》影日本翻宋大字本。

（唐）韩愈：《昌黎先生文集》，宋蜀本。

（唐）柳宗元：《河东先生集》，宋刻本。

（唐）李翱：《李文公集》，《四部丛刊初编 · 集部》。

（唐）殷璠：《河岳英灵集》，《四部丛刊初编 · 集部》。

（唐）遍照金刚：《文镜秘府论》，人民文学出版社 1975 年版。

（唐）司空图：《二十四诗品》，载何文焕辑：《历代诗话》，中华书局 1981 年版。

（唐）司空图：《司空表圣文集》，《四部丛刊》本。

（唐）权德舆：《权载之文集》，《四部丛刊》影清嘉庆本。

（唐）李商隐：《李义山文集》，《四部丛刊初编 · 集部》。

（唐）孟棨等：《本事诗》，上海古籍出版社 1991 年版。

（唐）朱景玄：《唐朝名画录》，载《全唐文》卷七百六十三，清嘉庆内府刻本。

（唐）张彦远：《历代名画记》，明《津逮秘书》本。

（唐）张怀瓘：《书议》，载张彦远撰：《法书要录》，文渊阁《四库全书》本。

（唐）张怀瓘：《书断》，文渊阁《四库全书》本。

（唐）孙过庭：《书谱》，明刻《百川学海》本。

（唐）李阳冰：《上李大夫论古篆书》，载《全唐文》卷四百三十七，清嘉庆内府刻本。

（五代）刘昫：《旧唐书》，中华书局 1975 年版。

（五代）王溥：《唐会要》，上海古籍出版社 1991 年版。

（五代）荆浩：《笔法记》，载唐志契编：《绘事微言》卷上，文渊阁《四库全书》本。

（北宋）李昉等：《太平广记》，中华书局 1986 年版。

（北宋）李昉等：《太平御览》，中华书局 1985 年版。

（北宋）李昉等：《文苑英华》，中华书局 1982 年版。

（北宋）王钦若：《册府元龟》，中华书局 1960 年版。

（北宋）欧阳修、宋祁：《新唐书》，中华书局 1986 年版。

（北宋）司马光：《资治通鉴》，中华书局 1956 年版。

（北宋）周敦颐：《周敦颐集》，中华书局 1990 年版。

（北宋）张载：《张载集》，中华书局 1978 年版。

（北宋）程颢、程颐：《二程集》，中华书局 1981 年版。

（北宋）程颐：《伊川易传》，上海古籍出版社 1989 年版。

（北宋）欧阳修：《诗本义》，《四部丛刊三编》影宋本。

（北宋）王安石：《周官新义》，文渊阁《四库全书》本。

（北宋）苏辙：《道德经解》，明正统道藏本。

（北宋）苏辙：《栾城集》，《四部丛刊》影明嘉靖本。

（北宋）苏辙：《苏氏诗集传》，文渊阁《四库全书》本。

（北宋）范仲淹：《范文正公文集》，《四部丛刊》影明翻元刊本。

（北宋）郭茂倩：《乐府诗集》，中华书局 1982 年版。

（北宋）郭熙：《山水训》，载郭思编：《林泉高致集》，明刻《百川学海》本。

（北宋）韩拙：《论观画别识》，载《山水纯全集》，清《函海》本。

（北宋）董逌：《书燕龙图写蜀图》，载《广川画跋》，清《十万卷楼丛书》本。

（北宋）唐庚：《唐子西文録》，清乾隆刻《历代诗话》本。

（北宋）蔡絛：《西清诗话》，明钞本。

（北宋）释道原：《景德传灯录》，《四部丛刊三编》影宋本。

（南宋）陆九渊：《陆九渊集》，中华书局 1980 年版。

（南宋）吕祖谦：《吕氏家塾读诗记》，《四部丛刊续编》影宋本。

（南宋）朱熹：《朱子全书》，上海古籍出版社、安徽教育出版社 2002 年版。

（南宋）朱熹：《周易本义》，九州出版社 2004 年版。

（南宋）朱熹：《四书章句集注》，中华书局 1983 年版。

（南宋）朱熹：《诗集传》，中华书局 1958 年版。

（南宋）黎靖德编：《朱子语类》，中华书局 1986 年版。

（南宋）蔡沈注：《书经集传》，上海古籍出版社 1987 年版。

（南宋）卫湜：《礼记集说》，文渊阁《四库全书》本。

（南宋）朱鉴：《诗传遗说》，通志堂经解本。

（南宋）魏了翁：《周易要义》，文渊阁《四库全书》本。

（南宋）张戒：《岁寒堂诗话》，中华书局 1983 年版。

（南宋）杨万里：《诚斋集》，《四部丛刊·集部》。

（南宋）郑樵：《通志》，中华书局 1987 年版。

（南宋）郑樵：《六经奥论》，文渊阁《四库全书》本。

（南宋）王柏：《诗疑》，商务印书馆 1936 年版。

（南宋）林岊：《毛诗讲义》，文渊阁《四库全书》本。

（南宋）李樗：《毛诗集解》，文渊阁《四库全书》本。

（南宋）辅广：《诗童子问》，文渊阁《四库全书》本。

（南宋）陈淳：《北溪字义》，中华书局 1983 年版。

（南宋）戴埴：《鼠璞》，宋《百川学海》本。

（南宋）王应麟：《困学纪闻》，《四部丛刊三编》影元本。

（南宋）陈善：《扪虱新话》，民国校刻《儒学警悟》本。

（南宋）程大昌：《考古编》，民国校刻《儒学警悟》本。

（南宋）胡仔：《苕溪渔隐丛话》，人民文学出版 1961 年版。

（南宋）魏庆之：《诗人玉屑》，上海古籍出版社 1987 年版。

（南宋）姜夔：《白石道人诗说》，清刻《历代诗话》本。

（南宋）周紫芝：《竹坡诗话》，明《津逮秘书》本。

（南宋）叶梦得：《石林诗话》，宋《百川学海》本。

（南宋）吕本中：《吕氏童蒙训》，载《诗人玉屑》，文渊阁《四库全书》本。

（南宋）戴复古：《石屏诗钞》，载《宋诗钞》，文渊阁《四库全书》本。

（金）元好问：《遗山集》，《四部丛刊》影明弘治本。

（金）王若虚：《滹南遗老集》，《四部丛刊》本。

（元）马端临：《文献通考》，中华书局 1986 年版。

（元）梁益：《诗传旁通》，文渊阁《四库全书》本。

（元）吴澄：《吴文正集》，文渊阁《四库全书》本。

（元）杨维桢：《东维子集》，文渊阁《四库全书》本。

（明）梁寅：《诗演义》，文渊阁《四库全书》本。

（明）季本：《诗说解颐》，文渊阁《四库全书》本。

（明）郝敬：《谈经》，明崇祯山草堂集增修本。

（明）陆深：《俨山外集》，文渊阁《四库全书》本。

（明）高棅编：《唐诗品汇》，上海古籍出版社 1988 年版。

（明）李攀龙编：《唐诗选》，明万历二十八年武林一初斋刻本。

（明）李东阳：《麓堂诗话》，载丁福保辑：《历代诗话续编》，中华书局 1983 年版。

（明）谢榛：《四溟诗话》，人民文学出版社 1961 年版。

（明）钟惺、谭元春编：《唐诗归》，湖北人民出版社 1985 年版。

（明）陈继儒：《陈眉公集》，明万历四十三年刻本。

（明）胡应麟：《诗薮》，上海古籍出版社 1979 年版。

（明）许学夷：《诗源辩体》，人民文学出版社 1987 年版。

（明）叶廷秀：《诗有道气》，载《诗谭》卷五，明崇祯胡正言十竹斋刻本。

（明）王守仁：《王文成公全书》，《四部丛刊》影明隆庆本。

（明）杨慎：《升庵集》，文渊阁《四库全书》本。

（明）王世贞：《艺苑卮言》，载《历代诗话续编》，中华书局 1983 年版。

（明）唐顺之：《荆川先生文集》，《四部丛刊》本。

（明）朱载堉：《乐律全书》，文渊阁《四库全书》本。

（明）吕坤：《呻吟语》，明万历二十一年刻本。

（清）纪昀等：《四库全书》，上海古籍出版社 1987 年版。

（清）永瑢等：《四库全书总目提要》，中华书局 1965 年版。

（清）阮元校勘：《十三经注疏》，中华书局 1980 年版。

（清）彭定求：《全唐诗》，中华书局 1985 年版。

（清）董诰等编：《全唐文》，中华书局 1983 年版。

（清）严可均编：《全上古三代秦汉三国六朝文》，民国十九年影清光绪二十年黄冈王氏刻本。

（清）何文焕辑：《历代诗话》，中华书局 1981 年版。

（清）黄宗羲：《南雷文定》，清康熙刊本。

（清）黄宗羲：《南雷集》，《四部丛刊初编·集部》。

（清）顾炎武：《日知录》，上海古籍出版社 2006 年版。

（清）王夫之：《周易外传》，中华书局 1962 年版。

（清）王夫之：《尚书引义》，中华书局 1962 年版。

（清）王夫之：《姜斋诗话》，人民文学出版社 1961 年版。

（清）王夫之：《诗广传》，清同治湘乡曾氏金陵节署刻本。

（清）王夫之：《唐诗评选》，上海太平洋书店 1935 年版。

（清）王夫之：《古诗评选》，文化艺术出版社 1997 年版。

（清）王夫之：《张子正蒙注》，上海古籍出版社 2000 年版。

（清）阎若璩：《尚书古文疏证》，上海古籍出版社 1987 年版。

（清）孙星衍：《尚书今古文注疏》，《四部备要》本。

（清）孙诒让：《周礼正义》，《四部备要》本。

（清）王先谦：《庄子集解》，清宣统元年思贤书局刻本。

（清）朱彝尊：《经义考》，《四库全书·史部》。

（清）朱彝尊：《曝书亭集》，《四库全书·集部》。

（清）段玉裁：《说文解字注》，上海古籍出版社 1981 年版。

（清）方玉润：《诗经原始》，中华书局 1986 年版。

（清）王引之：《经传释词》，岳麓书社 1984 年版。

（清）王引之：《经义述闻》，江苏古籍出版社 2000 年版。

（清）王士祯：《池北偶谈》，文渊阁《四库全书》本。

（清）宫梦仁：《读书纪数略》，文渊阁《四库全书》本。

（清）崔述：《崔东壁遗书》，上海古籍出版社 1983 年版。

（清）赵翼：《陔馀丛考》，清乾隆五十五年湛贻堂刻本。

（清）赵坦：《宝甓斋札记》，上海书局，清光绪十四年线装本。

（清）姚范：《援鹑堂笔记》，清道光姚莹刻本。

（清）陈骙等：《文则·文章精义》，人民文学出版社 1960 年版。

（清）纪昀：《纪文达公遗集》，清嘉庆十七年纪树馨刻本。

（清）凌廷堪：《校礼堂文集》，清嘉庆十八年刻本。

（清）李慈铭：《越缦堂读书记》，由云龙辑，上海书店出版社 2000 年版。

（清）钱大昕：《嘉定钱大昕全集》，江苏古籍出版社 1997 年版。

（清）陈澧：《东塾读书记》（外一种），生活·读书·新知三联书店 1998 年版。

（清）章学诚：《文史通义》，商务印书馆 1933 年版。

（清）章学诚：《章学诚遗书》，文物出版社 1985 年版。

（清）俞正燮：《癸巳存稿》，清《连筠簃丛书》本。

（清）俞樾：《诸子平议》，中华书局 1954 年版。

（清）皮锡瑞：《经学历史》，中华书局 2004 年版。

（清）皮锡瑞：《经学通论》，中华书局 1982 年版。

（清）仇兆鳌：《杜诗详注》，文渊阁《四库全书》本。

（清）范家相：《诗渖》，文渊阁《四库全书》本。

（清）魏源：《诗古微》，清道光刻本。

（清）惠周惕：《诗说》，清《指海》本。

（清）沈德潜：《唐诗别裁集》，上海古籍出版社 1979 年版。

（清）沈德潜：《说诗晬语》，人民文学出版社 1979 年版。

（清）翁方纲：《石洲诗话》，载郭绍虞编：《清诗话续编》，上海古籍出版社 1983 年版。

（清）叶燮：《原诗》，人民文学出版社 1979 年版。

（清）刘熙载：《艺概》，人民文学出版社 1978 年版。

（清）况周颐：《蕙风词话》，人民文学出版社 1960 年版。

（清）方东树：《昭昧詹言》，人民文学出版社 1961 年版。

（清）陈廷焯：《白雨斋词话》，人民文学出版社 1959 年版。

（清）李重华：《贞一斋诗说》，清《昭代丛书》本。

（清）沈宗骞：《芥舟学画编》，清乾隆四十六年冰壶阁刻本。

（清）唐岱：《绘事发微》，清乾隆刻本。

（清）袁枚：《小仓山房集》，清乾隆刻增修本。

（清）袁枚：《随园诗话》，顾学颉校点，人民文学出版社 1982 年版。

（清）马瑞辰：《毛诗传笺通释》，清道光十五年学古堂刻本。

（清）陈启源：《毛诗稽古编》，文渊阁《四库全书》本。

王国维：《王国维遗书》，上海古籍书店 1983 年版。

梁启超：《梁启超全集》，北京出版社 1999 年版。

梁启超：《清代学术概论》，上海古籍出版社 1998 年版。

梁启超：《中国近三百年学术史》，东方出版社 1996 年版。

章太炎：《国学概论》，上海古籍出版社 1997 年版。

章太炎：《国学讲演录》，华东师范大学出版社 1995 年版。

章太炎：《国故论衡》，上海古籍出版社 2003 年版。

章太炎：《訄书》，清光绪三十年重订本。

刘师培：《刘申叔遗书》，江苏古籍出版社 1997 年版。

张元济等辑：《四部丛刊》，上海商务印书馆 1929 年版。

顾廷龙主编：《续修四库全书》，上海古籍出版社 1995 年版。

程树德集释：《论语集释》，中华书局 1990 年版。

郭庆藩集释：《庄子集释》，中华书局 1997 年版。

徐震堮校笺：《世说新语校笺》，中华书局 1982 年版。

范文澜注：《文新雕龙注》，人民文学出版社 1958 年版。

浦起龙释：《史通通释》，上海古籍出版社 1978 年版。

陈延杰注：《诗品注》，人民文学出版社 1958 年版。

郭鹏校释：《坛经校释》，中华书局 1983 年版。

李壮鹰校注：《诗式校注》，人民文学出版社 2003 年版。

马宗霍：《中国经学史》，商务印书馆 1937 年版。

郭沫若：《十批判书》，东方出版社 1996 年版。

郭沫若：《青铜时代》，中国人民大学出版社 2005 年版。

杨东莼：《中国学术史讲话》，东方出版社 1996 年版。

容肇祖：《魏晋的自然主义》，东方出版社 1996 年版。

张君劢：《儒家哲学之复兴》，中国人民大学出版社 2009 年版。

熊十力：《原儒》，中国人民大学出版社 2009 年版。

熊十力：《新唯识论》，中国人民大学出版社 2009 年版。

金岳霖：《论道》，中国人民大学出版社 2009 年版。

傅斯年：《诗经讲义稿》，中国人民大学出版社 2009 年版。

钱穆：《国史大纲》，商务印书馆 1996 年版。

钱穆：《两汉经学今古文平议》，商务印书馆 2001 年版。

钱穆：《先秦诸子系年》，河北教育出版社 2002 年版。

陈梦家：《尚书通论》，中华书局 1985 年版。

杨伯峻：《论语译注》，中华书局 1995 年版。

蒋伯潜：《十三经概论》，上海古籍出版社 1983 年版。

闻一多：《周易义证类纂》，《闻一多全集》第二卷，生活·读书·新知三联书店 1982 年版。

周予同：《中国经学史讲义》，上海文艺出版社 1999 年版。

周予同：《周予同经学史论著选集》，上海人民出版社 1983 年版。

朱维铮：《中国经学史十讲》，复旦大学出版社 2002 年版。

高亨：《周易大传今注》，齐鲁书社 1979 年版。

楼宇烈校释：《王弼集校释》，中华书局 1980 年版。

陈伯君校注：《阮籍集校注》，中华书局 1987 年版。

李学勤：《周易经传溯源》，长春出版社 1994 年版。

李学勤主编：《十三经注疏》，北京大学出版社 1999 年版。

夏传才：《十三经概论》，天津人民出版社 1998 年版。

朱伯崑：《易学哲学史》，华夏出版社 1995 年版。

廖名春：《周易经传与易学史新论》，齐鲁书社 2001 年版。

祁润兴：《周易义理学》，上海古籍出版社 2007 年版。

姜广辉：《中国经学思想史》，中国社会科学出版社 2003 年版。

吴雁南：《中国经学史》，福建人民出版社 2001 年版。

焦桂美：《南北朝经学史》，上海古籍出版社 2009 年版。

许凌云：《中国儒学史》，广东教育出版社 1998 年版。

许道勋、徐洪兴：《经学志》，上海人民出版社 1998 年版。

严正：《五经哲学及其文化学的阐释》，齐鲁书社 2001 年版。

张善文：《象数与义理》，辽宁教育出版社 1993 年版。

林忠军：《象数易学发展史》，齐鲁书社 1994 年版。
王葆玹：《今古文经学新论》，中国社会科学出版社 1997 年版。
陈寅恪：《陈寅恪集》，生活 · 读书 · 新知三联书店 2001 年版。
陈寅恪：《隋唐制度渊源略论稿》，上海古籍出版社 1982 年版。
陈寅恪：《元白诗笺论稿》，上海古籍出版社 1982 年版。
陈尚君辑校：《全唐诗补编》，中华书局 1992 年版。
陈贻焮：《增订注释全唐诗》，文化艺术出版社 2001 年版。
丁福保辑：《历代诗话续编》，中华书局 1983 年版。
丁福保辑：《清诗话》，上海古籍出版社 1978 年版。
郭绍虞编：《清诗话续编》，上海古籍出版社 1983 年版。
唐圭章编：《词话丛编》，中华书局 1986 年版。
黄侃：《文心雕龙札记》，中国人民大学出版社 2004 年版。
黄侃：《黄侃论学杂著》，中华书局 1964 年版。
闻一多：《诗经研究》，巴蜀书社 2002 年版。
罗倬汉：《诗乐论》，台湾正中书局 1982 年版。
姚振宗：《汉书艺文志拾补》，民国《师石山房丛书》本。
朱自清：《诗言志辨》，华东师范大学出版社 1996 年版。
朱自清：《经典长谈》，上海古籍出版社 2000 年版。
鲁迅：《汉文学史纲要》，上海古籍出版社 2005 年版。
顾颉刚等：《古史辨》，上海古籍出版社 1982 年版。
钱锺书：《管锥编》，中华书局 1979 年版。
钱锺书：《谈艺录》，中华书局 1984 年版。
钱锺书：《七缀集》，上海古籍出版社 1985 年版。
张西堂：《诗经六论》，商务印书馆 1957 年版。
程俊英：《诗经漫话》，上海文艺出版社 1983 年版。
黄焯：《毛诗郑笺平议》，上海古籍出版社 1985 年版。
夏传才：《诗经研究史概要》，中州书画社 1982 年版。
夏传才：《思无邪斋诗经论稿》，学苑出版社 2000 年版。
王长华：《诗论与子论》，学苑出版社 2001 年版。
洪湛侯：《诗经学史》，中华书局 2002 年版。

陈子展：《诗经直解》，复旦大学出版社 1983 年版。

孙作云：《诗经与周代社会研究》，中华书局 1966 年版。

叶舒宪：《诗经的文化阐释》，陕西人民出版社 2005 年版。

张启成：《诗经研究史论稿》，贵州人民出版社 2003 年版。

周延良：《诗经学案与儒家伦理思想研究》，学苑出版社 2005 年版。

冯浩菲：《历代诗经论说述评》，中华书局 2003 年版。

刘毓庆：《历代诗经著述考（先秦—元代）》，中华书局 2002 年版。

汪祚民：《诗经文学阐释史（先秦—隋唐）》，人民出版社 2005 年版。

陈良运：《周易与中国文学》，百花洲文艺出版社 1999 年版。

刘立志：《汉代〈诗经〉学史论》，中华书局 2007 年版。

刘松来：《两汉经学与中国文学》，百花洲文艺出版社 2001 年版。

冯良方：《汉赋与经学》，中国社会科学出版社 2004 年版。

陈飞：《唐代试策考述》，中华书局 2002 年版。

龚鹏程：《唐代思潮》，商务印书馆 2007 年版。

申屠炉明：《孔颖达颜师古评传》，南京大学出版社 2006 年版。

陈来：《宋明理学》，华东师范大学出版社 2004 年版。

蔡方鹿：《朱熹经学与中国经学》，人民出版社 2004 年版。

莫砺锋：《朱熹文学研究》，南京大学出版社 2000 年版。

檀作文：《朱熹诗经学研究》，学苑出版社 2003 年版。

邹其昌：《朱熹诗经诠释学美学研究》，商务印书馆 2004 年版。

杨新勋：《宋代疑经研究》，中华书局 2007 年版。

郝桂敏：《宋代〈诗经〉文献研究》，中国社会科学出版社 2006 年版。

章权才：《宋明经学史》，广东人民出版社 1999 年版。

许总：《宋明理学与中国文学》，百花洲文艺出版社 1999 年版。

刘毓庆：《从经学到文学——明代〈诗经〉学史论》，商务印书馆 2001 年版。

杨旭辉：《清代经学与文学——以常州文人群体为典范的研究》，凤凰出版社 2006 年版。

刘再华：《近代经学与文学》，东方出版社 2004 年版。

吴万钟：《从诗到经——论毛诗解释的源源及其特色》，中华书局 2001 年版。

王运熙、顾易生主编：《中国文学批评通史》，上海古籍出版社 1996 年版。

王运熙：《中国古代文论管窥》，齐鲁书社 1987 年版。

郭绍虞：《中国历代文论选》，上海古籍出版社 1979 年版。

郭绍虞：《中国文学批评史》，上海古籍出版社 1979 年版。

郭绍虞：《诗品集解》，人民文学出版社 1963 年版。

郭绍虞：《宋诗话考》，中华书局 1979 年版。

郭绍虞：《照隅室古典文学论集》，上海古籍出版社 1983 年版。

徐复观：《中国艺术精神》，春风文艺出版社 1987 年版。

徐复观：《中国人性论史·先秦篇》，上海三联书店 2001 年版。

徐复观：《中国文学精神》，上海书店出版社 2004 年版。

刘经庵：《中国纯文学史纲》，东方出版社 1996 年版。

梁启超：《中国之美文及其历史》，东方出版社 1996 年版。

胡适：《白话文学史》，安徽教育出版社 1999 年版。

陈柱：《中国散文史》，东方出版社 1996 年版。

袁行霈、罗宗强：《中国文学史》，高等教育出版社 1999 年版。

詹福瑞：《汉魏六朝文学论集》，河北大学出版社 2001 年版。

张少康：《文赋集释》，人民文学出版社 2002 年版。

罗宗强：《魏晋南北朝文学思想史》，中华书局 2006 年版。

罗宗强：《隋唐五代文学思想史》，中华书局 2003 年版。

傅璇琮：《唐代科举与文学》，陕西人民出版社 2007 年版。

葛晓音：《诗国高潮与盛唐文化》，北京大学出版社 1998 年版。

吴相洲：《唐代歌诗与诗歌》，北京大学出版社 2000 年版。

刘方：《唐宋变革与宋代审美文化转型》，学林出版社 2009 年版。

陈伯海：《唐诗学引论》，东方出版中心 1988 年版。

陈伯海主编：《唐诗学史稿》，人民出版社 2011 年版。

陈伯海：《中国诗学之现代观》，上海古籍出版社 2006 年版。

陈良运：《中国诗学体系论》，中国社会科学出版社 1992 年版。

萧华荣：《中国古典诗学理论史》，华东师范大学出版社 2005 年版。

张少康、刘三富：《中国文学理论批评发展史》，北京大学出版社 1995 年版。

杨乃乔：《悖立与整合——东方儒道诗学与西方诗学的本体论、语言论比较》，文化艺术出版社 1998 年版。

刘怀荣：《赋比兴与中国诗学研究》，人民出版社 2007 年版。

李凯：《儒家元典与中国诗学》，中国社会科学出版社 2002 年版。

彭峰：《诗可以兴——古代宗教、伦理、哲学与艺术的美学阐释》，安徽教育出版社 2003 年版。

李健：《比兴思维研究》，安徽教育出版社 2003 年版。

陈丽虹：《赋比兴的现代阐释》，中国美术学院出版社 2002 年版。

朱谦之：《中国音乐文学史》，上海人民出版社 2006 年版。

叶维廉：《中国诗学》，生活·读书·新知三联书店 1992 年版。

刘若愚：《中国诗学》，长江文艺出版社 1991 年版。

蔡先金等：《孔子诗学研究》，齐鲁书社 2006 年版。

陈桐生：《〈孔子诗论〉研究》，中华书局 2004 年版。

周裕锴：《中国古代阐释学研究》，上海人民出版社 2003 年版。

周裕锴：《宋代诗学通论》，上海古籍出版社 2007 年版。

张文利：《理禅融会与宋诗研究》，中国社会科学出版社 2004 年版。

袁津琥：《艺概注稿》，中华书局 2009 年版。

张宝三：《五经正义研究》，博士学位论文，台湾大学中国文学研究所，1992 年。

谢建忠：《〈毛诗〉及其经学阐释对唐诗的影响》，博士学位论文，首都师范大学，2006 年。

赵荣波：《〈周易正义〉思想研究》，博士学位论文，山东大学，2006 年。

贾名党：《中唐儒学与文学研究》，博士学位论文，扬州大学，2006 年。

韩宏韬：《〈毛诗正义〉研究》，博士学位论文，山东大学，2007 年。

安敏：《〈春秋左传正义〉研究》，博士学位论文，华中师范大学，2008 年。

李泽厚：《批判哲学的批判——康德述评》，人民出版社 1984 年版。

李泽厚：《中国古代思想史论》，人民出版社 1986 年版。

李泽厚：《论语今读》，安徽文艺出版社 1998 年版。

李泽厚：《世纪新梦》，安徽文艺出版社 1998 年版。

李泽厚：《李泽厚哲学文存》（上、下），安徽文艺出版社 1999 年版。

李泽厚：《己卯五说》，中国电影出版社 1999 年版。

李泽厚：《历史本体论》，生活·读书·新知三联书店 2002 年版。

金春峰：《汉代思想史》，中国社会科学出版社 1997 年版。

汤用彤：《魏晋玄学论稿》，上海古籍出版社 2001 年版。

汤一介：《郭象与魏晋玄学》，湖北人民出版社 1983 年版。

胡适：《中国哲学史大纲》，河北教育出版社 2001 年版。

冯友兰：《贞元六书》（上、下），华东师范大学出版社 2000 年版。

冯友兰：《中国哲学史》，华东师范大学出版社 2000 年版。

唐君毅：《中国现代学术经典・唐君毅卷》，河北教育出版社 1996 年版。

庞朴：《当代学者自选文库・庞朴卷》，安徽教育出版社 1999 年版。

任继愈：《任继愈学术论著自选集》，北京师范学院出版社 1991 年版。

李零：《郭店楚简校读记》，中国人民大学出版社 2009 年版。

李零：《上博楚简三篇校读记》，中国人民大学出版社 2009 年版。

傅伟勋：《中国哲学中的儒道释》，生活・读书・新知三联书店 1989 年版。

梁启雄：《荀子简释》，中华书局 1983 年版。

康中乾：《有无之辨——魏晋玄学本体思想再解读》，人民出版社 2003 年版。

俞宣孟：《本体论研究》，上海人民出版社 2005 年版。

范文澜：《中国通史》，人民出版社 1978 年版。

葛兆光：《中国思想史》，复旦大学出版社 2001 年版。

余英时：《士与中国文化》，上海人民出版社 1987 年版。

余英时：《中国思想传统的现代诠释》，江苏人民出版社 2003 年版。

方光华：《中国古代本体思想史稿》，中国社会科学出版社 2005 年版。

北京大学美学室编：《中国美学史资料选编》上、下册，中华书局 1980 年版。

胡经之主编：《中国古典美学丛编》上、中、下册，中华书局 1988 年版。

朱光潜：《朱光潜全集》，安徽教育出版社 1987 年版。

宗白华：《宗白华全集》，安徽教育出版社 1994 年版。

邓以蛰：《邓以蛰全集》，安徽教育出版社 1998 年版。

蒋孔阳：《蒋孔阳全集》，安徽教育出版社 1999 年版。

李泽厚：《美学论集》，上海文艺出版社 1980 年版。

李泽厚：《美学三书》，安徽文艺出版社 1999 年版。

李泽厚、刘纲纪：《中国美学史》第一卷，中国社会科学出版社 1984 年版。

李泽厚、刘纲纪：《中国美学史》第二卷，中国社会科学出版社 1987 年版。

刘纲纪：《美学与哲学》，湖北人民出版社 1986 年版。

刘纲纪：《传统文化、哲学与美学》，广西师范大学出版社 1997 年版。

王朝闻：《王朝闻学术论著自选集》，北京师范学院出版社 1991 年版。

方东美：《生生之美》，北京大学出版社 2009 年版。

叶朗：《中国美学史大纲》，上海人民出版社 1985 年版。

叶朗：《现代美学体系》，北京大学出版社 1988 年版。

叶朗：《胸中之竹——走向现代之中国美学》，安徽教育出版社 1998 年版。

叶朗：《美学的双峰——朱光潜、宗白华与中国现代美学》，安徽教育出版社 1999 年版。

滕守尧：《审美心理描述》，中国社会科学出版社 1985 年版。

蒋孔阳、朱立元主编：《西方美学通史》，上海文艺出版社 1999 年版。

敏泽：《中国美学思想史》，湖南教育出版社 2004 年版。

周来祥：《美学问题论稿》，陕西人民出版社 1984 年版。

周来祥主编：《中国美学主潮》，山东大学出版社 1992 年版。

王明居：《唐代美学》，安徽大学出版社 2005 年版。

汪裕雄：《审美意象学》，辽宁教育出版社 1993 年版。

汪裕雄：《意象探源》，安徽教育出版社 1996 年版。

汪裕雄、桑农：《意境无涯——宗白华美学思想臆解》，安徽教育出版社 2002 年版。

朱良志：《中国艺术的生命精神》，安徽教育出版社 1995 年版。

朱良志：《扁舟一叶——理学与中国画学研究》，安徽教育出版社 1999 年版。

王振复：《中国美学的文脉历程》，四川人民出版社 2002 年版。

王振复：《周易的美学智慧》，湖南出版社 1991 年版。

王振复：《中国美学思问录》，沈阳出版社 2003 年版。

王振复主编：《中国美学范畴史》，山西教育出版社 2006 年版。

王振复：《王振复自选集》，复旦大学出版社 2015 年版。

朱立元主编：《现代西方美学史》，上海文艺出版社 1996 年版。

朱立元、王振复：《天人合一——中华审美文化之魂》，上海文艺出版社 1998 年版。

朱立元：《接受美学导论》，安徽教育出版社 2004 年版。

朱立元主编：《西方美学范畴史》，山西教育出版社 2005 年版。

朱立元主编：《西方美学思想史》，上海人民出版社 2009 年版。

汪涌豪：《中国古代文学理论体系·范畴论》，复旦大学出版社 1999 年版。

汪涌豪:《中国古典美学风骨论》，中国人民大学出版社 1994 年版。

袁济喜:《六朝美学》，北京大学出版社 1992 年版。

邹其昌:《朱熹诗经诠释学美学研究》，商务印书馆 2004 年版。

萧驰:《中国诗歌美学》，北京大学出版社 1986 年版。

陈望衡:《中国美学史》，人民出版社 2005 年版。

张法:《中国美学史》，上海人民出版社 2000 年版。

韩林德:《境生象外——华夏审美与艺术特征考察》，生活·读书·新知三联书店 1995 年版。

成复旺:《中国古代的人学与美学》，中国人民大学出版社 1992 年版。

刘士林:《中国诗学精神》，河南人民出版社 1999 年版。

张炬:《以艺进道——中国艺术道学思想探索》，中国社会科学出版社 1999 年版。

劳承万:《审美中介论》，上海文艺出版社 2001 年版。

王一川:《审美体验论》，百化文艺出版社 1992 年版。

[古希腊] 柏拉图:《柏拉图文艺对话集》，朱光潜译，人民文学出版社 1963 年版。

[古希腊] 亚里士多德:《诗学》，陈中梅译，商务印书馆 1996 年版。

[德] 康德:《判断力批判》，邓晓芒译，人民出版社 2002 年版。

[德] 黑格尔:《美学》，朱光潜译，商务印书馆 1979 年版。

[德] 马克思:《1844 年经济学——哲学手稿》，刘丕坤译，人民出版社 1979 年版。

[德] 马克思、恩格斯:《马克思恩格斯选集》，人民出版社 1995 年版。

[德] 胡塞尔:《经验与判断》，邓晓芒、张廷国译，生活·读书·新知三联书店 1999 年版。

[德] 海德格尔:《存在与时间》，陈嘉映、王庆节译，生活·读书·新知三联书店 2006 年版。

[德] 伽达默尔:《真理与方法》，洪汉鼎译，上海译文出版社 1999 年版。

[德] 伽达默尔:《哲学解释学》，夏镇平等译，上海译文出版社 2004 年版。

[法] 丹纳:《艺术哲学》，傅雷译，人民文学出版社 1981 年版。

[法] 杜夫海纳:《审美经验现象学》，韩树站译，文化艺术出版社 1992 年版。

[英] 鲍桑葵:《美学史》，张今译，商务印书馆 1985 年版。

[意] 克罗齐:《美学原理·美学纲要》，朱光潜等译，外国文学出版社 1983 年版。

[美] 韦勒克、沃伦:《文学理论》，刘象愚等译，生活·读书·新知三联书店 1984

年版。

[美] 包弼德：《斯文：唐宋思想的转型》，刘宁译，江苏人民出版社 2001 年版。

[日] 笠原仲二：《古代中国人的美意识》，魏常海译，北京大学出版社 1987 年版。

[日] 野间文史：《五经正义の研究：その成立と展开》，东京研文出版社 1998 年版。

[日] 本田成之：《中国经学史》，李俍工译，中华书局 1935 年版。

索　引

G

H

J

K

L

M

Q

R

S

T

W

X

Y

Z

后 记

历经寒暑，拙稿终将付梓，回首之际，几许欣慰，几许惆怅。

本书写作缘起，尚需回溯至十年前。是时本人尚在复旦大学中文系求学，并为博士论文选题事踌躇，尤在做古典还是做当代之间难于取舍。幸得昔日硕导汪裕雄先生启迪，并经博导王振复、朱立元、汪涌豪诸先生首肯，终决定做古典方向，并以孔颖达《五经正义》美学思想为研究对象。孔氏《五经正义》美学之名，久为经学所掩，历代学人多从经学与训诂的角度对其加以研究，而很少注意到其中的诗学与美学问题。现代学者偶尔在诗论、文论中引述孔氏正义片言只语，但缺少专门而系统的研究。有鉴于此，加上诸师勉励，笔者遂选做这一课题，希翼以此为基点，为中国古典美学研究稍尽心力。然而，愿景是美好的，过程却是艰难的。当我真正进入如此宏大的选题，面对浩如烟海的经学典籍时，方知论题深重，学养不逮，但是已没有退路，只有坚持做下去。后经二年努力，所作大致成篇，并获诸师谬奖，如期完成博士学业。但自知根底尚浅，所作不精，唯期日后再择机打磨完善。毕业后，本人回到母校安徽师大任教。2009 年，本人有幸以此论题为基础申报国家社科基金项目并获批，于是再续前缘，补苴罅漏，写写停停，直至 2015 年办理结项手续，统共增损约三十余万字，方告一段落。

一部并不厚重的小书，似本不应花费如此长的时间来做，笔者事后寻思其缘由，当有如下几点：首先，此课题基本属跨学科性质的研究，文史哲各领域都有涉及，其材料之庞巨，问题之繁复，客观上使得我等普通研究者很难做到一蹴而就，毕其功于一役；其次，笔者本性情疏淡，且随着年齿渐长，躁进之气渐少，沉潜之思渐多，对于某些学者动辄著作等身的成就也不再简单地羡慕，对于学界急功近利、揠苗助长的现象亦多了一层反思之心，反思他人，亦反省自己，于是那种急于"出炉"新书以证明自己的心思渐息，尽管这很不合当前的考评制度；再次，近些年来，物是人非，一些人事变故打破了我向来平静的书斋生活，对我的写作造成了很大的影响。

四年前，善良的母亲不幸病逝，我第一次真正感受到了生命的脆弱和亲人离世带来的伤痛，子欲养而亲不待，每每想起，心中便充满了悲凉之感，挥之不去。而近期，勤恳的岳父又不幸溘然离世，感伤之余，再次深深体味到人生的苍凉和无奈。又，业师汪裕雄先生生前一直挂念本书写作进程，希望我把它做好，每次座谈，总是有以教我，殷殷关切之情让我感动。然而，还没能等到拙稿正式面世，汪老师亦于四年前离开了人间。生命无常，为之一恸！此后，我所在的文艺学教研室一些前辈，如祖保泉先生、王明居先生、梅运生先生等也先后谢世，让人一时感到四顾茫然，孤独而荒凉。依稀记得大约二年前，余恕诚先生赠我《唐诗与其他文体之关系》一书，是用牛皮信封包装得整整齐齐放在我信箱中的，我拿到书后回电表示感谢，余先生当时在电话中谈这谈那，毫无名师的架子，并很有兴致地回忆起当年给我们读本科时上课的情形。我很感慨，并想余先生对我等非古代文学专业的后生晚辈尚如此关切，无论如何得登门拜访一下他。谁曾想，半年后，余先生竟与世长辞了，一声叹息！作为生命的亲历者，亦是生命的旁观者，历经生命的辗转凋零，流连感伤之际，常不能专心写作，以致我的写作进程几度消停。几经心灵的磨砺，我慢慢明白，逝者已逝，生者更应该好好地生，生如春花之灿烂，死如秋叶之静美，正是无数的生命之花，方构成永恒的生命之流。"世事沧桑心事定，胸中海岳梦中飞"，前贤豁达的人生态度，老庄以及海德格尔等人向死而生的生存智慧，或能引领我们穿越生命的悲歌。

常言说十年磨一剑，本书写作跨度倒是十年有余，但真正用于写作的时间并不很多，所成也谈不上精品力作。笔者自忖拙稿在理论观点上还有不少拓展和提升的空间，在资料整合上还有不少精简概括的余地，这固然有着自己"实证优先"、"资料优先"的考虑在其中，但终究不算完璧。又由于自己在经学故纸堆中沉浸过久，其特有的板滞与繁琐让自己颇有感于王国维"可信而不可爱"之语，心想纵然要对其作进一步深究，暂时也还要告别一段时日了。此外，本书在具体写作过程中，因研究对象的特殊性和复杂性，还兼涉经学、诗学、哲学、史学和文化学等多学科领域，也许算不上是严格意义上的美学研究，毋宁是一种跨学科综合式的研究，姑且视之为文化学美学研究之一种吧。

当初本人在复旦求学期间，曾受王振复、朱立元、汪涌豪三位导师亲炙，毕业后亦时常怀念师门。故本书初成之际，曾想请三位先生各赐一序以作纪念，但转念又觉得这本是多年前的旧作，迄今并无大的创新和推进，自己尚且不甚满意，何劳诸师劳心费力再添堵，且三位先生皆为学界名家，借他们之序固然可壮门面，但也未免给人拥名师以自重之嫌，遂作罢。嗣后我想，若可能的话，将来至少要出三本新书，并请三位导师各序一书，倒也可遂此愿，亦不负诸师栽培之恩。

本书撰作、出版期间，承蒙丁放、储泰松、王昊等院领导的关心和支持，以及陈文忠、杨柏岭、朱志荣、张先云等师长和教研室同仁们的鼓励和帮助，承蒙人民出版社方国根、崔秀军二位编辑的鼎力相助，以及诸多学界友人知识与智慧的分享，在此一并表示衷心的感谢！本书部分章节曾在《哲学研究》、《哲学动态》、《国学研究》、《学术月刊》、《哲学与文化》、《古代文学理论研究》等刊物发表，在此亦特致谢忱。妻子常清在本书材料的收集、整理以及后勤方面做了一些力所能及的工作，小儿清朗则以他天真烂漫的欢声笑语调节着我们紧张而忙碌的生活，让我们重新体味亲情的温暖，人生的美好。

是为记。

乔东义

丙申冬月于芜湖中央城寓所

策划编辑:方国根
责任编辑:方国根　崔秀军
封面设计:石笑梦

图书在版编目(CIP)数据

《五经正义》美学思想研究/乔东义 著. —北京:人民出版社,2016.11
ISBN 978-7-01-017015-2

Ⅰ.①五…　Ⅱ.①乔…　Ⅲ.①儒家②《五经正义》-美学思想-研究
Ⅳ.①B222.15

中国版本图书馆 CIP 数据核字(2016)第 287205 号

《五经正义》美学思想研究
WUJING ZHENGYI MEIXUE SIXIANG YANJIU

乔东义　著

人民出版社 出版发行
(100706　北京市东城区隆福寺街 99 号)

北京汇林印务有限公司印刷　新华书店经销

2016 年 11 月第 1 版　2016 年 11 月北京第 1 次印刷
开本:710 毫米×1000 毫米 1/16　印张:32.5
字数:500 千字

ISBN 978-7-01-017015-2　定价:88.00 元

邮购地址 100706　北京市东城区隆福寺街 99 号
人民东方图书销售中心　电话 (010)65250042　65289539